傳

存自己以诚

待别人以谦

观万化以几

合天道以德

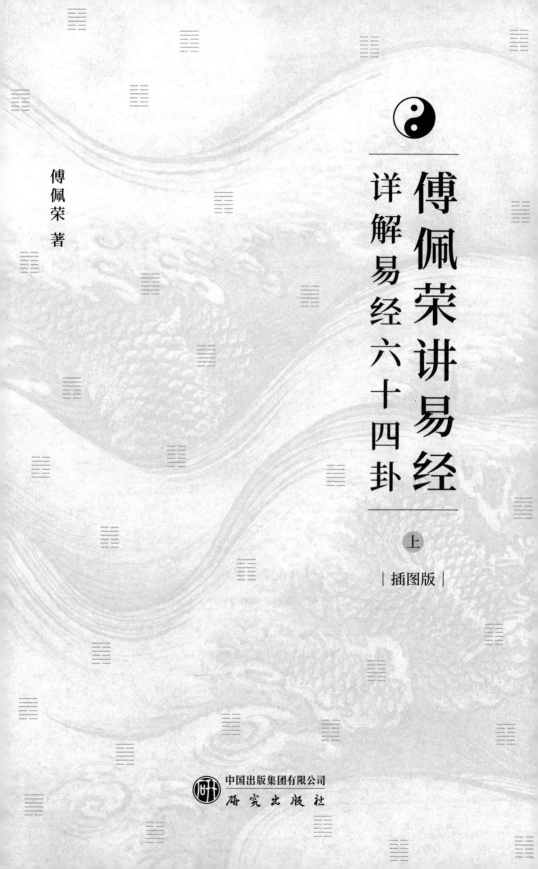

傅佩荣 著

傅佩荣讲易经

详解易经六十四卦

上

|插图版|

中国出版集团有限公司
研究出版社

图书在版编目（CIP）数据

傅佩荣讲易经 / 傅佩荣著 . — 北京 : 研究出版社，
2025. 5. —（傅佩荣讲经典系列）. — ISBN　978-7
-5199-1853-8

Ⅰ . B221-49

中国国家版本馆 CIP 数据核字第 2025L4T243 号

出 品 人：陈建军
出版统筹：丁　波
责任编辑：寇颖丹　韩　笑

傅佩荣讲易经

FUPEIRONG JIANG YIJING

傅佩荣　著

研究出版社出版发行

（100006　北京市东城区灯市口大街 100 号华腾商务楼）

天津裕同印刷有限公司　新华书店经销

2025 年 5 月第 1 版　2025 年 5 月第 1 次印刷

开本：710 毫米 ×1000 毫米　1/16　印张 71.5

字数：896 千字

ISBN 978-7-5199-1853-8　定价：198.00 元

电话（010）64217619　64217652（发行部）

目 录

　　从本书的篇幅就可以知道，这是我介绍《易经》最完整、最详尽的版本。

　　最完整，是因为它涵盖了《易经》64卦的文本与义理，在解说时推而至于史事与占卜的案例，并且对于《易传》的主要内容也都没有错过。

　　最详尽，是因为其中有许多对照、比较、分类、统合的数据。64卦的卦辞中，哪些用到了"元、亨、利、贞"？哪些可以"利涉大川"？哪些见到了"凶"？哪些出现了动物？哪些与诉讼有关？什么是修德九卦？什么是四大难卦与五大凶卦？

　　若要充分了解卦辞与爻辞，必须注意卦变的问题。卦变是指一个卦是怎么变来的。

　　作为基础的是12消息卦，消息卦的结构是阴爻阳爻不交错，然后二爻换位就形成一个新的卦，如此可得43卦。然后，从小过卦可得5卦，从中孚卦可得2卦，64卦由此完备。这是本书的重要心得。

　　教学经验超过40年，我很清楚入门者的困难所在。因此，本书的特色之一是在"绪论"中用10篇文章详细说明基本概念，并且另外写了一篇《占卦须知：传统的筹策卦、简便的数字卦》，让读者了解古人占筮方法，真正体验《易经》的奥妙，品味古人的智慧，结识人生难得的良师益友。

本书的缘起是这样的。从2019年年底到2021年年初，我应邀在喜马拉雅App上讲述《易经》，全部223集。至今订阅用户超过28万人，点阅收听超过5600万次。音频效果得益于傅琪媗的专业协助。琪媗在《易经》方面已有自己研究的心得与成绩，尤其是对其中天干地支的探讨以及商末周初四个史事卦的解释，令我佩服。她的论文收录在增订新版的《傅佩荣解读〈易经〉》中。若要进一步学习《易经》的全部文本，还是要回到这本《傅佩荣讲〈易经〉》。

同时，在整理本书文稿方面，王喆先生付出了最大的心力。他润饰文字、补充注解、附上插图，使本书更完善也更易读。

我研究《易经》50余年，一直想结合义理、象数与史事来解说这本经典，也一直想让大家学会占卦方法，可以共同见证《系辞上传》所谓的：

是故君子居则观其象而玩其辞，动则观其变而玩其占。是以自天佑之，吉无不利。

傅佩荣

2025年5月吉日

绪　论

一、《易经》是一本什么书

有人认为《易经》是一本算命的书，纯属迷信；也有人认为《易经》是一本天书，很难学会。那么，《易经》到底是一本什么样的书呢？本节内容包括以下四点：

第一，《易经》是一本没有文字的书；

第二，《易经》是预测未来的书；

第三，《易经》是探讨变化的书；

第四，《易经》是十三经之首，是中华文化的源头。

（一）《易经》是一本没有文字的书

最早的《易经》是没有文字的。翻开《易经》这本书，我们会发现它是一部厚重的国学经典，怎么能说《易经》没有文字呢？这就牵涉到《易经》的成书过程。

《易经》最初只是一系列符号，包括八卦和64卦。它起始于伏羲氏的时代，当时还是渔猎社会；后面经过神农氏，直到黄帝时代，才由仓颉发明了文字。所以，最早的《易经》是没有文字的。

《易经》的出现可能与古代的结绳记事有关。人类有理性，可以将自身的经验传承下来，使人类的文明不断进步。在文字发明之前，古人使用结绳记事的方式来传递信息。在古代茂密的原始丛林中，人们利用树藤来打结，给同族人留下记号，帮助大家趋利避害。由此衍生出一套完整的符号系统，用来传递有价值的信息，这就是《易经》的起源。

文字发明之后，夏朝、商朝和周朝形成了各自的《易经》文字版本。可惜夏商两代的数据早已失传。我们今天看到的是周朝的版本，所以也称为《周易》，它的文字部分据传是由周文王姬昌所作。周文王被商纣王囚禁在羑里长达七年，在此期间，他为64卦的每一卦写了一句卦辞，为384爻每一爻写了一句爻辞。周文王没有写完的部分，就由周公和周朝的一位卜官继续补充完成。

可见，《易经》最初是一本没有文字的书，它只是一套符号系统，却包含了宇宙、人生的重要信息。

（二）《易经》是预测未来的书

学习《易经》之后，能否准确预知未来，进而改变自己的人生呢？据《尚书·洪范》篇记载，从夏朝开始，每当帝王面临重大决策时，都会参考五个方面的意见。首先，要考虑天子自己、重要官员以及一般百姓的意见。这三个方面属于"人算"。另外，还要求助于卜和筮。[①]卜就是用龟壳或牛骨来占卜，筮就是用蓍草来占卦，再由卦象来判断吉凶。这两方面属于"天算"。俗话说"人算不如天算"，只有将各方面考虑周详，才能做出正确的决策。可见，《易经》被用以预测未来。

（三）《易经》是探讨变化的书

《易经》的英文译名是 *The Book of Changes*，可见，《易经》还是一本探讨变化的书。我在美国攻读博士学位时，我的指导教授是一位西方学者。有一天，他忽然问我："中国有本书叫作《爱情》，那是什么书？"我当时很诧异，实在想不起来中国有哪本名著叫作《爱情》。还好我反应够快，想起来以前西方的人是不用汉语拼音的，而是使用威妥氏拼音。《易经》的威妥氏拼音是 I Ching，如果没学过发音，很容易把它念成"爱情"。于是我对教授说："您说的是《易

---

① 原文：汝则有大疑，谋及乃心，谋及卿士，谋及庶人，谋及卜筮。

经》吧？那是一本探讨变化的书。"

人活在世界上，最直接的经验就是变化。一切都在变化，那么变化的规律是什么呢？《易经》探讨变化有一个重要的原则，即通过观察天地之道，来建立人类生存的法则。天地在不断变化之中，人类怎样才能活得平安愉快呢？这就是创作《易经》的目的所在。

（四）《易经》是"十三经"之首，是中华文化的源头

尤为重要的是，《易经》被誉为"群经之首"，它是中华文化的源头。

关于《易经》的作者，有"易历三圣"的说法，即《易经》是经过三位圣人的努力才写成的。

第一位圣人是伏羲氏，他创作了基本八卦，并将其组合为64卦。伏羲氏的年代比黄帝还要早，当时尚未发明文字。伏羲氏就用这些符号来提醒族人，帮助人们趋利避害，趋吉避凶。这是《易经》创作的第一个阶段。

第二位圣人是周文王，也包括他的儿子周公，以及周朝的一位卜官。他们接力合作，为《易经》创作了文字。这些文字是如何写成的？据说经过了多次实验，可能在一两百年之间反复占卦，把占卦结果和事件的发展都记录下来，有点类似于今天的大数据。古人通过长期占卜和不断总结，逐渐掌握了每个卦、每个爻的特点，然后再把它们提炼成文字。

第三位圣人是孔子。《易经》的卦图、卦辞、爻辞加在一起，只有几十页的篇幅，为什么现在的《易经》版本这么厚呢？这要归功于孔子及其弟子。经过他们不懈的努力，到了战国时代乃至汉朝初期，《易传》的十个部分才全部完成。

《易经》经过了三位圣人之手才得以成书，所以被列为"十三经"之首。"十三经"是宋代编辑的中国经典。在春秋时代，只有

"五经"。《易经》包含了深刻的哲理，展现了中国人的宇宙观、人生观与价值观，可以帮助人们在天地之间安身立命。中国古人受到《易经》的启发，形成了以生命为中心的宇宙观。他们认为，宇宙中充满生命，没有任何东西是纯粹的物质或机械。大至天地万物的变化，小至个人生命的细节，都包含在这个充满活力的宇宙里面。

《易经》主要有四个方面的作用：重视说话的人，推崇《易经》的言辞；重视行动的人，推崇《易经》的变化；重视制作器物的人，推崇《易经》的卦象；重视卜筮的人，推崇《易经》的占验。[①]可见，《易经》这本书非常实用，可以广泛应用于生活的各个方面，并产生实际的效果。

收获与启发

本节介绍了《易经》这本书的缘起，它是中国古代最特别的一本经典。

（1）《易经》最早是没有文字的，只是一套符号系统，用符号来象征宇宙、人生的变化，助人趋利避害。

（2）《易经》被用以预测未来。古代帝王在面临重大决策时，非常慎重，不仅要考虑"人算"，还要考虑"天算"。《易经》占筮就是两种天算之一。

（3）《易经》是探讨变化的书。变化是最普遍、最恒久的现象。《易经》通过观察天地之道，来建立人类生存的法则，帮助人类安身立命。

（4）《易经》是群经之首，是中华文化的源头。经过伏羲氏、周文王、孔子这三位圣人之手，《易经》才最终得以成书。

---

① 出自《易经·系辞上传》。原文：《易》有圣人之道四焉：以言者尚其辞，以动者尚其变，以制器者尚其象，以卜筮者尚其占。

二、《易经》的"易"所指的是什么

《易经》的"易"有三层意思：

第一，"易"就是变化；

第二，"易"就是不易；

第三，"易"就是易简。

（一）"易"就是变化

假如有人问你："现在几点钟了？"你看了看表说："现在10点10分10秒。"你刚说完，就到了下一秒。请问，"现在"是指什么？"现在"真的存在吗？事实上，万物在时间之流中一直都在变化，没有一刻会停止。

西方中世纪哲学家奥古斯丁（Augustinus，354—430）说过："时间究竟是什么？没有人问我，我倒是清楚；有人问我，我想说明，便茫然不解了。"这番话道出了一般人的心声。时间总是给人带来压力。

譬如近代法国哲学家卢梭（Rousseau，1712—1778），他的父亲是钟表匠，所以家里到处都是钟表，让他感到窒息。有一天，卢梭在路上把手表丢掉，顿时有重获自由之感。然而，你可以把手表丢掉，假装不在乎时间的流逝，却摆脱不了变化的事实。

变化有两个明显的极端。一个极端是，整个宇宙表面看来似乎没有什么变化。其实，宇宙一直在变化之中。地球上的沧海桑田，总是在人们不经意间缓慢演化。另一个极端是，每个人内心的变化一刻也不停歇。道家的庄子说："人的心躁进时热如焦火，退却时冷若寒冰；变化速度之快，顷刻之间可以往来四海之外。"①庄子用寥寥数语就把人心说透了。可见，对人来说，最关键的变化反而是内心的波动。

《易经》可以帮我们善处变化，趋吉避凶。它提醒我们，要把时间拉长来看，把空间放大来看，并把焦点拉回到自身，修养自己的德行、能力与智慧。

（二）"易"就是不易

"易"代表变化，为何又代表"不易"（不变）呢？因为变化的规则是不变的。如果变化毫无规律可言，让人们很难预测到结果，那么人类要如何建构文化呢？

在自然界，日夜更替、四季流转的规律是不变的。在生物世界，雌雄配合繁衍的规则是不变的。在人的世界，变化往往是相反相成的。譬如，人生有喜就有悲，有苦就有乐，有得就有失，有成就有败。

可见，"不变的规则"有两个显著特点：交易与循环。阳变阴，阴变阳，这是阴阳的交换。夏天太热了，就会变凉，这是冷暖气流的交换。生物的雌雄交配，也是通过交换资源来繁衍后代的。有了交易（交换）之后，才能循环往复地发展下去。

《易经》每一卦有六爻，每个爻不是阴就是阳，阴阳不断变换，轮流上场。所以《易经》非常公平，64卦共有384爻，其中有192个阳爻、192个阴爻。阴爻与阳爻通过不断地移动、交换与变化，构成了《易经》完整的系统。这充分体现了"不易"的特色，即变化的规则是不变的。

---

① 出自《庄子·在宥》。原文：人心……其热焦火，其寒凝冰。其疾俯仰之间而再抚四海之外。

（三）什么是易简

"易简"这个说法很特别。学习《易经》要说"易简"，而不要说"简易"。"简易"是简单、容易，"易简"是容易、简单，两种说法只是调换了一下顺序而已，又有什么不同呢？

把"易"字放在前面，是因为"易"代表乾卦，象征生命力十分旺盛，很容易就能创生万物。譬如，地球上现在有80亿人，人口呈几何级数增长，这不是很容易吗？对于青年男女来说，生孩子是一种本能，很容易就能达成目标。但是养孩子就不简单了。真的不简单吗？可能是我们自己把问题搞复杂了。

另外，"易"也代表一个人熟练掌握某种技能，由技术提升为艺术，可以得心应手，游刃有余。所以，"易"字一方面代表生命力旺盛，另一方面也代表技艺纯熟。

把"简"字放在后面，是因为"简"代表坤卦，象征全面包容承载，很简单就能孕育万物。同时，"简"字与空间的"间"相通，代表一样东西需要有空间来容纳它，才能使它不断发展完成。

换言之，先说"易"再说"简"，因为"易"代表乾卦，代表天，它是万物的来源，很容易展现创造的力量；"简"代表坤卦，代表地，它可以完全配合乾卦，使万物得以发展完成。

"易简"二字对人生有何启发呢？

假如你是一家企业的主管，突然接到一个紧急任务，这时就要发挥"易"的精神。你能够当上领导，说明你的专业能力肯定超过属下。所以你要立刻思考：这个行业的规范是什么？标准的作业程序是什么？然后召集下属，发布命令，让每个人各司其职。这不是很容易吗？下属则要发挥"简"的精神，接受上级的命令，按部就班去实施，使命令得以完成。这不是很简单吗？如果没有掌握"易""简"这两个原则，很多简单的事情反而会复杂化。

换言之，领导具有决定权，意味着他精力旺盛，并且熟悉这个行业，可以很容易地做出决策。下属的工作很简单，他只要接受上司的命令，按部就班去执行，就可以完成任务。所以，做任何事情都要搞清楚：谁在发号施令？谁在配合完成？配合完成的人随着年龄和阅历的增长，有朝一日也可以成为领导。如此一来，天下之事不都可以顺利完成吗？

因此，《系辞上传》强调："易简而天下之理得矣。天下之理得，而成位乎其中矣。"意即：光靠容易与简单，就可以使人领悟天下万物的道理。领悟了天下万物的道理，就可以在其中成就自己的地位了。

收获与启发

（1）"易"代表变化。变化是一种普遍的、恒久的现象。

（2）"不易"是指变化的规则是不变的。只要掌握了变化的规则，知道它是不断交易、循环的，就可以适应未来的变化，获得最大的竞争优势。

（3）"易简"就是容易、简单。俗话说："天下本无事，庸人自扰之。"掌握了"易简"的原则，就可以做到事半功倍。

（4）变化中往往充满了危机，所以要不断修养自己的德行、能力与智慧，掌握不变的规则并加以应用，让自己活得更加平安、愉快。

（5）有很多成语也来自《易经》的启发，如"大道至简""大道至易""生生之谓易"等。

三、《易经》的思维方式

"思维方式"这个词听起来有点抽象，我们不妨从《系辞下传》里的一句话入手，它说："《易》穷则变，变则通，通则久。"任何一种状况发展到无路可走，就会发生变化；变化之后，就会出现新的局面，可谓"山重水复疑无路，柳暗花明又一村"（陆游诗句）。不过，新的局面不会自动出现，需要采取适当的行动，促使它改变。改变之后就会通达，通达之后就会持久，如此才能不断循环发展下去。这句话体现了《易经》的思维方式，并衍生出"变通"一词。

《易经》的思维方式可以给人以深刻的启发，对于人生何去何从，也有高明的指示作用。上一节介绍了"易"的三重含义，揭示了万事万物变化的道理。本节要进一步探讨：如何借助《易经》的思维方式，让自己在变化中保持优势？内容包括以下三点：

第一，《易经》的思维方式与西方辩证法的区别；

第二，64卦的排列顺序所带来的启发；

第三，六爻之间的关系所带来的启发。

（一）《易经》的思维方式与西方辩证法的区别

《易经》的思维方式与西方的辩证法有点类似。我们先简要介绍西方的辩证法，再来比较两者的区别。

西方的辩证法起源于古希腊时代，原本指对话的艺术。两个人交谈，一个人提出某种看法，另一个人就要提出不同的看法，否则对话难以继续。对话有正方就有反方，双方要设法找到共识，把对话提升到"合"的层次。辩证法就是从对话的艺术发展而来。近代西方哲学家黑格尔（Hegel，1770—1831）把辩证法运用得炉火纯青，他说："现实就是在不断变化的，任何变化都是按照'正反合'的历程推进，到'合'的阶段又形成一个新的'正'，再继续发展下去。"辩证法显示了人类思维的特色。

《易经》使用"阳"与"阴"作为决定变化的两种力量，同样揭示了正反两方的辩证发展。这种发展包括"穷、变、通、久"四个阶段，以及下面所说的64卦的排列顺序。此外，《易经》还提醒人们应该何去何从，对人生有实际的指导意义。这是《易经》与西方辩证法的不同之处。

（二）64卦的排列顺序带来的启发

《易经》64卦代表人生不同的发展阶段或处境，64卦的排列顺序可以带来三点启发：第一，与时俱进；第二，物极必反；第三，另创新境。

第一，与时俱进。

《易经》64卦是按照时势向前发展的。譬如，可以用简单几句话概述《易经》前10卦。首先，乾卦与坤卦分别代表天地，天地定位之后，万物开始出生（屯卦）；万物出生之后，处于蒙昧状态，就像小孩一样需要启蒙（蒙卦）；然后要用饮食来养育，并耐心等待时机成熟（需卦）；有了饮食就会出现争讼（讼卦），因为总有人觉得分配不公；发生争讼之后，大家各持己见，就可能出现战争（师卦）；战争分出胜负之后，大家重新开始合作（比卦）；合作之后，会小有积蓄（小畜卦）；然后就要推行礼仪、礼节、礼貌（履卦）。这种排列顺序充分体现了《易经》的与时俱进。

第二，物极必反。

在自然界，物极必反的现象很明显。比如，夏天太热了，秋天就会变凉；冬天太冷了，春天就会变暖。人间也是如此，有人辞官归故里，有人漏夜赶科场；有人苦尽甘来，有人盛极而衰。人努力追求一个目标，发展到最后总要停下来。

在《易经》64卦里，许多相邻的卦都体现了物极必反的道理。譬如，泰卦（☷☰）与否卦（☰☷）相邻，衍生出"否极泰来"这个成语。剥卦（☶☷）之后是复卦（☷☳），衍生出"剥极则复"这个成语。"剥"代表剥落、剥夺，眼看什么都没有了，走到极端之后，又出现了复卦，可以从头开始。

第三，另创新境。

64卦的排序也提醒我们：正面走不通时，反面可以走通；反面走到底之后，不是再回到前面的不通，而是要转移方向，另创新境。这是《易经》非常重要的启发。比如，剥卦接着复卦，有如冬去春来。而复卦走到极点，不是再回到前面剥蚀的情况，而是要提升到无妄卦（☰☳），让自己没有任何妄念，从而开创新的局面，实现更大的发展。

有的企业为什么可以长盛不衰？除了管理有方之外，更重要的是它们能够不断接受挑战，事业达到一个高峰之后，不会因循守旧，而是另创新境。

（三）六爻之间的关系所带来的启发

《易经》每一卦有六爻，代表六个位置。六爻之间的关系也具有三点特色：第一，由下往上推动；第二，渐进发展；第三，各有所重。

第一，爻是由下往上推动的。《易经》64卦都要由下往上画，就像盖楼一样，这是一个基本原则。我们要把一卦六爻看成立体的结构。比如，一个卦可以象征人的身体，最底下的爻代表脚趾，第二爻代表小腿，依次往上，最上面的爻代表头。可见，一个卦要把基础打好，才能往上建构，不可能凭空有所作为。

第二，六爻是渐进发展的。比如，需卦（☷）代表外面有危险，这时应该怎么办？首先要在郊外等待，接着在沙滩上等待，然后在泥沼中等待，接着在血泊中等待，一层一层接近外面的危险。这体现了渐进发展的模式。

第三，六爻各有所重。相邻的爻虽然只差一个位置，但处境可能完全不同。有时一个是吉，一个是凶，结果有天壤之别。这就好比登高望远，再往上一层，就可能豁然开朗，看到全然不同的景色。

此外，《易经》的思维还有两个显著特色：一是忧患意识，二是反求诸己。《易传》不断提醒我们："作《易》者，其有忧患乎？"（《易经·系辞下传》）因为变化是无常的，人要随时准备迎接挑战。同时，了解了客观处境之后，要反过来修养自己，让自己在困境中可以逆来顺受，在顺境中懂得感恩，并享受每一个当下。

收获与启发

（1）《易经》的思维方式是"穷、变、通、久"的四步循环，不只是西方辩证法的"正反合"三步而已。

（2）《易经》64卦的排列顺序，以及六爻之间的关系，都可以给人带来深刻的启发。

四、《易经》可以预知未来吗

鲁迅的小说中有这样一个故事：一家人家生了一个男孩，合家高兴透顶了。满月的时候，抱出来给客人看，——大概自然是想得一点好兆头。一个说："这孩子将来要发财的。"他于是得到一番感谢。一个说："这孩子将来要做官的。"他于是收回几句恭维。一个说："这孩子将来要死的。"他于是得到一顿大家合力的痛打。[①]假如我是第四个朋友，就会说："希望你的儿子每一天都快乐。"请问：哪个人说的是真话？显然是第三个朋友，因为人一定会死；但能否发大财、当大官，就不一定了。至于一辈子快快乐乐，则需要个人的修炼。

本节的主题是：《易经》可以预知未来吗？内容包括以下三点：

第一，《易经》如何预知未来？

第二，《易经》预测的结果可靠吗？

第三，学了《易经》之后，对个人有哪些帮助？

（一）《易经》如何预知未来

如果说《易经》可以预测三四十年之后的事，你可能兴趣不大。人们通常更关心近期将要发生的事。比如，你查到高考分数之后，可以报考三个学校，那么哪个学校、哪个专业更适合你呢？你打算出国，就想问：哪个地方更适合我？认识了新朋友，就想知道：我们之间的关系会如何发展？至于婚嫁对象的选择，就更要谨慎了。

---

① 出自鲁迅的《立论》，1925年。

当你进入社会，有三个工作可以选择，就要问：哪个工作有更好的前景？人生不能重来，以上这些选择统统做对，就少了很多不必要的烦恼。你可以专注于自己的目标，努力前进。有朝一日发大财、当大官，也不是很难的事。

当你尝试用《易经》预测未来时，需要注意以下三点：

第一，只问一件事，不要问一辈子；

第二，只问自己眼前的遭遇，不要问别人的隐私；

第三，只问正常的投资，不要问违背道义的事。

正常的投资包括投资企业、买房子等。如果你问：我这次去抢劫、去作弊会成功吗？这显然违背了道义，是不能进行占问的。另外，有些事情与你无关，也不适合进行占问。比如，法国在这届奥运会中可以获得几枚金牌？哪个国家会获得本届世界杯足球赛的冠军？这些问题都不是你该问的。不过，如果你亲自参赛了，当然可以问结果。

我研究《易经》50多年，给出的建议是：只问一件事，只问自己的遭遇，只问合乎道义的事。

（二）《易经》预测的可靠性

《易经》预测的结果可靠吗？为什么可靠？相信很多人都有这样的疑问。对于这些问题，我们可以参考当代心理学家的研究成果。20世纪瑞士心理学家荣格（Carl Gustav Jung，1875—1961）研究过《易经》，后来他专门研究了心电感应的现象，提出心理学上的"共时性原理"。

所谓"心电感应"，是指两个人处在不同的地方，却能感应到对方的情况。譬如，你忽然间耳朵很热，可能代表有人在想你或骂你。或者你眼皮狂跳，可能代表你担心的事情发生了。心电感应的现象十分常见。

有一个关于曾参的故事。孔子过世之后，曾参回到家里耕田，等着别人举荐为官。有一天，曾参外出去郊野砍柴，有客人来找曾参，看他不在就想告辞了。曾参的母亲情急之下，就用右手使劲捏自己的左臂。曾参忽然觉得左臂很痛，就立刻赶回家，一进门就问母亲："我的左臂为何很痛？"母亲说："刚才有客人来想走，我掐自己的手臂呼唤你回来。"[1]真可谓母子连心。这其实就是一种心电感应的现象。

荣格从心电感应现象入手，提出了心理学上的"共时性原理"。与之相对的是"历时性原理"，这比较符合一般人的思维习惯。比如，现在发生了一件事，过去一定有某种"因"才会导致现在这个"果"。现在做了一件事就是"因"，将来就会导致另外一个"果"。在时间的进程中，这种因果关系会推动事物不断向前发展。

所谓"共时性原理"，是指"同时"发生的事可以互相影响。如果你注意到相关的细节，就能预测将来的状况，荣格把它称为"有意义的偶然"。称其为"偶然"，并非没有原因，只是原因尚未被人发现。譬如，你现在也许是偶然读到这本《易经》的，将来你用《易经》占问某个问题，让你获得了利益或避开了危险，到那时你就知道，当初读这本书是有意义的。

"共时性原理"对各种占卜方法都同样有效。以最简单的数字卦为例，假如你现在有任何疑惑，只要任意联想三组三位数，就能组成一个数字卦，可以通过解此卦分析这个问题的发展走向。人们一般容易想到自家的门牌、手机、车牌等号码，这些数字不太符合"任意联想"的原则，最好随机选取周围出现的数字。

---

[1] 出自《论衡·感虚》。原文：传书言："曾子之孝，与母同气。曾子出薪于野，有客至而欲去。曾母曰：'愿留，参方到。'即以右手扼其左臂。曾子左臂立痛，即驰至，问母：'臂何故痛？'母曰：'今者客来欲去，吾扼臂以呼汝耳。'"

我经常做这样的占筮。比如，有一次我计划从北京飞回台北，在去机场的路上听说那边有台风，担心飞机无法降落，这时我随机找到三组三位数，经过简单计算，得到了屯卦，爻辞上说"骑上马也是团团打转"（乘马班如）。在古代，骑马是最快的旅行方式，类似于今天的搭飞机。"骑上马也是团团打转"，代表我今天无法顺利返程。打电话回去问，得知机场当天中午就关闭了，我只好等到第二天再回去。

可见，用《易经》占卦确实可以作为决策参考，但是要注意两点。

第一，面对一个问题，首先要参考以前的经验，进行理性的分析，然后再借助占卦来做出决策。古代帝王在面临重大决策时，也会参考五个方面的意见，其中三方面是"人意"，即帝王自己、负责的官员以及一般百姓的意见，两方面是"天意"，即龟卜和《易经》占筮。

第二，占卦容易解卦难。我们要深入学习《易经》的文本，了解每句话、每个字的含义，这样在解卦时才有更大的把握。

（三）《易经》对个人的帮助

学会占卦、解卦之后，对个人会有什么帮助呢？人生总是面临各种选择。当你在学习、创业、投资、理财、交友、成家、子女教育、出国等方面需要做出选择而犹豫不决时，都可以用《易经》进行占问。你可以问：我这样做，结果会如何？结果好，就放手去做；结果不理想，就少安毋躁，可以等三个月之后再占问。三个月是一个季节，季节变了，一切都会变。

用《易经》占卦时，尽量不要占问人的一生，因为一生太长，中间的变化太大；也不要这样问：我与张三结婚好不好？因为没有人可以保证你一辈子幸福。你可以这样问：我跟他结婚这件事，结果如何？类似的，不要这样去问：我生二胎好不好？因为孩子的一生不可能用好坏来简单描述。人生的苦乐主要取决于个人的修炼，要让自己在德行、能力、智慧三个方面，不断迈向更高的层次。

收获与启发

（1）从某种意义上说，《易经》可用以推测未来，但不是过于遥远的未来。

（2）《易经》占卦符合荣格提出的"共时性原理"，占卦时，偶然出现的数字或卦象可以给我们启发，帮我们找到问题的答案，这被称为"有意义的偶然"。

（3）占卦时，不能忽视理性与社会经验。同时，占卦容易解卦难，所以要认真学习《易经》的文本。

五、什么是阳爻？什么是阴爻

前四节是绪论的第一部分，介绍了《易经》的缘起、思维方式，以及占卦是否可靠等问题。从本节开始，进入绪论的第二部分，要介绍《易经》的一些专用术语，包括"爻、卦、八卦、五行、元亨利贞"等，为深入学习64卦打下基础。

本节内容包括以下两点：

第一，什么是"阳、阴"？

第二，什么是阳爻、阴爻？

（一）什么是"阳、阴"

简单来说，具有活动力的一面称为"阳"，而隐藏、收敛的一面称为"阴"。譬如，对于一座山来说，阳光照到的一面称为阳，另一面称为阴。古人通过观察发现，世界虽然充满变化，但其中也有规律可循。

所有变化看起来就像是一种循环。任何变化都包含两种相对的力量，可以用"阳""阴"来说明。譬如，天是阳，地就是阴；日是阳，月就是阴；春夏是阳，秋冬就是阴；昼是阳，夜就是阴；陆地是阳，水就是阴。生物世界更明显，雄性与雌性配合，才能不断繁衍，生生不息。人的世界比较复杂，男与女，夫与妻，父与子，君与臣，师与生，君子与小人，都可以用阳与阴来说明。

另外，明亮的是阳，阴暗的是阴；外在的是阳，内在的是阴。在数学上，奇数为阳，因为奇数不稳定；偶数为阴，因为偶数是稳定的。可见，阳与阴几乎无处不在，两者形成一个整体，并且阳中有阴，阴中有阳，此消彼长，不断演变。

有人认为，阳一定代表男生，阴一定代表女生，这样理解就太狭隘了。事实上，父母对子女、老师对学生、领导对下属，都是阳对阴的关系。譬如，乘车时，司机是阳，乘客就是阴。旅游时，导游是阳，游客就是阴。

对同一个人来说，由于会扮演不同的角色，所以阳与阴也是变化的。譬如，一位女老师在面对学生时，她是阳，学生是阴。女老师回到家，面对丈夫时，她就变成了阴。当她管教自己的孩子时，她又变成了阳。

简单来说，阳代表主动的力量，阴代表被动的力量，有主动就有被动。同时，阳与阴也在不断变化之中。其实，"变化"这个词也与阳、阴有关。"变"由阳表现出来，"化"由阴表现出来。所以"变化"其实是两件事，先变再化。这类似于"天生地成"的说法，亦即天创生万物，地使万物发展完成。

《易经·说卦传》强调"立天之道曰阴与阳"，意即：确立天的法则，称为阴与阳。后来，古人就把"阴、阳"理解为两种气，认为阴气与阳气共同造就了万物。比如，《老子》第42章说："万物负阴而抱阳，冲气以为和。"意即：万物都是背靠阴而面向阳，由阴气和阳气激荡而成的和谐体。

（二）什么是阳爻、阴爻

什么是"爻"呢？"爻"就是"效法"，它要效法宇宙万物的变化。效法变化需要两种元素，于是出现了阳爻与阴爻。《易经》把一条实在的横线称为阳爻（一），把中间断裂的横线称为阴爻（--）。

伏羲氏的时代是渔猎社会，采用结绳记事的方法来传递重要的信息，阳爻、阴爻很可能由此而来。"结绳"不一定非用绳子。在古代茂密的原始森林中，有很多树上长着很长的藤条，人们可以用藤条打结来做记号。比如约定好，像手臂那么长的藤条，上面打一个结就是阴爻，不打结的就是阳爻，再把几个爻放在一起，代表有利益或有危险，提醒族人趋利避害，趋吉避凶。《易经》的阳爻是一条实在的横线，代表它有实力、有活动力；阴爻是一条中间断裂的横线，代表它是空虚、被动的，无法靠自己来发展。

阳爻与阴爻只能代表主动的"变"与被动的"化"，要想表现更多的变化，就要用几个爻共同来呈现。譬如，基本八卦就是由三个爻构成的"三画卦"。为何要用三个爻呢？因为古人认为，人存在于天地之间，"天、人、地"三个层次才能构成一个格局。三个爻可以组合成八个不同的三画卦，这就是基本八卦的来源。

古人看到太阳、月亮、星星等天体不断地运行，所以用三个阳爻代表天，象征充满刚健的力量，可以不断地运动。相对地，三个阴爻代表地。地是完全顺从的，种什么就长什么，在地上耕作、盖房子都没有问题，它完全接受。下一节会详细介绍基本八卦的各种象征。

收获与启发

阳爻、阴爻这两条横线，就是《易经》的基本符号。中国古人富有智慧，他们用符号代替具体的事物，用符号的变化象征事物的变化。

《易经》的基本原则是：观察天地之道，以安排人之道。天地之间充满变化，人间的变化更为复杂。我们通过学习《易经》，可以深刻认识人间的处境，从而趋吉避凶，实现更好的发展。

在西方学者眼中，《易经》的阳爻代表"1"，阴爻代表"0"；"1、0"两个数字，就构成了《易经》完整的系统。西方近代学者莱布尼茨（G. W. Leibniz，1646—1716）在看到《易经》的拉丁文翻译本之后，感到大为惊艳，于是专门写了一篇论文，称赞伏羲氏用阳爻、阴爻两个符号就建构出一套完整的系统，他的做法充满智慧，令人钦佩。可见，《易经》的思想不分国界，可以让所有人都受到启发。

六、什么是卦？《易经》里有多少卦

"卦"这个字经常出现。有人遇到问题，会说"算一卦"；在武侠小说或影视作品中，也经常出现"八卦"一词。所谓"卦"，就是"挂在那里，可以让人看到的现象"。

本节内容包括以下三点：

第一，自然界的八种原始现象；

第二，基本八卦及口诀；

第三，64卦的相关术语。

（一）自然界的八种原始现象

八卦来源于自然界的八种原始现象。

首先，人们抬头看到天，低头看到地，天和地是自然界最明显的两种现象。

接着会看到天下有风，因为古人认为，风是从天上吹下来的。事实上，在天之下、地之上，空气的流动形成了风。风的力量很大，可以折断树木，吹垮房屋。地下有什么动力呢？古人认为，雷是从地下开始震动的，可能造成地裂山崩。所以天地之外，有风与雷这两大现象。

再抬头看周围，会发现地平线上有起伏的山峦，人们用山的棱线来衡量它的高度。再低头看地，会发现比地面低的地方有沼泽、湖泊，可以安静地储存许多水。这样就出现了山与泽。

接着是水与火，两者是人类生活的必需品，但洪水或大火也会带来灾难。《易经》谈到古代的战争，经常与火有关，因为一打仗就会战火纷飞。

可见，自然界有"天、地、雷、山、火、水、泽、风"这八大现象，它们是基本八卦的来源。

（二）基本八卦及口诀

上一节介绍了阳爻与阴爻，阳爻代表主动力，阴爻代表被动力。两者配合起来，才能模拟复杂的变化。同时，天地人是三个层次，可谓"无三不成格局"，所以古人将三个爻组合在一起，形成基本八卦，用来代表自然界的八大现象。

首先，阳爻代表主动力、生命力，三个阳爻（☰）充满无限的动力，可以代表天。古人所谓的"天"，主要指天体与天时。太阳、月亮、星星就是"天体"，它们每天按时出现，轮流上场。同时，春夏秋冬四季流转，从不停息，这就是"天时"。

接着，大地安静顺从，完全被动接受。你种什么，它就长什么；你在上面盖房子，它也不会介意，所以用三个阴爻（☷）来代表。

然后，天下有风，所以用底下一个阴爻、上面两个阳爻（☴）来代表。两个阳爻底下有空的地方，代表风可以吹拂。

俗话说"平地一声雷"，古人认为，雷是由下往上第一个有动力的阳爻，所以用底下一个阳爻、上面两个阴爻（☳）来代表。

我们眺望远山，会注意到最上面的棱线，所以用下面两个阴爻、上面一个阳爻（☶）来代表。

沼泽是地面上空出的一块地方，可以储存水，所以用底下两个阳爻、上面一个阴爻（☱）来代表。

火可以把其中的东西全部烧毁，所以用上下都是阳爻、中间是阴爻（☲）来代表。

水流的中间部分，水势最大，最不容易枯竭，所以用上下都是阴爻、中间是阳爻（☵）来代表。

由此形成了基本八卦，分别命名为：

乾卦（☰），代表天；坤卦（☷），代表地；震卦（☳），代表雷；艮卦（☶），代表山；离卦（☲），代表火；坎卦（☵），代表水；兑卦（☱），代表泽；巽卦（☴），代表风。

基本八卦有一个背诵的口诀，可以分为四组。

第一，乾三连（☰），坤六断（☷）。乾卦是三个阳爻，三条横线都是连着的；坤卦三个阴爻，分成了六段。

第二，震仰盂（☳），艮覆碗（☶）。古代有专门的痰盂，形状像碗一样。震卦底下一个阳爻，上面两个阴爻，就像仰着的碗。艮卦下面两个阴爻，上面一个阳爻，就像盖着的碗。古人用字喜欢对称，所以说震仰盂，艮覆碗。

第三，离中虚（☲），坎中满（☵）。这句话很文雅。离卦中间是虚的阴爻，坎卦中间是满的阳爻。

第四，兑上缺（☱），巽下断（☴）。兑卦上面是有缺口的阴爻，巽卦底下是断裂的阴爻。

我们要牢记八卦的口诀，会背自然就会画。并且，这个口诀是按照"乾坤震艮离坎兑巽"的顺序排列的，可以与"先天八卦图"密切配合。

总之，基本八卦是由三个爻构成的，所以称为"三画卦""三爻卦"或"八个经卦"。"经"代表"常"，代表基本。

（三）64卦卦序歌

《易经》的主体是64个卦象，这些卦象都是由八个基本卦所构成的。为了记诵这64卦，朱熹特地编写了《周易》卦序歌，其文如下：

易经六十四卦——卦名次序歌

乾坤屯蒙需讼师，比小畜兮履泰否；
1 2 3 4 5 6 7　　8 9　10 11 12

同人大有谦豫随，蛊临观兮噬嗑贲；
13　14　15 16 17　　18 19 20　　21 22

剥复无妄大畜颐，大过坎离三十备。
23 24 25　26 27　　28 29 30

咸恒遁兮及大壮，晋与明夷家人睽；
31 32 33　　34　　35　36　37 38

蹇解损益夬姤萃，升困井革鼎震继；
39 40 41 42 43 44 45　46 47 48 49 50 51

艮渐归妹丰旅巽，兑涣节兮中孚至；
52 53　54　55 56 57　58 59 60　61

小过既济兼未济，是为下经三十四。
62　63　　64

难念读音：

zhūn bǐ gǔ shì hé bì guài gòu gèn xùn
屯 比 蛊 噬 嗑 贲 夬 姤 艮 巽

（四）64卦的相关术语

《易经》64卦是由基本八卦两两相重得来的，所以称为"重卦"。64卦每一卦都有六个爻，底下三爻称为"下卦"，上面三爻称为"上卦"。下卦离我比较近，又称为"内卦"；上卦离我比较远，又称为"外卦"。同时，每个卦从下往上看，第二、三、四爻，以及第三、四、五爻，又分别构成了两个三爻卦，称为"互卦"。如此一来，每个卦都包含了四个经卦，可以衍生出复杂而深刻的内涵。

譬如，蒙卦从下往上看，下卦（内卦）是坎卦，第二、三、四爻构成互震卦，第三、四、五爻构成互坤卦，上卦（外卦）是艮卦。

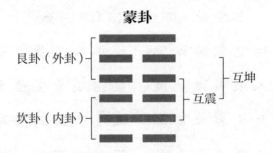

蒙卦

艮卦（外卦）

坎卦（内卦）

互坤

互震

另外，《易经》64卦按照顺序，两两一组，可以分为32组。每组两卦之间的关系是"非覆即变"。所谓"覆"，就是全卦六个爻整个翻过去。譬如，第三卦屯卦与第四卦蒙卦，两者互为覆卦。

所谓"变"，就是全卦六爻皆变，阳变阴，阴变阳。譬如，乾卦六个阳爻，坤卦六个阴爻，这两卦就是变卦关系。

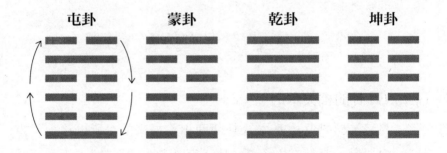

屯卦　　　　蒙卦　　　　乾卦　　　　坤卦

在《易经》32组卦中，有26组52卦是覆卦关系，有4组8卦（乾、坤，颐、大过，习坎、离，中孚、小过）是变卦关系，另有2组4卦（泰、否，既济、未济）是既覆且变的关系。

"旁通"是另一个重要的术语。《易经》64卦的每一爻只有"阳"或"阴"两种可能。任何一爻的变化，都会使这个卦变成另外一个卦，所以64卦之间是"旁通"的。《易经》的周流不息、变化无穷，由此可见一斑。

收获与启发

（1）《易经》所谓的"卦"，就是挂在那里，可以被人看到的现象。

（2）人类仰观天文，俯察地理，看到"天、地、雷、山、火、水、泽、风"八种现象，就用"乾、坤、震、艮、离、坎、兑、巽"这八卦来代表。

（3）基本八卦是一种象征符号，不仅可以代表自然界，还可以用来描述很多领域。

七、如何了解先天八卦图

《易经》的八卦图有先天八卦图和后天八卦图之分。本节要介绍先天八卦图,内容包括以下两点:

第一,先天八卦图的画法;

第二,八卦的象征意义。

先天八卦图

(由内向外看)

乾1　兑2　巽5　离3　坎6　震4　艮7　坤8

(一)先天八卦图的画法

谈到先天八卦图,我想起了之前在比利时教书的一段经历。我在1986年到比利时鲁汶大学教书,我习惯吃中国菜,所以一到鲁汶,就找到一家中国餐馆,连吃了三天。老板发现我这个新客人,赶忙跑来打招呼。当得知我是来鲁汶大学教哲学的,他就问我:"你会不会看风水？"我说："我不会看风水，请问您有什么问题吗？"他说："我饭店的大门正冲着马路，犯了路冲，我就买了一张先天八卦图挂在门上。"我说："先天八卦图有两个地方很容易画错，我帮您看一下。"我到门外一看，果然画错了，图的左下角和右下角的两个卦画反了。

先天八卦图中间的圆代表太极，内有黑白两种颜色，白色代表阳，黑色代表阴，因为古人最直接的经验就是白天与黑夜。但是，阳中有阴，阴中有阳，所以在白色区域里有一个黑点，在黑色区域里有一个白点，代表阴阳循环相生。圆的外面有八个卦，这些卦要从中间向外看，最内侧是初爻。而一般人都习惯从外往里看，认为最外侧是初爻。

我对他说："这张八卦图有两个卦画反了。"他说："难怪没什么效果。"我就把正确的图画给他看。他一周后就买了一张正确的八卦图挂出来。后来生意有没有变好呢？我不知道。毕竟做生意不能只靠这张图啊！不过，八卦图确实代表了中华文化的特色，可以给华人带来很大的心理安慰。

先天八卦图与后天八卦图有何区别呢？简单来说，先天八卦图是静态的，代表本体；后天八卦图是动态的，代表应用。下一节再详细介绍后天八卦图。

学习先天八卦图，首先要了解古代的地理观念。中国古代有"南面称王"的说法，因为中国位于北半球，而南方象征着光明，帝王要坐北朝南，面向光明，治理百姓。所以，先天八卦图的上方是南方，对应乾卦（☰），代表天；下方是北方，对应坤卦（☷），代表地。

这不同于一般地图的方位。一般地图是上北下南，左西右东。先天八卦图是从北向南看，所以南方在上，北方在下，东方在左，西方在右。太阳从东方升起，所以左边是离卦（☲），离卦代表火，也代表太阳。月亮从西方落下，所以右边是坎卦（☵），坎卦代表水，也代表月亮。韩国的国旗包括"乾坤离坎"四个卦，明显受到了《易经》的启发。

韩国国旗

先天八卦图的左下方是震卦（☳），代表雷；右下方是艮（☶），代表山；左上方是兑卦（☱），代表泽；右上方是巽卦（☴），代表风。

先天八卦的方位可以配合八卦的口诀来记。首先，"乾三连，坤六断"，所以乾在上，坤在下。接着，"震仰盂，艮覆碗，离中虚，坎中满，兑上缺，巽下断"，这六个卦从底下开始，顺着左右依次上去。换言之，按照八卦的口诀，你只要记得乾在上、坤在下，然后左边、右边依次往上排列，就能画出先天八卦图。会背就会画，而且不会画错。

但是，画的时候切记：这些卦都要从中间向外看，最内侧是初爻。比如，左边的离卦与右边的坎卦，都是把正常的卦旋转了90度。特别是右边的坎卦，不是跟古代象形文字的"水"很像吗？

（二）八卦的象征意义

基本八卦有丰富的象征意义。

首先，八卦可以代表一个家庭。古代标准的家庭是八口之家，父亲、母亲生了三男三女，乾卦代表父亲，坤卦代表母亲，这是毫无疑问的。但是，其他六个卦如何与三男三女对应呢？这时要记住两点：第一，物以稀为贵；第二，卦是由下往上画的。

八卦的象征意义（在家庭上）

乾为父	坤为母	震长男	艮少男

离中女	坎中男	兑少女	巽长女

第一，物以稀为贵。如果一个卦有一个阳爻两个阴爻，阳爻比较稀少，就代表男生；如果是一个阴爻两个阳爻，阴爻比较稀少，就代表女生。

第二，卦是由下往上画的。震卦只有一个阳爻，且位于最底下，所以代表长男。坎卦只有一个阳爻，且位于中间，所以代表中男。艮卦只有一个阳爻，且位于最上面，所以代表少男。同理，巽卦代表长女，离卦代表中女，兑卦代表少女。如此一来，就可以用八卦来代表一家八口了。

另外，八卦也可以代表一个人身体上八个重要的部位。

八卦的象征意义（在身体上）

乾为首	坤为腹	震为足	艮为手

离为目	坎为耳	兑为口	巽为股

乾卦代表头。坤卦代表腹，因为坤为土，土地可以生出万物；坤又为母，女性受孕了可以生孩子。震卦代表足，因为震为雷，为动，而脚可以走路、行动。艮卦代表手，因为艮为山，可以挡住别人，而手也可以挡住别人。俗话说"兄弟如手足"，因为震为长男，为足；艮为少男，为手。

离卦代表目，因为离为火，代表光明，而眼睛可以看到光明。坎卦代表耳，因为坎为水，水往低处汇聚，而人的耳朵可以聚拢声音。兑卦代表口，因为兑为泽，而沼泽上面是开口的。巽卦代表股（大腿），因为巽为风，可以传播、联络，而大腿也可以把整个身体连接起来。这样一来，就可以用八卦来对应身体上八个重要的部位。

古人与动物的关系比较密切，所以八卦还可以代表八种动物。

八卦的象征意义（在动物上）

乾为马	坤为牛	震为龙	艮为狗
离为雉	坎为豕	兑为羊	巽为鸡

乾卦代表马，因为马在白天不断奔跑，就像乾卦一样充满活力。坤卦代表牛，因为牛就像坤卦一样安静顺从。乾卦代表父亲，也代表马；坤卦代表母亲，也代表牛，所以人们常说父母"做牛做马"。

震卦为龙，为长男，所以古人会说"望子成龙"。并且，古代只有贵族才有机会学习《易经》，这个长男将来是要接班的，所以把他当作龙，代表未来有无限的可能性。艮卦为狗，因为艮为山，山可以挡住别人，而狗替你看家，也能挡住别人。

离卦为雉，因为离为火，火光灿烂，而雉是有彩色羽毛的鸟类，如凤凰、孔雀等。坎卦为猪，因为坎为水，而猪也喜欢潮湿。

兑卦为羊，因为兑为泽，为少女，人们看到少女会觉得喜悦，看到羊也会觉得喜悦。巽卦为鸡，因为巽为风，非常顺从，而鸡也非常顺从。在欧洲的某些十字路口，可以看到一面旗帜，上面画着一只鸡作为风向标。

可见，《易经》充满各种象征，不同领域的象征还可以交叉使用。某个爻既可能涉及家庭中的八种角色，也可能涉及身体上的八个部位，或周围的八种动物。具体如何应用这些象征，会在介绍64卦时一一阐明。

最后，八卦最常用的象征，就是每个卦的基本性质。譬如，乾为健，代表刚健不已。坤为顺，代表完全顺从。震为动，可以行动。艮为止，可以像山一样止住别人。离为丽（依附），就像火依附在蜡烛上一样。坎为陷，代表有陷阱、有危险。兑为悦，可以令人喜悦。巽为入，可以像风一样无所不入。

八卦的象征意义（基本性质）

乾为健	坤为顺	震为动	艮为止

离为丽	坎为陷	兑为悦	巽为入

八卦还有其他各种象征，有兴趣的话，可以翻查《说卦传》，它就像一本小字典。《易经》的象征显示了古人高度的智慧，值得我们品味。

八、八卦如何与五行相配

本节的主题是：八卦如何与五行相配？这里所谓的"八卦"，是指后天八卦图。上一节介绍了先天八卦图，由"乾坤震艮离坎兑巽"所构成，看起来相当完美。先天八卦图是静态的，代表本体；而后天八卦图是活动的，代表应用，当然更加丰富有趣。

本节内容包括以下三点：

第一，后天八卦图如何与五行相配？

第二，五行之间相生相克的关系；

第三，五行可以应用于生活的各个方面。

后天八卦图

夏天
南方火
离

东南方
木
巽

西南方
土
坤

春天
东方木
震

秋天
西方金
兑

东北方
土
艮

乾

西北方
金

坎

冬天
北方水

（一）后天八卦图如何与五行相配

首先，还是要从中国的地理方位谈起。中国位于北半球，所以南方代表着光明。后天八卦图也是从北向南看，所以东方在左，西方在右，与先天八卦图的方位是一致的。不同的是，由于后天八卦图是周朝制作的，而周朝的发源地陕西位于中国西部，所以就把乾卦定位在西北，坤卦定位在西南。可见，后天八卦图与中国的地理形势和历史发展，都有一定的关联。

《说卦传》是《易传》的一部分，里面提到后天八卦图的方位，即震卦在东方，巽卦在东南，离卦在南方，坤卦在西南，兑卦在西方，乾卦在西北，坎卦在北方，艮卦在东北。如果把后天八卦图配合五行来看，会发现它恰好配合了中国的地理形势。

八卦如何与五行相配呢？首先要记住"水火不容"这句话，即五行里的"水"与"火"仅匹配一个卦，不容许别的卦进来；而"木、土、金"都要匹配两个卦。属于木的是东方的震卦与东南方的巽卦，因为在中国的东方和东南方，草木盛长。属于火的是南方的离卦，因为离为火，代表炎热的南方。属于土的是西南方的坤卦，以及对面东北方的艮卦，因为坤为地，艮为山，地和山的本质都是土。属于金的是西方的兑卦，以及西北方的乾卦。属于水的是北方的坎卦，因为坎为水，代表冰冷的北方。

（二）五行之间相生相克的关系

"木火土金水"的排列顺序涉及相生相克的观念，可以用"比（bǐ）相生而间相胜"来概括。"比"就是邻居。所谓"比相生"，是说五行中相邻的元素沿顺时针方向相生。"间"就是隔一个。所谓"间相胜"，是说五行里间隔的元素是相胜、相克的关系，如下图所示。

五行相生相克示意图

先看"比相生"。木生火，火生土，土生金，金生水，水再生木。这符合一般的观察：木材可以燃烧，变成火；火烧完之后，只剩下灰烬，变成土；土里面（如地下或山中）藏着金属；金属多的地方一定有水；水再生木。这就是"比相生"，按照顺时针方向，木火土金水，一个生一个。

再看"间相胜"，也就是隔一个相克。木克土，树木的根可以长到土里面；火克金，火可以冶炼金属；土克水，俗话说"兵来将挡，水来土掩"；金克木，金属可以穿透木头；最后，水克火，水可以把火熄灭。

（三）五行的应用

古人把"五行"应用于很多领域。

比如，把"青红黄白黑"五种颜色与"木火土金水"这五行进行搭配。木是青色（绿色）的，因为它的叶子是绿色的；火是红色的；土是黄色的；金是白色的；水是黑色的，因为海水深不可测，看起来就像是黑色的。

又如，"酸苦甘辛咸"五种味道，可以与五行搭配。木是酸的，因为树上结的果子是酸的；火是苦的，因为火把东西烧焦了之后，味道是苦的；土是甜的，因为土里长出的庄稼基本上是甜的；金是辛（辛辣）的，因为冶炼金属的味道辛辣刺鼻；水是咸的，因为海水就是咸的。

春夏秋冬四季，也可以与五行搭配。古人觉得夏天太长了，就把夏天分成两部分。所以，春天属木，夏天属火，长夏属土，秋天属金，冬天属水。同样遵循"木火土金水"的顺序。

另外，"宫商角徵羽"五音，可以与五行搭配，但顺序稍有不同。角音属木，徵音属火，宫音属土，商音属金，羽音属水。

人的五脏也可以与五行相配，由此形成中医养生的基本理论。五脏包括"肝心脾肺肾"。肝属木，所以春天养肝；心属火，所以夏天养心；脾属土，所以长夏养脾胃；肺属金，所以秋天养肺；肾属水，所以冬天补肾。

五行旁通表

五行	木	火	土	金	水
八卦	震 巽	离	坤 艮	乾 兑	坎
五脏	肝	心	脾	肺	肾
五色	绿（青）	红（赤）	黄	白	黑
五味	酸	苦	甘	辛	咸

如此一来，五种颜色、五种味道、一年四季、五音以及人的五脏，全都被纳入五行的系统中。

战国末期，齐国的阴阳家邹衍提出"五德终始"说，用"五德"代表各个朝代的属性，以此推演朝代的更迭。譬如，黄帝代表的是土德，因为土是黄色的。后面相邻的朝代都是相克的关系。夏朝是木德，因为木克土；商朝是金德，因为金克木；周朝是火德，因为火克金；秦朝是水德，因为水克火。由于水是黑色的，所以秦朝特别崇尚黑色。

另外，据《史记·高祖本纪》记载，汉高祖刘邦打天下之前，曾经斩过一条白蛇。据说这条白蛇是白帝子，而刘邦是赤帝子。白色属金，红色属火，而火可以克金。

这些说法都有附会之嫌，但同时也表明，五行的观念出现之后，古人喜欢把所有问题都纳入五行的架构去思考。从声音、颜色、味道、四季，到人的五脏六腑，乃至国家的兴盛衰亡，都会参照这种模式去了解。由此可见，五行是中国古人思考宇宙人生的基本架构。

收获与启发

《易经》的卦爻辞主要谈八卦，涉及五行的地方并不多。将八卦与五行配合，可以带来很多启发。譬如，震卦（☳）与巽卦（☴）都属木，《易经》的卦爻辞凡是涉及树木的，往往与震卦和巽卦有关。又如，离卦（☲）属火，坎卦（☵）属水。《易经》只要谈到战争或饮食料理，就会出现离卦与坎卦。

另外，坤卦（☷）与艮卦（☶）属土，乾卦（☰）与兑卦（☱）属金，这些搭配也会派上用场。譬如，大畜卦（䷙）的结构是上艮下乾，上卦艮为山，下卦乾属金，山中有金玉，代表大有积蓄。可见，将八卦与五行配合应用，可以让思维变得更加开阔。

九、时与位

我们做任何事情，首先要看时机是否合适，大的格局或形势是否有利；再看自己处于什么位置，是否具备完成此项工作的条件。

本节的主题是：时与位。内容包括以下两点：

第一，《易经》重视"时"与"位"；

第二，一卦六爻之间的关系。

（一）《易经》重视"时"与"位"

《易经》在义理方面强调"乐天知命"。所谓"天"，代表大势所趋，不是个人可以改变的；所谓"命"，代表个人的遭遇，这与他所处的位置有关。天与命，就象征了时与位。《易经》有64卦，每一卦都代表一个特定的"时"，即某种特定的格局或趋势。每一卦有六爻，代表六个位置。可见，《易经》非常重视"时"与"位"。

在《论语》中，多次谈到"时"。比如，公明贾向孔子描述公叔文子的作风，他说："夫子时然后言，人不厌其言。"（《论语·宪问》）意即：公叔先生在适当的时候才说话，别人不讨厌他说话。在饮食方面，孔子可以做到"不时，不食"（《论语·乡党》），即孔子不吃季节不对的菜。在学习方面，孔子说："学而时习之，不亦说乎？"意即：学了做人处事的道理，并在适当的时候加以实践，不也觉得高兴吗？在为官方面，孔子强调"使民以时"（《论语·学而》），选择适当的时候征用百姓服劳役，百姓才愿意配合。后来，孟子称赞孔子是"圣之时者也"（《孟子·万章下》），即孔子是圣人中最重视时机、做事最能配合时宜的。由此可见，儒家非常重视"时"。

《易经》对于"时"也十分重视。《易经》的《彖传》负责解释每一卦的卦辞。在《易经》64卦的《彖传》中，有23次强调"时"的重要性，其中还有12次提到"时"并强调"大矣哉"，即"真是伟大啊"。

这12次对"时"的赞叹，可以归结为三种看法：第一，"时义"，亦即在一个趋势中看到这个时机的意义；第二，"时用"，亦即在困难中知道这个时机的用处；第三，"时宜"，亦即在这个时机下做出适当的选择。

首先，谈到"时义"的有四个卦：豫卦（☷），旅卦（☲），遁卦（☰），姤卦（☰）。豫卦代表喜悦，也代表预备。当事情上轨道时，固然很喜悦，但同时也要提高警惕，提前预备。旅卦代表在外旅行，此时要留心各种时机的特别意义。遁卦是阳爻准备离开，姤卦是从底下出现第一个阴爻。因此，当发现变化的趋势时，要特别小心谨慎，注意当前时机的意义。

其次，谈到"时用"的有三个卦：习坎卦（☵），蹇卦（☵），睽卦（☲）。习坎卦下坎上坎，代表困难重重。蹇卦下面是山，上面是水，山挡住去路，水充满危险。睽卦代表彼此相隔太远，很容易互相猜忌。人在困境中容易灰心泄气，失去斗志，这时要明白当前时机的作用。只有在困境中，才能检验一个人是不是真正的君子。

最后，谈到"时宜"的有五个卦：随卦（☱），颐卦（☶），大过卦（☱），解卦（☵），革卦（☲）。这些卦代表某种改变的过程。随卦要随着时机而行动；颐卦象征一张口要吃东西，代表找工作要把握时机；大过卦中间四个阳爻，代表本末太弱，栋梁随时有垮塌的风险；解卦代表问题刚刚得到解决，下一步如何行动很重要；革卦代表革命、变革，需要把握变革的时机。可见，在改变的过程中，要特别注意时机的选择。

总之，"时义、时用、时宜"提醒我们，在一个趋势里面、在困难的处境中、在面临选择时，应该见微知著，把握时机。这12个卦的《象传》都强调"大矣哉"，说明当前是一个伟大的时机，特别值得重视。

假设你现在有一个问题，占到一个卦，这个卦就代表"时"，反映了你目前处于怎样的形势或格局。接着要看处于哪一爻，这个爻就代表"位"。譬如，如果处在乾卦初爻，爻辞就会提醒你"潜龙勿用"，代表在目前的情况下，不可能有什么作为。爻的发展是由下往上的。乾卦有六个阳爻，初九从底下往上一看，上面都是阳爻，所以只能少安毋躁，培养实力，等待时机的来临。

（二）一卦六爻之间的关系

一卦六爻之间也有复杂的关系，可以归纳为"乘、承、比、应"。

什么是"应"？下卦三爻与上卦三爻，相关的位置互相影响。亦即下卦的初爻与上卦的四爻，二爻与五爻，三爻与上爻，都互相影响。处在相关位置上的两爻，如果一阴一阳，称作"相应"；如果两爻是同性的，称作"不应"。譬如，屯卦的初爻为阳爻，四爻为阴爻，两爻相应；三爻与上爻都是阴爻，两爻不应。又如，损卦的初与四，二与五，三与上，都是相应的。一般来说，不应的两爻会互相排斥；但是也不尽然，要根据每个卦的结构来具体分析。

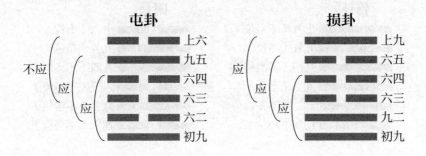

什么是"比"?"比"就是邻居。两个爻相邻,就称作"相比"。爻是由下往上走的,如果一个阳爻的上面也是阳爻,属于同性相邻,这种局面还不错;如果阳爻上面是阴爻,就会构成压力。

什么是"乘"与"承"?两爻相邻,如果阴爻在下,阳爻在上,就叫作"承"。等于阴爻向上奉承阳爻,这对两个爻都好。反之,如果阳爻在下,阴爻在上,就叫作"乘"。等于阴爻压制了阳爻,这对双方都不利。譬如,颐卦的六五上承上九,而六二下乘初九。但是,这些只是基本原则,真实情况还要具体分析。

颐卦

承 上九
六五
六四
六三
乘 六二
初九

还有一个重要概念是"当位"。阳爻、阴爻各有适当的位置。阳爻充满动力,最好处在奇数的位置,即"初、三、五"位。阴爻是稳定的,最好处在偶数的位置,即"二、四、上"位。符合这个要求的爻,就称作"当位"。具体可以参考下图的实例。

乾卦

上九(不当位)
九五(当位)
九四(不当位)
九三(当位)
九二(不当位)
初九(当位)

困卦

上六(当位)
九五(当位)
九四(不当位)
六三(不当位)
九二(当位)
初六(不当位)

收获与启发

你占到某一卦某一爻，这个卦就代表当前的格局与形势（时），这个爻就代表你目前所处的位置（位）。如果位置好，那么"时"的影响就比较小。如果位置不佳，即使你占的卦很好，还是免不了会经历一番煎熬。因此，要将"时"与"位"配合起来思考，才能获得更多的启发。

《易经》非常重视时机。有些卦强调时机的意义，提醒你关注大势所趋；有些卦强调时机的用处，指出虽然目前困难重重，但是要明白困境的重要作用；有些卦强调时宜，警示你准备行动的时候，要看时机是否适当。只要能够正确地判断"时"，就知道应该何去何从。

《易经》的"时"与"位"提醒我们，要与时俱进，随机应变。"与时俱进"直接受到卦的影响。你占到某个卦，就要把握当前的时机，选择适当的策略，有时要放手一搏，有时要谨慎收敛。"随机应变"则受到爻的影响。你占到某个爻，就要根据自己所处的位置，采取合宜的态度。这样一来，才能真正做到"乐天知命"。

十、元亨利贞

用《易经》预测未来，自然要做出吉凶的判断，《易经》的"占验之辞"可以告诉我们这些信息。

本节内容包括以下三点：

第一，"元亨利贞"代表什么意思？

第二，其他常见的占验之辞，如吉凶悔吝、无咎等；

第三，如何解读占卦的结果？

（一）"元亨利贞"代表什么意思

《易经》每一卦都有一句卦辞，用来描述该卦的基本特色。"元亨利贞"就是乾卦的卦辞。这四个字在64卦的卦爻辞中，会多次出现。

"元"就是创始。乾卦（䷀）六个阳爻具有无限的生命力，它创造了万物，这就是元。

"亨"就是通达。万物有共同的来源，所以彼此是相通的。譬如，母牛吃了草，可以产出牛奶；小孩喝了牛奶，可以长成青少年。这说明植物、动物与人类是相通的。中国古人形成了以生命为中心的宇宙观，认为宇宙充满生命，万物彼此相通，这就是亨。

"利"就是适宜。所有生命都有适合它生存的空间。譬如，仙人掌适合生长在沙漠里，而栀子花更适合生长在南方。

"贞"就是正固，代表能够稳定下来，维持一段时间。譬如，一朵花可以绽放两周，一棵草可以活几个月，一棵树能活几百年，这就是贞。

除了乾卦之外，《易经》还有六个卦的卦辞提到"元亨利贞"，包括：坤卦（☷☷）、屯卦（☵☳）、随卦（☱☳）、临卦（☷☱）、无妄卦（☰☳）、革卦（☱☲）。但是，"元亨利贞"在这些卦里的含义有所不同。

首先，坤卦所谓的"元"不能理解为"创始"，只能理解为"开始"。因为坤为地，土地上的万物并不是由土地创造的，而是由乾卦创造的。

其他几个卦则要把"元亨"合在一起看，此时"元"变成形容词，"元亨"就是"最大的亨通"，亦即无所不通。换言之，当你占到这些卦时，也许开始会经历重重考验；后面则会一马平川，畅通无阻。譬如，屯卦接在乾坤之后，代表天地定位之后，万物开始出生，虽然充满困难，但是后面会非常亨通。随卦代表随着时势去发展，最后也会大为亨通。临卦代表阳爻由下而上，逐渐发展壮大。无妄卦代表不存任何妄念，真诚坦荡地发展，自然非常通达。革卦代表变革，变革之后又是一个新的开始。

可见，除了乾坤两卦之外，"元亨利贞"的"元"都代表"最大"的意思，"元亨"意为最大的亨通，"利贞"二字合在一起，意为"适合正固"。把"元亨利贞"进行不同的组合，就有不同的含义。"元亨利贞"就是占验之辞，基本上都代表好的意思。

（二）其他常见的占验之辞

除了"元亨利贞"以外，最常出现的占验之辞是"吉凶悔吝"。一般来说，愿望能够实现就是吉，反之就是凶。所以，"吉凶"二字只是代表你的构想能否实现。

"悔吝"是《易经》的专用术语。"悔"是后悔、懊恼。你做一件事，没有达到预期的结果，就会感到懊恼；懊恼之后，如果改过迁善，就会逐渐走向"吉"。"吝"是困难。如果你遇到了困难，依然执迷不悟的话，就会慢慢走向"凶"。

学过《易经》之后，要习惯说"吉凶悔吝"，而不要再说"吉凶祸福"，因为吉就是福，凶就是祸，两者的意思是重复的。"吉凶悔吝"代表四种不同的状况，它们之间存在一种动态的关联。人如果有"悔"，知所警惕，就会慢慢接近"吉"；如果遇到"吝"，还不知收敛，就会慢慢接近"凶"。

《易经》大部分卦爻辞里都有占验之辞，告诉你是吉还是凶，让你心里有数。"吉"的上面还有"大吉"，但是比较少见。最好的是"元吉"，代表上上大吉。在《易经》64卦的384爻中，只有12个爻是"元吉"。可见，占到"元吉"是非常幸运的。

《易经》里出现最多的占验之辞是"无咎"。"咎"代表遇到灾难，或受到责备。譬如，这次失败要归咎于谁？"无咎"是《易经》的专用术语，意为"没有灾难，也没有受到责备"，代表一种平常的状态。我曾给一个朋友占卦，告诉他"你这个问题是无咎"。他听了差一点儿昏倒，以为自己没救（无救）了。

"无咎"并非完美，只代表及格的水平，还有提升改善的空间。《系辞上传》说："无咎者，善补过者也。"人难免会有过失，所以看到"无咎"，不能放松警惕。只有及时改正自己的过错，才能不断成长进步。孔子在《论语·述而》里说："让我多活几年，到50岁时专心研究《易经》，以后就不会有大的过错了。"[①]可见，孔子学习《易经》的目的，只是希望借此避免大的过失。

"勿用"也是一种占验之辞，代表不要有什么作为。譬如，乾卦初九说："潜龙勿用。"代表你顺着情势发展，不采取任何行动，就会平安无事。这并非无所作为，而是让你不要刻意去做任何事。

"灾眚（shěng）"二字经常同时出现。一般而言，"灾"代表天灾，"眚"代表人祸。另外还有"厉"字，代表危险。但危险并不是

---

① 原文：子曰："加我数年，五十以学《易》，可以无大过矣。"

凶，还没有到无法挽回的地步。你只要提高警惕，事先预防，就能减少负面的干扰，取得积极的成果。

（三）如何解读占卦的结果

我们用《易经》占卦，占到某一卦、某一爻，到底好不好呢？能否如愿以偿呢？这时就要看出现了哪些占验之辞。不过，愿望能否实现，往往不是简单的"吉凶悔吝"可以说清楚的。《易经》的卦爻辞通常会告诉你，在当前的格局下，有哪些可能的选择。不同的选择，自然会有不同的结果。

有时，在同一句卦爻辞里，会出现两种互相矛盾的说法，既说适合停下来，又说适合往前走，这时该如何是好呢？根据专家的研究，《易经》的卦爻辞可能是长期占卦的经验总结，有些类似于今天的大数据。当你占问两件不同的事，可能得到同一卦同一爻，但是这两件事未必遵循同样的发展轨迹。所以，你要在爻辞里寻找，哪句话跟你的问题关系最密切。

爻辞往往是一种比喻或象征，要善于把它转换为今天的情境。譬如，我要去乘飞机，占到"骑上马也是团团打转"。只要把情境稍作转换，就知道今天搭飞机不会顺利，这样才能灵活运用三千多年前的卦爻辞。

有人占到"凶"，觉得很可怕，其实不用太担心，它只是代表你当前的愿望不会实现而已。比如，你本来希望赚一百块钱，结果只赚了十块钱。如果占到了凶，就少安毋躁，暂时不要采取行动。

今后当你面临重大选择时，可以学学古人，先进行占筮，多考量几个参考因素再决定是否行动。

收获与启发

《易经》大部分卦爻辞都包含占验之辞，如"元亨利贞""吉凶悔吝""厉""无咎"等。占验之辞可以帮助我们进行决策，并提醒我们修养自己。

下一节将介绍两种占卜方法，再正式进入《易经》64卦的文本，会从乾卦开始，一直介绍到最后的未济卦（䷿）。让我们再接再厉，朝着目标努力前进。

十一、占卦须知：传统的筹策卦、简便的数字卦

本节介绍古代占卦与解卦方面的问题。

（一）占卦须知

1.人生由一连串的选择所构成，由此造成吉凶悔吝等结果。如何选择可保平安无咎？可以趋吉避凶？《易经》提醒人要注意德行（勿因欲望而造成盲点与执着）、能力（随着能力提升而增加自信），以及智慧（依据理性思考与生活经验，再辅以占卦的帮助）。

2.在"智慧"方面，占卦可以提供协助。《系辞下传》说"无有师保，如临父母"，以及"人谋鬼谋，百姓与能"，即是此意。

3.在理性及经验皆难以明确论断该如何选择时，可以进行占卜。占卜必须遵守"三不占"的原则：（1）不诚不占：占卦乃求教于神明，因此首重真诚。（2）不义不占：不合乎正当性及合理性的问题，不必占问。（3）不疑不占：理性难以测度，真有疑惑时，再行占问。

4.提问方法

（1）每次一个问题。问题是：现在要做一个选择，一旦决定则结果如何？这个选择若涉及两个内容，则可分别占问，再比较两个结果，然后做选择。

（2）同一个问题可以换不同方式来占。例如，在一家公司工作一段时间，有人找你另行创业。此时，关于工作你可问：留下来如何？离开又如何？再比较两个结果。

（3）平时每隔三个月（一季）可以占问一次时运。同一个问题每隔三个月可以再行占向。

5.占卦最好在清晨，此时心思清静，意念集中。先拟好问题，准备纸笔，再拿出筹策，握于手中，心中默念："假尔泰筮有常，某（自己名字）今以某事（要占问之事），未知可否。爰质所疑于神之灵，吉凶，得失，悔吝，忧虞，惟尔有神，尚明告之。"或者以白话在心中存想："希望借着伟大占筮的常道来帮助我，我（自己名字）现在有一件事（什么事），不知可不可行。在此把这个疑惑提出来，向占筮之神请教。看看此事的结果是吉是凶，是得是失，是悔是吝，是烦恼是平安。祈求神明的灵验力量，可以清楚指示结果。"

（二）传统的筹策卦

所谓筹策卦，指古代以蓍草来占卦。先准备50根类似于竹筷、可以拨动计算的工具，称为"筹策"，取名根据是"运筹于帷幄之中，决胜于千里之外"。占卦依据是《系辞上传》所云"大衍之数五十，其用四十有九……"这整段资料。但此段资料文字有脱落，内容不易索解，今大致说明操作方法。

首先，清理出桌面的一个空间（长约80厘米，宽约50厘米）。再由50根筹策中取出一根，横置于桌面上方，代表"太极"，使此一空间成为特定的占卦场所。此一太极在整个运算过程中保持不动，亦即真正使用的筹策是49根。

其次，所谓运算，是指将这49根筹策"分组、取出、计算"。每运算三次，会得出一个数字。六度"重复"这样的运算，就得出六个数字。这是所谓的"十有八变而成卦"。六个数字"由下往上"记在白纸上，就构成了一个六爻卦。以下详说其步骤。

1. 第一次运算

将49根筹策堆在一起，"任意"由中间分为左右两组，然后由右手开始操作如下。

（1）由左组中取出一根，收于左手中；接着，以"四根"为单位来区分左组，看最后剩下几根（可能是一根、两根或三根；但是请记住，若无剩下，则取四根），将其取出，同样收于左手中。

（2）现在转向右组，"直接"以"四根"为单位来区分，看最后剩下几根（同样地，可能是一根、两根或三根；若无剩下，则取四根），将其取出，也收于左手中。

（3）现在把左手中的筹策"一起"置于桌面的左斜上角，避免与剩余的筹策混淆。至此，所剩余的筹策应是44根或40根。

2. 第二次运算

将前次运算所剩余的筹策堆在一起，"任意"由中间分为左右两组，然后由右手操作如下。

（1）由左组中取出一根，收于左手中。接着，以"四根"为单位来区分左组，看最后剩下几根（可能是一根、两根或三根；但是请记住，若无剩下，则取四根），将其取出，同样收于左手中（方法与第一次运算完全相同）。

（2）现在转向右组，"直接"以"四根"为单位来区分，看最后剩下几根（同样地，可能是一根、两根或三根；若无剩下，则取四根），将其取出，也收于左手中（同第一次运算）。

（3）现在把左手中的筹策"一起"置于桌面的左斜上角，但要记得"与第一次运算所置者稍分开"。至此，桌面所剩余的筹策应是40根或36根或32根。

3. 第三次运算

将前两次运算所剩余的筹策堆在一起，"任意"由中间分为左右两组，然后由右手操作如下。

（1）由左组中取出一根，收于左手中。接着，以"四根"为单位来区分左组，看最后剩下几根（可能是一根、两根或三根；但是请记住，若无剩下，则取四根），将其取出，同样收于左手中（方法与第一次运算完全相同）。

（2）现在转向右组，"直接"以"四根"为单位来区分，看最后剩下几根（同样地，可能是一根、两根或三根；若无剩下，则取四根），将其取出，也收于左手中（同第一次运算）。

（3）现在把左手中的筹策"一起"置于桌面的左斜上角，但要记得"与前两次运算所置者稍分开"。至此，桌面所剩余的筹策应是36根或32根或28根或24根。

（4）将最后桌面剩余的筹策，以"四根"为单位来区分，看其结果（应是九或八或七或六）。

（5）将此结果的数字记在事先准备好的白纸上，记得要写在白纸下方，由下往上排列。

如此，每三次运算，得出一个数字。接着还要五度进行运算，共得出由下而上的六个数字。这六个数字构成一卦：七与九为阳爻，六与八为阴爻。你所提问的答案即是此卦。那么，要看此卦的哪一爻呢？此时要看此卦有无变爻（变动爻）。

所谓变爻，是指老阳（九）与老阴（六）。九大于七，是为老阳；阴为负数，负六大于负八，是为老阴。以四季为喻：七为春，九为夏，八为秋，六为冬。夏季太热，有如老阳（九），渐变为冷；冬季太冷，有如老阴（六），渐变为热。换言之，六与九要变（阳变为阴，阴变为阳），七与八不变。原先占出的卦，称为"本卦"。若有一个或一个以上的爻变，就出现另一卦，称为"之卦"。本卦与可能出现的之卦相配合，提供了占问之事的线索。

那么，要如何解卦呢？参考朱熹《易学启蒙》的解卦方法如下：

（1）六爻皆不变者，只有本卦而无之卦，则参考本卦卦辞；

（2）一爻变者，则参考本卦变爻的爻辞；

（3）二爻变者，则参考本卦两个变爻的爻辞，但以上爻为主；

（4）三爻变者，则参考本卦及之卦的卦辞，但以本卦卦辞为主；

（5）四爻变者，则参考之卦中两个不变之爻的爻辞，但以下爻为主；

（6）五爻变者，则参考之卦中的不变之爻的爻辞；

（7）六爻变者，则参考之卦卦辞。

（三）简单的数字卦

心中对某事有所疑惑，此时"随机"想到三组三位数，随手写在纸上。第一组数字写在底下，再由下往上，写出二、三组数字。这些数字不可由"0"开头，"0"可在中间或后面，然后作简单计算如下：

（1）第一组三位数除以8，视其余下之数，代表下卦（若除尽，则余数为8）；第二组三位数除以8，视其余下之数，代表上卦（若除尽，则余数为8）；第三组三位数除以6，视其余下之数，代表变爻（若除尽，则余数为6）。

（2）前两组的余数可参考先天八卦图的数字：1为乾，2为兑，3为离，4为震，5为巽，6为坎，7为艮，8为坤。

（3）确定一卦之后，再看变爻何在，由下往上数（由1到6），然后可翻阅《易经》文本中的卦辞与爻辞。

数字卦（随机想三组三位数）

第三组三位数除以6，视其余数（若除尽则为6），即是变爻。

第二组三位数除以8，视其余数（若除尽则为8），形成上卦。

第一组三位数除以8，视其余数（若除尽则为8），形成下卦。

以上介绍的两种占卦方法，同样准确，但详略有别。建议在重大问题上，采用筹策占卦。

运算过程请扫码查看视频

教学视频·筹策卦

运算过程请扫码查看视频

教学视频·数字卦

《易经》正文解读

上经

一、自强不息是天天健身吗

01 乾为天，下乾上乾

乾：元亨利贞。

象曰：天行健，君子以自强不息。

上九：**亢龙有悔。**
象曰：亢龙有悔，盈不可久也。

九五：**飞龙在天，利见大人。**
象曰：飞龙在天，大人造也。

九四：**或跃在渊，无咎。**
象曰：或跃在渊，进无咎也。

九三：**君子终日乾乾，夕惕若，厉，无咎。**
象曰：终日乾乾，反复道也。

九二：**见龙在田，利见大人。**
象曰：见龙在田，德施普也。

初九：**潜龙勿用。**
象曰：潜龙勿用，阳在下也。

用九：**见群龙无首，吉。**
象曰：用九，天德不可为首也。

从本节开始，要详细介绍《易经》的64卦。

《易经》每一卦有六爻，由两个基本八卦组合而成。《易经》第一卦是由两个乾卦（☰）重叠而成，卦名也称作乾卦（☰）。

由基本八卦重叠而成的卦，称作纯卦。纯卦共有八个，其中有七个卦的卦名与基本八卦相同；只有坎卦称为习坎卦（☵，第29卦），代表重复的坎卦，提醒人们坎卦十分危险。

乾卦是下乾上乾，六个爻全部是阳爻。这代表什么呢？我们在认识一个卦的时候，要练习从空间与时间两个维度去看。首先，从空间的维度看，两个乾卦连在一起，不是代表天外有天吗？天无限广大，可以覆盖一切。其次，从时间的维度看，天之后还有天，不是代表无穷的动力吗？天可以创生一切。

阳爻本身是实在的、有力量的。现在六个阳爻重叠，代表它有无限的主动力与生命力，可以创生万物。因此，64卦以乾卦作为开始。古代所谓的"天"，包含"天体"与"天时"两个方面。"天体"是日月星辰，白天夜晚不断循环。"天时"是春夏秋冬，年复一年不断运行。天所展示的是健行不已的力量。

[**卦辞**] 乾：元亨利贞。

[**白话**] 乾卦：创始、通达、合宜、正固。

《易经》的主要原则是：观察天地之道，以安排人之道。"元"代表创始，乾卦六个阳爻具有无限的生命力，可以创生万物。"亨"代表通达，万物都来自乾卦，它们彼此相通，构成一个有机体。"利"代表合宜，万物各有适合生长的空间及条件。"贞"代表正固，即正确而固守，说明万物都可以维持一段时间。从自然界来看，"元亨利贞"有如春夏秋冬的循环。古人配合天时的变化，形成春耕、夏耘、秋收、冬藏的节奏。人的生命也可以像四季一样，展现少年、青年、中年、老年。

《文言传》如何解释"元亨利贞"这四个字呢？《文言传》属于《易传》的一部分，是儒家思想的发挥，它把"元亨利贞"四个字应用到人的世界。

"元"是创始。有创始才有万物，一切价值由此开端，所以

"元"是众善之长，是一切善行的首位。"亨"是通达，可以将美好的事物会合在一起。"利"是适宜，可以把合适的事物放在一起，保持和谐的状态。"贞"是正固，任何事物只有依循正途并维持一段时间，才能够成功。

把"元亨利贞"应用于人的世界，则"创生万物"（元）对应"仁"；"会合美好的事物"（亨）对应"礼"；"维持一切适宜"（利）对应"义"，因为"义"的本义就是"适宜"；"正固"（贞）对应"智"，如果不能守正和坚持，怎么能办成事业呢？所以，"元亨利贞"在人的世界就变成了"仁礼义智"这四种德行。

[**象传**] 象曰：天行健，君子以自强不息。

[**白话**] 《象传》说：天体的运行刚健不已，君子由此领悟自己要不断奋发上进。

《易传》的《象传》负责解释卦辞，在此先略过不谈。《象传》负责解释整个卦的象征。乾卦的《象传》说，君子看到天体的运行刚健不已，由此领悟要"自强不息"。什么是"自强不息"呢？

人的生命有三个层次，所以"自强不息"可以有三种考虑：第一，在身体层面，要坚持锻炼身体；第二，在心智层面，要终身努力学习；第三，在伦理、精神的层面，要一辈子行善助人。

能够三者兼顾当然很好，但事实上很难做到。对很多人来说，连早睡早起都不容易，又何谈锻炼身体呢？工作应酬这么多，还要照顾老人孩子，哪有时间读书学习呢？那么，有什么事可以像"天行健"一样，一直做下去呢？

如果自强不息是指每天锻炼身体，那么当人老了，坐在轮椅上或躺在病床上时，又要如何锻炼呢？如果自强不息是指每天学习、读书上进，但是人老了可能出现老年痴呆症，又该如何是好呢？自强不息既然与人的一生有关，必然涉及对人性的理解。事实上，这句话体现了儒家"人性向善"的观念。

人的一生只要活着，就要一直行善助人，因为人性是向善的。有人可能会质疑：《三字经》不是说"性本善"吗？事实上，《三字经》是南宋末年的学者创作的，只代表那个时代的心得，与孔子、孟子的思想未必一致。所以，我们还是要回到原始儒家的思想。

《孟子》书里提到曾家三代人的故事。曾点的儿子是曾参，他们父子二人都是孔子的学生。孟子说，曾点老了以后，眼睛看不清了，曾参奉养曾点，每一顿饭都有酒有肉，让父亲吃饱喝足。曾点吃饱之后就问："还有剩下的酒菜吗？"曾参一定说"还有"，然后请示父亲要如何安排。曾点很高兴，让儿子每天把剩下的酒菜送给附近的穷人家。孟子说，曾参确实孝顺，他除了"养口体"（让父亲吃饱喝足）之外，还能够"养志"。"志"代表心意。由此可见，每个人都有同样的心意，活到老要行善到老。

曾参的儿子叫曾元。后来曾参老了，眼睛也看不清了。曾元奉养曾参，每一顿饭也是有酒有肉。但是曾参吃完之后，曾元就不再请示父亲剩下的酒菜要给谁了。孟子说，曾元只做到了养口体，没有做到养志。[①]

这个故事说明，人的一生不管身体、心智处于何种状况，总是希望行善助人。人活在世界上，每天早上醒来都会有一种愿望——希望与别人建立一种适当的关系。儒家所谓的"善"，是指我与别人之间适当关系的实现。所以，只要家里还有一点能力，曾点就让孩

---

① 出自《孟子·离娄上》。原文：曾子养曾晳，必有酒肉；将彻，必请所与；问有余，必曰有。曾晳死，曾元养曾子，必有酒肉；将彻，不请所与；问有余，曰亡矣。将以复进也。此所谓养口体者也。若曾子，则可谓养志也。事亲若曾子者，可也。

子送一些食物给穷人家，满足自己继续行善的愿望。

"自强不息"体现了《易经》与《易传》的差别。《易经》只阐述客观的情况，让人掌握趋利避害、趋吉避凶的方法。《易传》则从人性的根源出发，提醒人们要修德行善，完成人性向善的要求。

这样解释的根据是乾卦的《文言传》，它说："君子以成德为行，日可见之行也。"意即：君子以成就道德作为行动的目标，要体现在日常可见的行为中。这就是"自强不息"的真正内涵。

总之，乾卦的卦辞是"元亨利贞"，代表"春夏秋冬"四季，也代表"仁礼义智"四种德行。乾卦的《大象传》强调"自强不息"，这当然可以包括天天健身、天天学习，但重点在于天天行善，因为儒家认为人性是向善的。君子要效法天的刚健不已，一生行善助人，这才是《易经》真正的用意。

二、乾卦的"龙"在说什么

本节要介绍乾卦六爻的爻辞。乾卦有四个爻的爻辞都提到了龙，这是怎么回事呢？我年轻时看金庸的《射雕英雄传》，里面提到丐帮的镇帮之宝"降龙十八掌"，包括"潜龙勿用、见龙在田、飞龙在天、亢龙有悔"等招式。我当时还真以为是武功秘籍，后来才知道金庸只是借用了《易经》乾卦的爻辞，其实并没有那种功夫。

乾卦为何以"龙"作为象征呢？《易经》的阳爻代表主动力。乾卦六个阳爻，好比一个人活着的时候具有各种可能性，可以创造出变化无穷的生命境界。龙可以在水里游，在地上跑，在天上飞，所以就以龙作为乾卦的象征，代表人生的各种境况。

龙是中华文化里很重要的一个意象，中国人说自己是龙的传人。但是，龙究竟是什么样的生物？龙真的存在吗？

古代有很多关于龙的说法，比如，龙蛇杂处，鲤跃龙门，龙争虎斗，云从龙、风从虎，龙凤呈祥，龙飞凤舞，等等。可见，龙与蛇、鱼、凤、虎，都有某种关联。我们据此猜测，古代应该有龙这种生物。

为什么现在看不到龙呢？其实，古代也很少能看到龙。据《左传》记载，昭公二十九年的秋天，晋国国都附近出现一条死去的龙。晋国大夫魏献子就问蔡墨这位专家："没有人捉过活的龙，但我听说龙是最有智慧的动物，这是真的吗？"蔡墨说："确实有龙。古代有两个家族养过龙：一个叫豢龙氏，生活在舜的时代；另一个叫御龙氏，生活在夏朝。龙本来是水里的生物，很难养活。水官后来放弃了，不再养它。因为把它养大之后，它就会飞走，所以人们看不到活的龙。"蔡墨引用了《易经》乾卦对于龙的各种描述，然后说："如果龙不是常见的生物，谁能以如此生动的方式来描写它呢？"可见，古代确实有龙存在。

另外，《史记》中有这样一段记载。儒家的孔子曾去拜访道家的老子。老子比孔子大约年长20岁，在周朝的国都洛邑担任国家档案馆的馆长。孔子向老子请教，受到很多启发。孔子回到鲁国之后，弟子就问他："老子是什么样的人呢？"孔子回答说："老子就像龙一样，乘风云而上天。"[①] 从此，老子便获得了"犹龙氏"这个绰号，代表他是像龙一样的人。如果当时的人不清楚什么是龙，那么孔子的说法不是显得很突兀吗？

古人认为，龙可以在水里游、在地上跑、在天上飞，在各种场合都能自由活动，正好可以体现乾卦的特色。乾卦六个阳爻，显示出无限的活力。我们可以把人的一生分为六个阶段，每十年为一个单位，用乾卦的六爻来代表。

一个人的发展就像龙一样难以预测，你怎么知道一个小孩将来会取得怎样的成就呢？一个人年轻时，要效法初九的"潜龙勿用"，不要急于有所作为；经过磨砺与考验，到了九二可以"见龙在田"，有如龙出现在地面上；到九三、九四的阶段，考验越来越多，需要戒惕谨慎；到了九五，可以"飞龙在天"；最后到了上九，则要切记"亢龙有悔"。

乾卦六爻以龙为喻，说明人的一生有"无限制"的可能性。除非一个人自我设限，否则他的发展空间将是十分广阔的。一个人在开始阶段固然需要别人指导，但如果他始终朝着一个目标去奋斗，那么总有一天他会顺利接班，带领整个社会不断进步。

[爻辞] 初九：潜龙勿用。

---

① 出自《史记·老子韩非列传》。原文：至于龙，吾不能知其乘风云而上天。吾今日见老子，其犹龙邪！

象曰：潜龙勿用，阳在下也。

[白话] 初九：龙潜伏着，不要有所作为。

《象传》说：龙潜伏着，不要有所作为，是因为这个阳爻在全卦的底部。

初九位于全卦最底下，就像龙潜伏在水里，不能有所作为，因为爻的发展只能由下而上。初九一上场，看到上面五个阳爻占据了所有位置，所以它着急也没有用，只好先潜伏下来，修炼自己。

[爻辞] 九二：见（xiàn）龙在田，利见（jiàn）大人。

象曰：见龙在田，德施普也。

[白话] 九二：龙出现在地上，适宜见到大人。

《象传》说：龙出现在地上，适宜见到大人，是肯定德行可以普遍施展开来。

九二为什么说"龙出现在地上"呢？因为三个爻构成一个基本的卦，包含"天、人、地"三个层次，可谓"无三不成格局"。将两个三爻卦组合成六爻卦之后，每个层次就会包含两个爻。乾卦初九与九二，代表地的层次。初九在地的下面，所以说它"潜伏在水里"。九二在地的上面，所以说"龙出现在地上"。

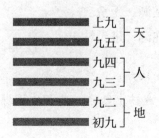

大人是谁呢？九二往上一看，正好看到九五，因为上、下卦的相关位置互相影响，所以九二适合见到的大人就是九五，它希望得到九五的培养和提拔。九五的爻辞也提到"利见大人"，代表九五虽然身处高位，同样适合见到九二：因为九五作为领导，需要早日培养合格的接班人。九二至少要磨炼30年，才能顺利接班。

[爻辞] 九三：君子终日乾乾，夕惕若，厉，无咎。

象曰：终日乾乾，反复道也。

[白话] 九三：君子整天勤奋不休，晚上还戒惕谨慎，有危险，但没有灾难。

《象传》说：整天勤奋不休，是说要在君子之道上反复修炼。

九三比较辛苦，需要整天勤奋不休。九三位于两个乾卦中间，它完成了底下的乾卦，往上一看，又是一个乾卦，所以说"乾乾"。同时，乾卦也象征白天，也就是一整天，所以说"终日乾乾"。

"夕惕若"的意思是说，到了晚上仍要像白天一样警惕，不能休息。"厉，无咎"三个字是占验之辞，意为"有危险，但没有灾难"。"无咎"二字在《易经》里经常出现。

九三就好比一个人30来岁的时候，正逢事业发展的重要阶段。只要勤奋努力，白天晚上都认真工作，就不会有什么灾难。

[爻辞] 九四：或跃在渊，无咎。

象曰：或跃在渊，进无咎也。

[白话] 九四：或往上跃升，或留在深渊，没有灾难。

《象传》说：或往上跃升，或留在深渊，是因为向上进取没有灾难。

九四进入上卦，等于进入了管理阶层。"或跃在渊"其实是两件事，或往上跃升，或留在深渊。说九四可以往上跃升到九五，这很容易理解。但为何又说它留在深渊呢？因为初九与九四这两个位置会互相影响。初九是龙潜伏在水里，九四如果原地踏步，看到身边同级别的人升迁了，就会感觉自己好像留在深渊一样，有一种相对的失落感。九四最后也是"无咎"，因为九四已经进入了管理阶层，不会有太大问题。

[爻辞] 九五：飞龙在天，利见大人。
　　　　象曰：飞龙在天，大人造也。

[白话] 九五：龙飞翔在天空，适宜见到大人。
　　　　《象传》说：龙飞翔在天空，是肯定大人处于兴旺的时候。

　　"五"属于"天"的位置，又位于上卦的中间，并且九五以阳爻居刚位，所以它"既中且正"。所谓"中"，是指处在下卦或上卦的中间，即"二"或"五"的位置。所谓"正"，是指阳爻在奇数的位置，或阴爻在偶数的位置。可见，九五处在全卦最好的位置，所以后来人们习惯把帝王称作"九五至尊"。

[爻辞] 上九：亢（kàng）龙有悔。
　　　　象曰：亢龙有悔，盈不可久也。

[白话] 上九：龙飞得太高，已经有所懊悔。
　　　　《象传》说：龙飞得太高，已经有所懊悔，是说满盈的状态
　　　　无法长久维持。

　　人的生命会一直前行，不会停滞。上九好比一个人到了60岁以

上。"亢"代表高。龙飞得太高，已经有所懊恼，因为大权已经到了九五手上。上九到达全卦最高的位置，一方面是高处不胜寒，另一方面也要准备离场了。此时若采取行动，就会出现懊恼。

总之，乾卦最大的特色在于六爻都是阳爻。全卦以龙为象征，六爻中出现了四次龙。龙具有无限变化的可能性，在水里、在地上、在天上都可以活动，象征一个人充满活力的一生。

[**爻辞**] 用九：见（xiàn）群龙无首，吉。

象曰：用九，天德不可为首也。

[**白话**] 用在乾卦整体，显示六个阳爻无首无尾，吉祥。

《象传》说：用在乾卦整体，发现天体的运行无始无终，循环不已，因此不可认定自己居先。

64卦中，只有乾卦在六爻之后加"用九"，而只有坤卦加"用六"。这是因为乾卦六爻皆阳，而坤卦六爻皆阴。"无首"意指无首也无尾，六爻一往平等，皆是具有无限可能性的龙。

三、真诚是天真幼稚吗

乾卦的《象传》强调"自强不息"，从"元亨利贞"谈到了"人性向善"。本节要介绍乾卦《文言传》的思想重点，要谈什么是"真诚"。《文言传》是《易传》的一部分，它的内容很少，只涉及乾、坤两个卦。

人作为万物之灵，可以扮演不同的角色，到最后可能忘了自己本来的状态。所以，谈人性向善，绝不能忽略"真诚"这个重要的前提。乾卦六个阳爻，整个卦是实在的、真实的，没有任何空虚之处。对人而言，真实就是真诚。乾卦《文言传》解释了"真诚"到底是怎么一回事。

对于乾卦九二，《文言传》说："庸言之信，庸行之谨，闲邪存其诚，善世而不伐，德博而化。"意即：平常说话都能守信，平常做事都能谨慎，防范邪恶以保持内心的真诚，为善于世而不夸耀，德行广被而感化世人。

"闲邪存其诚"是整句话的关键，意为"防范邪恶以保持内心的真诚"。由此可见，真诚与邪恶势不两立。如果你的内心足够真诚，那么你对于所知道的邪恶，一定会进行斗争。这恰恰说明，人性是向善的。一个人只要真诚，内心就会出现向善的要求，这时又怎能忍受已知的邪恶呢？这里强调"已知的邪恶"，是因为有些人可能由于无知而犯错。因此，儒家十分重视教育，希望帮助人们分辨善恶，满足人性向善的要求。《文言传》接着又说"为善于世而不夸耀，德行广被而感化世人"，说明只有先做到"闲邪存其诚"，才有可能进一步做出善行。古希腊哲学家苏格拉底（Socrates，前469—前399）也有类似的观念。苏格拉底临终前，弟子们问他："老师您走了之后，我们将来要怎么做呢？"苏格拉底说："今后你们要一如往昔，按照你们所知最善的方式去生活。"换言之，你将来也许会知道更善的方式，但是没有关系，你只要按照当下所知道的最善的方式去生活，就可以问心无愧。这与儒家"人性向善"的观点是类似的，你按照目前所知的善恶标准，努力防范邪恶，保持内心的真诚，自然就会去行善。

对于乾卦九三，《文言传》说："君子进德修业。忠信，所以进德也；修辞立其诚，所以居业也。"意即：君子应该增进德行以树立功业。做到忠诚而信实，由此可以增进德行；修饰言辞以确保其诚意，由此可以累积功业。

九二的"闲邪存其诚"谈的是行为，九三的"修辞立其诚"谈的是言语。儒家在修养方面，一向强调言行兼顾。因为言为心声，说话可以反映内心真实的想法；而行由内出，所以要通过行动把道德落在实处。

"修辞立其诚"的意思是说，当你与别人来往时，说话一定要有诚意，要根据听者的理解能力来选择言辞。譬如，我曾到北京的一所小学，给五年级的小学生们演讲。这时一定要深入浅出，通过讲故事或举例子，让小朋友们理解儒家的思想。如果引用原文太多、讲得太复杂，小朋友们就会不知所云。修辞的重要性由此可见一斑。

我最近两年在网络平台上讲国学，这对我来说是一项全新的挑战。听众的国学基础千差万别，有的人可能富富五车，有的人可能刚刚入门。所以我必须修饰言辞，尽量让每个人都能听懂，由此建立我的诚意。

可见，真诚绝不是天生的，更不是幼稚，而是需要经过长期的修炼。有的人自以为真诚，说话直来直去，做事我行我素，这其实是缺乏修养的表现。"闲邪存其诚""修辞立其诚"强调要在言行两方面进行修炼，这是非常好的观念。

另外，对于乾卦的九三和九四，《文言传》都提到"进德修业"

四个字。"修业"的"业"不是指学生的作业，而是指功业。儒家认为，道德不能脱离功业。譬如，孔子为何会推崇管仲，认为他符合仁的标准呢？其实，孔子也承认管仲的道德有瑕疵，他说："管仲如果懂得礼的话，天下还有谁不懂得礼呢？"[①]但是，管仲在春秋初期，帮助齐桓公用外交手段避免了战争，使百姓免于战乱之苦，建立了大的功业，所以得到孔子的肯定。

儒家认为，人不能脱离人群，所以道德不离事功。一个人对家庭、对社会、对国家没有做出实际的贡献，就不能说他是有道德的。儒家没有关起门的圣人。一个人立志成为君子，就要与别人真诚互动，使道德与功业齐头并进。

儒家强调人性向善，"向"是一种力量，而力量源于真诚。当我真诚的时候，看到身边有任何人受苦，心中都会觉得不安或不忍，希望能够帮助别人走出困境，这正是仁政的出发点。

乾卦可以代表一个人完整的生命历程，乾卦《文言传》对九二、九五两爻的说明，能带给我们深刻的启发。九二代表中正之大臣，九五代表大德之天子。

对于乾卦九二，《文言传》强调："君子学以聚之，问以辨之，宽以居之，仁以行之。"意即：君子努力学习以累积知识，向人请教以辨别是非，以宽容态度处世，以仁爱之心做事。没有经过这样的努力，怎么会像龙一样出现在地上，受到九五的赏识与提拔呢？

对于乾卦九五，《文言传》的说法更令人动容，它说："夫大人者，与天地合其德，与日月合其明，与四时合其序，与鬼神合其吉凶。先天而天弗违，后天而奉天时。天且弗违，而况于人乎？况于鬼神乎？"意即：大人的道德与天地的功能相合，他的智慧与日月的光明相合，他的行事作风与四时的秩序相合，他的赏善罚恶与鬼

---

① 出自《论语·八佾》。原文：管氏而知礼，孰不知礼？

神的吉凶报应相合。他的行动先于天的法则，天的法则不会违逆他；他的行动后于天的法则，他就会顺应天的法则所界定的时势。天的法则尚且不会违逆他，何况是人类呢？何况是鬼神呢？

对于乾卦上九，《文言传》最后说："知进退存亡，而不失其正者，其唯圣人乎？"意即：能知道进退存亡的道理而不致偏离正途的，大概只有圣人吧？这提醒我们，乾卦走到上九"亢龙有悔"的阶段，要知道前进也知道后退，知道生存也知道消亡，知道获得也知道丧失，这样才能一直走在人生的正路上。能做到这些的，大概只有圣人吧？这是对我们最高的要求与期许。

总之，乾卦六个阳爻，代表无限的真实；对人来说，则意味着无限的真诚。真诚需要长期的修炼。在行为上，要"闲邪存其诚"；在言语上，要"修辞立其诚"。由此实现"进德修业"的目标，使德行与功业密切配合，不断向上发展。乾卦是对每一个人普遍的期许，企业家或国家领导人，更是可以从乾卦获得明确的指引。

四、不培养接班人，下场堪虑

乾卦六个阳爻象征人的一生，每个人都要自强不息，除了锻炼身体、开发心智之外，更要将焦点放在天天行善上面。因为只有通过行善，才能与别人建立适当的关系，使德行和功业双轨并进。当一个人的经验与资历累积到一定程度，就会成为团队的领导者。乾卦对于企业或国家如何培养接班人，有很深刻的指示。本节的主题为：不培养接班人，下场堪虑。我们会通过历史故事来说明这一点。

一个国家如果想不断发展进步的话，一定要有好的领导人。乾卦的关键在于九二与九五这两爻。九二是"见龙在田，利见大人"，九五是"飞龙在天，利见大人"。两个爻都强调"利见大人"，代表两个人都需要对方的支持，九二希望得到九五的栽培和提拔，九五则希望找到九二作为自己的接班人。九二想要成长为九五，中间还须经过九三、九四的磨炼。其实，磨炼从初九的"潜龙勿用"就已经开始了。古代尧舜的故事就是乾卦最好的例证。

尧出生于帝王之家，他的德行与智慧很了不起。《史记·五帝本纪》说："尧，其仁如天，其知如神。"意即：尧的德行像天一样，没有不覆盖的；他的智慧像神明一样，没有不知晓的。尧的德行与教化堪称一时之盛，但是他必须培养出合格的接班人，否则整个社会的发展将难以为继。

尧在位第70年的时候，召集了几个重要的诸侯，问他们："你们谁愿意接替我的位置？"结果没有人愿意。有人建议他："让您的儿子接班吧。"尧认为他的儿子性情乖戾，不适合接班，于是几个诸侯向尧推荐了舜。舜是一名普通百姓，到30岁还没有结婚。舜的家庭很特别：父亲愚钝，后母愚顽，弟弟狂妄，并且三个人串通起来想要加害他。但是他照样孝顺父母，友爱弟弟，让一家人都平平安安的，没有酿成不可挽回的悲剧。尧说："我也听说舜是一个难得的人才，我要好好考验他一番。"

尧把自己的两个女儿娥皇和女英嫁给了舜，让舜参与政务，还让他进入森林，接受大自然的考验。舜遇到暴风、雷雨而没有迷路，最终平安归来。尧于是认定，这个年轻人确实是上天所选定的。等舜到了50岁，尧就让舜代行天子之政。

舜年轻的时候，家里的环境并不理想，等于是乾卦初九"潜龙勿用"的阶段，他默默修德，做自己该做的事。

舜20岁时，等于进入了乾卦九二的阶段。他的孝顺远近闻名。他总是谦虚地接受别人的指教，乐于吸收别人的优点来努力行善。①他当过农夫、陶工、渔夫，对所有人都谦恭有礼，令人佩服。他所到之处很快就会聚集人群，发展成一个乡村，进而发展成一个城镇。大家都觉得，这样的人才不可多得。这正是乾卦九二的"见龙在田，利见大人"。舜所适宜见到的大人就是九五之君——尧。舜在30岁时得到尧的提拔，经历了重重考验，始终保持戒慎恐惧，在德行上不断精进。

舜从30岁接受推举，到尧过世之后正式接替帝位，中间经过了整整28年。事实上，舜在50岁时就代行天子之事。这与乾卦九三的"君子终日乾乾"、九四的"或跃在渊"、九五的"飞龙在天"完全契合。可见，尧能够在中国历史上留下精彩的一页，就是因为他培养了合格的接班人。

舜后来也努力培养禹，让禹代理天子17年，然后顺利接班。禹之所以被提拔，是因为他治理洪水有功。他经过乾卦初九到九三的阶段，不畏艰难险阻，历经重重考验。由于禹的功劳太大了，所以他过世以后，百姓都支持他的儿子接班，由此建立了夏朝。

---

① 出自《孟子·公孙丑上》。原文：舍己从人，乐取于人以为善。

可见，国家或社会一定要培养出优秀接班人，才能实现更好的发展。尧、舜、禹的故事，生动诠释了乾卦的内涵。乾卦上九的"亢龙有悔"则提醒我们：乾卦到了最后阶段，只要不作为，就不至于懊悔。

现实中的占卦案例也能提供参考。有一次，我在深圳讲解《易经》，最后教大家用数字卦来占卦，并找了五个人做现场测试。我请他们先想好问题，但不用说出来，再任意联想三组三位数。然后我根据简单的公式算出答案，再来解释这个问题会有怎样的后续发展。

有一位朋友占到乾卦九五的"飞龙在天，利见大人"，我就问他："你要问什么事呢？"这位朋友是做室内装潢的，当时房地产市场很好，所以他想知道："如果开一家分店，结果如何？"我的回答是："恭喜你！想开分店占到'飞龙在天，利见大人'，代表你对这个行业非常熟悉，可以充分掌控局面。你在九五的位置，代表你可以做主；而'利见大人'代表还有贵人相助。"他听了之后，非常高兴。

但是，解卦并非都如此单纯，还要看你的问题是如何设定的。比如，有一位朋友在中学教书，他的儿子才15岁就患了癌症，他用《易经》占问孩子的身体状况，也占到乾卦九五的"飞龙在天，利见大人"。他不知道该怎么解，就打电话问我。我听了之后，连说三个"糟糕"。如果占问健康占到"飞龙在天"，就代表快要归天了；并且，从九五往上再走两步就会离开乾卦，代表只剩两个月时间了。因为根据一般的社会经验，癌症晚期患者的存活时间，很少能超过六个月。

儒家强调"死生有命"，《易经》也提醒我们"天道无吉凶"，任何事情都有它的发展规律和因果关系。走到这一步，《易经》只能告诉你客观的事实，它不以人的意志为转移。可见，我们在占卦、解卦时，应尽量避免主观情绪的干扰，这样才能准确理解《易经》卦爻辞的启示。

如果你打算中年转业，占到乾卦初九的"潜龙勿用"，就代表你的年纪虽然不小了，但是进入新的行业还是要从头开始，先充实自己的能力。等你到九二的时候，才能进一步往上发展。

占到乾卦九三，就要记得"君子终日乾乾"，白天晚上都要努力奋斗，否则就会有危险。九三的占验之辞是"厉，无咎"，你不能一看到最后是"无咎"，就认为可以高枕无忧了。"厉，无咎"的意思是说：你知道有危险，也知道该如何应对，才能够"无咎"（没有灾难）。"无咎"虽然不完美，但至少能保住基本的水平，没有太复杂的问题。

占到乾卦九四，是往上跃升还是留在深渊，就要看你的时运了；但基本上都是"无咎"，没有什么特别的灾难。

本节的主题是"不培养接班人，下场堪虑"，在社会的每一个领域都是如此。下一节要介绍坤卦。坤卦六爻都是阴爻，与乾卦的格局完全不同，又该如何理解呢？

附：乾卦的《彖传》与《文言传》

彖（tuàn）曰：大哉乾元，万物资始，乃统天。云行雨施，品物流形。大明终始，六位时成。时乘六龙以御天。乾道变化，各正性命。保合太和，乃利贞。首出庶物，万国咸宁。

[白话]《彖传》说：伟大啊！乾卦所象征的元气，万物借它而开始存在，它也由此主导了天体。云四处飘行，雨降落下来，各类物种在流动中成其形体。太阳的光明终而复始地出现，爻的六个位置也按照时序形成了，然后依循时序乘着六条龙去驾驭天体的运行。乾卦的原理是引发变化，让万物各自安顿本性与命运。万物保存聚合并处于最和谐的状态，就达到合宜而正固了。乾卦为首，创生出万物，普世都可以获得安宁。

文言曰：元者，善之长也；亨者，嘉之会也；利者，义之和也；贞者，事之干也。君子体仁，足以长人；嘉会，足以合礼；利物，足以和义；贞固，足以干事。君子行此四德者，故曰：乾，元亨利贞。

[白话]《文言传》说：创始，是一切善行的首位。通达，是美好事物的会合。适宜，是正当作为的协调。正固，是具体行事的主干。君子实践仁德，足以担任领袖；会合美好万物，足以符合礼制；维持一切适宜，足以协调义行；守正并且坚持，足以办成事业。君子就是要做到这四种德行的人，所以说：乾卦代表了创始、通达、适宜、正固。

初九曰"潜龙勿用"，何谓也？子曰："龙德而隐者也。不易乎世，不成乎名，遁世无闷，不见是而无闷。乐则行之，忧则违之，确乎其不可拔，潜龙也。"

[白话]初九的爻辞说，"龙潜伏着，不要有所作为"，这是什么意思？孔子说："这是指具有龙的德行而隐遁的人。他不会为了世俗而改变自己，也不会为了名声而有所作为，避开社会而不觉苦闷，不被社会承认也不觉苦闷。别人乐于接受，他就推行主张；别人有所疑虑，他就自己退避。他的心志是坚定而无法动摇的，这就是潜伏的龙啊。"

九二曰"见龙在田，利见大人"，何谓也？子曰："龙德而正中者也。庸言之信，庸行之谨，闲邪存其诚，善世而不伐，德博而化。《易》曰'见龙在田，利见大人'，君德也。"

[白话]九二爻辞说，"龙出现在地上，适宜见到大人"，这是

什么意思？孔子说："这是指具有龙的德行而处于正中位置的人。平常说话都能守信，平常做事都能谨慎，防范邪恶以保持内心的真诚，为善于世而不夸耀，德行广被而感化世人。《易经》说'龙出现在地上，适宜见到大人'，这是君主的德行啊！"

九三曰"君子终日乾乾，夕惕若，厉，无咎"，何谓也？子曰："君子进德修业。忠信，所以进德也；修辞立其诚，所以居业也。知至至之，可与言几也；知终终之，可与存义也。是故居上位而不骄，在下位而不忧。故乾乾因其时而惕，虽危无咎矣。"

[白话] 九三爻辞说，"君子整天勤奋不休，晚上还戒惕谨慎，有危险，但没有灾难"，这是什么意思？孔子说："这是讲君子应该增进德行与树立功业。做到忠诚而信实，由此可以增进德行；修饰言辞以确保其诚意，由此可以累积功业。知道时势将会如何来到，就设法使它来到，这样才可以同他谈论几微之理；知道时势将会如何终止，就坦然让它终止，这样才可以同他坚守正当作为。因此，处在上位而不骄傲，处在下位而不忧愁。所以能够勤奋不休，按所处的时势来警惕自己，这样即使有危险也不会有灾难啊。"

九四曰"或跃在渊，无咎"，何谓也？子曰："上下无常，非为邪也。进退无恒，非离群也。君子进德修业，欲及时也，故无咎。"

[白话] 九四爻辞说，"或往上跃升，或留在深渊，没有灾难"，这是什么意思？孔子说："上去或下来不定，但不是出于邪恶的动机。前进或后退也不定，但不会离开自己的同类。君子增进德行与树立功业，都想要把握时机，所以没有灾难。"

九五曰"飞龙在天，利见大人"，何谓也？子曰："同声相应，同气相求。水流湿，火就燥，云从龙，风从虎，圣人作而万物睹。本乎天者亲上，本乎地者亲下，则各从其类也。"

[白话]九五爻辞说，"龙飞翔在天空，适宜见到大人"，这是什么意思？孔子说："声调相同就会互相呼应，气息相同就会彼此吸引。水会流向潮湿的地方，火会烧向干燥的区域。云随着龙而浮现，风跟着虎而飘动。圣人兴起，引来万物瞩目。以天为本的事物会亲近在上的天，以地为本的事物会亲近在下的地，万物都是各自随从它自己的群类。"

上九曰"亢龙有悔"，何谓也？子曰："贵而无位，高而无民，贤人在下位而无辅，是以动而有悔也。"

[白话]上九爻辞说，"龙飞得太高，已经有所懊悔"，这是什么意思？孔子说："地位尊贵却没有职位，高高在上却失去百姓，贤人居下位而无法前来辅佐，所以他一行动就会有所懊悔。"

潜龙勿用，下也。见龙在田，时舍也。终日乾乾，行事也。或跃在渊，自试也。飞龙在天，上治也。亢龙有悔，穷之灾也。乾元用九，天下治也。

[白话]（初九）龙潜伏着，不要有所作为，这是因为处于卑下的位置。（九二）龙出现在地上，这是因为顺着时势而一步步前进。（九三）整天勤奋不休，这是因为正要做该做的事。（九四）或往上跃升，或留在深渊，这是因为要检验自己的能力。（九五）龙飞翔在天空，这是因为处在上位，可以治理百姓。（上九）龙飞得太高，已经有所懊悔，这是因为走到穷困时会有灾难。（用九）乾卦的元气施展在全卦中，这是因为天下都治理好了。

潜龙勿用，阳气潜藏。见龙在田，天下文明。终日乾乾，与时偕行。或跃在渊，乾道乃革。飞龙在天，乃位乎天德。亢龙有悔，与时偕极。乾元用九，乃见天则。

[白话]（初九）龙潜伏着，不要有所作为，这是由于阳气处在潜伏隐藏的时期。（九二）龙出现在地上，这是由于天下万物井然有序并且显现光明。（九三）整天勤奋不休，这是由于随着时势一起前进。（九四）或往上跃升，或留在深渊，这是由于乾卦进展的变革已经来到。（九五）龙飞翔在天空，这是由于上达天位，可以展现天的功能。（上九）龙飞得太高，已经有所懊悔，这是由于随着时势走到穷困的地步。（用九）乾卦的元气施展在全卦中，这是由于显现了天的规律。

乾元者，始而亨者也。利贞者，性情也。乾始能以美利利天下，不言所利，大矣哉！大哉乾乎！刚健中正，纯粹精也。六爻发挥，旁通情也。时乘六龙，以御天也。云行雨施，天下平也。

[白话]乾卦所象征的元气，是万物得以创始并且通顺畅达的基础。至于适宜与正固，则是就万物的本性与实情来说的。乾卦的创始作用能够以美妙与适宜来造福天下万物，但是它并不指明自己对什么有利，这实在太伟大了！伟大啊，乾卦！刚强劲健而居中守正，本身是纯粹不杂的精气。六爻按时位进展运作，向外贯通了万物的实情。依循时序乘着六条龙，是要驾驭天体的运行。云四处飘行，雨降落下来，是要使天下获得太平。

君子以成德为行，日可见之行也。潜之为言也，隐而未见，行而未成，是以君子弗用也。君子学以聚之，问以辨之，宽以居之，仁以行之。《易》曰："见龙在田，利见大人。"君德也。九三重

（chóng）刚而不中，上不在天，下不在田，故乾乾，因其时而惕，虽危无咎矣。九四重（chóng）刚而不中，上不在天，下不在田，中不在人，故或之。或之者，疑之也，故无咎。夫大人者，与天地合其德，与日月合其明，与四时合其序，与鬼神合其吉凶。先天而天弗违，后天而奉天时。天且弗违，而况于人乎？况于鬼神乎？亢之为言也，知进而不知退，知存而不知亡，知得而不知丧。其唯圣人乎？知进退存亡，而不失其正者，其唯圣人乎？

[**白话**] 君子以成就道德作为行动的目标，要体现在日常可见的行为中。（初九）所谓的潜伏，是说隐藏而尚未显露能力，行动而尚未成就道德，因此君子不会有所作为。（九二）君子努力学习以累积知识，向人请教以辨别是非，以宽容态度处世，以仁爱之心做事。《易经》说："龙出现在地上，适宜见到大人。"因为他具备了君主所应有的德行。九三上下皆为刚爻，又未居中位（二、五），往上没有达到天位，向下又已离开了地位，所以要勤奋不休，按所处的时势来警惕自己，这样即使有危险也不会有灾难啊。九四上下皆为刚爻，又未居中位，往上没有达到天位，向下已经脱离地位，中间又失去了人的合适位置，所以用"或"字（"或"通"惑"）来描写它。所谓"惑"，是疑而未决的意思，所以没有灾难。（九五）至于大人，他的道德与天地的功能相合，他的智慧与日月的光明相合，他的行事作风与四时的秩序相合，他的赏善罚恶与鬼神的吉凶报应相合。他的行动先于天的法则，天的法则不会违逆他；他的行动后于天的法则，他就会顺应天的法则所界定的时势。天的法则尚且不会违逆他，何况是人类呢？何况是鬼神呢？（上九）所谓的"亢"，是说只知前进而不知后退，只知生存而不知死亡，只知获得而不知丧失。只有圣人吧？能知进退存亡的道理而不致偏离正途的，大概只有圣人吧？

一、宰相肚里能撑船

02 坤为地，下坤上坤

坤：元亨，利牝马之贞。君子有攸往，先迷，后得主。
利西南得朋，东北丧朋。安贞吉。
象曰：地势坤，君子以厚德载物。

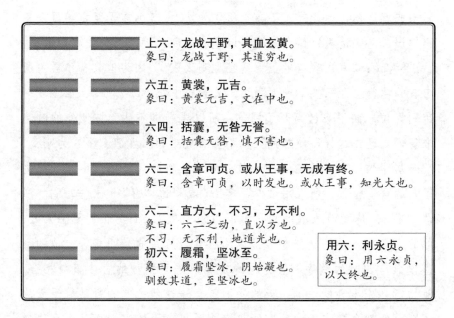

上六：龙战于野，其血玄黄。
象曰：龙战于野，其道穷也。

六五：黄裳，元吉。
象曰：黄裳元吉，文在中也。

六四：括囊，无咎无誉。
象曰：括囊无咎，慎不害也。

六三：含章可贞。或从王事，无成有终。
象曰：含章可贞，以时发也。或从王事，知光大也。

六二：直方大，不习，无不利。
象曰：六二之动，直以方也。
不习，无不利，地道光也。

初六：履霜，坚冰至。
象曰：履霜坚冰，阴始凝也。
驯致其道，至坚冰也。

用六：利永贞。
象曰：用六永贞，
以大终也。

乾卦是六个阳爻，坤卦是六个阴爻，坤卦必须与乾卦相配合。这两个卦特别重要，《易经·系辞传》强调：乾坤是《易经》的门户①，

---

① 见《系辞下传》。原文：子曰："乾坤，其《易》之门邪？"

也是《易经》的精华所在①。任何人想要进入《易经》的世界，都要通过乾坤这两个门户。所以对于乾坤二卦，我们要特别用心去了解。

　　乾卦六个阳爻，代表天；坤卦六个阴爻，代表地。乾卦、坤卦把阳爻、阴爻各自的象征作用完全接收过来，再进一步加以发挥。如果把乾坤两卦转到人的世界，则乾卦代表国君，坤卦代表臣民；乾卦代表父亲，坤卦代表母亲；乾卦代表长辈，坤卦代表晚辈。人在幼年阶段，在受教育的过程中，或者刚步入社会时，哪一个不是"坤卦"呢？你如果没有老老实实地跟随效法，怎么能跟得上别人的步伐呢？将来又怎么能顺利接棒，转变成乾卦那样的角色呢？因此，我们要深入理解坤卦的卦辞。

[**卦辞**] **坤：元亨，利牝（pìn）马之贞。君子有攸往，先迷，后得主。利西南得朋，东北丧朋。安贞吉。**

[**白话**] 　坤卦：开始，通达，适宜像母马那样的正固。君子出行游历　　　　　时，领先而走会迷路，随后而走会找到主人。有利于在西南　　　　　方得到朋友，并在东北方丧失朋友。安于正固就会吉祥。

　　坤卦的卦辞提到"元亨，利牝马之贞"。要把坤卦的"元"理解为"开始"，以区别于乾卦的"创始"。换言之，坤卦接受乾卦的创造力，让万物开始生存发展。

　　乾卦的《文言传》在解释"利贞"的时候，强调"不言所利，大矣哉"，即乾卦不说自己对谁有利，代表它对万物都有利，没有任何偏爱。但是，坤卦却强调"利牝马之贞"，亦即适宜像母马那样的正固，这是什么意思呢？

---

　　① 　见《系辞上传》。原文：乾坤，其《易》之蕴邪？

乾卦的爻辞中出现了好几条龙，龙可以乘风云而上天。而坤卦以母马作为象征，代表既要跟得上天的变化，又要接受天的领导；既要健行，又要顺从。所以，乾卦的龙属于天，坤卦的马属于地。

卦辞接着说："君子出行游历时，领先而走会迷路，随后而走会找到主人。"因为坤卦六爻皆为阴爻，没有任何阳爻，所以无法做出决断。

接着，卦辞为何说"利西南得朋，东北丧朋"呢？这就要参考后天八卦图的方位了。在后天八卦图上斜着画一条线，西方的兑卦（☱）为少女，西南方的坤卦（☷）为母亲，南方的离卦（☲）为中女，东南方的巽卦（☴）为长女。可见，在西南方都是阴性的卦，母亲和三个女儿都在这一边，坤卦可以在西南方找到同类，所以说"利西南得朋"。

后天八卦图

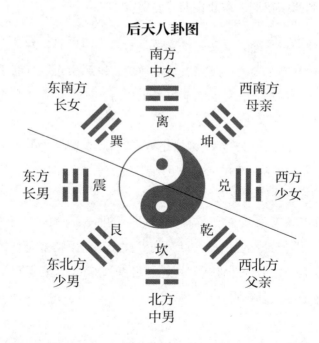

东北方有哪些卦呢？东方的震卦（☳）为长男，东北方的艮卦

（☶）为少男，北方的坎卦（☵）为中男，西北方的乾卦（☰）为父亲。可见，坤卦在东北方会丧失同性的朋友，但是反而可以找到主人。这就好比一个女孩子，年少时有很多闺蜜，长大后则要找到一位男性作为丈夫，成家立业。

"安贞吉"意为"安于正固就吉祥"，只要守在正确的位置上，就没有问题。坤卦的卦辞比乾卦复杂得多，因为坤卦不仅要完全顺从，还要跟得上乾卦的脚步。能够同时做到这两点，是非常不容易的。想要深入理解坤卦的卦辞，还要进一步参考它的《象传》。

[象传] 象曰：至哉坤元，万物资生，乃顺承天。坤厚载物，德合无疆。含弘光大，品物咸亨。牝马地类，行地无疆，柔顺利贞。君子攸行，先迷失道，后顺得常。西南得朋，乃与类行；东北丧朋，乃终有庆。安贞之吉，应地无疆。

[白话]《象传》说：至广啊！坤卦所象征的元气，万物借它而得以生成，它也由此顺应了天体。坤卦代表的大地以其厚重来承载万物，功能也响应了无边无际的需求。它包容宽裕而广阔远大，使各类物种都通顺畅达。母马是属于大地的生物，驰行大地而没有疆界，性格柔顺而适宜正固。君子在前进时，率先行动会迷惑而失去正道，在后随顺就可以获得恒常法则。在西南方得到朋友，是指伴随同类前进；在东北方丧失朋友，是指最终会有喜庆。安于正固的吉祥，在于配合大地而没有疆界。

坤卦的《象传》反复强调"大地是广阔无边的"，因为古人认为，天无不覆盖，地无不承载，所以大地犹如没有边界。将乾坤对照来看，乾卦代表天，它的创造力量是无限制的；坤卦代表地，它的生长范围是没有边界的。即乾卦没有限制，坤卦没有界限。

坤卦的《象传》三次提到"无疆"，意为"没有边界，无边无际"。第一次是"德合无疆"，代表大地的功能可以配合天的运行不息。第二次是"行地无疆"，代表要像母马一样，驰行大地而没有疆界。第三次是"应地无疆"，代表君子要像大地一样，含弘光大而没有边界。这三个"无疆"凸显了坤卦的特色：既要配合天的运行不息，又要效法马的健行不已，还要像大地一样没有边界。

[象传] 象曰：地势坤，君子以厚德载物。

[白话]《象传》说：大地的形势顺应无比，君子由此领悟要厚植自己的道德来承载众人。

乾卦是天子，坤卦就是宰相，是臣民的首席代表。俗话说"宰相肚里能撑船"，代表宰相要具备深厚的德行。这个说法就受到了坤卦《大象传》的启发。

"载物"是指宽容待人，和谐处事。君子既要面对众人，又要面对各种事件。君子只有厚植自己的品德，才能包容众人，妥善应对各种复杂的事件。

譬如，有一次鲁定公问孔子："有没有一句话可以让国家兴盛的？"孔子就勉强找了一句话，说："为君难，为臣不易。"（《论语·子路》）意即：做国君很难，做大臣也不容易。这七个字概括了古代《尚书》的思想。坤卦就是教人怎样做大臣的，它强调"含弘光大"四个字，即"包容、宽裕、广阔、远大"，这样才能让万事万物都通顺畅达。换言之，要由天来生，由地来成；由天来变，由地来化。

总之，乾坤二卦互相需要。《系辞传》就认为，乾坤是《易经》的门户，是它的精华所在。所以，对《易经》最好的描述是"乾坤并建"，即乾坤同时建立，彼此不可或缺。

二、积善之家必有余庆

坤卦六个阴爻，代表大地，它要像母马一样，既要跟上天的步伐，又要完全顺从。君子由此领悟，要厚植自己的道德来承载众人。

坤卦各爻之间差异很大，每一爻由于所处位置的不同，会有特定的感受。我们可以尝试从两个角度来看：假如你置身其中，要如何看待自己的处境呢？假如你站在局外，要如何看待坤卦从初六一路往上的发展呢？

[**爻辞**] 初六：履霜，坚冰至。

　　象曰：履霜坚冰，阴始凝也。驯致其道，至坚冰也。

[**白话**] 初六：脚下踏着霜，坚冰将会到来。

　　《象传》说：脚下踏着霜，坚冰将会到来，这是因为霜是阴气开始凝结的象征。循着此一规律发展下去，就会出现坚冰。

初六位于全卦底部，就像人的脚一样，而阴爻代表寒冷，所以说"履霜"。脚下踩到霜，看似微不足道，但是见微知著，就知道坚冰将会到来。初六一上场，发现自己上面有五个阴爻，就知道严寒将至。

这也提醒我们，任何事都要防微杜渐。如果把乾卦当作君子，坤卦就代表小人或小孩。小人或小孩出现了问题，要及早纠正，等将来到了"坚冰"的程度，就积重难返了。

[**爻辞**] 六二：直方大，不习，无不利。

　　象曰：六二之动，直以方也。不习，无不利，地道光也。

[**白话**] 六二：直接产生，遍及四方，广大无边，不必修炼，无不有利。

《象传》说：六二这一爻的活动，是直接产生而可以遍及四方。不必修炼却无不有利，是因为大地之道广大无边。

一个爻位于下卦或上卦的中间（二、五位），称为"中"；阳爻在奇数位（初、三、五），或阴爻在偶数位（二、四、上），称为正。乾卦代表天，九五位于天的位置，它在上卦的中间，并以阳爻居刚位，本身既中且正，所以九五是乾卦的主爻。坤卦代表地，六二位于地的位置，它在下卦的中间，并以阴爻居柔位，也是既中且正，所以六二是坤卦的主爻。

六二爻辞里的"直"字，非常耐人寻味，代表大地上的万物都是直接产生的。与之相对的是"文"字，它的本义是"错画"，亦即将两条直线交错起来，代表人类创造的文化。

比如，如果你在海边捡到一个贝壳，你说："这片海真好啊，长出这么漂亮的贝壳！"每个人听了都会认同。如果你在海边捡到一块手表，你说："这片海真好啊，居然能长出手表！"别人听了会觉得莫名其妙，海里怎么可能长出手表呢？手表这样的机械构造，绝不是大自然可以"直接产生"的。

又如，一座森林经过千百万年，也不会有两棵树自己交叉一下，变出一张桌子来。桌子属于人类的文化产品，人们把木头交错，制成工具，使人的生活更加便利。可见，相对于人类的文化，自然界最大的特色在于"直"，它直接产生，遍及四方，广大无边。六二的爻辞深富启发性。

[**爻辞**] 六三：含章可贞。或从王事，无成有终。

象曰：含章可贞，以时发也。或从王事，知光大也。

[白话] 六三：蕴含文采而可以正固。或者跟随君王做事，没有功业却有好的结局。

《象传》说：蕴含文采而可以正固，是要等待时机再作发挥。或者跟随君王做事，是因为智虑周延而远大。

为何说六三"蕴含文采"呢？因为六三领导底下的初六、六二，完成了一个小的坤卦（☷）。坤卦在此代表文采，就像土地一样有丰富内涵。

"或从王事"的"或"字，代表具有选择的可能性。"或"字通常出现在第三、第四爻，因为这两爻属于"三才之道"里面"人"的位置，人的特色是可以选择。

"王"是指谁呢？我们要养成习惯，在爻辞里只要看到"王"，就要立刻找到第五爻；不管是六五还是九五，都代表王。六三往上，与六四、六五形成互坤，所以六三可以与君王六五取得联系，帮助君王做事。

坤卦

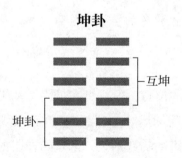

"无成有终"，代表所有成就都要归功于君王六五，但是六三会有好的结果。《易经》里提到"有终"，不是只代表"有结果"而已，而是代表有令人满意的结局。

[爻辞] 六四：括囊，无咎无誉。

　　象曰：括囊无咎，慎不害也。

[白话] 六四：扎起口袋，没有灾难也没有称誉。

　　《象传》说：扎起口袋而没有灾难，是因为谨慎所以没有祸害。

　　六四进入上卦，处境危疑不安。六四接近君王的位置，代表诸侯或总揽政务的大臣。这时要格外小心，以免功高震主，或者忘了臣子的本分。

　　六五是阴爻，代表这个君王柔弱而没有实力。同时，六四、六五都是阴爻，代表大臣与国君之间缺乏真诚的互信。所以，六四只有保持缄默，避开名声，才能远离灾难。

[爻辞] 六五：黄裳，元吉。

　　象曰：黄裳元吉，文在中也。

[白话] 六五：黄色的裙子，最为吉祥。

　　《象传》说：黄色的裙子，最为吉祥，是因为既有文采又居于中位。

　　六五处在君王的位置，但可惜它是阴爻，代表臣子或妇人当上了国君。譬如，夏朝的后羿与汉朝的王莽，都是臣子当上了国君。而最早的女娲氏与唐朝的武则天，都是妇人占据了君位。六五应该知道自己不是真正的阳爻，所以要通过服装来显示它的自知之明。

　　"黄裳，元吉"意为，穿上黄色的裙子，最为吉祥。《易经》共有384爻，只有12个爻出现了"元吉"，第一个就是坤卦六五。乾卦代表上衣，坤卦代表裙子（下裳）；同时，坤为土，对应的颜色为黄，所以说"黄裳"。换言之，你知道自己的身份与角色，就要穿上黄色的裙子，使服饰与身份相符。

关于"黄裳"，有两种说法。一种说法是，六五只能穿黄色的裙子，不能穿黄色的上衣。另一种说法是，"天玄而地黄"，所以六五只能穿黄色的裙子，不能穿青黑色的上衣。代表它了解自己的身份与角色，不敢僭越，如此自然会得到元吉。

[爻辞] 上六：龙战于野，其血玄黄。

　　　　象曰：龙战于野，其道穷也。

[白话] 上六：龙在郊野争战，它的血是青黄色的。

　　　　《象传》说：龙在郊野争战，是因为它的路已经到了尽头。

"龙"在《易经》的爻辞里一共出现了六次，坤卦上六是最后一次出场，后续的62卦中完全看不到龙的影子。

坤卦走到上六，发现全卦都是阴爻，它就以为自己是龙，可以主导整个格局。事实上，乾卦才是真正的龙，此刻它正在郊外等待上场。上六位于六爻最外面（上卦为外），所以说"龙战于野"。上六等于是假龙当道，它与失去位置的真龙在郊野争战，结果两败俱伤，流出的血是青黄色的。

"玄"是天的颜色，"黄"是地的颜色。很多专家认为，"其血玄黄"代表天地交合，"血"是两种力量配合之后的结果，由此可以生出万物。到坤卦上六为止，乾卦与坤卦分别展现出各自的特色。此后阴阳交错，生出其他62卦。

人的一生当中，经常要扮演坤卦的角色。譬如，小时候跟着父母生活，在学校跟着老师学习，到社会上跟着领导工作，都要充分发扬坤卦的精神。只有能被人领导，将来才能领导别人。因为在被领导的过程中，每个人都会经历深刻的自我修炼。

［爻辞］用六：利永贞。

象曰：用六永贞，以大终也。

［白话］用在坤卦整体，适宜永久正固。

《象传》说：用在坤卦整体，可以永久正固，是因为它是大的终局。

正如乾卦可加"用九"，坤卦可加"用六"，坤卦六爻皆阴，本性柔顺，所以须由"永贞"而有利。坤为大地，把上天的创造力充分完成实现，才是大的终局。

三、没有修养就跟不上

　　《易传》是对《易经》的注解，其中比较特别的是《文言传》，它只对乾坤两卦进行了发挥。乾卦六个阳爻，坤卦六个阴爻。如果能完全掌握这两卦的特色，将来看到任何一个阳爻或阴爻，都会联想到乾坤两卦的基本特性。

　　坤卦的《文言传》强调，坤卦既要跟上乾卦的步伐，还要完全顺从。这需要高度的修养，否则很难与乾卦步调一致。

[文言传] 文言曰：坤至柔而动也刚，至静而德方。后得主而有常，含万物而化光。坤道其顺乎，承天而时行。

[白话]《文言传》说：坤卦最为柔顺，但活动时是刚健的；最为静止，但功能遍及四方。它随后而走才找到主人，却有恒常法则：包容万物，并且化育广大。坤卦的原理就是顺应吧，它顺承天体并且按照时序运行。

　　坤卦的《文言传》说："坤卦最为柔顺，但活动时是刚健的。"这句话解释了坤卦为何以母马作为象征，因为母马最为柔顺，但同时也具备马的刚健。坤卦最为安静，但是它的功能遍及四方，就像马可以驰行大地，或者像大地那样无不包容。它随后而走才能找到主人，但是它有自己的原则，即包容万物，化育广大。所以，坤卦的原理就是顺应，它顺承天体并且按照时序运行。这段话反复强调坤卦应该具有怎样的作风。

[文言传] 积善之家必有余庆，积不善之家必有余殃。臣弑其君，子

弑其父，非一朝一夕之故，其所由来者渐矣，由辨之不早辨也。《易》曰："履霜，坚冰至。"盖言顺也。

[**白话**]（初六）积累善行的人家，必定会有多余的吉庆留给后代；积累恶行的人家，必定会有多余的灾祸留给后代。像臣子杀害国君、儿子杀害父亲这种大罪，其原因不是一天之内突然形成的，而是长期逐渐累积形成的，只是没有及早辨明罢了。《易经》说："脚下踏着霜，坚冰将会到来。"说的就是循着趋势发展的现象。

坤卦初六一上场，就开始强调修养的重要性。脚下踩到霜，就知道坚冰将会到来，所以必须小心谨慎。这里出现了一句我们耳熟能详的话："积善之家必有余庆，积不善之家必有余殃。"在过年的时候，经常会看到"积善之家必有余庆"被当成春联贴出来，但从来没见过有人把后半句也贴出来的。不过，学任何东西都要注意到两面，积善之家固然很好，积不善之家则要警惕。其实，善恶是相对的，关键在于有没有修养。

没有好的修养，会导致怎样可怕的后果呢？《文言传》继续说："大臣杀害国君、儿子杀害父亲这种大罪，不是突然发生的，其原因是长期逐渐累积形成的。"春秋时代就有很多这样的例子。

司马迁在《史记·太史公自序》中说："春秋时代，有36位国君被杀，有52个国家被灭亡，奔走在外、保不住自己国家的诸侯，不可胜数。"[1]周朝初期封建了1800多国，有些小国就跟现在的一个村落差不多。春秋时代200多年，大小战争超过400次。到战国时代后期，只剩下了战国七雄。在不断兼并的过程中，出现了很多臣子杀

---

① 原文：《春秋》之中，弑君三十六，亡国五十二，诸侯奔走不得保其社稷者不可胜数。

害国君、儿子杀害父亲的事件。之所以出现这些可怕的事件，就是因为在开始的阶段没有及早分辨。

国家如此，个人亦然。一个孩子出现了一些小问题，没有及时纠正，将来就会积重难返了。

[**文言传**] 直其正也，方其义也。君子敬以直内，义以方外，敬义立而德不孤。"直方大，不习，无不利"，则不疑其所行也。

[**白话**]（六二）直接产生，是说它的正确模式；遍及四方，是说它的适当表现。君子以严肃的态度持守内心的真诚，以正当的方式规范言行的表现，做到既严肃又正当，他的德行就不会孤单了。"直接产生，遍及四方，广大无边，不必修炼，无不有利"，这样就不会疑惑自己的所作所为了。

"敬以直内，义以方外"这句话非常好。"内"是指内心，"外"是指外在的言行表现。"敬"是严肃的态度，"义"是适当的作为。

"敬以直内"意为，以严肃的态度持守内心的真诚。这里要把"直"理解为"真诚"。乾卦的《文言传》提到"闲邪存其诚""修辞立其诚"，都与"真诚"有关。"义以方外"意为，以正当的方式规范言行的表现。这里要把"方"理解为"规范"。

可见，很多古文用字凝练，需要逐字翻译成白话文，才能准确理解其含义。一旦了解之后，会觉得原文非常精彩。"敬以直内"代表内在的修养；"义以方外"代表外在的言行。这八个字对于个人的修养来说，是不可或缺的。宋朝学者重视这句话，经常以此互相勉励，还有人把它当成座右铭。

一个人做到"敬"和"义"，他的德行就不会孤单了。孔子曾说过："德不孤，必有邻。"（《论语·里仁》）意即：有德行的人是不会孤单的，他必定会得到人们的亲近与支持。可见，孔子对于人性的理解正是"人性向善"，所以有德者必定得到广泛的支持。试想，如果人性不是向善的，孔子为何如此肯定地说"必有邻"呢？

另外，孔子也说过："人之生也直，罔之生也幸而免。"（《论语·雍也》）意即：一个人活在世间，原本应该真诚而正直；如果没有真诚和正直还可以活下去，那是靠着侥幸来免于灾祸。这句话也提到了"直"，代表真诚而正直，可以与坤卦六二的说法相对照。

[文言传] 阴虽有美，含之，以从王事，弗敢成也。地道也，妻道也，臣道也。地道无成，而代有终也。

[白话]（六三）阴性角色即使有美好的条件也要隐藏起来，以这种态度跟随君王做事，不敢成就什么功业。这是地的法则，妻的法则，臣的法则。地的法则并不成就什么，只是代替天去完成好的结局。

坤卦六三进入人的位置，就发现上有天，下有地。坤体现了地的法则，它并不成就什么，只是代替天去完成美好的结局；坤是臣道，君主发布命令，臣就要设法完成；坤也是妻道，要夫唱妇随。所以《文言传》提醒我们：坤是地道、臣道、妻道，要对自己的身份和角色有准确的体认。

[文言传] 天地变化，草木蕃。天地闭，贤人隐。《易》曰："括囊，无咎无誉。"盖言谨也。

[白话]（六四）天地之间变化不已，草木滋长茂盛。天地之间闭塞不通，贤人就会隐退。《易经》说："扎起口袋，没有灾难也没有称誉。"说的就是要谨慎啊。

坤卦走到六四，需要特别谨慎。六四进入上卦，由于爻是从下往上走的，所以下面三个阴爻都会来支持六四；而六四紧邻君王六五，它们都是阴爻，代表两者都缺乏实在的力量，彼此之间也缺乏默契。此时要格外谨慎，做到没有责难，也没有称誉。"天地闭，贤人隐"，是因为坤卦里面只有地，天消失不见了，有如天地之间闭塞不通，此时贤人就会隐退。

[文言传] 君子黄中通理，正位居体，美在其中，而畅于四支，发于
　　　　 事业，美之至也。

[白话] （六五）君子采用属于中色的黄色，表示他明白道理；坐在
　　　　正确的位置上，表示他处世安稳；他内心蕴含的美德，流通
　　　　在身体的行动中，再展现于他所经营的事业上，这真是美德
　　　　的极致啊。

　　六五展现出完全不同的格局。坤为土，土在五行里位于中间，颜色为黄。君子采用属于中色的黄色，表示他明白道理。六五坐在中间的位置上，表示他处事安稳。他内心蕴含的美德，流通在身体的行动中，再展现于他所经营的事业上。乾卦强调，君子要"进德修业"，即内在有德行，外在有功业。坤卦六五则表现出"厚德载物"的特性。

　　在《易经》64卦里，"五"的位置有一半是阴爻，一半是阳爻，非常公平。如果是六五，在其他卦里可能代表文明、柔顺或柔弱，缺少抉择能力。但是在坤卦里，由于六爻都是阴爻，所以六五代表大臣篡夺了君位，如后羿、王莽。但是，后羿之后有少康中兴，王莽之后有汉朝光复。六五也代表妇女居尊位。比如，女娲氏曾经领导古代的部落，武则天在唐朝直接称帝。但是，后面也恢复了常态。

六五的"黄裳，元吉"提醒我们：要居中、谦下，可以穿上黄色的裙子，但是上衣不能采用天的颜色。代表我知道自己是阴爻，不是真正的王，这样就没有问题。人生不可能一帆风顺，在各种情况下都要考虑周详，谨慎为上，等待更好的时机再来发挥。

[**文言传**] 阴疑于阳必战。为其嫌于无阳也，故称龙焉。犹未离其类也，故称血焉。夫玄黄者，天地之杂也。天玄而地黄。

[**白话**]（上六）阴气受到阳气猜疑，必然发生争战。由于阴气猜测没有阳气存在，所以也称它为龙。但是阴气尚未离开它的类别，亦即阴无法胜过阳，所以用流血来描写。至于"青黄"，那是天地混杂的颜色。天是青色，地是黄色。

上六走完全卦，发现六爻都是阴爻，就以为自己是一条有实力的龙。但是坤卦属于地，怎么可能飞上天呢？上六在全卦最外围，代表郊野，那里有真正的龙存在，阳爻已经准备上场了。所以，坤卦这条假龙就与郊外的真龙发生了争斗，结果两败俱伤，流出了血。这象征天地交合，万物开始出现，其余62卦要依次登场了。坤卦特别强调修养，因为它要准备接纳万物的出现。

坤卦从初六的"履霜，坚冰至"一路上来，提醒我们要注意发展的趋势，并采取适当的作为。坤卦如果缺乏修养，就无法配合乾卦的作风，也就无法响应国君、老师或家长的要求了。

四、少数必须服从多数

坤卦提醒我们：作为子女、学生或下属，应该了解自己的处境，进行自我的修炼，并且要注意事情的发展趋势，防患于未然。本节要介绍坤卦相关的故事和占卦案例。

关于初六的"履霜，坚冰至"，历史上最好的例子是周公与姜太公的一段对话。周朝开国时采用封建制度，对亲戚和功臣进行封赏。周朝的根据地在陕西，东边的齐鲁之邦原本属于商朝的势力范围，所以周朝就把周公封在鲁国，把姜太公封在齐国，以巩固东部的统治。周公当时在中央辅佐周成王，就让儿子伯禽去鲁国就任，姜太公则去了齐国。

据《淮南子·齐俗训》记载，姜太公在分封之后问周公："你将来打算怎样治理鲁国呢？"周公说："尊尊，亲亲。"即尊敬有德之人，亲近有血缘关系的人。姜太公听完就说："鲁国从此弱矣。"因为有德之人或有血缘关系的人，未必有治国理政的能力，更不要说带兵打仗了。你讲情感、重道义，怎么可能富国强兵呢？

周公反问姜太公："你准备怎样治理齐国呢？"姜太公就说："举贤而尚功。"即推举贤才，并让有功之人升官。周公听完就说："齐国后世必有劫杀之君。"[①]因为重视才干和功劳固然能让齐国强大，但将来一定会有大臣功高震主，把持朝政，所以齐国后代的国君一定有人被劫持、被杀害。

后来，齐国果然非常强盛，春秋五霸的第一霸就是齐桓公。但

---

① 原文：昔太公望、周公旦受封而相见，太公问周公曰："何以治鲁？"周公曰："尊尊，亲亲。"太公曰："鲁从此弱矣。"周公问太公曰："何以治齐？"太公曰："举贤而尚功。"周公曰："后世必有劫杀之君。"

是，姜姓齐国只传了20世（前1046—前379），就被田氏家族篡了位，姜太公的后代从此就不是齐国的君主了。而鲁国一直不太强盛，但是它传了25世（自周公子伯禽受封至公元前256年），到战国时代才灭亡。

这个故事生动诠释了"履霜，坚冰至"的内涵，说明开国时制定的大政方针，会一路影响国运，甚至决定最后的结局。人间的各种情势都是慢慢累积发展的，所以坤卦的《文言传》强调"积善之家必有余庆"，就是希望人们一代一代地努力积累善行。

如果有人占到坤卦，我通常会提醒他：坤卦六爻都是阴爻，没有一个阳爻，所以你不要做任何决策，否则一定会出问题。不过也不用担心，肯定有人可以让你追随，你不要跟他争，跟着走就对了。乾卦六爻没有一个吉，而坤卦六五是元吉，说明国君本身大权在握，做得再好，大家都认为那是应该的；而一个宰相帮国君做事，做得好的话，可以得到天下人的称赞。

我在2000年前后，去马来西亚吉隆坡讲了十次国学课，其中也包括讲《易经》。学员们当时都很好奇，想知道马来西亚华人未来的发展如何。在马来西亚的总人口中，马来人占将近70%，华人占将近24%。每逢选举，只要是重要的职务，华人都选不过马来人。

这次占卦给我留下了深刻的印象。我和另外两个同学同时占卦，但是占到的卦不一样，因为我们观察的角度有所不同。我用筹策占到大有卦，五爻变，之卦为坤卦。怎么解读呢？占到大有卦，代表这些马来西亚华人有丰盛的资源，他们的收入普遍超过当地的马来人。但是，大有卦五爻变（阳变阴，阴变阳）之后，变成坤卦，只有六五不变，此时要看坤卦六五的爻辞："黄裳，元吉。"代表马来西亚华人的比例太低，在政治上无法与马来人竞争，所以要穿上黄色的裙子，谨慎低调，少数服从多数，就会上上大吉。千万不能以为自己有钱，就可以领导这个国家。

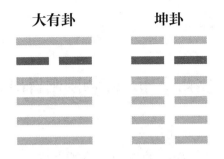

大有卦　　　坤卦

　　有趣的是，现场另外两位华人都占到了坤卦，但是没有变爻。怎么解读呢？这些华人移民马来西亚已经有好几代了，有的甚至早在清朝年间就移民过来了。占到坤卦，代表要安心接受自己的命运，享受富裕的生活，在政治上只能以坤卦的顺从为主。

　　还有一次，我到一个商学院讲授《易经》。有一位企业家想到一个问题，用数字卦占到坤卦六三，爻辞是："含章可贞。或从王事，无成有终。"我问他："你要问什么问题？"他说："我想买房子，不知道怎么样？"我解释道："买房子占到坤卦六三的'含章可贞'，代表你有钱、有资源，买房子没有问题。'或从王事'说明，不是你要买房子，而是替君王办事。六五是阴爻，所以可能是你的夫人要买房子，你替她去操办这件事，对不对？"他听了吓了一跳，说："你怎么知道？"我接着说："最后的结果是'无成有终'，所以要把一切功劳都归给你的夫人，但是你会有好的结果，一家人可以和谐相处。"

　　当我们占到某一爻时，要设法从爻辞中寻找答案。比如占问：我在公司的发展如何？占到坤卦六四，该怎么解呢？这时要切记"括囊，无咎无誉"，要把口袋扎起来，明哲保身，避开别人的责难，也不要幻想得到赞誉。六四代表重臣，底下三个阴爻全听六四的指挥。但是，上面的六五也是阴爻，所以六四一定要谨慎收敛。

　　通过上述案例，可以初步了解如何用《易经》来占卦。乾坤两卦代表天地定位，其余62卦将依次登场。

一、雷雨交加，万物刚刚冒出头来

03 水雷屯，下震上坎

屯：元亨利贞。勿用有攸往，利建侯。

象曰：云雷屯，君子以经纶。

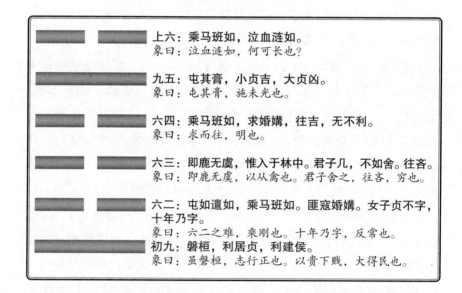

上六：乘马班如，泣血涟如。

象曰：泣血涟如，何可长也？

九五：屯其膏，小贞吉，大贞凶。

象曰：屯其膏，施未光也。

六四：乘马班如，求婚媾，往吉，无不利。

象曰：求而往，明也。

六三：即鹿无虞，惟入于林中。君子几，不如舍。往吝。

象曰：即鹿无虞，以从禽也。君子舍之，往吝，穷也。

六二：屯如邅如，乘马班如。匪寇婚媾。女子贞不字，十年乃字。

象曰：六二之难，乘刚也。十年乃字，反常也。

初九：磐桓，利居贞，利建侯。

象曰：虽磐桓，志行正也。以贵下贱，大得民也。

在乾坤二卦之后，要正式进入其余62卦了。这些卦都是既有阴爻也有阳爻，所以情况变得更加复杂。若非如此，怎么能象征万物的变化与人生的处境呢？乾代表天，坤代表地，天地定位之后，万物得以在其中生存与发展。

《易经》第三卦称为屯（zhūn）卦。"屯"有"困难、满盈、累积"三个意思。"屯"字上面是一条横线，底下有一些交错，还有一条直线冒出头来。它最初的意思是草木的幼苗破土而出。万物在草创阶段，一定充满了困难。万物出生之后，慢慢累积，逐渐增多，充盈于天地之间。所以"屯"也有"累积、囤积"之义。

要了解一个卦，首先要观察它的结构。我们念一个卦的组合，一般要从上往下念，如水雷屯。但是，画卦的时候必须由下往上画。屯卦的下卦是震卦，震为雷，代表内在有行动力；上卦是坎卦，坎为水，代表外面有陷阱、危险。所以，屯卦的结构让人联想到雷雨交加，就像在茂密的原始森林里面，又是打雷又是下雨，万物的生存发展非常艰难。这正体现了屯卦的特色。

［卦辞］屯：元亨利贞。勿用有攸往，利建侯。

［白话］屯卦：开始、通达、适宜、正固。不要有所前往，适宜建立侯王。

屯卦的卦辞再度出现了"元亨利贞"四个字。屯卦象征万物开始出生的阶段，所以这里的"元"不是指"创始"，而是指"开始"。万物出生之后，将来一定会通达，各有其适宜的地方，并且持续存在一段时间，一切都将各自定位。古人经常把"元亨利贞"比作自然界的春夏秋冬。

任何东西只要存在，一定有其变化发展的规律。佛教认为，万物都要经历"成住坏空"四个阶段。"成"是指一样东西开始形成，"住"是指这样东西维持一段时间，"坏"是指它到了衰老阶段，最后结束就变成了"空"。转移到人的世界，对个人而言，有"生老病死"；对群体来说，有"兴盛衰亡"。

《易经》显然是在为人类考虑，所以屯卦的卦辞强调"勿用有攸往，利建侯"，亦即先选出领导，把大家组织起来；打好基础之后，再向外谋求发展。

[**白话**]《象传》说：屯卦，阳刚之气与阴柔之气开始交流，困难随
之而生。在险厄中活动不已，要使一切通达而正固。打雷下
雨遍布各地，上天的造化仍在草创冥昧的阶段，适宜建立侯
王，并且勤奋努力不休。

屯卦的上卦为坎卦，坎为险，下卦为震卦，震为动，所以《象
传》说"动乎险中"。在危险中行动，当然困难重重。

《易经》有所谓的"四大难卦"：第一是屯卦；第二是习坎卦
（☵，第29卦），结构是下坎上坎；第三是蹇卦（☶，第39卦），"蹇"
的本义是跛足，它的结构是水山蹇，底下有一座山挡住去路，上面
是水，充满了危险；第四是困卦（☵，第47卦），结构是泽水困，
等于沼泽中的水都流走了。四大难卦有一个共同的特色：在其上下
卦的组合里，至少有一个坎卦（☵）。所以，当你看到坎卦，就要意
识到，危险困难的情况到来了。

《象传》接着说"天造草昧"。"草"就是草创，"昧"就是蒙昧。
因为下卦震在五行中属木，也包括"草"在内；上卦坎象征月亮，
而夜晚是昏暗、蒙昧的。"草昧"代表万物开始的阶段。

《象传》最后提醒我们"宜建侯而不宁"，即适宜建立侯王，并
且勤奋努力不休。"不宁"代表不能休息。在屯卦的格局中，虽然外
面有危险，阻止你向外发展，但是要抓紧巩固内部的领导基础，努
力奋斗不止。

［**象传**］象曰：云雷屯，君子以经纶。

［**白话**］《象传》说：上卦坎为云雨，下卦震为雷，两者相合就是屯卦。君子由此领悟，要努力经营筹划。

"经纶"两个字是什么意思呢？古人在织布时，先把丝线的头绪理清楚、分开来，叫作"经"；再把丝线合并在一起，叫作"纶"。所以"经纶"代表"分与合的作为"，可以理解为"经营筹划"。

屯卦下卦震为雷，代表要开启蒙昧；上卦坎为云，要等到阴阳相合才能成雨。所以，君子在建国安邦之时，要用心经营筹划，才能让社会尽快步入正轨。

屯卦是万物开始的阶段，也代表人类社会的雏形，这时会出现很多复杂的状况。比如，屯卦有的爻提到要骑上马向外发展，但团团打转；有的爻提到打猎时无人带路，会遇到危险；有的爻提到适合结婚，但也可能会遭遇强盗。可见，在社会的草创阶段，一切都没有上轨道，所以适宜建立侯王。

《易经》每个卦有一个主爻，可以表现全卦的特性。如果某一爻的爻辞与卦辞相同，那么该爻很可能就是主爻。屯卦初九为本卦主爻，因为它的爻辞"利建侯"在卦辞里也出现了。

总之，屯卦是继乾坤之后的第三卦，代表天地定位之后，万物开始出生。"屯"字就像草木从地下冒出头来。此时雷雨交加，情况艰难，但是生命一定会自己找到出路。接着，万物会逐渐充盈于天地之间，人也可以囤积一些资源。对于人类社会来说，必须先安顿好内部，建立稳固的领导核心，才能向外谋求发展。

二、骑上马也团团打转

本节要介绍屯卦六爻的爻辞，探讨六爻之间的关系。我们要把《易经》64卦384爻里的每一句话，甚至每一个字，都讲清楚。这是学习《易经》最大的挑战。换言之，《易经》先给出了答案，你要找到它这样说的理由。在找理由的过程中，就会逐渐理解该卦在时间、空间上的特色，以及各爻之间复杂的关系。

屯卦六二、六四、上六的爻辞都提到"骑上马也团团打转"（乘马班如），代表必须谨慎收敛，不能向外发展。为什么会出现这么多马呢？在《易经》的象征里，有两种马最常见。第一种是震卦（☳）所代表的善鸣马，也就是很会啼嘶的马，因为震为雷，声音很大，就像马的嘶鸣。第二种是坎卦（☵）所代表的美脊马，也就是背脊很美、体格健壮的马。

屯卦的下卦为震卦，代表善鸣马；上卦为坎卦，代表美脊马，六二、六四、上六分别与这两种马有关，所以都说"骑上了马"。但为什么又说"团团打转"呢？这是由屯卦的结构决定的。屯卦下卦震为动，上卦坎为险，所以很抱歉，虽然你很想行动，却无法摆脱当前的困境，只能回头收敛自己。

另外，屯卦有的爻辞提到"强盗"或"婚姻"（六二、六四），有的爻辞提到"打猎"（六三）。可见，屯卦代表古代社会尚未安定的阶段，甚至还有抢婚的习俗。这时有很多重要的事情亟待处理，如果不能妥善安排，就会出现问题。

[**爻辞**] 初九：磐桓（huán），利居贞，利建侯。

象曰：虽磐桓，志行正也。以贵下贱，大得民也。

[**白话**] 初九：徘徊不进，适宜守住正固，适宜建立侯王。

《象传》说：虽然徘徊不进，但是前进的心意是正当的。尊贵而处于卑贱之下，这样可以得到百姓的广泛支持。

"磐"是大石头，"桓"是大柱子，两者都很牢固，也很难跨越。说明先要稳定下来，适宜守住正固，适宜建立侯王。初九的爻辞"利建侯"亦见于卦辞，所以初九是屯卦主爻。之所以称"主爻"，是因为该爻变动，才使这个卦得以出现，所以它可以代表这个卦的特性。

《易经》的《大象传》用来描写全卦的特性，《小象传》则用来解释某一爻。屯卦初九的《小象传》说："以贵下贱，大得民也。"意即：尊贵的人来到卑贱的人底下，这样可以得到百姓的广泛支持。《易经》所谓的"贵"是指阳爻，"贱"是指阴爻，因为阳爻代表君子，阴爻代表小人。

初九是阳爻，它本来高高在上，现在来到百姓底下。前文说过，每卦的二、三、四爻，以及三、四、五爻，分别构成一个三爻卦，称为互卦。屯卦的六二、六三、六四形成一个坤卦的互卦，简称"互坤"。坤卦代表百姓。初九托起上面的互坤，代表把百姓捧在手上，所以得到百姓的大力支持。

屯卦

＿互坤

那么初九是从哪里下来的呢？它从上九下来。这里涉及卦的变化，后续章节再做详细说明。可见，屯卦第一步要先稳住阵脚，取得群众的支持。

[爻辞] 六二：屯如邅（zhān）如，乘马班如。匪（fēi）寇婚媾（gòu）。女子贞不字，十年乃字。

象曰：六二之难（nán），乘刚也。十年乃字，反常也。

[白话] 六二：困难重重，徘徊难行，骑上马也是团团打转。要是没有强盗，就前去结婚了。女子守正而不出嫁，十年才可出嫁。

《象传》说：六二的难局，是因为凌驾于刚爻之上。十年才可出嫁，是因为最后一切回归正常。

六二以阴爻居中位，既中且正，上面又有九五正应，理论上具备很好的条件。但六二的遭遇很悲惨，除了"困难重重，徘徊难行，骑上马团团打转"之外，还有可能碰上强盗。即使没碰上强盗，想要结婚也结不成，要等十年才可出嫁。

六二的处境如此糟糕，主要是因为六二对初九乘刚。所谓"乘刚"，是指阴爻居阳爻之上，而这个阳爻刚好为全卦的主爻。六二凌驾在主爻初九的上方，犯了大忌，导致十年才可出嫁。古人认为，十是数的终点，从一到十，代表一件事进行到底了。"十"为地之数，与坤卦有关，六二在互坤中。换言之，要等一切风波都结束之后，才有可能结婚。

[爻辞] 六三：即鹿无虞，惟入于林中。君子几（jī），不如舍（shě）。往吝。

象曰：即鹿无虞，以从禽也。君子舍之，往吝，穷也。

[**白话**] 六三：追逐野鹿却没有猎官带领，这样只会困处于山林中。

君子察知几微，不如放弃算了。前往会有困难。

《象传》说：追逐野鹿却没有猎官带领，是因为贪图禽兽。

君子放弃了，是因为前往会有困难，会陷入困境。

"虞"是古代管理山林的公务员。虞人对一座山很熟悉，知道野兽在哪里出没，可以带贵族去打猎。如果没有虞人带路，进山打猎很可能会迷路。六三的爻辞提醒你，追逐禽兽却无人带路，只会困处于山林中，无法如愿以偿。君子察知几微，就会放弃原本的想法。如果非要继续前行，就会陷入困境，走投无路。

六三的爻辞为什么不太理想呢？第一，六三以阴爻居刚位，本身不当位。第二，六三在互艮（六三、六四、九五）中，艮为山，代表六三已经进入了山林。第三，六三与上六都是阴爻，彼此不应，代表外面没有人带路。进入山林打猎却无人带路，不是很危险吗？

屯卦

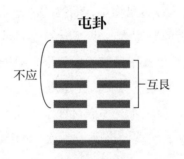

[**爻辞**] 六四：乘马班如，求婚媾，往吉，无不利。

象曰：求而往，明也。

[**白话**] 六四：骑上马而团团打转，若是要求结婚，前往是吉祥的，没有什么不适宜。

《象传》说：要求结婚而前往，是明智的做法。

六四是屯卦中最好的位置，因为：第一，六四以阴爻居柔位，本身当位；第二，六四与主爻初九正应，可以得到初九的大力支持；第三，六四上承九五，阴爻在下，阳爻在上，两者配合默契。九五虽不是主爻，但它处在君王的位置，大权在握。具备上述三个有利条件，所以六四可以"往吉，无不利"。

[爻辞] 九五：屯其膏，小贞吉，大贞凶。

　　　　象曰：屯其膏，施未光也。

[白话] 九五：恩泽不施于下，小规模的正固是吉祥的，大规模的正
　　　　固就有凶祸。

　　　　《象传》说：恩泽不施于下，是因为施布不够广大。

屯卦在开始阶段非常困难，然后万物充盈于天地之间，最后累积了资源。所以，九五"屯其膏"的"屯"可读作tún，意为囤积。"膏"代表恩泽。古人以狩猎为生，动物的油膏非常珍贵。

"小贞吉，大贞凶"意为，小规模的正固是吉祥的，大规模的正固就有凶祸。说明九五在当前的形势下，只能做一些小事，而不能大张旗鼓。譬如，商朝的盘庚，先是努力修德，恢复先王的法度，取得了诸侯的支持，随后才着手进行迁都。换言之，屯卦九五要循序渐进，从小处着手，再逐渐推广，不能立刻进行全面的变革。

[爻辞] 上六：乘马班如，泣血涟（lián）如。

　　　　象曰：泣血涟如，何可长也？

[白话] 上六：骑着马团团打转，哭泣得血泪涟涟。

　　　　《象传》说：哭泣得血泪涟涟，怎么能够长久呢？

上六为何会出现"血"呢？因为上卦坎为水，人身上的水就是血，所以坎卦也称为血卦。上六走到顶点，前无去路，但是也不用太担心，因为它即将离开屯卦，所以困难不会持久。

总之，我们占问任何问题，首先要看全卦的格局，掌握该卦的主要特性。比如看到水雷屯，就知道肯定过不去，所以要站稳脚跟，建立领导核心。然后再看占到哪一爻，从爻辞里就能找到问题的答案。

三、创业之始，得先稳住阵脚

本节要介绍屯卦的占卦案例。屯卦代表万物开始出生，也代表开始创业的阶段。俗话说"万事起头难"，似乎一切都陷入混乱与蒙昧之中。此时要参考屯卦的爻辞，来决定下一步如何行动。

我曾经占到过屯卦。2008年9月28日，山东曲阜举行祭孔大典。我应邀到山东电视台录制一期节目，专门介绍孔子的思想。我当时在台湾大学教书，所以第二天必须飞回台北。那天一大早，朋友开车送我去北京首都机场，天气很晴朗。但是路上听说台湾有台风，我开始担心当天能否顺利回家，于是占了一卦，问题是：我今天打算回台北，这件事的结果如何？

由于当时坐在朋友的车上，所以只能用数字卦来占，具体怎么操作呢？我心里想着：今天回台北的事会如何呢？这时左边过去了一辆出租车，我记下车牌号的最后三位数；转头看到右边的车，又记下了车牌号的最后三位数；然后，我又看了一眼朋友车上的里程表，也取了最后三位数。随机取数时要注意，选取的三位数，首位不能是0。

我取的三组数字，第一组用8除，余数是4，代表震卦（☳）。第二组数字用8除，余数是6，代表坎卦（☵）。底下是震卦，上面是坎卦，合起来就是水雷屯（䷂）。第三组数字用6除，余数是4，代表变爻是屯卦的六四。

我一看是屯卦六四，爻辞开头就说"乘马班如"，即"骑上马也团团打转"，后面就不用再看了，因为后面的说法跟我无关。解卦时，要把握爻辞中的关键概念。我现在问搭飞机回台北的事，看到"乘马班如"，就知道返程肯定不顺利。因为对古人来说，骑马是最快的旅行方式，跟现代人搭飞机类似。

不过，北京当时的天气很好，有必要想这么多吗？所以我还是先到机场换了机票，然后打电话回家，问我女儿说："我这班飞机在香港转机，下午2：30从香港飞台北，你估计能顺利回去吗？"她说："千万别搭，因为这边已经宣布，12点之后关闭机场。"换句话说，我如果非要搭这班飞机，就要在香港过夜，这实在太麻烦了。所以，我只好把票退掉，在北京机场附近找了个旅馆过夜，第二天再回去。这样的结果无所谓好坏，占卦只是帮助我做出最适当的选择而已。

还有一个案例更清楚地体现了屯卦的特色。几年前，深圳有一个房地产老总请我去讲国学。讲座涉及的内容很多，留给《易经》的时间只有半小时。我只能简单介绍《易经》的缘起和基本概念，并强调《易经》可以预测未来，古人以《易经》预测未来，并作为重要的决策参考。由于时间紧凑，我没有举例说明。这位老总对此很感兴趣，中午吃饭的时候，他对我说："我是学工程的，很难想象《易经》可以预测未来。"我就请他在下午课上帮忙做一个测试，看看《易经》的预测是否准确。

下午上课时，我问这位老总："你有没有想问的问题？"他说有。我请他先不要说出问题，然后任意联想三组三位数。通过简单的计算，由下往上得到数字4、6、1。底下的4代表震卦，上面的6代表坎卦，合起来就是水雷屯。最上面的1代表变爻是初九。

我就说："我还不知道你的问题，我先把这个卦的卦性解释一下。屯卦底下是雷，代表行动、震动，并且初九是主爻，全卦归你管。但是很抱歉，外面是坎卦，代表有危险，所以任凭你有天大的本事，过不去就是过不去。"

讲到这里，这位老总跳了起来，说："怎么这么准呢？"这时我们还不知道他要问什么问题。他说，他的房地产生意做得不错，半年前在美国纽约中央公园旁边买了一块地，准备盖一栋摩天大楼。但美国政府规定，这么大的建筑项目，必须有美方投资者参股才能获批。这位老总就汇了一笔钱过去，请律师帮忙寻找美方的合伙人。过了几个月，没有找到合适的生意伙伴，最近才把钱撤回来。

他心里想的就是在纽约投资的事情，但他再有本事也过不去，这是由屯卦的格局决定的。初九是主爻，代表他是老板，有决定权。但是屯卦也提醒他，有危险就不要勉强，适合回来建立侯王，先稳住内部的阵脚。

我们上课的地点就位于他所开发的住宅区，规模相当宏大，当时尚未完工。所以，他虽然有很大的气魄和财力，但是占到这个卦就提醒他，资金撤回来是对的，先稳住阵脚，等将来时机成熟，自然有发展的机会。

这就是我们花时间学习《易经》文本的意义所在。因为《易经》有64卦384爻，你提出一个问题，不知道它会落在哪一卦哪一爻。每个卦都有它的基本性质，显示出一个大的格局，每个爻则代表了具体的状况。

如果占到屯卦的六二、六四或上六，三个爻都提到"骑上马也是团团打转"，代表这件事要缓一缓，不可操之过急。如果占到六三，代表进山打猎但无人带路，往前走会遇到困难，所以千万不要贪心。如果占到九五，代表你虽然是王，但目前资源有限，只能小规模稳住局面，不要贸然进行全面的变革。

一、清泉为什么变成河流

04 山水蒙，下坎上艮

蒙：亨。匪我求童蒙，童蒙求我。

初筮告，再三渎，渎则不告。利贞。

象曰：山下出泉，蒙。君子以果行育德。

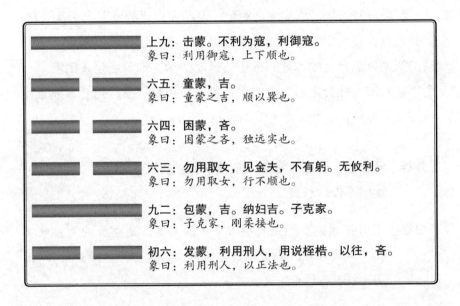

上九：**击蒙。不利为寇，利御寇。**
象曰：利用御寇，上下顺也。

六五：**童蒙，吉。**
象曰：童蒙之吉，顺以巽也。

六四：**困蒙，吝。**
象曰：困蒙之吝，独远实也。

六三：**勿用取女，见金夫，不有躬。无攸利。**
象曰：勿用取女，行不顺也。

九二：**包蒙，吉。纳妇吉。子克家。**
象曰：子克家，刚柔接也。

初六：**发蒙，利用刑人，用说桎梏。以往，吝。**
象曰：利用刑人，以正法也。

本节要介绍《易经》第4卦蒙卦。乾坤代表天地定位，屯卦代表万物开始出生，蒙卦则代表万物的幼稚阶段，就像小孩需要启蒙一样。

屯卦和蒙卦是正覆卦关系。《易经》64卦按照顺序，两个一组，每组两个卦之间的关系是"非覆即变"。比如，从乾卦到坤卦就是

"变"，六个阳爻变成六个阴爻。从屯卦到蒙卦则是"覆"，将水雷屯整个翻过去，就变成山水蒙。

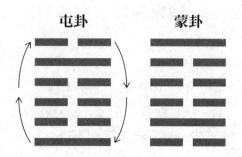

蒙卦下卦为坎，坎为水，为险，说明在自己的位置上无法久待；上卦为艮，艮为山，为止，等于外面有阻挡，让人进退两难。一个孩子如果只靠自己的本能和欲望去行动的话，难免会陷入困境。一个年轻人进入社会之后，也需要在各方面接受启蒙，先要掌握专业的技能，再来表现个人的才干。

[卦辞] 蒙：亨。匪我求童蒙，童蒙求我。初筮（shì）告，再三渎，
渎则不告。利贞。

[白话] 蒙卦：通达。不是我去求蒙昧的儿童，是蒙昧的儿童来求
我。初次占筮，告诉他结果。两次三次占筮，是亵渎神明，
亵渎就不告诉他。适宜正固。

蒙卦中有两个阳爻，代表老师的身份；另外四个是阴爻，阴爻是空的、虚的，代表需要被启蒙的人。所以，在蒙卦的格局中，阴爻一定要找到阳爻，才能得到启蒙的机会。这是基本观念。

蒙卦的卦辞强调"不是我去求蒙昧的儿童，是蒙昧的儿童来求我"。这里的"我"是指九二，它是蒙卦的主爻；"童蒙"是指六五，

因为六五的爻辞直接提到了"童蒙"。六五代表年纪很轻、刚刚即位的君王，它与底下的九二正应。九二代表刚强中正的大臣，或者代表六五的启蒙老师。

卦辞接着说："初次占筮，告诉他结果。两次三次占筮，是亵渎神明，亵渎就不告诉他。"这提醒我们，小孩子刚开始拜师，要像求教神明一样真诚，对于老师传授的知识，一定要虚心接受；如果他总是抱着怀疑的态度，再好的老师也无济于事。

[**象传**] 象曰：蒙，山下有险，险而止，蒙。蒙亨，以亨行时中也。匪我求童蒙，童蒙求我，志应也。初筮告，以刚中也。再三渎，渎则不告，渎蒙也。蒙以养正，圣功也。

[**白话**]《象传》说：蒙卦，山下有危险，遇到危险就停下来，这就是蒙昧的状况。蒙卦通达，是因为它以通达的方式做到合时与中道。不是我去求蒙昧的儿童，是蒙昧的儿童来求我，这表示心意相互呼应。初次占筮，告诉他结果，那是因为本卦有刚毅中正之象。两次三次占筮，是亵渎神明，亵渎就不告诉他，因为他既蒙昧又亵渎。蒙昧之时可以培养正道，这是造就圣人的功业啊。

《象传》是用来解释卦辞的。《象传》说"山下有险，险而止"，因为蒙卦的结构是山水蒙，上卦艮为山，代表阻止，下卦坎为水，代表危险。遇到危险，就要停下来，找老师请教。后面接着谈到向老师请教时，要表现最大的诚意。

《象传》结论非常精彩，它说："蒙以养正，圣功也。"意即：在蒙昧之时可以培养正道，这是造就圣人的功业啊。换言之，一个小孩得到适当的启蒙，可以了解人生正道，经过努力修行，最后可以成为圣人。可见，儒家对每一个人都有无限的期许。这是因为儒家肯定人性向善，一个人只要受过教育，了解什么是善，就会发出真诚的心，要求自己努力行善。

从山水蒙的卦象来看，蒙卦就像山下刚刚流出的泉水，清澈无比。泉水流到平地之后，情况就会变得复杂。有的河流依然干净，有的河流则挟泥沙而俱下。孩子的成长过程不也是如此吗？孩子天真活泼，聪明伶俐，不正像山下的清泉吗？但随着年龄的增长、环境的变化，他可能会变得驳杂不纯。所以，启蒙阶段会影响孩子一生的发展。

进一步来看，蒙卦上面是山，是停止，代表找到好的老师就要停止怀疑；底下是水，不断流动，代表学习的过程不能停下来。所以，受教育的秘诀就在于：一方面，对于老师所传授的人生正道，不要怀疑；另一方面，要努力学习，精进不已。

[**象传**] 象曰：山下出泉，蒙。君子以果行育德。

[**白话**]《象传》说：山下流出泉水，形成蒙卦的意象。君子由此领悟，要以果决的行动培育道德。

《大象传》谈的是整个卦对人的启发。蒙卦的《大象传》强调"君子以果行育德"。换言之，任何人想要培育道德，一定要采取果决的行动，不能有任何犹豫或彷徨。

蒙卦的启发主要有两个方面。一方面，每个人在幼稚的阶段，都要接受老师的启蒙，了解什么是人生的正路，以摆脱本能和欲望的控制。现在的基础教育做的就是这样的工作。另一方面，不管大人还是孩子，每个人的知识都是有限的。如果想在本行业里更上一层楼，或者想去其他行业拓展，也相当于处在蒙昧阶段。

西方也有类似的观念，可以互相对照。古希腊哲学家柏拉图（Plato，前427—前347）特别重视孩子的教育，他认为，一个孩子从小开始，他身边每一个成年人都要设法在言语行为上、基本观念上、生活习惯上，给予他正确的引导。孩子出现了问题，要及时导正，就像一棵树在成长过程中要及时修剪，才能长得高大挺拔。柏拉图强调：绝不能让孩子心想事成。如果一个孩子要什么就给什么，他将来注定难成大器。

另外，柏拉图的老师苏格拉底有一句名言："为什么神明认为我是雅典人里面最聪明的呢？因为只有我知道自己是无知的，而别人连这一点都不知道。"苏格拉底与当时最有名望的人进行交谈，发现这些人在精通某个领域之后，就以为自己在其他领域也是权威，进而贸然发表意见。这是一种"强不知以为知"的表现。

两位古希腊哲学家的看法，与蒙卦的精神是一致的：对于孩子，要从小规范言行；而大人则要谨守知识的分寸，知之为知之，不知为不知，虚心向人求教。

《易经·系辞传》一再强调，要有居安思危的忧患意识。事实上，儒家对于人的处境是相当担心的。人的生命非常微妙，既可以走上正路，为社会做出贡献，也可能走上邪路，给社会造成灾难，自己也错过了美好的一生。所以，要特别注意孩子的启蒙教育。

《易经》在乾坤定位之后出现了屯卦，代表万物开始出生。接着就是蒙卦，把焦点拉回到人的身上。一个人如果未经启蒙，不了解人生的正途何在，他的一生可能就在本能、冲动和欲望里面完全浪费了。蒙卦最重要的一句话，就是《象传》所说的"蒙以养正，圣功也"。蒙昧之时可以培养正道，这是造就圣人的功业啊！

二、不要困处在蒙昧中

蒙卦的结构是山水蒙，强调人在幼稚阶段需要启蒙。本节要介绍蒙卦六爻的爻辞，以及各爻之间的互动关系。

蒙卦卦辞所提到的"童蒙"是指六五，它是阴爻，处在君王的位置，代表这个君王比较年轻、柔弱、没有实力，需要有人开导。六五与九二阴阳正应，九二代表贤良刚正的大臣，负责开导六五。其实，蒙卦四个阴爻都需要阳爻的启蒙。在历史上，当年轻君主即位时，经常会设立辅政大臣。古代最有名的辅政大臣是周公。其实在周公之前，大臣辅政早有先例。

[**爻辞**] 初六：发蒙，利用刑人，用说（tuō）桎梏（zhì gù）。以往，吝。

象曰：利用刑人，以正法也。

[**白话**] 初六：启发蒙昧，适宜用刑罚来规范人们，借此让他们摆脱桎梏。依此有所前往，会陷入困难。

《象传》说：适宜用刑罚来规范人们，是为了端正法纪。

初六在最底下，代表需要启蒙的一般百姓。在古代社会，教育尚未普及，对于众多百姓，必须用刑罚来加以规范。百姓如果害怕刑罚，或是受罚之后改过自新，正好可以借此摆脱桎梏。这里的"桎梏"有两个意思：一是本能的欲望对人的控制；二是真正违法受刑的处境。

但是，一直采用刑罚的方式，难免会陷入困难。孔子在《论语·为政》中说："道之以政，齐之以刑，民免而无耻。道之以德，齐之以礼，有耻且格。"意即：以政令来教导，以刑罚来管束，百姓免于罪过但是不知羞耻。以德行来教化，以礼制来约束，百姓知道羞耻还能走上正途。可见，刑罚只能让百姓畏惧管束，摆脱蒙昧的状态；进一步还需要德治与礼治，才能让他们走上人生的正途。"说"借用为"脱"。

[**爻辞**] 九二：包蒙，吉。纳妇吉。子克家。

象曰：子克家，刚柔接也。

[**白话**] 九二：包容蒙昧，吉祥。容纳妇人，吉祥。儿子能够持家。

《象传》说：儿子能够持家，因为刚爻与柔爻可以接应。

九二的爻辞连续出现两个"吉"，十分难得。所谓"包容蒙昧"，是指九二包容上面的六五：六五是年轻的君王，需要德高望重的大臣来开导他。

六五是阴爻，也可以代表妇人，所以说"纳妇吉"。古代妇女没有受教育的机会，九二也要给她适当的引导。

爻辞最后提到"子克家"，因为九二、六三、六四形成互震，代表长子，并且第二爻是大夫的位置，大夫的采邑称为"家"，所以说"儿子能够继承家业"。

蒙卦

互震

[**爻辞**] 六三：勿用取女，见金夫，不有躬。无攸利。

象曰：勿用取女，行不顺也。

[**白话**] 六三：不要娶这个女子，她见到有钱的男子，就会失身。娶
她没有任何好处。

《象传》说：不要娶这个女子，是因为她的行为不顺理。

六三的爻辞让人担心，为什么这样说呢？六三与上九阴阳正应，
所以她的丈夫应该是上九。"有钱的男子"指九二，因为九二是蒙卦
的主爻，成为众望所归。六三希望摆脱上九去找九二，等于见利忘义。

为何说六三会"失身"呢？因为六三、六四、六五构成互坤，
坤是母亲，可以怀孕，称为有身，引申为自身。六三如果去找九二，
就会离开互坤，即失身，所以娶她没有任何好处。

蒙卦

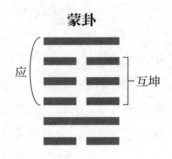

更麻烦的是六三对九二乘刚。所谓乘刚，就是阴爻居阳爻之上，
而这个阳爻正好是全卦的主爻。乘刚会带来严重的后果，屯卦六二
就是明显的例子。

所以，蒙卦六三的爻辞为什么这么差？第一，六三以阴爻居刚
位，本身不当位；第二，六三对主爻九二乘刚。这两点合在一起，
使六三的处境很糟糕。它的行为既不顺理，也不顺利。《易经》直接
批评了这种作为。

[**爻辞**] 六四：困蒙，吝。

象曰：困蒙之吝，独远实也。

[白话] 六四：困处于蒙昧之中，有困难。

《象传》说：困处于蒙昧之中而有困难，是因为只有自己远离了刚爻。

蒙卦四个阴爻，只有六四与两个阳爻都拉不上关系。初六上承九二，它接受九二的教导，学到许多规范，违反的话就要受罚，这反而可以使初六避开各种惩罚。六三虽然有各种问题，但至少与上九阴阳正应。六五往下与九二正应，往上可以依靠上九，既有应又有比，可谓左右逢源。

六四与初六不应，与九二、上九也拉不上关系，无应也无比，所以困处于蒙昧之中，出现明显的困难。蒙卦四个阴爻里面，只有六四远离了阳爻，所以《小象传》说它"独远实也"。在蒙卦的格局中，阳爻代表有实在的觉悟，阴爻则需要阳爻的开导。

[爻辞] 六五：童蒙，吉。

象曰：童蒙之吉，顺以巽也。

[白话] 六五：蒙昧的儿童，吉祥。

《象传》说：蒙昧的儿童是吉祥的，因为他以谦逊来表达顺从。

六五的爻辞很简单，只要你承认自己是一个蒙昧的儿童，虚心求教就会吉祥。六五为何出现"童"字？因为上卦为艮卦，艮为少男，代表蒙昧的儿童。

六五居中位，并且与九二正应，往上又可以依靠上九，所以吉祥。

[爻辞] 上九：击蒙。不利为寇，利御寇。

象曰：利用御寇，上下顺也。

[**白话**] 上九：击走蒙昧。不适宜做强盗，适宜抵御强盗。

《象传》说：适宜用来抵御强盗，是因为上下相顺。

上九在上卦艮中，艮为手，可以打击敌人，所以说"击蒙"。蒙卦走到上九，代表有些人蒙昧到了极点，仍然不肯学习。这时上九要果断出手，击走蒙昧。"不利为寇，利御寇"的意思是说，出手打击蒙昧之人，是为了防止他将来沦为强盗，亦即帮助他抵御成为强盗的机会。

对于蒙卦六爻，也可以换一种角度来看。把初爻与上爻放在一起，代表开始与结束；第二爻与第五爻，分别处在下卦与上卦的中间；第三爻与第四爻，位于全卦的中间。

初六代表百姓刚刚上场，用刑罚来惩戒，可以让他们将来免于牢狱之灾。到了上九还不能觉悟的话，就要用兵来抵御强盗了。可见，对付蒙昧的情况，一开始用刑反而比较好，拖到最后就可能用兵了。

接着，九二是包蒙，六五是童蒙，两者配合有默契。

至于中间的六三、六四这两个阴爻，六三见到九二而失身，六四远离阳爻而失利。亦即六三忘了正应的上九，失去自己的原则；六四远离两个阳爻，做什么都不利，陷于蒙昧而无法自拔。

可见，我们可以用两种方式来深入了解一个卦。第一种是把一个卦分成上下卦来看，初与四、二与五、三与上，相关的位置互相影响。另一种是把初与上放在一起，代表开始与结束；二与五位于上下卦的中间，看两者有何关联；三与四是"三才"里面属于人的位置，面临较多的选择，可能会出现各种诱惑和困难。

本节介绍了蒙卦六爻的爻辞。蒙卦四个阴爻都需要阳爻的开导，才能摆脱蒙昧的状态。下一节要通过古代的故事与现代的占卦案例，探讨如何将蒙卦用于实际的生活中。

三、教育孩子要把握原则

蒙卦代表万物出生之后的幼稚阶段，也代表人处在蒙昧的状态。一个孩子只要得到适当的启蒙，就可以了解人生正道，经过努力修行，最后成为圣人，正所谓"蒙以养正，圣功也"。本节要介绍与蒙卦有关的历史故事和占卦案例。

首先介绍两则古代的故事。商汤在建立商朝之后，不久就过世了。他在临终前，委托大臣伊尹来辅佐新君。但是商汤的儿子不久也过世了，继位的是商汤的孙子太甲。太甲年轻不懂事，不接受管教，伊尹就把他放逐到桐邑，让他去给商汤守坟。三年之后，太甲改过自新，伊尹又把他接回来，让他重新上位。太甲相当于蒙卦六五，他起初年轻不懂事，不听劝说，胡作非为。伊尹相当于九二，努力开导太甲，包容他，并在他悔过之后，迎他回来当天子。太甲后来的表现就比较理想了。[1] 除了孩童的启蒙，蒙卦对于成年人也有很多启发。譬如，周武王推翻商朝之后，第一件事就是去拜访商纣王的叔叔箕子，他是当时最有学问的人。周武王请教箕子："上天生下了众多百姓，怎样可以让他们安居乐业呢？"箕子的回答被记录在《尚书·洪范》里，它是《尚书》中最重要的一篇文献。

"洪范"的意思是"大的规范"，主要包括九部分内容，所以也称为"洪范九畴"。今天常说的"范畴"一词，就来源于此。它的内容涉及：国家是如何形成的？国家的精神是什么？如何让社会上轨

---

① 出自《孟子·万章上》。原文：伊尹相汤以王于天下。汤崩，太丁未立，外丙二年，仲壬四年。太甲颠覆汤之典刑，伊尹放之于桐。三年，太甲悔过，自怨自艾，于桐处仁迁义；三年，以听伊尹之训己也，复归于亳。

道？最后还谈到善恶的报应等。箕子把这些治国的重要纲领毫无保留地告诉周武王，就是希望周朝可以妥善治理国家，让百姓过上平安快乐的生活。

在这个故事里，箕子相当于蒙卦的九二。他原本是商朝的王室，现在则要开导新接位的六五——周武王。周武王虽然能征善战，但在治国方面是一个新手，需要有经验的人来指导。周武王礼贤下士，虚心向箕子请教，箕子也坦诚相告，于是成就了一段历史佳话。

现代的占卦案例也值得参考。有一次我上完《易经》课之后，一位企业家希望占一卦。我请他先不要说问题，直接用数字卦来占。

这位企业家给出三组数字，经过简单计算，由下往上得到6、7、4：6代表坎卦，坎为水；7代表艮卦，艮为山，合起来就是山水蒙；4代表变爻是蒙卦的六四。

数字卦米字图

蒙卦六四的爻辞只有三个字："困蒙，吝。"我就说："你现在困处于蒙昧之中，有困难。"他惊讶地说："确实如此。"他的问题是：

父亲的病情如何？他父亲身体不好，中医、西医都看遍了，也没有找出病因。这正是蒙卦六四的处境，困处于蒙昧之中，找不到任何阳爻为它解惑。

我接着说："快则一个月，慢则三个月，就可以摆脱当前的困境。因为六四往上走一步是六五，六五下有九二正应，上有上九相比，可谓上下相济。就算还有困惑，从六四往上走三步，也能离开蒙卦，进入全新的格局。"

有一个学生的经验也值得参考。他有一个朋友改行去做采矿生意，占到蒙卦上九。这个学生的判断是："上九是全卦最后一爻，所以这件事很快就能做成，一般来说，一个月左右就会有结果。"后来的发展确实如此。然后，他继续说："你虽然占到上九，但不要忘记主爻是九二，所以你要找一个懂得开矿的专业人员来合作。他的地位比你低，如果你是董事长，他就是总经理。另外，上九与六五相比，这表示还有一个年轻的合作伙伴。但是要小心，因为上九与六三正应，而六三见到有钱的男子就会失身，可能抛弃你，或让你损失金钱。"

这个朋友听了之后非常惊讶，因为他在改行之前，刚被前妻骗走了积蓄，他痛定思痛，才决定转行从事矿业。他确实有两个合作伙伴，一个人比他年轻，另一个人非常专业。年轻的应该是六五，专业的应该是九二，实际情况居然跟占卦结果完全相符。

另外，还有一个朋友占到了蒙卦上九，但情况跟上面的例子不太一样。她说，她的先生常常觉得人生乏味，不知道该何去何从。后来，一位宗教界的老师开导他，他就相信了。她的问题是：这件事的发展如何？结果占到蒙卦上九。我就说："快的话，一两个月就会有结果。爻辞说要打击蒙昧，代表你先生有蒙昧的状况，而这位老师可以帮他摆脱困境。"后来，她的先生果然变成了虔诚的信徒。

总之，蒙卦可以带给我们三个方面的启发：

第一，当孩子处在幼稚阶段时，需要好好予以开导，帮助他成为正人君子；

第二，当你进入一个行业时，需要找一个好的导师，虚心求教；

第三，在不同的专业领域，我们也要保持童蒙的心态，勤于向专业人士请教。

蒙卦的卦辞强调，找老师就像请教神明一样，第一次占筮，他会告诉你结果；你一而再、再而三地占问，他就不告诉你了。可见，古人把拜师求教这件事看得很神圣，甚至与请教神明等量齐观。假如你是一名老师，当你有机会开导别人时，也要深知责任重大，既要一丝不苟，也要倾囊相授。这样一来，师生之间才能够互相配合，教学相长。

屯卦代表万物开始出生，蒙卦代表万物处在幼稚阶段。接着上场的是需卦，代表万物都需要养育，人的身心也要多加保养，以便将来能够大有作为。

一、等待不是浪费时间

05　水天需，下乾上坎

需：有孚，光亨，贞吉。利涉大川。

象曰：云上于天，需。君子以饮食宴乐。

上六：入于穴，有不速之客三人来，敬之终吉。
象曰：不速之客来，敬之终吉；虽不当位，未大失也。

九五：需于酒食，贞吉。
象曰：酒食贞吉，以中正也。

六四：需于血，出自穴。
象曰：需于血，顺以听也。

九三：需于泥，致寇至。
象曰：需于泥，灾在外也。自我致寇，敬慎不败也。

九二：需于沙，小有言，终吉。
象曰：需于沙，衍在中也。虽小有言，以吉终也。

初九：需于郊，利用恒，无咎。
象曰：需于郊，不犯难行也。利用恒，无咎，未失常也。

前文介绍了乾、坤、屯、蒙四卦。乾坤代表天地。天地定位之后，屯卦代表万物开始出生，困难重重。蒙卦代表万物处在幼稚的阶段，也代表孩子需要开导启蒙。

本节要介绍《易经》第5卦需卦，它的结构是水天需。乾卦在内，代表内在充满动力；坎卦在外，代表外面有危险。需卦提醒我们，少安毋躁，不要着急，要在等待过程中不断充实自己的实力。

需卦的"需"有三层意思。第一，需代表有所需要。你刚刚经过启蒙阶段，目前实力还不够，在身心方面都需要有所准备。第二，需代表等待，必须等待各种条件的成熟。需卦六爻的爻辞说明，在各种处境下都要耐心等待。第三，在等待过程中，要让身心得到滋养与调节，以便将来能够大有作为。

[卦辞]需：有孚，光亨，贞吉。利涉大川。

[白话]需卦：有诚信，光明通达，正固吉祥。适宜渡过大河。

需卦的卦辞有两点特色。

第一，卦辞提到"有孚"。说一个人"深孚众望"，代表他很有威望，能够让大家信服。"孚"字在《易经》里经常出现，代表有诚信，实实在在可以依靠。在64卦中，只有五个卦的卦辞出现了"有孚"，需卦是第一个。这五个卦有一个共同点：它们都具备九二和九五，阳爻占据了中位，等于有实在的力量，值得信赖。所以，需卦的"有孚"旨在提醒你：先培养自己的实力，不用担心或着急。

第二，需卦的卦辞提到"利涉大川"，即适宜渡过大河。古代所谓的"大川"主要指黄河，它很难渡过。在《易经》64卦中，卦辞出现"利涉大川"的只有七个卦。这些卦的共同点在于：在其上下卦的组合中，必定包含一个乾卦（☰）或巽卦（☴）。乾卦代表力量很大；巽卦代表风，它在五行中属木，等于风吹在木船上，可以顺利渡过大河。

需卦的卦辞同时具备"有孚"和"利涉大川"，这是难得一见的。

[象传]象曰：需，须也，险在前也。刚健而不陷，其义不困穷矣。

需有孚，光亨，贞吉。位乎天位，以正中也。利涉大川，往有功也。

[**白话**]《象传》说：需卦，有所等待，因为前面出现了危险。有刚
健之德而不会陷于险难，从道理上讲不会走到困穷的地步。
需卦有诚信，光明通达，正固吉祥。九五处在天位，可以端
正而守中。适宜渡过大河，前往可以建立功业。

需卦是水天需，上卦为坎，代表危险，所以说"险在前也"。但
是，底下的乾卦有刚健之德，所以不会陷于危险之中，也不会走到
困穷的地步。《象传》接着说，遇到需卦其实不用太烦恼，因为九五
处在天的位置，居中守正。而"利涉大川"则表明，需卦经过等待
与准备，就能够渡过大河，建立功业。换言之，经过屯卦与蒙卦的
阶段，进入需卦以后，要在身心方面做好准备，接着就可以向外发
展了。

[**象传**]象曰：云上于天，需。君子以饮食宴乐。

[**白话**]《象传》说：云气上升到天空，这就是需卦的取象。君子由
此领悟，要饮食与宴乐。

需卦的《大象传》为何强调"云上于天"呢？这里所谓的
"天"，其实包括地面之上的所有空间，而不仅仅是指天空最高的位
置。否则，云怎么可能到天的上面去呢？"云上于天"代表云气上
升到天空，尚未凝结成雨。

有些专家认为，"需"字上面是"雨"，下面是"而"。在古代，
"而"字与"天"字写法很接近。所以，"需"代表雨在天上还没有
降下来，仍在酝酿之中。

此时君子要"饮食宴乐"。《大象传》难得出现如此轻松愉快的

建议。对于"饮食宴乐",有两种解释值得参考。第一,北宋学者程颐(1033—1107)说:"饮食以养其气体,宴乐以和其心志,所谓居易以俟命也。"饮食是要养好身体,宴乐是要调节心志。没有强健的体魄、豁达的心胸,将来怎么能承担重要的任务呢?所谓"居易以俟命",就是处在平常的日子里,准备接受重大的使命。程颐的说法很完整。

第二,明朝末期学者王夫之(1619—1692)认为,所谓"君子以饮食宴乐",是说君子应该"后天下之乐而乐",要让天下百姓都过上幸福的生活,他再来饮食宴乐。这个过程也需要等待。没有经过艰苦的努力和漫长的等待,怎么可能让百姓都衣食无缺、平安幸福呢?王夫之的说法更为深刻,也更为周延。

在古代,舜与周公的事迹可以作为需卦的最佳例证。

舜年轻的时候,家庭条件并不理想。他每天在田里吃干粮、啃野菜,就像打算一辈子这么过似的。[1]这种等待非常漫长,看上去毫无希望。但是舜安于这种生活,不急不躁。可见,一个人平时要努力充实自己,耐心等待时机的来临。

周公也有独特的作风,他努力学习先王照顾百姓的方法;如果有不合当时情况的,就仰起头思考,夜以继日;侥幸想通了,就坐着等待天亮,准备立刻开始实践。[2]

这两段记载都出于《孟子》,说明孟子对古代帝王、贤臣的表现有相当深入的认识。舜与周公都在等待。舜在耐心等待时机的来临,他知道云还在天上、尚未凝聚成雨,所以心如止水。周公在等待天亮,希望立刻实践先王的理想,让所有百姓都能够饮食宴乐。这正

---

① 见《孟子·尽心下》。原文:舜之饭糗(qiǔ)茹草也,若将终身焉。
② 见《孟子·离娄下》。原文:周公思兼三王以施四事;其有不合者,仰而思之,夜以继日;幸而得之,坐以待旦。

是孟子所说的"乐以天下，忧以天下"（《孟子·梁惠王下》）。他们的等待并非浪费时间，而是准备厚积薄发。

总之，需卦的下卦是乾卦，代表刚健进取；上卦是坎卦，代表外面有危险，需要耐心等待。但是，上卦的九五既中且正，它不会坐困愁城，而是在等待过程中，调整好自己的身心状态。一旦时机成熟，便可以渡过大河，开创伟大的功业。

二、饮食宴乐调和身心

需卦的结构是水天需，上卦为坎，代表外面有危险；下卦为乾，代表内在有动力。所以要修炼自己，等待时机。需卦的六爻显得很有节奏，分别指出在哪里等待，如何等待。

[爻辞] 初九：需于郊，利用恒，无咎。

　　象曰：需于郊，不犯难行也。利用恒，无咎，未失常也。

[白话] 初九：在郊野等待，适宜守常不动，没有灾难。

　　《象传》说：在郊野等待，是不要冒险前进。适宜守常不动而没有灾难，是因为没有失去常理。

初九离外面的坎卦最远，所以说"在郊野等待"。虽然眼前没有什么紧急的事，但初九没有忘记自己的人生目标，它要跟"九二、九三"这两个阳爻一起奋斗。所以初九守住原则，在郊野认真准备。

[爻辞] 九二：需于沙，小有言，终吉。

　　象曰：需于沙，衍在中也。虽小有言，以吉终也。

[白话] 九二：在沙滩上等待，有些小的责难，最后吉祥。

　　《象传》说：在沙滩上等待，是因为沙洲浮现在水中。虽然有些小的责难，最后还是吉祥收场。

相对于初九，九二更接近外面的坎卦，所以说"在沙滩上等待"。九二在下卦中间，位置可进可退，离外面的危险还有一定的距离。

为什么说"小有言"呢？因为九二、九三、六四构成互兑，兑为口，有言可说。九二为何受到小的责难呢？因为九二以阳爻居柔位，不当位，它虽然居中，但小有瑕疵；并且，九二与九五都是阳爻，彼此不应。这两个缺点使九二受到一些责备，但最后还是吉祥。"终吉"代表要经过一段过程，到最后才会吉祥，所以不必着急。

需卦

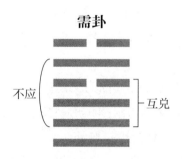

[**爻辞**] 九三：需于泥，致寇至。

象曰：需于泥，灾在外也。自我致寇，敬慎不败也。

[**白话**] 九三：在泥沼中等待，招来了强盗。

《象传》说：在泥沼中等待，是因为外面有强盗。由我自己招来强盗，所以恭敬谨慎就不会陷于祸败。

九三直接碰到外面的坎卦，等于碰到水而陷入泥沼中。为何说九三"招来了强盗"呢？我们要养成习惯，只要爻辞里出现了"强盗"，就要立刻去找坎卦。因为坎卦代表陷阱，也代表月亮，月黑风高之时，强盗就会出没。九三与上六正应，而上六在坎卦里，所以九三把坎卦也带了进来，等于招来了强盗。在一个卦里面，凡是出现了阴阳正应，就可以把相应卦的特性一起带进来。

《小象传》提醒我们"敬慎不败"，只要恭敬谨慎，就不会陷于失败。九三以阳爻居刚位，本身动力很强，而且它完成了底下的乾卦，更是非往前冲不可。但是，它贸然往前冲的话，不仅会碰到上面的坎卦，还会招来强盗。所以，九三要格外谨慎，才能避开灾祸。

[**爻辞**] 六四：需于血，出自穴。

　　象曰：需于血，顺以听也。

[**白话**] 六四：在血泊中等待，从洞穴中走出来。

　　《象传》说：在血泊中等待，是因为以听命来表示顺从。

　　六四为何有血泊之象呢？因为爻是由下往上走的，底下的乾卦往上冲，六四作为阴爻无力阻挡，于是会出现受伤流血的状况。并且，六四位于上坎卦，坎卦也是血卦。

　　古人常常穴居野处，他们会在山边挖个洞作为住所，冬暖夏凉。现在的西北地区仍有许多这样的窑洞。坎卦为陷阱，可以引申为洞穴。六四从洞穴中出来，并不是要逃走，而是要迎接底下三个阳爻的到来。

　　在历史上，周文王曾被商纣王关在羑里七年之久，最后才被营救出来，等于从洞穴中死里逃生。孔子周游列国时，在匡地被人围住，最后成功脱险，这件事也可以作为需卦六四的例子。六四并非要跟下卦三个阳爻相抗衡，而是要配合它们，一起顺承上面的九五：君王九五也在等待底下三个阳爻的到来，一起携手向前发展。

[**爻辞**] 九五：需于酒食，贞吉。

　　象曰：酒食贞吉，以中正也。

[**白话**] 九五：在享用酒食中等待，正固吉祥。

　　《象传》说：在享用酒食中等待，是因为守中而端正。

　　"贞吉"是《易经》的专用术语。"贞"意为"正固"。所谓

"正"，是指在正确的位置上做正确的事。所谓"固"，是指维持一段时间。"正固"就是守住正位，并且坚持下去，相当于"择善固执"。

需卦底下三个阳爻，分别在郊野、在沙滩上、在泥沼中等待。它们所等待的是君王九五，所以要步步为营，不能急躁。同时，九五准备好酒食，也在等待底下三个阳爻上来。可见，这种等待是相互的。《易经》把阳爻当作君子或贤者，把阴爻当作小人。所以，九五是在等待三位贤者的到来，一起为民谋福。

"需于酒食"与"饮食宴乐"的含义有所不同。《大象传》的"饮食宴乐"是说，等天下百姓都得到快乐之后，自己再来享受饮食宴乐。九五的"需于酒食"是说，我在酒食宴乐中，等待贤者嘉宾的到来。"酒食"也有"封赏"之义。君王要封赏贤臣，让他们享有禄位，然后大家一起合作，共同照顾百姓。否则，总是云上于天，不能成雨，百姓也享受不到君王的恩泽。

[爻辞] 上六：入于穴，有不速之客三人来，敬之终吉。
　　　　象曰：不速之客来，敬之终吉；虽不当位，未大失也。

[白话] 上六：进入洞穴中，有三位不速之客到了，尊敬他们，最后吉祥。
　　　　《象传》说：不速之客到了，尊敬他们，最后吉祥；上六虽然位置不当，但没有大的过失。

上六位于上卦坎中，坎为穴，从下往上看，上六等于在坎卦最里面，所以说它"进入洞穴中"。

上六与九三正应。从九三的视角来看，九三把上六所在的坎卦带了下来，所以说它"招来了强盗"。而从上六的视角来看，上六把九三所在的乾卦带了上来，亦即把"初九、九二、九三"这三个阳爻带了上来，所以说"三人来"。

所谓"不速之客"，今天是指不请自来的客人。比如，我没有邀请你，你却忽然来到我家，我只好请你吃个饭。上六所说的"不速之客"，也可以代表客人从从容容地来了，这里的"不速"是指慢慢来。"敬之终吉"代表只要尊敬他们，最后就会吉祥。

需卦有两爻（九二、上六）提到"终吉"，这是很少见的。"终吉"代表中间会经历一段复杂的过程，需要耐心等待；等到万事俱备，就可以继续向外发展。

三、安于当下，机会总会到来

需卦代表有所需要，因此要耐心等待时机的成熟。既有需要，又须等待，所以最好"饮食宴乐"，让自己的身心做好准备。需卦每一爻都在某种情况下等待，到最后大家携手合作，适宜渡过大河。

等待具有十分重要的意义。近年来，情商受到广泛重视。在《情商》（［美］丹尼尔·高曼著）这本书里，提到一个著名的糖果实验，就与等待有关。1960年，美国心理学家米歇尔对斯坦福大学附属幼儿园的学生开展了一项实验，并持续追踪到他们中学毕业，最终才完成整个报告。

米歇尔给这群4岁左右的小孩每人一颗软糖，并给他们两种选择：一是立刻吃掉这颗糖；二是等到老师回来，就再奖励一颗糖，一共吃两颗糖。很多孩子都迫不及待地吃了一颗糖，立刻满足了自己的欲望；也有一些孩子为了得到两颗糖，等待了一段时间。

结果发现，凡是选择等待的小孩，都有较好的社会适应能力、更好的人际关系、更多的自信，并且在挫折与压力之下，不容易退缩或崩溃。在等待过程中，这些孩子通过唱歌、睡觉、自言自语等方式转移注意力，他们由此学会了忍耐、坚持，调节内在的紧张，缓和欲望的需求。这些孩子内在的力量在不知不觉中得到了成长，自我控制力也随之增强。所以，孩子的情商越高，将来的成就可能就越大。

不过，也不能仅凭一次实验就断定孩子一生的发展，影响孩子成长的因素还有很多。有些人开窍早，有些人开窍晚。当初选择立刻吃一颗糖的小孩，将来也可能培养出很高的情商。这个实验让我们可以从另一个视角了解等待的重要意义。

我曾占到过需卦。有一次我应邀到广州演讲，飞机从台北飞到广州只需要一个半小时，我提前两个半小时赶到机场，觉得时间应该够宽裕了。但人算不如天算，我在候机楼听到航班延误的广播，开始有些担心了，于是从手中的登机牌上随意找到三组三位数，用数字卦计算的结果是1、6、1：1代表下卦是天，6代表上卦是水，合起来是水天需；第三个数字是1，代表变爻是需卦初九，爻辞提到"在郊野等待"。在天气正常的情况下，飞机延误一般很少超过一个小时。从初九算起，走完这个卦需要六步，所以我估计可能会延误60分钟，这样还能勉强赶上演讲的时间。

有些乘客对航班延误大为光火，就到航空公司的柜台前面大吵大闹。我以前没学《易经》的时候，可能也会做出类似的举动，但如今我若无其事，成竹在胸。延误60分钟之后，飞机果然起飞了，顺利抵达广州。当我轻松自在地走出机场时，看到接机人员急得快哭了，我对此深感抱歉，但发生这种事也不是我能左右的。我占到需卦的时候就知道，不能着急，着急也没有用。

另一次，有个朋友告诉我，他的姊姊想从餐饮业转行，正好遇到金融风暴，他就用筹策占问这件事，占到了需卦，六爻皆不变。

占到六爻皆不变，就要参考该卦的卦辞与《大象传》。需卦的卦辞提醒我们：要有诚信，并耐心等待，只要坚持原则，最后可以渡过大河。由于没有变爻，所以很难判断什么时候时机成熟，最长可能要等半年。《大象传》说："君子以饮食宴乐。"代表她目前的经济状况还可以，生活不成问题。所以与其着急上火，不如先调整好自己的身心状态，耐心等待。

听完我的解释之后，这位朋友就说，他姊姊转行的事情大致谈好了，只是薪资待遇还没有敲定，等了很多天也没有消息，所以心情受到了干扰。如今占到需卦，就意味着要耐心等待，着急也没用，还不如认真过好每一天。

所谓"饮食宴乐"，并非让你放纵享乐，而是让你放松休整，以便将来能走更远的路。人生随时都可能出现新的契机，只要保持愉悦的心情，换个角度看待自己的处境，就会珍惜这种让自己喘一口气的机会。

另外还有一个案例。一位企业家打算投资一项事业，想知道这件事的结果如何。我请他提供三组三位数，用数字卦算出来是1、6、5，即水天需，变爻九五。我解释说："需卦九五处在君王的位置，代表大权在握，资源丰盛。但在水天需的格局下，九五陷在坎卦两个阴爻中间，要等待底下三个阳爻上来跟它配合。九五'需于酒食'，所以不用太担心，要在身心方面补充营养、调节心情。投资的事着急也没用，大概还要等两个月的时间。但是一定要记得，把酒食分享给即将到来的三个阳爻。"

这里体现了《易经》的参考作用。他原本只是考虑自己投资，但这种情况下单打独斗显然不行。需卦九五虽然是君王，位置既中且正，但仍要等待贤者的配合，才能通过考验，大展宏图。

一般而言，有人占到需卦，我会对他说："云还在天上，尚未凝聚为雨。所以不要着急，急也没有用，还不如看看你现在处在哪一爻。"通常一个爻代表一个月的时间，三个月是一个季节。季节改变了，可以再占一次，不见得非要等半年。譬如，我在等飞机，在平常状况下，时间不会太长。占到初九，代表要经过六个阶段，每个阶段十分钟，六个阶段正好一个小时。所以将爻辞用于实际生活时，还要考虑社会生活的一般经验。

一、每个人都觉得委屈

06 天水讼，下坎上乾

讼：有孚，窒惕，中吉，终凶。利见大人，不利涉大川。

　　象曰：天与水违行，讼。君子以做事谋始。

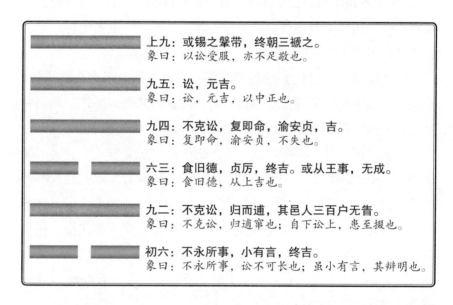

上九：或锡之鞶带，终朝三褫之。
象曰：以讼受服，亦不足敬也。

九五：讼，元吉。
象曰：讼，元吉，以中正也。

九四：不克讼，复即命，渝安贞，吉。
象曰：复即命，渝安贞，不失也。

六三：食旧德，贞厉，终吉。或从王事，无成。
象曰：食旧德，从上吉也。

九二：不克讼，归而逋，其邑人三百户无眚。
象曰：不克讼，归逋窜也；自下讼上，患至掇也。

初六：不永所事，小有言，终吉。
象曰：不永所事，讼不可长也；虽小有言，其辩明也。

　　本节要介绍《易经》第6卦讼卦。讼卦与需卦是正覆关系，把水天需整个翻过去，就变成了天水讼。为何需卦之后会出现讼卦呢？需卦代表有所需要，因此要准备各种资源，并耐心等待，用饮食宴乐来调和自己的身心状态，才能继续向前发展。但是，资源总是有限的，僧多粥少，人们难免会觉得分配不公，自己受了委屈。

　　自古以来，人的世界没有绝对的公平可言。在《易经》64卦中，有六个卦与诉讼有关，占比接近10%。如此高的比例，反映了人间的现实情况。每个人在考虑问题时，都会从自己的角度出发，所以难免出现分歧。分歧严重的话，就要法庭相见。这就是讼卦的背景。

讼卦的结构是天水讼，天的本性是高高在上，水的本性是往下流，双方不可能走到一起，所以必然会发生争讼。

[卦辞] 讼：有孚，窒惕，中吉，终凶。利见大人，不利涉大川。

[白话] 讼卦：有凭证可信，窒塞而须警惕，中间吉祥，最后有凶祸。适宜见到大人，不适宜渡过大河。

讼卦卦辞的内容很丰富。首先，"孚"代表有凭证可以相信。打官司的时候，无论原告还是被告，总认为自己是对的，并且手上握有可靠的证据。双方一旦争辩起来，就会变得"窒塞"，你不接受我的说法，我也不相信你的证据。此时必须提高警惕。可见，打官司是一件辛苦的事情。

"中间吉祥，最后有凶祸"这句话非常好。俗话说"不打不相识"，你拿出自己的证据，再认真听取对方的说法，就会知道双方的分歧何在，所以最好在中间阶段和解。如果非要把官司打到底，最后难免会有凶祸。即使打赢了官司，也与对方结了怨。将来他会怎么对付你，你很难预测，也很难防备。

"利见大人"的"大人"显然是指九五：《易经》一般把有官位的称为大人，无官位的称为君子。九五处在王的位置，既中且正，所以称为大人。

卦辞最后说"不利涉大川"，即不适宜渡过大河。刚打完官司非常辛苦，怎么可能立刻渡过大河呢？在《易经》64卦中，有七个卦的卦辞提到"利涉大川"，但只有讼卦的卦辞强调"不利涉大川"。

所以，占到讼卦就要知道，先解决眼前的纷争再说，不要有太多奢望，等过一阵子再去考虑未来的发展。

[**象传**] 象曰：讼，上刚下险，险而健，讼。讼有孚，窒惕，中吉，刚来而得中也。终凶，讼不可成也。利见大人，尚中正也。不利涉大川，入于渊也。

[**白话**]《象传》说：讼卦，上卦刚强，下卦险恶；遇到险恶还健行不已，就形成讼卦。讼卦有凭证可信，却窒塞而须警惕；至于中间吉祥，是因为刚爻来到下卦并居于中位。最后有凶祸，是因为争讼不可能成就任何事。适宜见到大人，是因为崇尚守中而端正的品德。不适宜渡过大河，是因为本身陷于深渊之中。

讼卦的《象传》说"上卦刚强，下卦险恶"，因为讼卦的结构是天水讼，上卦乾为天，为健，下卦坎为水，为险。遇到险恶还健行不已，就会形成争讼的局面。比如，有些人心存侥幸，总是希望一切对自己有利，所以处处逞强，毫不让步，自然会引起争端。

讼卦"最后有凶祸，是因为争讼不可能成就任何事"。所有诉讼都是在解决历史遗留的问题，对于向外发展毫无帮助。此时，双方都希望遇到公正的法官——九五。但是，下卦为坎卦，代表你自身陷于深渊之中，所以不适宜渡过大河。

孔子在《论语·颜渊》中说："听讼，吾犹人也。必也使无讼乎。"意即：审判诉讼案件，我与别人差不多。如果一定要有所不同，我希望使诉讼案件完全消失。换言之，在审理诉讼案件时，可以参考成文的法律和过去的案例。任何人当上法官，都可能做出类似的判断。但是，孔子的目标是让天下不再出现争讼。

这显然是一个崇高的理想。孔子希望人们和谐相处，每个人都受到良好的教育，了解自己在社会中的角色，大家"各取所值"，都取得他应该得到的东西，而不是"各取所需"。

事实上，人间发生争讼是在所难免的，因为世界上的资源是有限的，更何况人还有复杂的欲望与情绪反应。人作为万物之灵，有理性可以思考，但人的思考通常都是从自己的角度出发的，很难做到换位思考。讼卦从需卦延伸而来。需卦强调"需要"与"等待"，涉及饮食资源的分配，很容易产生不公平的问题，每个人都觉得自己受了委屈。人们彼此缺乏信任，就会发生争讼。

可见，人间不可能没有诉讼。因此要记得，打官司最好中间和解，见好就收。官司打到最后，没有人是赢家。人与人相处，沟通与协调必不可少；有了严重分歧，还会法庭相见。但是，遇到诉讼也不用太紧张，真理越辩越明。如果碰上九五这样公正严明的法官，就会真相大白，水落石出，这未尝不是一件好事。

你可能想不到，讼卦六爻中居然有四爻是吉，可以位列《易经》十大好卦之一。讼卦为什么会吉呢？因为通过沟通与辩论，使真相得以彰显，善恶得到适当的报应，这不是好事吗？反之，一个社会如果只是让大家吃饱喝足，而善恶得不到适当的报应，人们也不会感到幸福。

[**象传**] 象曰：天与水违行，讼。君子以做事谋始。

[**白话**]《象传》说：天与水相违而行，就是讼卦。君子由此领悟，做事要在开始时就谋划好。

讼卦的《大象传》强调"做事谋始"。如果事情一开始没有谋划好，将来就会出问题。孔子在《论语·卫灵公》中说："人无远虑，必有近忧。"意即：一个人不作长远的考虑，一定很快就有烦恼。因此，做任何事情，在开始阶段一定要小心谨慎，考虑周全。今天是法治时代，如果你一开始就把合约的条款写清楚，就会减少后期的争议。

总之，讼卦的结构是天水讼，上刚下险，象征一个人外在刚强，内心险恶。如果双方都是如此，则难免会出现争讼。双方各有证据，但是很难让对方信服。最好中途和解，不要争讼到底，以至于撕破脸皮。"利见大人"，代表适合见到公正严明的法官。"不利涉大川"，代表此时不适宜再做其他重要的事。

二、不打不相识，不如和解吧

从古至今，诉讼的情况相差无几，都需要有公正严明的法官，能够中间和解是最理想的。本节要介绍讼卦六爻的爻辞。讼卦的结构是天水讼，上卦三个阳爻，下卦只有九二是阳爻。九二与九五发生争讼，两者刚来刚往，互不相让。

[爻辞] 初六：不永所事，小有言，终吉。

象曰：不永所事，讼不可长也；虽小有言，其辩明也。

[白话] 初六：不要把事情做到底，有小的责难，最后吉祥。

《象传》说：不要把事情做到底，因为争讼不可以长期坚持。虽然有小的责难，还是可以辩明道理的。

初六是阴爻，不会非要把官司打到底。在事情开始的阶段，比较容易见好就收。"小有言"意为有小的责难。初六一上场就参与诉讼，难免受到别人的批评与责怪。

"小有言"的"言"是怎么来的呢？这里涉及爻变。当占到某个爻时，意味着该爻是变爻，可以阳变阴，阴变阳，由此出现新的卦，可以用来解释爻辞。初六爻变，变成初九，下卦从坎卦变成兑卦，兑为口舌，所以说"小有言"。

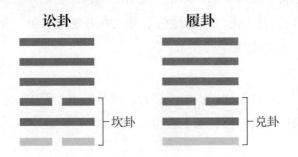

讼卦　　　　　　　履卦

坎卦　　　　　　　兑卦

初六最后是"终吉"，代表中间会经历一个过程，最后才会吉祥。

[**爻辞**] 九二：不克讼，归而逋（bū），其邑人三百户无眚。

象曰：不克讼，归逋窜也；自下讼上，患至掇（duō）也。

[**白话**] 九二：争讼没有成功，回来躲避，他采邑的三百户人口没有灾害。

《象传》说：争讼没有成功，回来躲避是要逃开争讼的事。居下位而与居上位者争讼，祸患来到是自己找的。

九二是讼卦的主爻，为什么官司还打输了呢？所谓主爻，只是代表由于它的位置改变而造成了这个卦，主爻本身并没有特别的优势，有些卦的主爻甚至还出现了凶。

"不克讼"的"克"就是"胜"。"不克讼，归而逋"就是官司打输了，于是回来躲藏。在讼卦中，初六与九四正应，六三与上九正应，只有九二与九五敌而不应，所以显然是它们二人在争讼，各不让步。幸好九五是居中守正的君王，它对九二宽宏大量，没有穷追猛打。

九二是大夫的位置，大夫有自己的采邑，可以收税。"三百户"是下大夫的规格。九二位阶不高，他与九五争讼可能连累他采邑的人民；但是九五没有追究，所以"他采邑的三百户人口没有灾害"。

《小象传》提醒我们，居下位的九二与居上位的九五争讼，这个祸患是它自己找来的。两者地位悬殊，九五既中且正，九二虽然居中位，但争讼的结果必然失败。

[**爻辞**] 六三：食旧德，贞厉，终吉。或从王事，无成。

象曰：食旧德，从上吉也。

[白话] 六三：享用祖先的余荫，一直这样下去有危险，最后吉祥。或者跟随君王做事，没有成就。

《象传》说：享用祖先的余荫，是因为跟随上位者就会吉祥。

"食旧德"代表可以得到祖先或前辈的帮助，祖先或前辈可能是有官位或有身份的人。但是，六三本身不当位，它夹在九二和九四两个阳爻中间，处境艰难，怎么做都不对。"贞厉"的意思是说，如果一直靠祖先的余荫，就会有危险。

"或"字代表具有选择性，六三也可以选择跟随君王做事。只要出现"王"字，就要立刻去找第五爻。六三、九四、九五构成互巽，巽为风，代表风吹不定，或顺风顺水，或近利市三倍。"近利市三倍"是《易经》的专用术语（《易经·说卦传》），代表可以得到很多好处。

讼卦

六三的结局与初六一样，都是"终吉"。六三知道不适合打官司，就不再坚持。因为六三与初六都是柔弱的阴爻，可以及时收手、不再争讼，就会吉祥。

[爻辞] 九四：不克讼，复即命，渝安贞，吉。

象曰：复即命，渝安贞，不失也。

[白话] 九四：争讼没有成功，返回到自己命定的角色，变得安于正

固，吉祥。

《象传》说：返回到自己命定的角色，变得安于正固，是因
为这样没有失去身份。

九四与九二的处境相同，都是"不克讼"。九四是阳爻居柔位，
刚柔得以调和，所以争讼没有成功，就返回到自己命定的角色，变
得安于正固，就会吉祥。

在《易经》中凡是看到"命"字，就要去找乾卦与巽卦。九四在
上卦乾中，乾为天，又在互巽（六三、九四、九五）中，巽为风，天
的命令借着风可以传向四方。"渝安贞"的"渝"代表变化、改变。
九四本来打算跟随九二去争讼，但是它直接碰到上面的君王九五。它
明白自己不可能与九五争锋，于是改变态度，接受自己命定的角色。

讼卦

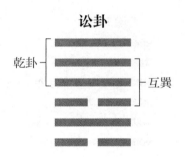

[**爻辞**] 九五：讼，元吉。

象曰：讼，元吉，以中正也。

[**白话**] 九五：争讼，最为吉祥。

《象传》说：争讼，最为吉祥，是因为守中而端正。

九五是君王的位置，爻辞中再度出现了"元吉"。九五为何是
元吉呢？因为九五爻变，变成六五，上卦变成离卦，离为目，为明，

可以明察秋毫。可见，九五是公正严明的法官，他在君王的位置上，使所有争讼都水落石出，善恶得到适当的报应，所以是元吉。

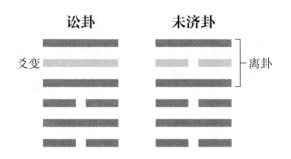

坤卦六五是"黄裳，元吉"，而讼卦九五直接说"讼，元吉"。所以，当一个爻是元吉时，只要站好自己的位置，做好自己该做的事，结果就会非常理想。

[爻辞] 上九：或锡之鞶（pán）带，终朝三褫（chǐ）之。

象曰：以讼受服，亦不足敬也。

[白话] 上九：或许受赐官服大带，但是一天之内被剥夺三次。

《象传》说：因为争讼而获得官服，也就不值得尊敬了。

上九代表一路争讼到底，要分清楚是非黑白。"或"字代表可能性。官司打到最后，你也许会获胜，得到官服大带，但是一天之内就被剥夺了三次，代表这样的胜利会有很大的"后遗症"。

总之，人间没有绝对的公平可言，每个人都觉得自己受了委屈，于是出现了争讼。但是，俗话说"不打不相识"，诉讼也为双方交换证据、沟通想法提供了一个机会，所以不如中途和解。

整体来看，九二与九四这两个阳爻都是"不克讼"（无法胜诉），因为它们无法与君王九五相抗衡。初六和六三这两个阴爻都是"终吉"，六三虽然有危险，最后还是吉祥。九四在改变态度之后，也变得吉祥。九五是元吉。所以，讼卦六爻中有四爻是吉，显然是一个很好的卦。

人活在世界上，除了希望生活富足之外，也希望得到公平的对待。讼卦的目的是给世界带来正义，让每个人都可以选择自己的生活，即使与他人有了矛盾，也可以及时化解，最后得以安居乐业。

三、官司输赢能事先知道吗

上一节介绍了讼卦六爻之间的关系。本节要通过实际的占卦案例，来说明讼卦的启示。

有一次，我上完《易经》课之后，一位同学想占问他亲戚打官司的事，结果占到讼卦六三：六三的爻辞提到"食旧德"，即享用祖先的余荫。我对他说："只有一个办法，就是找老关系。在这件官司里面，应该能找到以前的长官或朋友来帮忙。但是，你不能一直依靠这个关系，也要准备好相应的证据，取信于人，最后就会吉祥。"提问的同学说："确实有这样一位长辈。"

人与人相处，本来就有错综复杂的关系。要常记得："施人慎勿念，受施慎勿忘。"（汉·崔瑗《座右铭》）也许你的前辈过去帮助过别人，这些人只要在适当的场合说句公道话，就会对你有所帮助，这并非违法滥权。这个案例给我留下了深刻的印象。

我自己也占到过讼卦。在2010年，一家培训公司邀请我利用三个周末的时段开设九天的《易经》课程。我如果答应，就不能再安排其他活动了。我的助理为此事占了一卦，问题是：跟这家培训公司合作，结果如何？

结果占到了讼卦，代表将来有可能会打官司。我分析说："讼卦的《大象传》说'君子以做事谋始'，强调做事要在开始时就谋划好，以免将来出现纠纷，所以最好在合约里把细节规定清楚。"于是我在合约里加了一条：如果由于主办方的原因，课程没有顺利开办，他们必须赔偿我课酬的十分之一；如果是我这一边的原因，我也赔偿他们同样的金额。

过了几个月，正好赶上上海举办世界博览会，很多人都无法来上课，整个计划只好取消。培训公司的负责人打电话对我说："由于招生人数不足，这个课程只好取消。"我回说："按照合约，你要赔偿我课酬的十分之一。"对方说："我们前期也花了不少广告宣传费，能不能少赔一点？"我立刻说："好，没问题，打对折好了。"因为我知道讼卦是中间和解吉祥，退一步海阔天空，没有必要跟别人杠到底。对方也觉得我很大度，事情就这样顺利解决了。

官司的输赢能够事先知道吗？事实上，为打官司的事情占卦，经常会占到讼卦，令人难以置信。很多年前，有一位朋友打官司，一审败诉。在二审即将宣判的时候，他听说《易经》可以预测未来，就来找我占卦。他的问题是：他的官司二审下周开庭，结果如何？用《易经》预测未来，越是临近发生的事，占卦结果越明确。如果超过三个月，解释起来就比较模糊。因为"易"就是变化，间隔的时间越长，变化就越复杂。

我教他用筹策占卦，大约15分钟就得出了结果。他居然占到讼卦，变爻九二，爻辞说："不克讼，归而逋，其邑人三百户无眚。"我解释说："第一，'不克讼'代表这个官司的二审仍然会败诉；第二，'归而逋'（回来躲避）代表你不会被羁押，可以回家过日子；第三，'其邑人三百户无眚'代表你的亲友不会受到连累。打官司的时候，亲友情急之下难免会说一些谎话，很容易被法官识破，幸好法官不会追究。"他听说二审会败诉，立刻说："能不能再占一次？"我说："当然不行。"

当占卦结果不理想时，人们难免会懊恼。特别是用数字卦占卦，采用随机想到的三组三位数，如果算出来结果不好，人们往往会想："早知道就换别的数字了。"但是，《易经》占卦符合"共时性原理"，也称作"有意义的偶然"，亦即同时发生的事情之间，有其内在的关联。既然你偶然想到这些数字，就代表它们跟你的问题有某种关联。不能因为占卦结果不理想，就换个数字重算。如果非要占到官司胜诉才罢手，岂不是自欺欺人？

学习《易经》要保持超然的心态，可以参考西方的一句名言："对别人要主观一点，对自己要客观一点。"对别人主观，就是今天常说的"换位思考"，看到别人的遭遇，就要想："假如我是他，我会有怎样的感受？"对自己客观，就是要从别人的角度来看待自己的处境。太阳底下没有新鲜事，很多人都有跟我类似的遭遇。心念一转，就会放下执着，豁然开朗。

　　还有一个朋友占到讼卦初六，当时他正准备兴讼，想让法官主持公道。我对他说："占到讼卦初六，代表这个纷争刚刚开始，双方互相指责。但是，吵吵架就算了，不要把诉讼进行到底，最后就会吉祥。否则，不仅于事无补，反而会把问题搞复杂了。"我们总是希望大家各让一步，彼此和谐相处。如果实在无法解决，就希望遇到像九五这样公正的法官，可以明辨是非，公平裁断。

　　讼卦上九的爻辞说："或许受赐官服大带，但是一天之内被剥夺三次。"如果占到上九，代表你或许能打赢官司，但是一定会有"后遗症"。"三次"来自上卦乾的三个阳爻。古人所谓的"三"是"多次"的意思，未必正好是三次。

　　有句话说得好："止谤莫如自修，止谤莫如无辩。"换言之，要阻止别人的毁谤，最好的方法是修养自己，而不是去辩解。有些时候，事情会越描越黑。

　　人活在世界上，心意很难与别人完全相合，所以经常会发生争讼。诉讼时一定会有原告和被告，两批人马各自聚合，冲突在所难免。所以讼卦之后，接着是师卦。"师"代表群众，也代表战争。

一、将在外，君命有所不受

07　地水师，下坎上坤

师：贞。丈人吉，无咎。

象曰：地中有水，师。君子以容民畜众。

▬▬▬　▬▬▬	**上六：大君有命，开国承家，小人勿用。** 象曰：大君有命，以正功也。小人勿用，必乱邦也。
▬▬▬　▬▬▬	**六五：田有禽，利执言，无咎。长子帅师，弟子舆尸， 贞凶。** 象曰：长子帅师，以中行也。弟子舆尸，使不当也。
▬▬▬　▬▬▬	**六四：师左次，无咎。** 象曰：左次无咎，未失常也。
▬▬▬　▬▬▬	**六三：师或舆尸，凶。** 象曰：师或舆尸，大无功也。
▬▬▬▬▬▬▬	**九二：在师中，吉无咎，王三锡命。** 象曰：在师中吉，承天宠也。王三锡命，怀万邦也。
▬▬▬　▬▬▬	**初六：师出以律，否臧，凶。** 象曰：师出以律，失律凶也。

本节要介绍《易经》第7卦师卦。师卦的结构是地水师，它包含了以下意象。

第一，水在地底下。古代是农业社会，水流入地下，意味着发生了干旱。百姓为了争夺水资源，可能爆发各种冲突与纷争。

第二，水本来应该在地面上，现在流到地下，暗潮汹涌，说明这不是一种正常的情况。打仗也不是一种正常的情况。

第三，师卦的上卦坤代表百姓，下卦坎代表危险，有如军人要冒险犯难。古代藏兵于农，百姓平常是农夫，打仗时换上军装，拿起武器，就变成保家卫国的军人。由此可见，师卦有丰富的内涵。

师卦六爻之中，九二是唯一的阳爻，另外五个都是阴爻。物以稀为贵，所以九二是全卦的主爻。在《易经》64卦中，"一阳五阴"的卦有6个，"一阴五阳"的卦也有6个。在这12个卦里面，唯一的阳爻或阴爻就显得特别重要。师卦九二代表将军，他接受君王六五的任命，负责统率全军，具有临机决断的权力。

[**卦辞**] 师：贞。丈人吉，无咎。

[**白话**] 师卦：正固。有威望的长者吉祥，没有灾难。

"贞"代表军队一定要走在正路上，纪律严明，并坚持原则。

有的专家认为，师卦卦辞里的"丈人"应该写作"大人"。其实，说"丈人"也没有问题。"丈人"代表有威望的长者，所指的就是九二，它居于大夫的位置。一般而言，天子不会御驾亲征，因为战场的风险太高，还可能耽误其他国事。所以，要任命一个有威望的统帅，让他负责带兵作战。

师卦为何先说"丈人吉"，又说"无咎"（没有灾难）呢？因为打仗即使获胜，也难免有死伤，不能算是一件好事，所以最后会说"无咎"。

[**象传**] 彖曰：师，众也；贞，正也。能以众正，可以王矣。刚中而应，行险而顺，以此毒天下，而民从之，吉又何咎矣？

[**白话**]《彖传》说：师卦的师，由众人组成；正固是坚持正道。能够带领众人走上正路，就可以称王天下了。刚强者居中并

且上下相应，遭遇危险还能顺利前进，用这种做法来役使天下，而百姓跟随他，结果是吉祥，还会有什么灾难呢？

"能以众正，可以王矣"表明，九二身为统帅，可以帮助六五称王天下。"刚中而应"是说九二在下卦中间，并与上卦六五相应。从下往上看，下卦为坎、为险；上卦为坤、为顺，所以说"行险而顺"。

"毒天下"的"毒"，可译为"调动及使唤"。国家内忧外患，等于中了毒。打仗是用小毒去除大毒。战争的目的是重获和平，实现由乱到治的转变，所以百姓都会跟随他，结果是吉祥，还会有什么灾难呢？

[象传] 象曰：地中有水，师。君子以容民畜（xù）众。

[白话]《象传》说：地里面有水，这就是师卦。君子由此领悟，要容纳百姓，养育众人。

师卦是地水师，水藏在地下，正如藏兵于民。兵可百年不用，不可一日不备。打仗的目的是安顿百姓，让大家过上平安的日子，所以师卦的《大象传》说"要容纳百姓，养育众人"。

"师"可以代指军队，古代一个师的编制是2500人。如果不是有威望的"丈人"，一般人很难带领这么多人走在正路上。这也表明大家都信任"丈人"，接受他的领导。他治军的原则是：将在外，君命有所不受。君王既然把军队交给了他，要他保家卫国，就要把军队的训练、指挥等事宜全权委托给他。九二是全卦唯一的阳爻，六五与九二之间没有其他阳爻的阻隔，代表六五对九二非常信任，九二则要对作战的胜败完全负责。

汉朝大将军周亚夫曾经驻军细柳，防备匈奴的入侵。周亚夫带兵以军纪严明著称，所以后来人们也把军营称作柳营。汉文帝亲自来巡视，也要经过仔细盘查，才能进入军营（《史记·绛侯周勃世家》）。皇帝虽然贵为天子，拥有至高无上的权力，但在军营里也要服从军规。这就是"将在外，君命有所不受"最好的例子。

在军队作战的过程中，皇帝如果派出位阶高的人来监军，会对主帅的统一指挥造成干扰，引起很大的麻烦。师卦的爻辞就反映出这些问题。

本节介绍了师卦。前文的讼卦代表在分配资源时，有人觉得不公平，于是上法庭进行诉讼，结果分成了两派群众。"师"的本义就是群众。

群众聚集之后，需要好好教导，所以"师"也代表老师。谈到古代教育，有"师"与"儒"两种角色："师"以德行教导百姓，"儒"以六艺教导百姓。换言之，老师负责教导百姓德行，让他们了解社会规范，行善避恶。儒者负责教导百姓"礼、乐、射、御、书、数"这六种专门的技艺。老师在古代非常重要。《尚书》说："天降下民，作之君，作之师。"意即：上天生下众多百姓，为他们立一个君王，找一个老师。

由老师教导弟子，可以引申为武将统率军队。师卦主要谈的就是带兵打仗。

师卦有三爻为"凶"，值得我们警惕。在《易经》64卦中，只有五个卦是"一卦三凶"：第一个是师卦（䷆，第7卦）；第二个是剥卦（䷖，第23卦），阴爻要把阳爻向外推出去，只剩一个阳爻孤悬上九；第三个是颐卦（䷚，第27卦），代表一张口张开来要吃东西，难免有得有失；第四个是恒卦（䷟，第32卦），代表夫妻长期相处，十分不易；第五个是小过卦（䷽，第62卦），两个阳爻被四个阴爻所包围，情况显然不妙。

师卦有三爻为凶，说明兵凶战危，不可大意。军队的统帅要令出必行，保持绝对的威严。君王六五在指派将领时，也要非常谨慎。

二、战争最怕事权不统一

师卦的结构是地水师，九二是唯一的阳爻，所以是全卦主爻，代表有威望的长者。九二与六五正应，等于君王六五任命九二来带兵打仗。师卦每个阴爻都与九二有特定的关系。

[爻辞] 初六：师出以律，否（pǐ）臧（zāng），凶。

象曰：师出以律，失律凶也。

[白话] 初六：军队出动要按照军纪，不顺从的，将有凶祸。

《象传》说：军队出动要按照军纪，因为破坏军纪会有凶祸。

"律"指军纪。师卦下卦为坎，坎为水，水是平的，代表公平。军纪要完全公平，不能有差别待遇，也不能打折扣。所以初六说："军队出动要按照军纪，不顺从的，将有凶祸。"这句话说得斩钉截铁，没有任何弹性。初六出现了师卦第一个凶。试想，如果军人不守军纪，长官命令前进，他却偏偏后退，打仗不是非败不可吗？

"否臧"的"否"指违逆不顺，"臧"是"善"的意思。"否臧"是指违逆不顺，不去做他该做的事。今天经常倒过来说"臧否"，如"臧否是非""臧否人物"，亦即对社会上的新闻或人物，要评论它（他）善或不善。

[爻辞] 九二：在师中，吉无咎，王三锡命。

象曰：在师中吉，承天宠也。王三锡命，怀万邦也。

[白话] 九二：率领军队而能守中，吉祥没有灾难，君王多次赐命嘉奖。

《象传》说：率领军队而能守中吉祥，是因为受到上天的宠幸。君王多次赐命嘉奖，是为了使万国都来臣服。

九二的爻辞说"在师中"，因为九二在下卦中间，可以守住中道。先说"吉"又说"无咎"，是因为打仗并非侍奉国君的正道，而是为了止暴制乱，最多只能做到无咎。"锡"通"赐"。

"君王三次赐命嘉奖"，君王是指六五，"三"代表多次，即一再嘉奖。据《周礼》记载，古代君王奖赏大臣，分为三方面：第一是授职，分派一个职务；第二是授服，赏赐一套官服；第三是授位，任命一个爵位。授职、授服、授位三点都具备，就可以带兵打仗了。

九二居中位，又与六五阴阳相应，所以吉祥。君王多次对他赐命嘉奖，是为了使万国都来臣服。这正是作战的目的，要让百姓信任国家的安全和强盛。师卦上卦为坤，坤为百姓，引申为万邦，所以《小象传》说"怀万邦也"。

[爻辞] 六三：师或舆（yú）尸，凶。

象曰：师或舆尸，大无功也。

[白话] 六三：军队或许会载着尸体回来，有凶祸。

《象传》说：军队或许会载着尸体回来，完全没有功劳可言。

六三的处境比较麻烦，它的位阶比九二要高，但是在带兵作战时，必须以九二为主。六三的爻辞说："军队或许会载着尸体回来，有凶祸。"六三的爻辞为何如此凶险呢？

首先，六三以阴爻居刚位，本身不当位；其次，六三与上六都是阴爻，敌而不应；最糟糕的是，六三对主爻九二乘刚。在这种情况下，六三非死不可，所以爻辞出现了"尸"字。《易经》共有384

爻，"尸"字只出现在师卦的六三和六五，代表军队有重大伤亡。九二虽然是统帅，但位阶不如六三高，所以对六三率领的部队也无可奈何，结果造成了严重的灾难。

[**爻辞**] 六四：师左次，无咎。

象曰：左次无咎，未失常也。

[**白话**] 六四：军队后退驻扎，没有灾难。

《象传》说：后退驻扎而没有灾难，是因为没有失去常规。

　　六四也带领了一支部队，但他的处境相对较好。六四以阴爻居柔位，可以适时后退，而不会像六三那样一味逞强。"左次"的"左"代表后退，因为军中尚右，就像人们习惯使用右手一样；"次"代表军队驻扎两天以上。六四知道不听号令的后果，所以知难而退，没有失去军队的常规。

　　军队的进退都是正常的情况。在柏拉图的《对话录》里，苏格拉底曾与将军拉克斯讨论什么是勇敢。拉克斯久经沙场，觉得自己懂得什么是勇敢。但是讨论到最后，这位将军不得不承认，自己也不知道什么是勇敢了。他开始认为，向前冲锋就是勇敢，后退则代表懦弱。但苏格拉底说，斯巴达的一位将领在某次作战时，发现苗头不对，就立刻后退，保存了实力，然后再伺机进攻，最终取得了胜利，那么他前面的后退难道不算勇敢吗？战争最重要的是取得胜利，兵不厌诈，所以后退并不算违背常规。

[**爻辞**] 六五：田有禽，利执言，无咎。长子帅师，弟子舆尸，贞凶。

象曰：长子帅师，以中行也。弟子舆尸，使不当也。

[**白话**] 六五：田里有禽兽，适宜说明捕获的理由，没有灾难。长子

统率军队，弟子载尸而归，一直这样下去会有凶祸。

《象传》说：长子统率军队，因为他根据中道行动。弟子载尸而归，是用人不恰当的后果。

六五是君王，他综观全局，知道战争是难以避免的。"田里有禽兽"代表国家有内乱或外患，必须出兵平定。师卦上卦为坤，坤为田；六五爻变，成为九五，六三、六四、九五构成互艮，艮为山林，有禽兽出没，所以说"田有禽"。

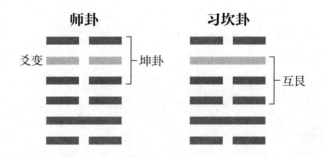

师卦　　　　习坎卦

爻变　　　　　坤卦　　　　　　互艮

出动军队一定要有正当的理由，可谓"师出有名"，否则士兵为何要浴血奋战呢？师卦六五与九二正应，九二在互震（九二、六三、六四）中，震为善鸣马，可以发出很大的声音，所以说"利执言"。代表这场战争有光明正大的理由，可以大张旗鼓地宣扬。

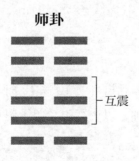

师卦

互震

爻辞接着说："长子统率军队，弟子载尸而归，一直这样下去会有凶祸。""长子"是指九二，它在互震中，震为长男。"弟子"是指六三，它在下坎卦中，坎为中男。君王六五先是用人不当，他让弟子带领军队，结果载尸而归。如果看到"弟子舆尸"还坚持不改的话，就会有凶祸。

[**爻辞**] 上六：大君有命，开国承家，小人勿用。

象曰：大君有命，以正功也。小人勿用，必乱邦也。

[**白话**] 上六：天子颁赐爵命，封为诸侯可以开国，封为大夫可以立家，对小人则不要任用。

《象传》说：天子颁赐爵命，是要按军功做正确的奖赏。对小人则不要任用，因为他们一定会使国家动荡不安。

到了上六，作战告一段落。上六的位置代表祖先、宗庙或退位的天子，天子要在宗庙里论功行赏，上告祖先。功劳大的，封为诸侯；次一等的，封为大夫。诸侯有国，大夫有家。譬如，封赏九二为诸侯，可以开国；封赏六四为大夫，可以立家。

接着，爻辞提醒你"小人勿用"。小人可以指六三，也可以泛指有军功的士兵。一般来说，爻辞提到"小人"，代表你占问的事情肯定有问题，小心用错人。打仗的时候，将士用命，有些小人可以冲锋陷阵，立下赫赫战功。但是，最后论功行赏时，不能让他们去管理一方百姓，只能多赏赐些金钱财宝。正如北宋程颐所说："赏之以金帛禄位可也，不可使有国家而为政也。"

总之，师卦初六要求严明军纪。九二是全卦主爻，负责统率军队，他的位阶虽然不高，但是他行于中道，可以撑起整个卦。六三、六四位阶较高，君王六五安排他们各带一支部队，六三下场很惨，六四尚能自保。君王六五必须让九二事权统一，否则会衍生很多问题，甚至可能像六三那样，使军队载尸而归。上六代表战争结束，国家主权得到维护，百姓获得安顿，此时应该论功行赏。

三、遇到凶事，束手无策

师卦的结构是地水师，代表用兵作战，其最大的特色是：全卦一个阳爻，五个阴爻。唯一的阳爻九二就是主爻，负责统率全卦。所以，在军队作战时，要做到事权统一，"将在外，君命有所不受"。那么，实际占卦会出现什么情况呢？

有一次，我上完《易经》课之后，现场教大家用数字卦占卦。有一个人问："我的单位最近准备人事调动，我有机会从副职升到正职。如果找个管道送礼的话，结果会怎样？"他很诚实，说自己准备按照潜规则去送礼。结果占到师卦初六，我立刻说："千万小心！初六代表军队出动要遵守军纪，如果你不守规矩，走后门送礼，将来的结果是凶。"他听了之后，脸色大变，点点头说："好，我知道了。"

另一次，我受邀去一家大型直销公司演讲，主要介绍儒家的思想。在讨论问题时，一位年轻主管忽然提问说："去年有人帮我算命占到师卦，请问这是怎么回事呢？"他没有讲任何细节，我既不知道他的占卦方法，也不知道他占到哪一爻，只好根据师卦的主要特性来解说。

我说："师代表群众，说明你在直销这一行有很多下线的支持。师也代表战争，说明目前出现了竞争对手，让你备感压力。"他听了频频点头。我又问他："你今年几岁？"他说："29岁。"我说："二字头在九二的阶段，现在没有问题，但是明年就要小心了。"

我只能点到为止，因为师卦六三说："军队或许会载着尸体回来，有凶祸。"所以从明年开始，他可能会遇到凶险。我们学了《易经》之后，即使不知道别人如何占的卦，也可以就《易经》的文本与他讨论，帮助他了解目前的处境与未来的发展。由于我不清楚细节，所以不会给出任何明确的建议，只能提醒他明年多加小心。

还有一个特别的案例。有一次，我在东北一个县级市为一家大企业讲解《易经》。现场气氛热烈，听众对于占卦结果都很满意，但是下课之后出现了状况。在饭桌上，这家公司的副总坐在我的右首边，刚吃了两口饭，就迫不及待地说："傅教授，我们是高科技公司。您说《易经》可以预测未来，一个人有任何问题，只要任意联想三组三位数，一分钟就能给出答案。这完全没有科学性。"我经常碰到这样的挑战，如果当场展开辩论，由于对方已经有了成见，所以很难说服他。最好的办法就是现场实验，用事实来说明一切。

我就问他："你自己本身有没有想问的问题？《易经》占卦必须符合三不占原则：不诚不占、不义不占、不疑不占。你的提问一定要有诚意，这个问题是你应该问的，并且你确实觉得疑惑不解。"他说："我心里的确有一个问题。"我请他不要说出问题，先随机说出三组三位数。数算出来的结果是6、8、3，就是师卦的六三："军队或许会载着尸体回来，有凶祸。"我看到这句爻辞也吓了一跳，上面明明白白有一个"凶"字。

这时我再请他说出问题。他说他的姊姊患了癌症，他想问：姊姊的身体怎么样？结果占到"师或舆尸，凶"。在《易经》64卦里，唯独师卦出现了"尸"字。我请他自己看这句爻辞，他立刻陷入了沉默。我补充说："估计还剩四个月。"因为从六三往上，经过四步就会离开师卦。根据一般的经验，癌症后期患者很少能撑过半年。我就请他尽力照顾姊姊吧。

人生有很多事情无法遂愿。《易经》强调"天道无吉凶"。人们都希望趋吉避凶，但是天道有它循环的规律。如果大家都不肯面对死亡，地球怎么能住得下呢？正因为有死亡这一关，我们才需要慎重地做出选择，人生的价值才得以凸显。如果真有一种长生不老药，那我们何必努力呢？念北大、清华也没什么了不起，大家一直活下去，最后轮也轮到你了。你也不用努力工作赚钱了，富人赚够了不想赚了，总归会轮到穷人。所以，"天道无吉凶"这句话蕴含了深刻的哲理。

遇到师卦这样三爻凶的卦，与其心中难过懊恼，不如去了解其中的原因。在人的世界，首先要考虑因果关系。有很多事虽然不清楚原因何在，但既然发生了，也要接受这个结果。

《易经》强调因果之外的另一个维度，亦即同时发生的事情，有其内在的关联。所以，用数字卦占卦，要注意"任意联想"这个原则。尽量不要用每天都会碰到的数字，最好是你正巧看到的车牌、电话号码，或是脑中闪过的数字。这些偶然出现的数字，跟你心中的疑问互相呼应，这就是"有意义的偶然"。人类历史上许多预测未来的方法都遵循同样的原则。

《易经》最大的特色在于，它有明确的文本。你任意给出三组三位数，没有人知道你的问题，最后占到某卦某爻，爻辞居然与你的问题相当吻合。当然，爻辞偶尔也会有些模糊，甚至完全没有关联，这时就要充分发挥你的想象力了。如果爻辞里出现了"无咎"，那就不用太担心，可能是你自己多虑了。

我们学习《易经》之后，遇到事情还是要先用理性来分析，人的社会本来就是靠理性运作的。有时信息不足，理性无法做出选择，任何选择都有冒险的成分，这时用《易经》占卦多获得一些信息，又有何不可呢？

总之，师卦相当凶险，全卦有三爻为"凶"：初六做事不守规矩，结果是凶；六三对九二乘刚，他不听九二号令，耍小聪明，最后以战败收场；六五最怕用人不当。战争胜败的最终责任在君王六五身上，因为他有人事任命权。既然任命了九二，就要让他全权负责。如果再任用其他亲信，就会扰乱九二的统一指挥，造成重大灾难。如果占到上六的"小人勿用"，代表在你占问的事情中，会有小人出现，务必要提高警觉，预先防备。

下一节将介绍师卦的覆卦——比卦，把地水师整个翻过去，就变成了水地比。打完仗之后，大家要开始团结合作，谋求进一步的发展。

一、亲近合作，真诚为上

08 水地比，下坤上坎

比：吉。原筮，元永贞，无咎。不宁方来，后夫凶。

象曰：地上有水，比。先王以建万国，亲诸侯。

上六：比之无首，凶。
象曰：比之无首，无所终也。

九五：显比。王用三驱，失前禽。邑人不诫，吉。
象曰：显比之吉，位正中也。舍逆取顺，失前禽也。邑人不诫，上使中也。

六四：外比之，贞吉。
象曰：外比于贤，以从上也。

六三：比之匪人。
象曰：比之匪人，不亦伤乎？

六二：比之自内，贞吉。
象曰：比之自内，不自失也。

初六：有孚，比之，无咎。有孚盈缶，终来有它吉。
象曰：比之初六，有它吉也。

本节要介绍《易经》第8卦比（bì）卦。师卦与比卦是正覆关系，把地水师整个翻过去，就变成了水地比。比卦同样是一个阳爻、五个阴爻的格局。唯一的阳爻九五就是主爻，它处在君王的位置上。《杂卦传》说："比乐师忧。"师卦谈的是作战，以九二为主，当然会感到忧虑；比卦谈的是合作，以九五为主，自然会感到快乐。两卦有明显的差别。

比卦的结构是水地比，地承载水，水滋润地，两者融洽无间。人是社会性的动物，不可能独自生存发展，一定要与别人合作。"比"就是亲近依靠、互相帮助的意思。

[**卦辞**] 比：吉。原筮，元永贞，无咎。不宁方来，后夫凶。

[**白话**] 比卦：吉祥。推究占筮，开始而长久正固，没有灾难。从不安定中刚刚转变过来，后到的会有凶祸。

"原筮"的"原"意为推究。"原筮"就是要考察其真实的情况，以免虚伪的人蒙混过关。换言之，人与人的合作要以真诚为上，这是首要的关键。在《易经》64卦中，只有两个卦的卦辞提到"筮"：第一个是蒙卦的"初筮告"，提醒我们小孩子向老师请教时，要像成年人求教神明那样真诚；第二个就是比卦的"原筮"。

"元永贞"三个字分别代表"开始、长久、正固"。人与人开始合作，需要有九五那样的领导，才能长久发展，并一直走在正路上。

"后夫"指上六：比卦代表人群聚在一起，由君王九五来领导。上六最后才到，所以会有凶祸。这是《易经》卦辞中第二次出现"凶"字。第一次是讼卦的"中吉，终凶"，说明打官司最好在中间阶段和解，如果一路打到底，就会有凶祸。

[**象传**] 象曰：比，吉也。比，辅也，下顺从也。原筮，元永贞，无咎，以刚中也。不宁方来，上下应也。后夫凶，其道穷也。

[**白话**]《象传》说：比卦，吉祥。比是辅助的意思，在下的人都能顺从。推究占筮，开始而长久正固，没有灾难，是因为刚强者居中。从不安定中刚刚转变过来，是因为居上位者有底下的人来应和。后到的会有凶祸，是因为他的路走到尽头了。

比卦为什么吉祥？因为比是辅助的意思，代表大家合作，互相帮助，并且在下的人都能顺从九五：认真地考察占筮，开始而长久正固，就不会有灾难，因为刚强者九五居于中间的位置。最后来的上六有凶祸，因为它走投无路了。

孔子在《论语·为政》中说："君子周而不比，小人比而不周。"孔子所谓的"周"，是说君子普遍爱护每一个人；"不比"是说君子不会亲近某个特定的小团体。孔子批评的是"朋比"，即少数几个朋友聚在一起，结党营私。但是，比卦所说的是上下"亲比"，即上位者与下位者亲密合作，使天下人都能聚合在一起，代表正面的意思。

比卦是《易经》第8卦，我们可以从第一卦开始，回顾一下整个发展的历程。

首先，乾卦代表天，坤卦代表地。天地定位之后，万物可以在其中生存与发展，所以接着出现了屯卦，代表万物开始出生。此时条件非常艰苦，不能急于向外发展，只能先稳定内部，巩固领导核心。

部落建立之后，接着上场的是蒙卦，代表万物处在幼稚的阶段。人在幼稚期，需要长辈和老师的开导。六五虽然是君王，但仍要接受九二这位老师或大臣的启蒙，更何况是一般人呢？

从幼稚阶段开始成长，需要在身心方面得到滋养，所以接着上场的是需卦。需卦强调等待，等你准备好之后，才能发挥能力，为百姓服务。

需卦涉及资源分配的问题，所以接着出现了讼卦。人活在世界上，往往觉得自己比上不足，但可能忽略了比下有余。因此，遇到资源分配的问题，就会发生争讼，每个人都觉得自己受了委屈。

讼卦是天水讼，天在上，水往下流，双方分途发展，难以契合，只好通过诉讼来解决。打官司最好在中间阶段和解，如果非要分出胜负，就会有凶祸，就算打赢了官司，也难免会结怨，造成各种复杂的后遗症。天下的事情也许可以在法律上分出是非黑白，但总有许多细节是法律考虑不到的，所以败诉的人未必会服气。

打官司的时候，原告和被告各有立场，于是分成两派人马，人越聚越多，所以接着出现了师卦。师卦代表群众聚在一起，由此可能出现竞争或战争。九二作为全卦唯一的阳爻，要负责带兵作战。战争的最终胜利当然要归功于君王六五的领导。

战争结束之后，大家要亲近合作，合作以真诚为上，所以出现了比卦。比卦的结构是水地比，唯一的阳爻变成了九五：水在地上，象征万物相互依存，融洽无间。这就是《易经》从乾卦到比卦的发展过程。

[象传] 象曰：地上有水，比。先王以建万国，亲诸侯。

[白话]《象传》说：大地上有水，这就是比卦。先王由此领悟，要封建万国，亲近诸侯。

"先王"指古代帝王，这是《易经》中第一次出现"先王"一词。《易经》的《大象传》共有64句，其中"君子"出现53次，占绝对多数；"先王"出现7次；"后"出现3次；"大人"出现1次；"上"（指上位者）出现1次。

《大象传》谈到"先王"，通常与整个国家的建构有关。比卦的《大象传》强调，先王要封建万国，亲近诸侯，代表君王九五要封疆建邦，安定百姓。在古代，夏朝有万国之称，商汤时有7773国，周朝初期仍有1800多国。可见，当时小国众多，有的跟村落差不多大，有如众星拱月，共同辅佐天子，照顾百姓。

总之，比卦的结构是水地比，代表亲近依靠，互相帮助，融洽无间。比卦的特色在于考察占筮，以虔诚的心态与别人合作。这正是人群相比之道，可以让一个社会有良好的开始，长久稳定，并走上正路。所谓"后夫凶"，是说上六徘徊观望，等别人都安定了才来相比，当然会有凶祸。比卦的《大象传》强调"建万国，亲诸侯"，显示出恢宏的格局。

二、最后来到的会有危险

比卦的卦辞提醒我们，合作要以真诚为上。它的《象传》告诉我们，各爻都要与九五密切配合。《大象传》强调，先王要封建万国，亲近诸侯。可见，比卦描述的是人群开始亲近合作的情况。本节要介绍比卦六爻的爻辞。

[**爻辞**] 初六：有孚，比之，无咎。有孚盈缶（fǒu），终来有它吉。
　　　　象曰：比之初六，有它吉也。

[**白话**] 初六：有诚信，去亲近依靠，没有灾难。有诚信如同瓦罐盈满，会有另外的吉祥最后来到。
　　　　《象传》说：比卦的初六，将有另外的吉祥。

九五是比卦唯一的阳爻，所以九五就是主爻，其他阴爻都要设法同它建立关系。初六一上场，发现自己离九五太远，怎么办呢？只有依靠诚信。初六的爻辞两次提到"有孚"。在《易经》384爻中，只有两个爻两次提到"有孚"，除了比卦的初六，还有益卦（䷩，第42卦）的九五：强调统治者要有真诚施惠之心。可见，比卦的初六相当特别，一再强调要有诚信。

爻辞接着说"有诚信如同瓦罐盈满"。比卦下卦为坤，坤为土，可以做成瓦罐；上卦为坎，坎为水。水在瓦罐上面，有如瓦罐盈满，代表很有诚信。

"终来有它吉"意为，等到最后，会有另外的吉祥来到。初六离九五最远，必须坚持到最后，才能得到吉祥的结果。

[**爻辞**] 六二：比之自内，贞吉。

象曰：比之自内，不自失也。

[**白话**] 六二：从内部去亲近依靠，正固吉祥。

　　《象传》说：从内部去亲近依靠，是因为没有失去自己的立场。

　　"比之自内"，代表六二凭自己的本性就能与九五结合，因为六二与九五都是既中且正，并且两爻阴阳正应，阴要从阳，自然非常顺利。

[**爻辞**] 六三：比之匪人。

象曰：比之匪人，不亦伤乎？

[**白话**] 六三：亲近依靠的是不适当的人。

　　《象传》说：亲近依靠的是不适当的人，不也让人感伤吗？

　　六三的处境比较麻烦。在比卦中，各爻都希望与主爻九五建立关系，六三亦然；但六三、六四、九五形成互艮，艮为山，阻挡了六三的前进，并且，六三与上六都是阴爻，两者互相排斥。六三无依无靠，找不到出路，可谓所托非人或遇人不淑。"匪"借为"非"。

比卦

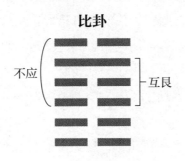

不应　　　　　　　　互艮

[**爻辞**] 六四：外比之，贞吉。

象曰：外比于贤，以从上也。

[**白话**] 六四：向外去亲近依靠，正固吉祥。

《象传》说：向外去亲近依靠贤者，是要顺从上面的九五。

爻的性质是由下往上走，所以向上就等于向外。六四向上会遇到九五，两者默契十足。一般来说，一个卦只要出现了六四与九五的组合，对这两爻都不错。

[**爻辞**] 九五：显比。王用三驱，失前禽。邑人不诫，吉。

象曰：显比之吉，位正中也。舍逆取顺，失前禽也。邑人不诫，上使中也。

[**白话**] 九五：发扬亲近依靠的作风。君王用三驱之礼狩猎，失去往前跑的禽兽。国中的人没有戒惧，吉祥。

《象传》说：发扬亲近依靠的作风，是吉祥的，因为处在端正守中的位置上。舍去叛离的，容纳归顺的，所以失去往前跑的禽兽。国中的人没有戒惧，因为在上位的人所行使的是中道。

九五为全卦主爻，可以充分发挥比卦的精神，是为"显比"。

什么是"三驱"呢？古代君王打猎时，从后面、左边、右边三面包抄，但是不阻拦往前跑的禽兽，这就是三驱。因为往前跑的不愿意跟你合作，只好由它去了。从全卦来看，初六、六二、六四都顺从王的安排，接受王的领导，也可称作"三驱"。有问题的是六三与上六。

《小象传》说"舍逆取顺"，这句话很有道理。就算君王深得民心，也总会有少数人反对他。君王想取得所有人的支持，可能性不大。所以要参考狩猎的模式，舍逆取顺，不要在意那些立场不同的人。

有的学者解释，"王用三驱"与古代的礼仪有关。在古代，官方狩猎的目的是要把猎物用于祭祀或国宴等场合，从后面、左边、右边包抄，不会伤到猎物的颜面。如果从正面射箭，猎物头上被射个洞，就难登大雅之堂了。这种解释也有一定道理，可以参考。

九五的爻辞最后说"邑人不诫"，即国中的人没有戒惧。比卦下卦为坤，坤为国，所以说"邑人"。这方面最好的例子是《孟子·梁惠王下》所提到的，商汤革命时，他的军队所到之处"归市者不止，耕者不变"，亦即去市场买东西的人没有停下脚步，在田里耕作的人照常工作。因为商汤是去讨伐昏君，而不是对付百姓，所以百姓不会戒惧。

九五既中且正，他行使中道，发扬亲近依靠的作风，让所有人都凝聚在一起，表现出高超的领导智慧。如果有人不服，他也不会勉强，而是多给他们一些时间去考虑。

[**爻辞**] 上六：比之无首，凶。

象曰：比之无首，无所终也。

[**白话**] 上六：要亲近依靠却没有开始的机会，凶祸。

《象传》说：要亲近依靠却没有开始的机会，也就没有任何好的结局。

上六对主爻九五乘刚，当然凶险无比。并且，上六走到最后一步，显然错过了合作的最佳时机，所以不会有好的结局。当大家亲近合作时，需要有人带头号召，才能形成强大的凝聚力。上六在时间上过了"五"的阶段，在空间上又对九五乘刚，最后势必走投无路，所以直接说它"凶"。

比卦整体而言还是不错的。在六爻之中，"初六、六二、六四、九五"四爻为吉，只有最后上六为凶。比卦还有一个重要的特色：在《易经》64卦中，上下卦的组合里包含坎卦的共有15个，只有比卦没有艰难劳苦之象，其他14个卦，难免会遇到困难凶险的情况。

比卦强调，合作要以真诚为上。六爻之中，只有上六昧于时势，姗姗来迟，所以会有凶祸。比卦的九五既中且正，他以大公无私之心治理天下，可以舍逆取顺。这提醒我们：臣对君不可逢迎阿谀，而应竭尽忠诚；朋友之间不可曲从苟合，而应坦诚相待。

三、交友不慎，不可一错再错

本节要介绍比卦的应用。

比卦的结构是水地比，代表大家亲近合作，组成一个团体。既然如此，一定要以真诚为上。比卦初六一再强调要有诚信，六二靠自己的本性就能与主爻九五相配合，六四向外发展就会遇到九五，但是六三和上六有问题。

六三找不到值得信赖的人。上六昧于时势，错失合作的良机。古代从夏朝开始，天子召集诸侯聚会时，"诛后至者"，亦即超过约定时间并且最后到的就要被诛杀，让人不寒而栗。诸侯一接到命令，都会拼命赶来。上六是比卦最后一爻，违背了这一原则，所以说它"比之无首，凶"。

在现代生活中，也有不少占到比卦的案例。我在北京开过一个《易经》班，班上有25位同学。课程结束后，有一位同学倡议成立读书会，以便继续研究《易经》。这位同学是企业家，财力雄厚，于是马上就有几位同学响应，愿意担任志工。但是过了两个月，没有任何动静，一位志愿者就占问：我们组织读书会，结果如何？

结果占到比卦上六的"比之无首，凶"，代表成立读书会这件事没人带头，所以办不成。当初发起倡议的企业家去忙别的事了，没有再继续关注，所以整个计划无疾而终。可见，占到"凶"也不用太担心，只是代表愿望无法实现而已。这件事也给我和同学们一个教训，就是老子说的"轻诺必寡信"，一个人轻易承诺别人，很少能够守信。

还有一个占到比卦的案例。在一场《易经》的讲座上，我讲完主题内容之后，照例由主持人选5位同学上台，现场示范数字卦的占卦。其中一位女士，上台时满脸愁容，她把数字报出来，结果也占到比卦上六的"比之无首，凶"。

她说她的丈夫失踪了三个月，找遍了亲戚朋友，但毫无音讯，她想问她丈夫的下落如何。我回答说："'无首'代表毫无头绪，音信全无。如果真是这样，那还好，表示他还活着。另外，'无首'也可能是说没有头了，代表他可能已经过世了。"我在解释之前，观察过她的表情，知道她已经有了思想准备。好端端一个人失踪了三个月，杳无音信，应该是凶多吉少。我说完之后，现场的气氛顿时陷入了低潮。

我在解卦时，只是对爻辞做出客观的说明，至于当事人的愿望能否实现，情绪是否受到干扰，只能由他自己去面对。这并不代表我缺乏同情心或同理心，而是因为我了解"天道无吉凶，人间有因果"的道理。这才是对占卦比较合理的态度。

还有一次占到比卦的经历，给我留下了深刻印象。那次是一家房地产公司请我讲《易经》。上完课之后，一位女企业家坚持请我和主办方吃饭，我就知道她肯定有问题要问。席间，这位企业家说："傅教授，我有问题要请教。"我请她先把问题想好，然后提出三组三位数，结果占到比卦六三的"比之匪人"。

这位企业家说，有个朋友欠她一笔钱始终未还，最近又找到她，希望她再出一笔钱，两个人合作投资一个新项目。等新项目赚到钱后，再把新旧账一起还清。她的问题是：这个合作伙伴是否可靠？

其实，就算不用《易经》占卦，只用理性思考，也知道这种事情不太靠谱。前债未清，再拿钱投资新的项目，谁会相信呢？我说："你自己看吧，'比之匪人'的意思是，你所亲近依靠的是不适当的人。"接着我立刻问她："这个人在现场吗？"她说不在。幸好如此，不然又得罪别人了。我在解卦时，只是根据《易经》的文本，从学术角度做出客观的陈述。

我为别人解卦时，始终谨守三个原则。

第一，不搞神秘。无论所占的卦如何神奇，是福是祸，我都不会进一步说："你要不要消灾解厄，增加福祉呢？"我只是按照自己的理解，把卦爻辞一字不漏地解说清楚。

第二，不给建议。你在提问时，只是描述了问题的重点，还有很多细节只有你自己清楚，我怎么可能给你建议呢？如果按照我的建议去做，一旦出了问题，应该由谁负责呢？所以我谨守分寸，不给建议。

第三，不涉利益。我先后给几百人解过卦，从不涉及任何商业利益，这是基本原则。一旦涉及利益，就会动机不纯。我一辈子都在学校进行教学和研究，国学是我研究的重点，一定要让它正大光明、名正言顺。如果帮别人赚了钱，那是他个人的造化；我只是实事求是，尽好一名学者的责任。

截至目前，我们已经学习了八个卦。看到这些卦爻辞，你有没有感觉到，它好像在跟你说话，比如占到比卦，就代表要与别人合作。如果你问的是买房子，买卖双方本质上也是一种合作关系，只是合作的方式和重点有所不同。

卦代表大的格局，你的问题就落在这个格局里面，代表大势如此，形势比人强。变爻代表你现在所处的位置。占到比卦就要知道，九五是唯一的阳爻，其他各爻都要设法与之建立关系。所有爻辞都可以从这个角度去理解。

大家亲近合作之后，就会小有积蓄，所以接着上场的是小畜卦。

一、节俭持家，小有积蓄

09　风天小畜，下乾上巽

小畜：亨。密云不雨，自我西郊。

象曰：风行天上，小畜。君子以懿文德。

▬▬▬▬	**上九：既雨既处，尚德载。妇贞厉。月既望，君子征凶。** 象曰：既雨既处，德积载也。君子征凶，有所疑也。
▬▬▬▬	**九五：有孚挛如，富以其邻。** 象曰：有孚挛如，不独富也。
▬▬ ▬▬	**六四：有孚，血去惕出，无咎。** 象曰：有孚惕出，上合志也。
▬▬▬▬	**九三：舆说辐，夫妻反目。** 象曰：夫妻反目，不能正室也。
▬▬▬▬	**九二：牵复，吉。** 象曰：牵复在中，亦不自失也。
▬▬▬▬	**初九：复自道，何其咎？吉。** 象曰：复自道，其义吉也。

　　本节要介绍《易经》第9卦小畜卦。小畜就是小有积蓄。前面的师卦是战争，比卦是合作；合作之后，就会小有积蓄。这很符合古代社会的发展规律。儒家的经典《大学》就说："有人此有土，有土此有财。"有人民支持就会有土地，有土地就会有财货。人群聚集之后，就会慢慢累积财富。

　　小畜卦的卦象很特别。师卦与比卦，都是一个阳爻面对五个阴爻。小畜卦正好相反，是一个阴爻配合五个阳爻。它的卦象是风天小畜，下卦是乾卦，上卦是巽卦。巽卦代表长女。妇女节俭持家，可以早一点存下第一桶金，古往今来都是如此。小畜卦六四是全卦唯一的阴爻，就成了主爻。

小畜卦的"畜"除了代表"积蓄"，也代表"停止"与"蓄养"。它的卦名为什么称作小畜呢？因为阴爻称小，小畜卦由一个阴爻来照顾五个阳爻，可谓以小畜大。但是，一阴五阳的卦有六个，为什么其他卦不叫小畜呢？这取决于阴爻所在的位置。如果唯一的阴爻在初六，就是姤卦（☰，第44卦），在六三是履卦（☰，第10卦），在六五是大有卦（☰，第14卦），这三个卦阴爻皆不当位。阴爻在六二是同人卦（☰，第13卦），它有聚合众人的任务。阴爻在上六是夬卦（☰，第43卦），阴爻马上就要离开了。

小畜卦的六四当位，可以把阴爻的能量发挥到极致，实现"以小畜大"或"以柔养刚"。但是，小畜卦毕竟格局有限，只能小有积蓄，而不能大展宏图。

[**卦辞**]小畜（xù）：亨。**密云不雨，自我西郊。**

[**白话**]小畜卦：通达。浓云密布而不下雨，从我西边的郊野飘聚过去。

"密云不雨"代表暂时无法达成理想的效果。根据中国的地理形势，风如果从东边的海上吹来，则雨量充沛；若从西边的荒漠戈壁吹来，就不会下雨。

接着，卦辞为何说"从我西边的郊野飘聚过去"呢？一个卦的下卦也叫内卦，离我比较近；上卦也叫外卦，离我比较远。按照后天八卦的方位，小畜卦下卦为乾，位于西北；上卦为巽，位于东南。从下往上看，就像风从西北吹向东南，由于湿度不够，所以不会下雨。可见，小畜卦代表刚刚站稳脚跟，只是小有积蓄，还不能大有作为。"自我西郊"的"我"，一般认为是指周文王。他位于陕西，观察到风从西边吹过，所以知道暂时还不会下雨。

后天八卦图

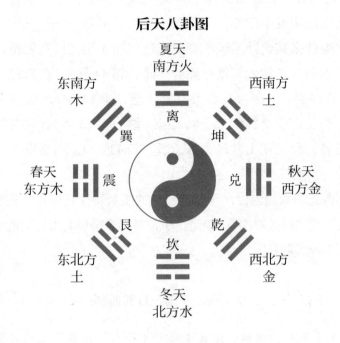

[**象传**] 象曰：小畜，柔得位而上下应之，曰小畜。健而巽，刚中而志行，乃亨。密云不雨，尚往也。自我西郊，施未行也。

[**白话**]《象传》说：小畜卦，柔爻得居正位而上下都来应和，称之为小畜。健行又能顺利，阳刚居中而心意可以推行，所以通达。浓云密布而不下雨，是因为风往上吹。从我西边的郊野飘聚过去，是因为施雨还不到实现的时候。

《彖传》说："小畜卦，柔爻得居正位而上下都来应和。""柔爻"指六四，它以阴爻居柔位，上下五个阳爻都来跟它配合。

《彖传》接着说："健行又能顺利。"因为从下往上看，下卦乾代表健行，上卦巽代表顺利。然后说："阳刚居中而心意可以推行，所以通达。"小畜卦的九二和九五都是阳爻居中位，可以立场坚定地走在正路上，所以通达。

小畜卦的卦象是风在天上，所以说"风往上吹"。最后说："从我西边的郊野飘聚过去，是因为施雨还不到实现的时候。"代表积蓄的恩泽还不足以普遍地惠及百姓。

小畜卦的卦辞说"密云不雨"，上九的爻辞则说"已经下了雨"，代表终于有了结果，可以云行雨施了。因此，我们要从动态的角度来看这个卦。

[**象传**] 象曰：风行天上，小畜。君子以懿文德。

[**白话**] 《象传》说：风在天上吹行，这就是小畜卦。君子由此领悟，要美化自己的文采与道德。

《象传》与《大象传》的侧重点有所不同。《象传》以解说卦辞为主，《大象传》则是从上下卦的结构来寻找灵感，在实际行动方面给人启发。

"懿文德"的"懿"是修饰与美化的意思，"文德"是指文采与道德。"文德"一词在《论语·季氏》中也出现过。有一次，冉有和子路向孔子报告说，鲁国当权的大夫季氏准备对一个小诸侯国用兵。孔子说："远人不服，则修文德以来之。"意即：远方的人如果不顺服，就致力于礼乐教化，使他们自动来归。

小畜卦提醒我们，当一个人小有积蓄时，应该提升文化修养，做到"富而好礼"①。宋朝学者程颐说："君子所蕴畜者，大则道德经纶之业，小则文章才艺。"换言之，从大的方面来说，君子要修养德行以求经国济世；从小的方面来说，君子要提升文采与专业技能。因此，文采与道德是君子所不可或缺的。

此外，《易经》还有"大畜卦"（䷙，第26卦），卦象是山天大畜，代表大有积蓄。"物以稀为贵"是《易经》的重要观念。所谓"稀"，是指一个爻与众不同，如果有两个同性的爻，就不稀罕了。小畜卦只有六四这一个阴爻，所以六四就成了主爻，负责以小畜大。而大畜卦有六四、六五两个阴爻，所以四个阳爻要去照顾这两个阴爻，变成以大畜小。大畜卦的格局和气势与小畜卦完全不同，我们后文再做说明。

总之，比卦之后，接着上场的是小畜卦，结构是风天小畜。上卦巽象征妇女节俭持家，因而小有积蓄。此时风还在天上，不能成雨，代表实力不足，无法成就大事，所以要把握时间，好好修炼自己。等到水汽充沛，自然就会下雨。对古人来说，下雨代表恩泽可以普遍惠及百姓。

小畜卦只有六四这一个阴爻，所以六四成为主爻，负责照顾其他五个阳爻，可谓以小畜大，所以称为小畜卦。"畜"也代表停止。只有停下来，才能聚集更多财货。同时，积蓄都要经历一个过程，因此卦辞说"密云不雨"，但是到了结束阶段，上九的爻辞就说"已经下了雨"，代表最终有了结果。

---

① 出自《论语·学而》。原文：子贡曰："贫而无谄，富而无骄，何如？"子曰："可也。未若贫而乐道，富而好礼者也。"

二、为什么会夫妻反目

小畜卦是一阴五阳的格局，六四作为唯一的阴爻，就成为全卦的主爻。本节要介绍小畜卦六爻的爻辞。

[**爻辞**] 初九：复自道，何其咎？吉。

象曰：复自道，其义吉也。

[**白话**] 初九：循着正路回来，会有什么灾难？吉祥。

《象传》说：循着正路回来，理当是吉祥的。

初九一上场就吉祥，因为初九以阳爻居刚位，本身当位，又与主爻六四阴阳正应。小畜卦是小格局的蓄积，初九循规蹈矩，安于本分，又有正应，自然吉祥。

可见，事情在开始阶段，尤其需要谨慎面对，否则后患无穷。历史上有很多这样的教训，伊尹是商汤的宰相，他辅佐商汤的孙子太甲继位之后，对年轻的太甲严加管教。周朝初期，周公、召公辅佐年幼的成王，也是不断勉励和规劝他。如果你开始时放纵一个孩子，后面就难以规范了。小畜卦初九当位，又与主爻六四正应，代表它会循着正路回来。

[**爻辞**] 九二：牵复，吉。

象曰：牵复在中，亦不自失也。

[**白话**] 九二：由牵连而回来，吉祥。

《象传》说：由牵连而回来，位置居中，也算没有失去自己的立场。

爻辞为何说"牵复"呢？我们占到某个爻，代表该爻是变爻，阳变阴，阴变阳。九二爻变，变成六二，下卦变成离卦，离为丽，为依附，所以说"牵复"。

九二虽然与九五不应，但在一阴五阳的格局中，阳爻可谓患难与共，所以九二与九五可以联手合作，取得吉祥的结果。

[**爻辞**] 九三：舆说（tuō）辐，夫妻反目。

象曰：夫妻反目，不能正室也。

[**白话**] 九三：大车脱落辐条，夫妻反目失和。

《象传》说：夫妻反目失和，是因为不能端正家庭关系。

小畜卦初九与九二吉祥，往上走就不再有吉祥了。最委屈的是九三。

九三的爻辞为何提到大车呢？因为下卦为乾，有充足的实力，可引申为大车。车轮的辐条脱落，车子就走不动了。九二、九三、六四构成互兑，兑为毁折。车子有毁折，所以说"舆说辐"。

另外，九三位于下乾卦，它会带着底下两个阳爻，刚健进取地往上冲，但是它被六四挡住了，显然很不高兴。一般而言，六四不会构成太大问题；但是在小畜卦，六四是唯一的阴爻，是全卦主爻，九三对此也无计可施。

"夫妻反目"这个词今天仍在使用。九三是阳爻，六四是阴爻，阳爻在下，阴爻在上，代表夫妻关系颠倒了。同时，上卦巽为木，木心是白色的，引申为"多白眼"；九三、六四、九五构成互离，离为目，合起来就是"反目"。九三不能端正家庭关系，以至于夫妻失和。

小畜卦

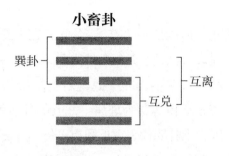

[**爻辞**] 六四：有孚，血去惕出，无咎。

象曰：有孚惕出，上合志也。

[**白话**] 六四：有诚信，避开流血并走出戒惧，没有灾难。

《象传》说：有诚信而走出戒惧，是因为与上位者心意相合。

六四是主爻，负责照顾整个卦。但是，六四以阴爻居柔位，力量有限，它只有紧紧依靠君王九五，才能撑起整个卦。

小畜卦的特色是，六四与九五的爻辞中都出现了"有孚"（有诚信）。六四代表大臣，九五代表君王，一阴一阳配合默契，但关键是彼此要有诚信。这种诚信可以使六四避开流血并走出戒惧，没有灾难。《小象传》说"上合志也"，是说六四与上面的九五心意相合。

六四在互离（九三、六四、九五）中，离为戈兵；又在互兑（九二、九三、六四）中，兑为毁折，血与惕皆由此而来。

六四为全卦主爻，本身当位，下与初九正应，上与九五相比，但是它的力量薄弱，只能做到无咎。

[**爻辞**] 九五：有孚挛（luán）如，富以其邻。

象曰：有孚挛如，不独富也。

[**白话**] 九五：有诚信而系念着，要与邻居一起富裕。

《象传》说：有诚信而系念着，是因为不要独自富裕。

九五既中且正，所以说它"有孚"。九五在上卦巽中，巽为绳，可以把人系在一起；九五爻变，上卦为艮，艮为手，所以说"挛如"，即大家手牵着手，系念于心。这是君王九五应尽的责任。

在古代，帝王把大臣尊称为邻居。九五的邻居就是六四，它们可以一起富裕，因为上卦巽代表"近利市三倍"。"三"代表多，"近利市三倍"是《易经》的专用术语，代表有很大的收获。小畜卦走到九五，出现了"富"字，代表已经小有积蓄了。

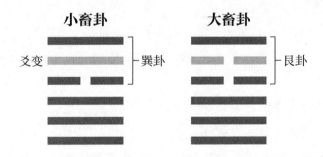

[**爻辞**] 上九：既雨既处，尚德载。妇贞厉。月既望，君子征凶。

象曰：既雨既处，德积载也。君子征凶，有所疑也。

[**白话**] 上九：已经下了雨，已经可以安居，要推崇道德满载。妇女一直如此会有危险。月亮已经满盈，君子前进会遭遇凶祸。

《象传》说：已经下雨了，已经可以安居，是因为道德累积到满载。君子前进会遭遇凶祸，是因为有所疑虑。

上九的爻辞比较复杂。小畜卦的卦辞说"密云不雨"，到了上九则说"已经下了雨"，因为上九走完全卦，代表该卦的潜能完全得到实现，或者它的趋势全部得以展现。下雨代表有了结果，大家都获得了安顿，此时要大力推崇德行。如果德行不够，光靠财富如何能安顿大家？爻辞接着说"妇女一直如此会有危险"。在古代社会，男主外，女主内，妇女负责安内的工作，让家庭慢慢累积财富。小畜卦上卦为巽，巽为妇，代表妇女当家。但是，如果妇女一直当家，就会有危险。

"月既望"代表月亮已经满盈。根据古代的纳甲说，月亮的圆缺与基本八卦可以互相配合。在先天八卦图中，沿顺时针方向，乾卦代表月圆的十五日，巽卦代表十六日。小畜卦上卦为巽，所以说"月亮已经满盈"。有的版本（如王弼注本）作"月几望"，而帛书本中"月几望"与"月既望"的用例有同有异。小畜卦上卦为巽，且说"妇贞厉"，所以作"月既望"较为合理。

先天八卦图

此时君子前进的话，会遭遇凶祸。因为上九爻变，上卦为坎，

代表有危险。在中国历史上，出现过不少皇帝幼年登基、太后临朝称制的情况。此时就算太后的德行不错，大臣也很难有所作为。太后如果像真正的君主那样乾纲独断，难免会出现外戚干政的局面。所以上九提醒君子，不要贸然前进，以免遭遇凶祸。

总之，小畜卦六爻里面，初九与主爻六四阴阳正应，所以它可以循着正路回来，得到吉祥。九二居下卦中位，又有九五搭配，所以也是吉祥。九三非常委屈，出现夫妻反目的状况，压力都集中在它的身上。六四虽是主爻，但势单力薄，所以它必须对九五保持诚信，同九五密切配合，才能免于灾难。九五不仅全力支持六四这个邻居，还与它一起积累财富，虽然只是小有积蓄，但已经不错了。上九提醒我们，富裕之后要加强德行修养；妇女继续当家，有如月亮满盈，会有危险；此时君子应该小心，向外发展仍有困难。小畜卦六爻的爻辞，就像一个故事在娓娓道来。

三、月亮圆了，一定会缺

小畜卦的结构是风天小畜，唯一的阴爻六四成为主爻，负责照顾其他五个阳爻，等于以小畜大。小畜也代表小有积蓄，由于妇女节俭持家，积蓄了少量资产。小畜卦的六爻显示了一个渐进的过程，提醒人要重视德行。因为一个阴爻要畜五个阳爻，不能依靠力量，而要依靠德行。但是月盈则亏，妇女一直当家也会有危险，此时君子向外发展会有凶祸。小畜的"畜"也代表停止。如果不能停下来，又要如何积累、蓄积呢？

《孟子·梁惠王下》提到，春秋中期的晏婴规劝齐景公逐步改善自己，孟子最后以"畜君者，好君也"作为结论。"畜君"就是止住国君，让他不要做错事，并鼓励他做好事。晏婴等于小畜卦六四，他要畜养齐景公这个九五，使他弃恶从善。可见，古代政治很早就有这样的观念：有权力的大臣要以正道畜君，使国君得到百姓的拥护和支持。

东汉光武帝刘秀，以柔道治天下而闻名。他采用柔克的方式，让百姓不再相互竞争或冲突，使天下慢慢归于安定。在历代皇帝之中，刘秀的学问与德行都是出类拔萃的。他明白，仅凭一己之力，难以安定天下，必须设法以柔制刚。刘秀的表现就合乎小畜卦的原则。

小畜卦对现代人有哪些启发呢？我在合肥讲过《易经》，在现场占卦的环节，有位女士报出三组三位数，运算后得到1、5、3，即小畜卦九三，爻辞说："大车脱落辐条，夫妻反目失和。"这位女士打算跟两个朋友合伙做生意，她想知道未来的发展如何。我说："九三上面是主爻六四，等于妻在上，夫在下，容易发生争吵。'夫妻反目'的'夫妻'，也可以代表双方合作的关系。"

如此一来，答案就很明显了。小畜卦六四是全卦主爻，代表这个公司将来要由六四一人独撑大局。这位女士占到九三，说明另外两个合伙人之一是六四。她们三个人合作，恐怕不太容易相处。我讲完之后，她一再点头称谢，但随即皱起了眉头。我对她说："不要着急，可以等三个月之后再占。《易经》讲究变化，三个月是一个季节，季节变了，一切都会改变。现在是年底，你可以考虑过年之后再合作。过了这个年关，你的位置可能升到六四，局面就会有所改观。"

对于一项长期的计划，如果现在占到不好，不一定非要等三个月之后再占，因为爻是由下往上慢慢发展的。小畜卦九三上面是六四。对六四来说，最重要的是有诚信，这样才能避开流血，走出戒惧，没有灾难。

我解卦的原则很简单，卦代表大的格局，变爻代表所处的位置。想要与别人合作，占到小畜卦意味着什么？小畜卦六四是全卦唯一的阴爻，所以它就是主爻，可以决定合作能否成功。然而，如此重的责任会压得六四喘不过气来，所以它一定要与上面的九五保持互信。六四依靠九五的支持，就没有问题。接着要看占到哪一爻，如果占到九三，代表占问的人对主爻六四很不服气，容易发生争吵。可见，《易经》能够帮助我们认清现实，减少个人的执着。

还有一次，我在无锡商会演讲，场面非常热闹。讲完《易经》之后，有一位男士提问。他说现场就有他们公司的几位股东，他想问：明年公司的营运情况如何？他用数字卦，也占到小畜卦九三的"舆说辐，夫妻反目"。我说："你们公司的一把手是一位女性。小畜卦代表小有积蓄，所以公司明年的营运还不错，但是内部可能出现夫妻反目的现象。"这些话显然不太入耳，提问的男士情绪有些激动，他当场就大声反驳说："你乱讲。"

我在很多场合教人用《易经》占卦，从来没有人说我乱讲。我根据对方提出的数字，采用一套客观的规则来计算，每个人都可以自己演算出结果，而且我完全是根据《易经》的文本来解卦的。我当时非常尴尬，心想：也许是我在解卦的时候忽略了对方的感受吧。我只好说："如果你觉得与事实不符，不要参考就好了。"

演讲结束后，这位男士跑到讲台边，轻声对我说："傅教授，我来向您忏悔。我们公司的董事长其实就是我太太。"我这才恍然大悟，原来小畜卦六四就是他太太。这位先生占到"夫妻反目"，代表明年他与公司董事长，也就是与他太太的关系必须非常谨慎。

他当众说我乱讲，却私底下跑来向我忏悔，让我的内心五味杂陈，觉得他太缺乏诚意了。《易经》占卦有"三不占"原则，第一就是"不诚不占"。如果你根本不想接受占卦的结果，就不要占卦。占了之后，无论对错，都应该认真思考一下。在小畜卦里，每个爻蓄养的方法都不一样。九三以阳爻居刚位，又在下乾卦中，力量很大。但是，六四阻挡了九三的前进，九三当然不高兴。六四要向上奉承九五，并且对九五保持诚信，这样可以避开灾难与戒惧。九五同样要对六四保持诚信，由此可以累积财富。

可见，我们要透过卦爻辞来了解当下的处境，而不要有情绪反应。西方哲学家斯宾诺莎（Spinoza，1632—1677）说过："不要哭，不要笑，要理解。"这句话对于学习《易经》同样适用。如果占卦结果不理想，就收敛自己，隔一段时间再做分析，这正好是修养自己的好机会。情绪再怎么激动，也不能改变客观的事实。学习《易经》，最重要的是培养自己的德行、能力与智慧，占卦只是辅助我们做出决策而已。

一、伸手不打笑脸人

10　天泽履，下兑上乾

履：履虎尾，不咥人，亨。

象曰：上天下泽，履。君子以辨上下，定民志。

上九：视履考祥，其旋元吉。
象曰：元吉在上，大有庆也。

九五：夬履，贞厉。
象曰：夬履贞厉，位正当也。

九四：履虎尾，愬愬，终吉。
象曰：愬愬终吉，志行也。

六三：眇能视，跛能履。履虎尾，咥人，凶。武人为于大君。
象曰：眇能视，不足以有明也。跛能履，不足以与行也。咥人之凶，位不当也。武人为于大君，志刚也。

九二：履道坦坦，幽人贞吉。
象曰：幽人贞吉，中不自乱也。

初九：素履，往无咎。
象曰：素履之往，独行愿也。

　　本节要介绍《易经》第10卦履卦。履卦与小畜卦是正覆关系，把风天小畜整个翻过去，就变成了天泽履。履卦与小畜卦类似，也是一阴五阳的格局，不过唯一的阴爻处在六三的位置。

　　孔子在《论语·学而》中说过"富而好礼"。小畜卦还称不上富有，但已经提醒你下一步要重视礼了，所以小畜卦之后，接着上场的是履卦，因为"履"就是"礼"的意思。"履"的本义是鞋子，引申为穿鞋走路。人生就像走在一条道路上，一路往前发展。在与别人来往的过程中，离不开礼仪、礼节、礼貌。

春秋时代初期，管仲帮助齐桓公号令天下，成为春秋五霸的第一位霸主。在《管子》这本书里，有一句大家熟知的话："仓廪实而知礼节，衣食足而知荣辱。"意即：仓库里的粮食充足了，就要懂得礼节，按照规矩与别人互动；百姓衣食无忧了，就要分辨什么是荣耀与耻辱。换言之，当物质生活得到基本保障之后，就要设法提升到更高的层次。

履卦的结构是天泽履。在自然界中，天最高，泽最低。上天下泽，这是自然界原本的位序。对于人类来说，代表上下各安其位，彼此的关系要靠礼来维系。

另外，下卦是内卦，代表我的情况；上卦是外卦，代表别人的情况。履卦下卦为兑，代表柔弱、温和；上卦为乾，代表刚强、劲健。这就相当于：我年轻，别人年长；我地位低，别人地位高；我能力弱，别人能力强。此时想要与别人互动，非得有礼貌不可。所谓"伸手不打笑脸人"，只要做事合乎礼仪，别人再怎么强势，也只好跟你礼尚往来。大家和谐相处，社会才能稳定发展。

[**卦辞**] 履：履虎尾，不咥（dié）人，亨。

[**白话**] 履卦：踩在老虎尾巴上，老虎不咬人，通达。

乾卦、坤卦的卦爻辞里出现过"龙"和"马"，履卦则出现了"虎"。老虎十分凶悍，为何踩到它的尾巴，它却不咬人呢？因为履就是礼，我对别人礼貌客气，别人为什么还要对我下手呢？可见，依礼而行可以走遍天下。

有一年，我到荷兰莱顿大学教书，对维修计算机的技术人员很有礼貌，所以每当我需要维修计算机时，他都很乐意优先为我服务。别的教授请他帮忙，就要看他是否有空了。我这个老师年纪比他大，地位比他高，但是对他很有礼貌，让他深受感动。

可见，礼具有普世价值。人与人相处，难免会出现孔子所谓的"血气"之争，有的争气，有的争权，有的争财，非常复杂。如果你表现出礼让的态度，彬彬有礼，就能与别人和谐相处。

[象传] 象曰：履，柔履刚也。说（yuè）而应乎乾，是以履虎尾，不咥人，亨。刚中正，履帝位而不疚，光明也。

[白话]《象传》说：履卦，柔顺者以礼对待刚强者。以和悦去响应强健，所以踩在老虎尾巴上，老虎不咬人，通达。刚强者居中守正，踏上帝位也没有愧疚，是因为光明坦荡。

履卦的《象传》说"以和悦去响应强健"，因为履卦的下卦为兑，兑为悦，上卦为乾，乾为健。以和悦态度对待刚强之人，就像踩在老虎尾巴上，老虎也不咬人，自然通达。

《象传》又说"刚强者居中守正"，这里所谓的"刚强者"是指九五；"踏上帝位也没有愧疚"，因为九五居尊位，既中且正。同时，九二、六三、九四形成互离，离为光明，代表九五这个君王光明坦荡，把国家治理得井井有条，使社会发展步入正轨。

履卦

互离

在历史上，唐太宗以"贞观之治"①赢得美名，当时有一位重要的大臣叫作魏征。史书上说，魏征以礼约束唐太宗，正可谓"柔履刚也"。如果魏征不以礼作为规范，又怎么能够约束君王呢？

[**象传**] 象曰：上天下泽，履。君子以辩上下，定民志。

[**白话**]《象传》说：天在上，泽在下，这就是履卦。君子由此领悟要分辨上下秩序，安定百姓的心意。

在自然界中，上莫高于天，下莫低于泽，上天下泽代表各安其位。君子由此领悟，要分辨上下秩序，安定百姓的心意。"礼仪、礼节、礼貌"使上下的位阶得到区分，使百姓安于本分，不会总想着跟别人竞争或斗争。孔子特别崇拜周公，就是因为周公制礼作乐，使社会重获安定，这是莫大的成就。

《说文解字》这样解释"礼"："礼，履也，所以事神致福也。"意即：礼就是履，即穿鞋走路，目的是要侍奉神明、得到福报。这说明礼与宗教活动有关。

繁体礼字（禮）体现了宗教的背景。它的左边为"示"部，"示"上面的"二"象征天，下面的"小"象征"日、月、星"三光，就像天上的日、月、星三光照下来。这描绘了宗教活动里上下相通的景象。"禮"字右边为"豊"，其结构就像"二玉在器之形"，亦即底下是一张供桌，上面放着祭祀用的器皿，里面有两块玉作为祭品。这也与宗教活动有关。可见，"礼"由宗教活动延伸而来，后来变成政治上的规范。履卦《大象传》所强调的"辩上下，定民志"，已经进入了政治领域。在此，"辩"通"辨"。

---

① "贞观"二字出于《系辞下传》。

更进一步，"礼"也是道德上的要求。颜渊曾向孔子请教，应该如何走上人生的正路。孔子回答：要能够自己做主，去实践礼的规范，亦即"克己复礼"①。《易经·系辞下传》专门谈到与德行修养密切相关的九个卦，第一个就是履卦，它是德行的根基。可见，只有按照履卦的要求去实践，才能为德行打下根基。

总之，履卦的结构是天泽履，天在上，泽在下，代表上下定位。履卦也是一阴五阳的格局，六三是唯一的阴爻，成为全卦主爻。履卦下卦为兑，代表和悦；上卦为乾，代表刚强劲健。可见，以和悦的态度对待刚强之人，就能走遍天下。

---

① 出自《论语·颜渊》。原文：颜渊问仁。子曰："克己复礼为仁。一日克己复礼，天下归仁焉。为仁由己，而由人乎哉？"

二、谁敢踩老虎尾巴

履卦与礼节直接相关。人生就像穿鞋走路，年轻时比较柔弱，后来慢慢发展壮大。履卦六爻完整地说明了这个过程。

[**爻辞**] 初九：素履，往无咎。

象曰：素履之往，独行愿也。

[**白话**] 初九：按平常的践履方式，前往则没有灾难。

《象传》说：按平常的践履方式前往，是因为只想实现自己的愿望。

"素履"的"素"就是白色。履卦下卦为兑，依后天八卦图，兑在西方，在五行中属金，其色为白。

"按平常的践履方式前往"，代表年轻人要懂得分寸，做自己该做的事，努力实现自己的理想，而不要计较利害得失。初九与九四不应，所以它没有太多复杂的念头，只要踏踏实实往前走，就不会有灾难。

[**爻辞**] 九二：履道坦坦，幽人贞吉。

象曰：幽人贞吉，中不自乱也。

[**白话**] 九二：所走的路平坦宽阔，幽隐的人正固吉祥。

《象传》说：幽隐的人正固吉祥，是因为他守中使自己不乱。

为什么说九二"所走的路平坦宽阔"呢？这里涉及爻变。当解释某爻的时候，代表该爻是变爻，可以从阳变阴，或者从阴变阳。

从变化后出现的新卦中，可以找到爻辞的脉络，这是《易经》解释爻辞的规则之一。现在九二爻变，成为六二，下卦变为震卦，震为"大涂"（《说卦传》），即大马路，所以说"履道坦坦"。九二居下卦中位，等于坦坦荡荡走在大路中间，可以守中不乱。

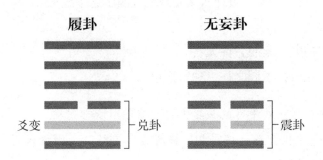

接着，爻辞为何提到"幽隐的人"？因为下卦为兑，兑为沼泽，人可以隐藏在沼泽里面。另外，九二被阴爻六三挡住了。阴爻的力量本来不大，但六三是履卦唯一的阴爻，也就是主爻；九二被主爻六三挡住，当然会看不清楚。幸好九二走在中道上，还不至于乱了方寸。

[**爻辞**] 六三：眇（miǎo）能视，跛能履。履虎尾，咥人，凶。武人为于大君。

象曰：眇能视，不足以有明也。跛能履，不足以与行也。咥人之凶，位不当也。武人为于大君，志刚也。

[**白话**] 六三：眼有疾还能看，脚跛了还能走。踩在老虎尾巴上，老虎咬人，有凶祸。勇武之人要为大王效命。

《象传》说：眼有疾还能看，但没办法看清楚。脚跛了还能走，但没办法走远路。老虎咬人的凶祸，是因为位置不适当。勇武之人要为大王效命，是因为心意刚强。

六三是全卦主爻。一般人都以为主爻肯定好，其实主爻也有凶的可能，履卦六三就是一个例子。

六三在下卦兑中，兑上面有缺口，代表有缺陷；同时，九二、六三、九四为互离，离是眼睛，所以说它眼睛有疾病。并且，六三、九四、九五是互巽，巽为股（大腿），所以说它脚跛了。总之，六三需要把全卦撑起来，显然非常辛苦。

履卦

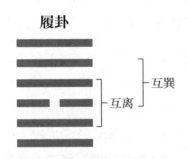

爻辞又说："踩在老虎尾巴上，老虎咬人。"老虎在哪里呢？履卦六三和九四的爻辞都提到"履虎尾"，所以老虎一定在上面，上卦乾就代表虎。因为乾卦为国君，俗话说"伴君如伴虎"。六三在下卦兑中，兑为毁折，所以说六三"踩在老虎尾巴上，被老虎咬了，有凶祸"。

六三是主爻，责任重大，但是它不当位，凭什么把全卦撑起来呢？所以，六三必须特别柔顺，要做到"武人为于大君"，即勇武之人要为大王效命。"大君"就是大王。在《易经》里，只要提到"王"，就是指九五或六五，这是一条不变的规则。六三在互巽（六三、九四、九五）中，巽为近利市三倍，所以六三向上依靠九五，可以获得很大的好处。前文刚提到"巽为股"，这里又说"巽为近利市三倍"，两者并不矛盾，因为同一个单卦可以有不同的象征意义，最多可以代表四种意义，用在下卦、上卦及两个互卦中。

履卦六三提到"武人"，巽卦（☴，第57卦）初六也提到"进退，利武人之贞"，说明巽卦（☴）可以代表能进能退的"武人"。勇武之人要谨守分寸，按照巽卦顺从的原则，为"大君"效命，这是摆脱自身困境唯一的方法。六三应该清楚，自己虽然是主爻，但不是真正的王，必须设法与君王搞好关系，才能化险为夷。

[爻辞] 九四：履虎尾，愬（shuò）愬，终吉。
　　象曰：愬愬终吉，志行也。

[白话] 九四：踩在老虎尾巴上，戒慎恐惧，最后吉祥。
　　《象传》说：戒慎恐惧而最后吉祥，是因为心意是要往前走。

　　六三在下卦兑的缺口上，所以被老虎咬了；九四脱离了兑卦这个缺口，所以吉祥。六三与九四都踩到老虎尾巴，可见老虎是指上面的乾卦。九四代表能干的大臣，只要他保持戒慎恐惧，积极地配合九五，最后就会吉祥。

[爻辞] 九五：夬（guài）履，贞厉。
　　象曰：夬履贞厉，位正当也。

[白话] 九五：刚决履行，一直这样下去有危险。
　　《象传》说：刚决履行，一直这样下去有危险，是因为位置居正而当令。

　　履就是礼，礼的本质是让每个人都谦恭退让，从而使上下定位，各有秩序。九五虽然是君王，也不能太过刚强，否则会遇到危险。"夬"字代表过于刚强，《易经》里就有夬卦（☱，第43卦）。九五爻变，出现互坎（六三、九四、六五），代表有危险。君王九五独揽

大权，可能会忽略对臣民的礼节，长此以往就会有危险。这是需要
九五注意的。

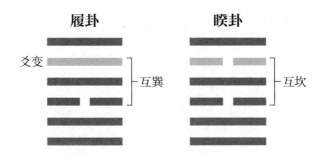

履卦　　　　　睽卦

爻变　　　　　　　　　　　　互巽　　　　　　　　　　　互坎

[**爻辞**] 上九：视履考祥，其旋元吉。

　　　　象曰：元吉在上，大有庆也。

[**白话**] 上九：审视走过的路，察考吉凶祸福，如此返回最为吉祥。

　　　　《象传》说：最为吉祥的居于上位，这是大有喜庆的事。

　　履卦上九的爻辞又出现了"元吉"。在《易经》384爻中，"元吉"
总共出现了12次，在上九的位置仅此一见。另外，只有井卦（䷯，
第48卦）在上六的位置出现了"元吉"。在《易经》64卦中，有32
个上九，只有履卦上九是元吉，代表你用礼貌的态度走到底，尽了
完善的礼节，此时回头审视自己走过的路，考察吉凶祸福，按照原
则返回就会元吉。按照什么原则返回呢？要回到开头，按照平常的
方式去实践，即使困难也要坚持到底，如此返回最为吉祥。

　　"祥"字在古代有三个意思：一为祯祥，即吉祥；二为凶祥，即
凶事的预兆；三为征应，即应验之事。履卦上九的"祥"包含吉凶
两个方面。你考察吉凶之后，就知道该如何前进。

　　履卦六爻的爻辞非常生动，就像一个人从幼年一路成长，始终
按照礼的要求与人互动，最后得到元吉的结果。值得注意的是，履

卦九二、九四、上九为"吉"，这三爻都是阳爻在柔位，说明刚柔相济才会吉祥。相对于此，初九、九五都是阳爻在刚位，初九得到"无咎"，九五则出现了"厉"。这提醒我们，与别人来往时不能过于刚强，一定要互相尊重，按照礼仪来互动。

三、富而好礼，结局一定好

履卦的结构是天泽履，代表上下各有定位，一切按照礼节来行动，所以"履"和"礼"密不可分。履卦六爻的爻辞非常生动，就像一个人认真学习礼仪、礼节、礼貌，按照礼的规范来为人处事，这时就算踩在老虎尾巴上，也能分辨老虎会不会咬人。如果正好处在六三的位置上，只要打定主意为君王服务，就能化险为夷。

我们占到一个卦，首先要透过卦象来分析大的格局。占到履卦，代表你的问题与人际交往有关，要特别留意人与人之间的适当关系。如果依礼行事，按照规矩来行动，就不会有什么问题。以下介绍几个实际的占卦案例。

有一位企业家本来热衷于研究佛学，听了我的国学讲座，觉得身为中国人，也应该了解自己国家的传统思想，于是提议成立一个国学班，让他的朋友们都来学习国学。我的助理认为兹事体大，就占了一卦，占到履卦九二："所走的路平坦宽阔，幽隐的人正固吉祥。"

九二在下卦中间的位置，可以守中不乱，基本上还不错。但是，在履卦想要办成一件事，有两个爻的机会比较大：第一是六三，因为它是主爻；第二是九五，代表君王。六三虽然是主爻，但是非常辛苦，它踩在老虎尾巴上，会被咬到。九五如果态度过于刚决、不够谦让，恐怕也无济于事。如果六三与九五携手合作，就没有太大的问题。现在这位朋友占到九二，里面提到"幽人"，说明办国学班比较困难，因为主爻六三挡住了九二的去路，九二对此无计可施。

进一步来看，九二上面是主爻六三，代表整个事情要由六三出面。六三可能是他认识的某位女子或比较柔弱的人，她能够以柔克刚，用谦虚的方式找到九五：九五可能是王，也可能是老师。如果找不到合适的六三出面，整个事情就会在"幽人"这个层次搁置下来。

还有一次，我在某电视台做国学节目，一位年轻的女职员借此机会，占问自己跟男朋友结婚的事，也占到履卦九二。她一看到爻辞提到"幽人"，就说："算了，不够光明坦荡。"我还没来得及向她解释，她便打定了主意，转身离开了。可见，用《易经》占卦要保持冷静、理性，避免感情用事。

另外一次，我在一家电视台接受访问，谈到《易经》占卦的妙用。访谈结束后，主持人希望我为她占一卦，她说自己原先一直与母亲同住，现在希望搬出去独立生活，由哥哥和嫂嫂来照顾母亲。她想知道：这件事的结果如何？

我教她用数字卦来占，结果占到履卦六三，爻辞说："眼有疾还能看，脚跛了还能走。踩在老虎尾巴上，老虎咬人，有凶祸。勇武之人要为大王效命。"由此可见，她的构想不太可行。

她进一步说明，哥哥同意她的提议，但是母亲反对。我分析道，履卦一阴五阳，六三作为主爻，要撑起全卦是非常辛苦的。她占到六三，内心难免会觉得疲惫。她如果违逆母亲的意愿，等于踩在老虎尾巴上，显然行不通。履卦有穿鞋走路之义，一定要按部就班、依礼而行，最后才能获得大家的谅解。所以，她只有一个办法，就是"勇武之人要为君王效命"。君王就是她的母亲，因为家中以父母为尊，九四代表哥哥，九五代表母亲。

一般来说，如果让母亲在儿子和女儿之间选择，她通常会选择跟女儿住在一起。不过，女儿想拥有独立的生活，也是人之常情。女儿占到履卦六三，表示这个构想暂时不可行。如果非要坚持己见，势必会引起家庭纠纷。最好暂时打消念头，等三个月之后再说。三个月是一个季节，季节变了，一切都可能会变。如果她仍然希望达成目标，就要多花点时间跟母亲好好沟通，取得她的谅解。履卦代表穿鞋走路，走到六三实属不易。如果坚持依礼而行，走到上九就会得到元吉的结果。

孔子强调"富而好礼",是因为穷有穷的烦恼、富有富的问题。穷人的烦恼还比较单纯,就是要设法多赚钱;富人的问题就复杂多了。生活有了基本保障之后,各种棘手的问题反而——浮现。因此,富而好礼是一条康庄大道。如果你谨守分寸,依礼行事,不仅能改善人际关系,还能促进整个社会的和谐。

另外,履卦上九说"其旋元吉","旋"代表返回,可引申为功成身退。自古以来,能做到功成身退的人少之又少。张良是"汉初三杰"之一,为刘邦平定天下立下了汗马功劳。汉朝成立后,他就设法告老还乡,最后得到善终。张良显然非常聪明,因为汉高祖的众多功臣中,很少有人能落得好下场。

《老子》第9章显示了类似的智慧。老子说:"功遂身退,天之道。"意即:功成之后就退下,这才合乎天道。履是穿鞋走路,如果走到底了还继续前行,就会因疲累不堪而跌倒。你成功了却不退场,还希望论功行赏,享受荣华富贵,只会使前面的成功蒙上阴影,大打折扣。

《易经》给人的启发是非常深刻的。我们在占卦时,往往只关注提问的结果。事实上,每一卦都会告诉我们应该如何为人处事。人到了一定年龄,要学会自我教育;如果总是等着别人来教导,恐怕不会有多大进步。

《系辞下传》谈到修德九卦,履卦排第一位,它是德行的基础[1]。任何德行都需要付诸实践,就像穿鞋走路一样;如果不去努力实践,怎么会有真正的德行呢?我们要以履卦作为修德的基础,打好基础之后,再逐步往上提升。

---

[1] 原文:履,德之基也。

一、三阳开泰，一元复始

11 地天泰，下乾上坤

泰：小往大来，吉亨。

象曰：天地交，泰。

后以财成天地之道，辅相天地之宜，以左右民。

上六：城复于隍，勿用师。自邑告命，贞吝。
象曰：城复于隍，其命乱也。

六五：帝乙归妹，以祉元吉。
象曰：以祉元吉，中以行愿也。

六四：翩翩不富以其邻，不戒以孚。
象曰：翩翩不富，皆失实也；不戒以孚，中心愿也。

九三：无平不陂，无往不复。艰贞无咎。勿恤其孚，于食有福。
象曰：无往不复，天地际也。

九二：包荒，用冯河，不遐遗。朋亡，得尚于中行。
象曰：包荒，得尚于中行，以光大也。

初九：拔茅，茹以其汇，征吉。
象曰：拔茅征吉，志在外也。

本节要介绍《易经》第11卦泰卦。"三阳开泰"与"否极泰来"是人们熟知的成语，它们都与泰卦有关。泰卦下卦三个阳爻简称"三阳"，上面三个阴爻完全开放，所以有"三阳开泰"之说。当人们遇到困阻，最后柳暗花明，云破月来，就称作"否极泰来"。不过，按照《易经》的卦序，是泰卦在先，否卦在后，与"否极泰来"

的顺序正好相反。

　　泰卦前面是履卦，履卦代表依礼而行，随后就会通达，保持平安。所以"泰"就是"通达"的意思，也可以理解为"大"或"安"。泰卦是一个消息卦，代表农历正月，是春天的开始。相对地，否卦代表农历七月，是秋天的开始。

　　每个人都希望"国泰民安"。泰卦为什么这么好呢？因为它的结构是地天泰，地在上，天在下，地的本质是往下的，天的本质是往上的，所以天地之气可以交流沟通。另外，地代表人民，天代表君王，君王来到底下，把人民推到上面，代表君王深入民间，上下心意相通。这显然是个理想的局面。

[卦辞] 泰：小往大来，吉亨。

[白话] 泰卦：小的前往，大的来到，吉祥通达。

　　在《易经》中，"小"代表阴爻，"大"代表阳爻。卦是从下往上发展的，所以"往"代表往上走，"来"代表来到底下。泰卦是消息卦，有明确的发展趋势，上面的阴爻会逐步往外走，而下面的阳爻不断来到，所以说"小往大来"。

　　卦辞接着说"吉祥通达"。吉祥是让人住得安定，通达是让人走得通顺。可见，泰卦的趋势明显对阳爻（大的一方）有利。

[象传] 象曰：泰，小往大来，吉亨。则是天地交而万物通也，上下交而其志同也。内阳而外阴，内健而外顺，内君子而外小人。君子道长，小人道消也。

[白话]《象传》说：泰卦，小的前往，大的来到，吉祥通达。意思就是天地二气互相交流，使得万物通顺畅达；上位者与下位

者彼此来往，使得心意相通。阳刚居内而阴柔处外，内在刚健而外在柔顺，进用君子而疏远小人。君子的作风在成长，小人的作风在消退。

由此可见，泰卦之所以吉祥通达，是因为天地相交，上下相通。

泰卦下卦为乾，乾为健；上卦为坤，坤为顺，所以说"内健而外顺"。这类似于我们常说的"内刚而外柔"，一个人外表很和气，对人彬彬有礼，尊重别人的想法，但不会轻易放弃内心的原则，这是高度修养的表现。后面的否卦则倒过来，是"内柔而外刚"，外面跟别人硬碰硬，内心却没有主见，可谓"色厉而内荏"。

道家的庄子也说过："古之人，外化而内不化。"（《庄子·知北游》）"外化"就是外表与别人同化，不标新立异；"内不化"就是内心始终与道在一起，不会被别人干扰。人在悟道之后就会有这样的表现。

《象传》接着说："进用君子而疏远小人。君子的作风在成长，小人的作风在消退。"泰卦在政治领域，代表君子受到重用，小人被疏远。这当然是一件好事，可谓"君子来而乐行其道，小人往而各安其身"。君子治国理政，百姓好好生活，如此则国泰民安。

[象传] 象曰：天地交，泰。后以财成天地之道，辅相天地之宜，以左右民。

[白话]《象传》说：天地二气互相交流，这就是泰卦。君王由此领悟，要根据天地运行的法则来设计制度，配合天地运行的条件来助成效益，借此引导百姓。

所谓"后"，是指先王之后的君王或诸侯。所以，"后"也是王，而不是一般所谓的"王后"。在《易经·大象传》中,"后"仅出现3次:一次是在泰卦;另一次是在姤卦（☰,第44卦）,还有一次在复卦与"先王"一起出现,都是指君王。

《大象传》接着说:君王要根据天地运行的法则来设计制度,配合天地运行的条件来助成效益,借此引导百姓。这句话非常重要。儒家的理想是要参赞天地的化育。《易经》的基本立场是:观察天地的变化之道,来安排人类生活的法则。泰卦的《大象传》清楚地阐释了这种理念。

泰卦对政治领袖提出了很高的要求,希望君王能做到"施化盛大而相得以安"。所以,"泰"有三种意思:第一,上下相通;第二,施化盛大;第三,相得以安。换言之,"泰"代表"通、大、安";其中,"通"是关键。能够做到上下相通,自然会施化广大,国泰民安。

总之,泰卦的结构是地天泰,地在上,天在下,代表天地二气互相交流;百姓在上,君王在下,代表上下心意相通。泰卦也是消息卦,代表农历正月,三阳开泰。消息卦重要的是看趋势,要对爻的动向非常清楚。泰卦下卦三个阳爻,上卦三个阴爻,看起来势均力敌;但是,再往前一步就成为大壮卦（☳,第34卦）,格局就完全不同了。有的时候差一个爻,就会主客易位,攻守异势。

在泰卦的格局中,必须认清当下的时机,掌握"小往大来"的趋势。这也提醒政治领袖,要重用贤才,疏远小人。"小人"未必是坏人,也可以指一般的百姓或臣民。国君要把他们往外推,以便延揽天下英才。

二、开大门，走大路

泰卦是一个好卦，爻辞中出现了"吉、元吉、有福、得尚（受到推崇）"等正面的说法，最后则出现了"吝"（困难）。我们常说"否极泰来"，但是泰卦六爻的发展表明，"泰极"也会"否来"。前面一帆风顺，到最后也会出现困难。

[**爻辞**]初九：拔茅，茹以其汇，征吉。

象曰：拔茅征吉，志在外也。

[**白话**]初九：拔取茅草，根茎牵连着同类，向前推进而吉祥。

《象传》说：拔取茅草，向前推进而吉祥，是因为心意是要向外发展。

初九为何说"拔取茅草"？因为初九爻变，成为初六，下卦变成巽卦，巽为木，包括茅草等植物在内，所以说"拔茅"；接着，为何说"根茎牵连着同类"？因为初九、九二、九三都是阳爻，属于同类，就像它们三个牵连着被拔起。初九上有六四正应，它欢迎初九前往，所以说"征吉"。初九的心意是要向外发展，它志在天下，而非志在一身。

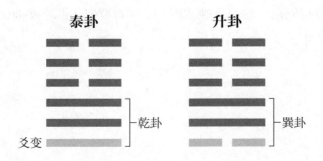

"拔取茅草，根茎牵连着同类"是一个比喻，代表你只要推举了一个贤才，其他人才就会一起来帮忙。譬如，尧推举了舜，就有十六个贤才一起到来；舜推举了禹，也有九个贤才一起到来。正所谓"物以类聚，人以群分"。一个好人出头，其他好人便会接踵而至。

[爻辞] 九二：包荒，用冯（píng）河，不遐（xiá）遗。朋亡，得尚于中行。

象曰：包荒，得尚于中行，以光大也。

[白话] 九二：包容广阔，徒步过河，不因遥远而有所遗漏。失去朋党，守中而行受到推崇。

《象传》说：包容广阔，守中而行受到推崇，是因为光明远大。

九二爻辞的内容特别丰富，可以分为五个方面。

第一，"包荒"即包容广阔，代表有仁德。九二与上面的六五正应，从下乾到上坤，无异于涵盖天地，所以说它包容广阔。

第二，"用冯河"即徒步过河，代表勇敢果决。"冯河"一词在《论语·述而》中出现过。孔子的学生子路很勇敢，但是孔子提醒他："暴虎冯河，死而无悔者，吾不与也。"换言之，空手打老虎，徒步就过河，这样死了都不后悔的人，孔子是不赞成的。

第三，"不遐遗"即不因遥远而有所遗漏，代表有智慧。一般人常会遗忘远方的贤才。

第四，"朋亡"即失去朋党，这一点特别难得。初九、九三都是阳爻，代表九二的朋党。九二想要从事政治活动，上去帮助六五，必须摆脱自己的朋党。历史上有很多党锢之祸，朝廷大臣拉帮结派，党同伐异，最后变成只问交情不问是非。九二可以化解朋党的困扰。

第五，"得尚于中行"，中行是指六五，即九二受到六五的推崇。九二积极配合六五，六五也愿意帮助九二大展宏图。

由此可见，泰卦九二是有为有守的大臣，他具备仁德、勇敢、有智慧，可以化解朋党的诱惑，得到君王的肯定。

[爻辞] 九三：无平不陂（pō），无往不复。艰贞无咎。勿恤其孚，于食有福。

象曰：无往不复，天地际也。

[白话] 九三：没有只平坦而不倾斜的，没有只前往而不返回的。在艰难中正固，没有灾难。不必担忧，保持诚信，在食物上有福可享。

《象传》说：没有只前往而不返回的，是因为它处在天地交接之处。

九三的爻辞说"无平不陂，无往不复"，因为下卦三个阳爻、上卦三个阴爻，九三正好位于阴阳交界之处。有平就有斜，有往就有回，这是自然界的常态，人间也是如此。碰到这种关头，就要了解自己的处境，对未来做好心理准备。

为什么说"在食物上有福可享"呢？因为九三是阳爻，上面紧邻三个阴爻。阳爻代表君子，阴爻代表百姓。在古代，君子负责治理百姓，百姓则要奉养君子。并且，九三在互兑（九二、九三、六四）中，兑为口，表示有口福，所以说九三"于食有福"。

泰卦

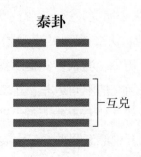

互兑

[**爻辞**] 六四：翩翩不富以其邻，不戒以孚。

象曰：翩翩不富，皆失实也；不戒以孚，中心愿也。

[**白话**] 六四：轻松而不靠财富就得到邻居支持，由于诚信而不加戒备。

《象传》说：轻松而不靠财富，是因为失去了实质。由于诚信而不加戒备，是因为内心愿意如此。

九三、六四都提到"孚"（诚信），因为这两爻都处在阴阳交界的地方，需要有诚信。"翩翩"即轻飘飘的样子，引申为轻松不费力。上卦三个阴爻虚而不实，根本挡不住下卦三个阳爻上升的势头。

六四"不靠财富就得到邻居支持"，因为阴爻是虚的，财富本来就有限；六四与六五、上六性质相同，大家可谓同病相怜，所以要互相支持。

[**爻辞**] 六五：帝乙归妹，以祉（zhǐ）元吉。

象曰：以祉元吉，中以行愿也。

[**白话**] 六五：帝乙嫁来妹妹，以此得福最为吉祥。

《象传》说：以此得福最为吉祥，是因为居中而实现自己的愿望。

泰卦六五又出现了"元吉"。帝乙是商纣王的父亲，他把妹妹嫁给周的王室。在古代，君王与诸侯联姻很常见，但是这一次特别制定了礼仪，要求国君的妹妹出嫁之后，要顺从自己的丈夫。换言之，六五虽然居王位，但仍要顺从九二。《易经》里有归妹卦（䷵，第54卦），后文再做详细说明。

六五有权力，但她是阴爻，懂得谦虚、顺从；九二地位较低，但他有实力，能够谨守分寸。六五与九二都居中位，代表他们的言行恰如其分，上下配合十分完美，自然上上大吉。

[爻辞]上六：城复于隍，勿用师。自邑告命，贞吝。

象曰：城复于隍，其命乱也。

[白话]上六：城墙倒塌在壕沟里，不要出动军队。从乡邑传来命令，一直如此将有困难。

《象传》说：城墙倒塌在壕沟里，因为命令已经乱了。

泰卦走到上六，出现了"吝"（困难）。一个卦从下往上都很好，最后往往会有变化，这在《易经》中屡见不鲜。

古代修筑城墙时，先在城外挖一条壕沟作为护城河，称为"隍"；再把挖出的土制成砖，用来堆砌城墙。"城墙倒塌在壕沟里"，等于物归原主、被打回了原形。泰卦前面一路顺利，最后则出现了政教方面的问题，甚至达到国君不能发号施令的程度，可谓泰极否来，此时不适宜出兵作战。

总之，泰卦六爻显示了一个动态发展的过程。初九向外出征吉祥。九二非常理想，爻辞提到五个重点，只要具备仁德与智慧、勇敢、无私，并与六五密切配合，就能发挥最大的功能。九三懂得循环往复、辩证发展的规律，它安于其位，可以得到丰富的食物。六四了解自己的处境，它面对下卦三个阳爻，显得轻飘飘的，但是有六五和上六的支持，所以不用担心。六五是君王，他把妹妹嫁给九二这个诸侯，以此得福最为吉祥。君王的妹妹嫁给诸侯，也要按照礼制规定，顺从其夫。上六提醒我们，无论局面有多好，到最后总归要改变。泰卦象征国泰民安，但安定久了就会发生变化。自然界始终在变化，人间同样如此。如果缺少德行、能力和智慧，遇到变化就会手足无措，难以妥善应对。

三、爸爸在哪儿

泰卦的结构是地天泰，代表百姓在上，君王在下，上下心意相通，可以国泰民安。本节要介绍泰卦的占卦实例。为什么把标题定为"爸爸在哪儿"呢？这里涉及一个古代的占卦案例。

中国历代都有《易经》高手，专门帮人解疑答惑。在魏晋时代，有一位远近闻名的《易经》专家，名叫赵辅和。当时战乱频仍，有个人离家躲避战火，隔了一年后回来，却怎么也找不到他的父亲了，于是请赵辅和帮忙占卦。赵辅和占到泰卦，就说："很抱歉，你的父亲已经入土为安了。泰卦下卦为乾，代表父亲；上卦为坤，代表土地。你的父亲在土地之下，不就是入土为安了吗？"这个人觉得难以置信，他前一年离家时父亲还健在，怎么可能突然就过世了呢？他立刻四处打听，最后发现父亲果然过世了。

由此可见，《易经》解卦的水平没有上限，永远都有提升的空间。解卦时不能只看卦爻辞，很多高手都是直接取象。我们现在看到的《易经》文本，是周朝初期经过长期占卦和验证，收集了大量资料之后，才形成的文字记录。时隔三千年，这些文字在今天仍有重要的参考价值，基本上可以解决各种疑惑。

但是不要忘了，最早的《易经》只有卦象而没有文字。那么，最早的卦象代表什么呢？它的可能性是无限制的。一旦有了固定的卦爻辞，虽然那些话非常神奇，具有相当高的涵盖性，但是它的可能性就被限制住了。

譬如，那个人问他爸爸在哪儿，结果占到泰卦。从地天泰这个卦象来看，赵辅和的解释很合理。假如那个人问的是母亲或哥哥的下落，很可能会出现不同的卦，因为占卦是"有意义的偶然"。你心思一转，换一个问题，就会出现不同的卦象，人无法控制占卦的结果。

所以，解卦需要敏感度与灵活性。对于所占的问题，不仅要看卦爻辞，还要从整个卦象来判断，不要只局限于文字的表面。比如，搭飞机占到屯卦，爻辞说"骑上马也团团打转"，就知道这次搭飞机不会顺利。通过类似的情景转换，我们可以慢慢提升自己的解卦能力。

　　假如那个人问母亲在哪儿，占到了泰卦，就不能解释为：底下的乾卦是天，上面的坤卦是母亲，所以母亲到天上去了。古人没有死后上天堂的观念，只有少数帝王可以"配天"。事实上，春秋时代有"不到黄泉不相见"之说，代表人死后会到地下黄泉，因为人的身体要回归于土地。

　　我们学习任何知识，都要了解当时的背景，以及时代的局限性。今天学习《易经》，要设法突破它的时空限制，对文字和卦象做灵活的想象，这是一门永无止境的功课。对中国人来说，《易经》好像永远也读不完。人生虽然大同小异，太阳底下没有新鲜事，但每个人的经历都有所不同。我们对于自己的事或周围亲人的事，会特别在意，所以每一次给自己占卦，都会有深刻的感受。

　　现代人也有占到泰卦的例子。有一位商学院的同学到中国台北游学，听了一堂我讲的《易经》课，课堂上我也用数字卦示范教学，结果她占到了泰卦六五："帝乙归妹，以祉元吉。"这是现场占到的最好的一个爻。她说，她先生有一笔重要的生意，想知道结果如何。我的回答是："恭喜你，占到元吉，代表一定能够成功；变爻是六五，代表两个月左右就会有消息。"

　　当你占到好的结果，就要把握机遇。其实就算没有占卦，只要按照商业的原则去做，也一样能够成功。占到好的结果，并不是因为我有什么超能力。《易经》是古人最特别的一门智慧，学习《易经》是为了让自己获得深刻的启发，而不是为了每一次都占到好的结果。

　　另外还有一个案例。我在广州办过一系列国学课程，先开的是《易经》课，来上课的人不多，后面计划开《论语》课，有一位同学担心入不敷出，就占问：在广州开《论语》班，结果如何？结果占到泰卦九三，爻辞说："没有只平坦而不倾斜的，没有只前往而不返回的。在艰难中正固，没有灾难。不必担忧，保持诚信，在食物上有福可享。"我看到"于食有福"，就知道开课应该没什么问题，《论语》班会有较好的收益。九三的爻辞可以解读为：如果过去有亏损，后面就会得到弥补；一路坚持下去并保持诚信，就会有食物可以享用。泰卦是上下相通之象，九三当位，又有上六正应，上面是坤卦，代表可以得到众人的支持，后来的发展果然如此。

　　泰卦基本上是一个好卦，出现了"吉、元吉、有福"等正面的占验之辞，到上六才出现了一些困难。但是，无论爻辞有多么好，还是要结合你的问题来具体分析，才能做出正确的判断。

一、天地阻隔，草木凋零

12 天地否，下坤上乾

否（pǐ）：否之匪人。不利君子贞，大往小来。

象曰：天地不交，否。君子以俭德辟难，不可荣以禄。

上九：倾否，先否后喜。
象曰：否终则倾，何可长也？

九五：休否，大人吉。其亡其亡，系于苞桑。
象曰：大人之吉，位正当也。

九四：有命无咎，畴离祉。
象曰：有命无咎，志行也。

六三：包羞。
象曰：包羞，位不当也。

六二：包承，小人吉，大人否，亨。
象曰：大人否，亨，不乱群也。

初六：拔茅，茹以其汇，贞吉，亨。
象曰：拔茅贞吉，志在君也。

本节要介绍《易经》第12卦否卦。前面的泰卦代表通顺，但是在自然界和人间，不可能一路通顺到底。自然界四季流转，人的世界一治一乱，所以泰卦之后，接着上场的是否卦。"否"就是阻塞不通。

否卦也是消息卦。在消息卦中，同样性质的爻由下往上，跟不同性质的爻不交错。消息卦一共有12个，分别代表农历12个月。否卦代表农历七月,是秋天的开始。"否"字最早写作"⚇",形容发生了灾荒,百姓没有东西可吃,后来变成了"否"字。

否卦的结构是天地否,天本来就在上,地本来就在下,天气不降,地气不升,两者不相交流,人怎么活得下去呢?虽说消息卦看趋势,但是每个卦都有它当下的情况。否卦当下的情况是把泰卦倒了过来,代表天地阻隔,草木凋零,上下不相往来,闭塞不通。

[**卦辞**] 否:否之匪人。不利君子贞,大往小来。

[**白话**] 否卦:否卦违背人的需求。不适宜君子正固,大的前往,小的来到。

泰卦是"小往大来",否卦则是"大往小来"。"大"是指阳爻,"小"是指阴爻。否卦上卦为乾,三个阳爻要往外走,所以说"大往";下卦为坤,三个阴爻都在底下,所以说"小来"。等于君子远离在外,小人聚集在内。

"否之匪人"的"匪"(非)代表不适合,即否卦违背人的需求。

卦辞接着说"不适宜君子正固"。原则上,《易》为君子谋,不为小人谋。小人只考虑自己的利害,不可能成为一个优秀的领导,所以《易经》只为君子出谋划策。否卦既然是一个乱世,君子就要逐渐退隐。

譬如,孟子曾提到孔子的学生颜渊的处境,颜渊身处乱世,随时都可能遭遇不测,这时看到邻居打斗,可以关起门来不管[①]。你帮得了一家,帮不了全村,还不如明哲保身。孔子也强调:"天下有道则见,无道则隐。"(《论语·泰伯》)孔子曾对颜渊说:"用之则行,

----

① 出自《孟子·离娄下》。原文:乡邻有斗者,被发缨冠而往救之,则惑也,虽闭户可也。

舍之则藏,唯我与尔有是夫。"(《论语·述而》)意即:有人任用,就发挥才能,没人任用,就安静修行,只有我与你可以做到吧。否卦所反映的正是乱世的情况,君子要顺应趋势而退隐。

[**象传**] 象曰:否之匪人,不利君子贞,大往小来。则是天地不交而万物不通也,上下不交而天下无邦也。内阴而外阳,内柔而外刚,内小人而外君子。小人道长,君子道消也。

[**白话**]《象传》说:否卦违背人的需求,不适宜君子正固,大的前往,小的来到。意思就是天地二气互不交流,使得万物无法通顺畅达;上位者与下位者不相往来,天下没有国家可以存在。阴柔居内而阳刚处外,内在柔顺而外在刚健,进用小人而疏远君子。小人的作风在成长,君子的作风在消退。

否卦的《象传》令人伤感:天地二气互不交流,上位者与下位者不相往来,天下没有国家可以存在。否卦的趋势是"小人道长,君子道消",让人无可奈何。

否卦是"内柔而外刚",与泰卦的"内健而外顺"背道而驰。"内柔而外刚"换个说法就是"色厉而内荏"①,即外表严厉而内心胆怯,只是装出一副凶悍的样子而已。《易经》64卦的《象传》之中,唯独否卦让人觉得毫无希望,国家不可避免要走向灭亡了。

"天地不交,上下不交"的处境发展到极致,可能连一个人的耳朵和眼睛都不相来往了。譬如,唐朝的德宗曾说:"别人都说卢杞这个人奸邪,但是我不觉得。"德宗听到了别人对卢杞的批评,但是他看卢杞怎么看都顺眼,这就是耳朵与眼睛无法协调。清朝的乾隆皇

---

① 出自《论语·阳货》。原文:子曰:"色厉而内荏,譬诸小人,其犹穿窬之盗也与?"

帝亦然，大家都说和珅是奸臣，但乾隆越看他越开心。又如，秦二世胡亥目睹赵高指鹿为马，颠倒黑白，他却相信赵高所说的"关东之盗不足为患，可以不必理会"，结果导致秦朝覆灭。

天地万物有一定的规律，时间到了就会自动转变；但是人间之事，则需要人类自己去努力。换言之，泰卦是天道运转的功劳，否卦则是人应该负起责任的时候。这样才能凸显人类理性的可贵，以及人类行善避恶的重大责任。

[象传]象曰：天地不交，否。君子以俭德辟难，不可荣以禄。

[白话]《象传》说：天地二气不相交往，这就是否卦。君子由此领悟，要收敛修德以避开灾难，不可谋取禄位来显耀自己。

否卦的《大象传》强调，天下大乱时，要收敛修德以避开灾难，不可谋取禄位来显耀自己。孔子也说过："邦有道，危言危行；邦无道，危行言孙。"（《论语·宪问》）意即：国家上轨道时，应该说话正直，行为正直；国家不上轨道时，应该行为正直，说话委婉，以免祸从口出。孔子又说："邦无道，谷，耻也。"（《论语·宪问》）意即：国家不上轨道时，做官领取俸禄是可耻的，因为很可能是同流合污。可见，君子在乱世中要学会明哲保身，等将来世道变了，再来发挥所长，为百姓服务。

乱世正是考验一个人的时候。孔子说："君子固穷，小人穷斯滥矣。"（《论语·卫灵公》）意即：君子走投无路时，仍然坚持原则；换了是小人，就胡作非为了。因此，君子与小人的区别就在于，能否在乱世中坚持原则。人不能选择时代，君子处在任何时代，都要思考如何立身处世。

在今天这个时代，个人有了更广阔的发展空间，不像古代知识分子那样，只有做官一条出路。当你的人生遇到困境时，可以从否卦的《大象传》得到启发。

　　总之，泰卦代表通顺，但人生不可能一帆风顺，总会遇到阻塞不通的情况，于是出现了否卦。否卦代表天地阻隔，社会崩解。它也是消息卦，代表农历七月，是秋天的开始。否卦的趋势是"大往小来"，君子往外走，小人来到内部。此时君子要有明哲保身的智慧，不宜正固不变。

二、看见危险，赶紧采取对策

否卦的结构是天地否，代表天地不交、上下隔绝的困境。本节要介绍否卦六爻的爻辞。

[**爻辞**] 初六：拔茅，茹以其汇，贞吉，亨。

象曰：拔茅贞吉，志在君也。

[**白话**] 初六：拔取茅草，根茎牵连着同类，正固吉祥，通达。

《象传》说：拔取茅草，正固吉祥，是因为心意在君王身上。

否卦初六说"拔茅，茹以其汇"，与泰卦初九的表述完全一样。但泰卦初九是"征吉"，即向前推进是吉祥的；而否卦初六是"贞吉"，即停下来、正固不动才吉祥。因此，君子遇到否卦时，要以退为吉，以穷为亨。

初六为何有茅草之象呢？因为初六爻变，变成初九，下卦成为震卦，震在五行中属木，木的最初阶段是茅草，所以说"拔茅"。"根茎牵连着同类"，是指下卦三个阴爻牵连在一起。此时正固不动就吉祥，因为消息卦要看趋势，如果初六往上走，上面的阳爻就要退走，阴爻的势力就会越来越大。

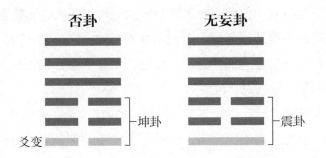

[**爻辞**] 六二：包承，小人吉，大人否，亨。

象曰：大人否，亨，不乱群也。

[**白话**] 六二：包容承载，小人吉祥，大人闭塞，通达。

《象传》说：大人闭塞，六二通达，是因为没有变乱成群的同类。

"包容承载"是小人的作为。六二与九五正应，所以志得意满，可以包容承载，这种情况对小人是有利的。

当小人包容承载时，大人不会与他配合，所以说"大人闭塞"。但是，这样做反而可以通达，因为"身否而心亨"，"其身虽否矣，道自亨也"。大人虽然在身体上遇到阻碍，但内心是通达的，他所坚持的道亦可展现出来。

大人在乱世中坚守穷困，绝不同流合污，所以《小象传》说他"不乱群也"。大人坚持正道，不会委屈"道"而与别人配合。

[**爻辞**] 六三：包羞。

象曰：包羞，位不当也。

[**白话**] 六三：包藏羞耻。

《象传》说：包藏羞耻，是因为位置不恰当。

六三为何有"包藏羞耻"之象？六三代表小人，它挟着优势去谄媚君子，态度却很骄横。六三本身不当位，它紧邻九四，想与九四配合；六三又在互巽（六三、九四、九五）中，巽为风，代表立场摇摆不定，所以说"包羞"。

小人得势之际，往往会有"包羞"的表现。《孟子》书中多次提到王驩，他受到齐王的宠幸，经常批评孟子。有一次，同朝有位大

否卦

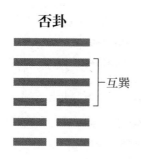

互巽

臣的儿子过世了，大家都去吊唁。看到王驩来了，大家争相跟他打招呼，只有孟子不理他。王驩就说："孟子这是看不起我呀。"孟子说："按礼制规定，在朝廷上不能越过位置去跟别人打招呼。"（《孟子·离娄下》）其实，他们此时并没有在朝廷上，而是在朋友家里，所以孟子显然是在找借口。他的言下之意是：你现在小人得志，想跟我这个君子拉关系，恕不奉陪。可见，对于小人的"包羞"，我们应该像孟子那样有坚定的立场。

[爻辞] 九四：有命无咎，畴（chóu）离祉。

象曰：有命无咎，志行也。

[白话] 九四：有所受命，没有灾难，众人依附而得福。

《象传》说：有所受命而没有灾难，是因为心意得以实行。

《易经》的爻辞多次提到"命"字，主要指君王的命令。只要提到"命"字，通常会出现乾卦与巽卦，乾代表君王，巽代表风，引申为传令。否卦上卦为乾，九四在互巽（六三、九四、九五）中，所以说"有所受命而没有灾难"，代表九四要配合君王九五。

"畴离祉"的"畴"是众人，"离"是依附。九四下临坤卦，坤为众，有如众人前来依附。爻是由下往上走的，阴爻本身没有实力，所以要设法依靠阳爻，于是下面三个阴爻直接靠到九四。换言之，

否卦

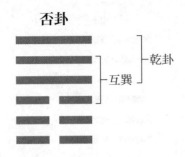

九四受九五之命来照顾百姓，众人都依附九四而得到福祉。

[爻辞] 九五：休否，大人吉。其亡其亡，系于苞（bāo）桑。

象曰：大人之吉，位正当也。

[白话] 九五：终止闭塞，大人吉祥。想到要灭亡了，要灭亡了，这样才会系在大桑树上。

《象传》说：大人的吉祥，是因为位置居正而恰当。

九五居君王之位，代表真正的大人，他可以终止闭塞，所以吉祥。"休"字的形象是人靠在树边安静休息。大人在困境中可以镇定自若，由此可以消除世间的险阻，正所谓"见怪不怪，其怪自败"。

九五虽然暂时吉祥，但一定要居安思危。"其亡其亡，系于苞桑"，意即：想到要灭亡了，要灭亡了，这样才会系在大桑树上。九五在互巽（六三、九四、九五）中，巽为木，为高，引申为高大的桑树；巽又为绳，为系，所以说"系于苞桑"。九五既中且正，但是它知道危险即将来临，所以反复强调"想到要灭亡了"。把自己系在大桑树上，目的是挡住底下阴爻的上升势头。

孔子在《系辞下传》中对这一段爻辞做了充分的发挥，他说："君子安而不忘危，存而不忘亡，治而不忘乱，是以身安而国家可保也。"意即：君子在安居时不忘记危险，在国家存续时不忘记灭亡，在太平时不忘记动乱，如此才能使自身平安，并且保住国家。这句话的关键在于"不要忘记"，孔子提醒我们要有危机意识。

《易经》给人最直接的启发就是"居安思危"。当你觉得一切安好时，一定要想到危险。不但要考虑自然界的变化、个人的生老病死等状况，也要注意到人际关系的消长。如果能做到居安思危，那么对于任何变化都可以从容应对。

[**爻辞**] 上九：倾否，先否后喜。

象曰：否终则倾，何可长也？

[**白话**] 上九：倾覆闭塞的现象，先闭塞然后喜悦。

《象传》说：闭塞到了极点就会倾覆，怎么会长久呢？

泰卦走到上六是"泰极否来"，由通顺变成了阻塞。否卦走到上九则是"先否后喜"，也可谓"否极泰来"，由闭塞变成了喜悦。上九为何有喜悦呢？上九爻变，变成上六，上卦成为兑卦，兑为喜悦。

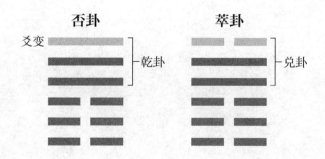

可见，我们在解释《易经》的爻辞时，不能忽略象数的重要性。要借助互卦、爻变等方式，了解爻辞每个字的来源。这样将来在解

卦的时候，才可以把握得更准确。

否卦六爻的内容相当生动。在天地否的格局中，一切都陷入了困境。面对底下三个阴爻的进逼，君子要如何应对呢？君子该退避就退避，该准备就准备；在困境中坚持到底，局面就会改观。

三、撑过去，又是新的开始

否卦的结构是天地否，代表天地二气不相交流；在政治上，代表领导与百姓不相往来，整个情势非常困难。它也是消息卦之一，代表农历七月，是秋天的开始，万物逐渐凋零。占到否卦要如何理解呢？以下通过几个案例来具体说明。

第一个案例可谓否极泰来。我在郑州上课时，有一位女士找到我，说她姐夫受人诬告，官司快要结案了，想知道结果如何。我教她用数字卦来占，得到否卦上九，爻辞说："倾覆闭塞的现象，先闭塞然后喜悦。"

看到否卦，就知道她姐夫目前处境不利，上下不通，下情不能上达，显然被困住了。至于是否被冤枉，从卦象上不容易看出来。诉讼的当事人，无论是原告还是被告，总认为自己受了委屈，所以占卦只能看下一步的发展如何。

爻辞说"先否后喜"，代表最终会有好的结果。因为上九已经走到最后一步，马上就要脱离否卦的困境了。我向这位女士解释了占卦的结果，让她不要担心。她问："什么时候可以结案呢？"我说："走到上九这一爻，代表一个月左右会有结果。"她就说："真是不可思议，法院的公告说，下个月就会宣判。不过，初审结案之后，还会不会上诉呢？"我说："既然上九的爻辞有'喜'字，应该不会有什么后遗症。"

第二个案例与孩子的教育有关。有一个朋友在电视台工作，他四处请托人情，想让女儿进入全市最好的小学，但又不知道女儿能否适应。我教他用数字卦来占，结果占到否卦六二，爻辞说："包承，小人吉，大人否，亨。"

否卦代表闭塞不通，但六二的位置既中且正，所以应该还有转机。爻辞里的"大人"和"小人"，可以直接代表大人和小孩，而不必涉及道德修养的问题。他问的是孩子的事，看到"小人吉"就不用担心了。

《易经》里有的爻辞同时提到"君子"和"小人"，解卦时可以理解为分别代表管理阶层和一般百姓。如果不这样理解的话，请问：谁会认为自己是小人呢？"小人吉"的说法不是很奇怪吗？

我对这位朋友说："否卦代表上下不通，说明为了让孩子就读这所学校，你费了不少心思。爻辞前面说'小孩吉祥'，所以你不必多虑，孩子入学之后，让她好好学习就是了。但后面又说'大人否'，说明做父母的比较辛苦，对孩子在学校的表现要多多包容承载。"

第三个案例是占问健康的。有个朋友在中学教书，他的父亲年逾八十，近几年住在养老院，后来生病了，送到医院治疗。医生判断老人的病情不会有起色，就建议还是把他送回养老院照顾。他很担心父亲的健康情况，就用筹策来占卦，结果占到否卦。用筹策占卦时，可能有不止一个变爻。他占到九五和上九两个变爻。九五说："休否，大人吉。其亡其亡，系于苞桑。"上九说："倾否，先否后喜。"

我们在解卦时，对于爻辞要有一定的直觉能力。占到否卦，代表天地之气不相交流；同时，九五提到"其亡其亡"，现在占问老人的健康，这几个字的意思已经很清楚了。另外，用筹策占到两爻变，根据南宋学者朱熹的解法，要以上面那个变爻为准。上面的变爻是上九，位于全卦最高的、最后的位置，代表快要出局了。

否卦上九说"先否后喜"，这个"喜"字要如何理解呢？按照民间风俗，年逾八十的老人去世属于喜丧。亲友们固然会感到悲伤，但八十岁已经是高寿了。人生自古谁无死？能够安享天年，寿终正寝，自然是一件喜事。

占问健康时，如果占到第五爻或上爻，要特别注意，这两爻是天的位置，可能代表生命到了最后的关头。不过占卦始终要记得：

天道无吉凶，人间有因果。天道没有吉凶可言，一切都按照规律在运转。至于人间的事情，你种什么因，就会得什么果。等事情有了结果再去后悔，就来不及了。还不如在原因的阶段，就提醒自己多加小心。

另外，有一个朋友在中学教书，想去争取教学优良的奖项，他用数字卦占到了否卦九五：否卦的格局不理想，上下不能相通。九五处在君王的位置，本身有很大优势；但爻辞有"其亡其亡"四个字，说明这件事成功的概率并不高。把自己绑在大桑树上，只是勉强撑得久一点而已。如果占到上九的"先否后喜"，这件事可能还有一点机会。否卦一路走来十分艰难，到最后才能拨云见日。

周朝初期，周公东征而流言四起，就是否卦九五的例子。周公居王者之位，他端正自己，不结党营私，行为合乎法度，维护了国家的安定，最后流言不攻自破。另一个例子是，朱熹曾被奸臣韩侂胄所批判，眼看就要遭遇不测，但朱熹安安静静在家讲学，最终免于灾难。

因此，君子即使遇到了否卦，也不会灰心气馁。困难正好可以检验一个人的定力，看自己能否坚持走在正路上。占卦固然对人生有帮助，但修行还是要靠自己。如果只知道求福免祸，恐怕是本末倒置。君子要正确面对否卦的逆境，通过逆境来检验及反省自己，从而增进自己的德行、能力与智慧。

一、光天化日，合作不可有私心

13 天火同人，下离上乾

同人：同人于野，亨。利涉大川，利君子贞。

象曰：天与火，同人。君子以类族辨物。

上九：同人于郊，无悔。
象曰：同人于郊，志未得也。

九五：同人，先号咷而后笑，大师克相遇。
象曰：同人之先，以中直也。大师相遇，言相克也。

九四：乘其墉，弗克攻，吉。
象曰：乘其墉，义弗克也；其吉，则困而反则也。

九三：伏戎于莽，升其高陵，三岁不兴。
象曰：伏戎于莽，敌刚也。三岁不兴，安行也。

六二：同人于宗，吝。
象曰：同人于宗，吝道也。

初九：同人于门，无咎。
象曰：出门同人，又谁咎也？

　　本节要介绍《易经》第13卦同人卦。泰卦代表通顺，否卦代表闭塞。经过一正一反两种情况之后，不会再回到前面的通顺，而要设法聚合众人，开启新的境界，所以接着上场的是同人卦。

　　同人卦的结构是天火同人。这是在《易经》上下卦的组合里，第一次出现离卦（☲）。前面12个卦，离卦一直没有出现。可见，火是比较晚才进入人类世界的。有了火之后，人类文明就步上了崭新的发展阶段。

离卦是火，代表光明。离卦中间是空的，也象征捕猎的罗网。所以，"天火同人"既代表天下大放光明，可以甄选出合作的对象，也代表把这些人网罗到一起。可见，在泰卦与否卦之后，同人卦呈现出一种全新的境界。

[**卦辞**] 同人于野，亨。利涉大川，利君子贞。

[**白话**] 聚合众人于郊野，通达。适宜渡过大河，适宜君子正固。

关于"野"字，坤卦有"龙战于野"的说法。所谓"邑外有郊，郊外有野"，人们居住的城镇称为"邑"，邑的外面是"郊"，郊的外面是"野"。"同人于野"代表要在光天化日之下与人合作，而不要有私心。如果合作一开始不够光明坦荡，后面就会难以相处。

同人卦的特色是：全卦有五个阳爻，只有一个阴爻在六二的位置。物以稀为贵，所以六二是全卦主爻，其他五个阳爻都要设法同它建立关系。

同人卦旨在聚合众人。如果心胸太狭隘，这个"同"就不够广大；如果偏好少数人，这个"同"就不够公平。做到既广大又公平，才能天下归心，从而"适宜渡过大河，适宜君子正固"。

在《易经》64卦中，卦辞出现"利涉大川"的只有七个，第一个是需卦（☵，第5卦），第二个就是同人卦。这些卦有一个共同的特色：在上下卦的组合里面，一定包含乾卦（☰）或巽卦（☴）。乾卦代表天，象征刚健进取；巽卦代表风，也代表木，这些是渡过大河的必要条件。需卦是在长期等待、储备资源之后，最后才可以渡过大河。同人卦是众人以坦诚之心聚在一起，团结力量大，所以能够渡过大河。

[**彖传**] 彖曰：同人，柔得位得中，而应乎乾，曰同人。同人曰：
　　　　"同人于野，亨。利涉大川。"乾行也。文明以健，中正而应，
　　　　君子正也。唯君子为能通天下之志。

[**白话**]《彖传》说：同人卦，柔顺者取得合宜之位也取得居中之位，
　　　　又与乾卦互相呼应，这就称为同人卦。同人卦说："聚合众
　　　　人于郊野，通达。适宜渡过大河。"这是因为乾卦是向前行
　　　　进的力量。文采光辉而健行，居中守正而应和，这是君子的
　　　　正道。只有君子可以沟通天下人的心意。

　　同人卦六二既中且正，所以说"柔得位得中"。接着，《彖传》
强调"与乾卦互相呼应"，而不说与九五互相呼应，表明六二可能急
于同九五相应，这正好犯了既狭隘又偏心的忌讳。六二作为唯一的
阴爻，要负责照顾全卦，所以说"应乎乾"。

　　《彖传》接着说"文采光辉而健行"，因为同人卦下卦为离，代
表文采光辉，上卦为乾，代表健行不已。六二居中守正，并与乾卦
应和，这才是君子的正道。

　　最后的结论是："唯君子为能通天下之志。"意即：只有君子可
以沟通天下人的心意。这句话非常深刻，代表六二要配合整个乾卦
的发展，沟通天下人的心意，让大家开诚布公，精诚合作。

　　在孟子看来，这种表现已经达到了圣人的境界。孟子说："圣人
先得我心之所同然耳。"(《孟子·告子上》)意即：圣人先领悟到所
有人心里共同肯定的东西。人心所共同肯定的是什么？孟子认为是
"理"与"义"，即合理性与正当性。假如你没有成见，那么看到别
人讲话合理、行为正当，自然就会喜欢，可谓"人同此心，心同此
理"。圣人首先觉悟了这一点，于是引导大家走向德行的修炼。孔子
也说过："德不孤，必有邻。"(《论语·里仁》)由此可见，儒家认

为人性是向善的。因此，君子如何才能通天下之志呢？他只有"同于道"，亦即遵循人类的正道，才能实现这一目标。

[**象传**] 象曰：天与火，同人。君子以类族辨物。

[**白话**] 《象传》说：天与火组成同人卦。君子由此领悟，要归类族群，分辨事物。

同人卦《大象传》的特色是：把天与火并列。天的气往上升，火的气也往上升，两者方向相同，称为同人。由此造成的效果是，天下大放光明，君子可以明察秋毫，既要异中求同（归类族群），也要同中求异（分辨事物）。

首先，君子要异中求同。天下没有完全相同的事物，以人类来说，种族不同，语言不通，信仰各异，习俗有别，差异非常明显。但只要是人，就有理性，都要追求平安幸福的生活，因而总能找到沟通的途径，这不就是异中求同吗？

接着，还要同中求异。比如，基本八卦可以代表一家八口，虽然属于同一个家庭，但每个家庭成员都有自己的个性与专长，这不就是同中求异吗？

同人卦下卦为离，代表内心有光明，可以分辨差异；上卦为乾，代表外在刚健进取，可以共同发展。对于人类社会来说，如果不能异中求同的话，要如何建立共识、开展合作呢？异中求同之后，还要同中求异，离卦的光明正好有助于分辨差异。天下没有两个人是完全相同的，也没有两个人是完全相异的。要聚合众人、开展合作，就要掌握这两个原则。

当你试图与别人合作的时候，可能会占到同人卦。这时首先就要分辨对方的性格与能力如何，更重要的是牢记"同人于野"这个原则，要在光天化日之下，为了共同的目标而奋斗。

总之，泰卦与否卦之后，要开启新的境界，于是出现了同人卦。同人代表开诚布公，聚合众人。同人卦只有"六二"一个阴爻，另外五个是阳爻，所以每个阳爻都希望跟唯一的阴爻建立关系，如此合作起来就会出现埋伏、突袭、又哭又笑等情况。

二、又哭又笑，怎么回事

同人卦强调，要在郊野聚合众人。换言之，只有大公无私，合作关系才能维持长久。同人卦只有六二是阴爻，所以六二成为主爻，所有阳爻都要设法跟它建立关系。

[**爻辞**] 初九：同人于门，无咎。

　　象曰：出门同人，又谁咎也？

[**白话**] 初九：在门外聚合众人，没有责难。

　　《象传》说：走出门外聚合众人，又有谁来给你责难？

初九为何说"在门外"聚合众人？因为一卦六爻可以跟古代的位阶相对应：初爻是士，二爻是大夫，三爻是公卿，四爻是诸侯，五爻是天子，六爻是宗庙或退位的君王。在古代，大夫才有家，有家才有门。初九是士，还没有到大夫的位置，所以说"在门外"。另外，初九爻变，下卦为艮，艮为门。初九为第一爻，尚未在门户中，所以说"出门"。

"在门外"代表心胸坦荡，没有私心。初九一上场就站在正确的位置，要跟天下的好人做朋友，所以不会受到任何责怪。

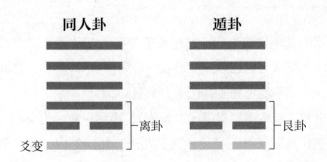

［**爻辞**］六二：同人于宗，吝。

象曰：同人于宗，吝道也。

［**白话**］六二：在宗族里聚合众人，鄙陋。

《象传》说：在宗族里聚合众人，这是走向鄙陋的路。

六二是主爻，本身既中且正，又有九五正应，为什么还说它"吝"（鄙陋）呢？因为六二作为主爻，本来应该照顾另外五个阳爻；但它现在只想照顾与自己正应的九五，格局未免太小，显得有些鄙陋。

六二是大夫的位置，大夫有家，引申为宗族。六二与九五阴阳正应，所以与六二同宗族的人是指九五。六二在宗族里聚合众人，正好是孔子所批评的"小人比而不周"（《论语·为政》），即小人偏好少数同党，而不能普遍照顾众人，这违背了同人卦的理想。

［**爻辞**］九三：伏戎于莽，升其高陵，三岁不兴。

象曰：伏戎于莽，敌刚也。三岁不兴，安行也。

［**白话**］九三：在草莽中埋伏士兵，或者登上高陵瞻望，三年不能发动攻击。

《象传》说：在草莽中埋伏士兵，是因为敌人刚强。三年不能发动攻击，是因为找不到去处。

九三的处境比较麻烦，它也希望得到六二的垂青。六二上承九三，所以九三认为自己理应"近水楼台先得月"。然而，在同人卦的格局中，六二不能单独支持任何一个阳爻。

九三在下卦离中，根据《说卦传》，离为甲胄，为戈兵，与用兵作战有关；九三又在互巽（六二、九三、九四）中，巽为草木，所以说"在草莽中埋伏士兵"。巽也代表高，因为树木是高大的；九三爻变，出现互艮（六二、六三、九四），艮为山，所以说"登上高陵瞻望"。

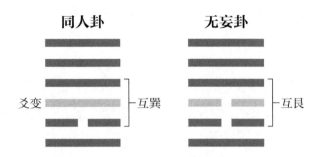

同人卦　　　**无妄卦**

爻变　　　互巽　　　　　互艮

九三以阳爻居刚位，勇猛躁进，它若想掌控六二，就要跟九五竞争。但是九五位尊而刚中，九三怎么可能争得过九五呢？所以，九三最后的结果是"三岁不兴"，即三年不能发动攻击，显然无路可走。

[**爻辞**] 九四：乘其墉，弗克攻，吉。

象曰：乘其墉，义弗克也；其吉，则困而反则也。

[**白话**] 九四：登上城墙，却不能进攻，吉祥。

《象传》说：登上城墙，理当不能进攻。它的吉祥，是因为遇到困难就返回到法则上。

九四也希望跟六二建立关系。九四在互巽（六二、九三、九四）中，巽为高，有城墙之象，所以说"登上城墙"。但是，它后来发现，上面的九五也要争取六二，于是九四停下来，不再进攻，所以得到吉祥。同人卦只有九四这一爻为"吉"，因为九四以阳爻居柔位，刚柔相济，可以适可而止。

[**爻辞**] 九五：同人，先号咷而后笑，大师克相遇。

象曰：同人之先，以中直也。大师相遇，言相克也。

[**白话**] 九五：聚合众人，先是痛哭后是欢笑，大部队能够会合。

《象传》说：聚合众人，会先痛哭后欢笑，是因为居于中位
而行为正直。大部队能够会合，表明已经战胜了敌人。

九五处在君王的位置，但是在"一阴五阳"的格局中，它也要
设法跟六二建立关系。九五的爻辞很生动，它"先是痛哭后是欢
笑"，情绪为何如此激动呢？因为九五是君王，看到九三、九四都来
跟它争夺六二，当然觉得委屈。

九五与六二正应，六二在互巽（六二、九三、九四）中，巽为
风，引申为号哭声，所以说"先号咷"。在阴阳正应的情况下，可以
把对方的象带过来，这是《易经》解卦的方法之一。九五爻变，出
现互兑（九三、九四、六五），兑为悦，为笑，所以说"后笑"。

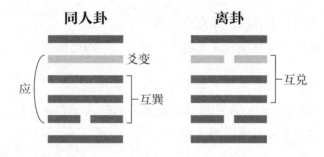

最后，由于九五处在君王的位置，并且上卦三个阳爻连在一起，
所以说"大部队能够会合"，代表可以取得最后的胜利。

在《系辞上传》里面，孔子对这句爻辞做了生动的发挥。孔子
说："君子之道，或出或处，或默或语。二人同心，其利断金。同心
之言，其臭（xiù）如兰。"意即：君子所奉行的原则是该从政就从

政，该隐退就隐退，该静默就静默，该说话就说话。两人心意一致，其锋利可以切断金属。心意一致所说的话，其味道就像兰花一样。"二人同心，其利断金。同心之言，其臭如兰"是我们熟知的成语，生动地描写了"同心同德"之可贵。

[**爻辞**] 上九：同人于郊，无悔。

　　象曰：同人于郊，志未得也。

[**白话**] 上九：聚合众人于郊外，没有懊恼。

　　《象传》说：聚合众人于郊外，是因为心意没有得到响应。

　　上九离主爻六二最远，跟六二完全拉不上关系，有如远在郊外，所以没有什么懊恼的事。

　　整体来看，初九是"同人于门，无咎"，上九是"同人于郊，无悔"，一个在门外，一个在郊外，都属于公开的场合，符合"同人于野"的精神，所以没有责难或懊恼。

　　六二是唯一的阴爻，但是它的心胸不够开阔，只想照顾与自己同宗的九五，使得九三、九四、九五都陷入了争夺。六二与九五之间隔着两个阳爻，形成很大的阻碍。一般来说，如果两爻之间只有一个阳爻阻隔，问题还不大；如果有两个阳爻阻隔，就很难渡过了。九五没有办法，只好先哭后笑，最后还要动用大部队，才能把六二提升上来，形成比较理想的合作局面。

三、王莽篡汉时，以此为借口

同人卦的结构是天火同人，既代表天下有火，大放光明；也代表天下有罗网，把众人聚合在一起。这时最需要开诚布公，大公无私。在同人卦里，每个阳爻都想跟六二这个唯一的阴爻建立关系，爻辞生动描写了几个阳爻相互竞争的场面。

同人卦对人生有何启发呢？首先引述一段古代的历史。汉朝很重视谶（chèn）纬之学，所以经常有人伪造符命。王莽篡汉之后，一直有人策划要推翻他，王莽就找张邯这位《易经》专家来占卦，结果占到同人卦九三："伏戎于莽，升其高陵，三岁不兴。"这句爻辞的本意是：在草莽中埋伏士兵，或者登上高陵瞻望，三年不能发动攻击。换言之，九三想跟九五争夺六二，无奈实力不济，三年也不能如愿。

但张邯解释说："伏戎于莽，代表有人暗中准备起兵讨伐皇帝。"他把"莽"解释为王莽的名字。此时有两股势力反对王莽，一位是汉朝宗室刘伯升，另一位是高陵侯的儿子翟义。张邯认为，"升其高陵"的"升"是指刘伯升，"高陵"是指高陵侯的儿子翟义，"三岁不兴"代表这两股反对势力最终都会失败，很难东山再起。[1]王莽篡位，居然用这句爻辞来稳定人心，实在是一种有趣的巧合。

现代也有一些占卦案例可供参考。对于同一个问题，我们可以从正反两面进行占卦。譬如，有个朋友正在考虑是否另谋高就，他可以先占问：如果离开现在的公司，结果如何？然后再占问：如果

---

[1]　出自《汉书·王莽传下》。原文：命明学男张邯称说其德及符命事，因曰："《易》言：'伏戎于莽，升其高陵，三岁不兴。''莽'，皇帝之名。'升'谓刘伯升。'高陵'谓高陵侯子翟义也。言刘升、翟义为伏戎之兵于新皇帝世，犹殄灭不兴也。"

继续留在原来的公司，结果又如何？最后看哪个方案对自己更有利。

这个朋友用筹策来占卦。它的变爻有七种可能，从六爻皆不变、一爻变、二爻变……一直到六爻皆变。这是传统的占卦方法，前文介绍过它的解卦规则。

这个朋友首先占问：如果离开现在的公司会如何？结果占到同人卦，变爻是九五和上九，此时要以上面的变爻为准，亦即用上九的爻辞来解卦。同人卦上九说："同人于郊，无悔。"意即：聚合众人于郊外，没有懊恼。它的《小象传》说："同人于郊，志未得也。"意即：聚合众人于郊外，是因为心意没有得到响应。上九远离主爻六二，他的心意得不到响应，代表他离职的想法未必可行。

他再反过来占问：继续留在这家公司会如何？结果占到家人卦（䷤，第37卦），有三个变爻。此时要参考家人卦的卦辞："家人：利女贞。"意即：家人卦，适宜女子正固。这个朋友并非女性，所以我这样解释："家人卦是说女子要在家中坚守岗位。员工在一个单位工作久了之后，也会以公司为家。你的问题是留下来如何，得到家人卦，说明你和同事之间的关系就像家人一样。家人相处以感情为重，但在经济上未必能得到更好的待遇，所以你要自己做出选择。"

人生没有完美的选择，任何选择都有得有失，就看你当时最珍惜的价值是什么。我在帮别人解卦时，只是就《易经》的文本做出客观的解释，一般不会提供具体的建议。一个人在面临选择时，通常会考虑很多细节，我不可能一一去了解。只有当事人最清楚这些细节，他可以根据文本提供的线索，做出自己的选择。

另外还有一个案例。有一次上《易经》课，一位同学临时想到一个问题，我请他先不要说出问题，然后用数字卦来占，运算后得到3、1、5：3代表离卦，离为火；1代表乾卦，乾为天，合起来是天火同人卦；5代表变爻是九五，爻辞说："同人，先号咷而后笑，大师克相遇。"

这时大家都很好奇，到底是什么问题呢？这位同学说，他事先找过我的助理，想请我吃饭；但助理告诉他，我平常很少参加饭局，所以婉言谢绝了他的好意。现在他的问题是：想请老师吃饭这件事，结果会怎么样？同人卦九五先哭后笑，要如何理解呢？

"先哭"代表请老师吃饭的心愿难以实现，因为助理说了不方便安排。那"后笑"代表什么呢？我就说："为了让你的占卦能够应验，我答应与你共进晚餐。"这位同学听了非常开心，当场邀请全班30多位同学一起来聚餐，正是"大师克相遇"，大部队能够聚合在一起。

他想请我吃饭，这本来是一件小事。一般来说，如果哪位同学有困惑，我都愿意跟他单独聊一聊，不用请客吃饭这么麻烦。当然，如果他真有诚意请吃饭，我有时间的话，也不会拒绝。他现在把这件事当成问题来问，结果占到同人卦九五：他刚开始以为愿望无法实现，有些难过；但是，这件事我可以做主，为了证明《易经》占卦的准确性，我就顺水推舟，帮他实现了愿望。他非常开心，还邀请大家一起来聚餐，使爻辞全部得以应验。可见，当你心中有疑惑时，只要出于诚心去占问，结果都会"如响斯应"，让人不禁感慨《易经》的神妙。

现代社会有许多跟别人合作的机会。当你占到同人卦时，一定要把握它的核心精神。为什么初九"同人于门"可以无咎？上九"同人于郊"可以无悔？因为初九刚刚上场，上九位于边缘地带，都比较容易保持无私、开放的心态。

中间几爻则有不少压力。九三、九四、九五，都觉得自己有机会与六二建立亲密关系，这就违背了同人卦大公无私的基本原则。在同人卦的格局中，大家要精诚合作，同于正道。"道"可以指人类社会的共同规范，也可以指一个公司的组织章程。

如果占到六二，代表你是全卦的主爻，必须照顾每一个阳爻，与大家建立良好的关系，而不能只关照自己的亲戚或朋友。

一、顺从上天的美好使命

14　火天大有，下乾上离

大有：元亨。

象曰：火在天上，大有。君子以遏恶扬善，顺天休命。

▅▅▅▅▅　**上九：自天佑之，吉无不利。**
　　　　象曰：大有上吉，自天佑也。

▅▅　▅▅　**六五：厥孚交如，威如，吉。**
　　　　象曰：厥孚交如，信以发志也；威如之吉，易而无备也。

▅▅▅▅▅　**九四：匪其彭，无咎。**
　　　　象曰：匪其彭，无咎，明辨晢也。

▅▅▅▅▅　**九三：公用亨于天子，小人弗克。**
　　　　象曰：公用亨于天子，小人害也。

▅▅▅▅▅　**九二：大车以载，有攸往，无咎。**
　　　　象曰：大车以载，积中不败也。

▅▅▅▅▅　**初九：无交害，匪咎，艰则无咎。**
　　　　象曰：大有初九，无交害也。

　　本节要介绍《易经》第14卦大有卦。大有卦是同人卦的覆卦，把天火同人整个翻过来，就变成了火天大有。同人卦代表大家心意相通，可以聚合在一起。大有卦则描写创业开始之后，非常通达顺利，君王六五大行中道，使得群贤来归。

　　大有卦上卦为离，代表明君在上；下卦为乾，三个阳爻代表群贤毕至。六五是全卦唯一的阴爻，居君王之位，拥有五个阳爻。阳爻称大，所以"大有"就是"有大"，代表人才聚集，资源丰富。可见，大有卦是一个很好的卦。

[**卦辞**] 大有，元亨。

[**白话**] 大有卦，最为通达。

乾卦的卦辞是"元亨利贞"，而大有卦的卦辞只有"元亨"二字。"元"代表开始，亦即创业伊始，大家聚在一起。"亨"代表通达。大有卦六五是阴爻，能够包容人才，自然可以获得成功。卦辞不说"利贞"，因为后面怎样做才适宜，在哪些方面应该坚持，还要根据具体情况来判断。

在《易经》64卦中，除了大有卦之外，还有三个卦的卦辞也提到了"元亨"：第一个是蛊卦（䷑，第18卦），在去除各种积弊之后，又有全新的开始；第二个是升卦（䷭，第46卦），可以一路上升，没有任何阻碍；第三个是鼎卦（䷱，第50卦），代表国家有了坚实的基础。

[**彖传**] 彖曰：大有，柔得尊位，大中而上下应之，曰大有。其德刚健而文明，应乎天而时行，是以元亨。

[**白话**]《彖传》说：大有卦，柔顺者取得尊贵的位置，大行中道而上下都来应和，所以称为大有。它的作风阳刚劲健又有文采光辉，配合天体法则又能按时运行，因而最为通达。

所谓"柔得尊位"，是说六五取得君王的尊贵位置。六五走在中道上，上下五个阳爻都来应和，所以称为大有。下卦为乾，代表阳刚劲健；上卦为离，代表文采光辉，所以说"其德刚健而文明"。上卦离为日，下卦乾为天，有"日在天上，日正当中"之象。太阳按照天体的法则而运行，四时依照时序而变化，所以说"应乎天而时行"。

六五以阴爻居上卦中位，显示出三点特色：第一，虚以容人，他内心谦虚而包容别人；第二，中以服人，他展示中正和平的态度，使别人乐于服从；第三，明以知人，上卦离代表明智，说明他能够充分了解别人。如此一来，谁会不服从他的领导呢？

[象传] 象曰：**火在天上，大有。君子以遏恶扬善，顺天休命。**

[白话]《象传》说：火在天的上方，这就是大有卦。君子由此领悟，要抑制邪恶、显扬善德，顺从上天所赋予的美好使命。

大有卦的《大象传》为何提到善恶的问题呢？因为大有卦象征"火在天上，日正当中"，使人间的善恶无所遁形。君子由此领悟，要抑制邪恶、显扬善德，顺从上天所赋予的美好使命。

"顺天休命"这个词有非常深刻的内涵。"休"意为美好，"顺天休命"就是顺从上天美好的使命。上天美好的使命是什么？就是要人行善避恶。

《中庸》开篇就说"天命之谓性"，把"天命"与"人性"连在一起。所谓"天命"，代表上天对人有所命令，而天的命令就包含在人性里面。只有极少数的古代圣贤，才能够真正领悟人性是怎么回事。儒家的孔子、孟子领悟了"人性向善"，亦即天要让人行善避恶，这是上天赋予人的美好使命。

"顺天休命"这句话也有助于理解孔子的生平。孔子说自己"五十而知天命，六十而耳顺"（《论语·为政》）。这里的"耳"字是衍文，应为"六十而顺"，亦即孔子到六十岁时能够顺从天命。孔子曾说："君子有三畏：畏天命，畏大人，畏圣人之言。小人不知天命而不畏也，狎大人，侮圣人之言。"（《论语·季氏》）要成为君子，首先必须敬畏天命。小人不知道天命，所以不去敬畏天命。可见，"知天命，畏天命"是成为君子的必要条件。孔子"五十而知天命"，随后敬畏天命，进而顺从天命。从"知"到"畏"到"顺"，构成一个完整的系统。

孔子60岁前后的行动也印证了这一点。他从55岁到68岁，有14年之久都在周游列国。仪城的封疆官员与孔子会面后，说"天将以夫子为木铎"（《论语·八佾》），他肯定孔子是上天派来教化百姓的老师。在周游列国期间，孔子有两次险些遇害。每当有生命危险时，孔子都直接把"天"抬出来，他坚信自己有天命在身，人间的恶势力不能加害于他。这些都表明，孔子在60岁时，确实是在努力地顺从天命，奉行天命。

孟子的话可以佐证这一点。孟子说："孔子成《春秋》，而乱臣贼子惧。"（《孟子·滕文公下》）在古代，只有帝王可以对历史人物做出评价。孔子没有帝王之位，却鼓起勇气写作《春秋》，臧否历史人物，让乱臣贼子感到害怕。孔子也知道这样做容易引起误会，所以他说："知我者其惟《春秋》乎！罪我者其惟《春秋》乎！"（《孟子·滕文公下》）意即：了解我心意的，大概就在于《春秋》这部书吧！将来怪罪我的，大概也在于《春秋》这部书吧！可见，孔子晚年写作《春秋》，也是在奉行上天所赋予的遏恶扬善的使命。

大有卦的"遏恶扬善，顺天休命"这句话凸显了儒家思想的重点，指明了人的一生应该何去何从。儒家认为，每个人都有人性，人性来自天命，而天命要求行善避恶。可见，儒家对于人性和天命的理解是非常深刻的。

总之，大有卦是同人卦的覆卦。同人卦是天火同人，由唯一的阴爻六二来协调五个阳爻。把同人卦整个翻过去，就变成火天大有。

在大有卦中，唯一的阴爻六五处在君王之位，形成"明君在上，群贤毕至"的格局，可以号召所有的阳爻，一起为百姓服务。大有卦是一个好卦，拥有丰富的资源。它的《大象传》提醒我们：要顺从上天美好的使命，遏恶扬善，使人间的善恶无所遁形。

二、小心不可功高震主

大有卦是火天大有，六五是唯一的阴爻，它要号召五个阳爻一起合作，形成一个丰盛的局面。对于五个阳爻来说，都要设法聚合到君王六五的身边。

[**爻辞**] 初九：无交害，匪咎，艰则无咎。

象曰：大有初九，无交害也。

[**白话**] 初九：没有因为交往所带来的害处，这不是灾难，在艰困中就没有灾难。

《象传》说：大有卦的初九，还没有因为交往所带来的害处。

初九的爻辞说："没有因为交往所带来的害处。"这里为何会提到"害处"呢？因为大有卦代表丰盛、富有，而富有往往会带来后遗症，古人很早就有这样的观念。初九远离主爻六五，不能与它直接交往，自然也不会有什么害处。

接着，"匪咎"是疑问语气，等于反问自己：这样是不是有问题呢？因为在大有卦的格局中，每一个阳爻都要设法聚合到君王六五的身边；初九不能因为远离六五，就忽略了与它聚合的责任。初九不与六五交往，这难道不是灾难吗？

爻辞接着说："在艰困中就没有灾难。"换言之，如果你不畏艰辛，想方设法与六五配合，就不会有灾难。商朝末期的伯夷、叔齐两兄弟就是例证，他们是孤竹国国君的两个儿子，离周朝很远。两人不畏艰辛，前往陕西，投靠了西伯（即后来的周文王）[①]，所以没

① 出自《史记·伯夷列传》。原文：伯夷、叔齐，孤竹君之二子也……于是伯夷、叔齐闻西伯昌善养老，盍往归焉。

有什么灾难。

[**爻辞**] 九二：大车以载，有攸往，无咎。

象曰：大车以载，积中不败也。

[**白话**] 九二：用大车来装载，有所前往，没有灾难。

《象传》说：用大车来装载，是因为积累在中间不会毁坏。

九二在下卦中间，代表能干的大臣。并且，下卦为乾，刚强劲健，可以代表大车。"用大车来装载"，代表它有实实在在的能力，可以负重前行。九二守中道，行正路，又与六五阴阳正应，所以有所前往，不会有灾难。商朝初期的伊尹与周朝初期的周公就是例证，他们都是有实力的大臣，做事很有分寸，而且全力支持上面的六五，所以没有灾难。

[**爻辞**] 九三：公用亨于天子，小人弗克。

象曰：公用亨于天子，小人害也。

[**白话**] 九三：公侯接受天子的款待，小人不能如此。

《象传》说：公侯接受天子的款待，小人如此则是有害。

"亨"字在《易经》里有三种用法：第一是表示"亨通"；第二是表示"献享"，就是祭祀；第三是表示"烹饪"，即本爻的用法。

"公用亨于天子"意为公侯接受天子的款待。因为九三在互兑（九三、九四、六五）中，兑为口，可以吃东西；同时，九三爻变，形成互坎（六三、九四、六五）与互离（九二、六三、九四），坎为水，离为火，有水有火就可以做料理，所以说"用亨"。

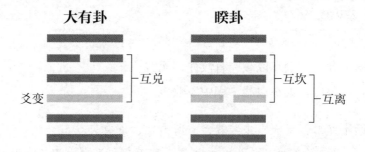

大有卦　　　　睽卦

爻变　　　　　互兑　　　　互坎　　互离

"小人弗克"意为小人不能如此。我们要养成习惯，只要爻辞里出现"小人"，就要特别警惕，在这个位置上可能会出现小人的干扰。小人如果接受天子的款待，就会放肆悖礼，这样反而有害。换言之，天子重用人才时，在九三这个层次，一定要防备小人。因为九三完成了下卦乾，实力雄厚，让人很难判断他是君子还是小人。

[爻辞] 九四：匪其彭，无咎。

象曰：匪其彭，无咎，明辨晳也。

[白话] 九四：不仗恃他的盛大，没有灾难。

《象传》说：不仗恃他的盛大，没有灾难，是因为懂得分辨清楚。

九四看起来更为壮盛，连续四个阳爻一起上来，会对六五这个阴爻构成压力。九四爻变，上卦成为艮卦，艮为止。并且，九四以阳爻居柔位，可谓刚柔相济。九四如果不仗恃自己的盛大，就不会有灾难。九四要特别留意这一点。

在"一阴五阳"的格局里，能得到"无咎"已经不错了。九四进入上卦离，离为明，代表九四有自知之明，知道六五才是君王，不能功高震主。

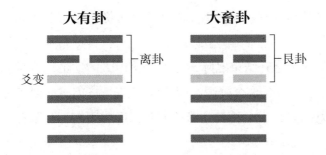

大有卦　　　　　大畜卦

离卦　　　　　　艮卦

爻变

[**爻辞**] 六五：厥孚交如，威如，吉。

象曰：厥孚交如，信以发志也；威如之吉，易而无备也。

[**白话**] 六五：以诚信来交往的样子，展现威望的样子，吉祥。

《象传》说：以诚信来交往的样子，是要用诚信引发人们的心意；展现威望的样子而吉祥，是要使人们和悦而没有戒备。

六五的爻辞有两个重点。第一是诚信（孚）。六五在上卦中间，要以谦虚的态度来赢得众人的信赖。第二是"威如"，即展现威望的样子。作为领导者，如果一味谦虚柔顺而没有威望的话，部下就有可能会胆大妄为。

在历史上，汉武帝请托霍光来辅政，刘备托孤诸葛亮，都可以作为该爻的例证。刘备甚至说，如果阿斗扶不起的话，君可自取（参见《三国志·诸葛亮传》），亦即你可以自己做君王。刘备这么一说，诸葛亮当然会更加顺从，要鞠躬尽瘁地辅佐刘禅了。所以，六五需要兼顾两个方面，既要充分表现诚信，也要展现君王的威望。

[**爻辞**] 上九：自天佑之，吉无不利。

象曰：大有上吉，自天佑也。

[**白话**] 上九：获得天的助佑，吉祥而无所不利。

《象传》说：大有上九的吉祥，是获得天的助佑。

上九处于全卦结束之际，可以"获得天的助佑，吉祥而无所不利"。上九为什么这么好呢？因为大有卦一路丰盛，到了上九终于开花结果；同时，主爻六五奉承上九，形成阴在下、阳在上的理想局面。

譬如，商朝的伊尹在太甲悔过之后，便把王权交还给他。汉初的张良在刘邦夺取天下之后，便退出了政坛。两人最后都功成身退，得以保持名节，享有福禄。在《系辞传》中，"自天佑之，吉无不利"这句话被引用了四次，说明《易传》的作者很欣赏这句话，希望学《易》之人都能达到这样的境界。

总体而言，大有卦是很好的卦，六爻里有两个"吉"，三个"无咎"，一个"亨"。大有卦的关键在于，唯一的阴爻六五要掌控整个局面。六五处在君王之位，只要做到恩威并施，就可以胜任这项职责。对于每个阳爻来说，要认清自己的位置，采取适当的作为。

大有卦有一个特色，在六爻的爻辞里面，居然没有一句提到"大有"二字。只有初九的《小象传》说"大有初九，无交害也"，上九的《小象传》说"大有上吉，自天佑也"。

三、婚姻占得此卦，皆大欢喜

大有卦的结构是火天大有，代表火在天上，日正当中，善恶都无所遁形。人应该行善避恶，顺从上天美好的命令。六五是唯一的阴爻，它号召天下英才聚在一起，共同开创一个丰盛美好的未来。

有一个现代生活中的占卦案例。一个朋友想知道自己在公司的发展如何，占到大有卦九四，爻辞说："不要仗恃你的盛大，就没有灾难。"可见，此人能力很强，在公司居于关键位置。于是我提醒他："初九到九四是连续四个阳爻上来，以九四为首，等于是由你带头；但是不要忘记，上面还有六五这个领导，他是个阴爻。"这个朋友就说："我们公司的领导确实是一个比较温和、柔弱的人。"我提醒他要注意分寸，以免将来惹出事端。

有的爻不会告诉你应该怎么做，但会告诉你不要怎么做，大有卦九四就是如此。不能因为自己能力超群、声势浩大，就仗恃这种盛大，给六五这个领导造成压力。九四最后只能得到无咎的结果。《系辞上传》强调："无咎者，善补过者也。"可见，"无咎"并不代表完美，你还是会犯一些过错，需要及时补救。如果忽略这些细节，将来就有可能演变成灾难或责难。

如果占到六五，就应该知道：你处在君王的位置，在与众人来往时，一方面要表现诚信，另一方面要展示威望。只有恩威并施，才能成为优秀的领导。

很多历史故事都可以作为大有卦的例证。对于大有卦初九，古代伯夷、叔齐两兄弟就是很好的例子。他们放弃了本国的权位，投靠了西伯（后来的周文王），选择了一条艰辛的路，所以没有什么灾难。周朝革命成功之后，两兄弟忠于自己的原则，为了道义而牺牲。

九二是"大车以载"，代表有实力的重臣，可以全力辅佐六五：

商朝的伊尹与周朝的周公都处在类似的情况。九三的爻辞出现了小人，要特别提防。

九四提醒我们不要仗恃自己的盛大，汉武帝所信任的卫青就是例子。卫青出身低微，后来成为大将军，可谓平步青云。凭借他的赫赫战功，要提拔几个朋友升官是很容易的。但他没有这样做，因为他已经到了九四，要收敛盛大的气势，以免功高震主，招来皇帝的猜忌。

大有卦最好的爻是六五与上九，这两爻都是吉。前文介绍坤卦时，曾提到一个占卦案例。我在2000年前后，去马来西亚吉隆坡给当地华人讲解《易经》。当时，有三个人同时占问马来华人的前途如何。我用筹策占到大有卦，五爻变之后，变成坤卦。

占到大有卦，代表从我的视角来看，马来华人拥有丰富的资源。他们经过祖辈几代的奋斗，在马来西亚累积了可观的物质财富。马来政府不让中学生学习中文，也不让大学设立中文系，这些华人就自己出钱办私立学校。他们办了五六十所华人的独立中学，简称"独中"。

这些华人拥有了丰盛的资源之后，就希望在政治上有所建树。大有卦五爻变，成为坤卦，要如何解卦呢？用筹策占到的卦称为"本卦"，爻变后出现的卦称为"之卦"。"之"就是"前往"的意思。根据朱熹的解卦规则，占到五爻变，代表本卦已经失去了解释的作用，要以之卦不变的那一爻为准。在本例中，大有卦（本卦）五爻变，唯一不变的爻是六五，所以要以坤卦（之卦）六五的爻辞为准。

大有卦（本卦）　　**坤卦**（之卦）

坤卦六五的爻辞是"黄裳，元吉"，即穿上黄色的裙子，就上上大吉。换言之，上身不能穿君王的上衣，但是下身可以穿黄色的裙子，黄色是坤卦对应的颜色。这提醒人们，要有自知之明，知道自己不是有实力的领导。马来华人在政治上的尴尬处境由此可见一斑。

还有一个案例也很有趣。在2007年前后，一家老牌的国学书籍出版社邀请我到他们单位面谈，希望出版我的书。我在餐桌上提到，另一家出版社打算出版我的一本《易经》方面的著作。当时在座的都是有经验的编辑，大部分是中文系或历史系的高材生，他们露出疑惑不解的表情。有人说："《易经》不是用来算命的吗？"我反驳说："《易经》是'十三经'之首，是中国古人的重要智慧。"

看到大家将信将疑，于是我提议说："各位可能对《易经》还不太了解，我们可以现场做一个测试。大家有没有想问的问题？要不要试着用《易经》来占一卦？"我说完之后，大家都沉默不语。因为如果占卦准确的话，要不要接受《易经》呢？如果不准确的话，他们又怕我这个教授下不了台。

我再三表示，这只是一个简单的测试，只要有诚意就可以提问，请大家不必多虑。最后，坐在我对面的一位女士举手了。我还来不及请她先别说问题，她就脱口而出："傅教授，我下个月要结婚，你可以帮我占结婚好不好吗？"她这么一讲，轮到我有些紧张了。因为她已经定好了婚期，如果占到好的结果，自然皆大欢喜；如果结果不好的话，岂不是给人家触霉头吗？我骑虎难下，只好硬着头皮说："好吧，请你任意联想三组三位数。"

结果运算出来，由下往上是1、3、6，即大有卦上九，爻辞说："自天佑之，吉无不利。"试想一下，别人就要结婚了，你想送她一句祝福，翻遍整本《易经》，有比这八个字更好的话吗？大家听到这个结果，惊讶之余，也非常佩服《易经》的神妙。

其实，我并不指望靠一次占卦，就让别人相信《易经》代表着合理的思维，可以指引人生的方向。不过，像这种公开的测试，只要你有诚意，结果一定不会让你失望。这次占卦给我留下了深刻的印象，我相信当时在场的朋友亦有同感。

这个出版社在国学书籍出版方面，可谓历史悠久，素负盛名，他们的编辑都是名校培养的高材生。我希望通过这次占卦实验，让他们改变对《易经》的刻板印象，将来有机会可以进一步学习我们祖先留下的智慧。

一、为什么谦虚纳百福

15 地山谦，下艮上坤

谦：亨，君子有终。

象曰：地中有山，谦。君子以衰多益寡，称物平施。

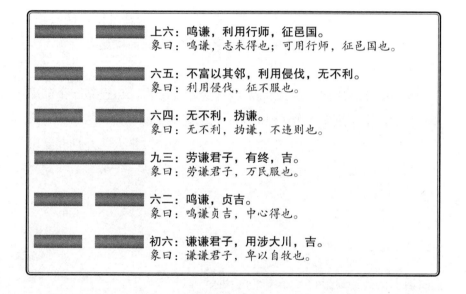

上六：鸣谦，利用行师，征邑国。
象曰：鸣谦，志未得也；可用行师，征邑国也。

六五：不富以其邻，利用侵伐，无不利。
象曰：利用侵伐，征不服也。

六四：无不利，㧑谦。
象曰：无不利，㧑谦，不违则也。

九三：劳谦君子，有终，吉。
象曰：劳谦君子，万民服也。

六二：鸣谦，贞吉。
象曰：鸣谦贞吉，中心得也。

初六：谦谦君子，用涉大川，吉。
象曰：谦谦君子，卑以自牧也。

本节要介绍《易经》第15卦谦卦。在《易经》64卦中，谦卦是最好的一卦，六爻非吉则利，连一个无咎都没有。前面的大有卦代表拥有丰盛的资源，取得过人的成就，这时不可以骄傲自满，所以接着上场的是谦卦。

谦卦的卦象是地山谦，地在上，山在下。一个人拥有财富、名声、地位、权力之后，就像是一座高山，让人望而却步。但是，谦卦居然把山藏在地底下，表面看起来是一片平地。换言之，一个人取得了伟大的成就，却依然能够平易近人，这样的谦虚是难能可贵的。谦虚的德行需要长期修炼，这又谈何容易啊！

《易经·系辞下传》谈到与德行修养有关的九个卦。

首先上场的是履卦（☰，第10卦）。履卦前面是小畜卦，代表小有积蓄，具备了基本的物质条件；然后就要重视礼节，所以接着要谈履卦。"履"意为穿鞋走路，引申为按照礼节与别人交往。履，德之基也，履卦是德行的根基。任何德行的培养都要从实践开始，不能光说不练。

第二个上场的就是谦卦。谦，德之柄也，谦卦是德行的要领。就像茶壶要有把柄才能使用一样，修德必须抓住谦虚这个要领，才能取得进步。

人不能轻易地说自己谦虚。我有个朋友经常说自己是一个谦虚的人，我就提醒他："你这种情况不叫谦虚，只能算是正常。一个人要在财富、名声、地位、权力、才华等方面超过常人，并且深藏不露，才有资格说自己谦虚。"换言之，真正的谦虚一定要在取得超凡成就的基础上，再经过长期的修炼，才能够表现出来。

[卦辞] 谦：亨，君子有终。

[白话] 谦卦：通达，君子有好的结果。

在《易经》64卦中，只有谦卦的卦辞提到"有终"二字，亦即有好的结果或归宿，这样的"吉"不言而喻。谦卦只有九三一个阳爻。物以稀为贵，所以九三就成为主爻，负责把全卦撑起来。

[象传] 彖曰：谦亨。天道下济而光明，地道卑而上行。天道亏盈而

益谦，地道变盈而流谦，鬼神害盈而福谦，人道恶盈而好谦。谦尊而光，卑而不可逾，君子之终也。

[白话]《象传》说：谦卦通达。天的法则是向下救助万物而大放光明，地的法则是让万物处于低卑而向上发展。天的法则是减损满盈者而增益谦卑者，地的法则是改变满盈者而流注谦卑者，鬼神的法则是加害满盈者而福佑谦卑者，人的法则是厌恶满盈者而喜爱谦卑者。谦卑者处于尊贵的位置就展现光辉，处于低下的位置，则没有人可以超越他，这真是君子的归宿啊。

谦卦《象传》的写法很特别，它说："谦卦通达。天的法则是向下救助万物而大放光明，地的法则是让万物处于低卑而向上发展。"这句话表明，谦卦的主爻九三原本在上九的位置，它从天的层次下降到九三。这里涉及"卦变"，我们后文再解释。"天道、地道"的"道"可以理解为法则。

《象传》接着强调，"天、地、鬼神、人"这四个方面都会保佑谦虚之人。

对于天和地来说，"天的法则是减损满盈者而增益谦卑者，地的法则是改变满盈者而流注谦卑者"。天的法则显示在四季的变化中：夏天太热了，就会逐渐凉爽，变成秋天；冬天太冷了，就会逐渐回暖，变成春天。地的法则显示在地形地貌的变化上，山太高了就会崩塌，把深谷填满；河流也一样，十年河东十年河西，都是满溢的就减损，卑下的就增加。

对于鬼神和人来说，"鬼神的法则是加害满盈者而福佑谦卑者，人的法则是厌恶满盈者而喜爱谦卑者"。"鬼神"可以理解为人的祖先，也属于"人"这个范畴。人们都厌恶高傲自满的人，欣赏谦卑和善的人。

最后的结论是："谦卑者处于尊贵的位置就展现光辉，处于低下的位置，则没有人可以超越他，这真是君子的归宿啊。"譬如，孔子的学生颜渊只是一介布衣，可是谁敢说自己能超越颜渊呢？

从整部《易经》来看，一个卦开始时通达的，十卦之中有一半以上；但是结束时还能通达的，十卦之中不过一二，谦卦就是其中之一。在《易经》64卦中，只有谦卦的《象传》同时涵盖"天道、地道、鬼神、人道"四个方面，它们都会保佑谦虚者，正可谓"谦虚纳百福"。

[**象传**] 象曰：地中有山，谦。君子以裒（póu）多益寡，称物平施。

[**白话**] 《象传》说：地里面有山存在，这就是谦卦。君子由此领悟要减损多的，增益少的，衡量事物而公平给予。

"裒多益寡"就是减损多的，增益少的，让所有事物保持数量的平衡。"称物平施"就是衡量事物而公平给予。这并非表面上的公平，而是让所有人"各取所值"，多劳多得，这才是真正的公平。

谦卦下卦为艮，艮为山，为止；上卦为坤，坤为顺，可谓"止内而顺外，屈高而居卑"。所以，君子要收敛自己的锋芒，顺从外界的情况，把一座山藏在地底下。只有这样，最终才会有好的结果。

自古以来，伟大的君王都具有谦虚的精神。譬如，舜能够做到"舍己从人，与人为善"①。他可以消除自己的偏见，顺从大家的意见；不断学习别人的优点，再会同别人一起来行善。"禹闻善言则拜"（《孟子·公孙丑上》），大禹听到任何一句有价值的话，就向别人拜

---

① 出自《孟子·公孙丑上》。原文：取诸人以为善，是与人为善者也。

谢，并努力加以实践。这些君王都把握了谦虚这个要领，努力修炼自己，最终取得了伟大的成就。

　　总之，谦卦接续大有卦而来。一个人取得丰盛的资源之后，要以谦虚来修炼自己，绝不能骄傲自大。《易经》各卦之间的连接，蕴含了深刻的哲理。谦卦是"一阳五阴"的格局，唯一的阳爻九三当位，有能力撑起全卦；但是它十分辛苦，修炼也非常不容易。

二、人生修养的极致表现

谦卦的结构是地山谦，地在上，山在下，好比一座山藏在地底下。一个人本领超群，却深藏不露，平易近人，这显然需要高度的修养。本节要介绍谦卦六爻的爻辞。

[**爻辞**] 初六：谦谦君子，用涉大川，吉。

象曰：谦谦君子，卑以自牧也。

[**白话**] *初六：谦而又谦的君子，可用以渡过大河，吉祥。*

《象传》说：谦而又谦的君子，是以谦卑的态度管理自己。

我上初中时，就听一位老师说过"谦谦君子"这个词，当时觉得十分文雅，并且深受启发。做一个谦而又谦的君子不是很好吗？何必非要跟别人竞争呢？

在《易经》64卦中，有七个卦的卦辞提到"利涉大川"，即适宜渡过大河。而谦卦初六的爻辞则说"用涉大川"，亦即用谦谦君子的态度，就可以渡过大河。

初六一上场，发现自己位于谦卦最底部，所以用"谦谦"来描写它的自我觉悟。初六往上一看，六二、九三、六四形成互坎，坎为水，所以说"用涉大川"。谦虚之人内在有雄厚的实力，并非外面谦虚而里面空虚，所以吉祥。

《小象传》中"卑以自牧"的说法非常生动。"牧"本来指牧养。所谓"卑以自牧"，就是把自己当作牛羊来放牧，进行自我修炼。换言之，人必须有高度自觉，管理自己的言行，这就是修炼的方法。

谦卦

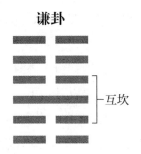

互坎

[**爻辞**] 六二：鸣谦，贞吉。

象曰：鸣谦贞吉，中心得也。

[**白话**] 六二：响应谦卑的态度，正固吉祥。

《象传》说：响应谦卑的态度，正固吉祥，是因为守中而内心自得。

谦卦的六二和上六都提到"鸣谦"，因为这两个爻都与主爻九三有关。六二与九三相比邻，往上直接靠到九三；而上六与九三阴阳正应，可以直接呼应九三。

六二在下卦中间，守中而内心自得。它既响应了谦虚的态度，也因谦虚而声名远扬，促进了社会善良风气的形成。如此一来，自然吉祥。

[**爻辞**] 九三：劳谦君子，有终，吉。

象曰：劳谦君子，万民服也。

[**白话**] 九三：有功劳而谦卑的君子，有好结果，吉祥。

《象传》说：有功劳而谦卑的君子，所有百姓都顺服。

九三是全卦唯一的阳爻，所以成为主爻。九三在互坎（六二、

九三、六四）中，《说卦传》有"劳乎坎"的说法，即坎卦代表辛苦劳累，所以说"劳谦"。

孔子在《系辞上传》里特别称赞了谦卦九三。孔子说："劳而不伐，有功而不德，厚之至也。语以其功下人者也。德言盛，礼言恭，谦也者，致恭以存其位者也。"意即：劳苦而不夸耀，有功绩而不自认为有德，真是忠厚到了极点。这是说那些有功绩依然谦下待人的人。德行要讲求盛美，礼仪要讲求恭敬，而谦卑正是使人恭敬从而保存自己地位的坦途。换言之，谦卑非但不会招来羞辱，反而会赢得别人的尊敬，从而保存自己的地位。

所谓"有终"，既代表有好的结果，也代表要坚持到底。换言之，君子必须把谦虚坚持到底，才会得到吉祥的结果。

曾子在《论语·泰伯》中曾说：自己有本事，却去请教没有本事的人；自己知识丰富，却去请教知识有限的人。有学问却像没有学问，内心充实却像空无一物，被人冒犯了也不计较。从前我的一位朋友就曾这样做过。曾子所说的朋友就是颜渊，他正是"劳谦君子"的代表。

孔子在《论语·雍也》中称赞了孟之反，他说：孟之反不夸耀自己，鲁军战败撤退时，他负责殿后，将进城门时，他鞭策着马匹说："不是我敢殿后，是我的马不肯快跑啊！"孟之反有功劳而不夸耀，非常谦虚，所以赢得了大家的尊敬。

[爻辞] 六四：无不利，㧑（huī）谦。

象曰：无不利，㧑谦，不违则也。

[白话] 六四：没有任何不适宜的事，只要发挥谦卑的精神。

《象传》说：没有任何不适宜的事，只要发挥谦卑的精神，这是因为没有违背法则。

按照《易经》的一般规则，九三是谦卦主爻，六四不是对九三乘刚吗？但是，在谦卦里没有乘刚的问题，因为九三谦虚敦厚，对于上面的六四没有任何抱怨。六四当位，上有六五谦卑之君，下有九三大功之臣，所以六四只要发挥谦卑的精神，做事合乎分寸，就没有任何不适宜的事。

[**爻辞**] 六五：不富以其邻，利用侵伐，无不利。

象曰：利用侵伐，征不服也。

[**白话**] 六五：不靠财富就得到邻居的支持，适宜进行征战，没有不利的事。

《象传》说：适宜进行征战，是要去讨伐不顺服的人。

六五居君王之位，地位最为尊贵。六五是阴爻，代表它的财富有限。但是，六五的邻居六四与上六也是阴爻，所以六五这个君王不用靠财富，只要保持谦卑的态度，就能得到邻居的支持。

但是，君王如果一味谦虚的话，别人会以为他软弱无能。国家如此之大，难免有人违逆不顺。君王有维护社会安定的责任，所以绝不能软弱萎靡，无所作为，必须恩威并重，出兵讨伐不顺服的人。

六五为何有征战之象？因为六五爻变，出现互离（九三、六四、九五）与坎卦（六四、九五、上六）。根据《说卦传》，坎为弓轮，离为戈兵，合起来就是出兵征战，所以说"利用侵伐"。《说卦传》就像一本小字典，里面详细介绍了基本八卦的象征，材料非常丰富。

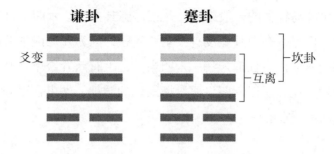

谦卦　　　　蹇卦

爻变　　　　　　　　　　　　　　　　坎卦

　　　　　　　　　　　　　　　　　　互离

[爻辞] 上六：鸣谦，利用行师，征邑国。

　　　　象曰：鸣谦，志未得也；可用行师，征邑国也。

[白话] 上六：响应谦卑的态度，适宜派遣军队，讨伐属邑小国。

　　　　《象传》说：响应谦卑，是因为心意未能实现；可以派遣军
　　　　队，是因为讨伐的是属邑小国。

　　上六与主爻九三阴阳正应，所以爻辞也提到"鸣谦"，即响应谦
卑的态度。

　　上六的位置相当于退休的宗室，他拥有自己的属邑。上六位于
上卦坤，坤为邑国。上六在谦卦最高的位置，等于谦虚到了极点，
这导致下面的诸侯和大夫出现骄狂的念头，所以上六要派遣军队，
讨伐属邑小国。

　　《小象传》说上六的心意未能实现，因为上六身居最高位，违背
了谦卦的基本要求。所以，上六不仅要响应谦卑的态度，还要讨伐
属邑小国，履行自己的职责。

　　总之，谦卦六爻反映了整个社会的结构，可以同政治上的角色
与责任互相对应。每一爻都要根据自己的位置，选择适当的作为。

三、直观卦象，避开一场地震

本节要介绍谦卦的应用。在历史上，许多人物的成功与谦卑直接有关。谦卦九三是唯一的阳爻，代表劳苦功高的大臣，周公就是最好的例证。周武王推翻商朝、革命成功之后，大约两年就去世了。随后，武王的弟弟周公出来辅政，他东征平定了叛乱，真正完成了周朝的统一大业。周公就是有功劳而谦虚的君子，他完成任务之后，就把政权交还给了周成王。

汉高祖刘邦也是一个很好的例子。秦朝灭亡后，楚汉相争，一开始项羽占据优势，但最终刘邦得到了天下。刘邦登基之后，有一次同几位大臣讨论，为什么他可以得到天下。大臣认为他气度很大，能与天下人同利。但是刘邦说："你们只知其一，不知其二。论运筹帷幄，决胜千里之外，我不如张良；论安定国家，让百姓富足，我不如萧何；论统率军队，每战必胜，我不如韩信。这三人都是人中豪杰，我能够重用他们，因而可以取得天下。"（《汉书·高帝纪下》）刘邦正是凭借谦虚的心态，发挥众人的长处，让大家愿意为他效命，由此建立了汉朝的基业。可见，成功的帝王不能没有谦卑的精神。

在今天占到谦卦，又有哪些启发呢？我年轻时慷慨好义，朋友找我借钱，我总是有求必应，于是在这方面积累了不少经验和教训。有个出版社的老板欠我一笔钱，到了约定的还款期限，我打电话给他。他居然说，要等父亲过世、分到遗产后，才有办法还钱。听到他这么说，我实在于心不忍，从此就不再向他催债了。只要我的生活过得去，何必让别人为难呢？

时隔三年，有一天我心血来潮，为此事占了一卦，结果占到谦卦，变爻初六，爻辞说："谦而又谦的君子，可用以渡过大河，吉祥。"《小象传》提到"卑以自牧"，亦即要以谦卑的态度管理自己。我看到"卑以自牧",心里就有数了,谦卑的人怎么会向别人要债呢?

又想到《老子》第79章所说的"圣人执左契,而不责于人",意即:圣人保存着借据,而不向人索取偿还。我们要学习道家的包容,培养从容自在的风度。我们有多余的钱财可以借给别人,只是运气比较好而已,又何必念念不忘呢?如果真的在意钱财的话,今后朋友之间最好不要有金钱往来,这样就能省去许多烦恼。

第二个例子发生在2009年,当时我在广州开设了一个《易经》班,负责筹备的老师住在北京。第二次上课时,这位老师急于在课程结束当天赶回北京,但是碰巧台风从深圳登陆,风势波及广州。那天一大早,这位老师就给自己占了一个数字卦,得到谦卦初六,爻辞说:"谦而又谦的君子,可用以渡过大河,吉祥。"

这个老师赶紧跑来问我:"台风来了,我今天真的能顺利返回北京吗?"我对他说:"爻辞有'用涉大川',结果又是吉,所以不用担心。"此时窗外风声呼啸,谁也不知道接下来天气会怎么变化,但初六的爻辞不容许我们有丝毫怀疑。

到中午时分,风势趋于缓和。他下课后乘车赶到机场,发现航班大面积延误,但是他搭乘的航班准时起飞,最终准时抵达北京。没有人知道其中的缘由,也许是这位老师比较幸运,这个航班上刚好有重要人物必须返京。所以,占到谦卦初六,只要保持谦虚的态度,就可以渡过大河,有吉祥的结果。

关于谦卦,还有一个非常传奇的占卦案例。日本有一位《易经》专家,转述了一位前辈的亲身经历。这个前辈去过羽州的一个海港,那里群山环抱,景色秀丽可观,他就在那里住了十几天。一天午后,他在旅店的楼上休息,忽然看到房间里出现了很多船虫。他想,海港里停靠了很多船舶,有船虫也很正常,不用大惊小怪。但仔细一看,从地板到天花板,到处都是船虫。他感到非常诧异,就询问旅店的老板，没想到老板说，以前从未发生过这种事。这位前辈是《易经》高手，于是立刻占卦，占到谦卦六五，爻辞说："不富以其邻，利用侵伐，无不利。"意即：不靠财富就得到邻居支持，适宜进行征战，没有不利的事。

一般人占到谦卦就放心了，谦卦六爻非吉则利，会有什么问题呢？但是，这位前辈不看爻辞，直观卦象——地在上，山在下，高山陷入地中，该不会发生大地震吧？他立刻收拾行李，准备离开港区。当时已临近傍晚，旅店老板劝他明天再走。他说事不宜迟，于是借了个灯笼，立刻上路了。

夜色中的山路崎岖难行，他走出这片海港地区已是午夜时分。突然间地动山摇，他吓得魂不附体，趴在地上不知道该如何是好。地震过后，灯笼熄灭了，四周一片昏暗，无法继续前行。这时他听到远处有车马声，就前去询问。原来是一个商队，由于地震，马背上驮的货物全都掉到了地上，于是大家聚在一起，点起篝火，等待天亮。天亮之后，海港那边有人跑出来传信，说昨晚发生了大地震，附近的山谷全部崩塌，港口被海水完全淹没了。这位前辈听到消息，不禁毛骨悚然。

众所周知，最早的《易经》是没有卦爻辞的，可以直观卦象。谦卦是地在上，山在下。这位前辈当时正好在群山环抱之中，他立刻想到有可能发生大地震，由此逃过一劫。这个故事提醒我们，解卦的水平没有最好，只有更好，这是一门永无止境的功课。

一、一高兴就出状况

16　雷地豫，下坤上震

豫：利建侯行师。

象曰：雷出地奋，豫。

先王以作乐崇德，殷荐之上帝，以配祖考。

上六：冥豫，成有渝，无咎。
象曰：冥豫在上，何可长也？

六五：贞疾，恒不死。
象曰：六五贞疾，乘刚也。恒不死，中未亡也。

九四：由豫，大有得。勿疑，朋盍簪。
象曰：由豫大有得，志大行也。

六三：盱豫，悔。迟有悔。
象曰：盱豫有悔，位不当也。

六二：介于石，不终日，贞吉。
象曰：不终日，贞吉，以中正也。

初六：鸣豫，凶。
象曰：初六鸣豫，志穷凶也。

本节要介绍《易经》第16卦豫卦。豫卦与谦卦是正覆关系，将地山谦整个翻过去，就变成了雷地豫。豫卦也是一个阳爻、五个阴爻，唯一的阳爻九四就成为全卦的主爻。

《序卦传》说："有大而能谦，必豫。"拥有丰盛的资源，又能够谦虚，一定会得到大家的肯定与推崇，自然心生愉悦。所以，"豫"

有"开心、愉悦"之意。

愉悦之后很容易松懈，一切都放慢了脚步。"豫"是今天河南省的简称。在古代，河南这一带有很多大象，所以"豫"字右边是"象"。大象的个性温柔和缓，进退之际难免会有疑虑，所以"豫"字又象征犹豫不决的样子。同时，"豫"和"预"相通，意为有所准备。人在愉悦时，很容易疏忽大意。所以，"豫"就有愉悦、预备的双重含义。

[**卦辞**] 豫：利建侯行师。

[**白话**] 豫卦：适宜建立侯王，出兵征伐。

屯卦（䷂，第3卦）的卦辞最后说"利建侯"，即适宜建立侯王。豫卦加上了"行师"二字，即适宜出兵征伐。

豫卦的结构是雷地豫，雷出地上，发出很大的声响。上卦为震，震为长男，为诸侯；下卦为坤，坤为众人，为师旅，所以说"利建侯行师"。古代只有贵族阶层可以学习《易经》，所以卦辞多从统治阶级的角度去阐述。建侯是天下祸福的开始，行师是天下祸福的终结。古代如此，今日亦然。

[**象传**] 彖曰：豫，刚应而志行，顺以动，豫。豫，顺以动，故天地
　　　　如之，而况建侯行师乎！天地以顺动，故日月不过而四时不
　　　　忒。圣人以顺动，则刑罚清而民服。豫之时义大矣哉！

[**白话**]《彖传》说：豫卦，刚强者得到呼应而心意可以实现，顺势
　　　　而行动，就是豫卦。豫卦，顺势而行动，所以天地会同它一
　　　　样，何况是建立侯王与出兵征伐呢！天地顺着时势而活动，
　　　　所以日月的运行不会失误，四季的次序也不会偏差。圣人顺

着时势而行动，就会做到刑罚清明而百姓顺从。豫卦依时而行的意义真是伟大啊！

《彖传》说："刚强者得到呼应而心意可以实现。""刚强者"指九四，它是唯一的阳爻，上下五个阴爻都会跟它呼应。

豫卦下卦为坤，坤为顺，上卦为震，震为动，所以说"顺以动"，即顺势而行动。日月交替，四季更迭，连天地都要顺势行动，何况是建立侯王与出兵作战呢？圣人顺着时势而行动，就会做到刑罚清明而百姓顺从。

《彖传》最后说："豫之时义大矣哉！"意即：豫卦依时而行的意义真是伟大啊！《易经》有12个卦的《彖传》提到"时"并强调"大矣哉"，豫卦就是其中之一。它提醒人们要依时而行，在适当的时机做该做的事。可见，准确判断时机是非常重要的。

［象传］ 象曰：雷出地奋，豫。先王以作乐（yuè）崇德，殷荐之上帝，以配祖考。

［白话］ 《象传》说：雷从地下出来，万物振作，这就是豫卦。古代君王由此领悟，要制作音乐来推崇道德，再隆重地向上帝祭祀，连带也向祖先祭祀。

在《易经》64卦的《大象传》中，只有豫卦提到上帝和祖先。另外，豫卦也提到音乐的制作。雷出现在地面上，声响很大，古代君王由此领悟，要制作音乐来推崇道德，并以此祭祀神明与祖先。因为单靠说话或朗诵，无法表达人类对神明与祖先的深刻崇拜。只有使用各种乐器，组成完美的乐曲，才能充分彰显人们报本反始的心情。

履卦（☰，第10卦）强调礼节，豫卦强调音乐。古代的周公制礼作乐，受到孔子的极力推崇。孔子认为，社会的安定需要礼乐的配合。礼的特色是实现区分，要分辨长幼尊卑，使上下各有定位，彼此按照规范来互动。乐的特色是促进和谐，无论人与人之间有多大差异，都可以在音乐中共同追念祖先、崇拜上帝，从而使人际关系更为和谐。这正是制作音乐的原始目的。

音乐与快乐，两个"乐"字写法相同，读音不同。这表明，一个人快乐时，很容易流露出音乐方面的情怀；同时，音乐也可以反映出人的快乐。但是，快乐毕竟是人的一种感性状态，容易让人乐不思蜀，忘记现实中的责任。这样一来，豫卦就与享乐或放纵有了关系。

换言之，豫卦表现出正反两个方面的作用。

从正面来看，圣人能够顺势而行，使刑罚清明而百姓顺服。回到更早的阶段，先王"作乐崇德"，祭祀上帝和祖先。可见，制作音乐的原始目的，是让大家共同追忆祖先，从而安定整个社会。

从负面来看，豫卦提醒人们，如果忘记音乐的原始目的，只贪图个人的享乐，就会有明显的后遗症。正如《礼记》所说，"乐不可极"[1]，乐极则生悲。

总之，豫卦的结构是雷地豫，它与谦卦是正覆卦关系。豫卦提醒我们：要依时而行，把握时机，并采取适当的行动。这显然需要精准的判断。然而，人在快乐时，很难有明智的考虑或智慧的觉悟。所以，豫卦的爻辞反复提醒人们，要小心谨慎。

豫卦的卦辞、《彖传》和《大象传》分别从不同角度进行了阐述。卦辞强调"利建侯行师"，代表一个国家要先稳住内部，再向外发展。《彖传》强调"顺以动"，即顺势而为，依时而行。《大象传》提到古代君王制作音乐的原始目的。只有综合上述内容，才能完整理解豫卦的内涵。

---

① 出自《礼记·曲礼上》。原文：敖不可长，欲不可从，志不可满，乐不可极。

二、众人皆醉我独醒

豫卦的结构是雷地豫，唯一的阳爻九四成为主爻，另外五个阴爻都要设法跟它建立关系。不过，在某些情况下，有关系反而会造成问题。

[**爻辞**] 初六：鸣豫，凶。

象曰：初六鸣豫，志穷凶也。

[**白话**] 初六：响应愉悦的态度，有凶祸。

《象传》说：初六响应愉悦的态度，是因为心意抵达极点，会有凶祸。

初六一上场，发现自己跟主爻九四正应，所以自鸣得意，想要呼应九四的愉悦。初六爻变，下卦成为震卦，震为鸣，所以说"鸣豫"。但初六高兴得太早了，因为九四是唯一的阳爻，它要负责照顾全卦，不可能只照顾初六。

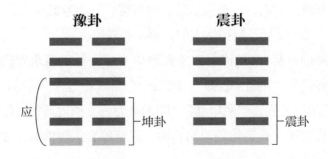

与谦卦对照来看，谦卦六二与主爻九三相比，上六与九三正应，所以六二与上六的爻辞都提到"鸣谦"。但是，鸣谦则吉，鸣豫则

凶。你可以响应"谦"，努力让自己谦虚；却不可以呼应"豫"，让自己沉迷于快乐。

初六一上场就"鸣豫"，贪图享受而不思进取，忘记了自己的责任，这样怎么会有前途呢？初六的快乐可以称作"放纵之乐"。

[**爻辞**] 六二：介于石，不终日，贞吉。

　　象曰：不终日，贞吉，以中正也。

[**白话**] 六二：耿介如坚石，不用一整天，正固吉祥。

　　《象传》说：不用一整天，正固吉祥，是因为居中守正。

六二很清楚，自己是豫卦里面唯一跟主爻九四拉不上关系的。初六不管结局好坏，至少与九四阴阳正应。六三与九四相比，以阴爻奉承阳爻。九四上面有六五、上六，这三爻都在上卦。只有六二与九四无应无比。另外，六二在互艮（六二、六三、九四）中，艮为止，为石，所以说"耿介如坚石"。既然拉不上关系，六二只好独立不倚。

"不终日"从何而来？六二爻变，出现互离（九二、六三、九四），离为日。"二"的位置刚进入互离，代表一天的开始，所以说不用等一整天，只要正固就吉祥。

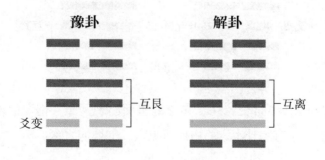

可见，人对于自身的处境要有清醒的认识，对于善恶的选择不能犹豫不决；一旦发现苗头不对，就要立刻采取正确的行动。六二做到了这一点，所以得到全卦唯一的"吉"。六二的快乐可以称作"警惕之乐"。

[**爻辞**] 六三：盱（xū）豫，悔。迟有悔。

象曰：盱豫有悔，位不当也。

[**白话**] 六三：向上仰望而愉悦，懊恼。行动迟缓也有懊恼。

《象传》说：向上仰望而愉悦，也有懊恼，是因为位置不恰当。

六三上承主爻九四，所以它心存侥幸，认为自己依靠九四就能得到快乐，结果反而感到懊恼。六三的快乐可以称作"侥幸之乐"。

六三的表现与六二形成了鲜明对比。六二反应迅速，不用等一整天；六三虽然紧邻九四，但行动迟缓，导致后悔懊恼。六三为何行动迟缓呢？因为六三爻变，出现互巽（六二、九三、九四），巽为风，风吹不定，代表六三犹豫不决，有侥幸之念。

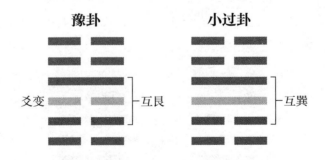

《易经》有384爻，在一句爻辞里面出现两个"悔"字的情况，除此之外，只有困卦上六，由此可见六三的懊恼之深。

[爻辞] 九四：由豫，大有得。勿疑，朋盍簪（zān）。

象曰：由豫大有得，志大行也。

[白话] 九四：由此而产生愉悦，大有收获。不必疑虑，朋友都来聚合。

《象传》说：由此而产生愉悦并且大有收获，是因为心意可
以充分实现。

"由豫"即由此而产生愉悦。这表明九四是全卦主爻，所有阴爻
都来同它会合，九四自然大有收获。

九四在互坎（六三、九四、六五）中，坎为疑虑、担心；但九
四有五个阴爻来应和，所以说"勿疑"。上下皆来应和，就像用发簪
把长发聚拢在一起，所以说"朋盍簪"。

豫卦

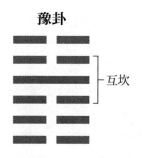

[爻辞] 六五：贞疾，恒不死。

象曰：六五贞疾，乘刚也。恒不死，中未亡也。

[白话] 六五：处于其位会有疾病，但总不至于死亡。

《象传》说：六五处于其位会有疾病，是因为凌驾在刚爻之
上。总不至于死亡，是因为居中的位置没有失去。

六五的处境最悲惨。在豫卦中，每个爻都希望得到快乐。但是，

六五对主爻九四乘刚，所以说它"处于其位会有疾病"。就算六五是君王，对主爻乘刚的话，也会坐立不安，由此可见乘刚的严重性。

六五居中，保住了君王的位置，所以总不至于死亡。历史上有很多这样的例子。六五代表柔弱的君王，他有名无实，受制于底下专权的大臣，毫无快乐可言，只能勉强活着而已。

[爻辞] 上六：冥豫，成有渝，无咎。
　　　　象曰：冥豫在上，何可长也？

[白话] 上六：在昏昧中愉悦，最后出现改变，没有灾难。
　　　　《象传》说：在昏昧中愉悦而走到极点，怎么会长久呢？

豫卦上六代表愉悦到了极点，有执迷不悟之象，所以说"在昏昧中愉悦"。另外，上六爻变，变成上九，上卦变成离卦，离为日。上九是离卦最后一爻，代表"日之终"，所以说"冥豫"。

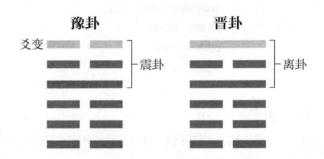

不过，上六既然走到极点，就有可能发生改变。只要及时悔悟，知道这种快乐无法持久，就能得到无咎的结局。

总之，豫卦六爻的占验之辞各不相同：初六是"凶"；六二是"吉"；六三是"悔"；九四是"大有得"，大有收获；六五是"贞疾，恒不死"，虽有疾病，但死不了；上六是"无咎"。可见，豫卦充满了各种风险，我们要学会分辨几种不同的快乐。

最让人担心的是初六和上六的"放纵之乐"，其次是六三的"侥幸之乐"。值得肯定的是六二的"警惕之乐"，他很早就发现苗头不对，自己与主爻无应无比，于是安心走自己的路，在愉悦中坚守立场，结局自然吉祥。

九四作为豫卦主爻，能够承担责任，使朋友都来聚合，这种快乐可谓"责任之乐"。六五对主爻九四乘刚，他大权旁落，陷入明显的困境，只能算是"苟活之乐"。其实这称不上快乐，只是尸位素餐而已。

占到豫卦时，要知道"豫"有愉悦和预备的双重含义，要把握时机，顺势而行，随时准备应对突发状况，这才是面对豫卦的正确态度。

三、过度迎合别人，反而不易成功

豫卦的结构是雷地豫，雷在上，地在下。它的卦辞强调"利建侯行师"，即适宜建立侯王，出兵征伐；《象传》强调"顺以动"，即把握时机，顺势而行；《大象传》则指出，豫卦与制作音乐有关，音乐的原始目的是要崇拜神明与祖先。不过，音乐出现之后，也逐渐变成了重要的娱乐。音乐和娱乐，两个"乐"字写法相同，但含义不同。

豫卦六爻的占验之辞差异颇大，这说明豫卦的情况非常复杂。豫卦的主爻九四，好比大权在握、能力超群的大臣，可以承办国家大事。古代最早的例子是大禹治水。尧舜时代，洪水泛滥，百姓困苦不堪。此时大禹的角色有如豫卦九四，他承担了治水的重任，把上上下下所有的力量都凝聚起来，同心协力办好这件大事《孟子·滕文公上》描写大禹"八年于外，三过其门而不入"，可见大禹为了治水，付出了很高的代价。

夏朝末期，伊尹同样承担了重任，他帮助商汤讨伐夏桀，最终革命成功。到周朝初期，因为周朝的根据地在陕西，而商朝传统的势力范围在东部地区，所以周公东征平定叛乱，使周朝真正完成了统一大业。这几位历史人物都可以作为豫卦九四的代表，他们在诸侯的位置，承担了重大的任务，正如豫卦卦辞所说："利建侯行师。"

现代人也有占到豫卦的案例。有一位朋友为公司做了一份发展规划，他信心满满，预计一切都会顺利。不过，他学过《易经》的筹策占卦，所以还是希望透过占卦来验证一下自己的判断。结果占到豫卦，有两个变爻，分别是初六和上六。初六的爻辞说："鸣豫，凶。"意即：响应愉悦的态度，有凶祸。初六刚刚上场，发现自己与主爻九四正应，于是想一劳永逸地获得快乐，结果反而陷入了困境。

用筹策占卦时，如果出现两个变爻，由于爻是由下往上发展的，所以要以上面那个变爻为准。上六的爻辞说："冥豫，成有渝，无咎。"意即：在昏昧中愉悦，最后出现改变，没有灾难。换言之，上六愉悦到了极点，发现快乐不能持久，所以适时做出了改变，最后可以免于灾难。

初六与上六代表放纵的快乐，他正好占到这两爻。可见，这位朋友显然过于乐观了，以为事情的发展会一帆风顺，其实不然。不过，这件事应该还有补救的机会，因为初六代表此事刚刚开始筹划，上六代表仍有改变的可能。

如果想了解事情的后续发展，可以进一步参考之卦。正如前文所述，开始占到的卦称为本卦，爻变之后出现的新卦称为之卦。"之"就是"前往"的意思。

这位朋友占到的本卦是豫卦，初六、上六两爻变之后，之卦是噬嗑卦。噬嗑卦代表咬断而合，通常与诉讼、审判有关，需要特别小心谨慎。换言之，本卦是豫卦，代表他可能高兴得太早；之卦是噬嗑卦，代表他做的发展规划可能会引起诉讼之类的状况，需要经过公正的裁决，才有可能取得好的结果。既然如此，何不及早调整规划，改变策略呢？这样至少可以得到豫卦上六的"无咎"。

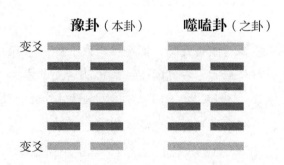

由此可见，人在愉悦、快乐的时候，很容易粗心大意，忽略重

要的细节。在疏于准备的情况下，即使是好事，也会做得很辛苦。如果一开始就保持警觉，并慎终如始，就不会招致失败。

当你准备投资或与别人合作时，如果占到豫卦，要特别注意哪一爻是变爻。豫卦只有九四一个阳爻，代表此事必须由九四来负责，上下五个阴爻都要听从九四的调度。九四本身大权在握，有可能做出很大的贡献，但不能忽略爻辞所说的"朋盍簪"。亦即九四不能单打独斗，必须多找朋友帮忙，才能成就大事。

豫卦最重要的启发是，要学会分辨几种不同的快乐。

第一种是放纵之乐。自以为天下安定，形势一片大好，于是放纵享乐，为所欲为。初六的"鸣豫"是响应愉悦的态度，上六的"冥豫"则是在昏昧中仍要继续享乐。初六与上六，一首一尾都想着放纵之乐，说明在创业开始或小有所成之际，很容易骄傲自满，贪图享受，从而让自己陷入困境。

第二种是六二的警惕之乐。这种快乐最值得肯定。孔子在《系辞下传》对豫卦六二的爻辞加以发挥，他说："知几其神乎！君子上交不谄，下交不渎，其知几乎？"意即：知道事情的几微，可以算作神妙吧！君子与上位者交往不谄媚，与下位者交往不轻慢，这样可以算作知道几微吧？接着又说："君子见几而作，不俟终日。"意即：君子见到几微、发现苗头不对就起来努力，不用等一整天才觉悟。

整部《易经》的核心要义，就是希望人们能够察知几微。任何事物的变化都有其端倪，看到端倪就能预测后面的发展。譬如，坤卦初六说"履霜，坚冰至"，脚下踩到霜，就知道坚冰将会到来，因而心生警惕。能够察觉几微，预测未来发展的趋势，而不耽溺于眼前的享乐，可谓众人皆醉我独醒，这样怎么会不快乐呢？

第三种是六三的侥幸之乐。所以占到六三时，不要心存侥幸，总盼着别人能给你好处，迟疑观望只会带来无尽的懊恼。

第四种是九四的责任之乐。一个人能够承担责任，代表他能力超群，深孚众望，可以发挥所长，为大家服务。这是一种非常深刻的快乐。

比较遗憾的是六五，他虽有君王之位，但是大权旁落，被底下的九四架空了。六五要接受现状，等待更好的时机出现。

占到上六时，关键在于能否及时改变作风。豫卦走到最后一步，快则一个月就会出现转机。这时要勇于改变心态，放弃享乐的念头，预备好应对各种变化。一旦有改变的机会，就要立刻把握住，如此才可避开灾难。

历史上有很多这样的案例。譬如，商汤的孙子太甲，年轻时不懂事，被宰相伊尹放逐。三年之后，太甲改过自新，伊尹便重新恢复了他的王位。又如，战国初期的齐威王勇于改变自己，他"不鸣则已，一鸣惊人"，最终收复了齐国的失地。

也有人沉迷于快乐而无法自拔。譬如，汉成帝宠爱赵飞燕，唐明皇宠爱杨玉环。后来人们就用"环肥燕瘦"来形容美女。这两位君王在愉悦中无法自拔，最终都酿成了祸患。

一、形势比人强，跟着走吧

17 泽雷随，下震上兑

随：元亨，利贞，无咎。

象曰：泽中有雷，随。君子以向晦入宴息。

上六： 拘系之，乃从维之，王用亨于西山。
象曰：拘系之，上穷也。

九五： 孚于嘉，吉。
象曰：孚于嘉吉，位正中也。

九四： 随有获，贞凶。有孚，在道以明，何咎？
象曰：随有获，其义凶也。有孚在道，明功也。

六三： 系丈夫，失小子。随有求，得，利居贞。
象曰：系丈夫，志舍下也。

六二： 系小子，失丈夫。
象曰：系小子，弗兼与也。

初九： 官有渝，贞吉。出门交有功。
象曰：官有渝，从正吉也；出门交有功，不失也。

本节要介绍《易经》第17卦随卦。前面的豫卦代表喜悦、快乐。快乐必然有人跟随，于是出现了随卦。《杂卦传》说："随，无故也。"意即：随卦没有特别的事故，只要随着时势去发展即可。

随卦的卦象是泽雷随，可以从两个角度来认识。

首先，从整个卦来看，下卦为震，震为长男；上卦为兑，兑为少女，有如长男追随少女。长男有杰出的能力与成就，可以独当一面；但上面是不懂事的少女，长男只好跟着她走。

其次，把下卦、上卦分开来看，就会发现阳爻都在阴爻底下：初九在六二、六三两个阴爻之下；九四、九五也在上六这个阴爻之下。代表君子都被小人所压制，可谓"形势比人强"。君子碰到这种情况，也只好随着时势去发展。譬如，孔子生活在春秋时代末期，他只能接受乱世这个现实。人无法选择不同的时空条件，只能立足于现状，尽量发挥自己的才华。

但是，追随别人有一个重要的原则，就是"内不失己，外不失人"，亦即对内不失去自己的立场，对外不失去应尽的社会责任。

[**卦辞**] 随：元亨，利贞，无咎。

[**白话**] 随卦：最为通达，适宜正固，没有灾难。

随卦的卦辞只有六个字："元亨，利贞，无咎。"所谓"元亨"是说，只要是正常情况，都可以走得通。"利贞"则提醒人们，无论如何都要走在正路上。最后是"无咎"，亦即只要跟着走，就没有灾难。

"元亨利贞"本来是乾卦四德。前文说过，《易经》有七个卦的卦辞提到"元亨利贞"。除了乾卦、坤卦之外，还包括屯卦（䷂，第3卦）、随卦（䷐，第17卦）、临卦（䷒，第19卦）、无妄卦（䷘，第25卦）与革卦（䷰，第49卦）。在这七个卦里面，有四个卦的卦象组合包含震卦（☳），即屯卦、随卦、临卦、无妄卦。震为长男，为震动，代表一种新局面的开始，所以会说"元亨利贞"。

[**象传**] 彖曰：随，刚来而下柔，动而说，随。大亨贞，无咎，而天
　　　下随时。随时之义大矣哉。

[**白话**]《象传》说：随卦，刚强者来到柔顺者之下，活动而喜悦，
　　　　就是随卦。十分通达并且正固，没有灾难，然后天下万物随
　　　　着时势而运行。随着时势的意义真是伟大啊。

　　《易经》大多数卦来自12个消息卦，将消息卦的两爻交换位置，
就出现了新的卦。随卦的《象传》说："随卦，刚强者来到柔顺者之
下。"这句话说明，随卦是由否卦演变而成，将否卦的上九与初六换
位，就变成了随卦。上九来到底下，成为初九，所以说"刚来而下
柔"。随卦的主爻就是初九：随卦的下卦震代表行动，上卦兑代表喜
悦，所以说"活动而喜悦"。

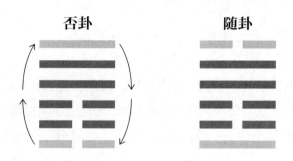

否卦　　　　　　　　随卦

　　接着，《象传》特别强调了"随时"。我们同别人约会，最喜欢
听到别人说"随时"，代表他任何时候都有空，没有特殊的要求。万
物都随着时势而运行，人也一样。就算你再有本事，遇到一个不好
的时代，还是要收敛自己。

[**象传**] 象曰：泽中有雷，随。君子以向晦入宴息。

[**白话**]《象传》说：大泽中有雷潜藏，这就是随卦。君子由此领悟，
　　　　要在傍晚回家安静休息。

随卦的《大象传》说，君子要在傍晚回家安静休息。这听上去是一个轻松的建议，类似于需卦所说的"君子以饮食宴乐"。

根据古人的观察，农历二月出现雷鸣，震动大地；到了农历八月，雷就会潜藏到地下。随卦上卦为兑，兑为秋，正好是雷潜藏的时候。君子由此领悟，要日出而作，日入而息。因为人生是漫长的旅程，弦不能总是绷得太紧。

《韩非子·解老》强调："万物必有盛衰，万事必有弛张。"万物必有盛衰，这是自然界的规律。而所谓的"事"，一定是人类所做，具有特定的目的。"弛"代表松弛，"张"代表紧张。政治人物如果一直松弛，政务就会荒废；如果一直紧张，势必难以为继。一张一弛才是文武之道。

遇到随卦这种特殊状况，要放松自己，不要勉为其难。就像人在白天需要努力不懈，晚上则要好好休息。不过，如果你在白天也打瞌睡，就说不过去了。譬如，孔子的学生宰我在白天睡觉，孔子就说他"朽木不可雕也"（《论语·公冶长》）。可见，人只有随着时势去努力工作或适当休息，才能长期发展下去。

在随卦里，阳爻都要追随阴爻。君子遇到这种情况，也只好顺应时势。但重要的是坚持原则，不能丧失自己的立场。在历史上，五代十国的冯道经常被人嘲笑，他当过四个朝代的宰相。无论怎样改朝换代，冯道照样做他的安乐官。冯道为了做官，没有任何原则，成为一个反面的例子。

总之，随卦的结构是泽雷随，泽在上，雷在下，等于长男顺从少女。从上下卦分别来看，都是阳爻居阴爻之下。可见，随卦的时机很特别，形势比人强，君子只好跟着走。

二、取舍之间，实在为难

本节要介绍随卦六爻的爻辞。随卦的特色是，每个爻都要跟随上面的爻去发展。随卦所有的爻辞都可以按照这条主线去理解。

[**爻辞**] 初九：官有渝，贞吉。出门交有功。

象曰：官有渝，从正吉也；出门交有功，不失也。

[**白话**] 初九：官员有变通，正固吉祥。出门与人交往会有功绩。

《象传》说：官员有变通，是因为依循正途而吉祥；出门与人交往会有功绩，是因为没有过失。

随卦初九为何提到"官员"？这一点很让人费解。在《易经》384爻中，"官"字只出现了这一次。不过，结合《象传》所讲的卦变来看，就不难理解了。随卦是由否卦变来的，否卦上九本来在最高位，现在它来到最底下，成为随卦初九，所以说"官员有了变通"。否卦上九不当位，来到初九就坐到了正位上，所以说"贞吉"。

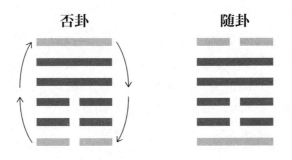

否卦　　　　　随卦

接着，爻辞为何说"出门与人交往会有功绩"呢？因为随卦不能止步不前，必须跟着往前走。初九在互艮（六二、六三、九四）

之下，艮为门阙，代表它走出门外。并且，下卦为震，震为大涂（大马路），等于初九开大门走大路，所以有功劳。它走在正路上，大公无私，在变化中不会失去自己的原则，所以没有过失。可见，初九必须出门追随六二，才能体现"下追随上"这个原则。

随卦

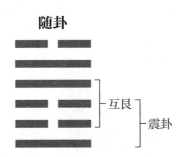

[**爻辞**] 六二：系小子，失丈夫。

象曰：系小子，弗兼与也。

[**白话**] 六二：系住小孩，失去丈夫。

《象传》说：系住小孩，是因为不能同时跟从两者。

许多学者承认，六二的爻辞很难解释。不过，按照"下追随上"的原则，可以解决这个困难。

"系小子"是说，六二必须往上追随阴爻六三，阴爻可以称为小子。"失丈夫"是说，六二将失去与阳爻初九交往的机会，阳爻可以称为丈夫。在整部《易经》里面，从来不会把阳爻当成小子。换言之，初九走出门，想与六二交往；但是，六二在随卦的格局中，必须往上追随六三，这样就失去了与初九交往的机会。

六二为何要系住小孩？《小象传》解释说，因为它不能同时跟从两者。六二在随卦中身不由己，必须在六三这个小子和初九这个丈夫中选择一方。这提醒我们，在交朋友的时候，损友、益友不能两个都要；否则正负相抵，自己将得不到任何帮助。

[**爻辞**] 六三：系丈夫，失小子。随有求，得，利居贞。

象曰：系丈夫，志舍下也。

[**白话**] 六三：系住丈夫，失去小孩。随从而有所求，可以得到，适宜守住正固。

《象传》说：系住丈夫，是因为心意舍弃了下位者。

六三虽不当位，但它的爻辞居然比六二好很多。同样按照"下追随上"的原则，六三往上系住九四这个阳爻，即系住丈夫，从而失去了底下六二这个阴爻，即失去小子。

六三的《小象传》说："系住丈夫，是因为心意舍弃了下位者。"这也证明了六三舍弃的是底下的六二。六三追随九四是正确的，因为阴爻本来就要追随阳爻。

六三在互巽（六三、九四、九五）中，巽为近利市三倍，所以说"随有求，得"。"近利市三倍"是《易经》的专用术语，专门用来描写巽卦，代表大有收获。不过，六三仍要守住正固的原则，不能贪得无厌。

随卦

互巽

[**爻辞**] 九四：随有获，贞凶。有孚，在道以明，何咎？

象曰：随有获，其义凶也。有孚在道，明功也。

[白话] 九四：随从而有收获，一直这样下去会带来凶祸。保持诚信，以明智处于正道，会有什么灾难？

《象传》说：随从而有收获，理当遇到凶祸。保持诚信而处于正道，是明智的功劳。

九四要追随上面的九五，九四也在互巽（六三、九四、九五）中，代表有利可图，所以说"随有获"。

接着为何说"贞凶"呢？"贞"字并非都代表走在正路上，有时也代表"一直这样下去"。"贞凶"的意思是说，你一直希望随从而有收获，就会有凶祸。换言之，九四在追随九五时，不能总想着个人的利益。

"有孚"意为保持诚信。值得注意的是，随卦九四和九五都提到了"孚"（诚信）。在《易经》里面，如果"四、五"两爻都提到"孚"，代表大臣和君主可以互相信任，密切配合。

接着，"在道以明"从何而来？《杂卦传》说："兑见而巽伏也。"兑卦（☱）上面开口，代表显现；巽卦（☴）下面开口，代表隐伏。比如，同人卦的九三在互巽（六二、九三、九四）中，巽为隐伏，所以九三的爻辞提到"伏戎于莽"（在草莽中埋伏士兵）。

同人卦

互巽

随卦九四在上卦兑中，可以让一切显现出来；并且下卦为震，震为大涂，所以说"在道以明"。明是彰显，也代表明智。九四以明智处于正道，会有什么灾难呢？

随卦

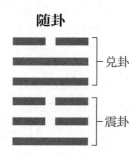

兑卦

震卦

可见，九四追随九五是合理的，但是要记住两个原则：第一，应该多考虑道义，少考虑个人利益；第二，要坚定地追随九五，为它效力。所以《小象传》说，九四追随九五是明智的功劳，称赞九四能够审时度势，做出正确的选择。

[**爻辞**] 九五：孚于嘉，吉。

象曰：孚于嘉吉，位正中也。

[**白话**] 九五：对美善之事保持诚信，吉祥。

《象传》说：对美善之事保持诚信而吉祥，是因为处在守正居中的位置。

九五既中且正，位置尊贵，又得到九四的辅佐。但是九五知道，还有更高峰在上面，跟着上六走，才是随卦最合宜的表现。九五追随上六不是为了利益，而是为了与上六阴阳配合。九四追随九五，九五追随上六，这样就完成了一件美好的事，可以得到吉祥的结果。

[**爻辞**] 上六：拘系之，乃从维之，王用亨于西山。

象曰：拘系之，上穷也。

[**白话**] 上六：把他抓住捆起来，后来又放开他。君王在西山献祭。

《象传》说：把他抓住捆起来，是因为往上走到了尽头。

上六在君王九五之上，属于祖先、神明的范畴。人是阳，祖先或神明就是阴。

上六为何说"把他抓住捆起来"呢？因为上六是阴爻，它一开始想回头依附阳爻九五，但是行不通，自己反而被限制住了。后来，上六又被放开了，回到它原本所在的位置。

另外，上卦为兑，兑为西方，所以说"君王在西山献祭"。这里的"君王"指九五。可见，九五要追随上六，对祖先和神明进行祭拜。

总之，随卦的特色是下面的爻要追随上面的爻，每个爻都有得有失。六爻里面给人印象最深的是六二和六三，一个是"系小子，失丈夫"，一个是"系丈夫，失小子"。此时必须做出取舍，要追随前面的，就要有所牺牲。但是，不能丧失自己的原则。只要追随美善和正道，就不会有问题。到了君王九五的位置，一方面要妥善治理百姓，另一方面也要追随祖先与神明（上六），这样就形成了一个完整的系统。

三、你要丈夫，还是要孩子

随卦的卦象是泽雷随，它的特色是：长男要追随少女，阳爻要追随阴爻，下要追随上。

孔子可以作为随卦的例证。孔子是鲁国人，生活在春秋时代末期。他熟读古代经典，形成一以贯之的思想。对于古代读书人来说，如果想对社会尽到自己的责任，只有从政一条出路。孔子曾在鲁定公、鲁哀公在位时出来做官，当时鲁国最有权势的是三家大夫，孔子也只好跟随他们。鲁定公、鲁哀公以及三家大夫，都算不上好领导，但孔子依然有为有守，为了服务百姓，努力做他该做的事。

孔子在《论语·阳货》中说过一段很有意思的话，他说："不曰坚乎，磨而不磷；不曰白乎，涅而不缁。"意即：我们不是也说，最坚硬的东西是怎么磨也磨不薄的；我们不是也说，最洁白的东西是怎么染也染不黑的。孔子在这里用了"坚""白"二字。

我年轻时师从方东美先生，方先生的全集里有一本诗集，名字叫作《坚白精舍诗集》。古代有许多读书人在家修行，他们喜欢把自己的住所称为"精舍"，以勉励自己不断精进。但是，前面的"坚白"是什么意思呢？

我当时还在读硕士，完全没想到《论语》中这段话。在中国哲学史上，谈到"坚白"二字，人们首先想到的是名家。名家专门探讨逻辑和辩论，他们有两个观点备受瞩目：一个是"白马非马"，另一个就是"坚白石"。所谓"坚白石"是说，你用眼睛看，只能看到白色，看不到坚硬；你用手去摸，只能摸到坚硬，摸不到白色。所以，你只能说它是一块坚硬的石头，或者说它是一块白色的石头，但是不能把"坚""白"合在一起，说它是一块坚硬的、白色的石头。名家旨在强调，人的感官不能同时作用在一个对象上，理性也不能对各种感觉进行综合。

后来我读《论语》时才发现，方先生的《坚白精舍诗集》其实引用的是孔子的话。孔子认为，自己是坚硬的，怎么磨也磨不薄；自己是洁白的，怎么染也染不黑。这个说法正好凸显了随卦的特色。人无法选择时代和社会，如果没有生活在太平时代、没有遇到称职的领导，人还是要坚持原则，在力所能及的范围内，做自己该做的事。

随卦也体现了艰难的抉择。近年来，随着经济条件的改善，许多家庭想让孩子到国外读书，培养国际化的视野。有的孩子刚上小学或初中就要出国，这时做母亲的就面临艰难的抉择，有很大概率会占到随卦。有人占到六二"系小子，失丈夫"，即妈妈陪着小孩出国念书，就要离开自己的丈夫。有人占到六三"系丈夫，失小子"，如果舍不得离开丈夫，小孩就要自己出国念书，亲子关系就会逐渐疏远。这种两难的处境实在让人纠结。

有一个占到随卦的实例。有一年，我指导了一个硕士生，他聪明好学，成绩优异，但由于父母上了年纪，他想要办理休学，回家照顾父母。在我的劝说下，他暂时打消了这个念头，但过了三个月他再次找我谈，说他已经下定决心，要打工赚钱，奉养父母。看到他去意已决，我心里难过，却又无可奈何。

第二天早上起来，我用筹策占了一卦，结果占到随卦，六爻皆不变。这时要看卦辞怎么说，随卦的卦辞说："最为通达，适宜正固，没有灾难。"《大象传》说："大泽中有雷潜藏，这就是随卦。君子由此领悟，要在傍晚回家安静休息。"我又看到六二与六三的爻辞，知道两者不能兼顾，必须有所取舍。人生就是由一连串的选择所构成的，很多时候无法两全其美，就看个人如何抉择了。人各有志，不必强求，况且念书也不急于一时。想到这里，我的心情就释然了。

我还有一次占到随卦的经验。2019年，喜马拉雅公司邀请我开设《易经》的在线课程，我占了一卦，问题是：跟喜马拉雅合作开课，结果如何？占到随卦九五，爻辞说："对美善之事保持诚信，吉祥。"当下我就决定可以合作，因为这是一件美好的事。

接着，我又仔细看了随卦各爻，想了解中间的过程会怎样。从下往上看，初九是出门与人交往，会有功劳；六二、六三有得有失；直接与我配合的是九四，它"随有获"，跟着走会有收获，但不能总想着收获。《易经》在线课程的制作非常辛苦，先要录制音频小样，生成文字初稿，经过修订后，再正式录音，然后修剪音频，并配上正式的文稿。整个过程非常复杂烦琐，需要多人协同配合。随卦由下往上，一环扣一环，每一个环节都不能疏忽。

占到随卦九五，代表我是这件事的主要负责人。九五必须跟随上面的上六：上六的爻辞提到"君王在西山献祭"，代表我必须对祖先负责、对传统负责。所以，我必须保持虔诚之心，脚踏实地做好工作，让有心学习的朋友能够真正学到《易经》的智慧。

我出版过许多《易经》方面的著作，网上也有不少我早年讲解《易经》的视频，有人可能以为，我只是把过去的东西重讲一遍而已。但是，我不敢疏忽大意。从这个项目一开始，我就每天研读《易经》的相关材料。古代的《易经》专家实在太多了，我甄选出最优秀的学者，向他们学习。我参考所有能找到的数据，潜心思索，努力把每句卦爻辞都解释清楚，因为这是责任所在。

我从随卦获得了深刻的启发，知道这件事不是单枪匹马就能做成的，要从初九开始，重视每一个环节，最终要对祖先和神明负责。到六二、六三的位置固然难以取舍，但要遵循"下追随上"的原则，勇敢地做出抉择，尽到自己当下的责任。

随卦与现实人生密切相关，非常具有启发意义。正如随卦《象传》所说："随时之义大矣哉。"随着时势的意义真是伟大啊！

一、改革积弊，再重新出发

18　山风蛊，下巽上艮

蛊：元亨，利涉大川。先甲三日，后甲三日。

象曰：山下有风，蛊。君子以振民育德。

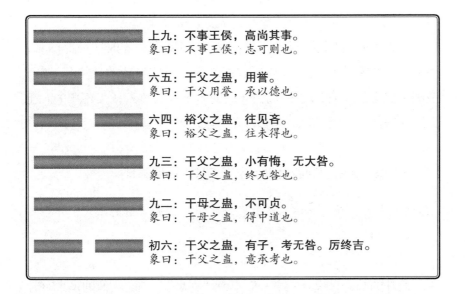

上九：**不事王侯，高尚其事。**
象曰：不事王侯，志可则也。

六五：**干父之蛊，用誉。**
象曰：干父用誉，承以德也。

六四：**裕父之蛊，往见吝。**
象曰：裕父之蛊，往未得也。

九三：**干父之蛊，小有悔，无大咎。**
象曰：干父之蛊，终无咎也。

九二：**干母之蛊，不可贞。**
象曰：干母之蛊，得中道也。

初六：**干父之蛊，有子，考无咎。厉终吉。**
象曰：干父之蛊，意承考也。

本节要介绍《易经》第18卦蛊卦。《序卦传》说："以喜随人者必有事，故受之以蛊。蛊者，事也。"蛊卦上承豫卦与随卦。豫是喜悦，随是跟随别人。以喜悦的心情跟随别人，一定会有事故。蛊卦就代表有事情发生。今天也有类似的说法，当你问一个朋友："最近好吗？"他说"没事"代表他很好，说"有事"就代表他遇到麻烦了。

蛊卦是随卦的覆卦，把泽雷随整个翻过去，就变成了山风蛊。蛊卦上卦为艮，艮为山，为止；下卦为巽，巽为风，为空气。一方面，山里的空气不流通，会产生有毒的瘴疠之气；另一方面，山里一旦有风吹动，就会把毒气吹散。所以，"蛊"字有双重含义，既代表有问题或积弊，也代表要解决问题、革除积弊。这就像古文里的"乱"字，有时也代表"治"的意思。

前面随卦的上下卦都是阳爻在阴爻底下，所以阳爻只好跟着阴爻走。而蛊卦正好相反，上下卦都是阴爻在阳爻底下，所以阴爻要跟着阳爻走，有子女继承父母之象。任何举措施行久了都会有积弊，后人接班时应该如何革除积弊呢？蛊卦谈的就是如何守成的问题。

俗话说："创业维艰，守成不易。"事实上，守成往往更困难，因为在守住基业的同时，还要改革创新，以应对新的环境与挑战。中国历史上至少有25个朝代，守成的帝王有几百人，又有几个人能真正守得住呢？国事如此，家事亦然。

[**卦辞**] 蛊：元亨，利涉大川。先甲三日，后甲三日。

[**白话**] 蛊卦：最为通达，适宜渡过大河。开始之前的三天，开始之后的三天。

蛊卦的卦辞只说"元亨"而不说"利贞"，与之类似的是大有卦（☰，第14卦）和升卦（☷，第46卦）。另外，蛊卦也提到"利涉大川"，即适宜渡过大河，说明这确实是一个重大的挑战。

"先甲三日，后甲三日"的"甲"是什么意思呢？古代以天干地支来纪日，十天干是"甲乙丙丁戊己庚辛壬癸"，"甲"在十天干中排第一位，代表一件事情的开始。"先甲三日，后甲三日"意为：在开始之前的三天，开始之后的三天。换言之，从事改革之前要认真思考：应该如何继承和发展？从哪里入手？用什么方法进行改革？改革之后则要进一步反省：措施是否有效？大家对改革的反应如何？还需要做哪些调整？

[**象传**] 象曰：蛊，刚上而柔下，巽而止，蛊。蛊，元亨而天下治也。利涉大川，往有事也。先甲三日，后甲三日，终则有始，天行也。

[**白话**]《象传》说：蛊卦，刚强者上去而柔顺者下来，随顺而有所阻止，就是蛊卦。蛊卦最为通达，是要使天下都治理好。适宜渡过大河，是要前往积极办事。开始之前的三天，开始之后的三天，表示终结之后又有新的开始，这是天道的运行法则。

　　"刚上而柔下"这句话表明，蛊卦是由泰卦演变而成，将泰卦的初九与上六换位，就变成了蛊卦。蛊卦下卦为巽，为顺从；上卦为艮，为停止，所以说"巽而止"——代表既要顺从前辈的发展方向，也要停止积弊，准备重新出发。

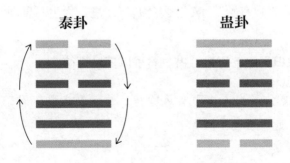

泰卦　　　　　　　蛊卦

　　《象传》接着说："利涉大川，往有事也。"这句话相当特别。64卦的《象传》有五次提到"往有功也"（前往可以建立功业），包括需卦（䷄，第5卦）、习坎卦（䷜，第29卦）、蹇卦（䷦，第39卦）、解卦（䷧，第40卦）和渐卦（䷴，第53卦），只有蛊卦的《象传》说"往有事也"。换言之，此时前往不是有功劳，而是有事情；这件事如果处理不好，就会有麻烦。

乾卦的《文言传》说："贞固，足以干事。"意即：守正并坚持，足以办成事业。"干事"的"干"字，也出现在蛊卦四个爻的爻辞里面。可见，有坚定的立场才能继往开来。蛊卦要革除积弊，还要走上正路，面临很大的压力。

《彖传》接着说："先甲三日，后甲三日，终则有始，天行也。"意即：开始之前的三天，开始之后的三天，表示终结之后又有新的开始，这是天道的运行法则。在《易经》64卦中，只有蛊卦与恒卦（䷟，第32卦）的《彖传》提到"终则有始"的说法。"终则有始"是中国传统文化中的重要观念：做事情仅仅"有始有终"还不够，还要做到"终则有始"。结束之后又有新的开始，守成的同时也有创新，这才是真正的继承。

道家也有类似的观念。《老子》第64章说："慎终如始，则无败事。"意即：面对事情结束时，能像开始时那么谨慎，就不会招致失败了。《庄子·秋水》则直接说"终则有始"，与蛊卦的说法完全相同。若非"终则有始"，又怎么会循环往复、生生不息呢？

[**象传**] 象曰：山下有风，蛊。君子以振民育德。

[**白话**] 《象传》说：山下有风吹拂，这就是蛊卦。君子由此领悟，要振作百姓，培育道德。

蛊卦是山风蛊，风让人振作，有助于除旧布新；山让人坚定不移，有助于培育道德。教导百姓时，先令其振作，再培育其德行，才是最合适的方法。

孔子在《论语·颜渊》中说过："君子之德风，小人之德草。草上之风，必偃。"意即：政治领袖的言行表现就像风一样，一般百姓的表现就像草一样。风吹在草上，草一定跟着倒下。他在《论语·雍也》中又说"仁者乐山"，即仁者喜爱及欣赏高山，因为高山稳定厚重，可以包容一切。孔子这两句话体现了儒家振民育德的思想。

总之，蛊卦的上下卦都是阴要从阳，代表臣要从君，晚辈要追随长辈。蛊卦六爻中，有五爻都提到子女要承先启后，救治父辈留下的积弊，再开创新的局面，并且都是以家为喻。事实上，蛊卦可用于政治和社会的各个方面。

从山风蛊的结构可知，如果山里的空气不流动，就会产生积弊；而山里一旦有风吹动，风的力量就能革除积弊，重新出发。可见，凡事都有两面，危机往往也意味着转机。改革积弊重新出发，这是人类社会一直存在的挑战。创业固然艰难，守成更加不易。守成的同时只有不断创新，才能做到"终则有始"。

二、只有行善，才能光宗耀祖

蛊卦代表有事情要做。在继承先人事业的时候，既要守成，又要创新，才能终而复始，让先人的理想可大可久。蛊卦六爻中，有四爻都提到"干"字，意为救治、革除积弊，使一切走上正道。

[**爻辞**] 初六：干父之蛊，有子，考无咎。厉终吉。

象曰：干父之蛊，意承考也。

[**白话**] 初六：救治父亲留下的积弊，才是好儿子，他使亡父没有受人责难。这样做会有危险，但最后吉祥。

《象传》说：救治父亲留下的积弊，用意是要继承亡父的愿望。

蛊卦初六、九三、六五的爻辞，都以"干父之蛊"开头。古代封建社会是世袭制，需要子承父业。儿子要救治父亲留下的积弊，否则不能算是好儿子。初六一上场就要面对这个挑战。

蛊卦由泰卦初九与上六换位而来。这次换位使上卦变成艮卦，艮为少男，所以说"有子"。"有子"不仅仅是指"有儿子"，而且是指"有好儿子"。就像谦卦的"君子有终"，不仅仅是说"有结局"，更是强调"有好的结局"。好儿子可以继承家业，革除积弊，使父亲不受责难。

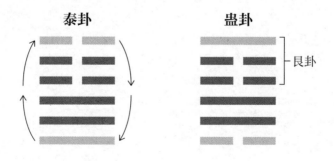

"厉终吉"意为有危险，但最后吉祥。蛊卦六爻中，只有初六为"吉"。任何改革都会遇到阻力，初六只有意识到危险，小心谨慎，步步为营，最后才会取得好的结果。

[爻辞]九二：干母之蛊，不可贞。

象曰：干母之蛊，得中道也。

[白话]九二：救治母亲留下的积弊，不可正固。

《象传》说：救治母亲留下的积弊，是要符合居中之道。

九二以阳爻居柔位，可以刚柔相济。处理母亲留下的积弊，手段要温和，不可以过刚。因为在古代，父之蛊往往是政治及社会上的大问题，母之蛊则局限于家人亲族。九二居下卦中位，走在中间的道路上，所以没有问题。

蛊卦的上下卦虽然都是阴在下、阳在上，但是在改革积弊时，仍要分清是父母哪一方的问题，然后采取适当的手段。九二与六五是蛊卦里唯一正应的一对。九二代表刚直的大臣，六五代表柔顺的君王或女性君王，这时九二的态度就要多加考虑。

[爻辞]九三：干父之蛊，小有悔，无大咎。

象曰：干父之蛊，终无咎也。

[白话]九三：救治父亲留下的积弊，有小的懊恼，没有大的灾难。

《象传》说：救治父亲留下的积弊，最后是没有灾难的。

初六、九三、六五虽然都以"干父之蛊"开头，但由于所处的位置不同，所以做法也不一样。初六以阴爻居刚位，可以刚柔相济。九三以阳爻居刚位，有过刚之嫌。

九三为什么会"小有悔"呢？九三爻变，下卦变成坎卦，坎为险，为加忧。九三在救治父亲的积弊时，手段过于刚强，难免产生后悔、懊恼的情况。但是，他的出发点是正确的，所以"无大咎"，亦即没有大的灾难或责难。

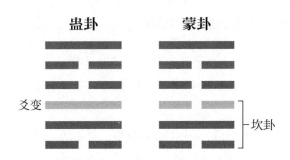

蛊卦　　　　蒙卦

爻变　　　　　　　　　　　　　坎卦

[**爻辞**] 六四：裕父之蛊，往见吝。

象曰：裕父之蛊，往未得也。

[**白话**] 六四：宽容对待父亲留下的积弊，前往会陷入困境。

《象传》说：宽容对待父亲留下的积弊，前往不会有收获。

六四以阴爻居柔位，所以过于柔顺而无法采取果决的行动。如果容忍积弊，前进就会遇到困难，无法得偿所愿。可见，救治积弊不能优柔寡断，而要下定决心，分辨清楚，未来才会有更好的发展。

[**爻辞**] 六五：干父之蛊，用誉。

象曰：干父用誉，承以德也。

[**白话**] 六五：救治父亲留下的积弊，受到称誉。

《象传》说：救治父亲留下的积弊而受到称誉，是因为以德
行来继承父业。

六五为何会"受到称誉"呢？因为六五以阴爻居刚位，也是刚柔相济；并且六五与九二正应，两者都可以采取适中的行动，做到恰到好处。

六五的《小象传》说"承以德也"，意为"以德行来继承父业"。这是《易经》里非常精彩的观念。换言之，光宗耀祖最好的方法，就是通过修养德行来显耀父母。

孔子的学生闵子骞非常孝顺，孔子说："孝哉闵子骞！人不间于其父母昆弟之言。"（《论语·先进》）意即：闵子骞真是孝顺啊！别人都不质疑他父母兄弟称赞他的话。闵子骞的德行受到广泛的肯定，这就是以德行来显耀父母的例子。

[**爻辞**] 上九：不事王侯，高尚其事。

象曰：不事王侯，志可则也。

[**白话**] 上九：不去侍奉王侯，以高尚来要求自己的作为。

《象传》说：不去侍奉王侯，是因为他的心意值得取法。

上九的爻辞说："不事王侯，高尚其事。"蛊卦走到上九这一步，已经是海阔天空了。蛊卦由泰卦演变而来，泰卦初九本来在下卦乾，乾为君王；现在它到了上九，居互震（九三、六四、六五）之上，震为诸侯。合而观之，上九出身于君王，现在又高居诸侯之上，所以他不必侍奉王侯，只是以高尚来要求自己的作为。

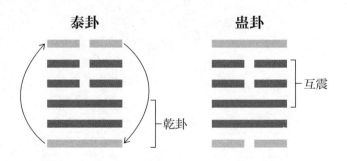

到了上九的位置，可谓"不必为，不得为，不可为"。为什么不必为？因为底下五爻各司其职，已经救治了积弊。为什么不得为？因为上九处在最高也是最后的位置，马上就要退休了。为什么不可为？因为底下五爻若有未尽之责，上九也很难独撑大局。看清楚这三点，就可以展现高风亮节了。

上九的作为可以正人心，明廉耻，为社会树立表率。孔子在《论语·季氏》中说："隐居以求其志，行义以达其道。吾闻其语矣，未见其人也。"意即：避世隐居来磨炼他的志节，实践道义来贯彻他的理想。我听过这样的话，但是不曾见过这样的人。蛊卦上九正是这样的人，他展现出高尚的道德风范，值得天下人效法。

三、人到无求品自高

本节要介绍蛊卦的启发和应用。蛊卦与随卦是正覆关系。随卦的上下卦都是阳在下而阴在上，阳爻只好跟随阴爻。蛊卦的上下卦都是阴在下而阳在上，有子女继承父母之象。子女在守成的同时还要创新，让一个家庭"终则有始"。推广到社会和国家，也是如此。

在古代，"蛊"字本来没有坏的意思。根据专家研究，"蛊"字下面是"皿"，上面是三只虫。古代所谓的"虫"，包括飞禽走兽等各种生物。在伏羲氏时代，百姓只会捕鱼打猎，还不懂得种植稻米。他们把捕获的动物放在盘子里，献给父母享用，就称作蛊。到了后世，人们有时会吃到有毒的或腐坏的动物，于是"蛊"字就衍生出有毒、腐坏等含义。

后来，"蛊"字又用来描写山中有毒的瘴疠之气。蛊卦的结构是山风蛊，山里的空气不流通是危险的；要化解这种危险，就要使空气流动起来。蛊卦主要谈的就是如何革除前辈留下的积弊。由此可知，继承祖业时，守成与创新是两项大工程。

天下之事，创业少见，守成居多。这种挑战相当普遍，每一代人都要谨慎面对。由于时代一直在发展，继承祖业时一定有事可做，所以蛊卦的《象传》强调"往有事也"。任何事情都有目标，蛊卦的目标是"终则有始"，在结束之后，还要再度开始。因此，守成也包含了创新的要求。此外，还要做到"先甲三日，后甲三日"。在改革开始之前的三天，要考虑改革的手段；开始之后的三天，要考察改革的效果。

下面通过一些历史故事，来说明蛊卦六爻对人生的启发。周文王和周公可以作为蛊卦初六的例证。当周文王还是西伯的时候，统治天下的是商纣王。周文王以顺从的态度侍奉商纣王，希望他能够及时改过，使天下重回正轨，所以文王的德行备受推崇。

周文王之后，周武王起来革命并取得了成功。由于"文武"的理想非常完美，德行也非常可取，所以武王的弟弟周公就设法"继志述事"。他继承父兄的志向，绍述他们的事业，并制礼作乐，使天下安定下来，等于在守成的同时又有创新。文王顺从商纣以及周公继志述事，都是正确的表现。他们根据自己的处境，选择了最合宜的做法。蛊卦初六虽然有危险，但最后还是吉祥。

面对母亲或女性方面的积弊，要参考九二的爻辞。九二要侍奉六五，六五代表女性君王。譬如，汉初吕后掌权时，大将军周勃就认真地侍奉吕后。唐朝武则天当道时，狄仁杰也认真地侍奉武后。可见，救治母亲方面的积弊"不可贞"，不可自居正道而过于刚强，最好采取温和的手段，做到刚柔相济。

九三以阳爻居刚位，手段过于刚强，于是出现了"悔"；六四以阴爻居柔位，手段过于温顺，于是出现了"吝"。可见，在救治前辈留下的积弊时，方法十分重要。我们做任何事，都要考虑效果如何；不能因为目的正当，就忽略方法与手段的重要性。

譬如，汉高祖刘邦亡秦兴汉，汉朝虽不像秦朝那样暴虐，但也没有回到夏商周三代的理想局面。《史记·平准书》一开头便说："汉兴，接秦之弊。"直接批评汉朝接过秦朝的积弊，没有进行彻底的变革。这正是蛊卦六四的写照，由于容忍积弊而造成很大的困难。事实上，汉朝之后的历朝历代也存在同样的问题，它们都延续了帝王专制的积弊。

六五以阴爻居刚位，刚柔相济，又处在上卦的中间，与九二阴阳正应，所以没有问题。

上九到了最高的位置，可以"不事王侯，高尚其事"。然而，"不事王侯"并非他的志向，而是时势造成的。人可以自己立志，但志向能否实现则要看天意，可谓"志在我，时在天"。占到上九，要记得洁身自爱。

民国时期，山西有一位省长在退休之后，告老还乡，他在家门上写了四个字的横批——高尚其事。可见，他对《易经》很有心得。他只写"高尚其事"，而省略了前面的"不事王侯"，含蓄地表达了自己归隐的愿望。他想让天下人知道，在富贵利达之外，还有其他方法可以安顿自己。

现代人也有占到蛊卦的案例。有一次，一位年轻的企业家用数字卦占到蛊卦初六。在他说出自己的问题之前，我先对蛊卦做了一番概述。

我说："占到蛊卦初六，代表你可能正在准备继承家业。前辈留下来的公司，过去一定存在某些积弊。你要努力改革积弊，但是态度一定要温和，因为爻辞中的'厉'字提醒你，可能会有危险。事实上，任何改革都会引起既得利益者的反弹，所以你要做好心理准备。"

我又提醒他："'先甲三日，后甲三日'的'甲'代表改革的开始。在改革开始之前，要把改革的计划说清楚，让员工做好心理准备；在改革之后，要认真了解效果如何，不断调整和完善。"他听了之后一直点头称是，因为这正是他想问的问题。

占到蛊卦代表一定有事情要做，这件事往往跟前辈或父母有关。你要先了解问题出在哪里，你处在哪一爻，再把握刚柔相济的原则，既不要过刚，也不要太柔；目标是"终则有始"，最好的方法是以德行来继承祖业，这样就会受到大家的称赞，也合乎人情世故的要求。在学术传承方面也一样。学生不能总是"照着讲"，还要努力"接着讲"，把老师的思想进一步发扬光大。"接着讲"也要注意刚柔相济的问题。

一、冬天来了，春天还会远吗

19　地泽临，下兑上坤

临：元亨，利贞。至于八月有凶。

象曰：泽上有地，临。君子以教思无穷，容保民无疆。

上六：敦临，吉，无咎。
象曰：敦临之吉，志在内也。

六五：知临，大君之宜，吉。
象曰：大君之宜，行中之谓也。

六四：至临，无咎。
象曰：至临无咎，位当也。

六三：甘临，无攸利。既忧之，无咎。
象曰：甘临，位不当也。既忧之，咎不长也。

九二：咸临，吉，无不利。
象曰：咸临，吉，无不利，未顺命也。

初九：咸临，贞吉。
象曰：咸临贞吉，志行正也。

　　本节要介绍《易经》第19卦临卦。"临"意为来临，代表阳爻来临了。《序卦传》说："有事而后可大，故受之以临。临者，大也。"前面的蛊卦代表有事，要改革积弊，有所作为，然后就可以发展壮大，所以接着上场的是临卦。"临"也有壮大的意思。

　　临卦的结构是地泽临，底下两个阳爻，上面四个阴爻。爻是由下往上走的，所以阳爻会逐渐发展壮大。临卦是一个消息卦，代表农历十二月，已经到了冬天最后的阶段，阳气正在逐渐积聚。阳爻再往上一步，就到了泰卦（䷊，第11卦），代表农历正月。

换个角度来看，临卦就像放大一倍的震卦（☳）。震代表春天，万物重现生机，即将蓬勃发展。临卦底下两个阳爻携手并进，占据了九二的位置，具有明显的优势。

[**卦辞**] 临：元亨，利贞。至于八月有凶。

[**白话**] 临卦：最为通达，适宜正固。到了八月将有凶祸。

临卦为何以"元亨利贞"作为卦辞呢？因为临卦的阳爻取得九二的位置，下卦正在迈向乾卦。《易经》总是着眼于下一步的发展趋势。看到临卦，会有愉悦之情，形势一片大好，新春即将来临。它代表农历十二月。冬天来了，春天还会远吗？

卦辞又说"至于八月有凶"，看了让人吓一跳，连"凶"的具体时间都明确了。在64卦中，卦辞中出现"凶"的只有五个。临卦到底有哪些问题？为什么到了八月会有凶祸呢？

首先，说"有凶"跟直接说"凶"不一样。前面的讼卦说"中吉，终凶"，代表打官司的时候，中间和解吉祥，坚持打到底就会有凶祸。临卦说"有凶"则不一定凶，只要未雨绸缪，这个凶未必会出现。

"至于八月有凶"怎样解释才合理呢？这就要把临卦与观卦（䷓，第20卦）合起来看。观卦是临卦的覆卦，代表农历八月，时值深秋，万物凋零。换言之，虽然临卦正在发展壮大，但是有春夏就有秋冬，天下一治一乱，怎么兴盛就会怎么衰亡。所以当一切顺利发展时，就要记得荣枯有期。

[**象传**] 象曰：临，刚浸而长，说而顺，刚中而应。大亨以正，天之

道也。至于八月有凶，消不久也。

[**白话**]《象传》说：临卦，刚强者渐渐发展而成长，喜悦而柔顺，刚强者居中而有应和。十分通达又能正固，这是天的运行法则。到了八月将有凶祸，是因为消退之期不久将会来到。

所谓"刚浸而长"，是说两个阳爻从底下渐渐上来，上面四个阴爻都会顺从它们。临卦下卦为兑，兑为喜悦；上卦为坤，坤为顺从，所以说"说而顺"。九二以阳爻居中位，并与上面的六五阴阳正应，所以说"刚中而应"。

上述三点非常重要：第一，渐渐发展，才不会引起上面四个阴爻的猜忌；第二，喜悦而顺从，则没有人会拒绝它的上进；第三，刚中而应，阳爻走在中道上，又有谁会违背它呢？

《象传》最后说："到了八月将有凶祸，是因为消退之期不久将会来到。"临卦一直发展下去，就会变成观卦，代表农历八月，阳爻处于消退的趋势。换言之，虽然临卦的阳爻正在发展壮大之中，但将来一定会顺应天的运行法则而消退。《易经》不断提醒我们，要有全盘的观点，看到变化消长的趋势，明白安危是一体之两面。能够居安思危，才能立于不败之地。

还有一种解释可供参考。"至于八月有凶"的"八月"指秋天。临卦下卦为兑，兑为秋，为愉悦。阳爻虽然在壮大，但是阴爻刚刚消退（消不久也），势力依然很大，在下卦还压制着阳爻。如果阳爻觉得形势大好，跟阴爻相处得很愉悦，阴爻就有可能兴风作浪，引发变乱。所以除恶务尽，阳爻要让阴爻继续消退，才能形成泰卦的理想局面。这绝非一朝一夕之功。

不过，在人的世界也许能做到除恶务尽，在自然界则不可能把阴爻彻底去除。自然界一直处在循环往复、不断消长的状态之中。

可见，"至于八月有凶"这句话确实比较费解。临卦的爻辞中完全看不到"凶"字，卦辞怎么会出现"有凶"呢？事实上，临卦六爻有四爻吉，三爻无咎，是《易经》的十大好卦之一。

[象传]象曰：泽上有地，临。君子以教思无穷，容保民无疆。

[白话]《象传》说：沼泽之上有大地，这就是临卦。君子由此领悟要教导思虑而不懈怠，包容保护百姓而无止境。

临卦的结构是地泽临，沼泽以大地为岸，大地亲临沼泽，有如君子面对百姓。君子教导百姓要做到不懈怠，包容百姓要做到无止境；要认真思考如何让百姓安居乐业，做到"民之所欲，常在我心"。因此，对待百姓要教导与包容兼而有之，并做到"无穷"与"无疆"，才是上策。临卦上卦为坤，坤为地，大地无不承载，广阔无边，所以说"容保民无疆"。

"教思无穷"的"思"也与上卦坤有关。坤卦象征大地，而大地有"思"的特性。《尚书·洪范》谈到治国的九大范畴，第一是五行，按"水火木金土"的顺序排列，"土"排在第五位。这是比较原始的排列，与后天八卦"木火土金水"的顺序不同。《洪范》篇接着谈到五事，说"五曰思"，人要效法土地的安静，进行深入的思考。可见，土与思是对应的。同时，中医认为五脏中的脾属于土，脾负责思考，也是土与思对应。

总之，临卦是一个消息卦，代表农历十二月。冬天走到尽头，春天即将来临。临卦也可以看作放大的震卦。震卦代表春天，万物都要发展壮大了，所以"临"也有壮大之意。

二、日渐壮大，步步为营

临卦是消息卦，代表农历十二月，阳气已经聚合，下一步就要进展到泰卦。泰卦下卦是三个阳爻，所以称为三阳开泰，代表农历正月。临卦的阳爻逐渐壮大，所以"临"也代表阳爻的来临。但是，上面还有四个阴爻挡住去路，它们之间要如何相处呢？各爻又该采取怎样的态度呢？

临卦六爻没有一个凶字，其中四爻吉，两爻无咎，是一个好卦。

[爻辞]初九：咸临，贞吉。

象曰：咸临贞吉，志行正也。

[白话]初九：一起来临，正固吉祥。

《象传》说：一起来临而正固吉祥，是因为心意与行为正当。

"咸临"的"咸"字可以理解为"一起"，也可以理解为"感应"。《易经》第31卦就是咸卦，"咸"字下面加上"心"，就变成"感应"的"感"。所以，"咸临"可以有两种解释：第一，初九与九二两个阳爻一起来临；第二，初九与六四相感应，九二与六五相感应，只有六三与上六不应。

用感应来解释，意思更清楚。临卦的阳爻面临阴爻，要把阴爻向外推走。初九与六四正应，表明初九并非用威力来逼迫六四，而是用德行来感化它。初九与六四都当位，两个爻心意配合，行为正当，所以吉祥。

[爻辞]九二：咸临，吉，无不利。

象曰：咸临，吉，无不利，未顺命也。

[白话] 九二：一起来临，吉祥，没有不适宜的。

《象传》说：一起来临，吉祥而没有不适宜的，是因为它不是靠顺从命令而做到的。

九二的爻辞说："一起来临，吉祥，没有不适宜的。"九二为什么这么好呢？首先，九二居中，并与六五正应；其次，临卦兑下坤上，代表下悦上顺的格局；再次，九二的《小象传》说"未顺命也"，亦即九二不是靠顺从命令而做到的，它的本性就是如此。所以九二可以吉祥而无不利。

九二代表刚强正直的大臣，六五代表柔顺居中的君王。君王要做到"致敬尽礼，道合志同"（表示尊重、合乎礼仪、理想相合、目标一致），才能得到九二这个大臣的全力支持。所以，九二不是靠顺从命令来得君行道的，而是靠君臣之间的志同道合。如果君臣之间不能密切配合，怎么能开启国泰民安的理想局面呢？

将初九与九二合而观之，初九代表声名远扬的君子，受到众人的肯定；九二代表得到官位的君子，可以直接辅佐君王，所以两爻皆吉。

[爻辞] 六三：甘临，无攸利。既忧之，无咎。

象曰：甘临，位不当也。既忧之，咎不长也。

[白话] 六三：以和柔的态度对待来临者，没有什么利益。已经对此忧虑，就没有灾难了。

《象传》说：以和柔的态度对待来临者，是因为位置不适当。已经对此忧虑，灾难就不会长久了。

六三的处境比较尴尬，爻辞要分两段来看。

前半段说："以和柔的态度对待来临者，没有什么利益。"六三面对两个阳爻的来临，采取了柔和的态度。因为六三完成了下卦兑，兑为口，为和悦，象征小人用甜言蜜语来谄媚君子。但是，六三不当位，又对九二乘刚，所以无论他怎样和颜悦色，君子都不会买账。

后半段说："已经对此忧虑，就没有灾难了。"这句话的关键在于"忧"字。六三处在不恰当的位置，面对底下来势汹汹的阳爻，眼看就要被推走。这时和颜悦色也没有用，因为这是大势所趋，没有人能够阻挡。六三只有心存忧虑，做好退出的准备，才能化险为夷。

六三为何忧虑？因为全卦只有六三与上六不应，并且六三在互震（九二、六三、六四）中，震动让人警惕，所以六三才会忧心忡忡。

临卦

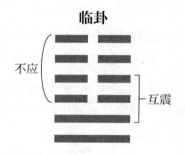

[**爻辞**] 六四：至临，无咎。

象曰：至临无咎，位当也。

[**白话**] 六四：直接面对来临者，没有灾难。

《象传》说：直接面对来临者而没有灾难，是因为位置适当。

六四的爻辞说"直接面对来临者"，因为六四与初九正应，一直在等待阳爻的来临。阴爻在性质上是空的、虚的，不能独立自主，必须等待阳爻的出现。六四位于上卦第一爻，紧邻下卦兑，兑为喜悦，等于欢迎阳爻的来临。六四也在互震（九二、六三、六四）中，震为足，所以六四可以主动前往，迎接初九与九二的到来。六四以阴爻居柔位，本身当位，所以无咎。

临卦

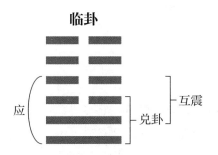

[**爻辞**] 六五：知临，大君之宜，吉。

象曰：大君之宜，行中之谓也。

[**白话**] 六五：以明智的态度面对来临者，这是伟大君主的合宜表现，吉祥。

《象传》说：伟大君主的合宜表现，所说的是推行中道。

六五居中，推行中道，并得到九二的全力辅佐，所以吉祥。在五的位置，不论是九五还是六五，基本上没有太大问题。尤其是六五，象征谦虚柔顺的君王，常会受到肯定。

"知临"的"知"意为"明智"，这与上卦坤有关。坤为土，《尚书·洪范》将五行中的"土"与五事中的"思"对应，又说"思曰睿"，即沉思可以产生觉悟的智慧，所以说"知临"。六五是柔顺之君，他不会仗恃自己的聪明，而是聚合众人之智，以成就自己的大智。六五很清楚两个阳爻上行的趋势，所以站在中道上欢迎它们的来临。

［爻辞］上六：敦临，吉，无咎。

　　　　象曰：敦临之吉，志在内也。

［白话］上六：以敦厚的态度面对来临者，吉祥，没有灾难。

　　　　《象传》说：以敦厚的态度面对来临者是吉祥的，因为心意
　　　　在于国内的百姓。

　　"敦临"的"敦"也来自上卦坤，坤为土，为厚重。上六敦厚乐
善，它的心意是欢迎内卦两个阳爻的来临，所以《小象传》说"志
在内也"。上六到了最高的位置，它尽好自己的责任，做好离开的准
备，使阳爻可以顺利往上发展。

　　总之，临卦是消息卦，它的趋势很明确，两个阳爻从下往上推
进，要一步步发展壮大。临卦的爻辞都很简单，因为每个爻都知道
自己应该怎么做。临卦六爻有四爻吉，三爻无咎，而没有一个凶，
显然是一个好卦。下一节要继续探讨临卦对人生的启发。

三、风光得意，更须小心谨慎

临卦是一个消息卦。前文已经介绍了五个消息卦，包括乾卦、坤卦、泰卦（䷊，第11卦）、否卦（䷋，第12卦）、临卦（䷒，第19卦）。下一卦观卦（䷓，第20卦）也是消息卦。在64卦里面，消息卦并不是按照月份顺序来排列的。

消息卦看趋势。临卦的趋势很明显，底下两个阳爻会带着其他阳爻向上发展。临卦代表十二月，冬天到了，春天还会远吗？所以占到临卦，代表形势一片大好，这时要步步为营，逐步发展壮大。

但是，临卦的卦辞提醒人们"至于八月有凶"。一个人在风光得意之际，更须小心谨慎。万物都以辩证的方式发展，物极必反，否极泰来，所以一定要居安思危。临卦的卦辞虽然有"凶"字，但爻辞都是"吉"或"无咎"，局面非常理想。

接着还要看占到了哪一爻。如果占到初九或九二，代表这件事不是一个人可以做成的，因为这两爻都提到了"咸临"，亦即一起来临。虽然它们都有阴爻正应，但是两爻携手合作是成功的前提。

曾经有个朋友想要创业，占到临卦初九，我告诉他："占到临卦初九，代表此事正在酝酿阶段。这是一件好事，将来会日渐壮大，但是要记得跟上面的九二合作。"他就说："确实有一个合作伙伴准备一起创业，他的年龄比我大，财富比我多，正是九二之象。"可见，《易经》的卦象既可以从时间上来看，从下往上代表发展的过程；也可以从空间上来看，越往上代表地位越高。两面兼顾，就会得到比较完整的理解。

如果占到六三，则要提高警惕。因为六三本身不当位，根本挡不住底下两个阳爻的冲击。这时千万不能抱有侥幸心理，就算和颜悦色、言语谄媚，也不会有什么用。必须了解大势所趋，心存忧虑，早做准备，才能免于灾难。此时要牢记孔子的教诲"攻其恶，无攻人之恶"（《论语·颜渊》），要勇于批判自己的过错，而不要批判别人的过错。

临卦只有六三和上六两爻不应。上六到了最高的位置，本身又当位，所以问题不大。

六四的位置很理想，本身当位，又有初九正应，可以无咎。

六五需要有大智慧，舜和禹就是最好的例子。《中庸》说"舜好问而好察迩言"，意即：舜喜欢向别人请教，又能察纳雅言。《孟子·公孙丑上》说："禹闻善言则拜。"意即：禹只要听到有价值的言论，就向别人拜谢。舜和禹可以聚合众人之智，成就自己的大智，所以历史上称他们为大舜、大禹。

前些年，有位朋友想在烟台买房子，用筹策占到临卦，六爻皆不变。这时就要参考临卦的卦辞："元亨，利贞。至于八月有凶。"当时是农历七月，这位朋友忧心忡忡地问我："这是不是代表下个月就有凶祸呀？"我说："不用担心。临卦是一个好卦，属于十二个消息卦之一。两个阳爻由下往上发展，代表阳气越来越盛。所以，临卦是壮大的意思。"

我又说："'至于八月有凶'这句话，《象传》只是将它简单地解释为'消不久也'，意即消退之期不久将会来到。因为临卦的覆卦是观卦，正好对应于农历八月。从临卦的十二月到观卦的八月，很快就到了。这提醒我们要居安思危，在发展壮大之际，要想到将来一定会消退，这样才会谨慎收敛，未雨绸缪。临卦六爻有四爻为吉，两爻为无咎，而没有一个凶字，是《易经》十大好卦之一，所以不必多虑。"这位朋友继续说，他想买的房子面朝大海，景色宜人。我说："地泽临的卦象正好代表这个房子面临着泽，泽也包括河、湖、海在内，所以可以放心购买。"他后来到底有没有买呢？我没有进一步去了解。其实，不买也是一种选择。我们买房时要考虑清楚，究竟是投资还是自住。《易经》占卦只能针对当下的问题，预测结果如何。对于买房之后十年二十年的变化，就不好预测了。

人们经常想去占问：我跟这个人结婚好不好？我生二胎好不好？事实上，这些问题都是一辈子的事，《易经》占卦无法预测那么遥远的未来。因为一切都在变化之中，每个人都会不断成长，观念也会不断更新。所以用《易经》占卦时，我会建议大家：一次只问一件事，最好只问最近三个月的情况。

我们在解卦之前，先要想清楚问题是什么。假如你是老板，想启用一个新人，或者想成立新的部门，占到临卦就代表这件事会顺利发展。如果占到六五，代表你处在君王的位置，可以做出决策，但真正做事的是底下的九二，他是有能力的大臣。九二的爻辞说"咸临"，"咸"可以理解为有感应，代表九二与六五可以默契配合，互相信赖。

人间的一切组织，无论是国家还是公司，其发展轨迹都是类似的，都是长江后浪推前浪，不断有新生力量来接班。临卦六爻都提到"临"字，既代表两个阳爻的来临，又代表六五君临天下，也代表各爻之间的相互关系。在阳爻稳步发展的大趋势里，每个爻都要根据自己的位置，做出适当的选择。

一、风行大地，圣人神道设教

20 风地观，下坤上巽
观：盥而不荐，有孚颙若。

象曰：风行地上，观。先王以省方观民设教。

上九：观其生，君子无咎。
象曰：观其生，志未平也。

九五：观我生，君子无咎。
象曰：观我生，观民也。

六四：观国之光，利用宾于王。
象曰：观国之光，尚宾也。

六三：观我生，进退。
象曰：观我生进退，未失道也。

六二：窥观，利女贞。
象曰：窥观女贞，亦可丑也。

初六：童观，小人无咎，君子吝。
象曰：初六童观，小人道也。

本节要介绍《易经》第20卦观卦。观卦与临卦为正覆关系，把地泽临整个翻过去，就变成了风地观。观卦也是消息卦，代表农历八月，上面只剩两个阳爻，情况有些危急。观卦可谓《易经》64卦中最严肃的一个卦。

《序卦传》说："物大然后可观，故受之以观。"前面的临卦有"大"的意思，事物壮大之后，会变得很可观，所以接着上场的是观卦。不过，这种可观仅仅意味着，阳爻还占据着九五和上九两个位置。九五作为君王，面对下面四个阴爻的冲击，又该如何稳定局面呢？

所谓"国之大事，在祀与戎"，对于古代的国家而言，最重要的事情就是祭祀与武力。百姓观看君王之道，主要就是通过祭祀和战争。在《论语·颜渊》中，仲弓向孔子请教人生的正途，孔子回答的第一句话就是"出门如见大宾，使民如承大祭"。仲弓德才兼备，可以在政治上担当重任。孔子提醒他，使唤百姓要像承办重要的祭典一样，因为在宗教祭典中最能显示君王的庄严神圣，可以让百姓受到教化。观卦的卦辞就体现了这个道理。

[**卦辞**] 观：盥（guàn）而不荐，有孚颙（yóng）若。

[**白话**] 观卦：祭祀开始时洗净双手，还未到进献祭品的阶段，心中的诚信已经庄严地表现出来。

观卦的卦辞只有八个字，其中的"盥""荐""颙"字从未在其他地方出现过，"有孚"二字亦不多见。在《易经》64卦中，卦辞提到"有孚"的只有五个卦，包括需卦（䷄，第5卦）、讼卦（䷅，第6卦）、观卦（䷓，第20卦）、习坎卦（䷜，第29卦）和损卦（䷨，第41卦）。在这五个卦里面，或者有九二，或者有九五，或者两者兼具。阳爻占据中间的位置（二或五），代表内心实在，可以受到肯定。

何谓"盥而不荐"呢？"盥"就是盥洗、洗手。祭祀之时，君王首先洗净双手，代表他的心灵已经准备就绪，此时的态度要以真诚为上。"荐"就是进献祭品。"盥而不荐"是指祭祀仪式刚刚开始，还未到进献祭品的阶段。一般而言，祭祀刚开始的时候，大家的注意力比较集中；到了进献祭品的阶段，由于祭品很多，进献时间很长，大家的注意力就分散了。所以观卦特别强调，在祭祀开始的阶段，就要把心中的诚信庄严地表现出来。所谓"颙若"，是指一个很大的头昂首挺立，代表庄严肃穆的样子。

[**象传**] 象曰：大观在上，顺而巽，中正以观天下，观。盥而不荐，有孚颙若，下观而化也。观天之神道，而四时不忒。圣人以神道设教，而天下服矣。

[**白话**] 《象传》说：伟大的德行展现在上位，教化柔顺而顺利，能够居中守正来观察天下的人，这就是观卦。祭祀开始时洗净双手，还未到进献祭品的阶段，心中的诚信已经庄严地表现出来，百姓仰观时就受到教化了。观察天地神妙的法则，就知道四季的运行没有偏差。圣人依循这种神妙的法则来设立教化，天下的人就都顺服了。

观卦的《象传》生动地解释了卦辞，其中有两句成语值得借鉴，即"大观在上"与"下观而化"。

《象传》首先提到"大观在上"，即伟大的德行展现在上位，所指的是九五与上九。观卦下坤上巽，坤为顺从，巽为顺利，所以说"顺而巽"。亦即百姓顺从而教化顺利，君王九五能够居中守正来观察天下的人。

《象传》接着提到"下观而化"，即百姓仰观君王的严肃态度，就会受到教化。因为上行下效，君王的表现就像风一样，百姓的表现就像草一样，风动而草偃。[①]

————————

① 出自《论语·颜渊》。原文：君子之德风，小人之德草。草上之风，必偃。

观卦的卦象是风行大地，使春夏秋冬四季顺利运行。所以《象传》接着说：观察天地神妙的法则，就知道四季的运行没有偏差。圣人依循这种神妙的法则来设立教化，天下的人就都顺服了。这句话体现了《易经》的基本观念：观察天地之道，以安排人之道。

在介绍中国文化的书籍中，谈到古代的宗教或教育，绝不会少了"神道设教"这四个字。一般会把"神"当作名词，好像君王用神的故事或命令来设立教化。其实，"神道"的"神"是一个形容词，意为神妙的，"道"才是重点，意为法则。因为《象传》先说"观天之神道"，再说"圣人以神道设教"，亦即圣人先观察天地神妙的法则，再依循这种法则来设立教化。这个法则是什么呢？答案就是"中正"二字。《象传》一开头就强调"中正以观天下"，所以任何教化都要以"既中且正"作为原则。

[象传] 象曰：风行地上，观。先王以省方观民设教。

[白话]《象传》说：风吹行在大地上，这就是观卦。古代帝王由此领悟，要巡视四方，观察民情，设立教化的制度。

观卦的《大象传》再度提到"先王"，他根据风行大地的卦象，领悟了要巡视四方观察民风民情、设立教化的制度。这反映了古代社会的情况。

对于"神道设教"，还可以做进一步的思考。

第一，君王必须具备祭祀时的庄严态度，才能让百姓收敛与服从。君王要做到"有威可畏，有仪可象，有礼可敬，有义可服"（有威严可畏惧，有仪表可学习，有礼制可尊敬，有道义可顺服），百姓才会心悦诚服。

第二，观卦可以看作放大的艮卦，艮为山，为停止，所以要把教化的重点放在停止上面。人的生命如果缺乏自我约束，完全诉诸本能、冲动和欲望，就会一发不可收，最终走向毁灭之途。可见，观卦对于君王教化百姓深有启发。

总之，观卦是一个消息卦，四个阴爻一路冲上来，阳爻只剩下九五和上九。九五的位置既中且正，他要全面施展自己的德行、能力与智慧，用一片真诚之心稳住整个社会，所以观卦才会出现"盥而不荐，有孚颙若"这么特别的卦辞。观卦的《象传》强调"圣人以神道设教"，这个神妙的法则就是中正之道。除此之外，人生没有第二条路可走。百姓看到君王如此虔诚，就会收敛自己，接受教化。

二、观察民情，勇于承担责任

观卦是消息卦，代表农历八月，已经进入了秋天。观卦的结构是风地观，底下四个阴爻，上面两个阳爻。此时的情势显然不妙，不过阳爻还占据着九五与上九两个位置。九五既中且正，它对自己的责任有深刻的认识和忧虑，因此要像面对祭祀那样，显示出虔诚庄严的态度。

观卦六爻没有一个"吉"字，这是很少见的。这提醒我们，此时不要奢望得到什么吉祥，重点在于承担责任的使命感。君王应该清楚，如果百姓出现问题，自己要承担全部的责任。

[爻辞] 初六：童观，小人无咎，君子吝。

象曰：初六童观，小人道也。

[白话] 初六：像孩童那样观看，小人没有灾难，君子就有困难。

《象传》说：初六像孩童那样观看，是小人的作风。

初六一进入观卦，就像进入放大的艮卦（☶），艮为少男，所以说"童观"。初六远离九五，有如淳朴的百姓，他对国家的政教并不了解，算是情有可原。但是，君子如果也像孩童一样，眼光就过于狭隘了。

在古代社会，男子满20岁要举行"冠礼"（成年礼），此时长辈会提醒年轻人，要"弃尔幼志"，即抛弃你幼年时的心意。人在幼年时都比较天真，总是幻想着将来要做这个、做那个；成年之后，就要抛弃这些幼稚的想法，对人生做出长远的规划。

人活在世界上，抛弃儿时的幻想、提升到君子的层次，并非易事。因为人在孩童阶段主要生活在家庭里面，身边都是平凡的家人，往往有欲望就要追逐，有利益就想得到，看到喜欢的就开心，看到讨厌的就生气，并不清楚人生该往哪里走。这就是观卦初六所面临的处境。

[爻辞] 六二：窥观，利女贞。

象曰：窥观女贞，亦可丑也。

[白话] 六二：从门缝向外观看，适宜女子正固。

《象传》说：从门缝向外观看，虽然女子可以正固，但君子则应觉得羞愧。

六二以阴爻居柔位，且下卦为坤，坤为女子，所以说"适宜女子正固"。古代女子较少出门走动，名门望族的女子更是如此，所以只能从门缝向外观看。但是，如果君子也从门缝向外观看，就应该觉得羞愧。

六二虽然与九五正应，但是它上下都是阴爻，所以六二即使看到九五，也未必会往上提升自己。这反映了古代女子的特定状况，并不适用于现代。现代女性受到良好的教育，自有其光明坦荡的见解。

初六的"童观"可谓"蒙而无见"，它像孩童一样蒙昧，缺少见识；六二的"窥观"可谓"有见而小"，它从门缝向外观看，目光短浅。这两爻显然都不够理想。

[爻辞] 六三：观我生，进退。

象曰：观我生进退，未失道也。

[白话] 六三：观察我的生民，再决定该进或该退。

《象传》说：观察我的生民再决定该进或该退，并未偏离正途。

六三与九五的爻辞都提到"观我生",但两者的内涵有所不同。六三的"观我生"是"察己以从人",亦即观察自己的水平够不够,再决定是否跟从别人。六三与上九正应,可以把上卦巽的象征带进来,巽为风,可进可退。六三要进的话,先要衡量自己的能力;要退的话,需要衡量适当的时机,这样才不会偏离正途。

六三的处境还不错,它完成了下卦坤,坤为顺。当你要顺从别人时,一定要先衡量自己的能力,量己而为进退。如果不了解自己而盲目跟进,后面必然会遇到困难。如果发现情况不对就急于退却,也未必是适当的时机。

[**爻辞**] 六四:观国之光,利用宾于王。

象曰:观国之光,尚宾也。

[**白话**] 六四:观察国家的政教光辉,适宜从政追随君王。

《象传》说:观察国家的政教光辉,是要往上追随君王。

六四上承九五,两爻皆当位,所以情况有了明显改善。如果一个卦出现六四与九五的组合,一般都是不错的。六四代表有能力又顺从的大臣,九五代表君王。

六四下临坤卦,坤代表国家,也代表有文采、有内涵,所以说"观国之光"。古代帝王礼遇大臣,会把大臣当成来宾一样尊重,所以做官也称为"宾"。六四在上卦巽中,巽为近利市三倍,所以局面变得非常顺利。

[**爻辞**] 九五:观我生,君子无咎。

象曰:观我生,观民也。

[**白话**] 九五:观察我的生民,君子没有灾难。

《象传》说：观察我的生民，就是观察我的百姓。

　　九五与六三的爻辞都提到"观我生"。六三是"察己以从人"，要了解自己，决定自己是进是退。九五则是"察人以修己"，要观察百姓的情况，然后修养自己。

　　国君为何要观察他的百姓？有一句话说得好："民之善恶生于君，君之善恶形于民。"百姓的善恶源于国君的示范，而国君的善恶会彰显在百姓身上。《孟子·离娄上》也说："不仁而在高位，是播其恶于众也。"意即：不行仁的人居于高位，就会把他的邪恶传播给大众。可见，君王通过观察百姓的表现，可以了解自己修养的好坏。

　　所谓"君子"，代表一国之君或社会上有德行、有身份的人物。在别人观察你之前，你先要省察自己，能否做到慎独而不愧于屋漏，在没有人知道的地方，照样可以循规蹈矩，坦坦荡荡。这样才称得上"大观在上"，百姓才会"下观而化"。

　　九五既中且正，又有六二正应，为何只能得到无咎的结果？因为对君王而言，照顾百姓、让天下上轨道是他应尽的责任。《小象传》说："观察我的生民，就是观察我的百姓。"换言之，如果天下都是好人，君王才可无咎；一旦出现了坏人，责任就在君王身上。由此可见，观卦有很明显的责任意识。

[爻辞]上九：观其生，君子无咎。

　　　　象曰：观其生，志未平也。

[白话]上九：观察他的生民，君子没有灾难。

　　　《象传》说：观察他的生民，是因为心意不得安定。

　　上九没有直接碰到下卦坤，所以说"观察他的生民"。"他"是指九五。

上九无权无位，但他仍然有忧虑，可谓"君子无位而有忧，小人有位而无忧"。君子了解人生的正道，即使没有官位，也始终忧国忧民。小人即使有官位，也只是混日子而已，没有什么忧虑。君子与小人的差别在此。

《小象传》说"君子的心意不得安定"，因为君子可能被重用，也可能被舍弃，但他绝不会放弃自己的志向，君子一生都以修己安人为使命。这就是观卦的深刻之处。

总之，观卦六爻没有一个吉。远离九五的爻都不太理想，初六像孩童一样幼稚，六二从门缝向外观看。越接近九五的爻，处境越好。观卦体现出明显的责任意识，具有重要的内涵。

三、虔诚肃穆，尽职尽责

观卦是一个消息卦，底下四个阴爻，上面两个阳爻。眼看着情势不妙，君王要如何维持目前的处境呢？观卦的卦辞和《象传》都强调，举行宗教祭祀活动，是让百姓遵从君王最好的办法。

马克思（Karl Marx，1818—1883）说过："宗教是人民对实际困苦的抗议，无异于人民的鸦片。"法国哲学家蒙田（Michel de Montaigne，1533—1592）说得更为具体，他说："仪式是使人民臣服的良药。人民崇拜君主，有时是透过庄严的仪式。"听到这句话，让人不禁怀疑蒙田是否读过《易经》的观卦。观卦的卦辞说"盥而不荐，有孚颙若"，《象传》强调"大观在上""下观而化"，不都是希望透过宗教仪式让百姓顺服吗？观卦提醒国君，要有虔诚肃穆的心态，认真履行自己的职责。

观卦对人生有何启发呢？首先可以参考一些古代的例子。

初六的"童观"是指像孩童那样观看。在古代，男子20岁要举行冠礼，长辈提醒年轻人，要"弃尔幼志"，但是许多人一辈子长不大，被本能、冲动和欲望所控制，没有什么改善与进步。

六二的"窥观"是从门缝向外观看，孔子的学生子路可以作为例子。有一次，孔子带着学生们到了卫国。子路是热血青年，就问老师："假如卫君请您去治理国政，您要先做什么？"孔子说："一定要我做的话，就是纠正名分了。"[1]

孔子为什么这样说呢？因为卫国当时发生了内乱。卫灵公过世

---

[1] 出自《论语·子路》。原文：子路曰："卫君待子而为政，子将奚先？"子曰："必也正名乎！"子路曰："有是哉，子之迂也！奚其正？"子曰："野哉，由也！君子于其所不知，盖阙如也。名不正，则言不顺；言不顺，则事不成；事不成，则礼乐不兴；礼乐不兴，则刑罚不中；刑罚不中，则民无所措手足……"

以后，他的孙子继位，也就是卫出公；而卫灵公的儿子此时流亡在外，很不服气，于是在多年之后回国跟自己的儿子争夺国君的位置。所以孔子主张，先纠正君臣父子的名分，才能使国家政治上轨道。

子路听了之后居然说："老师您未免太迂腐了吧！"子路的想法就是"窥观"，有如从门缝向外观看。他只希望把握机会做点事，却不知道名不正则言不顺。

孔子接着发表了一段精彩的推论，他说："名不正，则言不顺；言不顺，则事不成；事不成，则礼乐不兴；礼乐不兴，则刑罚不中；刑罚不中，则民无所措手足。"说明这一系列事件是环环相扣的，第一步出现了名不正的情况，后面一路发展下去，整个社会将无法安定，百姓也会惶惶不知所措。由此可见，子路的格局显然过于狭隘。

六三的关键是"察己以从人"。先充分了解自己，再决定是进是退，才能不失其道。很多人在进的时候，忘了自己能力不足；退的时候，又忘了自己对社会的责任，从而进退失据。

孔子的学生漆雕开可以作为正面的例子。有一次，孔子让漆雕开去做官。漆雕开了解自己的情况，就对老师说："启斯之未能信。"①意即：学生对于做官还没有自信，所以不想出仕。做官是古代读书人最好的出路，大家都趋之若鹜。漆雕开却承认自己对做官还没有自信，孔子听了之后非常满意。

关于这段话的原文，存在一些争议，有很多《论语》的版本都写作"吾斯之未能信"。我参考一些专家的研究，将原文修订为"启斯之未能信"，因为漆雕开本名"启"。在《论语》里面，学生回答老师的问题，都是以自己的名字来自称，绝不会说"吾"如何如何。并且，这句话前面用了"对曰"，代表晚辈回答长辈，或地位低的人

---

① 出自《论语·公冶长》。原文：子使漆雕开仕。对曰："启斯之未能信。"子说。

回答地位高的人，说明对话双方当时都在现场。所以，漆雕开向老师报告说"启斯之未能信"，这样才合理。可见，漆雕开很了解自己的情况，知道自己还不到做官的时候。

孔子另一个学生闵子骞以孝顺闻名，他也非常了解自己。有一次，鲁国的执政大夫季氏想让闵子骞去做官，闵子骞对季氏很不认同，不愿意跟这种人合作，所以拒绝出仕，并且声明："如果再有人来找我，我一定逃到汶水以北的齐国去了。"[①]孔子两位学生的表现正如观卦六三，他们进退自有分寸，所以没有偏离正途。

六四直接靠到九五：九五像对待来宾一样，诚意邀请六四出来做官，六四欣然前往。周武王向箕子求教就是一个很好的例子。周武王打败商纣之后，为了百姓的福祉，就去拜访商朝最有学问的人——商纣王的叔叔箕子。他向箕子求教：周朝接替商朝之后，怎样才能治理好国家，让百姓安居乐业？周武王把箕子当作来宾甚至当作老师来请教，因为他知道治理天下不能只靠武力，一定要靠文化或教育，才能实现国家的长治久安。箕子就是观卦六四，周武王就是九五，二人携手合作，才能把天下治理好。箕子阐述的治国方略被记录在《尚书·洪范》里面。

现代也有占到观卦的案例。有个朋友在一个大企业里担任领导，第一任做得很好；第二任开始的时候，他想知道未来的情况如何，结果占到观卦九五。九五的爻辞说"观察我的生民"，代表公司治理的好坏完全取决于员工的满意度，他最多只能做到"君子无咎"。因为他已经做了一任，第二任做得好是应该的；如果出了问题，责任完全在他自己。

消息卦要看发展的趋势。占到九五，代表好日子只剩下两年，

---

① 出自《论语·雍也》。原文：季氏使闵子骞为费宰。闵子骞曰："善为我辞焉！如有复我者，则吾必在汶上矣。"

后面会有大麻烦。因为走完九五、上九这两步，就到了六爻皆阴的坤卦，局面将完全陷于被动，一点主动力都没有。所以，要做好充分的心理准备，知道消退的趋势无法改变，未来的情况不容乐观。他的第二个任期勉强可以稳住前两年，后两年就不堪设想了。

我自己也占到过观卦。我讲授西方哲学一段时间之后，录制了不少上课的音频。一位朋友愿意出钱帮我制成光盘，向社会大众推广。我用筹策占了一卦，占到观卦，没有变爻。用筹策占到六爻皆不变，代表目前没有明确的发展方向，发生改变的可能性不大。

观卦的《大象传》提到"观民设教"，这提醒我要注意观察时机。自己想要推广西方哲学，还要看别人接不接受。当时国学尚未普及，大家对传统文化还来不及消化和吸收，此时再推出西方哲学，又有多少人会感兴趣呢？所以，虽然有人愿意帮忙发行，我还是婉谢了他的好意。

很多事情并不是钱的问题，如果推广没有效果，又何必白费力气呢？总之，消息卦要看趋势。观卦只剩下两个阳爻勉强支撑，此时君王要有承担责任的使命感，要以庄严肃穆的态度来教化百姓。所以，观卦的气氛特别严肃，六爻里面没有一个"吉"字。

一、有问题没搞定，怎么合作

21 火雷噬嗑，下震上离

噬嗑：亨。利用狱。

象曰：雷电噬嗑。先王以明罚敕法。

上九：何校灭耳，凶。
象曰：何校灭耳，聪不明也。

六五：噬干肉，得黄金。贞厉，无咎。
象曰：贞厉无咎，得当也。

九四：噬干胏，得金矢。利艰贞，吉。
象曰：利艰贞吉，未光也。

六三：噬腊肉，遇毒。小吝，无咎。
象曰：遇毒，位不当也。

六二：噬肤灭鼻，无咎。
象曰：噬肤灭鼻，乘刚也。

初九：屦校灭趾，无咎。
象曰：屦校灭趾，不行也。

　　本节要介绍《易经》第21卦噬嗑卦。"噬嗑"二字除了作为《易经》的卦名之外，平常很少用到。"噬"就是咬噬或吞噬，亦即要把东西咬断，再吃下去。"嗑"就是嗑瓜子的嗑（kè），但是这里要念成 hé，意为相合。

　　为什么会出现噬嗑卦呢？《序卦传》说："可观而后有所合，故受之以噬嗑。嗑者，合也。"前面的观卦强调"神道设教"与"观民设教"，要推行政教制度来教化百姓。教化百姓有了可观的成就，民心自然相合，所以接着出现了噬嗑卦。但是，民心相合绝非易事，其先决条件是正确判断诉讼案件。简而言之，噬嗑就是咬断而合。这是一个比较复杂的卦。

噬嗑卦的卦象是火雷噬嗑，上卦为离，代表光明；下卦为震，代表行动。有光明才能分辨是非，有行动才能做出决断。这就是噬嗑卦的基本构想。

[卦辞] 噬嗑：亨。利用狱。

[白话] 噬嗑卦：通达。适宜判决诉讼。

噬嗑卦的卦辞很简单，"利用狱"三个字只出现在噬嗑卦里面，意为适合判决诉讼。

在《易经》64卦中，有六个卦与诉讼有关，包括讼卦（䷅，第6卦）、噬嗑卦（䷔，第21卦）、贲卦（䷕，第22卦）、丰卦（䷶，第55卦）、旅卦（䷷，第56卦）、中孚卦（䷼，第61卦）。除了讼卦之外，其他五个卦的结构中都包含了离卦（☲），中孚卦（䷼）相当于放大的离卦。离为火，代表光明。在这六个卦之中，噬嗑卦说得最直接，它在卦辞里就直接提到"适宜判决诉讼"。

[象传] 象曰：颐中有物曰噬嗑。噬嗑而亨，刚柔分，动而明，雷电合而章。柔得中而上行，虽不当位，利用狱也。

[白话] 《象传》说：口腔中有东西，这种象就称作噬嗑卦。噬嗑卦咬断而合之就通达了，刚强者与柔顺者分开，一行动就见到光明，雷声闪电相合而彰显一切。柔顺者取得中位而向上前进，虽然位置不恰当，但适宜判决诉讼。

噬嗑卦的《象传》提到"颐中有物"，即口腔中有东西。《易经》里面有一个颐卦（☲，第27卦），只有初九、上九两个阳爻，中间四个是阴爻，就像一张口张开来要吃东西。噬嗑卦也有初九和上九，只是中间多了一个九四，就像口中卡住一个硬物。只有把九四咬断，上下才能相合。

《象传》又说："刚强者与柔顺者分开，一行动就见到光明。"从这句话可知，噬嗑卦是由否卦变来的，将否卦的初六与九五换位，就变成了噬嗑卦。《易经》中的大部分卦都是从消息卦变来的。如果一个卦有三个阳爻、三个阴爻，一定是泰卦或否卦的两爻交换了位置，才会出现该卦。噬嗑卦下卦震为动，上卦离为明，所以说"动而明"。

否卦　　　　　　**噬嗑卦**

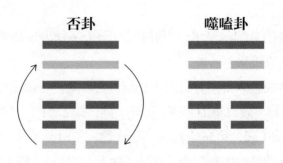

《象传》接着说："柔顺者取得中位而向上前进，虽然位置不恰当，但适宜判决诉讼。""柔顺者"指六五。否卦初六上行到"五"位，变成噬嗑卦六五；它取得中位，虽不当位，但适宜判决诉讼。因为六五是阴爻，代表柔顺、温和的君王，他在判决诉讼时，不会过于强硬，总希望给人改过的机会。

噬嗑卦强调，判决诉讼必须咬断而合，要追求善恶的真相，使正义得以伸张，这样民心才会相合。噬嗑卦彰显了"明"与"威"，上卦离代表明智，下卦震代表威严。明智是为了查出实情，而非炫耀自己的聪明；威严是为了惩罚恶人，而非抬高自己的权威。曾参说过："如得其情，则哀矜而勿喜。"（《论语·子张》）意即：在治理百姓时，如果查出罪犯的实情，要有难过和怜悯之心，不可沾沾自喜。对今日的司法部门来说，这是很好的建议。

[**象传**] 象曰：雷电噬嗑。先王以明罚敕（chì）法。

[**白话**]《象传》说：打雷与闪电合在一起，这就是噬嗑卦。古代帝王由此领悟，要明辨刑罚，端正法律。

《大象传》一般会按照从上到下的顺序来说明一个卦。噬嗑卦的结构是火雷噬嗑，应该先说电，再说雷；但是，它的《大象传》却说"雷电噬嗑"，因为中国人习惯说雷电，而很少说电雷。

噬嗑卦提到"先王"，代表这是比较早的阶段。古代社会的人民，不可能一开始就行善避恶，就像一个年轻人，难免会有各种欲望，有时甚至明知故犯。所以先王在治理国家时，先要制定法律，再明辨刑罚，端正法律，使善恶无所遁形。

人活在世界上，最需要两种东西：一是仁爱，一是正义。仁爱让百姓在经济上有充分的资源，可以吃饱喝足，衣食无忧。但是，百姓受教育之后，更需要正义。如果总是坏人得意、好人受委屈，那么谁还愿意行善避恶呢？如果一个社会缺乏正义，那么人心不可能真正相合。

噬嗑卦的卦象就像人在吃东西时，有一个梗卡在口中，只有把它咬断，才能充分咀嚼。治理国家的过程中，也难免会出现一些梗阻，只有去掉这些梗阻，人心才能相合，整个社会才能安和乐利。

噬嗑卦的气氛比较紧张，每一爻都必须采取某种立场，或是接受审判，或是审判坏人。噬嗑卦有三个阳爻，三个阴爻，阳爻代表阳刚，容易违反法律；阴爻则要设法解决阳爻的问题。

二、小惩大诫，改过十分可贵

噬嗑卦是火雷噬嗑，代表在光明的照耀之下，采取适当的行动，使正义得以实现，人心能够相合。噬嗑就是咬断而合，卦辞提到"利用狱"，即适宜判决诉讼。

简单来说，噬嗑卦三个阳爻都要接受审判，三个阴爻都要审判别人。因为阳爻代表刚强，易于干犯法律；而阴爻代表柔弱，可以顺从法律的安排。比较复杂的是九四，它既要接受审判，又要审判别人。这就好比一个国家的大臣可以分为两派，要让刚正的大臣去对付奸邪的大臣。

[**爻辞**] 初九：屦（jù）校（jiào）灭趾，无咎。

象曰：屦校灭趾，不行也。

[**白话**] 初九：戴上脚枷，遮住脚趾，没有灾难。

《象传》说：戴上脚枷，遮住脚趾，不能行动了。

初九刚一上场，就触犯了法律，被戴上脚枷，失去行动的自由。"屦"是鞋子，引申为穿鞋。"校"是枷锁的总称，因为下卦为震，震为木，引申为木制的脚枷。

初九代表年轻人或社会底层的百姓，他们因犯错而受到惩罚，就会接受教训，停止为恶，后面反而没有灾难了，可谓"小惩而大诫"（《系辞下传》）。初九与九四不应，并且它在互艮（六二、六三、九四）之下，艮为止，等于初九无路可走，只好停下来，这反而是好事。

噬嗑卦

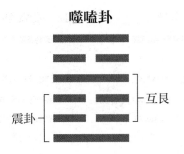

震卦 —

互艮

[**爻辞**] 六二：噬肤灭鼻，无咎。

象曰：噬肤灭鼻，乘刚也。

[**白话**] 六二：咬食肥肉，鼻子没入，没有灾难。

《象传》说：咬食肥肉而鼻子没入，是因为凌驾在刚强者之上。

噬嗑卦的特色是：中间四爻（六二、六三、九四、六五）都提到"噬"字，代表要咬断硬物，共同对付刚强的爻。

"肤"是指连着皮的肥肉，大口咬食会使鼻子没入其中。六二在互艮（六二、六三、九四）中，艮为果蓏，外面是硬壳，里面是软的果肉，可引申为带皮的肥肉。同时，艮为山，人脸上的"山"就是鼻子，所以说"噬肤灭鼻"。六二是用刑之人，手段虽然不雅，但是"无咎"。

《小象传》说六二"乘刚"，这并不代表初九是本卦主爻。噬嗑卦是由否卦初六与九五换位而来，它的《象传》说"柔得中而上行"，说明噬嗑卦的主爻是六五。

六二负责审判初九，而初九的过失较小。"肤"属于身体表层。"噬肤"代表六二对初九略施惩戒，使它不再犯错。"鼻"的作用是呼吸，可以声气相通。"灭鼻"代表六二彻底切断了初九与九四的来往，使它容易改过。

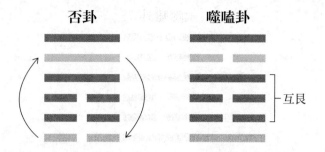

否卦　　　　　噬嗑卦

互艮

[爻辞] 六三：噬腊肉，遇毒。小吝，无咎。
　　　　象曰：遇毒，位不当也。

[白话] 六三：咬食腊肉，遇到有毒的部分。有小的困难，没有灾难。
　　　　《象传》说：遇到有毒的部分，是因为位置不恰当。

　　　六三在互艮（六二、六三、九四）中，艮为果蓏，引申为带皮
的肥肉；六三上面是离卦，离为火，所以六三咬食的不是肥肉，而
是被火熏干的腊肉，很难将其咬断。腊肉为干肉，有如今天的腊肉。
另外，六三在互坎（六三、九四、六五）中，坎为危险，为加忧，
所以说"遇毒"。六三是用刑者，负责审判九四；六三本身不当位，
所以有小的困难，但没有灾难。

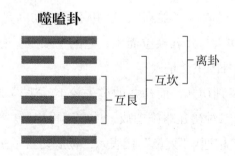

噬嗑卦

离卦

互坎

互艮

[爻辞] 九四：噬干胏（zǐ），得金矢。利艰贞，吉。

象曰：利艰贞吉，未光也。

[白话] 九四：咬食骨头上的干肉，获得金属箭头。适宜在艰难中正固，吉祥。

《象传》说：适宜在艰难中正固，吉祥，是因为作为还不够光明。

　　九四的爻辞说："咬食骨头上的干肉，获得金属箭头。"九四有所噬，也有所得，这是怎么回事呢？九四是阳爻，代表刚强，有"刚善"和"刚恶"两种情况。因此，要由善的来对付恶的。恶的被制服之后，善的可以获得金属箭头。九四代表君王身边的大臣，这些大臣有好有坏，有正直的也有偏邪的，所以要由正直的大臣去克制偏邪的大臣。换言之，正直的大臣是在"咬食干肉"，偏邪的大臣则是被咬食的对象。

　　为何会出现"金属箭头"呢？九四在互坎（六三、九四、六五）中，又在上卦离中，坎为弓轮，离为戈兵，弓上的戈就是箭矢。并且，噬嗑卦由否卦初六与九五换位而来，否卦的上乾变成噬嗑卦的上离。乾为金，金子做的矢就是"金矢"。可见，爻辞每一个字都有出处。

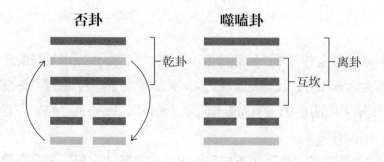

　　九四最后得到吉祥，这也是噬嗑卦里唯一的吉。关键在于，要由正直的大臣去克制偏邪的大臣，才会得到吉祥。九四这样做的目

的是帮助君王六五。

[爻辞] 六五：噬干肉，得黄金。贞厉，无咎。
　　　　象曰：贞厉无咎，得当也。

[白话] 六五：咬食干肉，获得黄金。一直这样下去有危险，但没有
　　　　灾难。
　　　　《象传》说：一直这样下去有危险，但没有灾难，是因为作
　　　　为都还恰当。

　　君王六五亲自进行审判，结果获得了黄金。噬嗑卦从否卦变来，
否卦下卦为坤，坤为土，颜色为黄；上卦为乾，乾为金，这些都应
验在六五身上，所以说"得黄金"。

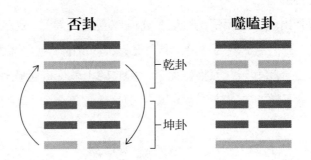

　　六五是全卦主爻，面临结案的难关。六二、六三以及好的九四
一起为六五服务，目标是实现正义。六五决定了审判能否顺利完成，
它面临巨大的压力，所以说"贞厉，无咎"，即一直这样下去有危
险，但没有灾难。

　　"贞厉"的"贞"字不能解释为"正固"，"正固"怎么会带来
危险呢？这里要把"贞"理解为"一直这样下去"。在《易经》中
多次出现"贞厉""贞吝""贞凶"等说法，此时要把"贞"理解为

"按照前面的方式，一直进展下去"。

[**爻辞**] 上九：何（hè）校灭耳，凶。

　　　象曰：何校灭耳，聪不明也。

[**白话**] 上九：肩扛着枷，遮住耳朵，有凶祸。

　　　《象传》说：肩扛着枷，遮住耳朵，听不清也看不见。

　　上九是噬嗑卦第三个阳爻，也是被审判的对象。初九是脚上戴着脚枷，遮住脚趾；上九则是肩上扛着枷锁，遮住耳朵，可见严重程度已经到了极点。上九爻变，上卦变成震卦，震为木，木制的刑具就是"校"。同时，上九居离卦终位，又在互坎（六三、九四、六五）之上，离为目，坎为耳，等于上九被刑具遮住了耳朵和眼睛，所以《小象传》说它"聪不明也"，代表上九既听不清也看不见。

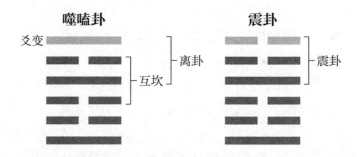

　　总之，噬嗑卦只有九四是"吉"，只有上九是"凶"，其他四爻均"无咎"。噬嗑卦的基本构想是，所有阴爻要配合君王六五，一起对付犯法之人——初九、上九以及坏的九四。比较特别的是九四，它代表君王身边的大臣，可以分为善恶两派。如果一个国家刚正的大臣可以惩治奸邪的大臣，这个国家就会步入正轨，民心相合。历史上有很多这样的例子。

三、痛恨罪恶，但宽待别人

噬嗑卦是火雷噬嗑，既有光明又能行动，适宜判决诉讼案件，使正义得以实现，人心能够相合。噬嗑卦的爻辞很生动，中间四爻都以"噬"字开头，代表要咬断硬物，判断是非善恶。

孔子在《系辞下传》中对噬嗑卦初九与上九进行了发挥。首先，孔子解释了初九为何会没有灾难，他说："小人不耻不仁，不畏不义，不见利不劝，不威不惩。小惩而大诫，此小人之福也。《易》曰：'屦校灭趾，无咎。'此之谓也。"意即：小人不知羞耻所以不会行仁，无所畏惧所以不会行义，不见到利益就不会振作，不受到威胁就不知惩戒。受到小的惩戒而避开大的过错，这是小人的福气啊。《易经》上说："戴上脚枷，遮住脚趾，没有灾难。"说的就是这个意思。

换言之，小人不明白为人处事的道理，不知道要行善避恶。"小惩而大诫"是这句话的关键。小人犯了错而受到惩罚，就会警惕自己今后不要再犯，所以可以"无咎"。

对于上九，孔子发挥道："善不积不足以成名，恶不积不足以灭身。小人以小善为无益而弗为也，以小恶为无伤而弗去也，故恶积而不可掩，罪大而不可解。《易》曰：'何校灭耳，凶。'"意即：善行不累积，不足以成就名声；恶行不累积，不足以害死自己。小人以为小善没有益处而不去做，以为小恶没有害处而不排斥，所以恶行累积到无法遮掩的地步，罪过也大到无法开脱的程度。《易经》上说："肩扛着枷，遮住耳朵，有凶祸。"

所以，千万不要以为小善没有什么好处，小恶没有什么坏处。倘若小恶一直累积下去，最后就会积重难返。三国时代的刘备告诫儿子阿斗"勿以恶小而为之，勿以善小而不为"，就是受到孔子这句话的启发。

古代有许多故事可以作为噬嗑卦的例证。初九代表一个人在年轻时犯错受罚，后来知过能改。譬如，《庄子·德充符》一开头就说，鲁国有个人叫作王骀（tái），他受了刑罚，被砍掉一只脚。然而，跟他学习的弟子人数，居然与孔子门下的差不多。[①]可见，王骀虽然在年轻时犯过错，但后来改过迁善，变成了一位好老师。这是从儒家的角度来说的。

《庄子》的原文则是从道家的角度来阐述的。庄子说，这些学生跟王骀学习，王骀既不讲课也不教诲，但学生们都是"虚而往，实而归"——他们去求教的时候，内心空虚；回家的时候，却内心充实。[②]这是为什么呢？因为学生们发现，老师虽然少了一只脚，却若无其事，怡然自得。反观自己，都是身心健全的人，为什么还要抱怨呢？这样就治好了很多人的心理疾病。这个故事很有励志意义。

九四代表在同一个朝廷里面，分为善恶两派的大臣，君王要靠善的大臣来对付恶的，才能维持国家的安定。譬如，尧任用了舜，与舜一起共事的有"四凶"（四个恶人）。舜接位之后，立刻流放了四凶，正所谓"利艰贞，吉"，在艰难中坚持下去，就会出现吉祥。又如，周公与管叔、蔡叔是兄弟，他们都在周武王的朝廷里做官。后来，管叔、蔡叔居然与商纣的儿子联合起来叛变。周公亲自东征，才平定了叛乱。

上九到了最后阶段，如果还不能改过，就会有大麻烦。譬如，战国时代的秦孝公支持商鞅变法，使秦国迅速崛起。后来，商鞅的朋友赵良奉劝商鞅："千人之诺诺，不如一士之谔谔。"意思是说，

---

① 原文：鲁有兀（wù）者王骀，从之游者，与仲尼相若。
② 原文：常季问于仲尼曰："王骀，兀者也，从之游者与夫子中分鲁。立不教，坐不议，虚而往，实而归。固有不言之教，无形而心成者邪？是何人也？"

大家都在拍你马屁，只有我一个人提醒你见好就收，最好在秦孝公去世之前就远走高飞。赵良又说："恃德者昌，恃力者亡。"靠德行才能昌盛，靠力量必定灭亡。话说得如此直白，但商鞅还是舍不得富贵荣华。秦孝公死后，商鞅作法自毙，死得很惨。（见《史记·商君列传》）他就像噬嗑卦的上九，既不能闻过而改，也不能急流勇退，自然没有好的结局。

有一次，我在南方的一个城市上课，有位同学听到新闻说，最近有几桩犯罪案件都是老人作案的，他就问："怎么老人变坏了呢？"另一位同学说："不是老人变坏了，而是坏人变老了。"这话很有道理。如果一个人到老了还不能改过，最后必然陷入更大的困境。

占到噬嗑卦，往往代表有些事尚未得到妥善的处理，是非善恶还没有得到公断。此时关键要看占到了哪一爻，是你要对付别人，还是别人要对付你。如果自己有过失，一定要趁早改正，晚了就来不及了。

我自己也占到过噬嗑卦。有一次，我在《易经》课上示范筹策占卦，占问自己的时运，居然占到噬嗑卦，九四和上九两爻变。这时要以上九的爻辞为准，上九说："何校灭耳，凶。"我当时很纳闷，自己只是一个单纯的教书人，怎么会牵涉到诉讼呢？我当时不以为意，就对同学们说："这是示范教学，仅供参考。"谁知道两个月之后，我居然真的收到了法院的出庭通知。有一个听过我讲课的同学去法院起诉我，控告我没有因材施教。这让我觉得莫名其妙。

法院开庭那天，我刚好不在台湾，就打电话向法院请假。法院的承办人听到我的名字，知道我是谁，他居然笑出声来，因为他们内部也觉得这个案件匪夷所思。我就问这位办事人员："既然你们也这样想，为什么还要受理这个案件呢？"他答复我说："我们要按照法律程序办事。任何人只要交了诉讼费，我们就得受理。"

又过了两个月，我收到了判决书。连我在内，一共有三个老师被起诉，最后都被判决无罪。我当时非常感慨，如果"没有因材施教"这种罪名也能成立的话，那么学校附近大概都要开设法院了。我在课上占到噬嗑卦，后面居然真的发生了诉讼。但是换个角度来看，我们用《易经》占时运，如果爻辞出现了"凶"字，也不用过于紧张，它只是代表最近会碰到一些不顺心的事情而已。

一、"文化"一词，来自这儿

22 山火贲，下离上艮

贲：亨。小利有攸往。

象曰：山下有火，贲。君子以明庶政，无敢折狱。

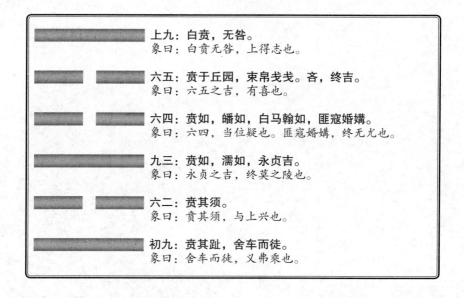

上九：白贲，无咎。
象曰：白贲无咎，上得志也。

六五：贲于丘园，束帛戋戋。吝，终吉。
象曰：六五之吉，有喜也。

六四：贲如，皤如，白马翰如，匪寇婚媾。
象曰：六四，当位疑也。匪寇婚媾，终无尤也。

九三：贲如，濡如，永贞吉。
象曰：永贞之吉，终莫之陵也。

六二：贲其须。
象曰：贲其须，与上兴也。

初九：贲其趾，舍车而徒。
象曰：舍车而徒，义弗乘也。

　　本节要介绍《易经》第22卦贲卦。"贲"字可以念bēn，古代有"虎贲将军"这样的称号；但是作为《易经》的卦名，要念bì。

　　贲卦与噬嗑卦是正覆关系，把火雷噬嗑整个翻过去，就变成了山火贲。山下有火，火光可以把山照亮，但不会改变其实质，所以贲卦是装饰的意思。《序卦传》说："物不可以苟合而已，故受之以贲。贲者，饰也。"万物（主要指人类）不是勉强相合就算了，还须加以装饰，所以在噬嗑卦之后是贲卦。换言之，人们聚在一起，接着就要开始装饰，由此显示一种文明之象。比如，要了解每个人的能力如何，可以扮演什么角色，怎样才更有礼貌。可见，贲卦只是装饰外表，使它更值得欣赏而已。

[卦辞] 贲：亨。小利有攸往。

[白话] 贲卦：通达。小的方面适宜有所前往。

"利有攸往"在《易经》卦辞中多次出现，但贲卦的卦辞是"小利有攸往"，即小的方面适宜有所前往。贲卦是由泰卦演变而来，将泰卦的九二与上六换位，就得到了贲卦。阴爻从上六来到六二，占据中间的位置，并且当位；阳爻从九二换位到上九，离开中间的位置，并且不当位。这个变化对阴爻更有利，阴爻称小，所以说"小利有攸往"。

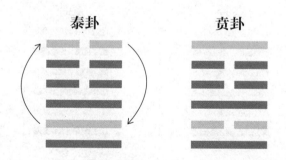

[象传] 象曰：贲，亨，柔来而文刚，故亨。分刚上而文柔，故小利有攸往，天文也。文明以止，人文也。观乎天文，以察时变；观乎人文，以化成天下。

[白话]《象传》说：贲卦，通达。柔顺者来到，文饰刚强者，所以

通达。分出刚强者往上行，去文饰柔顺者，所以是小的方面
适宜有所前往，这是合乎自然界的文饰。以文明的方式规范
人的行为，则是人间的文饰。观察自然界的文饰，可以探知
季节的变化；观察人间的文饰，可以教化成就天下的人。

　　贲卦的《彖传》特别精彩，今天所说的"人文化成"或"文化"
一词，就来自贲卦《彖传》的最后一句话。
　　《彖传》说："柔来而文刚。"意即：柔顺者来到，文饰刚强者。
"柔顺者"指六二，它从泰卦的上六下来，文饰底下的刚强者。泰卦
下卦为乾卦，现在得到六二这个柔顺者，就变成了离卦。
　　《彖传》接着说："分刚上而文柔。"意即：分出刚强者往上行，
去文饰柔顺者。"刚强者"指上九，它去文饰上面的坤卦，使其成为
艮卦。泰卦是一个消息卦，刚柔不交错；换位变成贲卦后，出现了
转机，刚柔开始交错了。

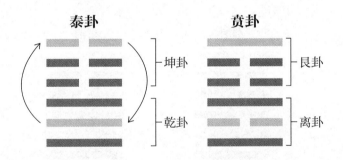

　　贲卦下卦为离，离为火，为文明；上卦为艮，艮为山，为止，
所以说"文明以止"。可见，人间的文饰就是要停止人们的本能、冲
动和欲望。文化发展的目的，一定是让人适可而止的。
　　最后的结论是："观乎天文，以察时变；观乎人文，以化成天
下。"意即：观察自然界的文饰，可以探知季节的变化；观察人间的

文饰，可以教化成就天下的人。由"观乎人文，以化成天下"这句话，可以衍生出"人文化成"或"文化"等说法。换言之，要让人们停下来，不能只靠威武，还要靠文明。圣人观察人文，然后以诗书礼乐教化百姓，从而让天下走向文明的境界。

[象传] 象曰：山下有火，贲。君子以明庶政，无敢折狱。

[白话]《象传》说：山下出现火光，这就是贲卦。君子由此领悟，要明察各项政务，不能依此果敢判决诉讼。

　　贲卦下卦离为明，所以要明察各项政务；上卦艮为止，所以要谨慎，不能依此果敢判决诉讼。噬嗑卦下卦为震，富于行动力；而贲卦上卦为艮，要让人停下来。贲卦的卦象是山下有火，火光只能把山照亮，显得光明而有文饰，并没有实际的行动力。

　　关于"文饰"，孔子在《论语·雍也》中说过："质胜文则野，文胜质则史。文质彬彬，然后君子。"意即：一个人质朴的本性多于文饰，就会显得粗野；而文饰超过质朴的本性，就会装饰过度，让别人很难把握他真正的意思。文饰与质朴搭配得宜，才是君子的修养。这里的"质"代表内在的本质。可见，孔子希望一个人内在的本质可以同外在的文饰相配合。

　　《杂卦传》说："贲，无色也。"意即：贲就是没有颜色。这句话正好可以说明《论语·八佾》里的一段资料。有一次，子夏向孔子请教《诗经》里的一句话："巧笑倩兮，美目盼兮，素以为绚兮。"这是在描写一位少女，说她笑眯眯的脸真好看，滴溜溜的眼真漂亮。但是子夏不明白，为什么她穿上白色的衣服，就显得很靓丽？孔子回答说："绘事后素。"孔子没有直接说明，而是以绘画为喻，他说绘画的时候，最后才涂上白色。

这里要特别注意古今的差异。古代是在有色的绢帛上绘画。比如，从汉墓出土的帛书本《老子》，就是写在咖啡色的绢帛上的。所谓"绘事后素"，就是以有色的绢布为底，先画上各种彩色，最后才涂上白色，白色使原先所上的彩色更加鲜艳。孔子以此来比喻一个女孩子天生丽质，本身条件就很好，穿上白色的衣服，会显得更加靓丽。

子夏听了之后，灵机一动，就问老师："礼后乎？"难道"礼"就像白色一样，是后来才加在人身上的吗？换言之，对于人来说，真正可贵的是真诚的情感，有如绚烂的色彩。礼就像最后上的白色，可以凸显出一个人真诚的情感。

孔子听到"礼后乎"非常高兴，他说："能够启发我的就是子夏吧，以后可以同你谈论《诗经》了。"① 孔子充分肯定了子夏的说法，就连颜渊也没有得到过如此高的赞赏。可见，孔子一开始跟一般人的想法差不多，也认为礼是一种彩色的文饰。由于子夏的提问，他才发现礼是白色的，一个人真诚的情感才是彩色的。如果一个人行礼如仪，而内心缺乏真诚的情感，那么一切只是作秀而已。子夏从古代绘画最后才上白色，联想到礼也是白色的，这让孔子十分惊喜。

这段对话显示了儒家思想的重点。当一个社会礼坏乐崩之际，只有人真诚的情感才能"挽狂澜于既倒"。礼乐从来都不是最根本的，最根本的是人真诚的情感，是人性向善的力量。所以，"贲是无色的"与"礼是白色的"正好可以互相呼应。

然而，七百多年以来，人们学习《论语》主要依据朱熹的注解，朱熹把"绘事后素"解释为"绘事后于素"。因为朱熹是南宋人，当时已经有了白纸，可以在上面画各种彩色，所以朱熹想当然地认为，

① 原文：子夏问曰："'巧笑倩兮，美目盼兮，素以为绚兮。'何谓也？"子曰："绘事后素。"子夏曰："礼后乎？"子曰："起予者商也。始可与言《诗》已矣。"

先有白纸，再画彩色，等于礼是彩色的。这样解释就与《论语》的原意大相径庭了。我们今天学习古代经典，要考虑古代的时空条件，做完整而深入的思考。

总之，贲卦的结构是山火贲，火光可以把山照亮，但是缺乏行动的力量，仅仅是让你看得更完整、更透彻而已。《象传》的重点是"观乎人文，以化成天下"这句话，由此衍生出"人文化成"和"文化"等说法。"文明以止"则强调，一个人经过文明的教导，学会适可而止，才能成为有文化的人。

二、文饰虽美，有诚心才可贵

贲卦是山火贲，代表装饰的意思。贲卦的《象传》强调了人文化成的重要性。人是万物之灵，必须接受礼乐教化，才能成为有文化的人。本节要介绍贲卦六爻的爻辞。

[爻辞] 初九：贲其趾，舍车而徒。

象曰：舍车而徒，义弗乘也。

[白话] 初九：文饰脚趾，舍弃车子而徒步行走。

《象传》说：舍弃车子而徒步行走，是理当不用坐车。

初九刚进入贲卦，相当于位置最低的士。以人的身体来说，对应于最底下的脚趾。初九是阳爻，具有行动力，所以要文饰脚趾，以便大步前行。

六二、九三、六四构成互坎，坎为通舆（大车）。初九在互坎之下，所以要下车走路。按照古代礼制，大夫以上才能坐车。初九是士，理当徒步行走。

贲卦

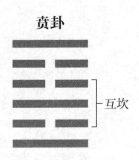

初九以阳刚的身份进入文明的世界，他位于底层，没有官位，

于是文饰自己的脚趾，走自己的路。贲卦只有初九与六四正应，但初九宁愿独善其身，也不愿意勉强攀援，成为一个装饰品。可见，初九淡泊名利，安于徒步，就算给他车，他也不会坐。

[**爻辞**] 六二：贲其须。

象曰：贲其须，与上兴也。

[**白话**] 六二：文饰胡须。

《象传》说：文饰胡须，是要随着上位者而行动。

贲卦与噬嗑卦是正覆关系。噬嗑卦是咬断而合，它的《象传》说"颐中有物"。贲卦与噬嗑卦的差别，只是将九四换成了九三，整体来看也是"颐中有物"。但贲卦不是要咬断，而是要装饰。六二就是从泰卦上面下来负责装饰的。

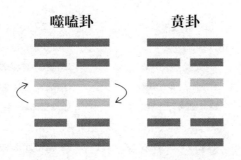

另外，六二爻变，出现互兑（九二、九三、六四），兑为口，口边的文饰就是胡须。古代男子很重视胡须。《庄子·列御寇》列出古代美男子的八项条件：第一是貌美，第二就是须长，另外还包括身高、魁梧、强壮、华丽、勇猛、果敢。[①]《三国演义》中的关羽就有

---

① 原文：美、髯、长、大、壮、丽、勇、敢，八者俱过人也，因以是穷。

"美髯公"的称号。可见，对于古代男子来说，胡须长是一项难得的优点。

从泰卦变到贲卦时，六二是与上九交换的一爻，它本身没有活动力，只能随着上位者而行动，所以说它"与上兴也"，就像胡须要随着口部而活动一样。同时，六二所文饰的是胡须，而胡须可长可短，亦可剃除，说明这种文饰不足以改变实质。

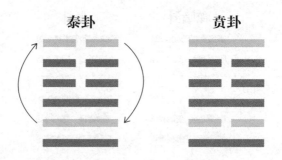

[爻辞]九三：贲如，濡（rú）如，永贞吉。

象曰：永贞之吉，终莫之陵也。

[白话]九三：有文饰的样子，润泽的样子，长久正固吉祥。

《象传》说：长久正固吉祥，是因为终究没有人凌驾其上。

贲卦九三出现了"吉"，十分难得。九三在互坎（六二、九三、六四）中，坎为水，有润泽之意。九三处在贲卦最理想的位置，它以阳爻居刚位，又得到六二与六四的润泽，可谓"二柔文一刚"。

　　为何九三长久正固才会吉祥？因为在文饰过程中，可能会出现后遗症。六二与六四一起文饰九三，可能让九三乐不思蜀，安于小成，而忘记自己在互震（九三、六四、六五）中，必须继续前进。

　　九三上临艮卦，艮为止；又在互震中，震为行，所以九三可静可动，有行有止，达到文质彬彬的境界。上卦各爻皆无九三的条件，所以《小象传》说"终究没有人凌驾其上"。

贲卦

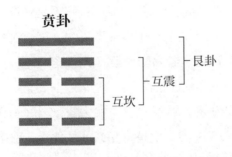

[爻辞] 六四：贲如，皤（pó）如，白马翰如，匪寇婚媾。

　　　　象曰：六四，当位疑也。匪寇婚媾，终无尤也。

[白话] 六四：有文饰的样子，洁白的样子，白马壮硕的样子，不是强盗，而是来求婚配的。

　　　　《象传》说：六四处在多疑的位置。不是强盗，而是来求婚配的，这是说终究没有怨责。

　　六四爻变，出现互巽（六二、九三、九四），巽为木，木心为白；也出现互兑（九三、九四、六五），兑为金，其色为白，所以爻辞提到"皤如"和"白马"。

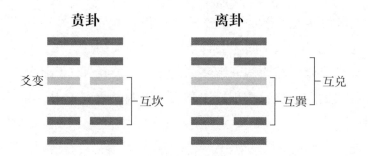

六四在互坎（六二、九三、六四）中，坎为美脊马，即背脊很美、强壮的马，所以说"白马翰如"，即白马壮硕的样子。

爻辞最后提到"匪寇婚媾"，意即：它不是强盗，而是来求婚配的。"匪寇婚媾"在《易经》中出现了三次，第一次是屯卦（䷂，第3卦）六二，第二次是贲卦六四，第三次是睽卦（䷥，第38卦）上九。这说明古代可能有抢婚的习俗。

我们要养成习惯，看到"寇"就去找坎卦（☵）。六四在互坎（六二、九三、六四）中，坎是月亮，也是危险，引申为强盗，因为强盗喜欢在月黑风高的时候出来打劫。

换个角度来看，贲卦从初九到六四都当位，所以六四原本希望上面有九五可以相比，但偏偏上面是六五，六五往上去跟上九相比，使六四处在多疑的位置。贲卦只有初九与六四正应，有婚媾之象，所以一旦知道来者不是强盗，而是来求婚的，就不会再有怨责了。

[**爻辞**] 六五：贲于丘园，束帛戋（jiān）戋。吝，终吉。

象曰：六五之吉，有喜也。

[**白话**] 六五：所文饰的是丘山田园，只用很少的一束布帛。有困难，最后吉祥。

《象传》说：六五的吉祥，是因为有喜庆之事。

贲卦从下往上一路都在文饰，六五是"文明以止"的君王，最后成就了天下的文明，所以吉祥。

六五在上卦艮中，艮为山丘；同时，贲卦由泰卦演变而来，泰卦上卦为坤，坤为地，为田园，所以说"贲于丘园"。坤为布，又为吝啬，所以说"束帛戋戋"，即只用很少的一束布帛来装饰。

六五是尊贵的君王，却只用一点点布帛来文饰丘山田园，显然有些小气，所以会有困难，但最后还是吉祥。因为在贲卦的格局中，越朴素反而越好。如果六五用各种豪华的物品来文饰皇宫，就违背了贲卦的主旨。

《小象传》所谓的"喜庆之事"，是指六五可以依靠上九。上九是从下面上来文饰上卦的，主要文饰的就是六五，所以六五"终吉"。

[**爻辞**] 上九：白贲，无咎。

象曰：白贲无咎，上得志也。

[**白话**] 上九：用白色来文饰，没有灾难。

《象传》说：用白色来文饰而没有灾难，是因为在上位者实现了心意。

上九居贲卦最高位，可以把贲卦的特性发挥到极致。贲卦的本质是无色的，所以最好的装饰就是保持纯朴。装饰越多，越无法显示本来的面目。上九爻变，上卦为坤，坤为静，引申为无色或白色。

《象传》说"分刚上而文柔"，说明上九是从下卦上来文饰柔爻的，如今圆满完成了任务，所以《小象传》说"在上位者实现了心意"。

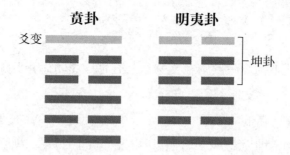

賁卦　明夷卦

爻变

坤卦

　　总之，贲卦代表装饰，装饰到最后则会返璞归真，回到朴素、无色的一面。最完美的装饰就是没有装饰，如此才能显示真实的本性。

三、颜色不对，孔子不当装饰品

贲卦是山火贲，山下有火，火光可以把山照亮，但不会改变其实质，所以贲卦是装饰的意思。人是万物之灵，人的世界一定要有行为规范，所以贲卦强调"文明以止"以及"人文化成"，目的是让每个人都有适当的言行表现，让整个社会进入理想的状况。贲卦六爻都有所文饰，文饰的最高境界是返回纯朴的本性。

如果占到贲卦，应该如何理解呢？据《孔子家语》记载，孔子曾考虑要不要从政，为此占卦，占到了贲卦。孔子的表情不太平静，学生子张就说："听占卜的人说，贲卦是吉祥的。"孔子说："未必如此。贲卦是山下有火，只是显得比较光亮，并非真正美好的颜色。只有黑与白才是纯正的颜色，白就是白，黑就是黑。占到贲卦，代表要去当装饰品，我是不愿意做的。"①孔子很想推行他的理想，但是没有占到"元亨利贞"的乾卦，只占到"小利有攸往"的贲卦，所以他开始认真整理《诗》《书》等古代经典，希望将它们传诸后世。

《吕氏春秋》也有类似的记载②。孔子占到贲卦，认为贲卦代表文饰，不是发挥所长的机会。如果一切全靠粉饰的话，怎么可能把乱世变成治世呢？所以孔子没有立刻从政。

孔子的考虑很有道理。当时鲁国的内政相当混乱，国君的大权

---

① 原文：孔子尝自筮，其卦得贲焉，愀然有不平之状。子张进曰："师闻卜者得贲卦，吉也；而夫子之色有不平，何也？"孔子对曰："以其离邪。在《周易》，山下有火谓之贲，非正色之卦也。夫质也，黑白宜正焉。今得贲，非吾兆也。吾闻丹漆不文，白玉不雕，何也？质有余，不受饰故也。"

② 孔子卜，得贲。孔子曰："不吉。"子贡曰："夫贲亦好矣，何谓不吉乎？"孔子曰："夫白而白，黑而黑，夫贲又何好乎？"故贤者所恶于物，无恶于无处。

被三家大夫把持。孔子40岁时只是小有名气，此时出来做官，只能成为装饰品而不会得到实权，无法从事真正的政治革新。孔子到51岁才正式从政，后面的表现果然不同凡响。所以，在面临抉择时，《易经》确实可以帮助我们妥善决策。

现代也有占到贲卦的例子。有一次，我开设了一个面向企业家的《易经》课程。有位同学用数字卦占时运，得到贲卦九三，我对他说："贲卦九三代表装饰得很好看。但是，首先要了解贲卦的格局。贲卦代表只是装饰品，而不会有实质性的改变。譬如，一家公司的资本是一万元，在未来三个月之内，不可能突然变成两三万，顶多赚几千块钱装饰一下门面而已。这不会改变公司的实质，不会让你从小公司变成大公司。"不过，这位同学听到能赚钱，就已经很开心了。九三可以算是贲卦里面最好看的一爻了。

另外，有一位朋友被学校推荐，参选师铎奖。对于教师而言，这个奖是很大的肯定与荣誉。参选之前，他想知道评选的结果，就用50根筹策占卦，结果占到贲卦，六爻皆不变。此时要参考贲卦的卦辞，卦辞说："通达。小的方面适宜有所前往。"我解释说："贲卦是装饰的意思，你这次参选恐怕只是陪榜。不过，即便这次没选上，也可能改善你的人缘，可谓'小利有攸往'。"

第二年，他又被推荐参选，这一次占到豫卦，变爻九四，爻辞说："由此而产生愉悦。大有收获。不必疑虑，朋友都来聚合。"这一次局势很明朗，基本上十拿九稳。虽说这位朋友淡泊名利，志不在此，但是如果获奖，也可以为其他老师树立表率，总归是一件好事。而且，豫卦九四爻变，会变成坤卦，坤卦强调"厚德载物"，即敦厚品德，包容众人。他参选师铎奖不是为了个人的荣耀，而是希望与大家共同提升德行的修养，这不是很好的一件事吗？

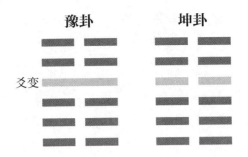

豫卦　　　　坤卦

爻变

　　有一次，我上完《易经》课，一位学员举手提问："最近有人找我合作事业，我想占一下结果如何。"他用数字卦占到贲卦，变爻九三，爻辞说："有文饰的样子，润泽的样子，长久正固吉祥。"我解释说："贲卦是装饰的意思，山下有火，火照亮了山，但不会改变其实质。所以，在这次合作中，你只是装饰品，恐怕没有实权。你只要谨守分寸，就会跟生意伙伴配合得很好。"他听了连连点头说："没错，我这位朋友是公司董事长，他请我去当总经理，并且提醒我，决定权在他手上，我只要奉命办事即可。"

　　这位学员相当年轻，未来还有很大的成长空间。人在年轻时，有机会跟前辈一起共事，真的是一种福分。等将来年长一些、手握决策大权的时候，再想找人请教，恐怕就不容易了。《系辞下传》说："无有师保，如临父母。"人到了一定年龄，可能就没有老师和保护者了。这时用《易经》来占卦，就像当面聆听父母的教诲一样，可以得到很多有益的启发。

　　还有一次占卦给我留下了深刻印象。那次我在深圳举办《易经》讲座。由于时间紧张，我下课之后立刻赶往机场。有一位母亲留了我助理的手机号码，就把自己的疑问用短信发到手机上，希望我能帮她解卦。她的儿子在网上认识了一个女孩，但双方的家世有一段距离，她不知道如何劝阻儿子，就为此事占了一卦。结果占到贲卦，变爻六四，爻辞说："有文饰的样子，洁白的样子，白马壮硕的样子，不是强盗，而是来求婚配的。"

我们在解卦时，要学会寻找与自己问题相关的语句。这位母亲说她读过《易经》，"匪寇婚媾"四个字完全化解了她的疑虑。她在电话中说："我儿子认识的女孩正在念大学，家世不够理想，但是很有上进心。她骑着白马来到我们家，既有文饰又洁白可喜，将来还有可能与我的儿子结为佳偶。看样子我欢迎她都来不及，怎么能担心她会给我们家添乱呢？"我听了之后很高兴，看来《易经》占卦已经帮她解除了困扰。

我们总是想知道未来的发展，但是仅凭理性的思考，未必能有明确的结果，心中难免焦虑不安，此时不妨参考《易经》的占筮。这位母亲为了儿子交女朋友而担心，恰好占到了"匪寇婚媾"。《易经》有384爻，"匪寇婚媾"只出现了三次，贲卦是其中最顺利的，没有太多复杂的问题。

总之，孔子想要从政却占到贲卦，心中难免有些懊恼，但他安下心来，继续修炼，努力提升自己的德行、能力与智慧。孔子后来从事了古代经典的研究与整理工作，这对于他的教育事业有很大帮助，对于中华文明的传承更是有不可估量的贡献。所以，当你占到贲卦时，不必急于一时。贲卦基本上是装饰品，不会有任何实质性的改变，只要乐观其成就好。

一、秋末的最后一颗果实

23　山地剥，下坤上艮

剥：不利有攸往。

象曰：山附于地，剥。上以厚下安宅。

上九：**硕果不食，君子得舆，小人剥庐。**
象曰：君子得舆，民所载也；小人剥庐，终不可用也。

六五：**贯鱼，以宫人宠，无不利。**
象曰：以宫人宠，终无尤也。

六四：**剥床以肤，凶。**
象曰：剥床以肤，切近灾也。

六三：**剥之，无咎。**
象曰：剥之无咎，失上下也。

六二：**剥床以辨，蔑贞，凶。**
象曰：剥床以辨，未有与也。

初六：**剥床以足，蔑贞，凶。**
象曰：剥床以足，以灭下也。

　　本节要介绍《易经》第23卦剥卦。剥卦是一个消息卦。消息卦共有十二个，代表农历十二个月。前文已经介绍过六个，包括乾卦、坤卦、泰卦、否卦、临卦、观卦。

　　"剥"是剥夺、剥落的意思。它的卦象是山地剥，从下往上是五个阴爻，只剩下一个上九孤悬高位，阳爻眼看就要被剥蚀光了，所以叫作剥卦。

为何会出现剥卦呢？《序卦传》说："贲者，饰也。致饰然后亨，则尽矣，故受之以剥。剥者，剥也。"经过贲卦的文饰就会通达，通达到了尽头，接着就是剥蚀了，因为物极必反。

剥卦代表农历九月，是秋季最后一个月。果实纷纷掉落，只剩下最后一颗挂在枝头。时序即将进入冬季，再进一步就变成六爻皆阴的坤卦。剥卦的趋势显然很凶险。

[**卦辞**] 剥：不利有攸往。

[**白话**] 剥卦：不适宜有所前往。

剥卦的卦辞只有"不利有攸往"五个字。在《易经》64卦中，卦辞提到"利有攸往"的有八个卦，提到"小利有攸往"的只有一个贲卦（☲☶，第22卦），提到"不利有攸往"的有两个卦：一个是剥卦，阳爻已经被剥落得所剩无几，还能往哪里走呢？另一个是无妄卦（☳☰，第25卦），代表不要有复杂的心思，不要起心动念，这时当然不适宜有所前往。不过，无妄卦的卦辞有三句话，而剥卦的卦辞只有这一句。

剥卦的"不利有攸往"是对君子说的，因为《易经》只为君子谋划，不为小人谋划。君子处在剥卦的情况下，应该怎么办？

剥卦下卦为坤，代表顺从；上卦为艮，代表停止。所以，剥卦的关键是"顺而止之"。当小人一路上行，占据了底下所有的位置时，君子不要跟他发生正面的冲突，而是要顺着他，再设法让他停下来。

[**彖传**] 彖曰：剥，剥也。柔变刚也。不利有攸往，小人长也。顺而止之，观象也。君子尚消息盈虚，天行也。

[白话]《彖传》说：剥卦，就是剥蚀的意思。柔顺者要改变刚强者。不适宜有所前往，因为小人的力量在增长。顺着时势停止下来，是观察卦象的结果。君子重视消退、生长、满盈、虚损的现象，因为那是天的运行法则。

《彖传》提到"柔变刚也"，即柔顺者要改变刚强者，代表小人要把君子赶走。我们剥东西，一般是从外向里剥，比如剥橘子。但是，剥卦是从里面坏起，阴爻从下往上把阳爻一个个赶走。君子面对小人，要顺着时势停止下来。既要让自己停止，不轻举妄动；也要让小人停止，阻止他的力量继续发展。

《彖传》最后指出，"消息盈虚"是天的运行法则。这提醒我们，遇到剥卦时不要灰心丧志，消息盈虚是自然的规律，有消退就会有成长。虽然目前阳爻到了最后关头，只剩下上九，但是将来仍有从头开始的机会。

剥卦显然代表天下大乱的局面，此时君子不必跟小人直接发生冲突。孔子说："邦有道，危言危行；邦无道，危行言孙。"（《论语·宪问》）意即：国家上轨道时，说话要正直，行为也要正直；国家不上轨道时，行为要正直，但说话要委婉。

天下大乱之际，正是磨炼自己的时机。孔子说："君子固穷，小人穷斯滥矣。"（《论语·卫灵公》）意即：君子在困难中仍然坚持原则；换了是小人，就胡作非为了。换言之，人间之事不可能一帆风顺，剥卦是对君子的重大考验。君子在任何情况下，都要把握住自己的原则。

[象传]象曰：山附于地，剥。上以厚下安宅。

[白话]《象传》说：山依附于大地上，这就是剥卦。上位者由此领

悟，要厚待下民，稳固根基。

剥卦的结构是山地剥，山孤零零地悬在上面，怎样才能在危险中得以保存呢？《象传》说："上以厚下安宅。"这是64卦的《大象传》里面，唯一不说"先王"或"君子"，而说"上"的地方。因为此时既不是先王的盛世，也不是君子施展抱负的时机。在上位的统治者只有"厚下安宅"这一条路可走。

剥卦下卦为坤，坤为土，为敦厚，统治者要像坤卦一样厚待下民，才能团结人心。上卦为艮，艮为止，统治者要让大家停止下来，才能稳固国家的根基。

消息卦看趋势。上九是剥卦唯一的阳爻，它虽然是主爻，但是明显陷入了困境；只有妥善照顾底下所有的阴爻（代表百姓），才能暂时维持局面的稳定。《尚书·五子之歌》强调："民为邦本，本固邦宁。"百姓是国家的基础，如果百姓无法得到安顿，国家就会动荡不安。

剥卦的情况非常凶险。在《易经》64卦中，一卦里面有三爻为"凶"的有五个卦：第一个是师卦（䷆，第7卦），代表军队作战，兵凶战危；第二个是剥卦（䷖，第23卦），五个阴爻眼看就要把阳爻全部推走，形势万分危急；第三个是颐卦（䷚，第27卦），就像一张口张开来要吃东西，代表大家争抢生活资源，竞争非常激烈；第四个是恒卦（䷟，第32卦），代表人与人相处，特别是夫妻相处，保持恒心并非易事；第五个是小过卦（䷼，第62卦），中间两个阳爻被上下四个阴爻所包围，阴爻的势力超过了阳爻，局面非常不利。

总之，剥卦是山地剥，底下上来五个阴爻，上九虽然是主爻，但眼看就要被推走了。剥卦代表农历九月，是秋季最后一个月，只剩下一颗果实挂在枝头。面对如此险恶的局势，怎样才能稳定下来？关键在于"顺而止之"，要顺从底下的阴爻，再设法让它们停下来。

二、大势已去，乐天知命

剥卦是消息卦，眼见大势已去，只剩下一个阳爻孤悬高位，所以卦辞说"不利有攸往"。占到剥卦时，能够保存自己就不错了，不要再幻想着能有什么发展。

剥卦的爻辞一再以床为喻。天下的形势就好比一个人住在屋子里，上面有屋顶可以遮风避雨，地上有床可以供人休息。如果要伤害一个人，首先要剥蚀他的床脚；如果要损害一个国家，首先要摧毁它的立足点。君子就是使国家稳定的立足点，小人则要千方百计地消灭君子。

剥卦上九是唯一的阳爻，所以是全卦主爻，下面有五个阴爻，其中有三个爻都提到"剥床"，要从下往上慢慢剥蚀一张床。凡是跟上九拉不上关系的（初六、六二、六四），都直接提到了"剥床"。而六三与上九正应，六五与上九相比，这两爻则没有"剥床"之象。

[**爻辞**] 初六：剥床以足，蔑贞，凶。

象曰：剥床以足，以灭下也。

[**白话**] 初六：剥蚀床脚，除去正固，有凶祸。

《象传》说：剥蚀床脚，是要消灭底部。

初六为何说"剥床"呢？剥卦是消息卦，大趋势是阴爻从下往上逐渐取代阳爻。在具有相同趋势的消息卦里面，第一个出场的是姤卦（☴，第44卦），下卦为巽（☴），巽的样子就像一张床，底下的阴爻就像两排分开的床脚，上面的阳爻就像床板。另外，将剥卦初六爻变，下卦变为震，震为足，所以说"剥床以足"。等于初六一进入剥卦，就开始剥蚀底下的床脚。由此可见，要破坏一个建筑，首先要从剥蚀它的地基开始。

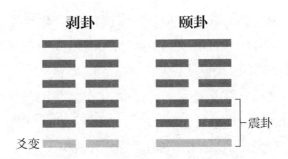

剥卦　　**颐卦**

爻变　　　　　　　　　　　　　　　}震卦

从整体来看，初六在众多阴爻之下，与上九相隔最远，根本无所适从，它只能顺着趋势，把阳爻（正直的君子）全部赶走。这是一切祸害的开始，因为一旦剥蚀了床脚，这个床就不再稳固了。

[**爻辞**] 六二：**剥床以辨，蔑贞，凶。**
　　　象曰：**剥床以辨，未有与也。**

[**白话**] 六二：剥蚀床腿，除去正固，有凶祸。
　　　《象传》说：剥蚀床腿，是因为没有相应的支持。

"辨"是分隔上下的，这里可以理解为床腿，位于床足之上、床身之下。对于人体来说，"辨"是指中间的腰部，可以用来分辨身体的上下。六二也要除去床的正固，同样会有凶祸。

《小象传》说六二"没有相应的支持"，因为六二与唯一的阳爻上九拉不上关系。六二仗恃自己居中得位，并且与上九没有关系，就肆无忌惮地剥蚀阳爻。这就好比一个蛮荒小国，从未见过大国的赫赫威仪，所以很容易夜郎自大。

[**爻辞**] 六三：剥之，无咎。

象曰：剥之无咎，失上下也。

[**白话**] 六三：剥蚀它，没有灾难。

《象传》说：剥蚀它而没有灾难，是因为离开了上下的小人。

六三同样要去剥蚀阳爻，但是居然没有灾难，这在剥卦里面十分难得。六三爻变，下卦为艮，说明它可以停下来；并且，六三与上九正应，它虽然处在五个阴爻的中间，却能离开上下的小人，所以"无咎"。

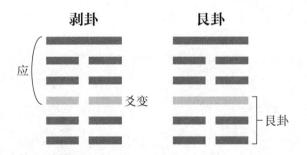

[**爻辞**] 六四：剥床以肤，凶。

象曰：剥床以肤，切近灾也。

[**白话**] 六四：剥蚀床席，有凶祸。

《象传》说：剥蚀床席，迫近灾难了。

六四说"剥床以肤"，即剥蚀到了床席，已经很接近人的身体了，说明灾难已经迫在眉睫。六四进入上卦艮，艮为果蓏，引申为人的皮肤。六四爻变，出现互坎（六三、九四、六五），坎为险，预示着即将出现凶险。

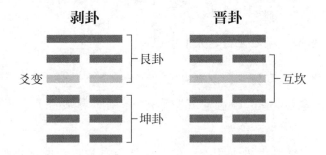

剥卦　　　　　　晋卦

爻变　　艮卦　　　　　　互坎
　　　　坤卦

[**爻辞**] 六五：贯鱼，以宫人宠，无不利。

象曰：以宫人宠，终无尤也。

[**白话**] 六五：连成一串鱼，以宫人身份获得宠爱，没有不利。

《象传》说：以宫人身份获得宠爱，终究没有人会责怪。

　　六五居中位，代表一国之君，在它上面是唯一的阳爻上九。在一个卦里面，阴爻上承阳爻，对于双方都有利。六五的爻辞说："连成一串鱼，以宫人身份获得宠爱，没有不利。"换言之，六五可以整合所有的阴爻，让它们不要再逼迫阳爻、舞弊弄权，而要像宫人一样安分守己，从而获得上九的宠爱。六五体现了《象传》所说的"顺而止之"的精神，它率领群阴奉承上九，所以不会受到责怪。

　　《易经》中常把阴爻称作"鱼"，我原本对此并没有特别的体认。有一年冬天，我在北京颐和园附近上《易经》课，住进一家老式的旅馆，看到院子中间有一个水池。当时天寒地冻，水的表面结了一层冰，但是能清楚看到底下有鱼在游动。这是我第一次意识到鱼是一种阴寒之物，在冰冷的水中居然也能存活。可见，《易经》用鱼来比喻阴爻是合理的。

[**爻辞**] 上九：硕果不食，君子得舆，小人剥庐。

象曰：君子得舆，民所载也；小人剥庐，终不可用也。

[**白话**] 上九：硕大的果子没有人吃，君子将获得车马，小人将被剥除屋宇。

《象传》说：君子将获得车马，是因为受到百姓拥戴；小人将被剥除屋宇，是因为小人终究是不能任用的。

上九是全卦主爻，它在上卦艮中，艮为果蓏，并且阳爻称大，所以说"硕果"。"不食"就是没有人食用它，代表在世间没有受到重用。如果君子不改变自己的志向，就可以得到车马，因为下卦坤为大车。坤也是百姓，代表君子可以受到百姓的拥戴。如果是小人，就会被剥除屋顶。

从整体来看，初六剥蚀了床脚，六二剥蚀了床腿，六四剥蚀到床席；到了上九，如果是小人，就剥蚀了屋宇，连屋顶都掀掉了，陷入走投无路的境地。上九同时涉及君子和小人两种情况，所以我们在占卦时，要看占问的是君子（大人或官员）之事，还是小人（小孩或百姓）之事，两者的结果完全不同。

换言之，剥卦走到上九，君子依然能够得到百姓的支持。如果换作小人，不仅自身难保，还会使国家走向灭亡。所以，尽管剥卦只剩一个阳爻孤悬上九，它仍然可以庇佑底下所有的阴爻。这也表明，即使天下乱到极点，大家依然盼望过上安定的生活。

上九以硕果为喻，说明困境中也蕴含着重新开始的生机。紧随剥卦之后的是复卦（䷗），它也是一个消息卦，唯一的阳爻到了初九的位置，整个局面将完全改观。

三、天道无吉凶

剥卦是消息卦，底下五个阴爻一路上来，只剩一个阳爻上九孤悬高位，局面对阳爻非常不利。剥卦六爻里，有三爻提到"凶"，说明一路剥蚀上去，情况凶险。但是到了六五，可以"顺而止之"，它让所有阴爻都安定下来，各居其所，等待阳爻从底下重新出发。

历史上每个朝代快要灭亡的阶段，都可以作为剥卦的例子。小人把君子逐个赶走，只剩一个上九，但是它失去了君位，只能苟延残喘而已。譬如，秦朝的李斯、赵高，西汉的王莽，东汉的董卓，以及唐玄宗时期的李林甫、杨国忠等人，都是历史上有名的奸臣。他们排挤君子，陷害忠良，就像剥卦里的阴爻那样一路上冲，最终导致了国家覆灭。

今天如果占到剥卦，代表情况凶险，对任何事都要采取保守的态度。这让我想到一个苦撑待变的案例。我有一个老同学，他本来在银行上班，后来想投资创业，就辞了工作，跟一个朋友合伙做生意。一年下来，诸事不顺，他的合伙人账目不清，又恰好赶上金融风暴，让他进退两难。

他用数字卦占问自己的处境，结果占到剥卦六四，爻辞说："剥蚀床席，有凶祸。"任何人占到剥卦都会忐忑不安，底下五个阴爻一路上冲，局面岌岌可危。这准确地反映了这位老同学的窘境，已经剥蚀到床席，眼看就要大难临头了。

我对他说："你最好立刻避开，就算吃亏也要退出股份，以免遭受更大的损失。"他问我："局面什么时候才能改善呢？"我说："你目前处在六四的位置，经过六四、六五、上九这三步才能走完卦，所以大概需要三个月。"于是，他果断地退股止损，不再与合伙人纠缠不清，而是另起炉灶，投资别的生意。三个月过后，果然云消雾散，他又重新看到了希望。由此可见，即使占到"凶"，也不用太担心。《易经》讲究变化，挫折之后可能会迎来转机。就怕你在困境中丧失了斗志，当新的机会来临时，错失了反败为胜的良机。

另外一次，我到南方一个城市演讲，顺便接受了当地电视台的专访，其间也聊到了《易经》。节目录完后，我回到酒店休息。晚上九点钟，电话响了，专访的主持人特地跑到酒店，想让我帮他占一卦。他说他父亲前几天中风了，他拿不定主意是否要动手术。医生说，动手术可能有生命危险，不动手术可能变成植物人，手术成功的概率只有50%。所以，他拖了三天也不敢签字。听他这么说，为了慎重起见，我让助理教他用筹策来占卦。

他的问题是：父亲动手术，结果如何？结果占到剥卦，初六与上九两爻变。剥卦代表这件事风险很高；两爻变之后，正好变成复卦，"复"代表重新开始，看来康复还是有希望的。

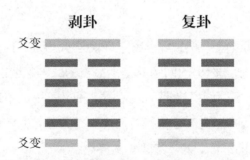

用筹策占到两爻变时，要以上面的变爻为准，所以要参考剥卦上九的爻辞，即"硕大的果子没有人吃，君子将获得车马，小人将被剥除屋宇"。这下有点麻烦了，他的父亲到底是君子还是小人呢？

我就问他："你父亲退休之前担任过什么职务吗？"他说，他父亲在一家国企的某个部门担任过总经理。我说："那就好办了，总经理有社会地位，在古代属于君子的范畴。爻辞说君子可以获得车马，看来你父亲的手术应该可以成功，他最终会康复的。"

他听了之后就比较放心了，第二天一早就到医院签字，同意进行手术。一周之后，他打电话给我的助理说："感谢傅老师，我父亲已经出院了。"我请助理转告他："千万别感谢我，我只是根据《易经》来帮你解卦而已。其实就算你不占卦，手术结果照样是好的，不会因为你占了卦而有什么改变。你应该相信医生的专业水平，相信你父亲可以闯过这一关。"

我在给别人解卦时，完全是根据《易经》的卦爻辞来解释的。所谓"天道无吉凶，人间有因果"，正是因为人有欲望，才会出现"吉凶悔吝"等状况。事实上，任何事情的发展都有它必然的趋势，天道并无吉凶可言。但是，人间是有因果的。比如，你平时注意养生和锻炼，身体健康就会有更大的保障。身体出了状况，多听医生的建议，也会早日康复。《易经》体现了中国古人的智慧，让你预先知道一个选择可能出现的结果。结果好，就放心去做；结果不好，就暂时收敛一下，少安毋躁。

《易经》原则上只为君子谋划，不为小人谋划，所以人一定要走在正路上。否则，你提的问题就是不恰当的，再怎么占卦也没有用。《易经》强调"三不占"，即不诚不占，不义不占，不疑不占。学习《易经》之后，我们要注意德行、能力、智慧三方面的修养，尤其要加强德行方面的修炼。

没有人愿意占到剥卦，但是人间经常事与愿违。当你真的占到剥卦时，还是要认真了解发展的趋势，认清自己所处的位置，以正确的态度来面对。就算愿望不能实现，也要努力修炼自己，与时俱进，不断成长。这才是学习《易经》的正确途径。

一、天地真的有心吗

24 地雷复，下震上坤

复：亨。出入无疾，朋来无咎。

反复其道，七日来复，利有攸往。

象曰：雷在地中，复。

先王以至日闭关，商旅不行，后不省方。

上六：迷复，凶。有灾眚。用行师，终有大败，以其国君凶，至于十年不克征。
象曰：迷复之凶，反君道也。

六五：敦复，无悔。
象曰：敦复无悔，中以自考也。

六四：中行独复。
象曰：中行独复，以从道也。

六三：频复，厉，无咎。
象曰：频复之厉，义无咎也。

六二：休复，吉。
象曰：休复之吉，以下仁也。

初九：不远复，无祗悔，元吉。
象曰：不远之复，以修身也。

本节要介绍《易经》第24卦复卦。前面的剥卦是底下五个阴爻，上面一个阳爻，阳爻几乎被阴爻全部赶走。复卦与剥卦是正覆关系，把山地剥整个翻过去，就变成了地雷复，形成一阳在下、五阴在上的局面。可见，万物不会彻底消失，阳爻在剥卦中走到了尽

头，之后又回到复卦的初九，可谓一阳复起。复卦也是一个消息卦，代表农历十一月，冬至前后。在天气最冷的时候，阳爻又从底下出现了。

[**卦辞**] 复：亨。出入无疾，朋来无咎。反复其道，七日来复，利有攸往。

[**白话**] 复卦：通达。外出入内没有疾病，朋友前来没有灾难。在轨道上反复运行，七天回来重新开始，适宜有所前往。

复卦为何通达？因为阳爻又回来了，并且回到了阳爻应该有的位置——初九。

接着，为何说"出入无疾"呢？阳爻从隐藏到出现，叫作"出"；它进入复卦，位于五个阴爻之下，叫作"入"。"无疾"代表没有疾病或忌讳。如果阳爻不出现，阴爻就会迷失方向。阳爻在复卦中重新登场，这也是阴爻所期待的，所以说出入无疾。

"朋来无咎"的"朋"是说上面五个阴爻结成明显的朋党，而"来"在《易经》里是指从上往下来。换言之，初九上场之后，上面五个阴爻会一起下来迎接它，因为阴爻在本质上要追随阳爻。阴爻、阳爻可以和平相处，所以"无咎"。

"反复其道"是说阳爻又回到它应该有的位置，再次进行它的运作。从初九开始往上走，经过六步，再回到初九，一共是七步，所以说"七日来复"。

最后，"利有攸往"意为适合前往发展。因为复卦初九上场后，会带着其他阳爻继续上来，形成两个阳爻的临卦、三个阳爻的泰卦，形势一片大好。

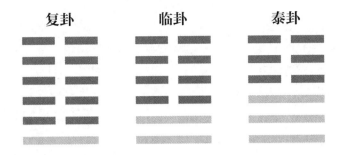

| 复卦 | 临卦 | 泰卦 |

[**象传**] 象曰：复：亨。刚反，动而以顺行，是以出入无疾，朋来无
咎。反复其道，七日来复，天行也。利有攸往，刚长也。复，
其见天地之心乎？

[**白话**] 《象传》说：复卦：通达。刚强者回来，行动是顺势前进的，
所以外出入内没有疾病，朋友前来没有灾难。在轨道上反复
运行，七天回来重新开始，这是天的运行法则。适宜有所前
往，因为刚强者正在成长。从复卦，大概可以看出天地的用
意吧！

《象传》进一步解释了卦辞。所谓"刚反"，是说初九回到阳爻
应该有的位置。复卦下卦为震，为行动，上卦为坤，为顺从，所以
说"动而以顺行"。天的运行法则是消息盈虚、终而复始，所以说
"反复其道，七日来复，天行也"。"刚长也"代表阳爻将逐个增加。

最后一句话非常重要，它说："复，其见天地之心乎？"意即：
从复卦，大概可以看出天地的用意吧！在整部《易经》中，只有这
里提到了"天地之心"。天地究竟有什么用心或意图呢？天地之心不
容易看到，重要的是，从人的角度可以看到什么？

剥卦向前发展，就变成六爻皆阴的坤卦。但变化不会停下来，
所以接着出现了复卦，一阳复起，重新出现了动力，使万物可以继
续发展，保持消息盈虚的循环。

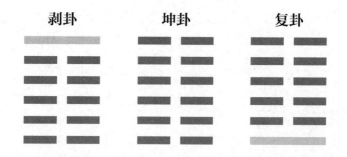

剥卦　　　　坤卦　　　　复卦

所以，"天地之心"显示出"动而生物""贵阳而贱阴""长君子
而消小人"这三点特色。一旦看出天地的用心，马上就可以推论到
人的身上。人活在世界上，要明白宇宙万物充满了动力，不可能停
下来。儒家最大的特色在于，认为天地的基本法则是动的而不是静
的。如果是静的话，一切都会停下来，宇宙万物的发展还有什么必
要呢？所以，天地的基本法则是动的。对于人来说，就要不断回到
根本，重新开始。

正如儒家经典《中庸》所说："喜怒哀乐之未发，谓之中；发而
皆中节，谓之和。"我们先不用费力思考原始的"中"是什么情况，
因为那是未发的状态，关键要思考如何"发而皆中节"。

复卦提醒我们要回到初心。你的一念之动，有没有走在正路上？
能否像初九那样，回到阳爻应该有的位置上？由此可见，复卦显然
与德行修养有关。

《系辞下传》提到九个与修德有关的卦。第一个是履卦（☲，第
10卦），代表修德需要实践。第二个是谦卦（☷，第15卦），代表谦
虚是修德的关键。第三个就是复卦。修德不一定非要向外寻找规范，
只要回到内心，从起心动念开始，让自己有真诚的心意，就能找到
正确的方向。

复卦代表从头开始，一个阳爻从底下上场了。我们每隔一段时
间，甚至是每一天，都要让自己从头开始。正如孔子的学生曾参所

说的"吾日三省吾身"（《论语·学而》），每一天要多次反省自己，
设法回到初心。

[**象传**] 象曰：雷在地中，复。先王以至日闭关，商旅不行，后不
　　　　省方。

[**白话**]《象传》说：雷藏在地下，这就是复卦。古代帝王由此领悟，
　　　　要在冬至之日关闭城门，商人旅客不得通行，君王也不去四
　　　　方视察。

　　复卦是雷在地中之象，震动发生在大地里面，代表一个人的修
行要从内心的自觉开始，在外在的行动之前，首先就要觉悟：哪里
才是正确的方向？怎样才是正确的选择？可见，人最根本的作为是
要反身修炼自己。

　　古代在冬至前后要关闭城门，商人旅客不得通行，目的是让大
家安静下来，养足元气，准备迎接新的一年。"至日"不仅仅是指冬
至这一天，更合理的解释是复卦所代表的农历十一月。古代社会遵
循"春耕、夏耘、秋收、冬藏"的节奏，冬藏这个阶段不会太短暂，
但也不至于三个月都关闭城门。在此期间，君王或诸侯不去四方视
察，以免兴师动众，让百姓得不到休息。这里的"后"代表君王或
诸侯。

　　另外，古代还有一种关于水井的说法可以参考。北方到了冬至
前后，天寒地冻，看上去毫无生机。但是，"万物皆寒，井水独温"，
因为阳气已经在地下萌动，从井水的温度就可以感知大地的回暖。
复卦的情况与之类似，一阳复起，阳爻要开始往上发展了。因此，
无论是对于自然界的现象，还是人类的德行修养，都可以从复卦得
到启发。

二、在迷惑中返回

复卦的结构是地雷复，它是一个消息卦，代表农历十一月。在一年中最冷的时候，一个阳爻在底下上场了。本节要介绍复卦六爻的爻辞。

[爻辞] 初九：不远复，无祗（zhī）悔，元吉。

象曰：不远之复，以修身也。

[白话] 初九：走得不远就返回，没有到懊恼的程度，最为吉祥。

《象传》说：走得不远就返回，是为了修养自己。

初九是复卦唯一的阳爻，所以是全卦主爻。人是万物之灵，能够思考与选择，并付诸行动，一行动就会带来"吉凶悔吝"的后果。初九在下卦震中，有行动力，但行动难免会有过失。如果你忘记回头，一路走偏，最后的结果是凶；如果你发现苗头不对，立刻回头，就是上上大吉。

孔子在《系辞下传》中特别发挥了复卦初九的道理。他称赞颜渊"有不善未尝不知，知之未尝复行"，颜渊犯了错误，很快就能察觉，察觉之后就不再犯了。这也印证了孔子对颜渊"不迁怒，不贰过"（《论语·雍也》）的评价。"不贰过"就是不犯同样的过错。

人的行动一定与外在的人、地、事、物有关。复卦初九代表最初的微小阶段，动机一出现、行为一落地，初九就能立刻分辨清楚，并做出正确的选择，让自己回到正道上。

初九的《小象传》说："走得不远就返回，是为了修养自己。"所谓"不远"，是指离人最近的言语和行为。儒家所谓的"修身"，就是要在言行方面下功夫。每当你起心动念、表达喜怒哀乐的情绪时，就要立刻修养自己的言行，不要等到懊恼的程度再悔改，结果当然是元吉。这是难能可贵的品质。

[**爻辞**] 六二：休复，吉。

象曰：休复之吉，以下仁也。

[**白话**] 六二：停下来返回，吉祥。

《象传》说：停下来返回而吉祥，是为了向下亲近仁者。

六二是阴爻，位于主爻初九之上，为什么不说六二对初九乘刚，反而说它"下仁"（向下亲近仁者）呢？乘刚本来是不利的，但是复卦的情况有所不同。这里的"仁者"显然是指初九，他可以自己回复到正道上。

六二是复卦五个阴爻里最先接触到初九的，它"停下来返回"，说明它原本也有过失，但是看到初九返回正道，就要效法初九，改过自新。曾参在《论语·颜渊》里说："君子以文会友，以友辅仁。"说明君子需要朋友来帮助自己走上人生的正路。

《礼记·檀弓上》记录了一段曾子和子夏的故事。^①子夏是孔门文学科的高材生。孔子过世后，子夏就到西河魏文侯那里教书，受到魏文侯的重视。后来，子夏的儿子过世，子夏非常伤心，把眼睛都哭瞎了。曾子去慰问他，说："朋友的眼睛哭瞎了，我要跟他一起哭。"子夏说："天啊，我到底犯了什么罪？为什么儿子会过世呢？"

---

① 原文：子夏丧其子而丧其明。曾子吊之曰："吾闻之也：朋友丧明则哭之。"曾子哭，子夏亦哭，曰："天乎！予之无罪也。"曾子怒曰："商，女何无罪也？吾与女事夫子于洙泗之间，退而老于西河之上，使西河之民疑女于夫子，尔罪一也；丧尔亲，使民未有闻焉，尔罪二也；丧尔子，丧尔明，尔罪三也。而曰女何无罪与！"子夏投其杖而拜曰："吾过矣！吾过矣！吾离群而索居，亦已久矣。"

曾子听了这句话很生气，就对子夏说："你怎么会没有罪过呢？你有三个罪过：第一，你在西河教书，让百姓把你当作夫子，而不知道有我们的老师孔子；第二，先前你父母过世的时候，百姓也没听说你有多伤心；第三，如今你的儿子死了，你居然哭瞎了眼睛。这不是你的三大罪过吗？"

子夏听了之后立刻悔悟了，他说："这是我的过错呀！我的过错呀！我离开同学们一个人孤独地在这里生活，已经很久了。"子夏闻过则改，正可谓"休复之吉，以下仁也"。

[爻辞] 六三：频复，厉，无咎。

象曰：频复之厉，义无咎也。

[白话] 六三：再三地返回，有危险但没有灾难。

《象传》说：再三地返回而有危险，是理当没有灾难的。

六三处在下卦震的终位，震动的频率最高，所以说"频复"。六三有危险，但如果它能够意识到危险，及时返回正路，就不会有灾难。

《论语·宪问》提到，卫国大夫蘧（qú）伯玉是孔子的好朋友。有一次，蘧伯玉派人拜访孔子，孔子问使者："蘧先生近来在做什么呢？"使者回答说："蘧先生想要减少他的过错，却还没有办法做到。"使者离开后，孔子说："好一位使者！好一位使者！"[1]孔子与蘧伯玉可谓同类相聚，两人都是知错能改的君子。

《庄子·则阳》中也提到了蘧伯玉，说他"行年六十而六十化"。换言之，蘧伯玉能够与时变化，到了60岁就知道59岁有哪些过错。

---

[1]　原文：蘧伯玉使人于孔子。孔子与之坐而问焉，曰："夫子何为？"对曰："夫子欲寡其过而未能也。"使者出。子曰："使乎！使乎！"

这正是复卦六三的情况，它可以再三地返回，知道有危险，就没有灾难了。

[**爻辞**] 六四：中行独复。

　　象曰：中行独复，以从道也。

[**白话**] 六四：走在行列中间而独自返回。

　　《象传》说：走在行列中间而独自返回，是为了追随正道。

　　六四位于五个阴爻的中间，所以说它"中行"。在复卦中，只有六四与初九阴阳正应，所以说它"独复"。这并不代表其他各爻不"复"，而是凸显了六四的"复"最为直截了当。《小象传》说六四是为了追随正道，"正道"显然是指初九。

[**爻辞**] 六五：敦复，无悔。

　　象曰：敦复无悔，中以自考也。

[**白话**] 六五：敦厚地返回，没有懊恼。

　　《象传》说：敦厚地返回而没有懊恼，是因为居中而能自我省察。

　　六五在上卦坤的中间，坤为土地，为敦厚。六五可谓"居厚而履中"，它宅心仁厚，又走在中道上，所以不会招来怨恨，也没有懊恼。《小象传》所谓的"中以自考"，是说六五能够居中并自我省察。《易经》里的"中"也可以代表"内心"。六五有内心觉悟的能力，所以也没有问题。

[**爻辞**] 上六：迷复，凶。有灾眚（shěng）。用行师，终有大败，

以其国君凶，至于十年不克征。

象曰：迷复之凶，反君道也。

[**白话**] 上六：在迷惑中返回，有凶祸。出现危难与灾祸。发动军队
作战，最后会大败，对国君的凶祸最大，甚至十年之内都不
能再用兵。

《象传》说：在迷惑中返回而有凶祸，是因为违背了君王的
正道。

复卦从六二到六五，四个阴爻都在欢迎初九的来临，但到了上
六就不一样了。一般来说，如果一个卦从下往上都不错，那么到了
最上面的位置，就可能会出现问题。复卦就是如此。反之，如果一
个卦从下往上都不好，那么到了上的位置，反而可能摆脱困境。

为何说上六"在迷惑中返回"呢？因为它走到上卦坤的尽头，
坤代表黑夜，在黑夜中返回，可能会迷路。另外，上六远离主爻初
九，跟初九完全拉不上关系，上六就自以为是，无所顾忌，甚至还
想进一步用兵，因为下卦震为行动，上卦坤为众人的军队。

但是，坤卦没有阳爻，用兵毫无胜算，最后必然大败，以至于
十年之内都不能再用兵。这里提到的"国君"或"君王"都是指六
五：上六可以左右君王六五，使他陷入迷惑，违背君王的正道。这
对国君来说非常不利。

总之，复卦六爻的《小象传》特别发人深省。初九要"修身"，
即修养言行；六二要"下仁"，即亲近仁者；六三是"厉，无咎"，
知道有危险，就没有灾难；六四要"从道"，即追随正道；六五要
"中以自考"，能够居中并自我反省；上六则是"反君道"，他违背
了君王的正道，只能在迷惑中胡作非为。

三、恭喜你有新的开始

我们从复卦可以得到哪些启发呢？

复卦的《象传》强调，从复卦可以看出"天地之心"。万物都在天地之间生存与发展，天地的心意可以用复卦作为代表。复卦一个阳爻从底下登场，然后带着别的阳爻一步步上来。由此可见，天地之心是动的，而不是静的；是充满生机的，而不是趋于毁灭的。儒家提醒我们，人不可能完全静止，离群索居、闭关修行只是个人的特殊经历，并不适合普遍推广。

复卦初九的《小象传》强调"修身"，走得不远就要回头。离你最近的就是自己的言行表现。孔子在《论语·颜渊》篇强调"为仁由己"，即走上人生的正路要靠自己。孔子在《系辞下传》中还以颜渊的修养为例，说他有了过错很快就能察觉，察觉之后就不再犯了。

六二强调"下仁"，要向下亲近初九这位仁者。初九和六二都强调了觉察的重要性。《系辞下传》说："几者，动之微。""几"就是微妙，代表事情刚露出一点端倪或苗头，也代表人的起心动念，那是人的行动最微妙的开始。这一步没有把握住，后面就可能酿成大祸。另外，还可以说"知者，复之微"。复卦的精髓就在于能够"知"（觉察）。儒家的经典《大学》也强调"格物致知"。可见，"知"是人返回正道的第一步，非常关键。

六三最好的例子是孔子的朋友蘧伯玉，他能够不断反省自己，与时俱进。

关于六四，有一个朋友占到过这一爻。有一次，我到一个电视台讲国学，一位在电视台工作的朋友正在考虑要不要回学校进修硕士，结果占到复卦六四的"中行独复"，爻辞里没有"吉凶悔吝"等占验之辞，该如何解释呢？

复卦六四与初九正应，它想要呼应初九，返回正道；但是它位于五个阴爻的中间，很难摆脱阴爻的干扰。我对这位朋友说："你跟同事们一起工作了很长时间，现在想一个人回学校念书，这不太容易实现，你要自己做出决定。"后来我得知，他最终还是放弃了进修的计划。可见，占到复卦六四，代表这个挑战很大。想要追随正道（从道），从来都不是一件容易的事。

六五居中敦厚，可以自我省察，所以无悔。

上六就麻烦了。有一个朋友想做生意，占到复卦上六，我提醒他，你可能十年之内都收不回成本，因为爻辞说"至于十年不克征"。这位朋友性格倔强，非做不可。结果到目前为止，他做生意快十年了，确实是血本无归。所以占到复卦上六，仍然执迷不悟的话，就会陷入困境而无法自拔。

在介绍剥卦的占卦案例时，我曾提到一个朋友的父亲中风，他用筹策占问要不要动手术。结果占到剥卦，初六和上九两爻变，爻变后的之卦就是复卦。一般来说，两爻变的时候不用看之卦，但如果你很想了解后续的变化，也可以参考之卦。我对他说："放心去动手术吧，之卦是复卦，代表你的父亲应该可以康复。"后来果然应验了。

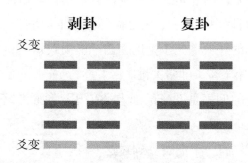

这里还可以参考西方的一些数据。瑞士心理学家荣格对《易经》很感兴趣，他用心理学中的心电感应现象来解释占卦为何准确。荣

格在欧洲教学时，也教过《易经》。他的弟子中有一个日本学生，后来成为一名心理医生，在欧洲开了一家心理诊所。一年下来，诊所的生意毫无起色。这个学生想知道生意不好的原因，就占了一卦，结果占到复卦。

这位日本学生看到，复卦只有初九一个阳爻，上面是五个阴爻，他认为这代表自己的阴气太重，缺乏阳刚的力量。医生必须表现出强势和自信，才能赢得病人的信任。以前病人问他："我的情况算忧郁症吗？"他会说："大概算吧！"病人再问："我吃了你开的药，病会好吗？"他说："应该会吧。"语气这么不坚定，怎么能让病人有信心呢？难怪他的生意越来越差。

他占到复卦后，决定从此改变态度，变得积极而强势。以后病人再问他："医生，我的情况算忧郁症吗？"他说："当然算！"病人再问："我吃了你开的药，可以好吗？"他说："肯定好！"经过如此简单的调整，他的生意变得越来越好。荣格在他的书里记载了这个案例。《易经》解卦没有固定的模式，有时恰恰需要灵光一闪的直觉。这位日本医生一看到复卦上面有五个阴爻，压得自己喘不过气来，就知道阳爻要多一点。不过，复卦是否代表阴气太重呢？这只是一种表面现象。其实，复卦代表阳爻从底下登场，势力会越来越强，这是复卦的大趋势。另外，还要根据变爻的爻辞去解读，这才是比较常规的方法。

复卦基本上是一个好卦，因为《易经》384 爻中，元吉只有12个，复卦初九就是其中之一。但是，要做到"不远复"（走得不远就返回）并不容易。

有一次，我在课上教同学们用筹策占卦，结果占到噬嗑卦，九四和上九两爻变，这时要根据上九的爻辞来解。接着，我又示范了数字卦，现场有三百多位学员，从左方、中间、右方各报来一组三位数，经过运算，居然也得到了噬嗑卦，变爻上九。现场的气氛一下子凝重起来，大家都觉得不可思议。你可以说这是巧合，但是也不能否认，冥冥之中似乎有一种神奇的力量。

既然两种占法结果一样，为什么不直接用简单的数字卦来占呢？因为筹策占卦虽然复杂，但是也有好处：数字卦只有一爻变，而筹策占卦可能是六爻皆不变、一爻变、两爻变……六爻皆变，共有七种可能；爻变后所形成的之卦，可以为事件的后续发展提供宝贵的线索。

比如，用筹策占到噬嗑卦，九四和上九两爻变之后，出现了复卦，代表可以重新开启新的局面。噬嗑卦代表有些事情的是非善恶尚未得到公断，咬断之后，人心才会相合。现在看到之卦是复卦，就比较放心了，这预示着不管中间经历多少波折，最终都会掀开新的一页。

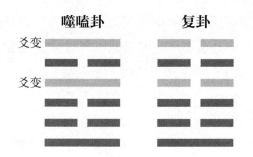

一、天下本无事，庸人自扰之

25　天雷无妄，下震上乾

无妄：元亨利贞。其匪正有眚，不利有攸往。

象曰：天下雷行，物与无妄。先王以茂对时，育万物。

上九：无妄，行有眚，无攸利。
象曰：无妄之行，穷之灾也。

九五：无妄之疾，勿药有喜。
象曰：无妄之药，不可试也。

九四：可贞，无咎。
象曰：可贞无咎，固有之也。

六三：无妄之灾。或系之牛，行人之得，邑人之灾。
象曰：行人得牛，邑人灾也。

六二：不耕获，不菑畬，则利有攸往。
象曰：不耕获，未富也。

初九：无妄，往吉。
象曰：无妄之往，得志也。

本节要介绍《易经》第25卦无妄卦。我们今天常说"无妄之灾"，意思是莫名其妙碰上灾难，这个词就出现在无妄卦六三的爻辞里面。

无妄卦怎么来的呢？《序卦传》说："复则不妄矣，故受之以无妄。"无妄卦前面是复卦，阳爻初九回到自己的位置上，回到本来的自然状态，这样就不会有虚妄的念头或作为了。但是，如何判断一个念头或行为是否虚妄呢？怎样才能做到无妄呢？

无妄卦的结构是天雷无妄。上卦为乾，代表天笼罩了整个天下；下卦为震，代表震动。雷声震动天下，万物都受到震撼，不敢轻举妄动。发生天灾人祸时，人的内心也会受到强烈震撼，从而回归生命的自然状态。

[**卦辞**] 无妄：元亨利贞。其匪正有眚，不利有攸往。

[**白话**] 无妄卦：最为通达，适宜正固。如果不守正就会有危难，不适宜有所前往。

　　无妄卦的卦辞有三句话。第一句"元亨利贞"是乾卦四德。在《易经》64卦中，有七个卦的卦辞出现了"元亨利贞"：前两个是乾卦和坤卦；第三个是屯卦（䷂，第3卦），万物开始出生；第四个是随卦（䷐，第17卦），下要随上，阳爻要追随阴爻；第五个是临卦（䷒，第19卦），两个阳爻在底下慢慢壮大；第六个就是无妄卦，当人处在真诚的状态，没有复杂的念头时，会出现元亨利贞；第七个是革卦（䷰，第49卦），进行全面改革时，也会出现乾卦四德。

　　第二句是"其匪正有眚"，意即：如果不守正就会有危难。这句话是整个卦辞的关键。无妄卦明确告诫我们，人要走在正道上。

　　第三句是"不利有攸往"。《易经》在卦辞中提到"不利有攸往"的只有两个卦。第一个是剥卦（䷖，第23卦），唯一的阳爻眼看就要被推走了，情况明显不利，此时不适宜有所前往。第二个是无妄卦，当你的内心一片真诚时，不会起心动念，同样不适宜有所前往。

[**彖传**] 彖曰：无妄，刚自外来而为主于内。动而健，刚中而应，大亨以正，天之命也。其匪正有眚，不利有攸往。无妄之往，何之矣？天命不佑，行矣哉？

[**白话**]《象传》说：无妄卦，是刚强者从外部来到内部成为主力。行动充满活力，刚强者居中而有呼应，十分通达而能守正，这是天命的要求。如果不守正就会有危难，不适宜有所前往。不虚妄时还要前往，能去哪里呢？天命不肯保佑，能够行得通吗？

从"刚自外来而为主于内"这句话，可知无妄卦是由遁卦（▤，第33卦）演变而来，是遁卦九三来到初九的位置。

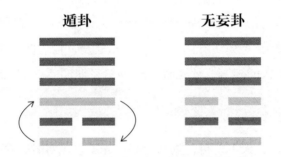

无妄卦下卦为震，震为动；上卦为乾，乾为健，所以说"动而健"。九五与六二阴阳正应，所以说"刚中而应"。

《象传》接着说："大亨以正，天之命也。"意即：十分通达又能守正，这是天命的要求。譬如，尧舜的禅让、汤武的革命，都是天命的要求。禅让与革命虽然形式不同，但都满足一个基本原则——"民之所欲，天必从之"，所以天命就是民心之所向。

《象传》最后说："天命不佑，行矣哉？"意即：天命不肯保佑，能够行得通吗？换言之，天雷无妄可以震撼万物，目的是让万物保持原貌。人类以外的万物都是靠本能来运作，没有虚妄的可能性。只有人可以思考，可以选择。因此，人应该用心体察上天的要求，并让行动符合这一要求。这就是无妄的状态。

正如《中庸》所说："诚者，天之道也；诚之者，人之道也。"天地万物会按照各自的规律去运作，只有人可能违背自己的本性。所以，人的正路就是让自己回到真诚的状态。如果欲望很多，心思复杂，很难做到无妄。

但是，无妄并非让你打消一切念头，什么都不做。程颐说："动以天，故无妄；动以人欲，则妄。"意思是，行动如果出于天，就是无妄；如果出于人欲，就是虚妄。可见，无妄就是不要有个人的私心或欲望。一旦计较利害得失，就容易自以为是，肆意妄为。

如何判断一个行为是有妄还是无妄，这永远是个考验。譬如，尧舜的禅让、汤武的革命、大禹治水以及孔子作《春秋》，都是真诚无妄的表现。一个最简单的分辨方法就是，他们做这些事的时候，考虑的是个人的利害，还是社会的福祉？他们能否对人群负责，对历史负责？

[象传] 象曰：天下雷行，物与无妄。先王以茂对时，育万物。

[白话]《象传》说：有雷在天下运行，万物全都不可虚妄。古代帝王由此领悟，努力配合天时，养育万物。

"先王"指古代帝王，"茂"是勉力，"对时"指配合天时。无妄卦的卦象是天下雷行，万物不敢虚妄，都要保持它的本性。古代帝王由此领悟，要努力配合天时，养育万物。

可见，无妄并非不能行动，而是要让行动配合天的要求。真正的无妄是知道天命，再敬畏天命，顺从天命。譬如，孔子说自己"五十而知天命"[1]；又说君子有三种敬畏的对象，首先就是敬畏天命；

---

① 出自《论语·为政》。原文：子曰："吾十有五而志于学，三十而立，四十而不惑，五十而知天命，六十而（耳）顺，七十而从心所欲不逾矩。"

还说自己"六十而（耳）顺"，亦即到了六十岁可以顺从天命。

无妄卦提醒我们，不要有虚妄的言行，不要做荒谬之事。判断一个想法是否虚妄、行动是否合理，需要有很高的修养。《论语·子罕》中有一段宝贵的资料，它说："子绝四：毋意、毋必、毋固、毋我。"意即：孔子完全没有四种毛病：第一，他不凭空猜测；第二，他不坚持己见；第三，他不顽固拘泥；第四，他不自我膨胀。这是个人修行最好的参考。修行的目标是让自己没有虚妄，内心始终保持真诚。

但是，人偶尔也会碰到无妄之灾。当你无缘无故被人冤枉时，又该怎么办呢？

二、勿忘初心，才是上策

无妄卦的卦象是天下雷行，万物都受到震撼。它提醒我们，不要有任何复杂的念头，不要为了个人利益而表现出虚妄的言行。"无妄"也代表一个人无缘无故被人误会或出现意外的状况，此时顺势而为才是上策。

[**爻辞**] 初九：无妄，往吉。

象曰：无妄之往，得志也。

[**白话**] 初九：没有虚妄，前往吉祥。

《象传》说：没有虚妄而前往，是因为实现了心意。

无妄卦的卦辞说"不利有攸往"，为什么初九却说"前往吉祥"呢？因为"不利有攸往"是针对全卦来说的，每个爻还是要根据自己的位置来作选择。初九在下卦震中，是震的主爻，所以往前走是合理的。

《小象传》说初九"实现了心意"，亦即《象传》所说的"刚强者从外部来到内部成为主力"。初九往前走是大势所趋，所以吉祥。

[**爻辞**] 六二：不耕获，不菑（zī）畬（yú），则利有攸往。

象曰：不耕获，未富也。

[**白话**] 六二：不耕种却有收获，不垦荒却有熟田，那就适宜前往了。

《象传》说：不耕种却有收获，是因为没有求取财富。

六二为阴爻，只能随着下卦的震动而往前发展。六二不耕种就有收获，不垦荒却有熟田，那么是谁在耕种和垦荒呢？显然是初九。初九前往吉祥，六二则顺势有了收获。

这里为何提到耕种与垦荒呢？因为在六爻中，初与二属于地；六二又在下震与互艮（六二、六三、九四）中，震为动，艮为手，手动于田地，有耕种、垦荒之象。

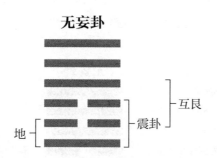

无妄卦

地——震卦——互艮

六二貌似不劳而获，其实是顺势而为，它没有发起行动，却自然而然有了收获，所以《小象传》说六二不是刻意求取财富。不过，六二毕竟是不耕而获，所以得到的财富是有限的。

[**爻辞**] 六三：无妄之灾。或系之牛，行人之得，邑人之灾。

象曰：行人得牛，邑人灾也。

[**白话**] 六三：没有虚妄却遇上灾难。有人拴了一头牛，过路人把他牵走，村里人遭殃。

《象传》说：过路人牵走牛，使村里人遭殃了。

六三无缘无故碰上了灾难，它的爻辞描绘出一幅生动的画面。有人把一头牛拴在村口，一个过路人把牛牵走了。牛的主人回来后，发现牛不见了，自然怀疑是村里人把牛偷走了。这件事对村民来说，可谓"无妄之灾"。

六三以阴爻居刚位，本身不当位，所以遇上了无妄之灾。六三在下卦震中，震为行，引申为行人；也在互艮（六二、六三、九四）中，艮为手；又在互巽（六三、九四、九五）中，巽为绳直，即直的绳子。合而观之，就是行人手牵着绳子。

牛和村人的象都来自坤卦。下卦震是由坤卦（☷）所变，坤卦初爻由阴变阳，就成为震卦。坤为牛，亦为土，引申为邑。现在一变两失，等于是牛被牵走，并且邑人受灾。

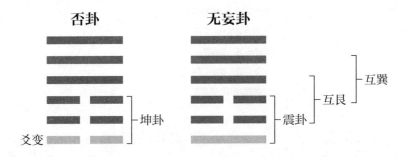

六三的爻辞提醒我们，有得必有失。人在有所得时，必须保持警惕，千万不要以为天上会掉馅饼下来。反之，当你莫名其妙被人冤枉时，也意味着有人会无缘无故得到好处。

"塞翁失马"①的故事就是一个例子。靠近边塞上有个老翁的马跑丢了，别人都来安慰他，他却说："焉知其非福？"等到这匹马失而复得，还带了一群胡人的骏马回来，他又说："焉知其非祸？"这个老翁懂得有得必有失的道理，可以看到问题的两面，从而获得完整的理解。六三不当位，所以出现了这些意外状况。它是无妄卦中

---

① 出自《淮南子·人间训》。原文：近塞上之人有善术者，马无故亡而入胡。人皆吊之。其父曰："此何遽不为福乎？"居数月，其马将胡骏马而归。人皆贺之。其父曰："此何遽不能为祸乎？"家富良马，其子好骑，堕而折其髀。人皆吊之。其父曰："此何遽不为福乎？"居一年，胡人大入塞，丁壮者引弦而战，近塞之人，死者十九，此独以跛之故，父子相保。

有代表性的一爻。

[**爻辞**] 九四：可贞，无咎。
　　象曰：可贞无咎，固有之也。

[**白话**] 九四：可以正固，没有灾难。
　　《象传》说：可以正固而没有灾难，这是它本来就具有的条件。

　　九四已经脱离了下卦震，与初九又不应，所以可以守住正固，没有灾难。

　　在无妄卦中，一定要考虑自己当下的情况。六三不当位，所以碰到了复杂的问题。九四虽然也不当位，但它下有六三的奉承，上有九五之君的配合，同时又在互艮（六二、六三、九四）中，艮为止，所以它可以稳住自己的位置。九四代表既能干又有权力的大臣，所以《小象传》说"这是它本来就具有的条件"。

[**爻辞**] 九五：无妄之疾，勿药有喜。
　　象曰：无妄之药，不可试也。

[**白话**] 九五：没有虚妄却生了病，不用吃药也会痊愈。
　　《象传》说：没有虚妄时所开的药，不可尝试服用。

　　所谓"无妄之疾"，就是没有虚妄，却无缘无故生了病。换言之，生病有两种情况。一种是有妄之疾，比如一个人花天酒地，也不注意气候冷暖，最后生了病。有妄之疾非治不可，否则可能危及生命。还有一种是无妄之疾，比如一个人平常耳聪目明，血气平和，却偶然生病了。无妄之疾只要注意休息调养，慢慢就会自愈，所以爻辞说"不用吃药也会痊愈"。这时如果随便吃药，反而会引起别的麻烦，所以

《小象传》说"没有虚妄时所开的药，不可尝试服用"。

九五居中守正，又有六二正应，可以说无妄到了极点，为什么还会生病呢？因为九五爻变，出现互坎（六三、九四、六五），坎为险，为疾病。同时，九五在互巽（六三、九四、九五）中，巽为草木，引申为草药。九五的病不必服药，因为九五与六二正应，六二在下卦震中，震有行动力，引申为不药而愈。当爻辞谈到疾病时，凡是看到"喜"字，就代表疾病可以痊愈。

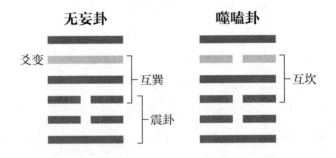

[**爻辞**] 上九：无妄，行有眚，无攸利。

象曰：无妄之行，穷之灾也。

[**白话**] 上九：没有虚妄，行动会遇到灾祸，没有任何好处。

《象传》说：没有虚妄而行动，是穷困处境带来的灾难。

上九处在无妄卦最高的位置，等于无妄到了极点，此时行动就会有灾祸，没有任何好处。上九与六三正应，所以想要有所行动。但是，六三在互艮（六二、六三、九四）中，艮为止，它会让上九前无去路，所以《小象传》说"穷之灾也"。

无妄卦的特色是，六爻都有占验之辞：初九是吉，六二是利，六三是灾，九四是无咎，九五有喜，上九有眚（有小的灾祸）。可见，无妄卦六爻构成了一幅完整的画面。

三、碰到无妄之灾，该怎么办

无妄卦的结构是天雷无妄，它要求人们回到真诚的状态，不要有太多复杂的念头，也不要为了个人私利而轻举妄动。但是，由于所处位置的不同，各爻的做法也有很大差别。

初九的爻辞说："无妄，往吉。"只要你没有虚妄的念头，顺势前行就能实现自己的心意。最好的例子是孔子作《春秋》。孔子以一介平民的身份，去评判历史上的重要人物，使后代的乱臣贼子感到害怕，这是古代帝王才能做的事。孔子不是为了个人的利益，而是出于内心的真诚，所以可以实现自己的志向。

判断一件事该不该做，永远是一个难题。孟子有一句话说得很直接，他说："莫非命也，顺受其正。"（《孟子·尽心上》）意即：没有一样遭遇不是命运，要顺着情理去接受它正当的部分。譬如，我今天出门坐车的话，就可能碰到车祸；搭飞机的话，就可能碰到飞机延误。一旦发生意外，我们要顺着常理去考虑，接受合乎情理的部分。如此一来，就不会有太多复杂的念头，自己该做什么就做什么，遇到意外就安心接受，然后继续尽自己的责任。

九五提到"无妄之疾，勿药有喜"，即没有虚妄却生了病，不用吃药也会痊愈。《论语·乡党》篇有一段资料可供参考。有一次，孔子生病了，鲁国的执政大夫季康子派人送去一些名贵的药材。孔子说："我不清楚这种药的药性，不敢轻易服用。"[1]孔子的智慧由此可见一斑。因为药性不对的话，吃下去可能适得其反，引起更大的问题。

对一个国家来说，如果不清楚自己得了什么病就胡乱服药，会有什么后果呢？譬如，在战国时代，秦国人认为他们的疾病是不够

---

[1] 原文：康子馈药，拜而受之。曰："丘未达，不敢尝。"

富强，就让商鞅进行变法，走上法家的途径，最后虽然统一了六国，但是秦朝很快就覆灭了。在魏晋时代，晋朝人认为他们的问题是不够恬淡虚无，于是整个社会崇尚清谈，人们都去研究"三玄"（《老子》《庄子》《易经》），往清虚的方向发展，最后君臣腐朽，国法衰弱。秦人和晋人都误诊了病症，又用错了药方，结果让国家加速灭亡。

无妄卦的上九说："无妄，行有眚，无攸利。"上九到了无妄的极点，本来应该厚重安稳，却因欲望牵引而行动，必然会遇到灾祸，没有任何好处。譬如，唐太宗远征高丽，唐明皇远征云南，最后都是铩羽而归。

现代生活中占到无妄卦的案例也值得参考。有一个人在公务机关担任中层主管，他的单位因为图利商人而被告，他的图章出现在关键位置上，所以被法院判刑两年，缓期执行。他说，自己的图章是被长官私自盖在公文上的，他觉得很冤枉，想要上诉，就用筹策占卦。结果占到无妄卦，没有变爻。

他为此征询我的意见，我说："占到无妄卦，代表这件事可能是你的无妄之灾，你觉得自己受了委屈。但是，六爻皆不变，代表你即使上诉，也不会改变判决结果。法官断案只讲证据。你的图章盖在上面，谁知道是你自己盖的，还是你的长官拿去盖的？只有你的长官心知肚明。我们都希望正义得到伸张，但人间的事情往往曲折离奇。现在受了点委屈，说不定将来还有更好的发展机会。既然无法改变结果，就不必上诉了，还是潜心修德吧。"

另一个案例是，一位女士经人介绍了一个男朋友，她想知道两人的关系会如何发展，就用数字卦来占。结果占到无妄卦初九，爻辞是"无妄，往吉"，即没有虚妄，前往吉祥。我就对她说："交朋友时，不要考虑具体的利害，也不必想得太长远。无妄卦提醒你要真诚。只要彼此真心相待，往前走自然没有问题。"

交朋友贵在真心相待。对方的家世背景、经济状况、学历条件、事业前途等，都属于外在的条件。当你考虑这些问题时，很容易忽略对方的个性与价值观。况且，说不定对方也要考察你的条件。这样一来，交朋友就变成了在市场上做生意，又怎么能找到真正的朋友呢？无妄卦是天下雷行，万物都保持原貌，不可虚妄。人的世界虽然复杂，但真诚依然是不可妥协的要求。

学习无妄卦，要做到真诚无妄，不可有太多复杂的念头和欲望，但最难的是：如何判断一个行为是出于真诚，还是掺杂了私心呢？关键在于存心如何。

无妄卦提醒我们，要努力修炼自己。人与人相处，会出现各种复杂的情况。万一碰上无妄之灾，该怎么办呢？明明不是你的错，却让你来承担责任，换了谁都会觉得委屈。对于已经发生的事，与其追究它是如何发生的、谁应该负责任，不如换个角度思考：在这种情况下，要如何修炼自己？未来要如何调整，才能避免重蹈覆辙？比如，对于无妄卦六三来说，村民确实遭受了无妄之灾，那么今后是不是应该更加谨慎呢？要随时留意村庄附近的情况，才能避免出现新的误会。

人生有很多不公平的事。但是，只有经历过这些考验，才能真正了解人生的复杂。因此，要加强自身的修养，做到真诚待人，乐观处事。如此一来，就算将来遇到了无妄之疾，也会不药而愈。

一、积德读书，改善命运

26　山天大畜，下乾上艮

大畜：利贞。不家食，吉。利涉大川。

象曰：天在山中，大畜。君子以多识前言往行，以畜其德。

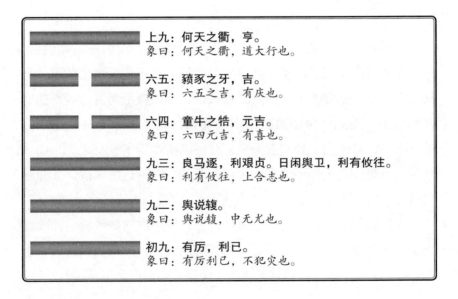

上九：何天之衢，亨。
象曰：何天之衢，道大行也。

六五：豮豕之牙，吉。
象曰：六五之吉，有庆也。

六四：童牛之牿，元吉。
象曰：六四元吉，有喜也。

九三：良马逐，利艰贞。日闲舆卫，利有攸往。
象曰：利有攸往，上合志也。

九二：舆说輹。
象曰：舆说輹，中无尤也。

初九：有厉，利已。
象曰：有厉利已，不犯灾也。

本节要介绍《易经》第26卦大畜卦。它与无妄卦是正覆关系，将天雷无妄整个翻过去，就变成了山天大畜。《序卦传》说："有无妄然后可畜，故受之以大畜。"前面的无妄卦代表真诚实在，心无旁骛，做自己该做的事，久而久之一定大有积蓄，所以接着出现了大畜卦。

大畜卦的结构是山天大畜，上卦为艮，艮为山，下卦为乾，乾为金玉。山中有金玉，正是大有积蓄。另外，艮也为止，乾为君王，等于大臣阻止君王，让他停下来，好好蓄养自己的德行、能力与智慧。想要大有积蓄，就要同时做到"聚集"与"停止"这两点，否则怎么可能积少成多、厚植实力呢？大畜卦可谓最大的"聚"和最大的"止"。山里面蕴含天，这是最大的聚；山能够止住天，这是最大的止。

看到大畜卦，自然会联想到小畜卦（☲，第9卦）。小畜卦只有六四一个阴爻，六四成为主爻，负责照顾另外五个阳爻，阴爻称小，等于以小畜大，所以称为小畜卦。大畜卦则是"以大畜小"，四个阳爻负责照顾六四、六五两个阴爻。另外，大畜也可以理解为"所畜者大"，亦即要止住最大的乾卦，让君王积蓄力量，聚集金玉，以便照顾百姓。

[**卦辞**] 大畜（xù）：利贞。不家食，吉。利涉大川。

[**白话**] 大畜卦：适宜正固。不吃家里的饭，吉祥。适宜渡过大河。

"利贞"是适宜正固。想要大有积蓄，当然要坚持走在正路上。

"利涉大川"意为适宜渡过大河。在《易经》64卦中，有七个卦的卦辞提到"利涉大川"，包括需卦（☲，第5卦）、同人卦（☲，第13卦）、蛊卦（☲，第18卦）、大畜卦（☲，第26卦）、益卦（☲，第42卦）、涣卦（☲，第59卦）、中孚卦（☲，第61卦）。这七个卦的共同特色是：在其上下卦的组合中，一定包含乾卦或巽卦。乾为天、为健，巽为风、为木。具备了这些条件，才能够渡过大河。

大畜卦的卦辞中，最特别的一句话是"不家食，吉"，意即：不吃家里的饭，吉祥。为了弄清楚这句话的意思，我们要参考大畜卦的《象传》。

[**象传**] 象曰：大畜，刚健笃实，辉光日新，其德刚上而尚贤。能止
健，大正也。不家食吉，养贤也。利涉大川，应乎天也。

[**白话**]《象传》说：大畜卦，刚强劲健又厚重实在，辉映光彩而日
日更新，它的作风是要让刚强者居上位，由此推崇贤人。能
够止住劲健，是因为充满正固的力量。不吃家里的饭而吉
祥，是因为国家在培养贤人。适宜渡过大河，则是为了配合
天的法则。

大畜卦下卦为乾，乾为天，刚强劲健；上卦为艮，艮为山，厚
重笃实，所以《象传》说"大畜，刚健笃实"。

大畜卦从九三到上九形成一个放大的离卦，离为火，为光明，
所以说"辉光"。下卦为乾，乾为日，所以说"日新"。"日新"二字
特别重要，《系辞上传》说："日新之谓盛德。"意即：日日更新就称
为盛美道德。再往前追溯，商汤在盥洗盆上刻着一句话："苟日新，
日日新，又日新。"意即：真要在一天自新，那就每天自新，再继续
不断自新。

大畜卦

放大的离卦

由"刚上"二字，可知大畜卦是由大壮卦演变而成，将大壮卦

的九四与上六换位，就变成大畜卦。阳爻上九居最高的位置，成为大畜卦的主爻，是为"尚贤"（推崇贤人）。接着就要"养贤"，亦即由国家来养育贤人，让他们出来照顾百姓，所以贤人"不家食"（不用在家里吃饭）。

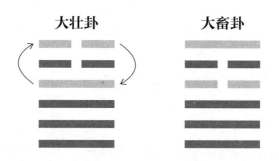

大壮卦　　　　**大畜卦**

可见，大畜卦在君臣关系方面包含了双重角度：一方面，要用上艮来止住下乾，等于大臣要设法止住君王；另一方面，君王要尊重贤明的大臣，让他出来为社会服务，不用吃家里的饭。

[**象传**] 象曰：天在山中，大畜。君子以多识前言往行，以畜其德。

[**白话**]《象传》说：天处在山里面，这就是大畜卦。君子由此领悟，要广泛学习并记得古人的言行，以培养自己的深厚道德。

大畜卦的《大象传》强调蓄养德行，但这一次提到了蓄德的方法——"多识前言往行"，即广泛学习并记得古人的言行。人得天地之灵以生，但是在实际的生命过程中，不可能只靠自己就掌握一切的善，所以要多了解古人的言行表现。

前文说过，孔子在《论语·季氏》中谈到君子有三种敬畏的对象。第一要敬畏天命，因为人奉天命所生，天命就体现在"人性向善"里面；第二要敬畏大人，大人是指政治领袖，他们承担照顾百姓的重任，所以值得敬畏；第三要敬畏圣人之言，亦即大畜卦所说的"多识前言往行"。今天学习古代经典中圣人的言论，以此培养自己的德行，这正是实践大畜卦的上策。

总之，大畜卦的内涵相当丰富，至少可以从三个方面来了解。第一是"止其健"，让刚健不已的乾卦停止下来，慢慢累积实力。第二是"养其德"，要多了解古人的嘉言善行，由此培养自己的道德。第三是"蕴其财"，就像山中蕴藏着金和玉。大畜卦提醒我们：在德行上要不断精进，在财富上要不断累积，并让刚健进取的心能够止于正路。

《大学》特别重视"止"字，大原则是"止于至善"，然后强调"知止而后有定，定而后能静，静而后能安，安而后能虑，虑而后能得"。意即：知道目标何在，就会引发确定的志向；有了确定的志向，才可能保持平静的心情；保持平静的心情，才可能安于所处的环境；安于所处的环境，才可能进行周全的思虑；进行周全的思虑，才可能领悟目标的价值。这样才能终身走在正路上。"止"是这一切的开始，必须慎重对待。

大畜卦也提到了君臣相处的重要观念，最终目标是共同照顾百姓。它的卦辞中最特别的是"不家食"三个字，就是让贤者在修养有成之后，不吃家里的饭而吃公家的饭，能够为国家服务，使整个社会变得越来越好。谁能够让这些贤人"不家食"呢？当然是执政的君王。

将"止其健、养其德、蕴其财"合而观之，就能完整地了解大畜卦的内涵。一个人只有经过全方位、多层次的修炼，最后才有可能取得可观的成就。

另外，《杂卦传》说："大畜，时也。"这句话让人感到有些意外，因为《易经》有12个卦在《象传》中特别强调"时"，而大畜卦不在其中。现在《杂卦传》居然用"时"字来描写大畜卦，究竟有何用意呢？这是在提醒我们：大畜卦在修炼过程中，要把握"及时、随时、时时"这三点。首先，修炼要及时趁早，以免"少壮不努力，老大徒伤悲"；其次，要随时根据情况去"止其健、养其德、蕴其财"；最后，要时时存心于自我的成长上。

二、谁来驯服猪与牛

大畜卦的卦象是天在山中，因而大有积蓄。下卦乾既可以当作金玉，也可以当作君王。只有经过长期的聚积与停止，君王才能在德行、钱财、刚健上积蓄实力，厚积薄发。本节要介绍大畜卦六爻的爻辞，每一爻都有明显的特色。

[爻辞] 初九：有厉，利已。
　　象曰：有厉利已，不犯灾也。

[白话] 初九：有危险，适宜停止。
　　《象传》说：有危险而适宜停止，是为了不要招惹灾祸。

初九一上场，发现自己在下卦乾中，上有六四正应，所以跃跃欲试。但六四在上卦艮中，艮为止，它不让初九前进，还提醒它"有厉"（有危险）。"利已"的"已"意为停止，停止是为了不要招惹灾祸。

在大畜卦中，凡是阴阳正应的阳爻（初九与九二），都以停止为宜，因为"畜"包括"聚积"与"停止"两个方面。如果不能停止的话，怎么可能累积实力呢？譬如存钱，如果不能停止消费，怎么会有积蓄呢？又如修德，如果修炼不能止于一个目标（止于至善），就容易迷失方向，原地踏步。

[爻辞] 九二：舆说（tuō）輹（fù）。
　　象曰：舆说輹，中无尤也。

[白话] 九二：车厢脱离了车轴。

《象传》说：车厢脱离了车轴，是因为居中而没有过失。

九二的爻辞说："舆说輹。"即车厢脱离了车轴。这与小畜卦（☴，第9卦）九三的说法类似，但意义不同。小畜卦九三是"舆说辐"（大车脱落辐条），因为车轮坏了而无法前行。而大畜卦九二是本身不愿意走，于是主动解开了车轴，所以《小象传》说它"因为居中而没有过失"。九二处在中间的位置，它发现与自己正应的六五处在上卦艮中，所以九二知难而退，自己把车停了下来。

可见，小畜卦九三是被动的，由于车轮坏了而动弹不得；而大畜卦九二是主动的，它知道自己应该停下来，于是主动做出了抉择。此时君子不应以进退为念，而要考虑当前应该做什么，这样才不会有过失。

[**爻辞**] 九三：良马逐，利艰贞。日闲舆卫，利有攸往。

象曰：利有攸往，上合志也。

[**白话**] 九三：骏马奔驰，适宜在艰难中正固。每天练习驾车与防卫，适宜有所前往。

《象传》说：适宜有所前往，是因为与上位者心意相合。

九三在下卦乾中，乾为良马；又在互震（九三、六四、六五）中，震为行，合起来就是骏马奔驰。不过，九三上面是艮卦，艮为止，有阻力，所以说"利艰贞"，即适宜在艰难中正固。

"日闲舆卫"的"日"来自乾卦，乾为日。"闲"是娴熟、练习的意思。九三是乾卦第三爻，代表每天不断地练习。"舆"指驾车，"卫"指防卫，两者都是古代作战的必备技能。它们都来自互震（九三、六四、六五），震为舆，即大车；震也代表护卫天子的诸侯，引申为防卫。具备这些条件，才适宜有所前往。

《小象传》说："适宜有所前往，是因为与上位者心意相合。""上位者"是指上九。九三与上九都是阳爻，两者性质相同，在大畜卦中可以心意相合。

大畜卦

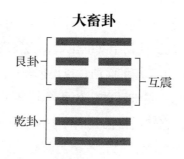

[**爻辞**] 六四：童牛之牿（gù），元吉。

象曰：六四元吉，有喜也。

[**白话**] 六四：小牛在角上绑了横木，最为吉祥。

《象传》说：六四最为吉祥，是因为有了喜悦之事。

六四在上卦艮中，艮为少男，为童；六四爻变，上卦变成离卦，离为牛，所以说"童牛"。离卦（☲，第30卦）的卦辞提到"畜牝牛，吉"，所以离卦也代表牛。

"牿"是绑在牛角上的横木，因为六四在互震（九三、六四、六五）中，震为木。古人畜养小牛时，在它的角上绑上横木，使牛角无法伤人。久而久之，小牛发现用角撞人没有用，就不再撞人了。这样就把野牛驯化成有价值的家畜，可以替人耕田拉车，从而得到"元吉"的结果。

六四在互兑（九二、九三、六四）中，兑为悦，所以《小象传》说"有喜也"。

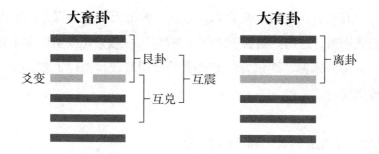

大畜卦　　　　　　　大有卦

爻变　　　艮卦　　　　　　离卦

互震

互兑

[**爻辞**] 六五：豮（fén）豕（shǐ）之牙，吉。

象曰：六五之吉，有庆也。

[**白话**] 六五：阉猪口中的牙，吉祥。

《象传》说：六五的吉祥，是因为有了喜庆之事。

六五的比喻非常特别。"豮"是阉割过的猪，"豕"是大猪。野猪的獠牙是伤人的利器，但是野猪被阉割之后，就失去了野性，它的牙对人不再构成威胁，猪肉反而成为人类营养的来源，所以吉祥。

六五在上卦艮中，《说卦传》提到"艮为黔喙之属"，"黔喙"就是黑色嘴巴、口鼻相连的动物，猪是其中之一。六五与九二正应，九二在互兑（九二、九三、六四）中，兑为口，口中有牙；六五在互震（九三、六四、六五）中，震为生长；上卦艮又为止，可以止住它的牙齿生长，合起来就是阉猪口中的牙被止住了。

大畜卦

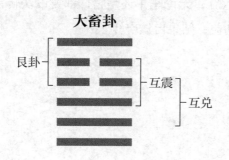

艮卦

互震

互兑

六五在君王之位，又有九二正应。他把天下人引以为患的野猪驯服成家畜，这自然是喜庆之事。"豮豕"之喻，是要从根本上化解不当欲望的来源，而最好的方法就是修明政教，上行下效，大家一起蓄积德行。

[**爻辞**] 上九：何天之衢（qú），亨。

象曰：何天之衢，道大行也。

[**白话**] 上九：位处上天所赐的通路，通达。

《象传》说：位处上天所赐的通路，正道可以充分实现了。

"何"为"荷"，有担负、承受之意。"衢"为交通要道，四通八达。上九居天位，在全卦最上，得到全卦的支持；上九又在互震之上，震为大涂。合而观之，则是"何天之衢"，亦即位居上天所展示的大路上。

大畜卦蓄积到最后，得到丰硕的成果，使上九可以无往不利，充分实现正道。《易经》64卦中，在"上"的位置（上六或上九），只有大畜卦上九得到"亨"的结果，十分难得。

大畜卦的爻辞非常生动。在下位的"初九、九二"一定要停下来，稳住阵脚；它们虽与六四、六五正应，但上卦为艮，艮为止。到了九三，才能策马奔腾。上九则处于通衢大道上，无往而不利。关键是六四与六五，无论是牛还是猪，都要设法转害为利，这样就获得了双倍的利益，结果自然吉祥。

三、止恶在初，止欲在源

大畜卦是山天大畜。下卦乾为金玉，山中有金玉，自然大有积蓄。下卦乾亦为君王，上卦艮为止，代表让君王在安静中修行，从而厚植实力。另外，下卦乾也代表德才兼备的大臣，他受到君王的重用，可以出来为百姓服务（不家食）。

大畜卦六爻中，最特别的是六四和六五。六四说："童牛之牿，元吉。"意即：小牛在角上绑了横木，最为吉祥。六四要束缚的是底下刚上场的初九：小牛的角本来会刺伤人，但是在牛角上绑上横木之后，它就不再伤人了。这提醒我们：止恶在初。要阻止任何恶行，都要在最初的阶段。

六五说："豮豕之牙，吉。"意即：阉猪口中的牙，吉祥。獠牙是野猪伤人的利器，把野猪阉割之后，消除欲望的来源，它的牙就不再伤人了。这提醒我们：止欲在源。

合而观之，要让邪恶与欲望在最初阶段、在根源处停止下来，这样就能变害为利——把牛变成人类工作上的帮手，把猪变成人类营养的来源。

然而，要做到"止恶在初""止欲在源"是十分困难的，历史上有不少这样的教训。

譬如，商纣王年轻时本来是杰出的人才，直到有一次，有人献上了一双象牙做的筷子，他看了非常喜欢，在手中把玩良久。他的叔父箕子见微知著，一看就知道问题大了，谁能够止住一个年轻君王的欲望与邪念呢？商纣王现在喜欢象牙做的筷子，将来就可能喜欢翡翠做的碗，也许还要配上金丝楠木做的桌子吧。后来果然不出所料，商朝的诸侯与臣子看到纣王喜欢奇珍异宝，就到处搜刮来进贡，以博得他的欢心，后面一发不可收拾，最终导致了商朝的灭亡。①

所以，让臣子对君王"止恶在初"与"止欲在源"，不容易做到；最好的办法是君王自己觉悟，能够"多识前言往行，以畜其德"。《孟子·离娄下》有一段珍贵的资料，描述了古代圣王的杰出表现。孟子说："大禹讨厌美酒而喜欢合理的言论。商汤把握公正原则，选拔贤人没有固定的方法。周文王看待百姓有如他们受了伤，总是抚慰；他望着正道却像没有看见，总是上进。周武王不轻慢身边的臣子，也不遗忘远方的臣子。周公想要融合三代圣王的表现，实践上述四方面的美德；如果有不合当时情况的，就仰起头思考，夜以继日；侥幸想通了，就坐着等到天亮，立即去实践。"②这段话正是大畜卦最好的示范。

到了后代，君王就算知道大臣的好坏，也未必能够亲贤臣、远小人。譬如，汉武帝宠信卫青，就任命他为大将军；喜欢公孙弘，就任命他为丞相；但武帝心中真正尊敬的是右内史汲黯。汉武帝对这三个人的态度明显不同：他接见卫青时，可以靠在卧榻上；接见公孙弘时，可以不戴王冠；但是汲黯一来，武帝一定要戴上王冠才肯接见。然而，尊敬归尊敬，汉武帝并非事事都听从汲黯的意见。

后来淮南王刘安谋反，刘安非常忌惮汲黯，他说："在汉武帝的大臣中，只有汲黯敢直言进谏，守住节操，为义而死，很难用不合理的想法来迷惑他；至于说服丞相公孙弘，就像揭开蒙盖在眼睛上的布，或者从树上振落树叶一样，非常好对付。"③可见，当时从君王

① 出自《韩非子·喻老》。原文：昔者纣为象箸而箕子怖……纣遂以亡。故箕子见象箸以知天下之祸。

② 原文：孟子曰："禹恶旨酒而好善言。汤执中，立贤无方。文王视民如伤，望道而未之见。武王不泄迩，不忘远。周公思兼三王以施四事；其有不合者，仰而思之，夜以继日；幸而得之，坐以待旦。"

③ 出自《史记·汲郑列传》。原文：淮南王谋反，惮黯，曰："好直谏，守节死义，难惑以非。至如说丞相弘，如发蒙振落耳。"

到诸侯，都知道汲黯是正直的大臣，但是他又怎么能止住君王所有的邪恶与欲望呢？类似的历史故事还有不少。可见，大畜卦理想很高，却不容易实现。

再来说几个现代人占到大畜卦的案例。大畜卦基本上是一个好卦，九三"利有攸往"，六四"元吉"，六五"吉"，上九"亨"，这四爻都很理想。如果占到初九和九二，就要尽量收敛自己，积蓄实力。

有一位朋友从法律系毕业后，做了十年公务员，晋升到中层主管。公务员生活安定，是许多人羡慕的行业。但是，他想转行去当律师，重新规划自己的职业生涯。他用数字卦来占，得到大畜卦上九，爻辞说："何天之衢，亨。"意即：位处上天所赐的道路，通达。上九代表一路以来大有积蓄，已经站在了制高点上，放眼望去，四通八达。

我对他说："你想转业当律师应该没什么问题。上九是变爻，代表一年之内就可能成功。上九爻变，变成泰卦，泰为通顺，可谓水到渠成。"这位朋友说，这跟他规划的时间节点是一样的，并且他对于转业已经相当有把握了。

有些人占卦是为了增强自己的决心与信念，让自己敢于放手一搏。这正好印证了我的学《易》心得：不学一定不会，学了不一定

会，但学会终身受用。很多人学习《易经》都有类似的体会。

另外，我有一个学生是中学教师，他有两次占到大畜卦的经验。第一次是他们学校要聘一位新教员，应征者众多。他对其中一位印象很好，想知道这位老师最终会不会被聘用，于是用筹策占卦，得到大畜卦，没有变爻。该怎么解呢？首先，大畜卦代表这个人累积了相当的实力，可以胜任这份工作。但是，没有变爻通常代表时机尚未成熟，这件事不会有什么变化。后来，这个人果然没有接受聘书，而是另谋高就了。

还有一次，学校要开家长会，想参加的家长太多，超过了学校会议室的容量，校方就考虑租一个较大的礼堂来开会。这位学生为此事占了一卦，占到大畜卦上九："何天之衢，亨。"意即：位处上天所赐的通路，通达。"亨"代表这件事基本没有问题。事实上，这个礼堂的交通很方便，适合家长们开车前往。结果开会当天，家长出席踊跃，效果也特别理想。可见，占卦确实可以帮助我们减少疑虑，做出正确的选择。

一、慎言语，节饮食

27　山雷颐，下震上艮

颐：贞吉。观颐，自求口实。

象曰：山下有雷，颐。君子以慎言语，节饮食。

上九：由颐，厉吉。利涉大川。
象曰：由颐厉吉，大有庆也。

六五：拂经，居贞吉，不可涉大川。
象曰：居贞之吉，顺以从上也。

六四：颠颐，吉。虎视眈眈，其欲逐逐，无咎。
象曰：颠颐之吉，上施光也。

六三：拂颐，贞凶。十年勿用，无攸利。
象曰：十年勿用，道大悖也。

六二：颠颐，拂经；于丘颐，征凶。
象曰：六二征凶，行失类也。

初九：舍尔灵龟，观我朵颐，凶。
象曰：观我朵颐，亦不足贵也。

　　本节要介绍《易经》第27卦颐卦。"颐"就是"颐养天年"的"颐"。《序卦传》说："物畜然后可养，故受之以颐。颐者，养也。"前面的大畜卦代表大有积蓄。有了积蓄之后，才能养育自己，养育人民。"颐"就是"养"的意思。

　　颐卦的结构是山雷颐，只有初九、上九两个阳爻，中间四个阴爻，就像一张口张开来，等着吃东西，也代表有口可以说话。下卦震为行动，上卦艮为停止，可谓"下动而上止"。就像我们吃东西的时候，下巴活动，上腭止住，如此才能咀嚼消化。

　　颐卦六爻中出现了三个"凶"字。在《易经》64卦中，"一卦三凶"的只有五个，包括师卦（☷，第7卦）、剥卦（☶，第23卦）、颐卦（☶，第27卦）、恒卦（☳，第32卦）、小过卦（☳，第62卦）。颐卦的特色是：下卦三爻皆凶，上卦三爻皆吉。这种格局在《易经》中是唯一的。

[**卦辞**] 颐：贞吉。观颐，自求口实。

[**白话**] 颐卦：正固吉祥。观察养育状况，自己求取食物。

　　颐卦代表养育，卦辞首先强调"贞吉"，亦即在养育方面一定要走正路，才能吉祥。

　　接着，"观颐，自求口实"包括两个方面："观颐"是看你怎样养育别人，"自求口实"是看你怎样养育自己。这两方面都要走正道。

　　一般所说的"养育"，都是指上位者养育底下的百姓。俗话说"民以食为天"，人首先要活下去，才能发展他的人生。如果一个社会缺少饮食之道，就难以安定和谐。可见，如何养育百姓是一个关键问题，值得深入思考。

[**象传**] 象曰：颐，贞吉，养正则吉也。观颐，观其所养也。自求口实，观其自养也。天地养万物，圣人养贤以及万民，颐之时大矣哉。

[**白话**]《象传》说：颐卦，正固吉祥。养育合乎正道，就会吉祥。观察养育状况，是要观察他所养育的对象。自己求取食物，

是要观察他如何养育自己。天地养育万物，圣人养育贤人，从而养育所有百姓。颐卦随顺时势，真是伟大啊。

颐卦的《彖传》首先强调"养正则吉"，即养育合乎正道，就会吉祥。蒙卦（☶，第4卦）的《彖传》也提到"养正"二字，它说："蒙以养正，圣功也。"意即：在孩子的启蒙阶段可以培养他走上正路，这是造就圣人的功业啊。可见，"养正"是《易经》重要的观念。

颐卦的养育之道分为两个方面：一方面是"观颐，观其所养也"，对于上位者，要观察他如何养育百姓；另一方面是"自求口实，观其自养也"，要观察他如何养育自己。养育不仅包括饮食方面，也包括教育方面。人首先要维持自然的生命，但仅仅吃饱喝足是不够的，人还需要有良好的教养。

《彖传》说："天地养万物。"万物生于天地之间，只要合乎天时地利，就会得到养育。又说："圣人养贤以及万民。"意即：圣人养育贤人，从而养育所有百姓。大畜卦（☰，第26卦）的《彖传》也提到"养贤"，即国家要培养贤人，让他不用吃家里的饭，而是出来做官，造福所有百姓。

具体来说，怎样才算是"养正"呢？

首先，在养育自己方面，要做到不过分、不奢求。譬如，孔子说自己"不为酒困"（《论语·子罕》），即喝酒从来没有喝醉过。《论语·乡党》也说孔子"唯酒无量，不及乱"，他喝酒从不限量，但从不喝醉。《论语·述而》描写孔子"钓而不纲，弋不射宿"，即孔子钓鱼时，只用一根线来钓，不会用绑着许多鱼钩的粗绳来钓；他射鸟时，只射空中的飞鸟，不射在巢中休息的鸟。可见，孔子在养育自己方面从不过分。

孔子也说过："饭疏食，饮水，曲肱而枕之，乐亦在其中矣。"

（《论语·述而》）意即：吃的是粗食，喝的是冷水，弯起手臂做枕头，这样的生活也有乐趣啊！代表孔子从不奢求生活的享受。"不过分、不奢求"符合"养正"之道，君子要依此养育自己。

其次，在养育百姓方面，"养正"的关键在于找到贤者。譬如，尧担心找不到舜，舜担心找不到禹，他们都希望由养育贤者推至养育万民。这样的时机不容易遇到，所以颐卦的《象传》感叹"颐之时大矣哉"，即颐卦要配合时势，真是伟大啊。

[**象传**] 象曰：山下有雷，颐。君子以慎言语，节饮食。

[**白话**]《象传》说：山下有雷在震动，这就是颐卦。君子由此领悟，言语要谨慎，饮食要节制。

颐卦的卦象就像一张口张开来，可以说话或饮食。孔子对于说话有很高的要求，他说："不到该说话时就说了，叫作急躁；到了该说话时不说，叫作隐瞒；没看别人脸色就说话，叫作眼瞎。"[①]孔门弟子分为四科：第一是德行科，第二就是言语科，后面才是政事科、文学科。可见，孔子对于言语非常重视。

另外，口也与饮食有关。人靠饮食来养育身体，但如果饮食不当，身体会出现各种问题。常言道"祸从口出，病从口入"，就是在强调"慎言语，节饮食"。

但是，"慎言语"并非不说话。该说话的时候，就算有生命危险，也要冒死进谏。"节饮食"也并非不吃饭或刻意节食，而是在不该吃的时候有所节制。譬如，商朝末年，伯夷、叔齐两兄弟反对周武王革命。武王革命成功之后，两兄弟不吃周朝的食物，而是上山

---

① 出自《论语·季氏》。原文：言未及之而言谓之躁；言及之而不言谓之隐；未见颜色而言谓之瞽（gǔ）。

采野菜吃，最后饿死在首阳山上①。可见，慎言语、节饮食并非不说话、不饮食，关键要看是否合于正道。

另外，后天八卦始于震卦，终于艮卦②。颐卦下卦为震，代表万物开始生长；上卦为艮，代表停止与完成，可谓"雷生之，山成之"。换言之，颐卦让万物发展到一定阶段，然后稳定下来。

噬嗑卦（䷔，第21卦）的《象传》提到"颐中有物"，因为噬嗑卦除了初九、上九之外，中间还有一个阳爻九四，需要咬断而合。颐卦的卦象比较简单，就是一张口张开来，可以吃东西或说话。吃东西时，会出现激烈的竞争；说话时，要考虑是否适当。

总之，颐卦的结构是山雷颐，上下两个阳爻是实，中间四个阴爻是虚。"实"代表有实在的条件，"虚"则要靠"实"来支持。颐代表养育，要看你如何养育百姓、如何养育自己，是养育自己的口体，还是培养自己的德行？颐卦要配合适当的时机，不必过于节俭，也不可过于奢侈。

---

① 出自《论语·季氏》。原文：伯夷叔齐饿于首阳之下，民到于今称之。
② 出自《说卦传》。原文：帝出乎震……成言乎艮。

二、争取工作，一线定生死

颐卦只有初九、上九两个阳爻，中间四个阴爻，就像人的口张开来，准备吃东西或说话。颐卦的特色是：下卦三爻皆凶，上卦三爻皆吉。这在《易经》64卦中仅此一见。简单来说，下卦三爻是要养活自己，所以有明显的竞争；上卦三爻是要养育百姓，除了养身之外还要培养德行，所以重视长远的发展。

[爻辞] 初九：舍尔灵龟，观我朵颐，凶。

　　　象曰：观我朵颐，亦不足贵也。

[白话] 初九：抛弃你的大乌龟，看着我鼓腮嚼食，有凶祸。

　　　《象传》说：看着我鼓腮嚼食，也就没什么可贵了。

在古代，乌龟养大到一定程度，如龟壳的直径超过五尺，就被称作"灵龟"，国家可以征用它来占卜。颐卦有如放大的离卦（☲），根据《说卦传》的解释，离为龟。初九往上一看，在自己与上九中间有四个阴爻，这是前所未见的、最大的灵龟。

在颐卦中，阳爻要负责养育阴爻。初九一上场，忘了自己是阳爻，抛弃自己的大乌龟，却看着"我"鼓腮嚼食。这个"我"指六四，因为六四在互坤（六二、六三、六四）中，坤为母亲，母亲怀孕称为"有身"，引申为自身，也就是"我"。坤又为虚，有如朵颐，即鼓着腮帮子嚼食东西。成语"大快朵颐"就出自这里。

初九羡慕别人口中的食物，却忘了自己有灵龟，这种心态当然没什么可贵的，结果是凶。

颐卦

互坤

[**爻辞**]六二：颠颐，拂经；于丘颐，征凶。

象曰：六二征凶，行失类也。

[**白话**]六二：颠倒养育方式，违背了常理；往高处求养育，前进有
凶祸。

《象传》说：六二前进有凶祸，是因为前往会失去同类。

六二是阴爻，无法自养，上卦又无正应，所以只好回头找初九：
六二居上位，本来应该照顾底下的初九，现在却回头找初九养育，
所以说"颠倒养育方式"。六二凌驾于初九之上，现在竟然有求于
它，这显然违背常理，所以说"拂经"。

于是，六二只能向上远求另一个阳爻上九，但上九在上卦艮中，
艮为山，所以说"于丘颐"；艮又为止，它会阻止六二的前进。换
言之，即使六二找到上九，上九也不会搭理它。六二如果前往，就
会失去同类。同类可以指中间的四个阴爻，也可以指与它对应的六
五：六二进退失据，无所适从，结果是凶。

[**爻辞**]六三：拂颐，贞凶。十年勿用，无攸利。

象曰：十年勿用，道大悖也。

[**白话**]六三：违背养育方式，一直这样下去会有凶祸。十年不能有

所作为，没有任何适宜的事。

《象传》说：十年不能有所作为，是因为过度背离了正道。

六三不当位，它虽然与上九正应，但上九在艮卦中，艮为止，会阻止六三前往，所以说"拂颐"。所谓"贞凶"，是说六三如果一直违背养育方式，就会有凶祸，甚至十年不能有所作为，没有任何适宜的事。六三在互坤中，十为坤之数，所以说"十年勿用"。

[**爻辞**] 六四：颠颐，吉。虎视眈眈，其欲逐逐，无咎。

象曰：颠颐之吉，上施光也。

[**白话**] 六四：颠倒养育方式，吉祥。像老虎般瞪视，欲望接连而来，没有灾难。

《象传》说：颠倒养育方式而吉祥，是因为上位者广施恩惠。

六四与六二都是"颠颐"，但六二是凶，六四却是吉，这是为什么呢？在颐卦中，在上位的要养育在下位的，阳爻要养育阴爻。六四在上卦中，它与初九正应，于是回头去找初九，所以说"颠颐"。初九与六四皆当位，两爻阴阳正应，可以密切配合，所以吉祥。可见，六四与六二的处境完全不同。

爻辞接着出现了"虎视眈眈"这个成语。六四进入上卦艮，艮为山林，虎为其王，所以说"虎"。六四爻变，上卦为离，离为目，为"视"。"眈眈"为下视之状。六四往下看初九，正可谓"虎视眈眈"。

六四爻变，出现互坎（六三、九四、六五），坎为强盗，有很多欲望；坎又为水，水接连而来，不断流动，所以说"其欲逐逐"，最后得到无咎。

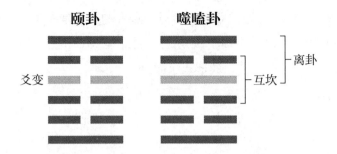

颐卦　　　噬嗑卦

离卦

互坎

爻变

为什么六四颠倒养育方式还能吉祥？《小象传》解释说"因为上位者广施恩惠"。六四是负责照顾百姓的大臣，他一方面要"虎视眈眈"，展示自己的威严；另一方面还要"其欲逐逐"，从初九那里大量获取资源，再广施恩惠，所以无咎。

[爻辞] 六五：拂经，居贞吉，不可涉大川。
　　　　象曰：居贞之吉，顺以从上也。

[白话] 六五：违背常理，守住正固就吉祥，不可以渡过大河。
　　　　《象传》说：守住正固而吉祥，是因为顺应与跟随上位者。

六五是君王，它与六二不应，所以要靠上九来提供资源，这显然违背常理，所以说"拂经"。但是，六五居中位，而且阴爻本来就要顺承上面的阳爻，所以说"居贞吉"。六五只能勉强稳住阵脚，不可以渡过大河。"不可涉大川"在《易经》爻辞中仅此一见。

[爻辞] 上九：由颐，厉吉。利涉大川。
　　　　象曰：由颐厉吉，大有庆也。

[白话] 上九：由此而得养育，危险而吉祥。适宜渡过大河。
　　　　《象传》说：由此而得养育，危险而吉祥，是因为大有喜庆。

"由颐"即由此而得养育。可见，颐卦的主爻是上九，正是由于上九的变动才出现了颐卦。换言之，颐卦是从临卦变来的，将临卦的九二与上六交换位置，就形成了颐卦。

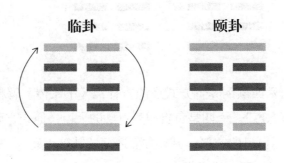

临卦 颐卦

颐卦上九犹如太傅，为帝王之师，连君王都要顺从他的建议。此时上九必须深自警惕，所以说"厉吉"。上九是上卦艮（☶）的最后一爻，要让一切都停下来，才能正常饮食。然而，止极必动，所以上九"利涉大川"，并且大有喜庆。

总之，颐卦的基本构想是：两个阳爻要养育四个阴爻，初九、上九是实，中间四个阴爻是虚。同时，还要注意养育的方法。

最可惜的是初九，它本身有灵龟，但由于位置太低，缺乏自知与自信，反而去羡慕上面的六四，以为地位高就有更好的资源，其实未必如此。

六二与六四都是"颠颐"，它们都回头去找初九：六二凌驾于初九之上，结果是凶；六四与初九正应，结果为吉。

六二与六五都是"拂经"（违背常理）。两个爻都是阴爻，缺乏实力，彼此又不相应。六二回头找初九，结果是凶。六五向上追随上九，守住正固就吉祥，但是不可涉大川，因为它缺少真正的实力。六二和六五都居中，但一个是"征凶"，一个是"不可涉大川"，这在64卦中非常少见。

六三是"拂颐"（违背养育方式），因为六三不当位，它虽然与上九正应，但上九在艮卦中，会阻止它的前进。

颐卦六爻谈到养育问题，各爻都在争夺资源，最终有得有失。颐卦下卦三爻皆凶，上卦三爻皆吉，这种格局在《易经》64卦中是唯一的。

三、病从口入，祸从口出

颐卦探讨了养育之道，它启发我们思考：应该怎样养育自己、养育别人？下面将通过一些古代的案例来说明这一点。

初九抛弃自己的灵龟，反而羡慕别人的饮食，孔子的学生子夏可以作为例子。子夏承认自己"出见纷华盛丽而说，入闻夫子之道而乐"（《史记·礼书》）。他看到外面的世界热闹纷华，感觉十分开心；回来听到孔子所讲的人生正道，感觉更加快乐。子夏差点儿就忘记了自己有灵龟，幸好他能够及早觉悟。

再以孔子的学生子路为例，他的志向是把自己的车子、马匹、衣服、棉袍与朋友共享，即使用坏了也没有一点遗憾。[1]子路的志向还不够理想，他只是对朋友慷慨，却忘了应该进一步修养自己，进而照顾天下人。

六二颠倒养育方式，结果陷入凶的结局，春秋战国时代的吴起和李斯可以作为例子，两人都在儒家门下学习过。吴起是春秋末期有名的将军，他在曾子门下学习，后来为了个人的发展，离开母亲，到吴国去做官。战国末期的李斯，年轻时曾在荀子门下学习，后来抛弃所学，走上法家的道路。吴起和李斯都失去了操守，不能够自养，最终惹来杀身之祸。

在养育自己方面，孟子有一个很好的观念，他说："养其小者为小人，养其大者为大人。"（《孟子·告子上》）孟子认为，人的生命有身、心两个方面，身是小体，心是大体，就看你在哪方面下功夫了。如果你养的是心，就会慢慢成为大人；如果你养的是身，就会逐渐变成小人。活着是必要的，但你活着的时候，奋斗的方向何在？

---

[1] 出自《论语·公冶长》。原文：愿车马衣裘，与朋友共敝之而无憾。

是要养口体，还是养心志呢？后者显然更加重要。我们都希望兼顾身心，既要吃饱喝足，又要修炼德行。但是很抱歉，这两方面不容易兼顾，因为每个人的时间与精力都是有限的。学习儒家，就要一心一意培养自己的心志。

孟子还劝过一个学生，他说："你穿上尧穿的衣服，说尧说的话，做尧做的事，久而久之就变成尧了；你穿上桀穿的衣服，说桀说的话，做桀做的事，久而久之就变成桀了。"[1]换言之，一个人在养育自己时，要以圣人作为典范。通过长期的学习和效法，就会逐渐接近那些典范人物。

再说说现代生活中占到颐卦的案例。十几年前，台北市的房价很高，如果夫妻两人都在学校教书，即使不吃不喝，也要将近二十年才能买一套新房子。有个朋友住在郊区，很想买市中心的房子，但实在下不了手，就为此事占了一卦。结果占到颐卦初九，爻辞是："舍尔灵龟，观我朵颐，凶。"即抛弃你的神奇大龟，看着我吃东西，有凶祸。

颐卦就像一张口等着吃东西。初九本身是阳爻，有实在的食物，却羡慕六四的吃相。老子说过："知足不辱，知止不殆。"又说："不知常，妄作凶。"换言之，这个朋友现在的房子只要稍加整修，也是理想的居家环境。如果非要买市中心的房子，未来十几年都要面临还贷的压力，非常辛苦，又何必呢？许多欲望都来自外界的刺激，当你觉得比上不足时，不要忘了比下有余。这个朋友占到这一卦，就暂时打消了买房的念头，回头看看现在的住房，倒是有很多可取之处。

还有一个实际的占卦案例。有一次我到深圳演讲，有位朋友热

---

① 出自《孟子·告子下》。原文：子服尧之服，诵尧之言，行尧之行，是尧而已矣。子服桀之服，诵桀之言，行桀之行，是桀而已矣。

心接待。由于飞机晚点，晚餐拖到九点才开始，席间还有两位初次见面的朋友。让他们等了这么久，我实在于心不忍，总想稍做回报。后来谈到《易经》，我简单说明了如何用数字来占卦。一个朋友于是提出三组三位数，计算后得到4、7、6，是颐卦上九，爻辞说："由颐，厉吉。利涉大川。"意即：由此而得养育，危险但是吉祥，适宜渡过大河。

前文提到，颐卦六五虽然也是吉，但不适宜渡过大河，因为六五是阴爻，实力不足。为什么上九适宜渡过大河呢？因为上九在上卦艮中，艮为止，但是止极必动；并且《小象传》也说"大有庆也"，代表这个行动会有好的结果。

这个朋友还没有说自己的问题，我就先说道："你问的事应该与事业有关。"他说："没错，我正在考虑要不要换工作。"我对他说："你的实力很强。在64卦中，只有颐卦上九可以利涉大川，所以你换工作应该没有问题。"他连声称谢，并且一直说"太神奇了"。

晚餐过后，在回酒店的路上，别人告诉我刚才那位朋友的家世背景。原来，他的长辈是省里的领导，颇有实力；他本人也到美国留过学，是学有专长的海归派。所以他想要换工作，易如反掌。

事实上，当我们占问就业或考试升学时，经常会占到颐卦。颐卦的解卦很简单，就是一线定生死。如果占到下卦三爻就是"凶"，代表时机尚未成熟，条件还不具备。占到上卦三爻则是"吉"，但情况比较复杂。六四虽然颠倒了养育方式，但有初九正应，所以仍然是吉，最后是无咎。六五虽然违背常理，但只要坚持下来，最后是吉，只是不可以渡过大河。上九虽然有危险，但也是吉，并且利涉大川。

总之，颐卦就像一张口，上下两排牙齿，中间是空的，代表要求取食物。颐卦谈的是养育之道。在养育自己方面，要经常问自己：我要养身，还是养心？我要关注饮食，还是关注德行？在养育别人时，也要看他以什么为重。如果他只是养育身体，关注饮食，意味着他可能忽略了更重要的部分。同时，颐卦的《大象传》提醒我们"慎言语，节饮食"，因为言语谨慎比饮食节制更能显示一个人的修养。

儒家所谓的修身就是修养言行，养育身体始终排在第二位，所以孟子说"养其小者为小人，养其大者为大人"。孔子在饮食方面很节制，既不过分，也不奢求；在德行方面，则不断提升超越，目标是成为君子，再进一步成为圣人。这才是养育的重点所在。

颐卦的《象传》强调"养正则吉"，蒙卦的《象传》也强调"蒙以养正，圣功也"。可见，保养身体的目的在于"养正"，要不断修养德行，走上人生正路。

孟子善于使用"养"字。他说："养心莫善于寡欲。"（《孟子·尽心下》）意即：修养内心最好的方法是减少欲望。他又说："我善养吾浩然之气。"（《孟子·公孙丑上》）他认为人的身体里面充满了气，要由心来主导身体，使自己充满浩然之气。孟子对于生命该往哪里发展，看得非常清楚。

颐卦只有变卦而没有覆卦，因为把颐卦整个翻过去还是颐卦。颐卦六爻皆变，就成了大过卦。

一、人不知而不愠，不亦君子乎

28 泽风大过，下巽上兑

大过：栋桡。利有攸往，亨。

象曰：泽灭木，大过。君子以独立不惧，遁世无闷。

上六：过涉灭顶，凶，无咎。
象曰：过涉之凶，不可咎也。

九五：枯杨生华，老妇得其士夫，无咎无誉。
象曰：枯杨生华，何可久也？老妇士夫，亦可丑也。

九四：栋隆，吉。有它吝。
象曰：栋隆之吉，不桡乎下也。

九三：栋桡，凶。
象曰：栋桡之凶，不可以有辅也。

九二：枯杨生稊，老夫得其女妻，无不利。
象曰：老夫女妻，过以相与也。

初六：藉用白茅，无咎。
象曰：藉用白茅，柔在下也。

本节要介绍《易经》第28卦大过卦。大过卦与颐卦是变卦关系，颐卦六爻皆变，就成了大过卦。

《易经》64卦按照顺序，每两卦为一组，两卦的关系是"非覆即变"。其中大多数变化都是"覆"，将一个卦从下往上整个翻过去，就变成另一卦；只有极少数是"变"，亦即六爻皆变，阳变阴，阴变阳。在《易经》中，只是变卦关系而不是覆卦关系的，共有四组八个卦，只占总卦数的八分之一。

第一组是乾卦（☰，第1卦）与坤卦（☷，第2卦），第二组是颐卦（☲，第27卦）与大过卦（☱，第28卦），第三组是习坎卦（☵，第29卦）与离卦（☲，第30卦），第四组是中孚卦（☴，第61卦）与小过卦（☶，第62卦）。

《序卦传》说："不养则不可动，故受之以大过。"前面的颐卦代表养育。养育有成，才会有大的行动，所以出现了大过卦。大过卦有四个阳爻、两个阴爻，阳爻的势力超过阴爻，阳爻称大，所以称为"大过"。与之相对的是小过卦，四个阴爻包围了中间两个阳爻，阴盛于阳，所以称为"小过"。

[卦辞] 大过：栋桡（náo）。利有攸往，亨。

[白话] 大过卦：栋梁弯曲。适宜有所前往，通达。

大过卦两个阴爻分居上下，中间是四个阳爻，等于首尾太弱，中间太强。把大过卦横过来看，有如屋顶上的横梁，中间强，两端弱，有崩塌的危险，所以卦辞用"栋桡"来描述。此时适宜有所前往，要向外寻求帮助或寻找新的机会，然后才能通达。

[象传] 象曰：大过，大者过也。栋桡，本末弱也。刚过而中，巽而说行，利有攸往，乃亨。大过之时大矣哉。

[白话]《象传》说：大过卦，大的方面势力过当。栋梁弯曲，是因为首尾两端太过柔弱。刚强者过盛却能守中，行动顺利而和悦，适宜有所前往，可以通达。大过卦随顺时势，真是伟大啊。

所谓"刚过而中"，是说大过卦阳爻超过半数，同时九二与九五两个阳爻占据了中间的位置。大过卦下卦巽为顺利，上卦兑为和悦，所以说"巽而说行"。

《彖传》最后说"大过之时大矣哉"，强调大过卦的时机特别重要。大过代表大厦将倾，社会处在风雨飘摇之中，看起来是不可为之时，除非有大过人之才。此时成败未定，就看谁能够把握时机了。换言之，大过之时，利有攸往，往而必亨。此时若想通达，一定要向外谋求发展。如果只是维持现状，则无法拯救危局。

北宋的程颐非常强调大过之时。他认为，大过代表不常见的大事。比如，尧舜的禅让，汤武的放伐，都是依道而行的。道一定是居中的、平常的，只是由于世人不常见到，所以称它"大过于平常"。大过之时，人间会出现重大的事件，个人可以建立伟大的功业，修成极高的德行。[①]

[**象传**] 象曰：泽灭木，大过。君子以独立不惧，遁世无闷。

[**白话**] 《象传》说：沼泽淹没了树木，这就是大过卦。君子由此领悟，要坚定不移而无所畏惧，避世隐居而毫无苦闷。

大过卦的结构是泽风大过，下卦巽为木，上卦兑为泽，所以说"泽灭木"。但是，树木的本性是上浮的，水终究无法将其淹没。君子由此领悟，要"独立不惧，遁世无闷"。

大过卦看起来危机四伏，但是对君子来说，这正好是一个检验的阶段。孔子说："岁寒，然后知松柏之后凋也。"（《论语·子罕》）危机也可能是转机，因为只有在危机中才能分辨谁是君子谁是小人，

---

① 出自《周易程氏传》。原文：如尧舜之禅让，汤武之放伐，皆由道也。道无不中，无不常，以世人所不常见，故谓之大过于常也……大过之时，其事甚大，故赞之曰大矣哉。如立非常之大事，兴不世之大功，成绝俗之大德，皆大过之事也。

谁能在困境中坚持下去。

君子在危急时刻，也要懂得如何自处。只要始终坚守正道，像九二、九五那样居于中位，就没什么可怕的。孟子说："富贵不能淫，贫贱不能移，威武不能屈，此之谓大丈夫。"（《孟子·滕文公下》）这句话展现了君子独立不惧的风骨。

道家的庄子也有类似的说法，他说："举世而誉之而不加劝，举世而非之而不加沮（jǔ）。"（《庄子·逍遥游》）意即：即使天下人都称赞他，也不会让他更振奋；即使天下人都批评他，也不会让他更沮丧。换言之，悟道之人在精神方面可以超然独立，自在逍遥。

君子坚持走在既中且正的路上，就算天下人都批评他，他也不放在心上，这就是独立不惧；就算天下人都不了解他，他也不懊恼，这就是遁世无闷。孔子说："人不知而不愠，不亦君子乎？"（《论语·学而》）别人不了解你，而你并不生气，不也是君子的风度吗？

孔子曾对颜渊说："用之则行，舍之则藏，唯我与尔有是夫。"（《论语·述而》）意即：有人任用，就发挥才能，没人任用，就安静修行，只有我与你可以做到吧。孔子也说过："隐居以求其志，行义以达其道。吾闻其语矣，未见其人也。"（《论语·季氏》）意即：避世隐居来磨炼他的志节，实践道义来贯彻他的理想。我听过这样的话，但是不曾见过这样的人。可见，当时机不成熟时，君子不必急于实现自己的理想，而是要继续修炼，准备下一个精彩的开始。

总之，大过卦的初六与上六是阴爻，等于小人掌握了开始与结束；中间是四个阳爻，等于君子聚合在中间，拥有很大的力量。君子一旦展现其实力，就能做出重大的改变。

二、小心栋梁向下崩塌

大过卦的结构是泽风大过，只有初六、上六两个阴爻，中间四个阳爻聚在一起，占据九二与九五的位置，拥有很大的力量。大过卦是大厦将倾的局面，但也可以成就一些大事。本节要介绍大过卦六爻的爻辞。

[爻辞] 初六：藉用白茅，无咎。

象曰：藉用白茅，柔在下也。

[白话] 初六：用白色茅草垫在底下，没有灾难。

《象传》说：用白色茅草垫在底下，是因为柔弱者处在下位。

初六一上场，看到上面是四个阳爻，就知道自己的处境很危险。"藉"是垫在底下，因为初六位于全卦底部。下卦为巽，巽为木，为白，初六又是柔爻，所以用"白茅"为喻。古人在郊外祭祀上帝时，先把地面打扫干净，再用茅草垫在地上，摆上祭品，目的是表达自己的虔诚与谨慎。

初六是柔弱者处在下位，上面四个阳爻压下来，初六难以支撑。此时只有顺承上位，洁身自好，方可无咎。换言之，君子处在初六的位置，态度要柔和，不要跟别人对抗；也要洁身自好，不要与别人同流合污。

[爻辞] 九二：枯杨生稊（tí），老夫得其女妻，无不利。

象曰：老夫女妻，过以相与也。

[白话] 九二：干枯的杨树长出新的根芽，老头子获得少女为妻，没

有不适宜的事。

《象传》说：老头子以少女为妻，是走过之后再来相识。

九二与上面的九五不应，只能回顾初六，以求阴阳相合，所以《小象传》说它"过以相与"，即走过之后再来相识，相当于老夫少妻的情况。

九二居中，又有初六相比，充满了生机，所以说"枯杨生稊"。"稊"为树根下面长出的新的根芽，也称为"白荄（gāi）"，可以焕发新的生机。九二在下卦巽中，巽为木，上卦兑为泽，接近沼泽的树木大多是杨树。九二在互乾（九二、九三、九四）中，乾为老，所以说枯杨，又说老夫。九二为老夫，初六为其女妻，因为初六在下卦巽中，巽为长女。

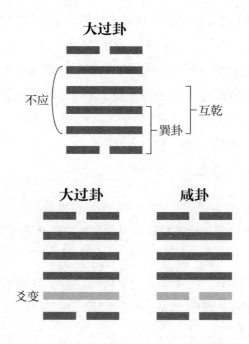

九二爻变，之卦为咸卦（䷞，第31卦），代表夫妻之间可以互

相感应。比较特别的是，这里是根据爻变之后的之卦来解释爻辞。九二的优势在于，老夫少妻仍然可以生育，有如枯杨生稊，所以"无不利"。

[**爻辞**]九三：栋桡，凶。

象曰：栋桡之凶，不可以有辅也。

[**白话**]九三：栋梁弯曲，有凶祸。

《象传》说：栋梁弯曲而有凶祸，是因为没有办法得到帮助。

大过卦六爻中，只有九三、九四提到"栋"字。两爻只差一个位置，吉凶却相反。九三以阳爻居刚位，躁于进而不体恤下面的柔弱，下面支撑不住，必然会折断。九三与上六正应，本想去帮助上六，结果却帮了倒忙。可见，在大厦将倾之际，扶持的力度要适当，切忌用力过猛，以免造成反效果。《小象传》说，九三有凶祸，"是因为没有办法得到帮助"。如果你表现得过于刚强，会让别人感到害怕，往往事情还没办完，就已经出现了怨隙，谁还愿意来帮助你呢？

[**爻辞**]九四：栋隆，吉。有它吝。

象曰：栋隆之吉，不桡乎下也。

[**白话**]九四：栋梁隆起，吉祥。会有别的困难。

《象传》说：栋梁隆起而吉祥，是因为不向下弯曲。

九三在下卦中，代表栋梁向下弯曲，房子会倒塌。九四在上卦中，代表栋梁向上隆起，房子不会崩塌。九四以阳爻居柔位，刚柔相济，所以得到吉。

不过，九四与初六正应，初六对九四构成诱惑，所以说"有它吝"。这是在提醒九四，要抵制初六的诱惑，不要向下弯曲。

[**爻辞**] 九五：枯杨生华，老妇得其士夫，无咎无誉。

　　象曰：枯杨生华，何可久也？老妇士夫，亦可丑也。

[**白话**] 九五：干枯的杨树长出花朵，老妇人获得壮男为夫，没有责
难也没有荣誉。

　　《象传》说：干枯的杨树长出花朵，怎么会长久？老妇人以
壮男为夫，是一件难堪的事。

　　九五与九二都以"枯杨"为喻，但是结果不同。九二是"枯杨
生稊"，干枯的杨树长出新的根芽，能够结出果实。九五是"枯杨生
华"，干枯的杨树长出花朵，看起来很亮丽，却未必能结出果实。

　　九五与九二不应，所以九五去找上六。上六在上卦兑中，位置
高于九五，代表老妇；兑也为悦，代表老妇也想取悦九五，于是九
五与上六配合，成为老妻少夫的情况。九五爻变，之卦为恒卦（☳，
第32卦），有夫妻之象。从阴阳相济的角度来看，可以说九五"无
咎"；但是上卦为兑，兑为口，言而无实就像花开无法持久，所以
说它"无誉"，等于情况不好也不坏。另外，坤卦六四也提到"无咎
无誉"，要扎起袋口（括囊），不要外露，这样自然没有灾难，但也
不会有称誉。

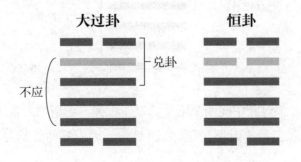

大过卦　　　　　　　　**恒卦**

九五的《小象传》说老妻少夫"是一件难堪的事"，因为他们无法生儿育女，没有进一步发展的可能。这反映了古代的观念，对于现代社会来说，未必是正确的。

[**爻辞**] 上六：过涉灭顶，凶，无咎。
　　　　　象曰：过涉之凶，不可咎也。

[**白话**] 上六：发大水时渡河，淹没了头顶，有凶祸，但没有责难。
　　　　　《象传》说：发大水时渡河而有凶祸，不应该加以责怪。

　　上六在上卦兑中，兑为泽，又在互乾（九三、九四、九五）之上，乾为头，等于水淹没了头顶。

　　前文提到，颐卦（䷚，第27卦）就像一个放大的离卦，离为龟，所以颐卦初九说"舍尔灵龟"。而大过卦就像一个放大的坎卦（☵），坎为水，所以大过卦上六说"发大水时渡河，淹没了头顶，有凶祸"。但是对上六来说，这是大势所趋，它对此也无可奈何。上六以阴爻处在最高位，四个阳爻上来，它根本挡不住，所以虽然有凶祸，但也没什么好责难的。

大过卦

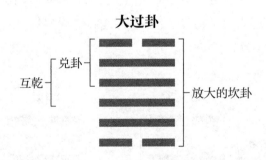

　　总之，大过卦中间四个阳爻，过于强盛，可谓"大者过也"。四爻之中，九二是"无不利"，九四是吉，因为这两爻都是阳爻在柔

位，可以刚柔相济。与之相对的，九三是凶，九五是"无咎无誉"，甚至"可丑"，因为这两爻都是阳爻居刚位，过于刚强。可见，遇到大过这种特殊的格局，比如革命或动乱即将到来之时，手段一定要适当，不能一路刚强到底。

另外，九二与九五提到"枯杨生稊"或"枯杨生华"，有男女相与之象；只有九三与九四提到卦辞所说的"栋梁"；直到上六，才表现出全卦"泽灭木"之象。

三、坚定不移无所畏惧，避世隐居毫无苦闷

大过卦的卦象是泽风大过，只有初六、上六两个阴爻，中间四个阳爻聚在一起，拥有很大的力量，把阴爻都排除在外。大过之时也是一个危机时代。它的爻辞相当特别：初六提醒你要非常谨慎，九二说干枯的杨树长出新的根芽，九五说干枯的杨树开出新的花朵，九三说栋梁向下弯曲，九四说栋梁向上隆起。

孔子在《系辞上传》中对大过卦初六进行了发挥。初六的爻辞说："用白色茅草垫在底下，没有灾难。"孔子说："就是把祭品摆放在地上也可以啊，底下还要垫一层茅草，这会有什么灾难呢？这是谨慎到了极点。茅草是一种微薄的东西，但是可以产生重大的作用。按照这种谨慎的方法去做事，就不会有什么过失了。"①孔子在这里强调了谨慎的重要性，因为初六以阴爻处在全卦底部，力量弱小，地位卑微，所以凡事都要小心谨慎，才能免于灾祸。

俗话说"礼多人不怪"。事实上，礼不在于多，而在于用心。如果你设身处地为别人着想，哪怕只是一个小小的动作，都能让对方心存感动。现代人把商品包装得十分精美，很多时候都属于过度包装，完全没有必要。

九二提到"老夫得其女妻"，除了代表男女婚姻之事，也可以代表大臣礼贤下士，从而得到有力的帮手。萧何月下追韩信就是一个例子。汉高祖刘邦开始打天下时，萧何是刘邦的得力干将，相当于大过卦九二；而韩信开始不被刘邦重视，相当于初六。萧何了解韩信的军事才能，就极力向刘邦推荐。后来，韩信果然为汉朝立下

---

① 原文：苟错诸地而可矣，藉之用茅，何咎之有？慎之至也。夫茅之为物薄，而用可重也。慎斯术也以往，其无所失矣。

了汗马功劳。可见，天下大乱之际，靠一个人的力量是远远不够的。九二得到初六的帮助，才能力挽狂澜。

九三说："栋梁弯曲，有凶祸。"这提醒我们，如果你坚持过当，那么没有人会帮助你，你也无法真正帮助别人。宋朝的包拯（包青天）就是一个例子。在宋朝内忧外患之际，包拯上场了。然而，他的志向过于刚直，力量过于勇猛。他本想帮助上六，却造成了反效果，因为在当时的情况下，用强硬的手段捍卫理想的正义原则，社会各方面都无法配合。包拯本来想安定社会，结果却制造了不少风波。

九五是老妇少夫的情况，由于无法生育下一代，《小象传》认为"是一件难堪的事"。唐代的《艺文类聚》中说："如果古代撰写《诗经》、制定礼仪、明订法律的是周公的夫人周姥，而不是周公的话，应该不会存在此类性别偏见。"这是古人对于男女地位不平等的一种批评，有进步的意义。占到九五，代表眼下的情况很好看，就像一棵枯树长出了花朵，但结不出果实，后面的发展会有困难。

上六的爻辞说："过涉灭顶，凶，无咎。""无咎"代表不能责怪上六，因为他对这件事根本无能为力。有一个现代的占卦案例。一位女士因为先生有外遇而痛苦不堪，她有两个孩子，不知道该怎么办，就用《易经》占问婚姻。结果得到大过卦上六，爻辞说："过涉灭顶，凶，无咎。"

大过卦有如屋顶上的栋梁，两端弱而中间强，有崩塌之虞。可见，这位女士的处境很危险，婚姻岌岌可危。《易经》只能揭示真相，至于如何摆脱困境，就要相机行事了。"无咎"代表没有灾难，这里也可以理解为"没有责难"。这位女士托人请我解卦，我就说："这件事不能怪她。"这位女士听说之后，放声大哭。《易经》洞见幽微，不让人受委屈，效果一至于此。人的遭遇不可能完全由自己来掌握，我们只能努力去理解它，进而修养德行，不让自己受到责难。

另外还有一个例子。有位朋友送孩子去读私立高中，希望通过严格的管教，让他走上正路。没想到，这个孩子到了高二，既抽烟又沉迷网络，父母怎么劝都没用。于是这位朋友用筹策占卦，结果占到大过卦，"九二、九三、九四"三爻变。

这时要参考大过卦的卦辞："栋梁弯曲。适宜有所前往，通达。"可见，父母对此事恐怕无能为力，需要出门求助才可通达。儒家的孟子主张"易子而教"。学校是正当的教育单位，所以最好拜托老师来特别关注这个孩子。不过，一位老师通常要面对几十个学生，不可能面面俱到。父母要把孩子的问题主动告知老师，以便老师对症下药。

大过卦的《大象传》说："君子以独立不惧，遁世无闷。"意即：君子要坚定不移而无所畏惧，避世隐居而毫无苦闷。所以，父母必须下定决心，努力熬过这段痛苦的经历。进一步来看，"九二、九三、九四"三爻变之后，之卦是比卦，卦辞提到"不宁方来，后夫凶"，亦即从不安定中刚刚转变过来，后到的会有凶祸。因此，这件事不能拖延，必须快刀斩乱麻，再拖下去，后果可能不堪设想。在孩子上中学的阶段，父母必须保持高度警惕，适时伸出援手，果断采取措施，才能让孩子改过迁善。

我自己也占到过大过卦。前文在介绍观卦时，提到我在民间讲过西方哲学，现场录了不少音频。一位同学听了音频后，感觉很有收获，就想自己承担出版费用，让这些音频可以面世，我当时婉谢了他的好意。时隔数月，他再次提出这个建议，我仍然很谨慎，又用筹策占了一卦。结果占到大过卦，六爻皆不变，这时要参考大过卦的卦辞："栋梁弯曲。适宜有所前往，通达。"看起来似乎可行，但《大象传》说："泽灭木，大过。君子以独立不惧，遁世无闷。"我看到这句话就明白了，应该收敛自省，未可求名。

大过卦初六与上六都是阴爻，怎么撑得住中间四个阳爻呢？如果勉强去做，很可能导致栋梁弯曲，屋子垮塌，可谓自寻烦恼。另外，占到大过卦而没有变爻，代表这件事的结局没有什么变化，始终是令人担心的。我后来又仔细检查了音频，发现其中有一段声音嘈杂难辨，效果不佳。如果贸然出版，听众一定会抱怨"这个作者太不负责了"，这种名声不要也罢，于是我打消了出版的念头。

总之，占到大过卦，代表当前是一个非比寻常的状况，要根据卦爻辞的指示，采取适当的态度。《易经》对人生的启发是完整而深刻的，值得我们时时参考。

一、怎样才可履险如夷

29 坎为水，下坎上坎

习坎：有孚。维心亨。行有尚。

象曰：水洊至，习坎。君子以常德行，习教事。

上六：系用徽纆，寘（zhì）于丛棘，三岁不得，凶。
象曰：上六失道，凶三岁也。

九五：坎不盈，祗既平。无咎。
象曰：坎不盈，中未大也。

六四：樽酒簋二，用缶，纳约自牖，终无咎。
象曰：樽酒簋二，刚柔际也。

六三：来之坎坎，险且枕，入于坎窞，勿用。
象曰：来之坎坎，终无功也。

九二：坎有险，求小得。
象曰：求小得，未出中也。

初六：习坎，入于坎窞，凶。
象曰：习坎入坎，失道凶也。

　　本节要介绍《易经》第29卦习坎卦。习坎卦是由八个经卦之一的坎卦（☵）本身重复而成。本身相重的卦称为纯卦，在《易经》中共有八个。别的纯卦都沿用原来经卦的名称，如乾（䷀）、坤（䷁）、震（䷲）、艮（䷳）、离（䷝）、兑（䷹）、巽（䷸）；只有坎卦加了一个"习"字，称为习坎卦。"习"是"重复"的意思，代表坎卦有重重危险，需要特别留意。

《易经》有所谓"四大难卦"：第一个是屯卦（䷂，第3卦），第二个是习坎卦，第三个是蹇卦（䷦，第39卦），第四个是困卦（䷮，第47卦）。四大难卦的共同特色在于，其上下卦的组合中一定包含一个坎卦。习坎卦是两个坎卦连在一起，显然是极其困难的局面。

坎卦代表水。《左传》说："水懦弱，民狎而玩之，则多死焉。"意即：水看起来很柔弱，于是百姓亲近它，高兴地在水里玩耍，结果很多人就被淹死了。这正是习坎卦要提醒我们的。

为什么大过卦之后，会出现习坎卦呢？《序卦传》说："物不可以终过，故受之以坎。坎者，陷也。"大过卦代表万物都顺利通过了，但通过到一定程度，一定会出现阻碍，所以接着上场的是习坎卦。坎就是陷，会让人陷入某种困境。"习"字既代表"重复"，也代表"练习"。面对各种危险时，只有多加练习，将来才能履险如夷。

[**卦辞**] 习坎：有孚。维心亨。行有尚。

[**白话**] 习坎卦：有诚信。因为内心真诚而通达。行动表现了上进。

"有孚"就是有诚信。在《易经》64卦中，卦辞里出现"有孚"的只有五个：第一个是需卦（䷄，第5卦）；第二个是讼卦（䷅，第6卦）；第三个是观卦（䷓，第20卦）；第四个是习坎卦；第五个是损卦（䷨，第41卦）。这五个卦的共同特色是：或者有九二，或者有九五，习坎卦则两者兼备。

习坎卦虽然有九二与九五，但它们各自被上下两个阴爻所包围，这正是本卦的困难所在。九二与九五是实在的，所以说"有孚"。两个阳爻占据中位，所以说"维心亨"，即内心真诚而通达。《易经》的卦辞里出现"心"字，仅此一处。由此可见，当身处险境时，内心的真诚与稳定是最重要的。"行有尚"是说，习坎卦必须向前发展，就像水要不断向前流动一样。

[象传] 象曰：习坎，重险也。水流而不盈，行险而不失其信。维心亨，乃以刚中也。行有尚，往有功也。天险，不可升也；地险，山川丘陵也。王公设险以守其国。险之时用大矣哉。

[白话]《象传》说：习坎卦，它就是重重险阻。水流动而不满盈，行动有险阻而不失信。因为内心真诚而通达，正是由于刚强者居于中位。行动表现了上进，是说前往会有功劳。天象的险阻，是没有办法跨越的。地理的险阻，是山川丘陵。王公设置险阻来守卫自己的国家。险卦的时势作用太伟大了。

习坎卦下坎上坎，代表水重复流动。水流动而不满盈，是因为两个阳爻都处在中间。行动有险阻而不失信，是因为水一定会根据地势高低，从上往下流。"刚中"是指九二与九五。前往会有功劳，是因为水要不断向前流动，否则会失去河流的作用。

《象传》接着说："天象的险阻，是没有办法跨越的。地理的险阻，是山川丘陵。王公设置险阻来保卫自己的国家。"这段话相当重要，它把"天、地、人"并列加以说明，这在《易经》中并不多见。

首先，"天险"是指天象的险阻，包括一年四季的变化，地震、山崩、海啸等各种自然灾害。譬如，德国在第二次世界大战中进攻苏联，就陷入冰天雪地之中，这就是无法跨越的"天险"。

其次，"地险"是指地理的阻碍，包括山川丘陵等复杂的地形。古代建造城郭，要依托地势较高的丘陵；挖掘壕沟，要借助地势较低的川泽。地理形势的险阻也是不容易逾越的。

最后，"人险"是指王公所设的险阻。九五为王，九二为公，他们组织人力，修建堡垒、壕沟等险阻，以此保卫自己的国家。

《象传》最后强调："险之时用大矣哉。""时用"就是时势的作用。除了习坎卦，睽卦（☲，第38卦）和蹇卦（☶，第39卦）的《象传》也提到了"时用"。这三个卦的处境看起来很不利，但如果善加使用，也可以将其转化为有利的条件。

[**象传**] 象曰：水洊（jiàn）至，习坎。君子以常德行，习教事。

[**白话**]《象传》说：水连续不断流过来，这就是习坎卦。君子由此
领悟，要不断修养德行，熟习政教之事。

君子从习坎卦获得启发：只有不断修炼德行，才能变化气质，成就不平凡的人生；只有努力实践政教之事，才能化民成俗，从根本上摆脱险境。

"常德行，习教事"都是在强调不要倦怠。孔子谈到政治，特别提到"无倦"。有一次，子路请教治理国家的做法，孔子说："你自己带头做事，同时使百姓勤劳工作。"子路想知道进一步的作为，孔子说："不要倦怠。"①

总之，习坎卦是由八个经卦之一的坎卦重复而成。在八个纯卦中，只有它在卦名前加了一个"习"字，代表重复的坎，提醒人们这是困难重重的局面。坎卦代表水，水是人类生活的必需品，但也会造成各种危险。"习"也代表练习。当你身处险境时，只有多加练习，才能顺利通过各种考验。

水的特色可以概括为三点。

第一，水有所依附。水在容器中，就止于这个容器；水在深谷

---

① 出自《论语·子路》。原文：子路问政。子曰："先之劳之。"请教。曰："无倦。"

中，就安静地形成深渊。

第二，水有所通达。水的性质是向下流动，无论遇到什么险阻，最后一定会通达。

第三，水有所济助。水可以帮助万物，所有生命都离不开水。

俗话说："水能载舟，亦能覆舟。"换言之，百姓就像水一样。君子要做到《大象传》所说的"常德行，习教事"，才能把百姓凝聚起来，产生正面的力量，保持社会的稳定。

治理国家不能靠一己之力，而要靠每个人修德，同时充分利用天时、地利等条件。习坎卦的《彖传》强调了天险、地险与王公设险。王公要效法"天之不可升"，所以要设立尊卑贵贱的区分；效法"地之不可逾"，所以要建造城郭沟池来巩固国防，同时还要建立完善的制度，这样才能使国家长治久安。

二、危难当头，只剩信心

习坎卦是由八个经卦之一的坎卦本身重复而成。全卦只有九二、九五两个阳爻，它们各自被两个阴爻所包围，等于君子被小人包围，困难重重，危机四伏。本节要介绍习坎卦六爻的爻辞，其中有很多令人警醒的语句。

[**爻辞**] 初六：习坎，入于坎窞（dàn），凶。

象曰：习坎入坎，失道凶也。

[**白话**] 初六：在重重险阻中，掉入陷阱。有凶祸。

《象传》说：在重重险阻中掉入陷阱，是迷失道路造成的凶祸。

"窞"就是"坎中之坎"。初六在双坎之下，等于掉入了重重陷阱，结果自然是凶。在习坎卦中，各爻皆不应。初六不当位，与六四也不应，所以《小象传》说它"失道凶也"。

初六也代表小人设险来陷害君子，但是害人者必害己，所以初六有凶祸。

[**爻辞**] 九二：坎有险，求小得。

象曰：求小得，未出中也。

[**白话**] 九二：坎陷中出现险阻，求取小的会有收获。

《象传》说：求取小的会有收获，因为尚未从中间离开。

九二以阳爻居中位，可谓"刚中"。"刚"代表能力足以自卫，"中"代表动静不失分寸，如此可以免于灾难。在习坎卦中，下卦三爻皆不当位，所以九二即使居中，能做的也很有限，求取只有小的收获。因此，占到此爻不要做大的计划。

[**爻辞**] 六三：来之坎坎，险且枕，入于坎窞，勿用。
象曰：来之坎坎，终无功也。

[**白话**] 六三：来去都是险阻，险难还到处遍布，掉入陷阱，不可有所作为。
《象传》说：来去都是险阻，终究没有功劳。

"来"就是往下来，"之"就是往上去。六三完成了底下的坎卦，它往上一看，上面还是一个坎卦，往上往下都是险阻。六三和初六都提到"入于坎窞"，代表下卦两个阴爻都掉入了危险的陷阱里，不可能有什么作为。

习坎卦下卦三爻都有危险，而上卦三爻不再提到危险，因为水在源头处比较险急，流到下游就会变得平缓。

[**爻辞**] 六四：樽（zūn）酒簋（guǐ）二，用缶（fǒu），纳约自牖（yǒu），终无咎。
象曰：樽酒簋二，刚柔际也。

[**白话**] 六四：一盅酒与两盘供品，用瓦盆盛着，从窗户送进简约的祭品，终究没有灾难。
《象传》说：一盅酒与两盘供品，是因为遇到刚强者与柔顺者交往的时候。

六四最终得到"无咎"，这在习坎卦已经很难得了。前文说过，如果一个卦出现六四与九五的组合，基本上都不错，代表君臣之间可以默契配合。

六四的爻辞很特别。"樽酒簋二，用缶"意为"一盅酒与两盘供品，用瓦盆盛着"，代表祭祀的祭品很简单，使用的容器很质朴，但是祭祀者的内心非常虔诚。这才符合祭祀的本质。换言之，一个大臣只有出于至诚之心，最终才能摆脱险境。

"纳约自牖"意为从窗户送进简约的祭品，代表态度谦虚。换个角度来看，光线必须透过窗户才能进入房间。自古以来，凡是可以成功进谏的大臣，都是从国君能够了解的地方入手，才能使国君去除遮蔽，明白事理。人心有所遮蔽，也有所通达，所以在教育上要由其所知，以达其所不知。六四显示出一个大臣的良苦用心。

六四的爻辞中为什么会出现酒、供品、瓦盆这些象呢？坎卦为水，引申为酒，所以说"樽酒"。六四在互震（九二、六三、六四）中，震就像仰起的碗；又在互艮（六三、六四、九五）中，艮就像盖起来的碗，合起来为"簋"，簋是外圆内方的容器。同时，互震为缶，为瓦器，所以说"用缶"。"樽酒簋二，用缶"代表简约而朴实的祭礼。

六四在互艮中，艮为门、为窗，所以说"牖"（窗户）。古代贵族的女子在出嫁前，要举行"牖下之祭"，也就是在自家窗下举行祭祀。"约"指简约的祭品，也有与神明约定之意，约定之"言"来自互震为鸣。

六四所示范的处险之道，对每个人都深有启发。

习坎卦

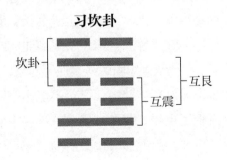

[**爻辞**] 九五：坎不盈，祗（zhī）既平。无咎。

象曰：坎不盈，中未大也。

[**白话**] 九五：坎陷尚未满盈，抵达齐平的程度。没有灾难。

《象传》说：坎陷尚未满盈，是因为居中而不够壮大。

"坎不盈"意为坎陷尚未满盈，也代表九五没有骄傲自满的问题。"祗"为抵达，"既"为已经，"祗既平"表示水位已经至于齐平。水势盛大之后，可以把危石险滩全部覆盖，使危险得以消除。同时，九五在互艮（六三、六四、九五）中，艮为止，也代表水可以止而平。做到了这些，可以无咎。不过，九五的力量还不够壮大，因为它上下都被阴爻所包围。

[**爻辞**] 上六：系用徽纆（huī mò），寘于丛棘，三岁不得，凶。

象曰：上六失道，凶三岁也。

[**白话**] 上六：用绳索捆绑起来，放在牢狱中，三年不能出来，有凶祸。

《象传》说：上六迷失道路，所以凶祸持续三年。

初六与上六的《小象传》都提到"失道"，说明两个爻都迷失了道路，但凶险的程度有差别。上六比初六失道更严重，所以凶祸的时间更长，《小象传》直接说"凶三岁也"。

坎是陷阱，也是牢狱。上六爻变，上卦为巽，巽为绳，所以说"用绳索捆绑起来"。"徽纆"就是绳索，两股缠起来叫作纆，三股缠起来叫作徽。等于上六被粗大牢固的绳索捆绑起来，无法挣脱。

接着，为什么说"放在牢狱中，三年不能出来"呢？古代《周礼》规定，一个人犯了重罪，要在牢里关三年，中罪关两年，小罪关一年。如果犯了重罪之后能够改过，刑满三年可以释放。如果三年还不能改过，就直接判处死刑。古代没有今天的无期徒刑一说。

上六与六三都是阴爻居阳爻之上，都属于"阴乘阳"。上六为何如此凶险呢？因为六三虽然凌驾在阳爻九二之上，但是"三"属于刚的位置，本意是要往上走，而不在于困住九二；但是上六无处可走，它只能回头困住九五，结果却让自己更加困窘。

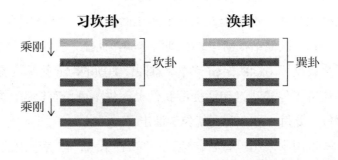

总之，习坎卦不是一般的凶险。初六"失道凶也"，可谓"不经一事，不长一智"；"上六失道，凶三岁也"，代表它没有悔改的机会了。一卦之"初"代表刚刚上场，"上"代表走到底了。上六在危险中还要对九五乘刚，要遮蔽和控制君王，怎么会有好的结局呢？

初六是凶，六三是"勿用"，上六是凶，这三个阴爻的处境明显不利。

九二是"求小得"，只能在小的方面有所收获。六四显示出真诚和谦虚的态度，最后得到无咎。九五虽然居中，也只能做到无咎。习坎卦六爻没有一个"吉"字，能够"无咎"已经不错了。

三、平安就是福

习坎卦是由八个经卦之一的坎卦本身重复而成。"习坎"代表重重险阻，提醒我们加倍留意。"习"也是"练习"的意思。面对危险，只有多加练习，才能应对未来的各种挑战。

坎卦代表水，水对于人生有很多正面的启发。儒家的孔子非常欣赏水。有一次他站在河边，看到河水滚滚而流，就说："逝者如斯夫，不舍昼夜。"（《论语·子罕》）意即：消逝的时光就像这流水啊，白天黑夜都不停息。这句话提醒我们，人生不可稍有松懈。如果不能把握每一分每一秒，时间就匆匆溜走了。

孔子也用水来比喻智者，他说："知者乐水，仁者乐山。"（《论语·雍也》）意即：明智的人欣赏流水，行仁的人欣赏高山。流水遇到阻碍就转弯，遇到坑洞就填满，总是能够随顺时势。这正是智者的特色。

孟子对于水也非常肯定。他说："观水有术，必观其澜。"（《孟子·尽心上》）意即：观赏水有特定的方法，一定要看它形成的波澜，才能看出水势有多大。他又说："原泉混混，不舍昼夜。"（《孟子·离娄下》）这与孔子的说法类似。孟子所强调的是，河流有源有本最重要，人的修炼亦如此。孟子也说过："取之左右逢其原。"（《孟子·离娄下》）一个人修炼有了心得，那么无论应用在何处都可以回溯到经典的源头。

道家的老子也经常以水为喻，最有名的是《老子》第8章中的"上善若水"。老子认为水对万物都有利，但它从不与万物相争；从人的角度来看，水总是处在低卑之地，处在众人所厌恶的地方，所以水最接近于"道"。道家认为，万物来自道，又回归于道，所以天下没有任何东西是毫无价值或真正卑微的。庄子也说："水面静止时就会显得明亮，可以让人照见真相，又何况是精神呢？"①精神如果平静的话，能够看透一切表象，掌握事物的真相。

习坎卦用立体的结构来说明水对人生的启发。它告诫我们，当前的局势十分危险，要根据自己所处的位置，选择合适的态度来应对。

譬如，习坎卦初六说"掉入陷阱。有凶祸"，所以目前最好什么都不做，更不要故意陷害别人，以免让自己也陷入困境。

九二居中，只能在小的方面有所收获，不可能有太大的作为。我占问自己的时运，也占到过这一爻，代表在未来三个月之内，只能做一些小的规划，因为目前正处于危险之中，平安就是福。

六三的爻辞提到"勿用"，乾卦初九也强调"潜龙勿用"。当来去都是险阻时，怎么可能施展才华、成就功业呢？此时一定要收敛自己。

六四进入了上卦，局面有所改观。"樽酒簋二，用缶，纳约自牖"都与祭祀有关。这提醒我们，在重重险阻中，一定要以真诚之心祈求祖先与神明的保佑，要以真诚的态度支持君王九五。

此外，六四还有沟通联系的功能，它往上可以支持九五，往下可以同九二合作，将上下两个阳爻连在一起。六四代表重要的大臣，它的位置非常关键。古代有言："同舟而遇风，则胡越相应如左右手。"意思是说，北方的胡人与南方的越人原本互不来往，当他们坐在同一条船上、遇到大的风浪时，也会携手配合，就像人的左右手一样。六四与九二本来没有直接的关系，现在双方要展开合作，共同支持君王九五。

譬如，汉高祖刘邦过世之后，政局动荡不安，吕后大权在握，封了很多吕家的人当王。当时的丞相是陈平，地位相当于六四，大

---

① 出自《庄子·天道》。原文：水静犹明，而况精神！

将军周勃相当于九二。陈平是文官，周勃是武将，两人本来没有直接的关系。然而在危难之际，陈平主动向周勃示好，于是二人联手翦除了吕家的势力，维护了汉朝的天下。

九五说"坎陷尚未满盈，抵达齐平的程度"，代表君王陷于危难，尚未脱离险境。此时九二想要帮助九五摆脱上下两个阴爻的束缚，但九二本身也受制于两个阴爻，动弹不得。譬如，唐代宗陷于"藩镇之险"而无法脱困，此时唯有郭子仪可以扶危救难，但郭子仪也陷入鱼朝恩和李辅国的谗言毁谤之中。

周朝后期的周赧王曾受制于强大的诸侯。汉朝末年的汉献帝也被曹操当成傀儡，挟天子以令诸侯。唐朝后期，历史再次重演。唐文宗想依靠李训、郑注来诛杀宦官，结果发生了"甘露之变"，李训、郑注被宦官杀害，文宗也被宦官控制起来。唐文宗就说："今朕受制于家奴，殆不如赧、献。"意即：我现在受制于自己的家奴，我的处境还不如周赧王、汉献帝啊！唐文宗身为九五之君，却被后宫的宦官任意摆布，实在是屈辱至极。

上六走到习坎卦的尽头，虽然暂时对九五乘刚，但最后会陷入牢狱之灾，三年不能出来。

现代人的占卦案例也值得参考。没有人喜欢占到凶险的卦，但是《易经》讲究变化，不可能让一个人独占所有好处。有位朋友在新加坡有一项投资计划，他想知道未来的发展如何，就在饭局后用筹策占卦。结果占到习坎卦，变爻上六，爻辞说："系用徽纆，寘于丛棘，三岁不得，凶。"意即：用绳索捆绑起来，放在牢狱中，三年不能出来，有凶祸。这段话听起来很可怕，好像会有牢狱之灾。其实，这只是一个比喻，代表这个朋友投资之后，就像被绑住了手脚，动弹不得。

一般来说，如果占到一个卦的上六或上九，一个月左右情况就会发生变化。但习坎卦上六的《小象传》直接说"凶祸持续三年"，这一点相当特别。不过，若能撑过三年，后面就会有转机。没想到，这位朋友听了我的解释，居然面带微笑地说："我投资的事业最快也要三年才能盈利，所以占到这个爻还是可以接受的。"

他的态度无疑是正确的。许多人占到"凶"就心烦意乱，好像天要塌下来一样。其实，"凶"只是代表现在无法如愿而已，将来发生任何变化，都会比现在更好。《易经》强调德行的修养，如果能在逆境中承受考验，将来环境一旦改善，不是更有制胜的把握吗？辛苦三年而有成，在人生中还算是幸运的。这个案例值得我们参考。

我们学习《易经》，首先要准确把握卦爻辞的含义，然后通过占卦，把《易经》应用于现实的人生。在解卦时，要把生命看作动态发展的过程，会从下往上经历不同的阶段，这样就会对未来始终抱有希望。

一、为什么养母牛就吉祥

30　离为火，下离上离

离：利贞，亨。畜牝牛，吉。

象曰：明两作，离。大人以继明照于四方。

上九：王用出征，有嘉。折首，获匪其丑，无咎。
象曰：王用出征，以正邦也。

六五：出涕沱若，戚嗟若，吉。
象曰：六五之吉，离王公也。

九四：突如其来如，焚如，死如，弃如。
象曰：突如其来如，无所容也。

九三：日昃之离。不鼓缶而歌，则大耋之嗟，凶。
象曰：日昃之离，何可久也？

六二：黄离，元吉。
象曰：黄离元吉，得中道也。

初九：履错然，敬之无咎。
象曰：履错之敬，以辟咎也。

本节要介绍《易经》第30卦离卦。离卦与习坎卦是变卦关系，习坎卦六爻皆变，就成了离卦。

离卦是由八个经卦之一的离卦（☲）本身重复而成。《序卦传》说："陷必有所丽，故受之以离。离者，丽也。"前面的习坎卦代表坎陷，但是不能一直陷落下去，一定要有所依附，所以接着出现了离卦。"离"就是附丽、依附之意。

离卦代表火。火必须有所依附，才能持续发光发热，所以离卦具有"依附、光明、灼热"三点特色。

第一，离卦代表依附。离卦只有六二、六五两个阴爻，它们必须依附上下的阳爻才能存在。要有所依附，必须顺从之至，所以卦辞说"畜养母牛，吉祥"，亦即要像母牛一样顺从。

第二，离卦代表光明。光明可以照见正义，带来文明教化。离也代表龟。古人用龟壳占卜来预测未来，就像光明可以照亮远方。

第三，离卦还代表灼热，可以烧光一切，所以离卦常有战争、死伤之象。

[**卦辞**] 离：利贞，亨。畜牝牛，吉。

[**白话**] 离卦：适宜正固，通达。畜养母牛，吉祥。

离卦的结构是下离上离，六二、六五两个阴爻位于中间，被上下四个阳爻所包围，等于中间是虚的、柔的。柔弱之物容易倾斜，它首先必须正固，才能够通达，所以说"利贞，亨"。

"牝牛"为母牛。牛的本性是温顺的，可以顺从人的要求去耕田或拉车。母牛则是柔中之柔。离卦六五代表谦虚而柔顺的君王，可以任用贤能，改善社会风气，为天下带来文明。

由于离卦的卦辞有"畜牝牛"三个字，所以学者在解释《易经》的卦爻辞时，有时会把离当作牛来看待。另外，《说卦传》提到"坤为牛"。可见，不同的卦也可能有同样的象征。

[**象传**] 象曰：离，丽也。日月丽乎天，百谷草木丽乎土。重明以丽乎正，乃化成天下。柔丽乎中正，故亨，是以畜牝牛吉也。

[**白话**]《象传》说：离卦，就是附丽的意思。日月附丽在天上，百

谷草木附丽在地上。以双重光明来附丽于正道，就可以教化成就天下人。柔顺者附丽于居中守正的位置，所以通达，因此畜养母牛是吉祥的。

离为火，依物而燃并放出光明，所以《彖传》首先强调"依附"之意。它说："离卦，就是附丽的意思。日月附丽在天上，百谷草木附丽在地上。"这里所说的"日月"是指上面的六五，"百谷草木"是指底下的六二。

然后转到"光明"之意。下离上离就是"重明"，即光明一波接一波，使社会长期处于光明之下。人不能只求活着而已，还要"丽乎正"，即依附于正道。唯有光明可以照见正义，由此"化成天下"。贲卦（☲，第22卦）的《彖传》曾提到"观乎人文，以化成天下"。

离卦两个柔爻处在居中守正的位置，所以通达。

[象传] 象曰：明两作，离。大人以继明照于四方。

[白话]《象传》说：光明重复升起，这就是离卦。大人由此领悟，要代代展现光明来照耀四方百姓。

离卦下离上离，象征光明重复升起。"明"字由"日""月"组合而成，可知光明有其来源，并且一直存在。

在64卦的《大象传》中，"大人"只出现这一次。出现最多的是"君子"，共有53次；"先王"出现7次；"后"出现3次；"大人"和"上"各出现1次。在古代，大人泛指各级统治者，不限于君王。大人要代代展现光明来照耀四方百姓。

"照于四方"有四种表现：第一，辨忠邪，用光明分辨谁是忠臣，谁是奸臣；第二，知疾苦，了解百姓的困难和苦恼在哪里；第三，烛幽微，可以照亮幽暗隐微的地方；第四，虑久长，可以考虑长远的发展。"辨忠奸、知疾苦、烛幽微、虑久长"是"继明"所达成的效果，由此可以照耀四方百姓。

总之，习坎卦六爻皆变，就成了离卦。习坎卦代表陷入困境，但不能一直陷落下去，一定要找到一个着力点，使它有所依附，所以接着出现了离卦，离代表依附。离卦只有六二、六五两个阴爻，它们依附在上下四个阳爻上，就像日月依附在天上，百谷草木依附在地上。人间必须以双重光明来附丽于正道，才能教化成就天下人。

将离卦与习坎卦对照，可以获得更深刻的认识。习坎卦下卦三爻皆不当位，所以下卦三爻都有危险；上卦的六四、九五比较稳定；上六走到习坎卦的极端，结果也是凶。而离卦下卦三爻当位，上卦三爻皆不当位，所以最坏的情况出现在九四。离卦的处境显然比习坎卦要好：习坎卦六爻没有一个"吉"；而离卦只有九三、九四不理想，其他各爻则是"无咎"或"吉"，甚至还有"元吉"。

离卦的象征非常丰富。离为火，既代表光明，也代表战争。同时，六二、六五处在中间的位置，所以要像畜养母牛一样，表现顺从、柔和的态度。

《系辞下传》提到，古代的伏羲氏根据自然界的启发，创作了八卦，借此会通神明的功能，比拟万物的实况。伏羲氏从"离中虚"的卦象得到启发，他编草为绳，制成罗网，用来打猎捕鱼，使古代进入渔猎社会。然后，人们又学会用火，可以把食物烤熟再吃，既安全又美味。从此，人类文明有了很大程度的提高。

离卦的《大象传》强调"明两作"，亦即要用连续的光明照耀四方。天下之事虽然不断变化，但行善避恶的原则是不变的。如果没有连续的光明，就无法持续地除去弊端，自然难以化民成俗。

对于统治百姓的大人来说，离卦最大的启发是"虚己以任贤"。统治者不能因为地位尊贵就独断专行，而要保持谦虚并依附于正道，充分任用贤者来治理百姓，使礼乐文德在天下显扬，达到人文化成的效果。譬如，周成王继承武王之位，他有如离卦六五，能够附丽于周公来兴起礼乐，周公也培养了谦虚的美德，最后二人共同成就了伟大的功业。

对于好学之人来说，既要保持谦虚，学如不及，也要居中守正，力行不倦，这样才能彰显正道的光明，展示自身的文采。

二、两个火在燃烧

离卦是由八个经卦之一的离卦（☲）本身重复而成。离为火，火一定有所依附，才能显示光明；火也是灼热的，可能带来各种危险。本节要介绍离卦六爻的爻辞。

[**爻辞**] 初九：履错然，敬之无咎。

象曰：履错之敬，以辟咎也。

[**白话**] 初九：脚步中规中矩，采取恭敬的态度，没有灾难。

《象传》说：脚步中规中矩的恭敬态度，是为了避开灾难。

初九在全卦底部，所以用"履"字。"履"指鞋子或走路。坤卦初六提到"履霜，坚冰至"，即脚下踩着霜，坚冰将会到来。另外，履卦（☲，第10卦）的《序卦传》提到"履者，礼也"，强调要按照礼仪与他人互动。

"错然"指左右脚交错前进，代表走路的适当方式，有如"文明"的"文"字。"文"就是错画，即两条直线交错，显示出一定的规矩。

初九以阳爻居刚位，有前进的动力，但不能因此就向前猛冲。如果贸然行动，难免会有过失。所以，要采取恭敬的态度，脚步中规中矩，以避开灾难。离卦初九就像火之始燃、旭日初升一样，要有谨慎敬畏之心，将光明隐藏起来，才能够无咎。

[**爻辞**] 六二：黄离，元吉。

象曰：黄离元吉，得中道也。

[白话] 六二：黄色的附丽，最为吉祥。

《象传》说：黄色的附丽最为吉祥，是因为获得居中之道。

六二的爻辞再度出现"元吉"，即上上大吉。古人以五行配合方位及颜色，中间为土，颜色为黄，地位最尊贵。六二居中守正，等于有了黄色的附丽，所以得到元吉。离为火，为光明。六二居中，光明已经彰显。"中"也代表内心。一个人在起心动念时，要以"虚明"为正。"虚"就是空虚、没有执着，由此才能展现光明。

有一句话说得好："庸人后念贤于前念，君子初几明于后几。"意思是说，平凡人后来的念头比开始的要好，因为经过深思熟虑或集思广益，可以得到更好的方案。但是，君子开始的念头比后来的要好。因为君子在起心动念时能够"丽乎正"，他不存私意，不计较利害，所以会得到最好的启发。

[爻辞] 九三：日昃（zè）之离。不鼓缶（fǒu）而歌，则大耋（dié）
之嗟（jiē），凶。

象曰：日昃之离，何可久也？

[白话] 九三：太阳西斜的附丽。不能敲着瓦盆唱歌，就会发出垂老
之人的哀叹，有凶祸。

《象传》说：太阳西斜的附丽，怎么会长久呢？

九三面临两种选择，如果选错了，结果就是凶。

离为日，九三在下卦离的终位，等于太阳走到尽头，准备下山了；同时，九三在互兑（九三、九四、六五）中，兑为西，所以说"日昃之离"（太阳西斜的附丽）。

离卦

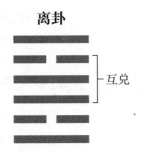

互兑

　　这时只有两个选择：要么敲着瓦盆唱歌，要么发出垂老之人的哀叹。换言之，如果此时不能鼓缶而歌，看开许多事情，就会出现"大耋之嗟"。"耋"是80岁的老人，已经到了风烛残年，只剩下哀叹的份儿，结果自然是凶。

　　据《庄子·至乐》记载，庄子在妻子过世后，曾经"鼓盆而歌"。因为庄子已经领悟了人生的真相：万物都来自气的变化，在恍恍惚惚的情况下，先变出了气，气再变化而出现形体，形体再变化而出现生命，最后又变化而回到了死亡，这就好像春夏秋冬四季的运行一样。[①]

　　九三爻变，下卦成震，代表震动；又出现互艮（六二、六三、九四），艮为手，所以有用手击鼓之象。并且，九三在互兑（九三、九四、六五）中，兑为口，可以唱歌，所以说"鼓缶而歌"。九三也在互巽（六二、九三、九四）中，巽为风，引申为人的哀叹声，所以说"大耋之嗟"。

　　另外，九三在互兑中，兑为西，有如日薄西山，所以《小象传》说"何可久也"，这样的光明怎么会长久呢？有了这样的觉悟，接下来就看你如何选择了。

―――――

　　① 原文：杂乎芒芴之间，变而有气，气变而有形，形变而有生，今又变而之死，是相与为春秋冬夏四时行也。

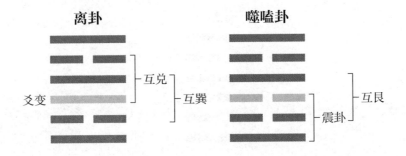

离卦　　　　　　　　噬嗑卦

爻变　　互兑　　　　　　　　互艮
　　　　互巽　　　　　　　震卦

[**爻辞**] 九四：突如其来如，焚如，死如，弃如。

　　　　象曰：突如其来如，无所容也。

[**白话**] 九四：贸然闯进来的样子，灼热的样子，没命的样子，被弃
　　　　的样子。

　　　　《象传》说：贸然闯进来的样子，是因为没有容身之地。

　　九四的爻辞说"突如其来如，焚如，死如，弃如"，连续几个词
都没有提到"凶"字；但是在《易经》384爻中，没有哪一爻比离卦
九四更凶险了。

　　九四爻变出现互震（九三、六四、六五），震为动，但九四的位
置不中不正，等于它以刚猛之性突然闯入，冲撞到上面的六五，这
是不可原谅的，所以《小象传》说"无所容也"。

　　离为火，九四处在下离上离之间，有如被火焚烧，热得受不
了，所以说"焚如"。九四爻变，出现互坎（六二、九三、六四），
坎为血卦；上卦变成艮，艮为止，代表生命停止，所以用"死如"
描写它大祸临头，死期将至。同时，九四在互兑（九三、九四、
六五）中，兑为毁折，所以用"弃如"描写它连名声也被人唾弃。
九四被火焚烧，丢了性命，连名声也被人唾弃，世间的凶祸莫过
于此。

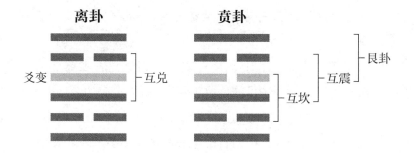

离卦　　　　　贲卦

爻变　　　互兑　　　互坎　　互震　　艮卦

[爻辞] 六五：出涕沱若，戚嗟若，吉。

象曰：六五之吉，离王公也。

[白话] 六五：眼泪涌出的样子，悲痛哀叹的样子，吉祥。

《象传》说：六五的吉祥，是因为附丽于王公的位置上。

六五是君王，为什么又是眼泪涌出，又是悲痛哀叹呢？因为六五以阴爻居尊位，能力无法胜任。面对九三、九四两个阳爻的冲击，六五无能为力，所以涌出了眼泪。

六五在上卦离中，离为目；又在互兑（九三、九四、六五）中，兑为泽，所以说"出涕沱若"，即眼泪大量涌出，好像沼泽一样。同时，兑为口，所以说"戚嗟若"，即不断地哀叹。

六五如此痛心疾首，显然忧惧到了极点，最后反而得到了吉。六五知道自己不当位，并且被上下两个阳爻所包围，身陷困境。幸好他占据了王公之位，最后才能避开各种险难，获得吉祥的结果。

[爻辞] 上九：王用出征，有嘉。折首，获匪其丑，无咎。

象曰：王用出征，以正邦也。

[白话] 上九：君王可以出兵征伐，会有功劳。斩了首领，俘获的不是一般的随从，没有灾难。

《象传》说：君王可以出兵征伐，是为了使国家走上正道。

离为甲胄，为戈兵。上九是有实力的阳爻，居二离卦之上位，可以奉六五的王命出征，目的是"正邦"，所以会有功劳。

上九所斩的敌方首领是九三，九三的刚强给君王六五造成了压力。上九以刚明的表现，帮助君王除去首恶，使国家恢复安定。

总之，离卦初九、上九都是无咎，因为它们了解怎样做才是适当的。六二是元吉，六五是吉，因为这两个阴爻处在中正的位置。九三与九四位于二离之间。九三象征太阳西斜，提醒人们到了晚年应该乐天知命，否则就会悲叹不已。九四非常凶险，不仅爻辞说它"焚如，死如，弃如"，《小象传》更是说它"无所容也"（没有容身之地）。九四向上冲撞了君王六五，向下又被九三阻拦而不能后退，从而陷入极度危险的境地。

三、亡羊补牢，犹有晚年

离卦由八个经卦之一的离卦本身重复而成。离为火，火必须有所依附，才能显示光明，所以离代表附丽、光明，引申为文明教化的成果。火燃烧起来非常灼热，所以离也代表战争或死伤。这些象征使离卦六爻的处境变得复杂。那么离卦对人生有何启发呢？

离卦初九一上场，就知道自己进入了一个文明的世界，所以他的脚步中规中矩。孔子就是一个很好的例子。孔子在30岁左右学会了五经六艺，在德行、能力、智慧方面都有杰出的表现。鲁国大夫孟僖子就让他的两个儿子向孔子学习，孔子由此开始了教书育人的生涯。但是，地位低而表现杰出，很容易遭人嫉妒。所以，孔子在侍奉国君时，完全按照礼仪的要求，毕恭毕敬，态度谨慎。因此，孔子一生虽然遇到了各种险难，比如在匡地被围困、在宋国被司马桓魋所忌恨，但他最终避开了各种灾难。

占到离卦九三，代表日薄西山，需要你做出适当的选择。如果不能鼓缶而歌、乐天知命的话，恐怕就要发出垂老之人的哀叹了。《易经》在爻辞中提供选择的情况并不多见。一卦六爻可以分为"天、地、人"三个层次，三爻、四爻属于人的位置，会面临更多选择，需要认真考虑何去何从。由此可见，《易经》占卦并不排斥人的理性思考。

九四的处境比九三更艰难，因为九四处于二火之间，而火往上烧，使九四备受煎熬，可谓日暮途穷。九四在这种情况下还要倒行逆施，后果能不严重吗？九四往上冲撞国君，往下又挡不住九三的冲击，最终身败名裂，被世人唾弃。在历史上，夏朝的后羿、汉朝的王莽，最终都落得无所容于天下的结局。

六五处在王公的位置上，他忧惧到了极点，结果反而避开了各种困难。譬如，殷高宗即位后，曾经三年不言，因为他当时还不知道怎样才能尽好自己的责任。周成王即位后，更是战战兢兢，面对管叔、蔡叔联合商纣的儿子作乱，他忧虑至极，悲叹莫名，最后依靠周公的帮助，才化险为夷。

关于离卦上九，最好的例子就是周公。周公是周成王的叔叔，辈分比他高，能力比他强，等于身居高位的上九。周公奉命出征，得胜而归，他斩了祸首，并且俘获的不是一般的随从，结果是无咎。正如《小象传》所说的"王用出征，以正邦也"，周公的出征并非穷兵黩武，而是为了安定天下。又如，战国中期的孟子希望继承先圣的志向，"正人心，息邪说"[①]，他的目的也是让国家走上正道。

现代也有占到离卦的案例。有位朋友年近七十，企业做得不错，但是他逐渐感到力不从心。他想知道下一步该如何行动，于是找我占卦。结果占到离卦九三，爻辞说："太阳西斜的附丽。不能敲着瓦盆唱歌，就会发出垂老之人的哀叹，有凶祸。"

九三提供了两种选择：要么敲着瓦盆唱歌，乐天知命；要么发出老人的哀叹。"大耋"指80岁的老人。这位朋友年近七十，已经到了快要抉择的时候。人间的事业不可能一帆风顺，尤其是岁月不饶人，看到太阳西斜，应该有所警惕，适可而止。我送给他"亡羊补牢，犹有晚年"八个字。未来的行业竞争会越来越激烈，所以最好赶快培养接班人，让自己可以安享晚年。如果一直做到80岁，恐怕就只有悲叹的份儿了。

还有一次，我在《易经》课上教大家用数字卦占卦。一位同学给出三组三位数，结果算出来也是离卦九三。九三的爻辞看起来不妙，那么这位同学的问题究竟是什么呢？他刚刚40岁出头，已经是

---

① 出于《孟子·滕文公下》。原文：我亦欲正人心，息邪说，距诐行，放淫辞，以承三圣者；岂好辩哉？予不得已也。

一家公司的总经理，如今又想竞争董事长的大位，他想知道自己能否成功。

我对他说："离卦代表太阳，九三是下卦最后一爻，代表你的事业已经到了日薄西山的地步。如果现在不能知难而退的话，将来恐怕会哀叹自己的种种委屈。"他听了之后频频点头。他说公司其实已经答应给他一笔丰厚的退休金，让他放弃竞争，只是他自己不太服气，想要放手一搏，争取更高的位置。如今看到占卦结果，他似乎有所感悟。既然天意如此，又何必逆天而行呢？

另外还有一个案例。我第一次在上海公开讲《易经》时，来了800多人，最后也要示范数字卦的占卦。一开始，只有三四个人举手，我就选了一位坐在中间的女士，用她给出的数字运算出来是3、3、4，也就是占到离卦九四，爻辞是："突如其来如，焚如，死如，弃如。"意即：贸然闯进来的样子，灼热的样子，没命的样子，被弃的样子。

我问她："你想问什么问题？"她说："今年跟男朋友结婚的事怎么样？"我当时有点儿尴尬，就说："这个问题不太好回答，要不下课之后到后台聊一下？"没想到这位女士非常豪爽，她说："不行，请你立刻公开讲。"我只好说："你跟男朋友天天吵架，你们真的要结婚吗？"因为离卦是下离上离，两个火在燃烧，代表火气很大，天天在吵架。这样看来，他们之间还有很多矛盾没有解决，结婚这件事需要慎重考虑。

这位女士非常诚实，她听了之后，马上大喊一声："哇，太准了！我们在一起天天吵架，本来以为结婚之后可以改善，现在看来真是异想天开。"她这么一说，台下立刻有100多人举手提问，让我差点儿没赶上返程的飞机。

占到离卦九四，做任何事都要三思而行，最好等一段时间再说。《易经》很少有这么凶险的爻辞，所以不必心存侥幸。小不忍则乱大谋，真出了乱子就难以补救了。

可见，离卦六爻的处境有天壤之别，可以分为三组：初九、上九是无咎；六二、六五很好，因为位置居中，又能够柔顺；九三、九四有很大的麻烦。在同一个卦里，好坏差别如此之大的，并不多见。

从下一节开始，要介绍《易经》的下经部分。《易经》上经有30卦，下经有34卦。下经将要开启一个全新的格局。

傅

存自己以诚

待别人以谦

观万化以几

合天道以德

傅佩荣 著

傅佩荣讲易经

详解易经六十四卦

下

| 插图版 |

中国出版集团有限公司

研究出版社

目 录

总 结 | 605

《易经》正文解读

下经

一、哪个少男不多情，哪个少女不怀春？

31　泽山咸，下艮上兑

咸：亨，利贞。取女吉。

象曰：山上有泽，咸。君子以虚受人。

上六：咸其辅、颊、舌。
象曰：咸其辅、颊、舌，滕口说也。

九五：咸其脢，无悔。
象曰：咸其脢，志末也。

九四：贞吉悔亡，憧憧往来，朋从尔思。
象曰：贞吉悔亡，未感害也。憧憧往来，未光大也。

九三：咸其股，执其随，往吝。
象曰：咸其股，亦不处也。志在随人，所执下也。

六二：咸其腓，凶，居吉。
象曰：虽凶居吉，顺不害也。

初六：咸其拇。
象曰：咸其拇，志在外也。

　　本节要介绍《易经》第31卦咸卦。《易经》分为上经与下经：前30卦为上经，第31卦到第64卦为下经，下经共34卦。可见，上下经并不是平均分配的。

　　下经从咸卦开始。《序卦传》说："有天地，然后有万物；有万物，然后有男女；有男女，然后有夫妇；有夫妇，然后有父子；有父子，然后有君臣；有君臣，然后有上下；有上下，然后礼义有所错。夫妇之道，不可以不久也，故受之以恒。"这段话最后提到了恒卦（䷟，第32卦），但是没有提到咸卦。从"有男女，然后有夫妇"这句话可知，咸卦是指男女之间的感应，因为后面说的"夫妇"已经进入了恒卦。

由此观之，人类社会的组织与发展似乎是从下经才正式开始的。这么说显然有些牵强，更合理的说法是：《易经》的上经是阴阳的分辨，而下经是阴阳的交错。当然，这并不是绝对的，因为上经也有很多卦是阴阳交错的，下经也有一些卦是阴阳分开的。有两类卦可以清楚地显示"阴阳的分辨"。

第一类是"消息卦"。所谓"消息卦"，就是同样性质的爻由下往上，跟不同性质的爻不交错。消息卦的阴阳分辨最明显。消息卦有十二个，上经占了八个，下经只有四个，上经是下经的两倍。

第二类是"一比五格局的卦"，即"一阳五阴"或"一阴五阳"的卦。这样的卦也有十二个（其中有四卦与消息卦重叠），上经占了十个，下经只有两个，上下经的差距更明显。

从这两类卦在上下经的不同分布来看，可以说《易经》的上经主要是谈阴阳的分辨，下经主要是谈阴阳的交错。

咸卦的结构是泽山咸，上卦为兑，为少女；下卦为艮，为少男。少女在上，少男在下，很容易产生感应。俗话说："哪个少男不多情，哪个少女不怀春？"古往今来，莫不如此。所以《杂卦传》说："咸，速也；恒，久也。"咸卦代表感应迅速；恒卦代表夫妇之道，需要维持恒久。

[卦辞] 咸：亨，利贞。取女吉。

[白话] 咸卦：通达，适宜正固。娶妻吉祥。

在《易经》64卦中，卦辞里出现"女"字的只有四卦：第一个是咸卦的"取女吉"；第二个是家人卦（☲，第37卦）的"利女贞"，即适宜女子正固；第三个是姤卦（☴，第44卦）的"女壮，勿用取女"，即女子强壮，不要娶这样的女子；第四个是渐卦（☶，第53卦）的"女归吉，利贞"，即女子出嫁吉祥，适宜正固。

在这四个卦中，咸卦的卦辞显然是不错的，值得注意的是"利贞"二字，因为男女之间的感情反应太快的话，未必可以守住正道。

[**象传**] **象曰：咸，感也。柔上而刚下，二气感应以相与。止而说，男下女。是以亨利贞，取女吉也。天地感而万物化生，圣人感人心而天下和平。观其所感，而天地万物之情可见矣。**

[**白话**] 《象传》说：咸卦，就是感应的意思。柔顺者上去而刚强者下来，阴阳二气相互感应才结合在一起。稳定而喜悦，男方以谦下的态度对待女方。所以通达而适宜正固，娶妻吉祥。天地相互交感流通，万物才得以变化生成。圣人感化人心，天下才会祥和太平。观察这种感应现象，就可以看出天地万物的真实情况了。

从"柔上而刚下"这句话，可知咸卦是由否卦变来的。否卦的六三与上九换位，使阴阳二气相互感应并结合在一起，就形成了咸卦。

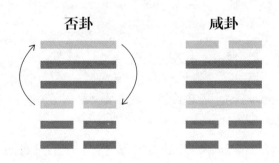

否卦　　　　　　　　咸卦

咸卦下卦为艮，艮为止、为少男；上卦为兑，兑为悦、为少女，所以说"止而说，男下女"。男女之间的感情先要能"止"，才能渐渐喜悦。"男下女"代表少男主动示意，这符合古代社会的习惯，所以娶妻吉祥。

《彖传》接着说："天地感而万物化生，圣人感人心而天下和平。"这里将天地与万物对照，将圣人与百姓对照，以此说明感应的效果。最后的结论是："观察这种感应现象，就可以看出天地万物的真实情况了。"换言之，原来的否卦是上下隔绝不通的局面，由于六三与上九换位，使天地可以交感流通，一切可以从头开始。

古人观察到三种现象：第一，天气先下降，地气才会上升，阳爻作为主动力先来到底下，阴爻作为受动力才会上升；第二，男先下女，女方才乐意跟随；第三，君先下臣，臣子才愿意替君主效命。可见，天、男性或君王要主动谦下，表现自己的诚意，才能形成良好的感应与互动。

[**象传**] 象曰：山上有泽，咸。君子以虚受人。

[**白话**]《象传》说：山上有沼泽，这就是咸卦。君子由此领悟，要以谦虚的态度接纳别人。

咸卦的卦象是山上有泽。山上有空虚的地方，才能容纳沼泽。人把内心放空，愿意接纳别人，才会与别人产生感应。可见，"虚"才能感，"感"才能应。

《老子》第16章说："致虚极，守静笃。"老子所谓的"虚"是指单纯、纯粹。而咸卦的"虚"是指内心谦虚的态度。山本来是高耸的，却能空出一片地方，容纳一个沼泽；君子虽然在德行、能力、智慧方面都高人一筹，却能放空自己，以谦虚的态度接纳百姓，从而感通天下，缔造太平盛世。

总之，咸卦代表感应。"咸"字底下加上"心"，就是"感"；"感"字把"心"去掉，就是"咸"。因此，"咸"是无心之感。如果缺乏理性的思考与情感的积淀，只是随感而应、身不由己，就会出现复杂的状况。

咸卦的优点是有六二与九五，两个中间的爻都当位，所以咸卦是一个不错的卦。咸卦的关键在于"止而说"，先要止住，才能喜悦。这说明咸卦是需要修炼的。古今中外，无论是男女关系还是君臣关系，相互之间的感应都非常复杂。下一节要介绍咸卦六爻的爻辞，从中可以更清楚地看到这一点。

二、感应太快，让人担心

咸卦的结构是泽山咸。"咸"字底下加上"心"，就是感应的"感"。可见，咸是无心之感。如果随感而应，就会陷入复杂的状况。

咸卦的特色在于，六爻的取象对应于人的身体结构。从下往上，初六对应脚大拇指，六二对应小腿肚。因为初六与六二是阴爻，中间是分开的，就像人的两只脚、两个小腿肚。九三、九四、九五分别对应于人的腰部、胸部和后背。上六就像一张口，可以张开来说话。

[**爻辞**] 初六：咸其拇。

象曰：咸其拇，志在外也。

[**白话**] 初六，感应到脚的拇指。

《象传》说：感应到脚的拇指，是因为心意在外面。

初六位于全卦底部，有如脚趾受到感应。此时感应尚浅，不足以付诸行动。初六与九四正应，它的心意是要向外发展，但它受制于下卦艮而无法行动。初六没有占验之辞，只是客观地描述了形势。

[**爻辞**] 六二：咸其腓，凶，居吉。

象曰：虽凶居吉，顺不害也。

[**白话**] 六二：感应到小腿肚上，有凶祸，安居就会吉祥。

《象传》说：虽有凶祸，但安居就会吉祥，是因为顺应就没有灾害。

六二在互巽（六二、九三、九四）中，巽为股，股的下方为

"腓"，也就是小腿肚。六二即使有感应，也动弹不得，因为小腿不能单独发起行动。一定是人的心想要行动，然后腰和大腿再来配合。六二与九五正应，有动向而不可得，所以说"凶"。

六二在下卦艮中，艮为止，所以说"安居就会吉祥"。六二在互巽中，巽为随顺，所以《小象传》说"顺应就没有灾害"。换言之，六二即使有"感"也不能应，因为时机尚未成熟。

咸卦

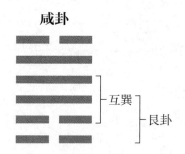

[**爻辞**] 九三：咸其股，执其随，往吝。

象曰：咸其股，亦不处也。志在随人，所执下也。

[**白话**] 九三：感应到了大腿，控制住跟随的动作，前往会有困难。

《象传》说：感应到了大腿，也是不能安处的。心意是要跟随别人，但是被下方控制住了。

九三的《小象传》又提到了"志"。初六是"志在外"，即心意在外面；九三是"志在随人"，即心意是要跟随别人。九三与上六正应，并且九三以阳爻居刚位，本身有很强的动力，却被下方控制住了。因为九三也在下卦艮中，就算它很想跟着上六走，还是会被拉住，终究无可奈何。

可见，咸卦下卦三爻都是要人停止的。人的感应有时来得太快，如果缺乏深入的了解和思考，就会造成各种"后遗症"。

[爻辞] 九四：贞吉悔亡，憧憧（chōng）往来，朋从尔思。

象曰：贞吉悔亡，未感害也。憧憧往来，未光大也。

[白话] 九四：正固吉祥而懊恼消失，忙着来来往往，朋友跟从你的
想法。

《象传》说：正固吉祥而懊恼消失，是因为尚未受到感应带
来的灾害。忙着来来往往，是因为感应还不够广大。

　　九四到了心脏的位置。孟子说过"心之官则思"（《孟子·告子
上》），人心的功能是可以思考。可见，心才是感应的主体。九四的
"贞吉"彰显了咸卦的主旨，与卦辞的"利贞"遥相呼应。感应时保
持正固，就会吉祥，并且懊恼消失。如果你整天忙着来来往往，说
明感应还不够广大。

　　"朋从尔思"是说，只有朋友才会追随你的想法，代表这种想法
缺乏普遍的合理性。譬如孔子的学生子路，他的志向是把自己的车、
马、衣、裘与朋友共享，用坏了也没有遗憾。①子路只愿意与朋友分
享财物，格局显然不够开阔。

　　咸卦九四不说"心"而说"思"，这是责备九四过于依赖思索而
忽视了心灵。人的心是一个整体，"思"只是随着外物而变化。用一
句话说明"心"与"思"的区别，即"心者，身之镜；思者，镜之
翳"，意即：心是身体的镜子，思是镜面上的雾。镜子一定要虚空无
物，才能照见外物。人如果思虑太复杂，就像镜面上有了雾而无法
看清真相。

[爻辞] 九五：咸其脢（méi），无悔。

---

　　①　出自《论语·公冶长》。原文：子曰："盍各言尔志？"子路曰："愿车马衣裘与
朋友共敝之而无憾。"

象曰：咸其脢，志未也。

[白话] 九五：感应到了后背上，没有懊恼。

《象传》说：感应到了后背上，是因为心意尚未实现。

九五对应于后背上靠近肩膀的地方。古人认为这个位置比心稍高，位置很好，却没有思考的能力；只有九四所对应的"心"才能思考。九五接受现状，它居中守正，又有六二正应；而六二在下卦艮中，艮为止，所以九五可以安而不妄动，最后免于后悔。《小象传》说"志未也"，亦即它的心意尚未实现，因为下卦艮不为九五所动。

[爻辞] 上六：咸其辅、颊、舌。

象曰：咸其辅、颊、舌，滕（téng）口说也。

[白话] 上六：感应到牙床、脸颊、舌头。

《象传》说：感应到牙床、脸颊、舌头，所以会信口开河。

"辅"为牙床。如果细分的话，则"辅"为上牙床，"车"为下牙床。上六在全卦顶端，有如人的口部；上卦为兑，兑为口，正与此相合。人可以通过说话来表达心意；但是如果感应只是落在言语上，就会变成信口开河，无法取信于人。

"滕口说"就是能言善道。用说话来表达丰富的感应，有巧言取宠之嫌，应该知所警惕。所谓"言贵由衷，尚口乃穷"。说话最可贵的是表达内心真诚的情感；如果总是巧舌如簧，最后就会陷入困境。

总之，咸卦的占验之辞值得警惕。六二说"凶，居吉"，提醒你一动不如一静；九三说"往吝"，往前走会有困难；九四说"贞吉悔亡"，正固就会吉祥，懊恼可以消失；九五可以"无悔"。六爻之中有两个吉，分别在六二和九四，不过吉祥都有特定的条件。

人的感应很容易一厢情愿，从而造成误会与烦恼。有时感应来得太快，结果却令人失望。有时交浅而言深，流于花言巧语。我们要尽量避免这类情况。

三、感情需要沉淀与考验

咸卦的结构是泽山咸。"咸"字下面加上"心"，就是感应的"感"，说明"咸"是无心之感。所以在咸卦六爻中，有的是不感而应，有的是感而不应，有的是感应得不对，出现了各种复杂的状况。

初六有志于向外发展，但它在下卦艮中，所以只能"咸其拇"（感应到脚拇指），不可能采取行动。孔子的学生闵子骞就是一个例子。当时鲁国的执政大夫是季氏，他想让闵子骞到费（bì）邑当县长。但是，闵子骞不愿意跟季氏合作，所以就对传达的人说："好好地替我辞掉吧！如果再有人来找我，我一定逃到汶水以北的齐国去了。"[①]闵子骞相当于咸卦初六，本身地位很低。如果别人一找他，他就立刻行动的话，很可能只是被人利用而已。

六二吉凶明确，它感应到小腿肚，此时行动就是凶，安居就是吉。历史上有许多这样的案例。

商鞅就是一个负面的例子，他听说秦孝公想让秦国变得强盛，就前去拜见。商鞅第一次跟秦孝公见面，谈的是帝道，即三皇五帝的治国方法，孝公听得昏昏欲睡。第二次，商鞅谈的是王道，即夏商周三代的君王之道，孝公还是听不进去。第三次，商鞅谈的是霸道，孝公有了兴趣，但是没打算重用他。第四次，商鞅谈的是强国之术，即富国强兵的方法，终于打动了孝公，让他非常满意。（见《史记·商君列传》）

秦孝公认为，帝道、王道需要经年累月才能有所成就，他没有那个耐心；而强国之术可以立竿见影，很快就能产生效果。于是，

---

① 出自《论语·雍也》。原文：季氏使闵子骞为费宰。闵子骞曰："善为我辞焉！如有复我者，则吾必在汶上矣。"

秦孝公委任商鞅进行变法革新。商鞅为了谋求个人的发展，三次改变自己的主张，想方设法投秦孝公的好，最终落得被车裂的悲惨结局。他如果听从咸卦六二的告诫，能够顺应形势，安居而不妄动，就会免于杀身之祸。

另外，刘备三顾茅庐是一个正面的例子。咸卦代表"男下女、君下臣"，所以君王要以谦下的态度向臣子求教。与商鞅四见秦孝公相比，刘备三顾茅庐则是主客易位。诸葛亮安居静处，刘备礼贤下士，两人最终成就了一段君臣感应的佳话。

对于九四的"憧憧往来，朋从尔思"，孔子在《系辞下传》中有一段精彩的发挥。孔子说："天下何思何虑？天下同归而殊途，一致而百虑。"这句话今天还在使用，意为：天下万物思索什么又考虑什么？天下万物有共同的归宿却经由不同的途径，有同样的目标却出自千百种考虑。

孔子继续说："天下万物思索什么又考虑什么？日往则月来，月往则日来，日月互相推移而光明自然产生。寒往则暑来，暑往则寒来，寒暑互相推移而一年自然形成。前往的要屈缩，来到的要伸展，屈缩与伸展互相感应就会出现有利的情况。尺蠖这种小虫屈缩起来，是为了向前伸展；龙与蛇蛰伏起来，是为了保存自身。探究精微义理到神妙的地步，是为了应用在生活上；通过各种途径安顿自己，是为了提升道德。超过这些再向前推求，就没有办法清楚地知道了；能够穷尽神妙的道理并懂得变化的法则，已经代表道德盛美了。"①

这段话非常精彩，代表孔子的心得。九四的爻辞说："忙着来来往往，想让朋友跟从你的想法。"其实，你根本不必费尽心机，急于

---

① 原文：天下何思何虑？日往则月来，月往则日来，日月相推而明生焉；寒往则暑来，暑往则寒来，寒暑相推而岁成焉；往者屈也，来者信也，屈信相感而利生焉。尺蠖（huò）之屈，以求信也；龙蛇之蛰（zhé），以存身也。精义入神，以致用也；利用安身，以崇德也。过此以往，未之或知也；穷神知化，德之盛也。

让别人认同你的想法。你只要走在人生正路上，自然会有人跟你呼应，正可谓"德不孤，必有邻"（《论语·里仁》）。自然界会按照规律有序地运行，一切现象都有固定的模式与发展的目标。人与人之间的感应也不必着急，因为人同此心，心同此理。

孔子强调"精义入神，以致用也"，意即"探究精微义理到神妙的地步，是为了应用在生活上"。我们学习《易经》，正是为了学以致用。人"通过各种途径安顿自己，是为了提升道德"。这是标准的儒家思想，值得参考。

上六所谓的"滕口说"就是信口开河，战国时代的纵横家可以作为代表。苏秦、张仪、公孙衍之流，以口才感动九五之君，让君主见利而忘义。他们道听途说，逗弄口舌，在道德上毫无底线可言。孔子、孟子对这些人深有戒心，因为他们说的是无稽之言，听起来悦耳，但最终会造成恶劣的影响。

现代人也有占到咸卦的案例。在占问感情问题时，经常会占到咸卦，我都会提醒当事人"止而说"三个字。感应不宜太快，一定要先停止，静待时机成熟，才会产生喜悦。事业的发展也一样。事业不可能一蹴而就，一定要先停下来，与长官和同事稳定地合作，逐渐产生感应。所以，占到咸卦切莫着急，等到时机成熟，自然水到渠成。

另外，有位朋友担心自己的健康，就用筹策占卦，结果占到随卦，初九、六三两爻变。这时要参考随卦六三的爻辞："系丈夫，失小子。随有求，得。利居贞。"意即系住丈夫，失去小孩。随从而有所求，可以得到。适宜守住正固。"

从"系住丈夫，失去小孩"就知道，大人应该没事，小孩可能有危险。既然现在占问的是大人的健康，只要守住正固，就没有问题。随卦提醒人要随遇而安，它的《大象传》说："君子以向晦入宴息。"即君子要在傍晚回家安静休息。其实，养生没有什么秘诀，只要规律作息、静心休养就好。

　　进一步来看，随卦初九、六三爻变后，形成了咸卦，这要如何理解呢？随卦的下卦为震，爻变之后，下卦变成艮，而上卦不变。下卦离我比较近，代表我的处境。下卦由震变成艮，表示自己要由动到止。上卦没有变，表示外在的环境没有改变。可见，这位朋友原先的活动太多了，现在只要安心静养、放宽心态，身体就会自行康复。

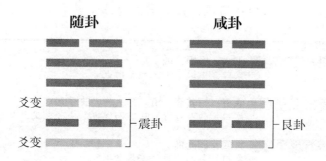

　　总之，咸卦与感应直接有关。人与人的感应不能着急，只有通过时间慢慢培养与检验，才能得到理想的结果。下一节要介绍咸卦的覆卦——恒卦。《杂卦传》说："咸，速也；恒，久也。"咸卦代表感应迅速，恒卦则要设法保持长久。

一、夫妻相处会像冬天的刺猬吗？

32　雷风恒，下巽上震

恒：亨，无咎，利贞。利有攸往。

象曰：雷风，恒。君子以立不易方。

上六：振恒，凶。
象曰：振恒在上，大无功也。

六五：恒其德，贞。妇人吉，夫子凶。
象曰：妇人贞吉，从一而终也。夫子制义，从妇凶也。

九四：田无禽。
象曰：久非其位，安得禽也？

九三：不恒其德，或承之羞，贞吝。
象曰：不恒其德，无所容也。

九二：悔亡。
象曰：九二悔亡，能久中也。

初六：浚恒，贞凶，无攸利。
象曰：浚恒之凶，始求深也。

本节要介绍《易经》第32卦恒卦。《易经》下经首先上场的是咸卦，代表男女之间的感应。恒卦是咸卦的覆卦，把泽山咸翻过去，就变成了雷风恒。恒卦代表夫妻相处之道，要设法保持恒久。恒卦下卦为巽，为长女；上卦为震，为长男。等于夫妻结婚之后，女主内而男主外。

人活在世界上，做任何事都要有恒心，尤其在修德方面。《系辞下传》提到与修德有关的九个卦：第一个是履卦（☰，第10卦），要脚踏实地，实践道德；第二个是谦卦（☷，第15卦），以谦虚为修德的关键要领；第三个是复卦（☷，第24卦），要回到本心，从真诚开始。①

第四个就是恒卦，（☳，第32卦），可以让德行稳固下来；第五个就是损卦，修德要从损己利人做起。后面四个卦依次是益卦、困卦、井卦和巽卦。

《系辞下传》还强调"恒以一德"，亦即要坚持修炼一种德行。譬如，要修炼守信用这种德行，需要持之以恒，经历重重考验，最后才能达成目标。明末学者王船山（1619—1692）强调：人与动物之别就在于恒心。其他生物都靠本能生活，没有恒心的问题；只有人可以立定志向，奋斗不懈。

除了在修德方面对人有启发，恒卦也相当凶险。在《易经》64卦中，一卦六爻中出现三个"凶"字的只有五个卦：第一个是师卦（☷，第7卦），代表战争，兵凶战危；第二个是剥卦（☶，第23卦），只剩上九一个阳爻孤悬高位，眼看就要被剥蚀了；第三个是颐卦（☶，第27卦），就像人的口张开来要吃饭，它的下卦三爻皆凶；第四个是恒卦；第五个是小过卦（☳，第62卦），两个阳爻处在中间的位置，被上下四个阴爻包围。

另外，一个卦的初六、上六皆凶的只有三个卦：第一个是习坎卦（☵，第29卦）；第二个是恒卦；第三个是小过卦（☳，第62卦）。恒卦亦在其中。

[**卦辞**] 恒：亨，无咎，利贞。利有攸往。

---

① 原文：履，德之基也；谦，德之柄也；复，德之本也。

[**白话**] 恒卦：通达，没有灾难，适宜正固。适宜有所前往。

　　由恒卦的卦辞可知，从事某个行业，或学习某种技术，只要长期努力、久于其道，自然就会亨通，也不会有什么灾难。

　　接着，卦辞先说"适宜正固"，又说"适宜有所前往"，看上去是矛盾的。事实上，恒有两面：一面是不易之恒，一面是不已之恒。"不易"就是不改变，所以要守住正固；"不已"就是不停止，所以要有所前往。譬如，春夏秋冬的顺序是不变的，但是四季的变化从未停止，这是恒卦在自然界中的体现。从"不易"与"不已"这两面，就可以知道恒卦的困难所在。

[**象传**] 象曰：恒，久也。刚上而柔下。雷风相与，巽而动，刚柔皆
　　　　　应，恒。恒亨，无咎，利贞，久于其道也。天地之道，恒久
　　　　　而不已也。利有攸往，终则有始也。日月得天而能久照，四
　　　　　时变化而能久成，圣人久于其道而天下化成。观其所恒，而
　　　　　天地万物之情可见矣。

[**白话**]《象传》说：恒卦，就是长久的意思。刚强者上去而柔顺者
　　　　　下来。雷与风相互配合，随顺而行动，刚强者与柔顺者都能
　　　　　上下应和，这就是恒卦。恒卦通达，没有灾难，适宜正固，
　　　　　是要长久走在自己的路上。天地的运行法则，是永恒长久而
　　　　　不停止的。适宜有所前往，是因为终结之后会有新的开始。
　　　　　日月依循天时，才能长久照明；四季变迁推移，才能长久形
　　　　　成；圣人长久保持自己的正道，才能教化成就天下的人。观
　　　　　察这种恒久现象，就可以看出天地万物的真实情况了。

　　从"刚上而柔下"这句话，可知恒卦是由泰卦演变而来。泰卦

的初九与六四换位，就变成了恒卦。恒卦下卦三爻与上卦三爻都阴阳相应，所以说"刚柔皆应"。下卦为巽，为风；上卦为震，为雷、为动，所以说"雷风相与，巽而动"。

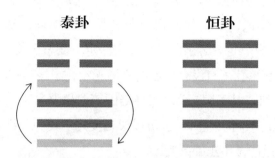

泰卦　　　　　　　恒卦

《彖传》说："天地之道，恒久而不已也。"意即天地的运行法则，是有恒长久而不停止的。这句话强调了"不已之恒"。它接着说："利有攸往，终则有始也。"意即适宜有所前往，是因为终结之后会有新的开始。在64卦的《彖传》中，提到"终则有始"的只有两处：一个是蛊卦（䷑，第18卦），革除积弊之后，又有新的开始；另一个就是恒卦，终结之后，又有新的开始，才是恒常的状态。

《彖传》进一步解释说："日月依循天时，才能长久照明；四季变迁推移，才能形成稳定的气候；圣人长久保持自己的正道，才能教化成就天下的人。"这句话从不同角度，说明"恒"并非完全不动，而是要有规律地持续运动。

[**象传**]象曰：雷风，恒。君子以立不易方。

[**白话**]《象传》说：雷与风相互配合，这就是恒卦。君子由此领悟，
　　　　要立身处世不改变自己的正道。

所谓"立不易方"，就是不改变自己立身处世的原则，做到"守

经达权"。"经"是常道，"权"就是变化。要守住不变的原则，并通达各种变化。如果只是坚守原则而不知变通，就会成为胶柱鼓瑟。

譬如，《论语·子罕》描写孔子"毋意、毋必、毋固、毋我"，代表孔子没有任何执着。另外，孔子在《论语·微子》中提到古代七位贤者的作风，最后他说自己与这些人都不同，是"无可无不可"。孔子没有一定要怎么做，也没有一定不要怎么做，一切都要视情况而定。那么孔子有没有自己的立场呢？孔子显然有清楚的立场，所以才能做到"君子固穷"，在身陷困境时仍坚持自己的原则。但是，当他遇到不同状况时，也可以灵活变通。可见，孔子具有高度的智慧，总是能做出正确的判断。

总之，恒卦代表夫妇相处之道。但在恒卦六爻中，只有六五这一爻提到了夫妻；其他五爻都是描述人在社会生活中，如何保持恒心来达成一定的目标。夫妻相处确实不容易，就像冬天里的刺猬，靠得太近会互相刺痛，离得太远又感到寒冷。

恒卦需要长期的修炼，才能让德行产生稳固的效果。保持恒心最好的方法是"杂而不厌"。读书学习也一样，如果一整天都在学数学，会让人头昏脑胀、心生厌烦。如果各种科目穿插进行，就能保持高度的兴趣，坚持不懈。

恒卦六爻有三个凶，说明做到"恒"很困难。"恒"并非恒定不变，那样会沦于僵化。恒有两面：一面是"不易之恒"，不改变的恒；另一面是"不已之恒"，不停止的恒。在大原则上保持不变，在具体应用上则要不断变化，如此才能"终则有始"，结束之后又有新的开始。

二、只有变化是永恒的

恒卦是雷风恒，上卦震为长男，下卦巽为长女，象征夫妻之道。夫妻相处需要稳定恒久，否则如何维系家庭呢？但是，恒久很难做到，所以恒卦要求人们努力修德。

在《易经》64卦中，"一卦三凶"的只有五个，恒卦就是其中之一。更特别的是，恒卦仅在六五出现了一个"吉"字，但六五同时也出现了一个"凶"字。这是怎么回事呢？

[**爻辞**] 初六：浚（jùn）恒，贞凶，无攸利。

象曰：浚恒之凶，始求深也。

[**白话**] 初六：深入追求恒久，一直这样下去会有凶祸，没有任何适宜的事。

《象传》说：深入追求恒久会有凶祸，是因为一开始就追求得太深。

初六进入恒卦，发现自己在下卦巽中，巽为风，代表风吹不定。初六与九四正应，但是被九二、九三两个阳爻挡住了。一般来说，只要两个阳爻连在一起，上下之间就会出现明显的隔绝现象。

初六本身不当位，却希望达成长久的效果，可谓欲速则不达。"贞凶"意为一直这样下去的话，就会有凶祸。初六不知道：想要恒久，不是一天就能达成的；想要深入，也不是一天就能做到的。这就像某些强调顿悟的宗教，以为人的觉悟可以瞬间发生。

[**爻辞**] 九二：悔亡。

象曰：九二悔亡，能久中也。

[白话] 九二：懊恼消失。

《象传》说：九二懊恼消失，是因为能够长久保持中道。

九二的"悔亡"，代表它本来有一些懊恼，因为九二以阳爻居柔位，位置不正。但在《易经》里面，中胜于正。九二位于下卦中间的位置，所以懊恼会消失。

换个角度来看，九二与六五正应，为何还有懊恼呢？因为九二上面有九三、九四两个阳爻，它们阻挡了九二与六五的直接联系。幸好九二可以保持中道，使懊恼消失。

[爻辞] 九三：不恒其德，或承之羞，贞吝。

象曰：不恒其德，无所容也。

[白话] 九三：不能恒守德行的人，常常会受到羞辱，一直这样下去会有困难。

《象传》说：不能恒守德行的人，无处可以容纳他。

九三以阳爻居刚位，充满动力；但它在下卦巽中，巽为风，为进退、为不果，即风吹不定而没有结果，所以说"不恒其德"。"或"是"或许""有时"之意。九三在互兑（九三、九四、六五）中，兑为毁折，所以说"或承之羞"。"贞吝"意为一直这样下去的话，会有困难。九三介于上雷下风之间，雷动而风吹不定，代表九三动性很强却没有恒心，所以常常会受到羞辱。

孔子在《论语》中谈到《易经》原文的，只有恒卦九三。孔子说："南方有人说：'一个人没有恒心，连巫医也治不好他的病。'这话说得正确！'不恒其德，或承之羞。'"孔子继续说："这种事不

恒卦

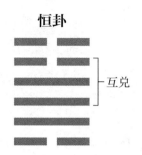

必占卦也可以知道。"①换言之，我们凭常识就可以知道，一个人做事没有恒心，是不会有好结果的。西方有句类似的谚语叫作"滚石不生苔"，即经常滚动的石头，表面是不会长出青苔的。

有人把"人而无恒，不可以作巫医"译为"一个人没有恒心的话，是没有办法担任巫与医的"，这样的翻译值得商榷。在古代，巫替人占卦，医替人治病，都属于专业技术人才，不是一般人可以胜任。因此，"不可以作巫医"的"作"，是指请巫、医来帮忙。一个人没有恒心的话，就算请巫、医来，也一样帮不上忙。譬如，你去找医生治病，却没有耐心服药，医生也无可奈何；你去找人占卦，就算占到好卦，你根本不去行动，又有谁能帮上忙呢？

[**爻辞**] 九四：田无禽。

　　　　象曰：久非其位，安得禽也？

[**白话**] 九四：打猎而没有获得禽兽。

　　　　《象传》说：长久处在不恰当的位置，怎么会获得禽兽呢？

恒卦是由泰卦变来的。九四从泰卦的初爻上来，使上卦从坤变

---

① 出自《论语·子路》。原文：子曰："南人有言曰：'人而无恒，不可以作巫医。'善夫！'不恒其德，或承之羞。'"子曰："不占而已矣。"

为震。坤为地、为田，震为行动，在田地上的行动就是打猎。震卦出现后，原来的坤卦消失了，亦即土地不见了，又怎么能获得禽兽呢？九四以阳爻居柔位，不当位，所以《小象传》说："长久处在不恰当的位置，怎么会获得禽兽呢？"

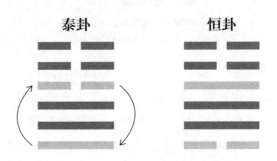

泰卦　　　　　　　　恒卦

[**爻辞**] 六五：恒其德，贞。妇人吉，夫子凶。

象曰：妇人贞吉，从一而终也。夫子制义，从妇凶也。

[**白话**] 六五：恒守自己的德行，正固。女子吉祥，男子有凶祸。

《象传》说：女子正固吉祥，是说她跟随一个丈夫到生命结束。男子要受道义的约束，是说他跟随妻子不知变通，就会有凶祸。

在整部《易经》中，"妇人吉，夫子凶"的说法只出现这一次。妇人就是妻子，她恒守自己的德行，就会吉祥。但是，丈夫如果听从妻命而不知变通，就会有凶祸。六五的《小象传》出现了"从一而终"的说法。

古代的观念认为，女子出嫁后要"从一而终"，男子则要受道义的约束，不能完全跟随妻子的想法。古代的社会分工是男主外、女主内。男子要面对政治、军事方面的问题，承担社会责任，所以男子要受道义上的约束，不能只听妻子的话。今天是男女平等的时代，只要求女子"从一而终"是不合理的。并且，今天的女子同样要受道义的约束。

六五说"妇人吉，夫子凶"，所以在解卦时，要根据提问者的性别来判断吉凶。

[**爻辞**] 上六：振恒，凶。

象曰：振恒在上，大无功也。

[**白话**] 上六：震动长久不停，有凶祸。

《象传》说：居上位而震动长久不停，完全没有功劳可言。

上六为什么凶呢？因为上六位于恒卦最高点，本该安居静处，不动声色；但是它也位于上卦震的顶端，会不断震动，根本停不下来。这两种矛盾的情况交织在一起，所以《小象传》说"居上位而震动长久不停，完全没有功劳可言"。

总之，恒卦初六是一上场就追求恒久，一直这样下去会有凶祸，没有任何有利的事；九二是懊恼消失；九三不能恒守德行，会招来羞辱，长此以往会有困难；九四去打猎而没有任何收获；六五是"妇人吉，夫子凶"；上六是震动长久不停，有凶祸。恒卦六爻中，只有六五出现了"吉"，还不是普遍的吉。全卦出现三个"凶"，一个"吝"，九二的"悔亡"已经算是不错了。可见，恒卦的处境确实令人担忧。

三、相爱容易，相处困难

如果想深入了解一个卦，最好将它与相关的卦进行对照。恒卦与咸卦是正覆关系。咸卦代表感应迅速，恒卦代表维持恒久，终则有始。恒有两面，有不改变的恒，也有不停止的恒。恒卦提醒我们，长久维持婚姻是个很大的挑战。

咸卦六爻有两个吉，一个凶；而恒卦有三个凶，只有六五是"妇人吉"，让人心生警惕。咸卦与恒卦都是下卦三爻与上卦三爻正应，为什么咸卦的处境比恒卦好呢？因为咸卦是六二与九五正应，两爻既中且正；而恒卦居中位的是九二与六五，都是中而未正。并且，恒卦既要守住原则，又要持续改变，这谈何容易！可见，在深入了解一个卦时，首先要分析它的卦性，掌握它的整体性格。

如果占到恒卦，就要知道挑战很大，要经过长期的修炼，才能取得理想的效果。恒卦是《系辞下传》提到的"修德九卦"之一。有恒心才能让德行稳固，修炼的方法是"杂而不厌"，并且要"恒以一德"，这些都是相当艰巨的考验。

恒卦初六说："深入追求恒久，一直这样下去会有凶祸。"代表欲速则不达，我们不能总是幻想着瞬间顿悟、一步登天。

九二居中，中胜于正，所以懊恼消失。这在恒卦已经算是不错的处境了。

九三当位，本来应该不错；但是它处在上下卦之间，上卦是震动，下卦是随顺，所以九三能动而不能静，缺少恒定的力量。孔子用"不恒其德，或承之羞"来提醒学生：一个人如果没有恒心，连巫医也帮不上他的忙。不能有恒于修德，就会招来羞辱。

六五能够"恒其德"（坚持修德），但是古代对于男性和女性有不同的要求。《礼记·礼运》说："男有分，女有归。"女子出嫁曰归。古代妇女结婚之后要"从一而终"；而男子需要承担社会责任，所以要受道义的约束，不能完全听从妻子的建议。今日社会与古代已经大不相同了，我们应该批判地看待这些观念。

恒卦六五是《易经》中唯一提到"妇人吉，夫子凶"的爻辞。如果占到此爻，就要看提问者是男是女。如果是女方的事情，就是吉；如果是男方的事情，就是凶。

人没有恒心的话，经常会遭遇失败，历史上有很多这样的例子。譬如，三国时代的吕布不能坚持原则，屡次背叛旧主，纵然他有盖世无双的武功，最后也落得身首异处的下场。

现代人的占卦案例也值得参考。占问感情相关的问题，经常会遇到恒卦。这类问题在解卦时很难说清楚，因为当事人通常都会语焉不详，而帮忙解卦的人也会觉得尴尬，有谁想知道别人的私事呢？

有一位朋友曾用筹策占问感情，占到了恒卦，"初、二、三"三爻变，之卦为震卦。三爻变时，以本卦的卦辞为主，同时参考之卦的卦辞。另外，那些变爻的爻辞也可以传达一些信息。恒卦下卦三爻出现了"凶、悔、羞、吝"，却没有一个吉，甚至连无咎都没有，显然让人担心。同时，之卦是震卦，代表这件事将来会震动不已，这就更令人忧心了。

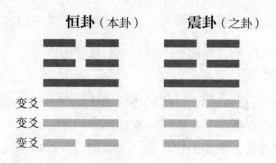

恒卦（本卦）　　震卦（之卦）

变爻
变爻
变爻

感情的事最难占断，因为它涉及两个当事人以及他们之间的关系。恒卦代表夫妻相处，但是有三个爻（初六、六五、上六）都出现了"凶"字。可见，维系一个家庭有多么困难，可谓"相爱容易相处难"。九三的爻辞说"不恒其德，或承之羞"，更是提醒我们要不断修养自己的德行。

还有一个占到恒卦的案例。我在广州开设过一系列的国学课程。后来计划讲《庄子》，有位同学说他在江西有一个会所，建议我们去江西开班，一口气上完《庄子》六天的课程。如果继续在广州上课，对许多老同学来说比较方便。面对这两个选择，课程的主办方占了一卦，得到恒卦九三，爻辞是："不恒其德，或承之羞，贞吝。"意即不能恒守德行的人，常常会受到羞辱，这样下去会有困难。

恒代表有恒心、坚持下去。可见，我们应该按照过去的方式，继续在广州开课。不过，"贞吝"也提醒我们，一直沿用过去的模式，也会遇到困难。主办方于是调整了学费以平衡收支，同学们都欣然接受。

这个案例体现了恒卦的两面：一方面要守恒，维持原有的做法；另一方面也要创新，不能墨守成规。《系辞下传》说："穷则变，变则通，通则久。"当发展遇到瓶颈时，不妨稍加变通，就会出现新的机会。

另外，九三爻变，之卦是解卦，代表问题会迎刃而解。这不就是《系辞下传》所说的"人谋鬼谋，百姓与能"吗？亦即人的谋划与鬼的谋划配合，百姓也来参与这种功能。仿佛一切都在冥冥之中安排好了，只待我们诚心去提问。当时在场的同学对这次占卦的结果不免啧啧称奇。

最近我自己也占到了恒卦。我近期计划出版一部介绍西方哲学的书，由于内容相当丰富，校订要花很多时间，我就想找一个学生来帮忙，并准备了高额的校订费。对我而言，兹事体大，我就为此

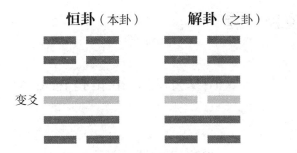

恒卦（本卦）　　**解卦**（之卦）

变爻

占了一卦。结果占到恒卦九四，爻辞说："田无禽。"即打猎而没有任何收获。我一看到这个爻辞，马上放弃了原来的念头。我仔细想了想，这位学生自己也在教书，课业相当繁忙，个性又比较固执。如果找他帮忙，效果未必理想。可见，我们要避免一厢情愿或自以为是。占卦可以帮助我们化解自身的盲点与执着。

一、苗头不对，准备打包走人

33 天山遁，下艮上乾

遁：亨。小利贞。

象曰：天下有山，遁。君子以远小人，不恶而严。

上九：肥遁，无不利。
象曰：肥遁无不利，无所疑也。

九五：嘉遁，贞吉。
象曰：嘉遁贞吉，以正志也。

九四：好遁。君子吉，小人否。
象曰：君子好遁，小人否也。

九三：系遁，有疾厉。畜臣妾，吉。
象曰：系遁之厉，有疾惫也。畜臣妾吉，不可大事也。

六二：执之用黄牛之革，莫之胜说。
象曰：执用黄牛，固志也。

初六：遁尾，厉。勿用有攸往。
象曰：遁尾之厉，不往何灾也？

本节要介绍《易经》第33卦遁卦。《序卦传》说："物不可以久居其所，故受之以遁。遁者，退也。"前面的恒卦代表恒久，万物不能长期固定在一个地方，所以接着就要退走了。"遁"就是退让的意思。

遁卦是一个消息卦，下面两个阴爻，上面四个阳爻。它的趋势是阴爻由下往上会越来越多。遁卦在时间上指农历六月，是夏季的最后一个月。再往上一步，底下出现三个阴爻，就变成了否卦，代表农历七月，秋天到了。

[**卦辞**] 遁：亨。小利贞。

[**白话**] 遁卦：通达。小的一方适宜正固。

　　"小的一方"是指底下两个阴爻。"适宜正固"是提醒这两个阴爻不要着急，上面四个阳爻已经知道要退走了。

　　换个角度来看，遁卦相当于放大的巽卦。巽为风、为进退，代表遁卦可以像风一样自由进退。对于阳爻来说，目前的趋势是要准备退让。

　　为什么退让还能够通达呢？遁而亨者，穷于进而通于退。既然不能前进，不如潇洒地退开。在古代的君主制度之下，读书人要对道义负责，对自己的理想负责。既然大势已经演变到不可为的地步，那就退一步海阔天空。

[**象传**] 象曰：遁亨，遁而亨也。刚当位而应，与时行也。小利贞，　　　　　浸而长也。遁之时义大矣哉。

[**白话**]《象传》说：遁卦通达，是说退让就可以通达。刚强者坐在　　　　　恰当的位置上又有应和，是说要随着时势而运行。小的一方　　　　　适宜正固，是说要渐渐发展再成长。遁卦顺应时势的意义太　　　　　伟大了。

　　所谓"刚当位而应"，是指九五当位，又与六二阴阳正应。"小利贞，浸而长也"，是指底下的初六与六二要渐渐发展再成长。消息卦看趋势，遁卦阴长阳消的趋势很明显。君子遇到这种处境，应该功成身退。就算功业未成，也要设法身退。《象传》最后强调"时义"，亦即要顺应时势。对于君子来说，进则立功，退则明道。适时的退让，不但可以明哲保身，还可以彰显正道。

《杂卦传》说："大壮则止，遁则退也。"大壮卦（䷡，第34卦）代表阳爻在势力最盛的时候要停下来；遁卦则要看清形势，阳爻要主动退避。

"遁"是一种明智的表现。遁卦四个阳爻都出现了吉或利，这是非常少见的；并且越往上的爻越好，因为爻是由下往上走的，最上面的爻可以最先离开。在形势比人强的情况下，君子会潇洒地离开。底下两个阴爻知道阳爻即将离开，也会礼貌地对待阳爻。

[**象传**] 象曰：天下有山，遁。君子以远（yuàn）小人，不恶（wù）
　　　　而严。

[**白话**]《象传》说：天的下方有山，这就是遁卦。君子由此领悟，
　　　　要疏远小人，不去憎恶他们，但要严肃以对。

"君子以远小人，不恶而严"清楚阐明了遁卦的立场。遁卦上面四个阳爻代表君子，底下两个阴爻代表小人。两个阴爻会带着别的阴爻一起上来，逐渐把君子推走。君子在这种处境下，要疏远小人，不要憎恶他们，但要严肃以对。

遁卦的卦象是天下有山。天本来就在山之上，天的阳气继续上升，有如试图隐遁。另外，山的高耸虽然有所止（下卦艮为止），但仍有逼退天的气势。

君子眼见小人逐渐得势，明白了人间的正道有消有长，所以设法明哲保身。君子在疏远小人时，不必憎恶得太过分，但是要不假辞色，严守分际。孔子在《论语·泰伯》中说："人而不仁，疾之已甚，乱也。"意即对于不肯走在人生正途上的人，如果厌恶得太过

分，也会使他作乱生事。换言之，君子过于厌恶小人，会让小人恼羞成怒，甚至干脆跟君子玉石俱焚了。所以，君子对小人要采取适当的作为。

孔子和孟子在这方面都做了很好的示范。譬如，在孔子的时代，鲁国有一位有权势的大官叫阳货，孔子跟他保持距离，尽量不与他交往。又如，孟子曾在齐国担任高官，但是没有实权。齐王有一位宠臣叫王驩。孟子始终跟王驩保持距离，不去厌恶他，但是严肃以对，一切都按规矩来，公事公办。换言之，你不去厌恶小人，所以他不会陷害你；你对他态度严肃，所以他也不敢让你同流合污。这正是君子在乱世中的正确态度。

关于遁卦，宋朝学者杨万里（1127—1206）的心得值得参考。他读到遁卦，感慨地说："遁，其见圣人之心乎！"意即从遁卦里面大概可以看出圣人的心意吧！这句话显然参考了复卦的《象传》："复，其见天地之心乎！"那么圣人的心意是什么呢？杨万里说，圣人的心意在于天下，而不在于自身，所以圣人该退就退，退走反而体现了圣人的通达，也说明天下陷入了困境。孔子说过："君子固穷。"文天祥也说："时穷节乃见。"可见，在困境中才能彰显君子的节操。

总之，遁卦位于恒卦之后。恒卦代表恒久相处，遁卦则要继续活动，退走远遁。遁卦的结构是天山遁，它是一个消息卦，代表农历六月，夏季到此结束。消息卦看趋势。遁卦虽然阳爻占多数，但它的趋势是向外退走。既然要退走，那么越早退走越好，所以遁卦越到上面的爻，占验之辞就越好。下面两个阴爻没有给阳爻施加压力，因为六二与九五正应，并且阴爻也知道阳爻准备退走，所以没有过分地催促阳爻。遁卦可以列为十大好卦之一，因为它有四个爻都提到"吉"或"利"，并且没有出现任何"凶"字。上面四个阳爻明白大势所趋，不会勉强留下来；底下两个阴爻也不会逼迫阳爻，反而有挽留之意，希望阳爻不要匆匆离去，而是从容以退。

二、知进知退，才是君子作风

遁卦的结构是天山遁，底下两个阴爻，上面四个阳爻。遁卦也是消息卦，代表农历六月，夏季的最后一个月。"遁"是从阳爻的角度来说的，阳爻逐渐退走的趋势很明显。遁卦还可以看作放大的巽卦，巽为风，代表可进可退。

[爻辞] 初六：遁尾，厉。勿用有攸往。

　　象曰：遁尾之厉，不往何灾也？

[白话] 初六：退避时居后尾随，有危险。不可以有所前往。

　　《象传》说：退避时居后尾随会有危险，不前往又有什么灾祸呢？

初六的爻辞提到"尾"字，体现了卦的立体结构。一个卦最底下的爻代表尾，最上面的爻代表头。另外，下卦为艮，艮为少男，排在男生的最后一个，也可以说是"尾"。初六在退避时走在后面，表示最晚看到时机；并且初六是阴爻，会犹豫不决，所以说"有危险"。

《小象传》说："不前往又有什么灾祸呢？"因为初六一前往，就会把上面的阳爻逼走。阳爻已经知道自己该退走了，不必急着逼迫它们。另外，初六与九四正应，初六本想配合九四往上走；但是它位于下卦艮中，艮为止，也会让它停下来。可见，初六应该安居其位，不要着急。

[爻辞] 六二：执之用黄牛之革，莫之胜说（tuō）。

　　象曰：执用黄牛，固志也。

［**白话**］六二：用黄牛皮制成的绳子捆住，没有人能够解开。

《象传》说：用黄牛皮制成的绳子捆住，是为了固守心意。

六二在下卦艮中，也需要停止。六二与九五正应，阳爻本来就要退走，所以九五劝六二少安毋躁。

古人认为，用黄牛皮做的绳子最牢固。就取象上来说，六二居中位，对应的颜色为黄色。六二再往上一步，下卦就成为坤卦，坤为"牛"。但此时六二仍在下卦艮中，艮为皮肤，引申为"革"。六二又在互巽（六二、九三、九四）中，巽为绳直，同时艮为止、为手。这些象合起来，就是"用黄牛皮制成的绳子捆住"。

遁卦

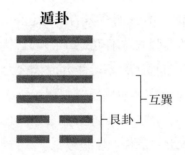

六二的《小象传》提到"固志"，即固守心意；九五的《小象传》提到"正志"，因为九五既中且正，心意正当。可见，六二的"固志"是为了配合九五的愿望。六二把自己紧紧捆住，有心留住九五；但九五去意已决，还是会潇洒地离开。

［**爻辞**］九三：系遁，有疾厉。畜臣妾，吉。

象曰：系遁之厉，有疾惫也。畜臣妾吉，不可大事也。

［**白话**］九三：系住退避，出现疾病与危险。养育奴仆侍妾，吉祥。

《象传》说：系住退避的危险，是因为有疾病而疲累。养育奴仆侍妾吉祥，是因为不可能办成大事。

九三原本希望跟随上面的阳爻一起遁走，但是它被捆住了。因为九三在下卦艮中，艮为止，不让它退走。同时，九三也在互巽（六二、九三、九四）中，巽为绳，有捆缚之意，所以说"系遁"。

九三为何有疾病与危险呢？因为九三在互巽中，巽为不果（没有结果），为多白眼；并且九三居下卦之终，上无正应，它的力量不足，所以出现了疾病与危险。

在古代社会中，一个大家庭所用的奴仆或佣人可以称为臣妾，男的称为臣，女的称为妾。九三在下卦艮中，艮为少男；又在互巽（六二、九三、九四）中，巽为妇，所以说"臣妾"。同时，艮为止，止而养之，就是"畜"。九三所畜养的臣妾是底下两个阴爻。

九三的《小象传》强调"不可大事也"，因为九三在互巽中，巽为绳，等于它被绳子捆住了，不可能办成什么大事。所谓"大事"，代表大人之事或国家之事。照顾臣妾则属于小人之事。九三养育臣妾，就会吉祥。但是，九三如果把自己当成臣妾，乞求别人的养育，就会有危险。可见，九三的情况比较复杂。

[**爻辞**] 九四：好遁。君子吉，小人否。
　　　　象曰：君子好遁，小人否也。

[**白话**] 九四：合宜的退避。君子吉祥，小人困阻。
　　　　《象传》说：君子做到合宜的退避，小人做不到而陷入困阻。

"好遁。君子吉"代表君子可以全身而退。九四与初六正应，所以这里所说的"小人"是指初六。初六的《小象传》说："不往何灾也？"如果初六心存侥幸，贸然前往，就会遇到困阻。九四进入上卦乾中，代表内心笃定而真诚。君子了解自己的情况，乐于接受大势所趋，所以准备合宜地退避。

[**爻辞**]九五：**嘉遁，贞吉。**
　　象曰：嘉遁贞吉，以正志也。

[**白话**]九五：美好的退避，正固吉祥。
　　《象传》说：美好的退避，正固吉祥，是因为心意正当。

　　在古代，"嘉"字通常与"礼"有关，代表依礼而行，从容不迫。九五上下都是阳爻，又有六二正应，所以可以从容不迫地退避。
　　六二的《小象传》提到"固志"，九五提到"正志"，代表六二虽然挽留九五，但九五知道大势已去，没有什么可留恋的。连上天都不会违背时势，何况是圣人呢？

[**爻辞**]上九：**肥遁，无不利。**
　　象曰：肥遁无不利，无所疑也。

[**白话**]上九：高飞而走的退避，无所不利。
　　《象传》说：高飞而走的退避无所不利，是因为没有任何疑虑。

　　"肥遁"的"肥"字，可以有两种理解。第一，"肥"指宽大而充裕，上九位于上卦乾的终位，实力雄厚，可以做自己该做的事。第二，"肥"与"飞"通用。上九是天的位置，可以远走高飞。上九与九三不应，所以在退避时没有任何疑虑，可以高飞远引，笑傲山林，无所不利。
　　总之，遁卦是相当不错的卦，有三个吉，一个无不利。只有初六有危险，但只要它不往前走，就可以避开灾难。六二可以固守心意，把自己紧紧捆住，不再往前推进，因为上面的阳爻已经知道要退走了。九三的处境比较复杂，它被捆住了，不容易退走，还有疾病与危险；但九三如果能照顾底下两个阴爻（蓄养臣妾），就会得到吉。九三做不成大事，只能把自己的家务事处理好。

遁卦的趋势很明显，虽然目前仍有四个阳爻，但阳爻要从上面逐个退走。所以占到遁卦就要知道：虽然目前情势还不错，但大趋势是阳消阴长。即使初六与六二想把九四、九五留住，也不会有什么效果。

遁卦的关键在于"时"，要了解大势所趋，对进退有明确的判断，然后以潇洒的态度，该放下就放下。即使理想不能实现，照样有安身立命的办法。正如孔子所说："用之则行，舍之则藏。"（《论语·述而》）孔子认为，只有他和颜渊能做到这一点。可见，遁卦对人的要求是非常高的。

三、飞机延误五个小时

遁卦的结构是天山遁，它是一个消息卦，虽然上面还有四个阳爻，但它们会逐个退走，底下两个阴爻会带着别的阴爻上来。遁卦代表农历六月，夏天接近尾声。君子看到这种形势，就知道应该退走了。退走还能够亨通，是因为人间的理想与道义会随着君子的退走而彰显。历史上有很多例子可以参考。

九四提到"好遁。君子吉，小人否"，代表君子可以全身而退，小人却做不到。譬如，孔子的学生颜渊住在陋巷，别人都受不了这种生活带来的忧愁，颜渊却不改变自己原有的快乐。① 可见，退隐不一定非要到荒郊野岭去，安居在家、乐天知命也是一种退隐。

又如，孔子的学生闵子骞拒绝了鲁国执政大夫的邀请，并对来游说的人说："如果再有人来找我，我一定逃到汶水之北的齐国去。"②

孔子还有一个学生名叫曾晳，他是曾参的父亲。孔子请学生们谈谈自己的志向，曾晳说："暮春三月时，穿上春天的衣服，带着五六个大人，六七个孩子，到沂水边洗洗澡，在舞雩台上吹吹风，然后一路唱着歌回家。"③孔子对曾晳的志向颇为欣赏。小人则不可能有这样的风范，因为他们心存侥幸，舍不得放下权位利禄。

九五是"嘉遁，贞吉"。九五代表君王这个层次，比如尧舜找到理想的接班人之后，就主动禅让，成为历史上的佳话。孔子的表现

---

① 出自《论语·雍也》。原文：子曰："贤哉回也！一箪食，一瓢饮，在陋巷，人不堪其忧，回也不改其乐。贤哉回也！"

② 出自《论语·雍也》。原文：季氏使闵子骞为费宰。闵子骞曰："善为我辞焉！如有复我者，则吾必在汶上矣。"

③ 出自《论语·先进》。原文：曰："莫春者，春服既成。冠者五六人，童子六七人，浴乎沂，风乎舞雩，咏而归。"夫子喟然叹曰："吾与点也！"

也堪称"嘉遁"。孔子放下在鲁国从政的各种成就，辛苦地周游列国，还被人嘲笑是丧家犬；但是孔子毫不在意，因为他本来就要避开政治上的复杂状况，转而推行自己的理想。

上九远离底下两个阴爻，又与九三不应，所以它退避时没有任何疑虑，可以潇洒地在天际翱翔。譬如，姜太公避开商纣王，退隐到陕西一带；后来得到周文王的赏识，帮助文王成就了王业。姜太公可谓"屈于暗而伸于明"，他避开昏暗的商纣王，投奔开明的周文王，充分发挥了自己的才干。又如，孟子辞去齐国三卿之一的高位，回到家乡从事著述的工作，后来成为百世之师，可谓"屈于一时而伸于万世"。可见，君子如果遭时不遇，有志未伸，不如退一步海阔天空。

儒家的君子在退隐时，表面看起来跟其他隐士没什么分别，但其实有本质上的不同。譬如，据《论语·微子》记载，子路追随孔子周游列国时，远远落在了后面。他看到一位老人家正在除草，就向老人请教："您看到我的老师了吗？"这位老人家看到子路很有礼貌，就邀请他到家中过夜，又叫两个儿子出来相见。

第二天，子路赶上了孔子，讲述这些经过。孔子就让子路回去。子路回去后，老人却走了，子路说："如果连长幼间的礼节都不能废弃，那么君臣间的道义又怎么能废弃呢？"[①]换言之，这位老人隐居避世，只注意到年轻人对长辈要有礼貌，却不关心国家、社会的需要，这是本末倒置。一个人怎么可能没有国而有家呢？可见，儒家的君子虽然也会隐遁，但不会采取完全避世的态度；他们心中始终

---

① 原文：子路从而后，遇丈人，以杖荷蓧（diào）。子路问曰："子见夫子乎？"丈人曰："四体不勤，五谷不分，孰为夫子？"植其杖而耘，子路拱而立。止子路宿，杀鸡为黍而食之，见其二子焉。明日，子路行以告。子曰："隐者也。"使子路反见之。至，则行矣。子路曰："不仕无义。长幼之节，不可废也；君臣之义，如之何其废之？欲洁其身而乱大伦。君子之仕也，行其义也。道之不行，已知之矣。"

关怀这个社会，一有机会就要出来从事政治与教育工作。

现代人也有占到遁卦的案例。有位同事即将退休，对于未来深感不安，就占了一卦。结果占到遁卦，变爻上九，爻辞说："肥遁，无不利。"意即高飞而走的退避，无所不利。这个结果有些巧合。遁卦上面四个阳爻会逐个退出，而上九是第一个离开的，没有闪躲的余地。人退休之后，无事一身轻，正好可以重新规划自己的生活。远走高飞，放松心情，不正是乐天知命的表现吗？

如果你不该退休却占到这个爻，就要以退为进，才会"无不利"。如果占问健康时占到上九，就要小心肥胖，因为爻辞明确提到"肥"字。如果病情很重的人占到此爻，代表他可能要离开人间，飞登天乡了。

另一个案例是我自己碰上的。有一次我在北京上完课之后，当晚要飞到浙江普陀山，去参加第二天下午的一个讲座。那天晚上北京忽降暴雨，我和助理赶到机场时，所有航班都延误了，上万名旅客滞留在航站楼里。我的助理查到，第二天早上八点半还有一班飞机直飞普陀山，我们就换了机票，在机场附近找地方过夜。

我一整夜都没睡好，心里总是担心明天能否顺利赶到普陀山。天一亮，我用数字卦来占卦。我看了一眼手表，当时是7点18分，我就直接取了7、1、8这三个数字。前两个数是7和1，代表天山遁，最后的8除以6余2，所以变爻是遁卦六二。

先看大的格局：我目前在北京，今天想去普陀山，占到遁卦代表可以离开，因为"遁"就是退走、离开的意思。再看自己所处的位置：变爻是遁卦六二。爻辞说："用黄牛皮制成的绳子捆住，没有人能够解开。"从六二往上走完全卦，一共有五步，所以我想，飞机恐怕会晚点五个小时。

接着，我们八点之前就赶到了机场，换了登机牌，到候机厅等飞机。从候机厅可以看到，飞机十点多就降落了，停在停机坪，但是等到十二点还没有登机。乘客们纷纷向机场服务人员抗议："为什么还不登机呢？"服务人员只是轻描淡写地说："飞机正在整理内部。"有些乘客很生气，非要她说清楚："到底是在整理，还是在整修呢？"

我以前遇到这种情况，很可能也会上前理论一番，如今我学了《易经》占卦就知道，这班飞机可能晚点五个小时，少安毋躁。结果真的令人难以想象，到了下午一点半，在整整晚点五个小时之后，飞机在跑道上滑行起飞。到了普陀山，我们勉强赶上了下午的讲座。这次占卦给我留下了深刻的印象。

总之，遁卦是一个消息卦，阳消阴长的趋势非常明显。我们要顺应趋势，不要有太强烈的主观要求或愿望。下一节要介绍遁卦的覆卦——大壮卦，把天山遁整个翻过去，就变成了雷天大壮，它也是一个消息卦。

一、形势一片大好，停得下来吗？

34 雷天大壮，下乾上震

大壮：利贞。

象曰：雷在天上，大壮。君子以非礼弗履。

上六：羝羊触藩，不能退，不能遂，无攸利。艰则吉。
象曰：不能退，不能遂，不详也。艰则吉，咎不长也。

六五：丧羊于易，无悔。
象曰：丧羊于易，位不当也。

九四：贞吉悔亡，藩决不羸，壮于大舆之輹。
象曰：藩决不羸，尚往也。

九三：小人用壮，君子用罔，贞厉。羝羊触藩，羸其角。
象曰：小人用壮，君子罔也。

九二：贞吉。
象曰：九二贞吉，以中也。

初九：壮于趾，征凶，有孚。
象曰：壮于趾，其孚穷也。

本节要介绍《易经》第34卦大壮卦。大壮卦与遁卦是覆卦关系，把天山遁整个翻过去，就成了雷天大壮。大壮卦底下四个阳爻，上面两个阴爻。"大"代表阳爻，"大壮"等于是阳爻最壮盛的时候。

《序卦传》说："物不可以终遁，故受之以大壮。"任何事物都不能一直退避，退避到一定程度，就要转而走向大壮。《杂卦传》说："大壮则止。"代表大壮卦要停下来，稳住局面。

［**卦辞**］大壮：利贞。

［**白话**］大壮卦：适宜正固。

大壮卦表面看起来是"大者壮盛"，其关键却是"大壮则止"。大壮卦为何非止不可呢？有以下三个理由。

第一，大壮虽是"大者壮也"，但是"过壮则暴，过刚易折"，过于壮盛可能变得狂暴，过于刚强则容易折断。

第二，大壮卦是消息卦，再往上一步就变成了夬卦（☱，第43卦），形成"一比五"的格局，唯一的阴爻上六就成了主爻，可谓主客易位。

第三，大壮卦可以看作放大一倍的兑卦。兑为喜悦、快乐，但任何快乐都不宜过度，而要适可而止。

泰卦（☷，第11卦）代表农历正月，阳爻再往上走一步，就成了大壮卦。大壮卦代表农历二月，处在春天的中间，是一年中最美好的季节。如果此时可以停下来，显然非常理想。

大壮卦的卦辞只有"利贞"二字，就是担心你"失正而动"或"动而失正"。当一个人力量强大的时候，就怕他停不下来，不知道持盈保泰。

［**象传**］象曰：大壮，大者壮也。刚以动，故壮。大壮利贞，大者正也。正大而天地之情可见矣。

［**白话**］《象传》说：大壮卦，是说大的一方壮盛。刚强者还能行动，所以壮盛。大壮卦适宜正固，是大的一方为正。守正而能大，就可以看出天地万物的真实情况了。

大壮卦底下有四个阳爻，阳爻称"大"，所以说"大者壮也"。

下卦为乾、为刚健，上卦为震、为动，所以说"刚以动"。刚强者行动劲健，所以壮盛可观。

《彖传》最后一句话很重要，它说："正大而天地之情可见矣。"意即守正而能大，就可以看出天地的真实情况了。

在64卦的《彖传》中，有三个卦提到"天地万物之情可见矣"。

第一个是咸卦（☷，第31卦），它说："观其所感，而天地万物之情可见矣。"意即观察它所感应的状况，就可以知道天地万物的真实情况。

第二个是恒卦（☷，第32卦），它说："观其所恒，而天地万物之情可见矣。"意即观察它恒久的方式，就可以看出天地万物的真实情况。

第三个是萃卦（☷，第45卦），它说："观其所聚，而天地万物之情可见矣。"意即观察它聚合的情况，就可以看见天地万物的真实情况。

但是，大壮卦的《彖传》只说"天地之情"，而不说"天地万物之情"；并且，它没有说要观察什么，而是直接说"正大而天地之情可见矣"。这是大壮卦的显著特色。天地之正，在于无所偏私；天地之大，在于无不覆载。天地能够顺利运转，就在于它的正而大。可见，大壮卦的《彖传》有深刻的内涵。

[象传] 象曰：雷在天上，大壮。君子以非礼弗履。

[白话]《象传》说：雷在天的上方，这就是大壮卦。君子由此领悟，对不合礼仪的事都不要进行。

大壮卦是雷在天上，代表以雷震之威，震去私心；以天讨之师，讨伐私欲。在人类社会中，礼就是天地正气的化身。所以，君子要正其大体，以治小体，要完全按照礼的规定来为人处世。

"非礼弗履"四个字，可以与《论语·颜渊》相对照。颜渊曾向孔子请教，他的人生正途何在？孔子对他说："能够自己做主去实践礼的规范，就是人生正途。无论什么时候，只要能够自己做主去实践礼的规范，天下人都会肯定你是走在人生正途上。走上人生正途是要靠自己的，难道还能靠别人吗？"[①]颜渊接着请教老师："修炼言行具体要从哪里入手呢？"孔子回答说："非礼勿视，非礼勿听，非礼勿言，非礼勿动。"这四个"勿"，正是大壮卦所说的"非礼弗履"——对不合礼仪的事都不要去做。

历代学者经常把"克己复礼"分成两件事，亦即要克制自己，然后去实践礼的规范。但是，自己如果是需要克制的，为什么孔子接着会说"为仁由己"呢？前面先说应该克制自己，后面又说要靠自己走上正道，岂不是前后矛盾吗？

另外，如果孔子先说的"克己复礼"是指"克制自己，去实践礼的规范"，后面又说"非礼勿视、勿听、勿言、勿动"，这前后两个回答不就重复了吗？颜渊闻一知十，又怎么会听不懂"克制自己"的说法，还要继续追问呢？

所以，更合理的解释是把"克"理解为"能够"，"克己复礼"就是"能够自己做主去实践礼的规范"。换言之，孔子先期许颜渊能够自己做主，去实践礼的规范。颜渊听懂之后，进一步请教："具体要从哪里入手呢？"孔子提醒他，要从"非礼勿视、勿听、勿言、勿动"这些方面着手，先被动地接受规范的限制；久而久之，就可以把规范内化，变成能够自己做主去实践规范，从而化被动为主动。

孔子说自己"七十而从心所欲不逾矩"，正好印证了这一点。如

---

① 原文：颜渊问仁。子曰："克己复礼为仁。一日克己复礼，天下归仁焉。为仁由己，而由人乎哉？"

果一个人年轻时不能严格遵守礼的规范，在"视、听、言、动"方面谨守分寸，后来就不可能主动实践这些规范。人生的修养都是从被动提升到主动。这正是大壮卦给我们的最好启发。

另外，有些专家把《易经》中有关震卦的组合，当作春雷、夏雷、秋雷与冬雷。比如，豫卦（䷏，第16卦）是雷出地上，有如春雷乍响；大壮卦是雷在天上，最为壮盛，代表夏雷；随卦（䷐，第17卦）是雷入泽中，代表秋雷；复卦（䷗，第24卦）是雷入地中，代表冬雷。这些说法可以参考，但未必完全合理。复卦代表农历十一月，可以把它说成冬雷。但是，大壮卦代表农历二月，把它说成夏雷，时间上似乎太早了。大壮卦的关键在于自我收敛，它是最好的时刻，也是最危险的时刻，很容易过度。

总之，大壮卦是消息卦，要注意发展的趋势。底下四个阳爻上来，上面还有两个阴爻，这种四比二的局面是阳爻最美好的状况，所以要设法止住，停在美好的状况中。当然，消息卦的发展是不可能停下来的。

人作为万物之灵，看到大壮卦就要提醒自己：这是最好的季节，要学习"正大"的精神，守住正当位置，保持心胸开阔，因为从正大可以看到天地的真实情况。人间的正大之道就是礼，所以要修炼自己，化被动为主动，能够自己做主去实践礼的规范。

另外，《道德经·第34章》说："胜人者有力，自胜者强。"意即胜过别人的是有力的人，胜过自己的才是真正的强者。与大壮卦合起来，可以说"大壮则止，自胜者强"。可见，无论是儒家还是道家，都可以从大壮卦获得深刻的启发。

二、往前一步，猪羊变色

大壮卦的结构是雷天大壮。"大"指阳爻，"大壮"就是大者壮也。大壮卦也是消息卦，代表农历二月，处于春天中间的阶段，是一年中最美好的季节。这时要记得《杂卦传》所说的"大壮则止"，要设法停下来，适宜正固。因为大壮卦再往上走一步，就变成五个阳爻的夬卦（䷪，第43卦），唯一的阴爻上六成为主爻，可谓猪羊变色，主客易位了。

大壮卦的六爻比较复杂，不同的位置要有不同的觉悟。大壮卦可以看作放大一倍的兑卦，兑为羊，所以大壮卦从九三以上的四个爻都与羊有关。"羊"与"阳"发音相同，所以《易经》常把"羊"当作阳爻的象征，它不断往前冲撞，显示活泼的生命力。

[爻辞] 初九：壮于趾，征凶，有孚。

象曰：壮于趾，其孚穷也。

[白话] 初九：强壮在脚趾上，前进会有凶祸，但仍有信实。

《象传》说：强壮在脚趾上，它的信实会走到尽头。

初九位于全卦底部，所以说"趾"。初九是四个阳爻中最底下的一个，它必须配合其他阳爻一起向上；但它的位置太低，德行不够，与九四又不应，如果贸然前进，就违背了"大壮则止"的基本原则，所以会有凶祸。

初九以阳爻居刚位，所以说"有孚"（有诚信）。不过，由于位置太低，所以也担心它的诚信会走到尽头，亦即《小象传》所说的"其孚穷也"。

初九爻变，下卦变成巽卦，巽为进退、为不果，也表明初九无法前进。从全卦来看，九二、九三在上卦都有正应，只有初九与九四不应，初九又怎么能往上走呢？并且，九四在上卦震，震为行，代表九四会一路前行，不会等待底下的初九。所以，初九虽有诚信，但它的诚信是有限的，无法得到验证。

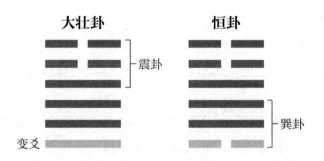

大壮卦　　　　　　恒卦
震卦
巽卦
变爻

[**爻辞**] 九二：贞吉。

象曰：九二贞吉，以中也。

[**白话**] 九二：正固吉祥。

《象传》说：九二正固吉祥，是因为居于中位。

大壮卦的主旨是停下来，所以九二只要正固就吉祥。

大壮卦有一个显著的特点：全卦有三个吉，都在柔的位置（二、四、上）。九二居中，又在柔位，上有六五正应，代表九二很有分寸，自然吉祥。

[**爻辞**] 九三：小人用壮，君子用罔，贞厉。羝（dī）羊触藩（fān），羸（léi）其角。

象曰：小人用壮，君子罔也。

[**白话**] 九三：小人仗恃的是强壮，君子凭借的是蔑视强壮，一直这样下去会有危险。公羊冲撞藩篱，卡住了羊角。

《象传》说：小人仗恃的是强壮，君子就只能蔑视强壮了。

大壮卦从九三开始，都提到与羊有关的现象。

九三提到小人与君子。可以把初九看作小人，因为初九想要往上冲；把九二看作君子，因为它居于中位。小人发现自己在下卦乾中，于是仗恃强壮，一路往上冲。"君子用罔"的"罔"是"无"的意思。亦即君子的做法与小人相反，君子不会仗恃强壮，而是视有若无。

但是，一直这样下去会有危险。因为九三以阳爻居刚位，它过于强壮，不容易停下来，可以用"羝羊触藩，羸其角"来形容。"羝羊"是有角公羊，非常健壮。它去冲撞藩篱，却被藩篱卡住了角。大壮卦上卦为震，震为诸侯，诸侯在古代为君王的藩篱，所以说"羝羊触藩"。九三在震之下，无论怎么冲撞，也过不了这一关。

[**爻辞**] 九四：贞吉悔亡，藩决不羸，壮于大舆之輹。

象曰：藩决不羸，尚往也。

[**白话**] 九四：正固吉祥而懊恼消失，藩篱裂开不再缠住，因为大车的车輹十分坚固。

《象传》说：藩篱裂开不再缠住，是因为要往上前进。

九四是最上面的阳爻，可谓壮盛之极，锐不可当。但九四仍要遵循全卦主旨，只有正固，才可"吉"而"悔亡"。九四已经到了上卦，又在互兑（九三、九四、六五），兑为毁折，所以说"藩篱裂开不再缠住"。九四在上卦震，震为大车，引申为大车的车輹。九四是上卦震的关键，代表车辕非常坚固，可以往上前进。

大壮卦

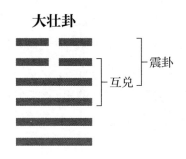

[**爻辞**] 六五：丧羊于易，无悔。

象曰：丧羊于易，位不当也。

[**白话**] 六五：在边界失去羊，没有懊恼。

《象传》说：在边界失去羊，是因为位置不恰当。

在古文中，"易"与"埸"（yì）通用，意为边界。六五是阴爻，直接面对底下四个阳爻的冲击；它又在互兑（九三、九四、六五）中，兑为毁折，所以说"在边界失去羊"。但六五居中，又有九二正应，所以没有懊恼。

六五以阴爻居刚位，本身不当位；同时，底下四个阳爻一路上行，六五首当其冲，所以《小象传》说它"位不当也"。

[**爻辞**] 上六：羝羊触藩，不能退，不能遂，无攸利。艰则吉。

象曰：不能退，不能遂，不详也。艰则吉，咎不长也。

[**白话**] 上六：公羊冲撞藩篱，不能退后，也不能如意，没有任何适宜的事。在艰难中才会吉祥。

《象传》说：不能退后，也不能如意，是因为没有详察处境。在艰难中才会吉祥，是因为灾难不会持续太久。

上六与九三正应，它的处境与九三类似，所以爻辞也提到"羝羊触藩"。上六冲撞藩篱，羊角也被卡住，既不能后退，也不能前进。上六居众爻之上，怎么能后退呢？上六居全卦终位，前无去路，怎么能前进呢？所以没有任何适宜的事。《小象传》说："不能退后，也不能如意，是因为没有详察处境。"上六不能审时度势，所以进退失据。

《小象传》最后说："在艰难中才会吉祥，是因为灾难不会持续太久。"上六如果对自己的处境有清醒的认识，不再往前冲，就不会招来灾难，反而可以得到吉祥的结果。

总之，大壮卦相当于放大一倍的兑卦，所以从九三往上的四个爻都提到与羊有关的现象。大壮卦有三个吉，都在柔的位置（二、四、上），只不过上六的情况比较复杂。大壮卦要把握住"大壮则止"的原则。否则，即使像公羊那样往前冲撞，下面三爻还是上不去的。九四可以继续前进，只要正固，就能"吉"而"悔亡"。六五不当位，还面临底下四个阳爻的冲击，所以在边界失去了羊；幸好六五居中，又有九二正应，所以能暂时稳住局面，没有什么懊恼。上六进退两难，只有认清现状，忍受艰难，才会吉祥。

三、上台靠机会，下台靠智慧

大壮卦是消息卦，底下四个阳爻，阳爻称大，可谓"大者壮也"。同时，它也是放大一倍的兑卦，兑为羊，所以其中有四个爻都提到羊的象征。占到大壮卦要如何理解呢？

有这样一个占卦案例。一位朋友的大姐70多岁了，有一天忽然生病，到了无法言语的程度。这位朋友很担心大姐的病情，就用筹策占了一卦，结果占到大壮卦，没有变爻。大壮卦下卦乾为健，上卦震为动，代表健而动，所以他认为不必担心。后来，他的大姐果然痊愈了。

我最近也占到了大壮卦。一个团体邀请我参加公益活动，我用筹策占到履卦，"三、五、上"三爻变，之卦是大壮卦。三爻变时，要看本卦与之卦的卦辞，但是以本卦为主。本卦是履卦，要人依礼而行；之卦是大壮卦，要人止于正道，非礼弗履。大壮卦又是放大的兑卦，兑为口，为喜悦。这项公益活动正好是用演讲来鼓励大家，所以我欣然同意了。

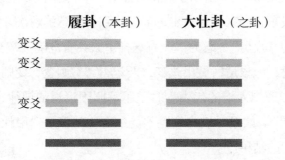

履卦（本卦）　　**大壮卦**（之卦）

从大壮卦各爻来看，如果占到初九，代表你的实力很强，目前形势一片大好；但这件事仍处于开始阶段，不可轻举妄动，否则必有损伤。你虽然有诚信，但是德薄位卑，还不足以取信于人。

占到九二，代表可以刚柔相济。九二居中，上有六五正应，所以要谨守分寸，守正则吉。

九三比较复杂，它完成了底下的乾卦，刚健有力。在这种情况下，君子和小人有不同的表现。小人的强壮是"果于用"，他仗恃自己的强壮，毫不客气，就像有角公羊一样四处冲撞，结果被藩篱卡住了角。君子的强壮则是"果于勿用"，他可以果敢地不使用自己的强壮。但无论是君子还是小人，一直这样下去都会有危险。历史上有很多这样的例子，有的人勇往直前、势力壮盛，结果却被自己的言行给困住了。

有一个现代的占卦实例。有位朋友与别人合伙做生意，后来出现了分歧，双方争执不下。他就用数字卦占了一卦，结果占到大壮卦，变爻九三。九三的爻辞说："小人仗恃的是强壮，君子凭借的是蔑视强壮，一直这样下去会有危险。公羊冲撞藩篱，卡住了羊角。"

可见，他目前进退两难，好像羊角卡在藩篱上，动弹不得。我告诉他："你身为管理层，应该学习君子的作风。所谓'君子用罔'，是提醒你不要用壮，而要以柔克刚。这件事如果双方都不让步的话，很可能两败俱伤。"他听从了我的建议，不再采用强硬的态度，而是协调其他股东，大家各让一步，最终找到了满意的解决方案。

九三的"贞厉"，意为"一直这样下去会有危险"。它提醒我们，遇到困难时，应该适时做出改变，要记得"穷则变，变则通"。儒家把君子当作理想人格的代表。君子了解阴阳消息的规律，所以不会坚持"用壮"。如果时机与位置不能配合，就算是"用壮"，也未必能取得理想的结果。

九四的位置接近君主，又得到底下三个阳爻的帮助，它却以刚居柔，不用其壮，所以得到吉和悔亡的结果。譬如，汉高祖刘邦过世之后，大权落在吕后手上。吕后残酷地迫害刘氏宗亲，使汉室江山摇摇欲坠。在这种情况下，九四要如何保护六五这个柔弱的君王呢？当时由学者陆贾出面，协调宰相陈平和大将周勃。他们二人一文一武，本来不相往来。但陆贾很清楚，只有他们二人联手，才能安定汉朝的天下。后来的发展果然如此。可见，九四虽然有强大的实力，但必须把握分寸，才能尽到保护君王的责任。

六五的爻辞说"丧羊于易"，"易"字可以理解为"边界"，等于底下四个阳爻上来，六五处在阳爻的边界。四个阳爻一起前进，到了六五却变成了阴爻，所以说"丧羊于易"。还有一种解释也说得通，亦即把"易"理解为"和易"，六五和善而柔顺，可以调伏底下四个阳爻，使它们失去壮盛的气势。

关于上六，有这样一个占卦案例。有一次，一个同学为了生意而占卦，但他没有说明细节，结果占到大壮卦上六。我解释说，上六就像公羊的角被篱笆卡住了，进退两难。这位同学听后恍然大悟，他说自己确实处在进退两难的情况中。我接着说，此时"艰则吉"，在困难中坚持下去就会吉祥。并且，这种状况不会持续太久，因为已经到了上六，大概一个月之后，情况就会好转，所以最好苦撑待变。

对于《易经》的消息卦，我们要特别用心去思考。"消"代表消退，"息"代表成长。在消息卦中，阳爻、阴爻轮流上场，阴阳消长的规律是不会改变的。但是，人活在世界上，却不能顺着消息盈虚的变化，认为君子、小人各有一半的机会，所以有时候当君子，有时候作小人。虽然万物有消息盈虚的变化，但是人要为自己负责，选择适当的态度。

大壮卦的《象传》说得非常清楚："正大而天地之情可见矣。"因此，人要了解天地的真实情况，始终秉持"正大"的原则。"正"就是无所偏私，"大"就是无不覆载。中国古代的县衙里面，经常会悬挂一个"正大光明"匾，提醒县官在审判案件时，保持公平正义。可见，要让人间的公平正义得以实现，我们自己本身就要做到正大光明。

大壮卦的《大象传》强调"非礼弗履"，说明礼就是人间的正道。谈到人间的正义，很容易流于主观，每个人都有自己的立场，到最后究竟什么才是公平正义呢？中国古人很有智慧，他们继承古代的礼仪并加以损益，以此作为人间正道的代表。《中庸》也说，"人之道"体现在礼上面。礼的内容可以调整，但是它一旦制定，就要以之为准。

孟子曾说："孔子进以礼，退以义，得之不得曰'有命'。"（《孟子·万章上》）意即孔子做官时要遵守礼仪，辞官时要合乎义行，能不能得到职位，就说"由命运决定"。孔子做到了"正大"二字，因此可以持盈保泰。这正是大壮卦最好的启发。

如果想持盈保泰，外在的追求要适可而止，重点是进行内在的修炼。因为外在的一切总在变化消长之中，但是，内心的成长是没有限制的。因此，我们每个人都要遵照天命的要求，努力追求止于至善的境界。

一、地上有光明，君子要修德

35　火地晋，下坤上离

晋：康侯用锡马蕃庶，昼日三接。

象曰：明出地上，晋。君子以自昭明德。

上九：晋其角，维用伐邑。厉吉无咎，贞吝。
象曰：维用伐邑，道未光也。

六五：悔亡，失得勿恤，往吉，无不利。
象曰：失得勿恤，往有庆也。

九四：晋如鼫鼠，贞厉。
象曰：鼫鼠贞厉，位不当也。

六三：众允，悔亡。
象曰：众允之志，上行也。

六二：晋如，愁如，贞吉。受兹介福，于其王母。
象曰：受兹介福，以中正也。

初六：晋如，摧如，贞吉。罔孚，裕，无咎。
象曰：晋如摧如，独行正也。裕无咎，未受命也。

本节要介绍《易经》第35卦晋卦。"晋"是山西省的简称，也常用来描写加官晋爵。晋卦为何有这么好的象呢？因为它的卦象是火地晋，代表光明出现在大地上，一切都会按照顺序来进展。

《序卦传》说："物不可以终壮，故受之以晋。晋者，进也。"晋卦前面是大壮卦。任何东西都不能只是大壮，实力雄厚之后，就要向上升进。另外，大壮则止，停止久了之后，还是要前进的。"晋"

就是不断升进的意思。

《杂卦传》说："晋，昼也。"所以，晋也代表白天，有如旭日东升。

[卦辞] 晋：康侯用锡马蕃庶，昼日三接。

[白话] 晋卦：安邦的诸侯受赏众多车马，一日之内获天子接见三次。

晋卦的卦辞比较特别，它说："康侯用锡马蕃庶，昼日三接。"这句话至少有以下三种解释。

第一种解法，把"康侯"当作周公的弟弟康叔，亦即康叔受赏了众多车马，一日之内获天子三次接见。因为晋卦六二的爻辞提到"王母"，好像是说某个诸侯受到母后的特别照顾。但是，我们不采用这种解释，因为在《易经》64卦的卦辞中，从未出现过特定的人名，只出现过"王、侯、大人、君子"等说法，出现更多的是"马、牛、虎、狐狸"等动物；并且，如果64卦的卦辞是由周文王所写、由周公补充完成的，也不可能把周公的弟弟康叔写入卦辞。

第二种解法，"康侯"指"安邦的诸侯"，亦即安邦的诸侯受到天子的赏赐，受赏了众多车马。晋卦的结构是火地晋。上卦离为明，代表明君在上；下卦坤为顺，代表诸侯顺从君王，可谓"下顺而上明"。

第三种解法，把"康"当作动词，意为安定，亦即天子用众多车马来安抚诸侯，让诸侯安心地支持天子、照顾百姓。这样解释的话，"用锡马蕃庶"的"用"字，意思比较明确。其实，第二种解释与第三种并不矛盾，只是采用了不同的视角而已。

"昼日三接"意为"一日之内获天子接见三次"。古代诸侯来朝，天子会用"接见、设宴、慰劳"这三种礼节来接待。"接见"是天子在朝廷上公开召见诸侯；"设宴"是天子宴请诸侯，重要的官员作陪；"慰劳"是天子用车马等礼物赏赐诸侯。一日之内完成三种礼节，足见诸侯受宠之深。

[**象传**] 象曰：晋，进也。明出地上，顺而丽乎大明。柔进而上行，是以康侯用锡马蕃庶，昼日三接也。

[**白话**]《象传》说：晋卦，是进展的意思。光明出现在大地的上方，顺从而依附于大的光明。柔顺者前进而往上走，因此安邦的诸侯受赏众多车马，一日之内获天子接见三次。

晋卦下卦坤为顺，上卦离为日、为依附，所以说"顺从而依附于大的光明"。

从"柔进而上行"这句话，可知晋卦是由观卦演变而来。观卦的六四与九五换位，就变成了晋卦。

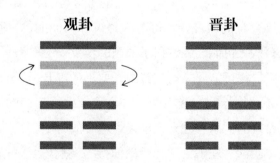

晋卦的关键在于"柔进而上行"，亦即必须柔顺，才能按部就班地升进。当人才不断向上升进时，臣子一定要有柔顺的态度，天子一定要有光明的智慧，才能形成"下顺而上明"的理想局面。六五在离卦中，代表温和、明智的君主，可以通盘考虑，人尽其才。臣子则应该以顺从的态度，做好自己的本职工作。

[**象传**] 象曰：明出地上，晋。君子以自昭明德。

[**白话**]《象传》说：光明出现在大地的上方，这就是晋卦。君子由
此领悟，要自己彰显高明的德行。

所谓"自昭明德"，就是不能等着别人来提醒你，而要自己彰显
高明的德行。

这里要仔细分辨"明德"一词的含义。"明德"是古代常用的术
语。《大学》开宗明义就说："大学之道，在明明德。"意即大学的理
想，是要彰显"明德"。在《尚书》中，"明德"一共出现了九次。
当天子分封诸侯时，会特别叮嘱诸侯，要用"明德"来照顾百姓。

古代学者习惯把"明德"解释为"光明的德行"，好像德行是每
个人先天固有的，它容易被遮蔽，所以要不断彰显它。

本书则认为，应该把"明德"理解为"高明的德行"。德行不可
能一生下来就具备，一定要经过后天的修炼，才能得以彰显。这正是
理解儒家思想的关键所在。事实上，人的德行有以下三个特点。

第一，德行有高低之分。每个人都可以自昭明德，有些人可能
刚刚起步，有些人可能已经达到了很高的境界。

第二，彰显德行需要长期的努力，要不断提升德行的水平。

第三，彰显德行的方法不同。每个人要根据自己的性格、现在
的职务以及百姓的需求等因素，选择最适合的方法。

如果把"明德"理解为"光明的德行"，就代表人性本善，每个
人本来就具有光明的德行。那怎么解释社会上的恶呢？只能像宋朝
学者那样，说人性后来被人欲遮蔽了，需要不断彰显它。但是，人
欲难道不属于人性吗？这样解释会带来复杂的问题。更合理的解释
是，人性并不完美，但是它有向善的动力，所以人要努力修炼，以
彰显高明的德行。

总之，晋卦的结构是火地晋，代表旭日东升，光明出现在大地上，可以把一切看得清清楚楚。晋卦下卦坤为顺，上卦离为明，代表下顺从而上明智，亦即诸侯要顺从君王，帮助他治理天下。晋卦的《象传》说"柔进而上行"，所以晋卦的主爻是六五。晋卦可以列为十大好卦之一，它的六爻中有四个"吉"，并且没有"凶"字。晋卦启发我们，要不断提升自我，去发展及实现人生理想。

二、要进要退，自己决定

晋卦是火地晋，代表光明出现在大地上，情况显然很理想。下卦为坤，代表诸侯与臣民都会顺从。上卦为离，代表君王六五是光明的，他会按照考核的成绩，让优秀人才都有升进的机会，一起为百姓服务。

晋卦的基本原则是：升进要以柔顺为主。所以，晋卦四个阴爻都不错，两个阳爻的处境则有些危险。整体而言，晋卦是一个好卦。但是在升进的时候，还是要根据所处的位置，采取不同的态度。

[爻辞] 初六：晋如，摧如，贞吉。罔孚，裕，无咎。

象曰：晋如摧如，独行正也。裕无咎，未受命也。

[白话] 初六：进展的样子，后退的样子，正固吉祥。尚未受到信任，表现宽裕，没有灾难。

《象传》说：进展的样子与后退的样子，是因为独自走在正路上。表现宽裕而没有灾难，是因为尚未接受任命。

有人把"晋如摧如"的"摧"解释为"拥挤"，好像初六受到催促或逼迫，压力很大。但是，从《小象传》的"独行正也"（独自走在正路上）来看，这里并没有拥挤的问题，而是展现了进退自如的态度。所以，"晋如摧如"是说，或往前进，或往后退，正固就吉祥。

晋卦的主爻是六五，初六在最底下，与六五拉不上关系，说明他尚未接到上层的任命。此时可以表现得宽裕一点，因为下卦坤为土，一望无际，非常宽裕。初六的爻辞前面是"吉"，后面是"无咎"，说明在初六的位置，进退都有余裕。

[爻辞] 六二：晋如，愁如，贞吉。受兹介福，于其王母。

象曰：受兹介福，以中正也。

[白话] 六二：进展的样子，忧愁的样子，正固吉祥。从王母那儿承受这样的大福。

《象传》说：承受这样的大福，是因为居中守正。

六二贞吉，因为它居中守正，占据了优越的位置。六二可以往上升进，为什么还会忧愁呢？因为六二在互艮（六二、六三、九四）中，艮为止，会阻止六二前进。另外，六二爻变，下卦为坎，坎为加忧，所以六二表现出忧愁的样子。六二在升进时，担心自己能否胜任。他以进为忧，不以进为喜，这是难得的修养，所以会从王母那里得到大的福报。

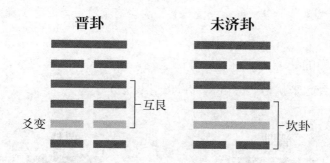

"王母"指六五，它在《易经》中只出现这一次。有的学者认为，晋卦六五是君王中最柔顺的。但是在《易经》64卦中，有32个六五，为什么只有晋卦六五被称为王母呢？这里提到"王母"，是指六二往上升进时，朝中有人可以照应。王母可以指与六二有亲戚关系的人，她正好处在君王的位置，如太后或皇后。

[**爻辞**] 六三：众允，悔亡。

　　象曰：众允之志，上行也。

[**白话**] 六三：众人答应追随，懊恼消失。

　　《象传》说：众人答应追随的心意，是要往上前进。

　　六三完成了下卦坤，得到初六与六二的支持。下卦坤也代表诸
侯或臣民，他们要追随君王六五；并且，六三与上九正应，所以它
往上前进的愿望非常明显。六三以阴爻居刚位，本身不当位，但是
它可以号召底下的阴爻一起往上发展，所以懊恼消失。

[**爻辞**] 九四：晋如鼫（shí）鼠，贞厉。

　　象曰：鼫鼠贞厉，位不当也。

[**白话**] 九四：进展像鼫鼠一样，一直这样下去会有危险。

　　《象传》说：鼫鼠一直这样下去会有危险，是因为位置不恰当。

　　九四的处境比较麻烦。九四爻变，上卦成艮，艮为鼠，又为小
石头，合起来就是"鼫鼠"，亦即鼫鼠。

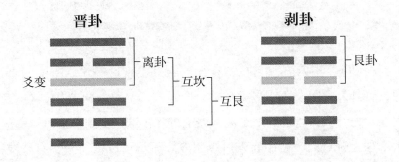

《荀子·劝学》说："梧鼠五技而穷。"即鼫鼠有五种技巧，但没有一样拿得出手。《说文》称之为"五技鼠"，因为它"能飞不能过屋，能缘不能穷木，能游不能渡谷，能穴不能掩身，能走不能先人"。它能够飞翔，但是飞不过房屋的墙壁；能够攀爬，但是爬不到树的顶端；能够游泳，但是游不过宽大的河谷；能够挖洞，但是只能把身体掩藏一半；能够奔跑，但是没有人跑得快。这里是用鼫鼠来描写九四贪婪而无所成就。

九四在互艮（六二、六三、九四）中，可以挡住底下三个阴爻，但是颇有压力。九四不当位，面对君王六五，它表现得过于强势。并且，九四在互坎（六三、九四、六五）中，坎为水，水是往下流的；又在上卦离中，离为火，火是往上烧的。九四处于升降之间，患得患失。它既贪图升进，又要挡住底下三爻，有如处在水深火热之中。一直这样下去，当然会有危险。

[爻辞] 六五：悔亡，失得勿恤，往吉，无不利。

象曰：失得勿恤，往有庆也。

[白话] 六五：懊恼消失，不用顾虑损失与获得，前往吉祥，没有不适宜的事。

《象传》说：不用顾虑损失与获得，是因为前往会有喜庆。

晋卦是由观卦的六四与九五换位而来。观卦六四本来在上巽中，巽为近利市三倍；现在变成晋卦六五，巽卦消失，无利可图，并且还在互坎（六三、九四、六五）中，出现了担忧之事。但是，晋卦六五取得尊位，又是大有收获。合而观之，就是"懊恼消失，不用顾虑损失与获得"。

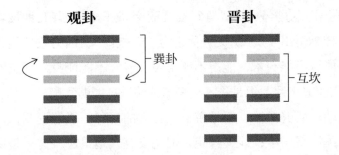

观卦　　　晋卦

巽卦

互坎

六五在上卦离中，离为光明，代表君王六五可以举贤任能，使天下百姓同获其利，所以说"往吉，无不利"。

[爻辞] 上九：晋其角，维用伐邑。厉吉无咎，贞吝。

象曰：维用伐邑，道未光也。

[白话] 上九：进展到头上的角，可以用来征伐属国。有危险，吉祥而没有灾难，一直这样下去会有困难。

《象传》说：可以用来征伐属国，是因为正道还不够光大。

晋卦两个阳爻都有危险，都出现了"厉"字。不过，上九已经走完全卦，情况相对较好。

上卦为离，离为牛，上九位于全卦最高点，有如牛头上的角，所以说"晋其角"。并且，离为明，所以上九可以看得透彻，没有任何遮蔽。

上九是阳爻，等于刚强到极点，难免会与他人发生冲突。上卦离为戈兵、甲胄，有征伐之象。上九与六三正应，六三在下卦坤中，坤为邑，代表上九的附属小国，所以说"维用伐邑"。上九征伐自己的属国，也暗示他要自我反省，自昭明德，因为了解自己才是最重要的。

上九出现了"厉、吉、无咎、吝"四个占验之词，情况相当复杂。因为上九升进到最高点，已经前无去路了。

总之，晋卦是下顺而上明的格局，大家会按照能力，一步步往上升进。四个阴爻都不错，六三是悔亡，其他三个阴爻都出现了"吉"。两个阳爻都出现了"厉"（危险）。上九虽然有危险，但最后也是吉祥。

三、首鼠两端，困境是自己找的

晋卦是火地晋，光明出现在大地上。上卦离为明，下卦坤为顺，可谓"下顺而上明"，各级官员按部就班往上升进。晋卦是一个好卦，代表要往上进展；不过，还是要根据所处的位置，选择适当的做法。

比如，初六离六五太远，还没有受到信任。它虽然与九四正应，但九四在互艮（六二、六三、九四）中，所以初六不可躁进，在前进时也要考虑到后退，做到进退裕如。

孟子说，孔子年轻时，曾在鲁国一个大夫手下做"委吏"和"乘田"。"委吏"负责管理仓库，"乘田"负责管理牧场，相当于基层公务员。孔子做委吏时，说："账目核对无误就行了。"做乘田时，说："牛羊长得肥壮就行了。"[1]孔子当时不过20岁左右，相当于初六的位置。他不急于升进，而是按部就班，尽好自己的本分，等待升进的机会。

初六的爻辞提到"裕"字，代表进退裕如。孟子也有类似的说法。孟子曾对一位官员说："你为了向齐宣王进言，辞去县官的职位，请求担任司法官，这似乎是对的。现在过了几个月了，你怎么还不向君王提出建议呢？"于是这位官员就向大王进谏，但没有被采纳，这位官员就辞职了。这件事传开后，有人嘲笑孟子，说他爱替别人出主意，自己又如何呢？孟子就说："我无官守，我无言责也，则吾进退，岂不绰绰然有余裕哉？"（《孟子·公孙丑下》）意思是说，我的地位虽然高，但我没有固定的官位，不负责特定的部

---

① 出自《孟子·万章下》。原文：孔子尝为委吏矣，曰："会（kuài）计当而已矣。"尝为乘田矣，曰："牛羊茁壮长而已矣。"

门；也不是言官，没有进言的责任，既然如此，我要进要退不是绰绰有余吗？这正是晋卦初六所展现的态度，要进退裕如，不必着急。

占到晋卦六二，代表朝中有人好办事，王母会给你大力支持。"王母"可以代表亲戚或过去的关系。此时一定要记得"愁如"，不要总盼着升官，而要担心自己能否胜任；只有居中守正，才会得到福报。

占到六三，代表大家都支持你，要跟随你一起往上走，于是懊恼消失。"二老归周而天下从"就是很好的例子。当周文王还是西伯的时候，他的名声已经广传四方。"二老"指姜太公，以及伯夷、叔齐兄弟。天下人看到这些老前辈都归附了西伯昌，于是都来追随他们，正可谓"众允"（众人答应追随）。六三虽然在下卦，但没什么可懊恼的。

晋卦给人印象最深的是九四，它的位置非常尴尬。底下三个阴爻想要升进，九四非但不提拔，反而挡住它们的进路；同时，面对六五这个柔顺之君，九四表现得过于强势。九四首鼠两端，它对下有所忌讳，对上有所冒犯，想进又进不得，想退又不甘心，于是陷入进退两难的境地。

有个企业家财力雄厚，他占问自己家庭的经济情况，结果占到了晋卦九四。占到晋卦本来是好事，代表会一步步往上升进，但占到九四就有问题了，虽说家业日进，下顺而上明，但是要提防家中的鼠辈。这些人昼伏夜动，贪而不仁，可谓家贼难防。我提醒他，对于家中管账之人要稍加防范。这位企业家想了想，发现确实有这种可能性。晋卦的格局虽然很好，但是占到九四，还是要特别留意。

我有一次占自己的时运，也占到晋卦九四，看到爻辞，内心五味杂陈。当时正好有几家出版社都想出版一本我写的书，每家出版社各有优缺点，我该选哪一家呢？占到晋卦九四，说明我的处境就像"五技而穷"的鼫鼠，"能飞不能过屋，能缘不能穷木，能游不能渡谷，能穴不能掩身，能走不能先人"，一直这样下去会有危险。

　　进一步分析卦象，晋卦是明出地上，能够为众人所见；但是，九四还没有升到六五正中的位置，代表时机尚未成熟。另外，九四在互艮中，表示有阻碍；又在互坎中，代表有危险，所以不可贸然行事。可见，目前的天时、地利、人和尚未齐备，如果仓促出版，无论是出版社还是我自己，都可能面临"五技而穷"的尴尬处境，还有可能触犯上面的六五。九四是晋卦六爻中处境最差的，不如暂时收敛，打消这个念头。于是，我婉拒了这几家出版社。

　　到了六五，局面完全改观。别的卦都希望有刚强的九五来领导，不喜欢柔弱的六五，但晋卦不一样。晋卦正是由于六五，才使光明出现在地上，有如旭日东升，光明普照。事实上，真正的光明是柔明；如果是刚明的话，就显得过于耀眼了。

　　六五可谓"明而不虐，烛而不察，淑而不烈"。他的光明可以照亮别人，但不会给人太大压力；可以彰显是非，但不会过于苛察；可以让人行善，但不会过于强烈。《尚书》也强调"柔而立"，只有柔才能站得稳；又说"高明柔克"，真正的高明是用柔的方法来胜过别人。商朝的高宗可以作为晋卦六五的代表，他即位之后，三年不言①；齐国的齐威王亦然，他"不鸣则已，一鸣惊人"。六五就像温柔的旭日，不会过于强烈，让人酷热难当。

　　上九的爻辞相当复杂，它已经进展到角的位置，前无去路，这时要进行自我反省，并收敛自己。

　　总之，我们对晋卦要有全面的认识，把握柔顺的原则，按部就班地往上升进。晋卦虽然代表往上走，但仍要根据所处的位置，选择适当的态度。

---

　　① 出自《论语·宪问》。原文：子张曰："《书》云：'高宗谅（liàng）阴（ān），三年不言。'何谓也？"子曰："何必高宗，古之人皆然。"

一、《明夷待访录》用心良苦

36　地火明夷，下离上坤

明夷：利艰贞。

象曰：明入地中，明夷。君子以莅众用晦而明。

上六：不明，晦。初登于天，后入于地。
象曰：初登于天，照四国也。后入于地，失则也。

六五：箕子之明夷，利贞。
象曰：箕子之贞，明不可息也。

六四：入于左腹，获明夷之心，于出门庭。
象曰：入于左腹，获心意也。

九三：明夷于南狩，得其大首，不可疾，贞。
象曰：南狩之志，乃大得也。

六二：明夷，夷于左股，用拯马壮，吉。
象曰：六二之吉，顺以则也。

初九：明夷于飞，垂其翼。君子于行，三日不食。有攸往，主人有言。
象曰：君子于行，义不食也。

　　本节要介绍《易经》第36卦明夷卦。"夷"的本义为"平"，在这里通"痍"，意为"伤害"。"明夷"就是光明受到伤害。

　　《序卦传》说："进必有所伤，故受之以明夷。夷者，伤也。"前面的晋卦代表进展。进展难免有所损伤，所以接着出现了明夷卦。晋卦与明夷卦是正覆关系，把火地晋整个翻过去，就成了地火明夷。

地在上而火在下，代表光明藏在地底下，地面上一片漆黑。

[**卦辞**] 明夷：利艰贞。

[**白话**] 明夷卦：适宜在艰难中正固。

明夷卦代表天下一片漆黑，处境非常艰难，此时要坚定自己的志向。将明夷卦与晋卦对照来看，晋卦可谓明盛之卦，象征明君在上、群贤并进之时；明夷卦则是昏暗之卦，象征暗君在上、贤者见伤之时。这显然是一个乱世，是非善恶不分，坏人当道，好人受委屈。

[**象传**] 象曰：明入地中，明夷。内文明而外柔顺，以蒙大难，文王
以之。利艰贞，晦其明也。内难而能正其志，箕子以之。

[**白话**] 《象传》说：光明陷入大地之中，这就是明夷卦。内心文明
而外表柔顺，以此承受大的灾难，周文王是这样做的。适宜
在艰难中正固，是要隐晦自己的光明。面临内部的患难而能
端正自己的志节，箕子是这样做的。

明夷卦《象传》提到商朝末期的两位重要人物，直接指出人名在《易经》中是难得一见的。

第一位是周文王，他显示了明夷卦整体的特色。明夷卦下卦为离，离为明；上卦为坤，坤为顺，可谓"内文明而外柔顺"。换言之，文王内心有文明之德，很清楚正道何在，但由于商纣王当时还是天子，所以文王仍以柔顺态度服事他，自己承受大的灾难，以维持整个国家的稳定。

《象传》提到的另一位人物是箕子，他体现了本卦六五的特色。箕子是商纣王的叔父，对他来说，商纣王的昏暗属于家族内部的患

难。箕子面临内部的患难，仍然能够端正自己的志节。

周文王被商纣王关在羑里七年，受到严重迫害，却在狱中写下了《易经》64卦的卦辞与部分爻辞。箕子面对乱局，假装发疯，被贬为奴隶。周武王革命成功之后，释放了箕子，还向他请教治国的方法。箕子阐述了大禹治国的九条大法，内容被记录在《尚书·洪范》里面。可见，当圣贤遇到昏暗的时代，会把自己的智慧诉诸文字，让天道不要完全被遮蔽。无论世界如何变化，人都有应变的方法。这就是周文王和箕子留给我们的宝贵启示。

明末学者黄宗羲（1610—1695）也有类似的表现。明朝灭亡于1644年，当时黄宗羲34岁，是一位年轻学者。在国破家亡之际，他同样把自己的理想寄托于文化的传承。他有一本代表作，名为《明夷待访录》。"明夷"是说当时天下一片漆黑，光明受到了伤害；"待访"则暗示他保存了中国历史上重要的智慧，等待新的君主来访问。

黄宗羲希望清朝统治者能够为百姓着想，认真学习中国文化的精髓，效法古代明君，以德行来治理国家。《明夷待访录》第一篇是《原君》，旨在清楚阐明什么叫作"君"。黄宗羲指出，中国古代自从帝王专制以后，每个时代都有一个最麻烦的人，那就是国君。国君考虑自己的利益，把国家当成私有财产，搜刮民脂民膏，分给亲朋好友，很少顾及百姓的死活。黄宗羲认为，如果国君立志为百姓服务，国家的面貌将会焕然一新。黄宗羲深入批判了专制制度，他希望帝王不要集权，而要分享权力，让更多贤者参与政治，共同为百姓服务。

西方的"社会契约论"最早是由英国的约翰·洛克（John Locke，1632—1704）所提出，他的年代比黄宗羲晚了二十几年。可惜的是，清朝统治者沿袭了中国帝王专制的传统，没有做出什么改善。

黄宗羲是明朝末年的学者，所以《明夷待访录》的"明夷"也代表明朝的灭亡。他保存了中华文化的精华，本来希望清朝的君王前来学习，可惜他的愿望落空了。

[**象传**] 象曰：明入地中，明夷。君子以莅众用晦而明。

[**白话**]《象传》说：光明陷入大地之中，这就是明夷卦。君子由此领悟，在治理众人时，要隐晦明智而使一切明白呈现。

所谓"用晦而明"，就是隐晦自己的明智，让一切明白呈现出来。这是一种古代的统治方法。北宋的程颐说："古之圣人，设前旒（liú）屏树者，不欲明之尽乎隐也。"我们在古装剧里经常会看到，很多帝王戴的皇冠前后都以垂玉作为装饰，那一颗颗垂下的珠子就像帘幕一样有遮蔽作用，象征君王不要用他的光明看清所有隐情。人的世界总有慢慢改善的空间，所以君王要"用晦"，而不要过于明察，让别人无所遁形。这是崇高的理想，但是很难做到。

另外，还可以从更宽广的角度来理解"用晦而明"：正是借着商纣王的黑暗，才反衬出周文王的光明，否则百姓还有什么希望呢？

明夷的"夷"代表伤害。君子所谓的伤害，不是指身体受到伤害，而是担心德行无法惠及百姓。君子看到百姓受苦，就像自己受了伤害。譬如，孟子形容周文王"视民如伤"，他看到百姓受到暴政的伤害，就像自己没有尽到责任一样。周文王了解明夷卦的艰难处境，他内心坚守志向，对外继续侍奉商纣王，做到了"内文明而外柔顺"。

明夷卦是由什么卦变来的呢？《易经》有43个卦是从消息卦变来的，亦即由消息卦的两爻换位"一次"。但消息卦无法解释明夷卦的来源。研究之后会发现，明夷卦是从小过卦（䷽，第62卦）变来的，小过卦的初六与九四换位，就成了明夷卦。小过卦就像数学中的质数，从消息卦不能变成小过卦，但是从小过卦可以变成其他的卦。小过卦（雷山小过，第62卦）有飞鸟之象（九三、九四有如鸟身，上下各二阴爻有如鸟翼）。明夷卦的爻辞提到"夷于左股""入于左腹"，这些描述只有透过小过卦变成明夷卦的过程，才能解释清楚。

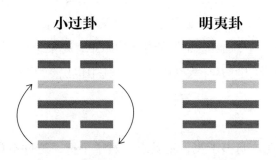

小过卦　　　　　　　明夷卦

　　总之，晋卦之后是明夷卦。晋卦代表往上升进，升到最后难免会受到伤害。"明夷"代表光明受到伤害，大地一片漆黑，它描述的是商朝末期纣王的时代。明夷卦的《象传》以周文王和箕子作为代表，他们在明夷卦的艰难处境中，为后人留下了光明的火种。

二、光明受到伤害，大地一片漆黑

明夷卦是地火明夷，火在地之下，有如太阳下山，大地一片漆黑。"明夷"代表光明受到伤害。它的《象传》提到两位历史人物：一位是周文王，他的自处之道是"内文明而外柔顺"；另一位是商纣王的叔父箕子，他面临家族内部的患难，仍然能够坚持自己的理想。本节要介绍明夷卦六爻的爻辞，其中也出现了商朝末期的人物与事件。

[**爻辞**] 初九：明夷于飞，垂其翼。君子于行，三日不食。有攸往，
主人有言。
象曰：君子于行，义不食也。

[**白话**] 初九：在昏暗中去飞翔，垂下翅膀。君子要出行，三天不吃
东西。有所前往，主人说出责怪的话。
《象传》说：君子要出行，理当不吃东西。

"明夷于飞"的"飞"代表行动非常迅速，"垂下翅膀"代表受到了伤害。从这句爻辞可知，明夷卦是从小过卦演变而来的。小过卦有飞鸟之象，小过卦的九四与初六换位，就变成了明夷卦。"垂其翼"一语在帛书本《易经》中是"垂其左翼"，即左边的翅膀垂下来。小过卦九四代表鸟左边的翅膀，现在换位到明夷卦初九，象征左边的翅膀垂了下来。

爻辞接着说："君子于行，三日不食。"初九在下卦离中，离为日，也代表"三"，因为在先天八卦图中，离的位置对应着"三"。另外，小过卦九四在互兑（九三、九四、六五）中，兑为口；变成

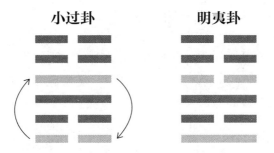

小过卦　　　　　明夷卦

明夷卦后，口象消失，所以说"三日不食"。三天不吃东西，代表要赶紧离开，没有时间饮食了。

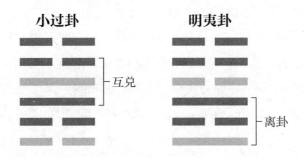

小过卦　　　　　明夷卦

—} 互兑

} 离卦

爻辞又说："有攸往，主人有言。"主人指六五：小过卦九四在互兑中，兑为口，为悦；变成明夷卦后，悦象消失，代表六五不高兴了。君王开始责怪你，你还不赶快走吗？所以《小象传》说："君子要出行，理当不吃东西。"换言之，此时应该放弃俸禄，逃难第一。

初九所讲的就是伯夷、叔齐以及姜太公的故事。伯夷、叔齐原本是商朝孤竹国的两位王子，他们逃到西边，投靠了西伯昌（后来的周文王）。甚至，连姜太公都逃到西边去了。面对昏暗的时局，只有迅速离开，才能保住自己的性命。

[爻辞] 六二：明夷，夷于左股，用拯马壮，吉。

象曰：六二之吉，顺以则也。

[**白话**] 六二：在昏暗中，伤到左股，用来拯救的马强壮，吉祥。

　　　《象传》说：六二的吉祥，是由于随顺而有原则。

　　为何说六二伤到左股？这里还是要用小过卦来解释。小过卦有飞鸟之象，可以看成一只鸟向右飞。六二原来在小过卦的互巽（六二、九三、九四）中，巽为股；变成明夷卦后，巽象消失，并且九四位于飞鸟的左侧，所以说"夷于左股"。这本来是不幸的事，但六二又在明夷卦互坎（六二、九三、六四）中，坎为美脊马，即强壮的、背脊很美的马，所以说"用拯马壮"。

　　六二所讲的是周文王被关在羑里七年，受到严重的迫害，等于夷于左股。周文王手下两个大臣散宜生和闳夭，向商纣王进献了文马以及美人、珠玉，商纣王龙心大悦，就把周文王释放了。"文马"是皮毛彩色的马，十分罕见。六二的"吉"是指先受到伤害，后来获得拯救。

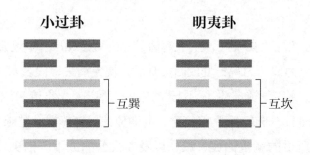

小过卦　　　　　　　　**明夷卦**

互巽　　　　　　　　互坎

[**爻辞**] 九三：明夷于南狩，得其大首，不可疾，贞。

　　　　象曰：南狩之志，乃大得也。

[**白话**] 九三：在昏暗中，去东南方狩猎，获得大首领，不可过于急
　　　　切，要正固。

《象传》说：去东南方狩猎的心意，是要大有收获。

九三所讲的是周武王在盟津会合诸侯。周人主要根据地位于陕西，而商朝后期的首都位于河南，从陕西到河南是向东南方行进，所以说"去东南方狩猎"。古人常用"狩猎"代指"战争"。

"得其大首"代表可以获得大头目。这不是为了个人的利益，而是为民除害。但是爻辞也提醒他，不可过于急切。周武王在盟津会合诸侯后，又过了两年才正式起兵推翻商纣王的统治。九三与上六正应，所以上六是"大首"。九三的《小象传》说："南狩之志，乃大得也。""乃"字表明，要等待时机成熟才能成功，不可操之过急。

[**爻辞**] 六四：入于左腹，获明夷之心，于出门庭。
　　　　象曰：入于左腹，获心意也。

[**白话**] 六四：进入左腹部，得知昏暗者的心思，往外走出门庭。
　　　　《象传》说：进入左腹部，是要得知心思与用意。

六四是由小过卦的初六与九四换位而来，六四到了左边，所以说"进入左腹部"。六四又在互坎（六二、九三、六四）中，坎为心病，所以说"获明夷之心"。六四所讲的是微子，他是商纣王同父同母的哥哥。他了解了商纣王恶毒的心思，后来离开商纣王的朝廷。

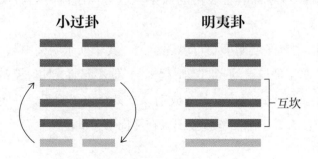

小过卦　　　　明夷卦

互坎

[**爻辞**] 六五：箕子之明夷，利贞。

象曰：箕子之贞，明不可息也。

[**白话**] 六五：像箕子那样处于昏暗中，适宜正固。

《象传》说：像箕子那样处于昏暗中，是因为光明不可以熄灭。

六五直接提到"箕子"，他是纣王的叔父。《易经》在爻辞中很少提到具体的人名。除了"箕子"，泰卦（䷊，第11卦）和归妹卦（䷵，第54卦）提到"帝乙归妹"，帝乙是商纣王的父亲。另外，既济卦（䷾，第63卦）提到"高宗伐鬼方"，高宗也是商朝的一个帝王。

把箕子放在六五的位置，代表他的德行足以称王，君王理应有这样的表现。所以，明夷卦就以箕子作为代表人物。

据《史记·宋微子世家》记载，商纣王开始喜欢象牙做的筷子，箕子就叹息道："现在喜欢象牙做的筷子，将来就会喜欢玉做的杯。有了玉杯之后，就想得到远方的珍怪之物。从此以后，车、马、宫室就会越来越豪华了，将来怎么办呢？"箕子于是向商纣王进谏，希望他不要有骄奢的念头，但是纣王不听。这时候有人劝箕子说："你可以离开了。"箕子说："作为臣子，进谏不听就离开，那是彰显国君的恶行而让自己取悦于百姓，我不忍心这样做。"于是他披头散发、假装发狂，被当作奴隶关了起来。箕子被关之后就弹着琴，唱着哀伤的曲子。这首曲子流传到后代，名叫《箕子操》。

因此，"箕子之明夷"可以理解为"箕子处于明夷中"，也可以理解为"箕子把自己的光明隐晦起来"，他不忍心光明完全消失，就苦撑待变。后来，周武王革命成功，立刻释放了箕子，并向他请教治国的方法，箕子的回答就被记录在《尚书·洪范》里面。

[**爻辞**] 上六：不明，晦。初登于天，后入于地。

象曰：初登于天，照四国也。后入于地，失则也。

[**白话**] 上六：没有任何光明，一片晦暗。起初升到天上，后来陷入地下。

《象传》说：起初升到天上，是为了照耀四方邦国。后来陷入地下，是因为失去了法则。

"晦"就是一片晦暗。上卦坤代表夜晚，上六到了坤卦的最高点，可谓一片漆黑。"起初升到天上，后来陷入地下"，所讲的就是商纣王。他完全失去了法则，造成一片晦暗的结果。

苏东坡对《易经》也有研究，他说，六五是箕子，上六是商纣，"五"对于"上"也无可奈何，因为"正之则势不敌，救之则力不能，去之则义不可，此最难处者也。身可辱，明不可息也"。意思是说：六五在上六底下，它想要纠正上六，但势力不够；想要解救它，但力量不足；想要去除它，但道义上行不通。箕子只好忍辱负重，等待天下重见光明。

总之，明夷卦六爻完全反映了商朝末期的情况。初六代表伯夷、叔齐、姜太公等人，他们看到天下昏暗，就迅速逃到西边去。六二代表周文王，他受到委屈和迫害，幸好用来拯救的马很强壮，最后的结果是吉。这是明夷卦六爻中唯一的吉，因为下卦离为明，而六二是光明的核心。九三去南方狩猎，获得大头目，代表周武王将会起来革命。

六四代表商纣王的长兄微子，他了解商纣王的恶毒心思，于是离开朝廷，为商朝保留了血脉。六五代表箕子，他的德行足以称王，但此时也是一筹莫展。上六代表商纣王，他起初升到天上，照亮四方；后来陷入地中，让天下失去了法则，非常可惜。

三、南方对你健康有利，是真的吗

明夷卦是地火明夷，代表光明陷入地中，大地一片昏暗。人在昏暗中应该怎么办呢？明夷卦六爻反映了商朝末期一些重要人物的抉择。本节要进一步探讨明夷卦对人生的启发。

有一个现代的占卦案例。有一年，我给一家在广州地区的企业经理层做《易经》讲座。讲完之后，照例要进行占卦示范。我教他们用筹策占卦，占完之后，我问："有谁想把占卦的结果说出来？我来进行解卦。"结果，第一个人就说他占到明夷卦初九，爻辞是："在昏暗中去飞翔，垂下翅膀。君子要出行，三天不吃东西。有所前往，主人说出责怪的话。"

这段爻辞有三个要点：一是垂下翅膀，二是不吃东西，三是主人有言。这三点都有很大的压力，到底哪一点适用于他的问题呢？这个人说他有一个亲戚，他想问这个亲戚的身体情况如何。听到这个问题，我就从"三天不吃东西"这个角度去解卦。我说："你这个亲戚的病跟吃东西有关。"他听了之后就说："太准了！"原来他的亲戚患了食管癌，现场听课的人都觉得不可思议。这个案例给我留下了深刻的印象。

还有一个占到明夷卦九三的案例。有一次，我到山西运城参加一个讲座。我原来不太了解我国的地理，以为山西与山东相对；后来才发现，山西其实靠近我国的北方，再往北就到内蒙古了。

我在运城讲完课之后，教大家数字卦的占法。这时有位女士上台，脸色不太好看，我就说："你先别说问题，请任意联想三组三位数。"她脱口而出："123、456、789。"我对她说："这是连续的数字，能不能换一换？"她不为所动，我说："好，你一定要用这三组数也可以。"经过计算，得到明夷卦九三，爻辞说："在昏暗中，去南方狩猎，获得大首领，不可过于急切，要正固。"

我再问她："你要问什么问题呢？"她说："要问健康。"我看到"去南方狩猎，获得大首领"，就说："南方对你的健康有利。"我刚说完，她居然当众哭了起来。她说："我是南方人，嫁到北方来，全身都是病。每一次回到南方老家，什么病都好了！"

本来她心情沉重，不肯多想，直接给出1到9的序数，结果占到南方对她的健康有利，完全符合她的情况。《易经》的神妙确实令人难以想象。不过，你知道这个结果之后，下次就不要用这组数字来占了，否则还是会得到同样的结果。所以，明夷卦九三也给我留下了深刻的印象。

六四的代表人物是微子。在《论语·微子》中，开篇写道："微子去之，箕子为之奴，比干谏而死。子曰：'殷有三仁焉。'"意思是说：微子离开了纣王；箕子假装发疯，被贬为奴隶；比干也是纣王的叔叔，一定要向他进谏，最后被剖心而死。孔子说："商朝末年有这三位行仁的人。"微子就是这三位仁人之一。他得知商纣王的恶毒心思，就离开了朝廷。商纣王被灭之后，周武王先是封了商纣王的儿子武庚，后来武庚叛乱，兵败被杀。接着又封了微子，因为微子是商纣王同父同母的长兄。

为什么商朝的王位传给弟弟，却没有传给哥哥呢？因为商纣王的母亲还是妃子的时候，生下了微子；后来升到王后，才生下了商纣。按照商朝的规定，由商纣来继承王位。所以虽然微子先出生，还是商纣同父同母的长兄，却没有成为君王。周朝成立后，微子作为商朝后裔，被封在宋国。微子过世后，由他的弟弟微仲继任。

周朝初年，只有宋国等少数几个国君称为"公"，其他国君则称为"侯"或"伯"。按照"公侯伯子男"的排序，公是第一等。但是，由于宋国是商朝的后裔，所以宋国的国势一直很弱，百姓的压力也很大。孔子的祖先就是宋国的王室，所以孔子曾说自己是商朝人。

可见，正是因为微子从商纣王的朝廷离开，才为整个家族保留了血脉。

历史上也有占到明夷卦六五的例子。魏晋南北朝时期，有一位《易经》高手名为郭璞。前文在介绍泰卦时，曾提到赵辅和。郭璞的年代比他稍晚一些。当时东海王正准备为世子封国，但世子的母亲生病了，世子就请郭璞占卦，结果占到明夷卦六五，郭璞就建议世子不要在此时封国。明夷卦六五本来在上坤里，但六五爻变之后，上卦成坎。坤为国，而坎的中间被隔断，等于把国家一分为二。坎也代表危险、灾难，所以在母亲生病期间，不适合接受封侯，否则可能会有危险。有时候占到一个爻，还要看它爻变之后是什么情况。古代的《易经》高手常用这种方式来解卦。

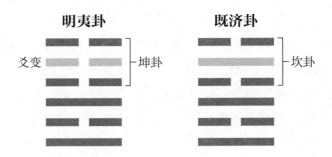

南北朝时代，魏孝武帝登基前，找《易经》高手吴遵世来占卦，结果占到否卦上九，爻辞是"先否后喜"，亦即先是阻塞不通，后面会有喜悦。吴遵世说："先否后喜，代表您肯定可以登上帝王之位。"他接着再占后续的发展，这一次占到明夷卦上六，爻辞是"初登于天，后入于地"，代表开始可以登上天子之位，但是荣景不会维持太久，顶多几个月就会下台。

总之，明夷卦是地火明夷，代表光明受到伤害，大地一片漆黑。下卦为离，代表内心要保持光明；上卦为坤，代表外表要顺从。当天下昏暗之时，如果外表不能顺从，就会很容易受到伤害。但是，内心要保持文明之德，绝不能放弃光明的理想。

不论何种问题，占到明夷卦都应心生警惕。明夷卦只有六二是吉，六三打猎会有收获，其他各爻则难免受到伤害或委屈。如果占到上六，要看问题是谁造成的。如果是自己造成的，代表你开始表现不错，后来没有坚持下去。如果是别人造成的，代表他给大家制造了昏暗。不过，既然已经到了上六，这种局势也不会维持太久。在《易经》64卦中，与历史人物关系最密切的就是明夷卦。

一、回归家庭，寻求安定

37 风火家人，下离上巽

家人：利女贞。

象曰：风自火出，家人。君子以言有物而行有恒。

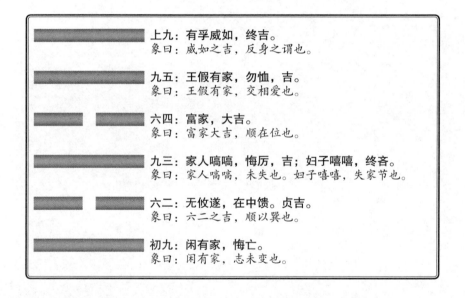

上九：有孚威如，终吉。
象曰：威如之吉，反身之谓也。

九五：王假有家，勿恤，吉。
象曰：王假有家，交相爱也。

六四：富家，大吉。
象曰：富家大吉，顺在位也。

九三：家人嗃嗃，悔厉，吉；妇子嘻嘻，终吝。
象曰：家人嗃嗃，未失也。妇子嘻嘻，失家节也。

六二：无攸遂，在中馈，贞吉。
象曰：六二之吉，顺以巽也。

初九：闲有家，悔亡。
象曰：闲有家，志未变也。

　　本节要介绍《易经》第37卦家人卦。《序卦传》说："伤于外者必反其家，故受之以家人。"前面的明夷卦代表光明受到伤害。人在社会上遇到挫折，就会返回家庭，寻求安定，所以接着上场的是家人卦。

　　家人卦强调，家人相处要以情感为重。一个人的成长离不开家庭的呵护。家人卦是十大好卦之一，六爻中有五爻出现了"吉"。但是，有些爻辞也提醒我们，家人相处可能会出现各种状况，并非总是一帆风顺的。如果对此缺乏了解，还是会遇到困难。

[**卦辞**]家人：利女贞。

[**白话**]家人卦：适宜女子正固。

家人卦的结构是风火家人，下卦为离，代表中女；上卦为巽，代表长女。家人卦的卦辞只有"利女贞"三个字，代表家里的长女、中女各自定位。

在64卦中，只有四个卦的卦辞出现了"女"字，包括：咸卦（☳，第31卦）的"取女吉"，娶妻吉祥；家人卦的"利女贞"，适宜女子正固；姤卦（☴，第44卦）的"勿用取女"，不要娶这个女子；渐卦（☶，第53卦）的"女归吉"，女子出嫁吉祥。

[**彖传**]彖曰：家人，女正位乎内，男正位乎外。男女正，天地之大义也。家人有严君焉，父母之谓也。父父，子子，兄兄，弟弟，夫夫，妇妇，而家道正，正家而天下定矣。

[**白话**]《彖传》说：家人卦，女子在家内有正当的地位，男子在社会上有正当的地位。男女都有正当的地位，就合乎天地间伟大的道理了。一家人要有严格的领袖，所说的就是父母。父要像父，子要像子，兄要像兄，弟要像弟，夫要像夫，妻要像妻，这样家道就会端正，端正了家庭，天下就会安定。

所谓"女正位乎内"，是指下卦的六二居中守正；"男正位乎外"，是指上卦的九五居中守正。男女各有正当的地位，就像天地都有适当的位置，这合乎天地间伟大的道理。

家人卦从何而来呢？大多数卦都来自消息卦，但是有五个卦来自小过卦（☷，第62卦），两个卦来自中孚卦（☲，第61卦）。中孚卦四阳在上下，二阴在中，也是无法从消息卦变来的"质数"。于是它与小过卦一样，可以成为别的卦（家人卦与睽卦）的来源。从"女正位乎内"这句话可知，家人卦是由中孚卦变来的，中孚卦的九二与六三换位，就变成了风火家人。正是由于这一变化，出现了家人卦的六二。

中孚卦　　　　　　　家人卦

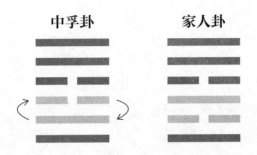

《象传》接着说："一家人要有严格的领袖，所说的就是父母。"我们常说"严父慈母"，事实上，父亲固然要严，母亲更是不可不严。所谓"严"，是指恪守规范。父母在教育子女时，要有统一的规范，否则很容易产生分歧。

《象传》又说："父父，子子，兄兄，弟弟，夫夫，妇妇。"连续提到"父、子、兄、弟、夫、妇"六个称谓。孔子也有类似的说法。齐景公请教孔子，怎样才能让政治上轨道，孔子的回答是："君君，臣臣，父父，子子。"（《论语·颜渊》）这句话很容易被误解为某种教条。我们要把第一个"君"字理解为现实里的君，把第二个"君"字理解为理想中的君，亦即每个现实里的君王都要设法成为理想中的君王，君要像君，臣要像臣，父要像父，子要像子。这样说有什么问题呢？难道君可以不像君吗？

家人卦的《象传》说，父要像父，子要像子，兄要像兄，弟要像弟，夫要像夫，妇要像妇。在古代社会，"兄弟"也包含"姊妹"在内。古代一般由女子负责持家，男子还要承担社会上的任务。每个家庭成员都清楚自己的角色定位与相互关系，这样家道就会端正。

最后的结论是"正家而天下定"，这反映了古代的社会背景。在古代，统治阶级与被统治阶级有严格的区分，只有上层贵族才有机会学习《易经》，他们的作为会产生广泛的社会影响。《大学》这本书就把"修身、齐家、治国、平天下"连在一起，提醒贵族子弟要从修身开始，推到齐家（"家"在古代通常指大夫之家），再推到诸侯之国，最后推到天子的天下，这样才能说"正家而天下定"。否则，一个普通百姓就算把家庭管理得再好，对于整个天下也没有多大影响。

家人卦下卦离为火，代表家中有温暖；上卦巽为风，代表可以把温暖传播出去，达到安定天下的效果。

[**象传**] 象曰：风自火出，家人。君子以言有物而行有恒。

[**白话**]《象传》说：风从火中生出，这就是家人卦。君子由此领悟，说话要有根据，行动要有常法。

家人卦下卦为离，离为明，代表一个人了解道理；上卦为巽，巽为风，代表他能把这个道理向外推广出去。落实在君子的言行上，就是"言有物而行有恒"。一个人言之无物的话，不是欺骗别人吗？行动无常的话，不是流于虚伪吗？这样的人又如何正家呢？

家人卦《大象传》还启发我们，万物都有其来源或依据。人的言行来自他的修养，这种修养又来自他的家庭。可见，家庭是个人修养的出发点。一个人若想在社会上有出色的表现，首先就要有良好的家教。

换个角度来看，家人卦中间四爻（六二、九三、六四、九五）皆当位，并且上下有两个阳爻（初九、上九）来框束，代表有实在的力量守护整个家庭，可以把一家人团结在一起。正是初九和上九的约束，才让一家人齐心齐德，不至于分崩离析。

总之，家人卦是十大好卦之一，六爻中有五个吉，只有初九是"悔亡"。初九是家人卦第一步，一开始建立家庭，就要做好防范措施。教育孩子要从小用心，越早越好。如果开始没有注意到"蒙以养正"，将来就会遇到困难。在孩子的早期教育中，母亲的角色特别重要。

家人卦前面是明夷卦。一个人在外面受到伤害，就会回归家庭，寻求安定。家人卦强调"利女贞"，说明女子在家庭中要承担更大的责任。譬如，舜与周文王之所以能够造福天下苍生，都离不开贤妃或家人的配合。相反地，历史上常把国家的灭亡归咎为女子的祸害。比如，提到夏桀就会想到妹喜，提到商纣就会想到妲己，提到周幽王就会想到褒姒。事实上，把君王的腐化归咎于女子，是推卸责任的做法。然而不可否认的是，如果家庭出了问题，国君往往也会受到重大影响。并且，女性在生育、培养子女方面，确实有不可替代的作用。家庭是社会的基本单元。家庭关系保持和谐，有助于形成良好的社会风气。

二、一起经营才有生活质量

家人卦的结构是风火家人，它的卦辞强调"适宜女子正固"。家人卦提醒我们，社会的安定要从建立良好的家庭规范开始。家人卦是一个好卦，六爻中有五爻是"吉"，只有初九是"悔亡"。本节要介绍家人卦六爻的爻辞。

[**爻辞**] 初九：闲有家，悔亡。
　　　　象曰：闲有家，志未变也。

[**白话**] 初九：家中做好防范措施，懊恼消失。
　　　　《象传》说：家中做好防范措施，是因为心意还未改变。

家人相处最重要的是，在一开始就制定明确的规范。初九爻变，下卦为艮，艮为止，所以说"闲有家"，即家中做好防范措施。"闲"是防范、戒备的意思。

初九是阳爻，很清楚自己的责任，所以他一开始治家，就努力建立各种规矩。一旦定下规矩，难免会有人违背，由此而产生懊恼。但是，一直恪守规矩，懊恼就会消失。在家人的心意尚未受到外界影响时，就制定正确的规范，可以形成良好的家风。如果已经沾染了不良习气，再去改正就困难了。

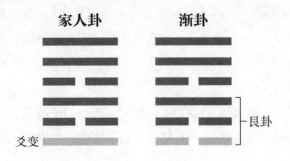

家人卦　　　　渐卦

爻变　　　　　　　　　　　　　]艮卦

[**爻辞**] 六二：无攸遂，在中馈（kuì）。贞吉。

象曰：六二之吉，顺以巽也。

[**白话**] 六二：不可随心所欲，要主持家庭中的饮食。正固吉祥。

《象传》说：六二的吉祥，是因为柔顺并且随顺。

六二正是卦辞所说的"利女贞"。六二处在"天地人三才"里面"地"的位置。《易经》强调"地道无成"，地要顺着天道来发展，所以六二不可随心所欲。

六二位于内卦，又居中守正，代表家中的妻子。她负责家里的饮食之事，让家人吃饱喝足。在古代，"中馈"也包括准备各种祭祀用品。六二在下卦离中，离为火；又在互坎（六二、九三、六四）中，坎为水，有火有水，所以有料理饮食之象。

家人卦

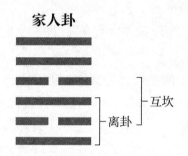

六二以阴爻居柔位，有柔顺之德；上有九五正应，九五在上卦巽中，巽为随顺，所以《小象传》说"顺以巽也"。六二的关键在于"无攸遂"（不可随心所欲），因为初九刚刚建立了规范，需要六二的配合。

[**爻辞**] 九三：家人嗃（hè）嗃，悔厉，吉；妇子嘻嘻，终吝。

象曰：家人嗃嗃，未失也。妇子嘻嘻，失家节也。

[**白话**] 九三：家中有训斥之声，会带来懊恼及危险，但还是吉祥。若是妇女孩子放肆嬉笑，最终会有困难。

《象传》说：家中有训斥之声，表示尚未失去家庭的规矩。若是妇女孩子放肆嬉笑，则已经失去家庭的规矩了。

九三的爻辞分为正反两面。从正面说，"家中有训斥之声"，代表大人训斥犯错的孩子。这让一家人相处得不愉快，会带来懊恼及危险。不过，只要孩子改过迁善，最后还是吉祥。从反面说，"妇女孩子放肆嬉笑"，代表他们犯错之后没有及时纠正，一家人嘻嘻哈哈的，看起来其乐融融，最终会出现困难。

九三的爻辞显示了正家之道。治家过于严格，会给家人造成压力，有伤害亲情的危险，但最终可以从"悔厉"变成"吉"。治家过于松懈，一味溺爱而不加节制，最后就会遇到困难。因此，治家宜严不宜宽。

九三在下卦离中，离为火，火的声音是无常的，引申为"嗃嗃""嘻嘻"。九三又在互坎（六二、九三、六四）中，离为目，坎为水，目中之水就是泪水。这既可以代表家人受到训斥而啼哭，也可以代表九三因训斥家人而自己落泪。治家如此之严，即使有懊恼和危险，最后依然是吉。

九三爻变，出现互坤（六二、六三、六四），坤为妇；下卦变成震，震为长男。如果九三忽视家里的规矩，没有负起管教的责任，就会出现"妇子嘻嘻"的现象，长此以往就会陷入困境。

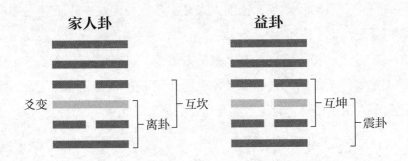

［爻辞］六四：富家，大吉。

象曰：富家大吉，顺在位也。

［白话］六四：使家庭富裕，非常吉祥。

《象传》说：使家庭富裕而非常吉祥，是因为随顺而处在适当的位置上。

家人卦进入上卦，情况有明显的改观。六四当位，下有初九正应，上有九五相比，结果自然吉祥。六四在上卦巽中，巽为近利市三倍，可以大为改善家庭的经济状况。

善于富家之人，不以贵重的珠玉为宝，而以父慈子孝为宝；不以丰盛的黍帛为重，而以夫义妻和为重。丈夫行事正义，妻子关爱家人，这就是最理想的"富家"。

［爻辞］九五：王假（gé）有家，勿恤，吉。

象曰：王假有家，交相爱也。

［白话］九五：君王来到家中，不必忧愁，吉祥。

《象传》说：君王来到家中，大家互相亲爱。

九五是君王的位置，所以说"王假有家"。君王来到家中，也可以理解为君王要把好的家风向外推广，使大家相亲相爱。不过，由我去爱护别人比较容易，让别人来爱护我比较困难，让所有人都相亲相爱更是难上加难。

在古代，要让一个八口之家相亲相爱，已经很不容易了。如果君王的德行不能感化人心，又怎么能让天下人都"交相爱"呢？想让天下人相亲相爱，君王就要从自己的家人做起。

[**爻辞**]上九：有孚威如，终吉。

象曰：威如之吉，反身之谓也。

[**白话**]上九：有诚信而有威严的样子，最终吉祥。

《象传》说：有威严的样子可以吉祥，是说能够约束自己。

上九的地位比九五还要高，代表家中的祖父母等长辈。如果长辈缺乏诚信，则很难取得晚辈的信任；如果长辈没有威严，教导子孙也不容易有明显的成效。能够兼顾这两个方面，最后就会吉祥。

上九爻变，上卦为坎，坎为流水，有诚信，所以说"有孚"。上九在上卦巽的终位，《说卦传》提到"其究为躁卦"，即巽卦走到最后会变成震卦，震有威严，所以说"威如"。不过，威严不能光靠辈分，作为长辈还要以身作则，约束自己的言行，才能达成理想的效果，这正是《小象传》所说的"反身之谓也"。

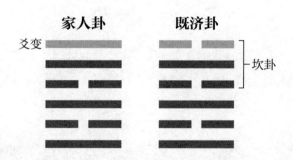

我们可以换个角度来看家人卦。下卦离为中女，代表尚未成家的女子，所以下卦三爻主要谈如何齐家。初九代表女子年幼的阶段，只有从小建立规矩，采取防范措施，才能减少日后的麻烦。六二代表女子年龄稍长，此时要教她如何持家。除了料理饮食，还要教她如何操持家务、祭祀祖先。九三代表女子长成了，这时要提醒她谨守规范，懂得节制。

上卦巽为长女，代表已经成家的女子。六四能够随顺并处在适当的位置上，可以让夫家富裕。九五代表君王来到，可以把一家之道推广到诸侯之国，再扩展到全天下。上九代表家中辈分最高的长辈，要保持诚信与威严。如此一来，你就会对家人卦有更深入的理解。

三、家庭与事业如何兼顾

家人卦从初九开始，要建立各种防范措施，才能形成良好的家风。初九往上的每一爻都有自己应尽的责任。本节要继续探讨家人卦对人生的启发。

儒家强调"修身、齐家、治国、平天下"，在个人的修身之后，接着就要学习如何与家人相处。在《论语·为政》里，有人对孔子说："您为什么不参与政治？"孔子说："《书经》上说：'最重要的是孝顺父母，友爱兄弟，再推广到政治上去。'这就是参与政治了，不然，如何才算参与政治呢？"①

孔子引用的《书经》是指《尚书·君陈》。君陈是周公的儿子。周公过世之后，周成王命令君陈继承周公的爵位，治理东郊成周，于是作《君陈》来训诫他。周成王说："君陈，你有孝顺、恭敬的美德。要孝顺父母，友爱兄弟，再推广到政治上。"②孔子将这段资料加以发挥，说明从政不一定非要做官不可，一个人孝顺父母，友爱兄弟，再把优良的家风推广到社会上，就是对政治作出了贡献。

政治是管理众人之事，不能只靠少数官员来负责，还要让百姓从自己的家庭做起。《诗经》也提到，周文王先为自己的妻子设立典范，再推及他的兄弟，然后推及各诸侯国，以至于整个天下。③换言之，周文王希望从自己家庭的相亲相爱开始，逐步向外推广，最后实现天下人"交相爱"的理想。

有这样一个占卦实例。我有一个朋友对从政很感兴趣，总想找

---

① 原文：或谓孔子曰："子奚不为政？"子曰："《书》云：'孝乎惟孝，友于兄弟，施（yì）于有政。'是亦为政，奚其为为政？"

② 原文：王若曰："君陈，惟尔令德孝恭。惟孝友于兄弟，克施有政。"

③ 出自《诗经·大雅·思齐》。原文：刑于寡妻，至于兄弟，以御于家邦。

机会当领导，施展自己的抱负。后来遇到一个升迁的机会，他就为此事占了一卦。结果占到家人卦，变爻九三，爻辞说："家人嗃嗃，悔厉，吉；妇子嘻嘻，终吝。"

我看到这个占卦结果，就对这位朋友说："你想的是升官，却占到家人卦，代表你在官场上暂时不会有什么变动，不如先照顾好家人吧。"有些卦辞或爻辞明显代表有机会升官，比如大畜卦的卦辞说"不家食"（不在家里吃饭），损卦上九的爻辞说"得臣无家"（得到部属而没有自己的家）。人生总是有得有失，家庭与事业如何兼顾永远是一个难题，所以最好顺势而为。为了事业而牺牲家庭，可能会得不偿失。既然现在占到家人卦，就不要有太多奢望。先做到修身、齐家，将来有机会再服务社会，不也是很好的规划吗？

古代也有类似的例子。据《三国志》记载，蜀汉有一个名叫杨仪的官员，他跟随诸葛亮出兵，屯驻谷口。诸葛亮去世之后，杨仪领军回来，杀了不服从命令的魏延。他自认为功劳很大，可以接替诸葛亮的职位，就让都尉赵正来占筮。结果占到家人卦，没有变爻。杨仪看到是家人卦，觉得自己的愿望难以实现，于是默不作声，心情不悦。（见《三国志·蜀书·杨仪传》）家人卦下卦离为明，代表要多多反省自己；上卦巽为随顺，代表要像长女那样顺从。占到家人卦，代表升官的机会不大，后来的发展确实如此。

家人卦是个好卦，但是家庭需要用心经营，最好的办法是参考各爻的建议。

初九一上场就要"闲有家"，"闲"是防范。乾卦的《文言传》说"闲邪存其诚"，意即要防范邪恶，以保存内心的真诚。人在不加防范的状态下，不可能收敛自己的力量。采取防范措施，当然会有诸多不便，但是第一步没做到，后面就难以为继了。知道预先防范，懊恼就会消失。这是初九带给我们的启发。

六二的"在中馈"，就是负责家中的饮食料理之事。我年轻时听方东美老师说过，有个学生结婚后，带着新婚妻子来看他，他对学生的妻子说："只要照顾好先生的胃，婚姻就没什么大问题了。"方老师参考了家人卦六二的说法，认为妻子应该把家里的一日三餐安排好，尽到基本的责任。当然，现代社会不能再把饮食之事统统交给妻子了，如今有各种变通的办法。

九三列出了两种情况。与家人相处时，要严格一点，还是松懈一点？这个问题非常关键。如果孩子不守规矩、不好好学习，你还整天嘻嘻哈哈的，对他疏于管教，最后一定会遇到困难。如果严加训斥，可能会伤害亲情，但总有一天，孩子会理解你的苦衷。

孟子很有智慧，他说："古者易子而教之。父子之间不责善。"（《孟子·离娄上》）即古代的人会与别人交换儿子来管教，父子之间不会因为要求行善而互相责备。对家庭教育来说，最好的办法是"身教胜于言教"。九三的"嗃嗃"属于言教，上九的"反身"则属于身教。长辈要约束自身的言行，给晚辈做出表率。上九已经到了祖父母这一辈，要保持诚信和威严，以身作则，由此形成优良的家风。

古代有些学者会写下家训，订出家人相处的规范，值得参考。其实，只要把家人卦的六爻理解透彻，知道在什么位置会遇到什么状况，就会受到很大启发。现代社会同样需要借鉴家人卦。今天，不但女子需要正固，男子也应该优先考虑与家人的相处。下一节要介绍家人卦的覆卦——睽卦，把风火家人整个翻过去，就成了火泽睽。

一、人心不同，各如其面

38　火泽睽，下兑上离

睽：小事吉。

象曰：上火下泽，睽。君子以同而异。

上九：睽孤，见豕负涂，载鬼一车。先张之弧，后说之弧。匪寇婚媾，往遇雨则吉。
象曰：遇雨之吉，群疑亡也。

六五：悔亡，厥宗噬肤，往何咎？
象曰：厥宗噬肤，往有庆也。

九四：睽孤，遇元夫。交孚，厉无咎。
象曰：交孚无咎，志行也。

六三：见舆曳，其牛掣。其人天且劓，无初有终。
象曰：见舆曳，位不当也。无初有终，遇刚也。

九二：遇主于巷，无咎。
象曰：遇主于巷，未失道也。

初九：悔亡，丧马勿逐，自复。见恶人，无咎。
象曰：见恶人，以辟咎也。

　　本节要介绍《易经》第38卦睽卦。睽卦与家人卦为正覆卦。《序卦传》说："家道穷必乖，故受之以睽。睽者，乖也。"家人卦走到尽头，接着出现的是乖离，睽卦的主旨就在于此。聚散离合是人生的常态，亲如家人也不例外。

　　睽卦的结构是火泽睽，下卦兑为少女，上卦离为中女，代表家里有两个女子尚未出嫁，她们将来会嫁给不同的人家。古代女子出嫁曰归，亦即女子以丈夫的家为家，出嫁等于回到她原本应该有的家。睽卦接在家人卦之后，表示子女长大成人，准备开枝散叶了。从"睽"字的结构来看，代表目不相视、习性相违、各走各的路，距离就越来越远了。

睽卦与家人卦有何区别呢？家人卦中间四爻皆当位，初九、上九两个阳爻把家人聚合在一起，可谓其乐融融。睽卦中间四爻皆不当位，但仍然用初九、上九把它们框限在一起，难免困难重重。

家人卦　睽卦

[**卦辞**]睽：小事吉。

[**白话**]睽卦：小事吉祥。

古代所谓的"小事"，是指宫中妇人之事，或市场中近利之事。宫中的后妃来自不同的诸侯国，彼此并不相亲；市场里的人们来自各地，彼此也不相熟。此时用初九、上九两个阳爻来约束他们，把他们聚在一起，就会吉祥。

[**象传**]象曰：睽，火动而上，泽动而下。二女同居，其志不同行。
　　　　说而丽乎明，柔进而上行，得中而应乎刚，是以小事吉。天地睽而其事同也，男女睽而其志通也，万物睽而其事类也。睽之时用大矣哉。

[**白话**]《象传》说：睽卦，火的活动是向上燃烧，泽的活动是向下流注。两个女儿一起住在家里，心意却不会一同进展。喜悦并且依附在光明上，柔顺者前进而往上走，获得中位又与刚强者应和，因此对小事.吉祥。天与地分隔，但是化育的工作相同；男与女有别，但是爱慕的心意相通；万物各有领域，但是进行的活动相似。睽卦配合时势的运用方式太伟大了。

　　《象传》内容很丰富，它说："睽卦，火的活动是向上燃烧，泽的活动是向下流注。"一个向上，一个向下，不容易相亲相处。《象传》接着说："两个女儿一起住在家里，心意却不会一同进展。"因为她们将来会嫁给不同的人家。

　　下卦兑为喜悦，上卦离为光明，为依附，所以说"说而丽乎明"，即喜悦并且依附在光明上。

　　从"柔进而上行，得中而应乎刚"可知，睽卦是由中孚卦（☲，第61卦）演变而来。大多数卦都来自消息卦，但是有五个卦来自小过卦，两个卦（家人卦与睽卦）来自中孚卦。

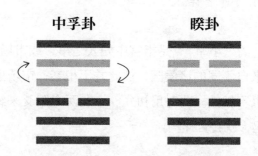

中孚卦　　　　　　**睽卦**

　　中孚卦是风泽中孚，两个阴爻位于全卦中间，被上下各两个阳爻所包围。中孚卦的六四与九五换位，就变成火泽睽。在这一变化中，中孚卦六四往上走，变成睽卦六五；它得到中间的位置，并与底下的九二正应，所以《象传》说"柔进而上行，得中而应乎刚"。另外，睽卦的某些爻辞也要借助于这一变化，才能合理地加以解释。

《象传》最后强调："天与地分隔，但是化育的工作相同；男与女有别，但是爱慕的心意相通；万物各有领域，但是进行的活动相似。睽卦配合时势的运用方式太伟大了。"换言之，宇宙万物不能统统混在一起。天地、男女以及万物之间，正是因为有所分隔，才能彼此配合，成就宇宙的生生不息。

[象传] 象曰：上火下泽，睽。君子以同而异。

[白话]《象传》说：火在上面而泽在底下，这就是睽卦。君子由此领悟，要求同而存异。

睽卦的卦象是上火下泽，君子由此领悟，要求同而存异，许多事情不必强求一致。事实上，完全相同未必是好事，有所分别反而可以互相配合。《象传》所说的"天地、男女、万物"是"体异而用同"（体质相异，功用相同），强调乖离是为了合作。而在《大象传》里面，君子所领悟的是"体同而用异"（体质相同，功用不同），要寻求合作而尊重差异。认清这两点，就更能明白变化之理。

所谓"同而异"，就是"原则相同，但做法不同"。譬如，孔子离开过齐国，也离开过鲁国。他离开齐国时，捞起正在淘洗的米就上路；他离开鲁国时，却说："我们慢慢走吧！这是离开祖国的态度。"① 孔子的心都是真诚的，但是做法不一样。当他无法施展抱负而被迫离开时，一次走得很快，一次走得很慢。

---

① 出自《孟子·万章下》。原文：孔子之去齐，接淅而行；去鲁，曰："迟迟吾行也，去父母国之道也。"

孟子在周游列国期间，也有类似的表现。按照当时的惯例，每当孟子离开一个国家时，国君都会送上一些盘缠。学生就请教孟子："以前在齐国，齐王送您两千两，您不接受；在宋国，宋君送您一千四百两，您接受了；在薛国，薛君送您一千两，您也接受了。如果以前不接受是对的，后来接受就是错的；如果后来接受是对的，以前不接受就是错的。先生一定处于其中一种情况吧。"

　　孟子说："我的做法都是对的。我在宋国的时候准备远行，对远行的人一定要送些路费，宋君说：'送上路费。'我为什么不接受呢？我离开薛国时，听说路上有战乱需要戒备，薛君说：'听说需要戒备，送钱给你买兵器。'我为什么不接受呢？至于离开齐国的时候，就没有什么理由了。没有理由而送钱，那是想收买我。哪里有君子是可以用钱收买的呢？"（见《孟子·公孙丑下》）

　　上面两个故事说明了什么是"同而异"。所谓"同"是说，我都是出于诚心，做事秉持同样的原则；所谓"异"是说，当遇到不同的人、不同的状况，我的做法会随之改变，不能只从表面来判断。睽卦的卦象是上火下泽，两者彼此分开，更容易看出它们的差异，所以要设法求同而存异，这才是睽卦真正的用意。

　　总之，睽卦与家人卦是正覆关系。家人卦走到最后，一定要开枝散叶。子女长大成人之后，如果还把他们勉强凑在一起，就会出现睽卦中间四爻皆不当位的情况。睽卦是少女和中女的组合，她们将来要嫁给不同的人家，所以卦辞说小事吉，无法办成大事。《象传》强调天地、男女、万物有所分别、有所对立，所以能够彼此配合，发挥各自的作用。从这些角度来看，睽卦并不是一个不好的卦。《大象传》强调，人与人相处要互相尊重，不能勉强求同。

二、怀疑难免，但不必猜忌

睽卦的结构是火泽睽，代表乖违、睽隔，因此只适合做小事。本节要介绍睽卦六爻的爻辞。

[**爻辞**] 初九：悔亡，丧马勿逐，自复。见恶人，无咎。

象曰：见恶人，以辟咎也。

[**白话**] 初九：懊恼消失，丢失的马不必追寻，自己会回来。见到恶人，没有灾难。

《象传》说：见到恶人，是为了避开灾难。

初九的爻辞说"懊恼消失"，它的懊恼来自何处呢？睽卦九二与六五正应，六三与上九正应，只有初九与九四不应，所以初九会感到懊恼。不过，睽卦本来就有睽违、乖离之象，彼此不应是正常的，所以初九的懊恼会慢慢消失。

睽卦是由中孚卦演变而来。在中孚卦里，初九与六四正应，六四在互震（九二、六三、六四）中，震为善鸣马；变成睽卦后，互震消失，所以说"丧马"。但是，睽卦出现了互坎（六三、九四、六五），坎为美脊马，等于原来的善鸣马不见了，却换回了美脊马，所以说"丢失的马不必追寻，自己会回来"。

"恶人"指九四：初九说"见恶人"，九四说"遇元夫"，一个是见，一个是遇，因为这两个爻的性质不同。初九在下卦兑中，兑为泽、为水；九四在上卦离中，离为火，两者不应实属正常。

《小象传》说："见到恶人，是为了避开灾难。"这里可以用孔子与阳货的故事作为例证。阳货的年纪比孔子大，地位比孔子高，想

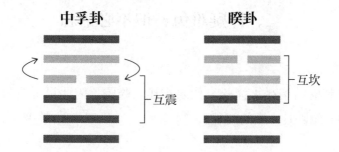

中孚卦　　　　　　睽卦

互震　　　　　　互坎

让孔子来见他；孔子不愿意，就想方设法避开他，但最后还是见了面。[1]有时候，你越是刻意避开某些人，对方就越要设法对付你。见面之后，反而可以避开灾难。

[**爻辞**] 九二：遇主于巷，无咎。

象曰：遇主于巷，未失道也。

[**白话**] 九二：在巷子中遇见主人，没有灾难。

《象传》说：在巷子中遇见主人，是因为尚未失去道路。

九二在下卦中位，与上卦六五正应，两者都是中而不正，位置不恰当。在睽卦里相遇，只能局限于小巷。为何会有小巷呢？九二爻变，下卦变成震卦，又出现了互艮（六二、六三、九四），震为大路，艮为门，门外之路就是小巷。

对九二来说，六五为主、为君，两人都没有失去中间的道路，所以能够相遇；只是道路变成了小巷，并非正式的见面场合。

---

① 出自《论语·阳货》。原文：阳货欲见孔子，孔子不见，归孔子豚。孔子时其亡也，而往拜之。遇诸涂。

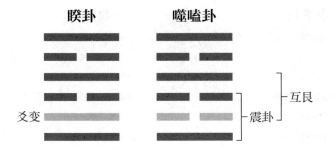

睽卦　　　　噬嗑卦

爻变　　　　　　　震卦　　互艮

[**爻辞**] 六三：见舆曳，其牛掣（chè）。其人天且劓（yì），无初有终。

象曰：见舆曳，位不当也。无初有终，遇刚也。

[**白话**] 六三：看到车往前拉，牛却往后拖。车夫受过刺额割鼻的刑
罚，起初不好而最后有结果。

《象传》说：看到车往前拉，是因为位置不恰当。起初不好
而最后有结果，是因为遇到刚强者。

六三的处境为何如此复杂呢？因为它以阴爻居刚位，位置不恰
当；并且上下两个阳爻挡住去路，使它进退不得。六三在互坎（六
三、九四、六五）中，坎是曳马（拖拉的马），又是多眚舆（多灾多
难的车子），亦即马拉着一辆遇难的车子。它又在互离（九二、六三、
九四）中，离为牛，亦即牛在后面拖着。如此一来，又是拖又是拉，
使六三的处境非常尴尬。

六三的车夫受过两种刑罚：一是"天"，就是在前额刺字之后涂
墨，形成永久的印记，别人一看就知道他受过刑罚；另一是"劓"，
就是割去鼻子。这两种刑罚的象，也源自中孚卦的变化。在中孚卦
里，六三在互艮（六三、六四、九五）中，艮为鼻；并且上卦为巽，
巽为寡发人。变成睽卦之后，两个象都消失了，亦即鼻子消失了，
额头上的头发也消失了，等于受到了刺额割鼻的刑罚。

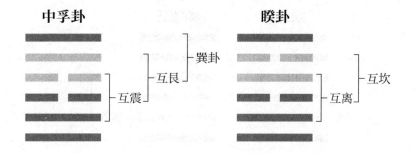

中孚卦　　　　　　　睽卦

巽卦　互坎　互艮　互离　互震

"起初不好而最后有结果"，是因为六三在下卦终位，并且与上
九正应，亦即《小象传》所说的"遇到刚强者"。

[**爻辞**] 九四：睽孤，遇元夫。交孚，厉无咎。
　　　　象曰：交孚无咎，志行也。

[**白话**] 九四：乖离而孤独，遇到有为之士。互相信任，有危险但没
　　　　有灾难。

　　　　《象传》说：互相信任而没有灾难，是因为心意得以实现。

　　睽卦九四和上九都提到了"睽孤"，即乖离而孤独。九四处在六
三、六五两个阴爻中间，所以说"睽孤"。九四遇到的有为之士是初
九：初九爻辞说"见恶人"，因为九四在互坎（六三、九四、六五）
中，坎为强盗、为恶人。九四遇到初九则说"遇元夫"，"元"为初、
为大，夫为男子，引申为有为之士。

　　初九虽然与九四不应，但在睽卦反而合乎卦意，所以两者互相
信任，有危险但没有灾难。他们一起帮助君王六五，可以实现自己
的心意。

[**爻辞**] 六五：悔亡，厥宗噬肤，往何咎？
　　　　象曰：厥宗噬肤，往有庆也。

[**白话**] 六五：懊恼消失，他的宗人在吃肉，前往有什么灾难？

《象传》说：他的宗人在吃肉，是因为前往会有喜庆。

　　中孚卦的六四与九五换位，就成了睽卦，这正是《象传》所说的"柔进而上行"，所以六五是睽卦的主爻。六四来到君王六五的位置，所以爻辞说"前往有什么灾难？"《小象传》也说"前往会有喜庆"。

　　在中孚卦里，六四在互艮（六三、六四、九五）中，艮为果蓏，引申为带皮的五花肉。现在到了睽卦，六四成为六五，而九五成为九四，等于这个九四一口咬进肉里。六五为君，九四是六五底下的阳爻，代表他的宗人，所以说"他的宗人在吃肉"。另外，六五与九二正应，九二说"遇主于巷"，所以九二也是六五的宗人。

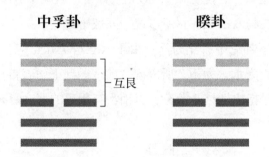

[**爻辞**] 上九：睽孤，见豕负涂，载鬼一车。先张之弧，后说（tuō）之弧。匪寇婚媾，往遇雨则吉。

象曰：遇雨之吉，群疑亡也。

[**白话**] 上九：乖离而孤独，见到猪背上都是泥，载了一车的鬼。先张开弓，后来放下弓。不是强盗而是要来婚配的，前往遇到下雨就吉祥。

《象传》说：遇到下雨吉祥，是因为许多疑虑都消失了。

睽卦上九的爻辞是《易经》384爻中最长的一句。在《易经》中，一卦的上爻代表把该卦的特性发挥到了极致，所以睽卦上九代表乖离、孤独到极点。上九与六三正应，所以可以使用与六三有关的各种象征。上九的爻辞之所以如此复杂，是因为它充分利用了互坎的象征。

上九乖离到极点，它看到自己与下卦之间横着一个互坎（六三、九四、六五）。首先，坎为豕（大猪），为沟渎，等于是猪在水沟里，背上都是泥，越看越讨厌，所以说"见豕负涂"。其次，坎为正北方的卦，是万物之所归，而人之所归为鬼；坎又为多眚舆（多灾多难的车子），所以说"载鬼一车"，等于把别人想象得坏透了。在《易经》384爻中，只有本爻出现了"鬼"字。

接着，坎为弓轮，六三前为互坎，后为下卦兑，兑为毁折，所以说"先张之弧，后说之弧"，即先张开弓，后来又放下弓。坎又为强盗，而上九与六三正应，所以说"匪寇婚媾"。

六三在下卦兑中，兑为泽；由于六三与上九正应，它可以上升进入互坎，坎为水、为雨，所以说"前往遇到下雨就吉祥"。《易经》提到下雨，是指事情终于落幕，真相没有想象的那么复杂。

睽卦

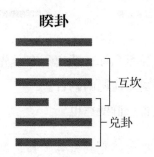

北宋的程颐说："上九虽然与六三正应，但是它处在睽的极点，无所不疑。上九看六三，就像猪一样污秽，背上都是泥，觉得它非

常讨厌。从讨厌又发展到猜疑它有各种罪恶，好像载了满满一车鬼似的。鬼本来是无形的，现在却看到载满一车鬼，这是说上九以无为有，虚妄之极。上九乖违到了极点，最后一定返回正理，所以它一开始怀疑六三，最终还是会相合。"①这段话描写了人与人之间相互猜疑的可怕，值得警惕。

睽卦六爻中有四个"无咎"，一个"有终"（有结果）；上九经历了各种困扰，最后得到"吉"。睽卦代表有一定的距离，但还不至于直接遇到险难，所以六爻中没有"凶"字；但是各爻的情况确实令人担心。下一节要介绍相关的占卦案例，进一步说明睽卦对人生的启发。

---

① 出自《《周易程氏传·睽卦》。原文：程颐注：上九虽与六三为正应，然居睽之极，无所不疑。其见三如豕之污秽，而又背负泥涂，见其可恶之甚也。既恶之甚，则猜成其罪恶，如见载鬼满一车也。鬼本无形，而见载之一车，言其以无为有，妄之极也。睽极则咈戾而难合，至终则必合，故始疑而终合也。

三、相隔太远，只能合作小事

　　睽卦的结构是火泽睽，火往上烧，泽往下流，两者不但性质上水火不容，方向也完全相反，所以睽卦代表有很深的隔阂。生活中难免会出现睽隔的状况，古代有许多相关的占卦案例可供参考。

　　东汉末年有个将军叫牛辅，他是董卓的女婿，负责把守关中要地。董卓死后，牛辅害怕敌人来侵犯，惶惶不可终日。他神经过于紧张，所以每当客人来访时，牛辅一定要先找人给客人相面，看看这个人有没有造反的样子；然后再去占卦，根据吉凶再决定是否见面。

　　有一天，一位名叫董越的中郎将来找牛辅，牛辅就找人占卦，结果占到火泽睽。占卦的人向牛辅报告说："火克金（睽卦上卦离为火，下卦兑为金），代表外面会有人来谋害你。"牛辅立刻把董越给杀了。后来，了解内情的人说，这个占卦的人曾经被董越鞭打，所以借此机会来报复。①

　　这个案例无疑是个反面教材。首先，牛辅疑神疑鬼，完全丧失了理性思维。其次，解卦时如果牵涉个人的利害，将会导致复杂的后果。最后，所谓"天道无吉凶，人间有因果"，正是因为董越以前对人暴虐，才会导致别人伺机报复。这个教训值得我们警惕。

　　还有一个占到睽卦的案例。有个将军名叫段海，他晚上在邮亭（古代驿站）过夜。半夜时分，他的马弄断缰绳，自己跑掉了，好几天都没有找到。段海就派人上街去占卜。当时有个人名叫黄贺，被

---

① 出自《三国志·魏书·董卓传》。原文：《魏书》曰："辅恇怯失守，不能自安。常把辟兵符，以铁锁致其旁，欲以自强。见客，先使相者相之，知有反气与不，又筮知吉凶，然后乃见之。中郎将董越来就辅，辅使筮之，得兑下离上，筮者曰：'火胜金，外谋内之卦也。'即时杀越。《献帝纪》云：'筮人常为越所鞭，故因此以报之。'"

推为易圣，段海的手下找他占卦，占到睽卦初九，爻辞说："懊恼消失，丢失的马不必追寻，自己会回来。见到恶人，没有灾难。"结果去占卦的人才回来，就有一个边境的不良少年把马牵回来了。这个少年听说马是段海将军的，不想惹麻烦，于是主动把马送了回来。这实在令人惊讶，爻辞每个字几乎都应验了。

现代也有占到睽卦的例子。我有个亲戚前些年在能源领域拓展经营，恰好赶上2007年石油价格飙升至每桶150美元的时机，赚了一笔钱。有钱就有胆量，于是，他计划收购一家美国的能源公司，投资收益率预计在10倍以上。他知道我在教《易经》，在家庭聚会时就让我帮他占一卦，问这项投资的前景如何。结果占到睽卦，六爻皆不变。这时要参考其卦辞，卦辞说："睽卦——小事吉祥。"

我对他说："睽卦是火泽睽，火往上烧，水往下流，上下之气不通。你的投资远在美国，跟你睽隔太远，未必像你说得这么乐观。并且，卦辞说'小事吉'，代表只有一些小利，不可能有什么暴利。"他对我说："怎么可能啊！现在能源最夯（火），一片荣景，闭着眼睛都能赚钱。咱们是亲戚，给你个发财的机会，你有没有兴趣参与投资啊？"我心想：睽卦说"小事吉"，对我来说，投资美国公司是一件大事；而且睽卦没有变爻，代表这种睽违的格局不会改变。所以我婉谢了他的好意，说："我目前手边没有余钱，只好心领了。"

结果一年之后发生了全球金融危机，油价暴跌，能源股集体跳水，当初的投资赔得一塌糊涂。我还记得当初占卦时，由于是在外面吃饭，手边没有筹策，所以我临时到隔壁超市买了50根筷子当作筹策。当时的情景历历在目，让我不胜感慨。

还有一个更生动的案例。有一年，我在三亚为一家电子公司的客户讲解《易经》，然后进行数字卦占卦示范。有个学员占问姐姐的健康，占到睽卦六三，爻辞说："看到车往前拉，牛却往后拖。车夫受过刺额割鼻的刑罚，起初不好而最后有结果。"

我解释说："睽卦代表分隔，你占问姐姐的健康而占到睽卦，说明她的病情不轻，已经和家人分隔开了。"这位学员说，他的姐姐患了癌症，正在考虑做化疗。我继续说："病人做化疗之后，不仅会掉头发，还要常戴口罩，以防感染。头发掉光，就像在额头上刺字；戴口罩看不到鼻子，就像受到割鼻的刑罚。这与爻辞的描述完全吻合。"

这位同学听了之后，就说："真是不可思议！那么后来如何呢？"我说："'无初有终'代表开始的状况不理想，最后的结果还不错。'有终'是指'有好的结果'，所以不用太担心。"看到"有终"，你可能会想：这会不会就是结局呢？但是，六三仍在下卦里面，所以暂时还不至于有生命危险。

我以前读这段爻辞时，百思不得其解，现代人的处境怎么会跟刺额割鼻的刑罚关联起来呢？这位学员占问之后，我才恍然大悟。《易经》的神妙果然不受时空所限，只看我们有没有慧心而已。

有一次，一个学员占问他与某位官员的关系。他说，这个官员几年前曾邀请他弃商从政，当时他的生意顺风顺水，就婉拒了这个好意。后来，他发现生意越来越难做，而这位官员却步步高升，就想回过头去找他，寻求在官场上的发展机会。他用数字卦来占，结果占到睽卦九二，爻辞说："在巷子中遇见主人，没有灾难。"《小象传》说："遇主于巷，未失道也。"

我对他说："'遇'代表不期而遇，很难刻意安排。九二要找的主人是六五。九二是阳爻，动力较强；而六五是阴爻，含蓄内敛。你要找的主人就是这位官员，如今他的官越做越大，不一定方便跟你主动见面，所以你要寻找适当的时机。'巷'代表门外的小巷，所以你们不可能在正式的场合会面。并且，你要始终走在正道上，不能失道。从睽卦的格局来看，想要从政有一定难度，至少要等一段时间再说。不过，爻辞最后说'无咎'，代表你这个想法还不至于产生太复杂的问题。"总之，"睽"代表隔阂，容易产生误会。不过，睽卦六爻没有一个"凶"字，只是中间的过程会有一番波折，最后到了上九是"往遇雨则吉"。因此，占到睽卦要有一些耐心，等到云开雾散、真相大白之际，就会发现别人其实并无恶意。

一、看到眼前的困难，不必气馁

39 水山蹇，下艮上坎

蹇：利西南，不利东北。利见大人，贞吉。

象曰：山上有水，蹇。君子以反身修德。

上六：**往蹇来硕，吉。利见大人。**
象曰：往蹇来硕，志在内也。利见大人，以从贵也。

九五：**大蹇，朋来。**
象曰：大蹇朋来，以中节也。

六四：**往蹇来连。**
象曰：往蹇来连，当位实也。

九三：**往蹇来反。**
象曰：往蹇来反，内喜之也。

六二：**王臣蹇蹇，匪躬之故。**
象曰：王臣蹇蹇，终无尤也。

初六：**往蹇来誉。**
象曰：往蹇来誉，宜待也。

本节要介绍《易经》第39卦蹇卦。《序卦传》说："乖必有难，故受之以蹇。蹇者，难也。"在睽卦的睽违之后，一定会出现困难，所以接着出现了蹇卦。蹇就是困难的意思。蹇卦的卦象是水山蹇，下卦艮为山，代表阻挡；上卦坎为水，代表危险。可见，蹇卦是非常辛苦的卦。

《易经》有所谓的"四大难卦"，包括屯卦（䷂，第3卦）、习坎卦（☵，第29卦）、蹇卦以及困卦（☱，第47卦）。四大难卦的共同特色在于，在其上下卦的组合里，至少有一个代表危险的坎卦。蹇卦最特别的是，虽说六爻都有困难，但没有一个"凶"字；到了结束时，反而出现了"吉"。因此，当我们遇到困难时，要从容面对，不用过于担心。

"蹇"字最初给我留下深刻的印象，还是在大学课堂上，当时南怀瑾先生正在教《中国哲学史》。有一天，他在黑板上写了一句诗："路长人困蹇驴嘶"[1]。这首诗是苏东坡写给弟弟苏辙的。苏轼回顾了两人一路走来的种种艰辛，最后感慨道："路途遥远，人困马乏，连驮运行李的驴子，脚都走跛了，累得不断发出嘶鸣。"所谓"蹇驴"，就是跛脚的驴子。

[**卦辞**] 蹇（jiǎn）：利西南，不利东北。利见大人，贞吉。

[**白话**] 蹇卦：西南方有利，东北方不利。适宜见到大人，正固吉祥。

蹇卦的卦辞提到"西南""东北"等方位，这在《易经》中比较少见。《易经》有三个卦的卦辞提到了方位：第一个是坤卦（☷，第2卦）的"利西南得朋，东北丧朋"；第二个是蹇卦的"利西南，不利东北"；第三个是解卦（☳，第40卦）的"利西南"。

蹇卦为何说"利西南，不利东北"呢？因为西南方是坤卦的方位，坤为地，为和顺，代表可以配合地理的形势，采取顺从的态度；而东北方是艮卦的方位，艮为山，为险阻，所以不适宜向东北方行动。此时需要大人来救助天下的危局，并且要守正以待。

---

[1]　出自苏轼《和子由渑池怀旧》。原文：人生到处知何似，应似飞鸿踏雪泥。泥上偶然留指爪，鸿飞那复计东西。老僧已死成新塔，坏壁无由见旧题。往日崎岖还记否？路长人困蹇驴嘶。

[**彖传**] 象曰：蹇，难也，险在前也。见险而能止，知矣哉。蹇利西南，往得中也。不利东北，其道穷也。利见大人，往有功也。当位贞吉，以正邦也。蹇之时用大矣哉。

[**白话**]《彖传》说：蹇卦，就是困难，有危险在前面。看到危险而能停止，真是明智啊。蹇卦对西南方有利，是因为前往可以取得中位。对东北方不利，是因为道路困阻不通。适宜见到大人，是因为前往会有功劳。身当其位而正固吉祥，是为了导正邦国。蹇卦配合时势的运用方式太伟大了。

　　蹇卦上卦坎为险，所以说"险在前也"；下卦艮为止，所以说"见险而能止"。看到危险而能停止，是非常明智的。在64卦的《象传》中，只有蹇卦提到"知"（明智）。换言之，其他卦只是针对某种处境，给出因应之道；只有蹇卦强调，"见险而能止"是一种明智的表现。人无法选择自己的遭遇，但是可以选择以何种态度去面对。

　　《彖传》接着说："蹇利西南，往得中也。"从这句话可知，蹇卦是由小过卦演变而来。大多数卦都来自十二个消息卦，但是有五个卦来自小过卦，两个卦来自中孚卦。小过卦九三、九四两个阳爻位于全卦的中间，被上下各两个阴爻包围。小过卦的九四往上与六五换位，成为蹇卦九五，它取得了中位，所以说"往得中也""往有功也"。可见，九五是蹇卦的主爻。

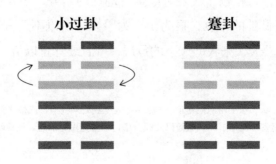

蹇卦启发我们，想要克服艰难险阻，需要做到以下四点。第一，有所选择。要选择西南方，表现顺从的态度。第二，有所回避。要避开东北方，因为东北方的道路困阻不通。第三，找到大人。因为"蹇"并非一般的困难，而是天下出现了大的险难，此时唯有才华出众的大人，才能经纶天下，往而有功。第四，德才兼备。有才无德之人，就算得到了天下，也一定会再失去。唯有德才兼备之人，才能导正邦国，为天下树立典范。

　　最后的结论是："蹇卦配合时势的运用方式太伟大了。"换言之，虽然蹇卦的处境十分艰难，仍然有办法可以化解。

[象传] 象曰：山上有水，蹇。君子以反身修德。

[白话] 《象传》说：山上面有水，这就是蹇卦。君子由此领悟，要反省自己，修养德行。

　　剥卦（☶，第23卦）的卦象是地上有山，这已经很危险了；而蹇卦是山上有水，可谓险之又险。君子遇到重重险难，首先要进行自我反省，看看困境是不是自己造成的，然后再考虑如何化解。摆脱困境最根本的方法就是反身修德。

　　孟子说："行有不得者皆反求诸己，其身正而天下归之。"（《孟子·离娄上》）意即：行为没有得到预期效果的，就要反过来要求自己；自身端正了，天下的人就会来归附。又说："仁者如射：射者正己而后发；发而不中，不怨胜己者，反求诸己而已矣。"（《孟子·公孙丑上》）意即：行仁的人有如比赛射箭，射箭的人端正自己的姿势再发箭；如果没有射中，不抱怨胜过自己的人，而要反过来在自己身上寻找原因。这两段话都体现了蹇卦《大象传》的精神。

　　从卦象来看，蹇卦下卦艮为后背，所以说"反身"；上卦坎为水，为劳卦，所以修德要像坎卦一样劳苦，像流水一样日夜不息。

　　人遇到困难时应该怎么办？首先要像下卦艮一样，停下来查看情况，有了把握再付诸行动。完全静止不动等于坐困愁城，因为困难不会自己消失。但是，事先没有考虑清楚就贸然行动，最后也不会有好的结果。蹇卦强调：西南方有利，东北方不利，需要找到大人，并且守住正固。这些建议值得我们在困境中参考。

二、含泪播种的，必欢呼收割

蹇卦的结构是水山蹇，山阻止人们前进，水又充满了危险，可见蹇卦是一个困难重重的卦。但是，蹇卦六爻没有一个凶字。换言之，蹇卦虽然有困难，但只要采取适当的态度，就可能逢凶化吉；就算不能逢凶化吉，也可以有惊无险，顺利通过各种考验。

本节要介绍蹇卦六爻的爻辞。值得注意的是，初六、九三、六四、上六，这四个爻的爻辞都提到"往""来"二字，先往再来。换言之，占到蹇卦不要坐以待毙，而要认真思考该如何前往，又该怎样回来。正如《象传》所说："见险而能止，知矣哉。"从蹇卦的爻辞中，我们可以学到明智的处世态度。

[**爻辞**] 初六：往蹇来誉。

象曰：往蹇来誉，宜待也。

[**白话**] 初六：前往有险难，回来有称誉。

《象传》说：前往有险难，回来有称誉，是因为应该等待。

初六一上场，看到上面是互坎（六二、九三、六四），上卦也是坎，双坎相连，处境非常凶险。初六知道自己没有发展空间，就安静

蹇卦

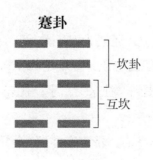

坎卦

互坎

退守，等待时机。初六地位低卑、能力有限，这当然是不幸之事；但是在乱世中，反而容易明哲保身。初六只要安静退守，就会受到赞誉。

初六爻变，下卦为离，离为明，可以见险而知止。在乱世里，没有名声反而比较安全。名声都是别人传扬的，你自己则要隐藏起来，不要让别人注意到你的存在。所以《小象传》说"宜待也"，即适宜耐心等待。

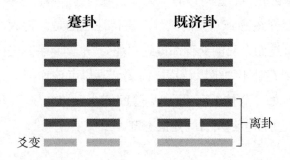

[**爻辞**] 六二：王臣蹇蹇，匪躬之故。

象曰：王臣蹇蹇，终无尤也。

[**白话**] 六二：君王的臣子遇到重重险难，不是为了自己的缘故。

《象传》说：君王的臣子遇到重重险难，终究没有责怪。

六二与九五正应，九五是君王，六二就是"王臣"。六二本身陷入互坎（六二、九三、六四）中，同时上卦也是坎，双坎相连，所以说"蹇蹇"。

六二身处险难之中，还要为君王效命，所以会遇到重重困难。可见，六二是任劳任怨的忠臣，他不是为了自己而身陷险难。六二与九五的爻辞都没有提到"往来"二字，代表六二在自己的位置上，该怎么做就怎么做。

古人有言："捐躯在志，济难在才。"能否为国捐躯，要看一个人的志向；能否扶危济难，则要看一个人的才华。无论志向多么高远，如果才华不足，仍是无济于事。六二以阴爻居柔位，才华与实力都有限，但是它与九五正应，其志可嘉。六二担负起支撑九五的重任，艰难地往前迈进。

[**爻辞**] 九三：往蹇来反。

　　象曰：往蹇来反，内喜之也。

[**白话**] 九三：前往有险难，又返回来。

　　《象传》说：前往有险难，又返回来，是因为家内的人喜欢他。

　　九三之上是上卦坎，所以说"前往有险难"。九三完成了下卦艮，艮为止，所以说"又返回来"。

　　九三的家内之人是指初六与六二，有如家中的臣妾。主人返回而家人欢迎，是为"内喜之也"。九三完成了下卦艮，艮为止；九三爻变，出现互坤（六二、六三、六四），坤为顺。九三做到了"止而顺"，所以有喜悦。

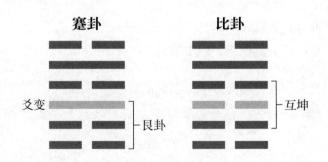

蹇卦　　　　　　　　**比卦**

爻变　　　　　　　　　　　　　　　互坤

艮卦

[**爻辞**] 六四：往蹇来连。

　　象曰：往蹇来连，当位实也。

［**白话**］六四：前往有险难，回来有联结。

《象传》说：前往有险难，回来有联结，是因为位置恰当而实在。

六四在上卦坎中，同样是"往蹇"，它回来所联结的是九三。这充分显示了蹇卦宜退不宜进的特色。六四爻变，出现互巽（六二、九三、九四），巽为绳，为联结。

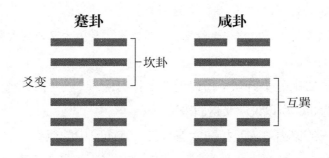

六四以阴爻居柔位，本身当位；六四联结九三，等于有了坚强的后盾，所以《小象传》说"当位实也"。

［**爻辞**］九五：大蹇，朋来。

象曰：大蹇朋来，以中节也。

［**白话**］九五：在大的险难中，朋友来到。

《象传》说：在大的险难中，朋友来到，是因为居中而有节度。

蹇卦是由小过卦的九四与六五换位而来，九五是小过卦变成蹇卦的关键。蹇卦的《象传》说"蹇利西南，往得中也"，所指的就是蹇卦九五：阳爻称大，九五在上卦坎中，坎为劳卦，非常劳苦，所以说"大蹇"。

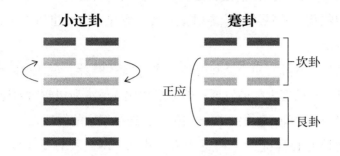

　　九五处在大的险难中，但是它居中守节，可以得到朋友的呼应。"朋"是指与九五正应的六二，以及与九五相比的六四。六二的爻辞说"王臣蹇蹇"，代表它对九五交代的任务可以全力以赴。并且，六二在下卦艮中，艮为坚多节之木（坚硬而多节的树木），所以九五的《小象传》特别提到"节"字。另外，六四上承九五，对九五也有很大帮助。换言之，当国家有难时，九五可以承担君王的责任，六二与六四可以各就其位，全力配合。九五没有任何占验之辞，因为这些都是分内之事，是他的职责所在。

　[**爻辞**] 上六：往蹇来硕，吉。利见大人。
　　　　　　象曰：往蹇来硕，志在内也。利见大人，以从贵也。

　[**白话**] 上六：前往有险难，回来有丰收，吉祥。适宜见到大人。
　　　　　　《象传》说：前往有险难，回来有丰收，是说心意在于内部。适宜见到大人，是指跟随了贵人。

　　上六的"志在内也"，是指它与九三正应。上六处在蹇卦最高位，等于困难到了极点，它若回来，会得到九三的大力支持。九三在下卦艮中，艮为硕果，所以说"往蹇来硕"。同时，上六的爻辞说

"利见大人"，《小象传》说它"跟随了贵人"，大人或贵人是指九五。换言之，上六往前走会遇到险难，回来会得到九三的支持，有丰盛的收获，并且可以依靠君王九五。可见，上六也可以做到"见险而能止"。

总之，蹇卦有四个爻都提到"往""来"二字，说明要突破目前的困境，必须努力往前发展；但是形势比人强，所以暂时要退回来。这一往一来之间，要根据自己的位置，选择适宜的做法。

蹇卦的卦辞提到"利见大人，贞吉"，上六的爻辞也出现了"吉"和"利见大人"。可见，走完了蹇卦，就会摆脱困境。在《易经》中，如果一个卦困难重重，走到最后往往会否极泰来，可谓"山穷水复疑无路，柳暗花明又一村"。

蹇卦陷入困境，为何还有不错的结果呢？因为它中间四爻（六二、九三、六四、九五）皆当位。只是初六、上六都是柔弱的阴爻，无法把各爻框束在一起，形成合力。所以，蹇卦只能顺着形势而前进，遇到困难就退回来；只要充分发挥"见险而能止"的精神，就会有好的结局。

三、奉命读书的孩子，苦不堪言

蹇卦的结构是水山蹇，代表困难重重的局面。蹇卦六爻中，有四爻都出现了"往蹇"一词。既然前往有困难，那就退回来。只有六二与九五没有提到"往""来"，因为它们肩负重任，必须努力奋斗。蹇卦六爻没有一个凶字；最后到了上六，反而出现了吉。蹇卦的《象传》强调："见险而能止，知矣哉。"这是64卦的《象传》中，唯一提到"明智"的地方。

蹇卦上卦坎为险，下卦艮为止。当一个人遇到危险时，可能有以下四种表现。

第一种是不见险也不能止。正所谓初生之犊不畏虎，这样的下场往往不理想。

第二种是不见险而能止，这是很特别的表现。几年前，我有一个学生在股票大涨时，也去买了股票，他当时并不清楚股市有什么危险。两三个月之后，投资赚了八成，他心想：天下哪有这等好事？他信仰宗教，相信凡事必有因果，应该见好就收，所以就把股票全部卖掉，获利了结。这是难得的"不见险而能止"，实在令人佩服。

第三种是见险而不能止，可谓暴虎冯河，逞匹夫之勇。

第四种是见险而能止，这才是蹇卦所推崇的明智。

我曾在南昌讲《易经》，在进行数字卦教学示范时，第一排有个年轻人举手提问。我让他随机提出三组三位数，但是先不要说出问题。经过计算，由下往上是7、6、2，亦即水山蹇，变爻六二，爻辞说："君王的臣子遇到重重险难，不是为了自己的缘故。"

我问他："你要问什么问题？"他说："问读书的事。"看他的样子应该是高中生，正在为读书的事而烦恼。我送给他两句话："第一，你读书不是一般的辛苦；第二，你不是为了自己读的。"讲完这两句话，坐在他旁边的一位女士哭了起来，原来那是他的母亲。这位母亲说，因为孩子的父亲做生意赚了钱，就把儿子送到美国去读书。儿子才上高一，英文不太好，所以每天都打电话吵着要回来。现在放暑假回来了，听说我在这里讲《易经》，母子俩就一起过来听课。

如果英文不好，在美国读书确实会很辛苦。但是，这个孩子不是为了自己，而是为了父母去读的。听完我的解释，母子二人当场抱头痛哭。我没有再给出任何建议，因为这件事需要当事人自己来抉择。一个人在年轻时受点苦，可以磨炼自己，未尝不是一件好事。

我自己也占到过蹇卦。2007年，我计划来大陆上课，结果占到蹇卦九三，爻辞说："前往有险难，又返回来。"《小象传》说"内喜之也"，即家内的人喜欢他。那一次，我在大陆的排课遇到了问题，要等两个多月才能再次去大陆。台湾的学生听到这个消息却很高兴。我看到是蹇卦，知道他们并非幸灾乐祸，而是因为可以多听我的课而感到高兴。

古代也有占到蹇卦的案例。东汉永平五年，京城洛阳旱灾，皇帝亲自到云台占卦，结果占到了蹇卦。当时参考了《焦氏易林》这本书，上面说："蚁封穴户，大雨将至。"皇帝就问沛县的王辅应该如何解释，王辅上书说："蹇卦底下是艮卦，上面是坎卦。艮为山，坎为水，山上出云就是有雨。蚂蚁是穴居动物，快下雨时会把穴口封住，所以马上就要下大雨了。"后来果然天降大雨，解除了旱灾的威胁。

三国后期，魏将邓艾率兵讨伐蜀国。有一天，他梦到自己坐在山上，还看到流水，他就问将军爰邵。爰邵说："按照《易经》的卦象，山上有水为蹇卦。卦辞说'利西南'，所以往西南方讨伐蜀国必定成功；但是'不利东北'，所以讨伐蜀国之后，你可能回不去了。"邓艾听后，心情大为不悦。后来，他果然伐蜀成功，但是再也没能回到家乡。

到了南北朝时期，梁朝的邓元起到益州担任刺史。到了巴东时，听说蜀中发生变乱，他就让蒋光济帮他占卦，结果也占到了蹇卦。他叹了一口气说："难道我要像邓艾伐蜀那样，有去而无回吗？"后来，他果然也回不去了。可见，古人与我们类似，也是一遇到问题就用《易经》占卦，再根据卦爻辞来解释。从古至今，《易经》始终是帮助中国人安身立命的一部宝典。

我还有一次占到蹇卦的经历。2008年，我利用从台湾大学休假半年的机会，到北京举办了一系列国学演讲。由于整个行程长达两个多月，所以我临行前占了一卦，又占到了蹇卦。蹇卦下卦艮代表阻止，上卦坎代表坎陷。我一看卦象就知道，整个过程会非常辛苦，未来几个月要谨慎小心，所幸蹇卦六爻没有出现凶字。

既然知道有困难，就可以预先防范。我进一步观察"蹇"这个字，发现底下是一个"足"。我由此联想到，这段时间东奔西走，脚一定很辛苦，所以要好好保养足部。于是我在北京期间，每隔一两天就去做一次足底按摩。如果当时没占到蹇卦，也不会往这个方向想。从此我就养成了习惯，只要有时间，就去做足底按摩。这对于平时很少运动的我来说，确实是很好的保养方法。

我们总是给自己设定一个目标，然后一路前行，对于自身和周遭的变化，几乎无暇顾及。《易经》占卦可以帮助我们了解当前的处境，看到自身的盲点，让我们处事更加稳妥。所以，我每个季度都要占一次时运。在三个月里面，我会经常揣摩所占到的卦爻辞，并用实际情况来对照和验证。当占卦结果跟我的构想不一样时，我可以顺应形势的变化，同时加强德行的修炼。如此一来，《易经》就成了我的良师益友。蹇卦的"利西南，不利东北"，就是希望我们保持和顺的态度，不要过于刚强。真正的明智是"见险而能止"，遇到危险时，要停下来认真思考，谨慎走好每一步。

下一节要介绍蹇卦的覆卦——解卦，把水山蹇整个翻过去，就成了雷水解。

一、打雷下雨，总算有了结果

40　雷水解，下坎上震

解：利西南。无所往，其来复吉。有攸往，夙吉。

象曰：雷雨作，解。君子以赦过宥罪。

▅▅　▅▅	**上六：公用射隼于高墉之上，获之无不利。** 象曰：公用射隼，以解悖也。
▅▅　▅▅	**六五：君子维有解，吉，有孚于小人。** 象曰：君子有解，小人退也。
▅▅▅▅▅	**九四：解而拇，朋至斯孚。** 象曰：解而拇，未当位也。
▅▅　▅▅	**六三：负且乘，致寇至，贞吝。** 象曰：负且乘，亦可丑也。自我致戎，又谁咎也？
▅▅▅▅▅	**九二：田获三狐，得黄矢，贞吉。** 象曰：九二贞吉，得中道也。
▅▅　▅▅	**初六：无咎。** 象曰：刚柔之际，义无咎也。

　　本节要介绍《易经》第40卦解卦。将水山蹇整个翻过去，就成了雷水解。既打雷又下雨，代表问题解决了。《序卦传》说："物不可以终难，故受之以解。解者，缓也。"前面的蹇卦代表困难，万物不会一直处在困难中，所以接着上场的是解卦。"解"就是缓解的意思。解卦与蹇卦是正覆关系，将两卦对照来看，才能了解解卦的意义。

在古代，"解"也读作xiè，意为松懈。人在困难纾解之后，容易松懈下来。但是，从解卦的卦爻辞来看，还是念成"解"（jiě）比较适合。在解卦六爻中，五爻皆不当位，只有上六当位，说明解卦各爻都有困难，所有偏斜不正的情况到最后才能得到解决。

[卦辞] 解：利西南。无所往，其来复吉。有攸往，夙吉。

[白话] 解卦：西南方有利。无所前往，那么返回来就吉祥。有所前
　　　　往，早些行动吉祥。

　　解卦的卦辞只提到"利西南"，没有像蹇卦那样提到"不利东北"。蹇卦是水山蹇，下卦艮位于东北；而解卦是雷水解，没有代表东北方的象，上卦震反而有前进的动力。

　　接着，解卦的卦辞提出两种选择，这在64卦中是难得一见的。如果选择无所前往，那么返回来就吉祥，因为困难刚刚化解时，需要休养生息、积蓄力量。如果选择有所前往，那么早些行动吉祥，等于还有遗留的问题没有彻底解决，需要早一点付诸行动。

[象传] 象曰：解，险以动，动而免乎险，解。解利西南，往得众
　　　　也。无所往，其来复吉，乃得中也。有攸往，夙吉，往有
　　　　功也。天地解而雷雨作，雷雨作而百果草木皆甲坼（chè）。
　　　　解之时大矣哉。

[白话]《象传》说：解卦，有危险而行动，一行动就脱离了危险，
　　　　这就是解卦。解卦对西南方有利，前往可以得到众人支持。
　　　　无所前往，那么返回来就吉祥，如此可以取得中位。有所前
　　　　往而早些行动吉祥，是因为前往会有功劳。天地之气化解开
　　　　来，雷雨就会兴起，雷雨兴起则百果草木都破壳而出。解卦

的时势太伟大了。

解卦是雷水解，下卦坎为险，上卦震为动，所以说"险以动，动而免乎险"。因为上卦震一向外行动，就脱离了下卦坎的束缚。

《彖传》接着说："解卦对西南方有利，前往可以得到众人支持。"这里的"前往"是指上卦震可以前往。其他卦的《彖传》从未出现过"往得众也"这种说法，所以最好把解卦与前面的蹇卦对照来看。蹇卦走到上六，已经充分显示出困难将要缓解的态势，所以解卦前往就会得到众人的支持。

从"无所往，其来复吉，乃得中也"这句话可知，解卦也是由小过卦演变而来的。小过卦有飞鸟之象，九三、九四两个阳爻代表鸟的身体，上下各两个阴爻代表鸟的翅膀，有如一只鸟从左向右飞。小过卦的六二与九三换位，就变成了解卦。

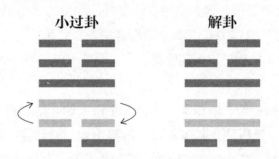

小过卦　　　　**解卦**

解卦有两种选择，第一种选择是"无所往，其来复吉"，如果无所前往，回来就吉祥。所谓"来"，是指小过卦九三来到"二"位，成为解卦九二：它由此取得中位，所以说"乃得中也"。第二种选择是"有攸往，夙吉"，如果有所前往，那么越早越好。"夙"是"早"的意思。蹇卦的《彖传》强调"利见大人，往有功也"。解卦如果早些行动，也会像蹇卦一样"往有功也"。可见，只有对照蹇卦的处境，才能真正理解解卦的内涵。

《象传》最后说："天地之气化解开来，雷雨就会兴起，雷雨兴起则百果草木都破壳而出。"《易经》常用"下雨"来象征事情有了结果。解卦来自小过卦，小过卦的地位（初六、六二）与天位（六五、上六）被九三、九四两个阳爻阻隔。现在由于六二与九三的换位，使天地中阴阳二气交流感通，雷雨大作，百果草木都破壳而出，一派欣欣向荣的景象，所以《象传》赞叹说："解卦的时势太伟大了。"

[**象传**] 象曰：雷雨作，解。君子以赦过宥（yòu）罪。

[**白话**]《象传》说：雷雨兴起，这就是解卦。君子由此领悟，要赦免过错，宽待罪犯。

解卦的结构是雷水解，上卦震为雷，下卦坎为雨，有雷雨兴起之象。阴阳二气不再冻结，于是化解了困局，使万物重获生机。君子由此领悟，要赦过宥罪。"过"乃无心之失，可以赦免；"罪"是明知故犯，只能宽待，不可赦免。

"赦过宥罪"让犯人有了改过自新的机会，但是应以适当的时势为前提。大难纾解之后，再赦过宥罪比较适宜。在古代，新朝建立或新帝登基时，常常会大赦天下，也是基于同样的考虑。

另外，可以将解卦与睽卦进行对照。睽卦中间四爻皆不当位，初九、上九两个阳爻把中间四爻勉强框束在一起，从而形成睽隔、猜忌的局面。解卦也是中间四爻皆不当位，但是它的初六和上六都是开放的阴爻，可以慢慢找到协调的方法，把各种困扰一一化解。

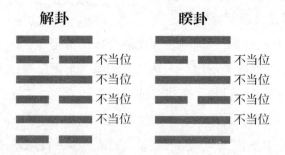

解卦　　　　　　睽卦

不当位　　　　　　不当位
不当位　　　　　　不当位
不当位　　　　　　不当位
不当位　　　　　　不当位

　　解卦除了初六，其他各爻都有困难，要一关一关地前进，最后才能化解所有问题。不过，解卦的处境比蹇卦好多了。蹇卦只有上六一个"吉"；解卦则有两个"吉"，一个"无不利"。可见，只有把握时机，合理应对，才能逐步解决困难，获得重新出发的机会。

二、撑到最后，朋友来帮忙

解卦是雷水解，已经打雷下雨了，所有问题都将得到缓解。解卦究竟会面对哪些困难，要怎样做才能有所缓解呢？本节要进一步探讨解卦六爻的爻辞。

[**爻辞**] 初六：无咎。

象曰：刚柔之际，义无咎也。

[**白话**] 初六：没有灾难。

《象传》说：处在刚柔交接的位置，理当没有灾难。

《小象传》说初六"处在刚柔交接的位置"，可以从两个角度来理解：第一，初六以阴爻居刚位，可谓刚柔相济；第二，初六与九二可以阴阳配合。可见，当困难刚刚纾解时，要做到刚柔调和，让大家有重新开始的机会，而不要急于有所作为。解卦是由小过卦的六二与九三换位而成，这一变化使初六与九二相比，达到刚柔调和的效果。

[**爻辞**] 九二：田获三狐，得黄矢，贞吉。

象曰：九二贞吉，得中道也。

[**白话**] 九二：打猎抓到三只狐狸，获得黄色的箭头，正固吉祥。

《象传》说：九二正固吉祥，是因为找到居中的路。

九二是解卦的主爻，它的爻辞为何提到打猎呢？因为解卦九二是由小过卦的九三与六二换位而来。"初"和"二"属于地，等于九二来到田地打猎。这次换位造成了两个坎——下卦坎和互坎（六三、九四、六五），由此出现了三个阴爻（初六、六三、六五），所以说"田获三狐"。古人认为，坎卦代表狐狸，因为狐狸住在洞穴里，靠近水边，并且昼伏夜出，这些都与坎卦有关。

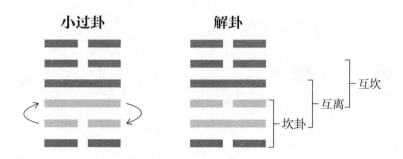

九二在下卦坎中，坎为弓轮，又在互离（九二、六三、九四）中，离为戈兵。弓轮加上戈兵，代表"矢"（弓箭的箭头）。九二居下卦中位，黄是中间的颜色，所以说"得黄矢"。九二居中，又有六五正应，所以它有获也有得，只要正固就吉祥。

[爻辞] 六三：负且乘，致寇至，贞吝。

象曰：负且乘，亦可丑也。自我致戎，又谁咎也？

[白话] 六三：背着东西坐在车上，招来了强盗，这样下去会有困难。

《象传》说：背着东西坐在车上，乃是难堪的举动。自己招来了匪寇，又能怪罪谁呢？

解卦六三是由小过卦的六二与九三换位而来。在小过卦中，六二在下卦艮中，艮为背、为负；现在变成解卦六三，形成了下卦坎，坎为多眚舆（多灾多难的车子），所以说"负且乘"，即背着东西坐在车上。并且，坎为盗，所以说"致寇至"，即招来了强盗。

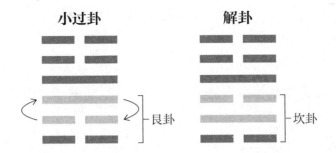

小过卦　　　　　　　　解卦

艮卦　　　　　　　　坎卦

六三不当位，又与上六不应，这样下去当然会有困难。乘车还背着东西，不但样子难看，还会引起强盗的觊觎，出了状况又能怪罪谁呢？孔子在《系辞上传》对此爻进行了发挥，孔子说："背负东西，是小人的工作；车子是君子代步的工具。小人坐在君子代步的工具上，强盗就会想要抢夺他。居上位的傲慢，在下位的粗暴，强盗就会想要攻击他。"①这有点类似于黑吃黑。接着，孔子说了两句有名的成语："慢藏诲盗，冶容诲淫。"意即不藏好珍贵之物，是教唆别人来抢夺；打扮得过于妖艳，是教唆别人来调戏。解卦六三说"负且乘，致寇至"，正说明了招来强盗的缘故。孔子这段话值得我们深思。

[爻辞] 九四：解而拇，朋至斯孚。

　　　　象曰：解而拇，未当位也。

[白话] 九四：解开你的脚拇指，朋友来到才会有诚信。

　　　　《象传》说：解开你的脚拇指，是因为不在恰当的位置上。

九四进入上卦震，震为足、为行，所以它应该采取行动来化解困难。九四与初六正应，但初六地位低微，有如脚拇指；初六又在

---

① 原文：负也者，小人之事也。乘也者，君子之器也。小人而乘君子之器，盗思夺之矣。上慢下暴，盗思伐之矣。

下卦坎中，坎为陷，等于九四被底下的初六所束缚，只有解开脚拇指，才能大步前进。

九四的"朋"是指上下两个阴爻。九四唯有撇开初六，才能与六三、六五结伴，形成坎卦。坎代表有诚信（孚），因为它中间是阳爻，有实在的力量。

九四以阳爻居柔位，本身不当位，所以造成了上述复杂的情况。九四的责任是辅助六五，所以九四与六五的爻辞都提到了"孚"字。

[爻辞] 六五：君子维有解，吉，有孚于小人。

象曰：君子有解，小人退也。

[白话] 六五：君子来纾解，吉祥，对小人有诚信。

《象传》说：君子来纾解，是因为小人退避了。

这里所谓的"君子"，是指与六五相比的九四，以及与六五正应的九二。"有孚"的"孚"，可以理解为"验证"。"君子维有解，吉，有孚于小人"意思是说，君子来纾解的验证就体现在小人身上。换言之，君子来帮助六五，初六、六三等小人就会退开。从小人退开这个事实，可以证明九二和九四对六五的效忠。所以《小象传》说："君子来纾解，是因为小人退避了。"

[爻辞] 上六：公用射隼（sǔn）于高墉之上，获之无不利。

象曰：公用射隼，以解悖也。

[白话] 上六：王公去射高墙上的鸱鹰，擒获它就无所不利。

《象传》说：王公去射鸱鹰，是为了要解除悖乱。

上六到了解卦终位，等于到了结束阶段，此时仍未化解者，必定是凶猛的小人。"隼"为猛禽，它盘旋在高墙之上，代表处在高位的凶残小人。只有解决这些小人，才能彻底解除悖乱，所以说"擒获它就无所不利"。

上六在上卦震中，震为诸侯，所以称"公"。解卦由小过卦演变而来。小过卦全卦横着看有如一只大鸟，可称之为"隼"。小过卦中有互巽（六二、九三、九四），巽为绳直、为高，有城墙之象。上六在最高位，所以说"高墉"。现在变为解卦，上卦仍为震，但是上六以下出现互离（九二、六三、九四）与互坎（六三、九四、六五），离坎合为弓箭。这一切合起来正是"公用射隼于高墉之上"。

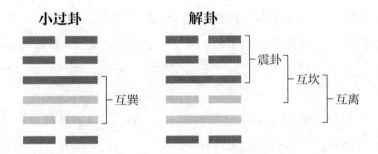

总之，解卦的爻辞非常生动，先要设法"去邪"，然后才能"显正"。先把各种不正常的状况去掉，才能找到解决问题的方法，重新走上正路。其中只有初六是"无咎"，因为初六刚刚上场，又是阴爻。九二是"田获三狐"。在《易经》中，"狐"通常代表小人。打猎获得三只狐狸，代表要除掉这些小人。六三提醒你，不要自己招来强盗。九四要解开脚拇指，不要被底下的小人困住。六五强调，要亲近君子，让小人知难而退；上六只有射中鹞鹰、俘获猛禽，才会无所不利。

解卦九二为"贞吉"，六五为"吉"，上六为"无不利"，这三爻虽然各有责任，但最后的结果都比较理想。所以，占到解卦代表责任重大。如果不经过一番努力，就无法取得令人满意的结果。

三、孩子失踪三天，竟然平安归来

解卦的结构是雷水解。前面的蹇卦代表困难重重，到了解卦将得以缓解。在困难化解之前，不能松懈下来，必须走完整个解卦，才能展现新的格局。解卦的卦辞强调"利西南"，代表要顺着形势去发展。此时有两种选择：如果无所前往，就要立刻回到正路上；如果有所前往，那么越早行动越好。

在疫情期间，有些朋友邀请我用音频讲一遍《易经》。他们很有诚意，我就为此事占了一卦，结果占到解卦，没有变爻。这时要看它的卦辞，卦辞提到两种选择：第一，如果不去的话，就回到日常生活的轨道，结果是吉；第二，如果要去的话，越早越好，结果也是吉。既然如此，我就选择了与他们合作，并且一周之后就开始上课了。

几年前，我有个学生计划开办国学班，占到解卦九二，爻辞说："打猎抓到三只狐狸，获得黄色的箭头，正固吉祥。"当时他以为"田获三狐"代表可以找到三位女同学一起合作，却忽略了《小象传》所说的"得中道也"，亦即要采取适中的方式。当时确实有三位女同学对合作办学很感兴趣，但狐狸本身是阴爻，说明她们自己还有问题没有解决，想要合作恐怕会有困难。后来，这三个人果然意见不统一，最后这件事不了了之。可见，这个学生对解卦的困难缺乏充分的认识，看到爻辞中有"获"又有"得"，就以为十拿九稳；他不知道，若想取得成功，必须首先化解各种困难。

解卦的六三说："背着东西坐在车上，招来了强盗。"明末学者王夫之（1619—1692）有一本代表作叫作《读通鉴论》。他通读了宋朝司马光（1019—1086）的《资治通鉴》，并做了详细的评论，厚达一千多页。王夫之在《读通鉴论》中多次引用《易经》的材料，引用最多的就是解卦六三的"负且乘，致寇至"。他认为，中国历史上有些人用不正当的手段篡夺了帝位，但很快就会被其他人取而代之。魏晋南北朝之后，这种事屡见不鲜。究其原因，都可以用"负且乘，致寇至"来说明。

关于解卦九四，有两个现代人的占卦案例让我印象深刻。有一次，我在北京为一家外企的员工介绍《易经》。这个公司的人事经理是一位女士，下课之后，她说有个私人问题要请教我。她问的是离婚的事，结果占到解卦九四，爻辞是："解而拇，朋至斯孚。"我对她说："九四说'解开你的脚拇指'，绑住你脚拇指的是底下的初六，代表你的先生在能力和社会成就方面都比不上你，他成了你的束缚。九四在上卦震中，可以行动，所以离婚有可能办成。"她又问什么时候，我说："大概三个月，因为九四、六五、上六，一共有三步。"我又提醒她："爻辞提到'朋至斯孚'，代表有个朋友已经在等你了。"我只是按照爻辞来解说的，没想到这位女士听了之后满脸通红，场面一度有些尴尬；还好我们彼此素昧平生。半年后有人告诉我，这位女士果然在三个月之后离了婚，不久就再婚了。

另外还有一个案例。我在西安办过国学班，有位同学学过一点儿《易经》。他的朋友有个10岁的儿子，因为跟父母吵架而离家出走。这对父母于是急着找我这个学生占卦，也占到解卦九四的"解而拇，朋至斯孚"。这个学生打电话问我怎么解卦，我说："解卦代表问题可以解决；九四进入了上卦震，代表可以采取行动。要想找到孩子，关键在于'朋'这个字。"我建议孩子的父母，把孩子的照片发给所有认识的朋友，再请这些朋友帮忙多多转发。

消息散发出去之后，前两天毫无音信。到了第三天，这对父母有个朋友的朋友是开旅馆的，他看到一个男孩独自在旅馆前徘徊，于是拿出手机里的照片一看，正是那个离家出走的孩子。他立即通知孩子的父母，把孩子接了回去。后来，我的助理提醒我，如果小孩失踪超过三个月，就很难找回来了。可见，同样占到九四，占问离婚，需要三个月才能解决；占问小孩失踪，三天就可以找回来，因为这符合社会生活的经验。

古代也有占到解卦的例子。唐朝有一个《易经》高手叫朱邯，他曾经在南方给人占卦。有一个人叫董元范，他的母亲生了一种怪病，一到晚上就痛苦不堪。他请朱邯来占卦，占到解卦上六，朱邯就告诉他："董先生，今天傍晚你在路边等候，有一个背着弓箭的人会从这里经过，你可以请他为你母亲治病。"这天傍晚，果然有一个叫李楚宝的人，全副猎人装扮，从树林边经过。董元范就请他到家里为母亲治病。

到了半夜，李楚宝走到屋外，看到有一只大鸟飞过来，停在屋顶上，用嘴去啄屋顶，每啄一次，董元范的母亲就发出一声哀号。李楚宝立刻发了两箭，射中飞鸟，鸟带着箭逃之夭夭，而董母就此停止了哀号。第二天，家人在院子里找到一套旧的舂米的杵臼，上面有两支箭，旁边还有血迹。家人放火烧掉这个杵臼，从此董元范的母亲再也没有犯过病。这个故事听起来非常神奇。

我自己也占到过解卦上六。有一年，香港一所大学计划成立国学研究所，邀请我去担任所长。我为此事占了一卦，占到解卦上六，爻辞说："王公去射高墙上的鹞鹰，擒获它就无所不利。"解卦上六的局面有些复杂。我当时已经年近六十，想到要去适应新的环境，还要负责招生、上课等工作，甚至还要去对付"猛禽"，我实在没有这么大的力气了。并且，我跟香港没有什么特殊的渊源，我讲国学的重心已经放在大陆了，所以就婉拒了他们的好意。

孔子在《系辞下传》里对解卦上六做了充分的解读，孔子说："隼是一种猛禽，弓箭是一种武器，要去射的是人。君子身上带着武器，到了时候就要行动，会有什么不利呢？行动时运用自如，因此一出手就有收获，这是在强调准备好了武器再去行动。"①换言之，只要你认真练好功夫，耐心等待时机，那么真正行动起来，又怎么会不顺利呢？功夫达到炉火纯青的地步，一出手就会有收获。孔子这段话十分生动，值得参考。

可见，解卦要经历一个复杂的过程，并非轻而易举。想要纾解困难，先要设法"去邪"，然后才能"显正"。每个爻都尽到自己的责任，才能将问题彻底解决，并开启新的局面。

---

① 原文：隼者，禽也；弓矢者，器也；射之者，人也。君子藏器于身，待时而动，何不利之有？动而不括，是以出而有获，语成器而动者也。

一、湖光山色，景色宜人

41　山泽损，下兑上艮

损：有孚，元吉，无咎，可贞。

利有攸往。曷之用？二簋可用享。

象曰：山下有泽，损。君子以惩忿窒欲。

上九：弗损，益之，无咎。贞吉。利有攸往，得臣无家。

象曰：弗损益之，大得志也。

六五：或益之十朋之龟，弗克违。元吉。

象曰：六五元吉，自上佑也。

六四：损其疾，使遄有喜，无咎。

象曰：损其疾，亦可喜也。

六三：三人行则损一人，一人行则得其友。

象曰：一人行，三则疑也。

九二：利贞，征凶。弗损，益之。

象曰：九二利贞，中以为志也。

初九：已事遄往，无咎。酌损之。

象曰：已事遄往，尚合志也。

本节要介绍《易经》第41卦损卦。《序卦传》说："缓必有所失，故受之以损。"解卦在缓和了困难之后，一定会因松懈而造成损失，所以接着出现了损卦。

损卦是《系辞下传》所提到的修德九卦之一。修德九卦第一个是履卦（䷉，第10卦），要脚踏实地，修养德行；第二个是谦卦（䷎，第15卦），谦虚是修德的关键；第三个是复卦（☷☳，第24卦），修德一定要回到初心，从内心的真诚开始；第四个是恒卦（☳☴，第32卦），可以让德行稳固下来；第五个就是损卦，修德要从损己利人做起。后面四个卦依次是益卦、困卦、井卦和巽卦。

《系辞下传》说："损，德之修也。"损卦谈的是德行的修炼，具体方法是损己利人或损下益上，亦即损失自己的时间或精力来帮助别人。《系辞下传》又说："损，先难而后易。"一开始减损会觉得困难，以后就会越来越容易。最后说："损以远害。"损卦可以让人远离祸害。如果一个人愿意损己利人，又有谁会对他不利呢？

损卦的卦象是山下有泽，有如一幅湖光山色的画面。山借助湖面的倒影，展现出最美好的形象。下面的泽水可以润山，可谓损下益上。进一步来看，下卦离我比较近，上卦离我比较远，所以损卦又可谓损己利人。可见，损卦有丰富的内涵。

[**卦辞**] 损：有孚，元吉，无咎，可贞。利有攸往。曷（hé）之用？二簋（guǐ）可用享。

[**白话**] 损卦：有诚信，最为吉祥，没有灾难，可以正固。适宜有所前往。要使用什么？二簋就可以用来献祭。

损卦的卦辞提到"元吉"。在《易经》64卦中，卦辞出现"元吉"的只有两个：第一个是损卦；第二个是鼎卦（☲☴，第50卦）。

损卦的卦辞内容很丰富，除了"元吉"，还提到"利有攸往"，亦即适宜往前发展，让受损的状况慢慢改善。"簋"是外圆内方的祭器，用来盛放黍稷稻粱。"二簋"是供品中最简单的。内心真诚而供品简单，鬼神也会欣然接受。这是一种比较理想的情况。

[**彖传**]彖曰：损，损下益上，其道上行。损而有孚，元吉，无咎，可贞。利有攸往，曷之用？二簋可用享。二簋应有时，损刚益柔有时。损益盈虚，与时偕行。

[**白话**]《彖传》说：损卦，减损下方而增益上方，它采取向上走的路。损卦有诚信，最为吉祥，没有灾难，可以正固。适宜有所前往，要使用什么？二簋就可以用来献祭。使用二簋献祭应该配合时机，减损刚强者而增益柔顺者也要配合时机。减损与增益，满盈与空虚，都是随着时序而运行的。

从"损下益上，其道上行"这句话可知，损卦是由泰卦演变而来。泰卦的九三与上六换位，就变成了损卦。下卦损失了一个阳爻，它到上面帮助了上卦，所以说"损下益上"。

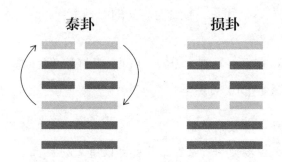

泰卦　　　　　损卦

《彖传》后面说："二簋应有时。"意即使用二簋献祭应该配合时机。献祭一般多用八簋或六簋；现在用二簋来献祭，需要配合特定的时机。比如在春夏之交，可以用当季的水果蔬菜来祭祀，以表达心中的诚意。习坎卦六四有"樽酒簋贰"，可对照参考。

《彖传》接着说："损刚益柔有时。"意即减损刚强者而增益柔顺者也要配合时机。"刚"指泰卦的下乾，"柔"指泰卦的上坤。泰卦一个阳爻到了上卦，形成山泽损的格局，是为"损刚益柔"。最后说：

"损益盈虚，与时偕行。"意即减损与增益，满盈与空虚，都是随着时序而运行的。

损卦的《象传》三次提到"时"（二簋应有时、损刚益柔有时、与时偕行），反复强调要配合时机，这是难得一见的。人活在世界上，不可能永远增加，到了一定阶段就要学会做减法。正如《老子·第48章》所说："为学日益，为道日损。"意即探求知识，每天要增加一些；探求"道"，每天要减少一些。"损"和"益"都是《易经》的卦名。

《论语·为政》也出现过"损益"的说法。子张问："十世可知也？"子曰："殷因于夏礼，所损益可知也。周因于殷礼，所损益可知也。其或继周者，虽百世可知也。"子张请教孔子："未来十代的制度现在可以知道吗？"孔子说："殷朝沿袭夏朝的礼制，所减少的与增加的可以知道；周朝沿袭殷朝的礼制，所减少的与增加的可以知道。以后若有接续周朝的国家，就算历经百代也可以知道它的礼制。"换言之，夏商周三代之礼一脉相承，并有所损益。另外，在现代的企业管理中，"损益表"是重要的财务报表。可见，"损益"一词已经融入现代人的生活之中。

损卦的内涵包括三个方面：第一，损下益上，又可谓损民而利君，因为下卦代表百姓，上卦代表统治阶级；第二，损己利人，下卦代表自己，上卦代表别人；第三，损刚益柔，下卦乾为刚，上卦坤为柔。泰卦是消息卦，阴阳互不交往；九三与上六换位之后变成损卦，阴阳开始交往。所有损益都要配合适当的时机。

自然界的损益盈虚，都是随着时序而运行的，遵循一定的规律。人生的损益则要靠自己的智慧与修炼。如果一个人只求增加而不想减少，一辈子都要与别人竞争，到最后恐怕凶多吉少。人的生命遵循自然的发展规律，每个人都会经历少年、青年、壮年与老年，但是人生的智慧必须通过修炼才能领悟。

[**象传**] 象曰：山下有泽，损。君子以惩忿窒欲。

[**白话**]《象传》说：山下有沼泽，这就是损卦。君子由此领悟，要
　　　　戒惕愤怒，杜绝嗜欲。

　　损卦的《大象传》强调德行的修炼。"惩忿"就是戒惕愤怒。人
最难戒除的就是愤怒，一发怒就会失去理智。"窒欲"就是杜绝嗜欲。
唯有杜绝自己的欲望，才能做到损己利人。

　　从山泽损的卦象来看，下卦兑为悦，所以君子要戒除心中的愤
怒，设法将其转化为喜悦；上卦艮为山，所以君子要杜绝自己的嗜
欲，就像用一座山来阻挡自己的欲望。

　　孔子的学生颜渊在"惩忿窒欲"方面堪称表率。孔子称赞颜渊
"不迁怒，不贰过"（《论语·雍也》）。"不迁怒"是"惩忿"方面最
好的表现；"不贰过"就是不犯同样的过失，这更难做到。此外，孔
子还称赞颜渊"一箪食，一瓢饮，在陋巷，人不堪其忧，回也不改
其乐"（《论语·雍也》）。颜渊正是因为杜绝了世俗的欲望，才达到
乐而忘忧的境界。

　　总之，泰卦的九三与上六换位，就变成了损卦，可谓损下而益
上。损卦被列为修德九卦之一，它的卦辞内容丰富，不仅提到"有
孚"（有诚信），还提到"元吉"。在《易经》64卦中，只有损卦与
鼎卦的卦辞出现了元吉。损卦的卦辞还提到"二簋可用享"，代表
在物质方面要力求简约。损卦的《彖传》提到"损下益上""损刚益
柔"，强调减损与增益都要配合时机。《大象传》提到"惩忿窒欲"，
要求君子进行德行的修炼。

二、损己利人，谁不欢迎你

我们外出观光时，看到湖光山色，总有眼前一亮的感觉。损卦的结构是山泽损，底下的泽把上面的山衬托得更加美丽，泽水也使山里的动植物得到充分的滋养，等于泽有所损，而山可以获益。

本节要介绍损卦六爻的爻辞。损卦是由泰卦的九三与上六换位而来，损卦六爻的爻辞都与这种损下益上的做法有关。

[**爻辞**] 初九：已事遄（chuán）往，无咎。酌损之。

象曰：已事遄往，尚合志也。

[**白话**] 初九：办成了事就赶快前往，没有灾难。要酌量减损。

《象传》说：办成了事就赶快前往，是因为与上位者心意相合。

所谓"已事"（办成了事），是指泰卦的九三与上六完成换位，形成了损卦。"遄"意为赶快、迅速。初九一上场就知道，下卦三个阳爻要有一个上去帮助上卦。既然要办成此事，就要赶快去做。初九代表下卦发言，提醒九三赶快前往。但是，初九自己则要酌量减损，因为下卦减损一个阳爻就够了，再多就不适合了。

初九与六四正应，六四的爻辞也提到"遄"（使遄有喜），显示了两爻之间的互动。六四代表上卦发言，它们都在等着下卦的阳爻上来帮忙，使它们赶快有喜庆。初九的《小象传》说"尚合志也"，代表初九与六四心意相合。

[**爻辞**] 九二：利贞，征凶。弗损，益之。

象曰：九二利贞，中以为志也。

[**白话**] 九二：适宜正固，前进有凶祸。不要减损，就有增益。

《象传》说：九二适宜正固，是因为以居中为其心意。

九二适宜正固，如果它也减损的话，就会有凶祸。因为下卦已经减损了一个阳爻，再损一个就过头了。

所谓"弗损，益之"，是说九二不必自损，就可以帮助君王六五。九二与六五正应，九二代表刚健进取的大臣，六五代表温和谦退的君王。

损卦三个阳爻的《小象传》都提到"志"。初九说"尚合志也"，即初九要配合上面六四的心意。九二说"中以为志也"，即九二以居中为其心意。上九说"大得志也"，因为泰卦的下卦乾真诚地想去帮助上卦坤，上九充分实现了这个心意。

[**爻辞**] 六三：三人行则损一人，一人行则得其友。

象曰：一人行，三则疑也。

[**白话**] 六三：三人一起行走就会减去一人，一人行走就会得到友伴。

《象传》说：一人行走，因为三人会引起猜疑。

六三的爻辞很有特色。所谓"三人行则损一人"，是说泰卦的下卦乾本来有三个阳爻，现在九三与上六换位，减损了一个阳爻。所谓"一人行则得其友"，是说上九这个阳爻上去，可以与六四、六五为友。同理，六三也是一个人下来，可以与初九、九二为友。经过这次换位，下卦变成兑，兑为喜悦；上卦变成艮，可以适时停下来。

损卦

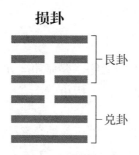

艮卦

兑卦

[**爻辞**] 六四：损其疾，使遄有喜，无咎。

象曰：损其疾，亦可喜也。

[**白话**] 六四：减损他的疾病，让他赶快欢喜起来，没有灾难。

《象传》说：减损他的疾病，也是值得欢喜的。

六四的疾病从何而来？因为它在互震（九二、六三、六四）中，震为行动，为决躁，引申为犹疑不定的毛病。

损卦

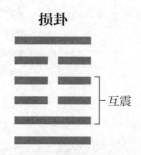

互震

六四以阴爻居柔位，它在上卦中，等待下卦的阳爻前来支持。六四与初九正应，初九提到"已事遄往"，六四提到"使遄有喜"，两爻都提到了"遄"（赶快）。可见，在减损六四的疾病时，越快越好。进一步来看，去除疾病要靠医师，改正过错要靠老师。初九可以代表医师或老师。六四要与初九配合，有了疾病要抓紧医治，有了过错要尽快改正。

[**爻辞**] 六五：或益之十朋之龟，弗克违。元吉。

象曰：六五元吉，自上佑也。

[**白话**] 六五：有人增益他价值十朋的龟，不能拒绝。最为吉祥。

《象传》说：六五最为吉祥，是因为从上位者得到保佑。

损卦从九二到上九形成一个放大的离卦，离为龟；六五又在互坤（六三、六四、六五）中，"十"为坤之数，所以说"十朋之龟"，即价值不菲的宝龟。六五爻变，上卦为巽，巽为近利市三倍，代表六五可以得到宝龟。

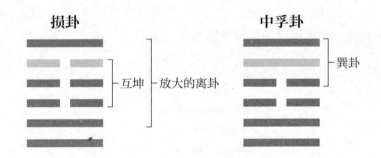

六五居中，下有九二正应，上有上九可以相承，所以六五的处境非常理想。六五与九二之间都是阴爻（六三、六四），没有任何阻碍，代表六五可以直接获得帮助，并且不能拒绝，所以得到"元吉"。《小象传》说："六五元吉，自上佑也。"意即六五是元吉，因为它从上位者得到保佑。换言之，上九是损卦的主爻，是损下益上的代表，它主要就是来帮助六五的。

[**爻辞**] 上九：弗损，益之，无咎。贞吉。利有攸往，得臣无家。

象曰：弗损益之，大得志也。

[**白话**] 上九：不是减损，而要增益，没有灾难。正固吉祥。适宜有
所前往，得到臣民而没有自己的家。

《象传》说：不是减损而要增益，是为了充分实现自己的
心意。

上九的"弗损，益之"是说，它本身没有损失，反而可以受益。
九二的"弗损，益之"是说，九二不必自损，就可以帮助君王六五。
两爻的意思不一样。上九的爻辞也提到"利有攸往"，与卦辞的说法
相同。可见，上九确实是损卦的主爻，可以代表损卦的主要特性。

上九是从泰卦九三来到上位的，它下临互坤（六三、六四、六
五），坤为众、为臣民。它离开原来泰卦的下乾，等于离开自己的
家。二者合起来就是"得臣无家"。对上九来说，这非但不是损失，
反而充分实现了他的心意。

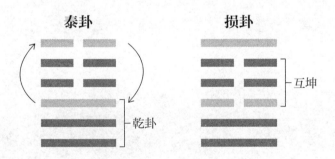

总之，损卦的主旨是损下益上、损己利人。从泰卦的下乾，分
一个阳爻到上坤，使阴阳相互交往，形成山泽损的格局。损卦三个
阳爻都有帮助阴爻的心意：初九要往上配合六四的心意；九二以居
中为其心意；上九充分实现了自己的心意。三个阴爻的处境是：六

三如果不减损一个的话，就会引起猜疑；六四有喜庆；六五可以得到上面的保佑。损卦有三个"无咎"，一个"元吉"，只有九二是"征凶"，因为下卦已经减损了一个阳爻，九二再减损就过头了。可见，损卦是一个不错的卦。

三、修养秘诀：别生气、少欲望

损卦的主旨是损下益上、损己利人、损刚益柔，使阴阳相互配合，形成全新的格局。损卦六爻也遵循同样的宗旨，阳爻诚心诚意去帮助阴爻，而阴爻会受到阳爻的照顾。

综合来看，损卦有四个重点。

第一，损奢以从俭。在物质方面，要以俭约为主。损卦的《象传》提到"二簋可用享"，说明只要有虔诚的心意，就可以用简单的供品来祭祀神明。孔子也说过："礼，与其奢也，宁俭。"（《论语·八佾》）

第二，损不善以从善。在个人修养方面，要做到损卦《大象传》所说的"惩忿窒欲"。君子要抑制自己的愤怒，杜绝自己的欲望。

第三，损己以利人。损卦三个阳爻都有损己利人的心意。泰卦的九三与上六换位，形成了损卦。上九作为损卦的主爻，与底下的初九、九二密切配合，使中间三个阴爻都得到了照顾。

第四，在损与不损之间，要仔细斟酌。初九提到"酌损"，因为下卦已经损失了一个阳爻，所以初九要酌量减损。九二与上九都提到"弗损，益之"，但意思不同：九二不必自损，就可以帮助君王六五；上九自己没有损失，反而可以受益。因此，我们要斟酌损益，不能一味减损。

《系辞下传》强调，损卦谈的是德行的修炼。损失自己的时间和精力去帮助别人，开始这样做是困难的，后面就会越来越容易，可谓"先难而后易"。损己利人可以避开祸害，受到广泛的欢迎，所以损卦的卦辞出现了"元吉"。

损卦六三的爻辞很有特色，它说："三人行则损一人，一人行则得其友。"舜的故事可以作为该爻的例证。舜在家里受到父母和弟弟的排斥。父母（有如一人）、舜加上弟弟，就是"三人行"。"三人行则损一人"代表舜离开了父母和弟弟；"一人行则得其友"代表舜离开家之后，受到尧的重用。

孔子在《系辞下传》对损卦六三的爻辞进行了发挥，他说："天地的阴阳二气亲密流通，万物得以变化而丰富。雄性与雌性精血交合，万物得以变化而产生。《易经》上说：'三人一起行走就会减去一人，一人行走就会得到友伴。'说的是阴阳要合而为一。"[1]孔子从天地间阴阳配合的现象，说明人间也遵循同样的道理。

现代人也有占到损卦的例子。有位朋友在学校教书，由于表现出管理方面的特长，被某大学附属医院聘为副院长。他对这件事有些犹豫，不知道该不该接受，就用筹策占了一卦。结果占到损卦，变爻上九，爻辞说："弗损，益之，无咎。贞吉。利有攸往，得臣无家。"

"损"这个卦名听起来让人担心，以为会蒙受损失，其实不然。损卦谈的是损己利人，由此可以得到"元吉"。现在这位朋友占到上九，爻辞说"得臣无家"，说明他会取得官位，晋升为管理阶层；不过，他也会十分忙碌，与家人团聚的时间将大大减少。很多人都会面对家庭与事业要如何兼顾的问题。爻辞也提到"无咎。贞吉。利有攸往"，代表他接受聘任没有太大问题，可以向前发展，为大众服务。

人到中年以后，或许有机会成为社会的栋梁，实现人生的理想。此时若瞻前顾后，裹足不前，将来难免会有遗憾。人各有志，每个人都要自己做出取舍。这位朋友了解了损卦的内涵之后，决定接受这个挑战，并且考虑要增加与家人的互动。

---

① 原文："天地氤氲，万物化醇，男女构精，万物化生。《易》曰：'三人行则损一人，一人行则得其友。'言致一也。"

还有一个与金钱往来有关的案例。有个朋友借给别人一笔钱，已经过了约定的还款期限，对方仍没有还钱的意思。他担心这笔钱收不回来，就在《易经》课上占了一卦。结果占到损卦六三，爻辞说："三人行则损一人，一人行则得其友。"这句爻辞似乎与还钱没什么关系，又该如何理解呢？

我在帮他解卦时，先分析了全卦的格局。我说："占到损卦，代表损下益上、损己利人。你可能会在金钱方面蒙受一些损失；但是，你的损失可以帮助别人，让别人对你心存感激，并促进社会的善良风气，所以未必是坏事。再看变爻，六三的爻辞说'三人行则损一人'，代表少了三分之一。由此看来，你借给别人的钱，恐怕会损失三分之一。"听完我的讲解之后，他吓了一跳，说："怎么这么准呢？"因为他当时正在跟欠款人协商，打算让对方偿还债务的三分之二，正好损失了三分之一，所以他觉得不可思议。

这个占卦案例值得参考。爻辞说"三人行则损一人"，并没有涉及金钱。但是稍作转换就知道，他借出去的钱会损失三分之一。我在解卦时，心中没有挂碍，纯粹是就卦爻辞来加以说明的。正如《礼记·经解》所说："絜静精微，《易》教也。""絜静"就是心思清洁又安静，"精"代表深入，"微"代表微妙。我们在解卦时，要按照当下的时空条件，对卦爻辞进行合理的转换，不能执着于字面的意思。

如果占到损卦六五，代表有人会送给你很多财富，你还很难拒绝。六五非常吉祥，因为它位居中间，下有九二的正应，上有上九的支持。

下一节要介绍损卦的覆卦——益卦，将山泽损整个翻过去，就成了风雷益。

一、出手助人，声势不同凡响

42 风雷益，下震上巽

益：利有攸往，利涉大川。

象曰：风雷，益。君子以见善则迁，有过则改。

上九：莫益之，或击之，立心勿恒，凶。
象曰：莫益之，偏辞也。或击之，自外来也。

九五：有孚惠心，勿问元吉。有孚惠我德。
象曰：有孚惠心，勿问之矣。惠我德，大得志也。

六四：中行，告公从，利用为依迁国。
象曰：告公从，以益志也。

六三：益之用凶事，无咎。有孚中行，告公用圭。
象曰：益用凶事，固有之也。

六二：或益之十朋之龟，弗克违。永贞吉。王用享于帝，吉。
象曰：或益之，自外来也。

初九：利用为大作，元吉，无咎。
象曰：元吉无咎，下不厚事也。

本节要介绍《易经》第42卦益卦。益卦与损卦互为覆卦，将山泽损整个翻过来，就变成了风雷益。"损益"二字在儒家、道家的经典中都出现过。在今天的企业界，损益表是重要的财务报表。在人生的过程中，损与益也是常见的现象。

《序卦传》说："损而不已必益，故受之以益。"一直减损下去，接着一定要有所增益，所以接着出现了益卦。前面的损卦是从泰卦的下卦乾减损一个阳爻到上卦坤，可谓损下益上、损己利人。益卦则倒过来，是从否卦的上卦乾下来一个阳爻到下卦坤，可谓损上而益下。

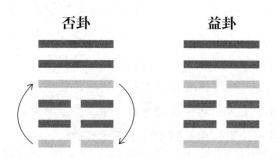

否卦　　　　　　益卦

《杂卦传》说："损益，盛衰之始也。"损卦是损下益上，有如损民而利君，为衰退之始；益卦则是损上利下，为兴盛之始。

益卦也是修德九卦之一。《系辞下传》说："益，德之裕也。"即益卦谈德行的充裕。当一个人德行充裕时，自然会帮助别人。接着说："益，长裕而不设。"益卦提醒我们，要经常帮助别人而没有任何造作。最后说："益以兴利。"即益卦可用来兴办各种福利。

益卦的主旨是损上益下，代表统治阶级可以调配国家的资源去照顾百姓，所以在爻辞中多次提到国家大事。

[**卦辞**] 益：利有攸往，利涉大川。

[**白话**] 益卦：适宜有所前往，适宜渡过大河。

在《易经》64卦中，有七个卦的卦辞提到"利涉大川"，八个卦的卦辞提到"利有攸往"。但是，只有益卦的卦辞同时出现了"利有攸往"与"利涉大川"。可见，益卦的气势与格局不同凡响。

[**象传**] 象曰：益，损上益下，民说（yuè）无疆。自上下下，其道
大光。利有攸往，中正有庆。利涉大川，木道乃行。益动而
巽，日进无疆。天施地生，其益无方。凡益之道，与时偕行。

[**白话**]《象传》说：益卦，减损上方而增益下方，百姓的喜悦没有
止境。从上方来到下方之下，它的道德大放光明。适宜有所
前往，如此则居中守正而有喜庆。适宜渡过大河，是因为木
舟之道从此可以通行。益卦一行动就能顺利，每日进步没有
止境。上天施化，大地生养，增益并没有固定的方式。凡是
增益的法则，都是随着时序而运行的。

　　益卦的《象传》说："益卦，减损上方而增益下方，百姓的喜悦
没有止境。"代表统治者能够全心全意照顾百姓，为百姓化解各种困
难，使他们过得平安愉快。

　　"自上下下"代表否卦从上卦下来一个阳爻，到了初九的位置，
从而形成了益卦。益卦从初九到九五构成放大的离卦，离为明，所
以说"其道大光"。益卦既有九五又有六二，所以说"中正有庆"。

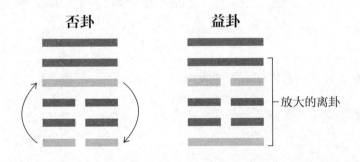

否卦　　　　　益卦

放大的离卦

　　前文提到，如果某个卦的卦辞提到"利涉大川"，那么其上下
卦的组合中必定包含乾卦或巽卦。益卦的上卦为巽，巽为风、为木，
所以适宜渡过大河。

益卦下卦震代表行动，上卦巽代表顺利，所以说"益动而巽"，即益卦一行动就能顺利。"日进无疆"意为每天进步没有止境，这是一种理想的状态。

益卦与损卦的《象传》都强调"与时偕行"。自然界随着时序而运行，有时减损，有时增益。但是，人间的损益则需要智慧的判断。

关于"损益"，有一种简单的理解方式，就是对自己简约，对别人宽厚。把减损别人的用在自己身上，可以让自己的生活简约而丰富；把增益自己的加在别人身上，可以发挥自己的能力，凝聚人心。换言之，损卦要把自己当成别人来看待，对自己客观一些；益卦则要把别人当成自己来看待，对别人主观一些。益卦提醒统治者，要用心照顾百姓，让百姓生活富足，如此才能凝聚人心，集中力量办大事。

[象传] 象曰：风雷，益。君子以见善则迁，有过则改。

[白话]《象传》说：风与雷的组合，这就是益卦。君子由此领悟，看到善行就要跟着去做，自己有错就要立即改正。

益卦的结构是风雷益。因此，迁善当如风之速，改过当如雷之勇。看到善行就要立刻效法，要像风一样迅速；有了错误就要立即改正，要像雷一样威猛。这一益一损之间有双倍的利益，可以快速提升自己的人格修养。

总之，占到益卦，代表你站在领导的位置上，要考虑如何照顾属下。益卦的卦辞同时出现了"利有攸往"和"利涉大川"，这在64卦中是唯一的。《象传》提到"民说无疆"，亦即百姓的喜悦没有止境；又强调增益没有固定的方式，都是随着时序而运行的。这些说法非常适合统治者参考借鉴。

益卦的《大象传》强调"见善则迁，有过则改"，这是个人修养方面最好的建议。"见善则迁"符合人性向善的基本要求，可以让人性得到充分的发展；同时，一旦发觉自己在情绪、欲望方面有偏差，就要立刻改正。将两方面配合起来，坚持不懈地修炼自己，一定会让别人刮目相看。益卦是修德九卦之一，经过长期的修炼，有很好的德行，自然会为百姓兴办各种福利。百姓有困难，就帮他解决；百姓有需要，就让他满足。可见，益卦是一个很好的卦。

益卦六爻有两个"元吉"，在64卦中仅此一见。在《易经》64卦384爻中，总共只有12个"元吉"，而益卦就占了两个，所以我们把它选为十大好卦之一。

二、大气魄，可以办大事

益卦的结构是风雷益。风与雷的组合，让人觉得声势浩大。益卦的主旨是损上益下，主要谈的是统治阶级如何照顾百姓，所以爻辞涉及的都是国家大事，与百姓的生活息息相关。

[**爻辞**] 初九：利用为大作，元吉，无咎。

象曰：元吉无咎，下不厚事也。

[**白话**] 初九：适宜用来推动大事，最为吉祥，没有灾难。

《象传》说：最为吉祥而没有灾难，是因为下位者不必全力侍奉上位者。

益卦由否卦的初六与九四换位而来。益卦初九是从上卦下来的，负责照顾底下的百姓。百姓不必费心侍奉上位者，反而是上位者要为百姓服务。这是非常好的观念。

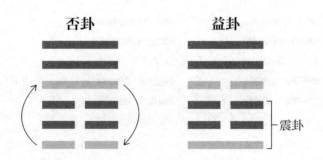

古代是农业社会，所谓的"大事"显然以农业耕种为主。益卦下卦为震，震为春天，适宜稼穑，为农事之始。此外，像尧舜的禅让、汤武的革命，都属于关系国家命运的大事。初九在下卦震中，具有行动力，所以适宜推动这些大事。

初九与六四正应，初九说"利用为大作"，六四说"利用为依迁国"，都提到了"利用"，显示了两爻之间的互动。

[**爻辞**] 六二：或益之十朋之龟，弗克违。永贞吉。王用享于帝，吉。

象曰：或益之，自外来也。

[**白话**] 六二：有人增益他价值十朋的龟，不能拒绝。长久正固吉祥。君王用以祭献上帝，吉祥。

《象传》说：有人增益他，是从外部来的。

六二在互坤（六二、六三、六四）中，十为坤之数。"十朋"代表价值不菲。从初九到九五，构成一个放大的离卦，离为龟，所以说"或益之十朋之龟"。

否卦九四从上卦（外卦）来到底下，成为益卦初九，给予六二很大的支持，所以《小象传》说"或益之，自外来也"。

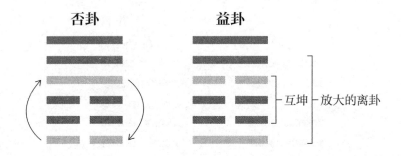

"王用享于帝"的"王"指九五。六二既中且正，又与君王九五正应，两爻之间没有任何阻隔，所以君王会安排六二来祭祀上帝。益卦的主旨是损上益下，受益最多的就是六二。

[**爻辞**] 六三：益之用凶事，无咎。有孚中行，告公用圭（guī）。

象曰：益用凶事，固有之也。

[**白话**] 六三：用增益之物救助灾荒，没有灾难。有诚信而行中道，用珍圭告知王公。

《象传》说：用增益之物救助灾荒，这是本来就有的职责。

　　古代所谓的"凶事"，是指水火之灾、兵戎战争，或者有百姓死伤之事。六三爻变，出现互坎（六二、九三、六四），坎代表凶险，可能出现各种灾难。

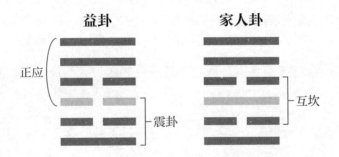

　　六三与上九正应，所以说"有孚"（有诚信）。"中行"是就全卦而言，三、四为中，所以六四的爻辞也提到了"中行"。

　　"告公用圭"的"圭"为珍圭，是珍贵的玉器。《周礼·春官·典瑞》说："珍圭以征守，以恤凶荒。"意即用珍贵的玉器作为印信，可以带兵征伐或守卫，也可以救助凶灾荒年。六三在下卦震中，震为诸侯，诸侯称公；震又为鸣，有告知之意。初九是从否卦的上卦乾下来的，乾为玉，合之为"告公用圭"。统治者救助灾荒，是损上益下的结果，也是上位者本来就有的职责。

[**爻辞**] 六四：中行，告公从，利用为依迁国。

象曰：告公从，以益志也。

[白话] 六四：行中道，告知王公而且跟从，适宜用来做依靠而迁移
国都。

《象传》说：告知王公而且跟从，是要增强自己的心意。

迁都是国家大事，也要走在中道上。六四与初九正应，初九在
下卦震中，震为诸侯，可以称公；六四在上卦巽中，巽为随顺。合
起来就是"告公，从"，即告知王公而且跟从。

六四自己到了上卦，等于把互坤（六二、六三、六四）往上带。
坤为地，为众，引申为国；并且，六四要依靠九五，所以说"利用
为依迁国"。国指国都。至于六四的"志"，则是全卦所倡导的"损
上益下"。

古代常有迁都之事，目的是增进百姓的安全与福祉。六四在上
卦巽中，巽为绳直，引申为工匠；又在互艮（六三、六四、九五）中，
艮为门阙，引申为宫室。合起来就是迁造宫室，有"迁国"之象。

益卦

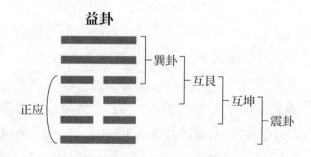

[爻辞] 九五：有孚惠心，勿问元吉。有孚惠我德。

象曰：有孚惠心，勿问之矣。惠我德，大得志也。

[白话] 九五：有真诚施惠之心，不必占问也最为吉祥。实实在在感

念我的恩德。

《象传》说：有真诚施惠之心，就不必再去占问了。感念我的恩德，是充分实现了我的心意。

九五代表君王，它的爻辞有三点特色。

第一，九五出现了本卦第二个元吉。

第二，九五两次提到"有孚"。在《易经》384爻中，只有益卦九五和比卦（䷇，第8卦）初六，在同一个爻里两次提到"有孚"。比卦代表与别人合作，刚开始合作时，也要有充分的诚信。

第三，九五两次提到"惠"。爻辞先说"有孚惠心"，代表九五有真诚造福百姓之心。九五在放大的离卦（从初九到九五）中，离为龟，可供占卜。但真诚照顾百姓之事，不必占问也是元吉。爻辞又说"有孚惠我德"，代表百姓实实在在感念九五的恩德。九五对百姓施惠，百姓也感念九五的恩德，双方配合得非常理想。

九五居互坤（六二、六三、六四）之上，坤为众，有万民感戴之象。这对君王而言，可谓"大得志也"。

益卦六四与九五的《小象传》都提到了"志"，六四是"以益志也"，九五是"大得志也"，说明六四与九五可以密切配合。另外，损卦上九的《小象传》也提到"大得志也"，因为上九是损卦的主爻，是损下益上的代表。

[**爻辞**] 上九：莫益之，或击之，立心勿恒，凶。

象曰：莫益之，偏辞也。或击之，自外来也。

[**白话**] 上九：没有人来增益他，却有人来打击他，他立定的心思无法长期守住，有凶祸。

《象传》说：没有人来增益他，是因为说的是普遍情况。有人来打击他，是因为要从外卦下来了。

益卦一路上来，声势浩大，让人大为震撼。但是走到上九，则出现了问题。上九本来应该损上益下，但是走到益的最高点，就会物极必反，变成损人利己。上九在上卦巽中，巽为风，风吹不定，所以说它"立心勿恒"。上九缺乏照顾百姓的恒心，只求有益于自己，就会有人来打击它，出现凶祸。

益卦

┤巽卦

总之，益卦九五代表君王，由于底下每个爻都听从号令，所以九五可以充分实现照顾百姓的心意。初九适宜推动国家大事，满足百姓的各种需求。六二可以祭祀上天，感谢上天的保佑。当百姓遇到灾荒、死伤或兵戎之事，六三能够尽职尽责地照顾他们。六四甚至可以承担迁都这样的重任，增进百姓的安全和福祉。然而物极必反，益卦走到上九就会出现问题，统治者只考虑自己的利益而忽略百姓的需求，就会受到沉重的打击。

本书评选"十大好卦"的标准是：占验之辞至少有四个"吉"或"利"或"亨"，并且没有"凶"字。只有益卦是个例外，它的爻辞出现了一个凶字；但是它有两个"元吉"，足以抵消上九的一个"凶"，所以也被列入十大好卦。

三、女儿结婚，远嫁国外

益卦的主旨是损上益下，代表统治者具有德行、能力与智慧，可以大有作为，充分实现自己的心意，改善百姓的生活。益卦有恢宏的格局，爻辞涉及许多国家大事。

占到益卦初九，代表适宜推动国家大事。在历史上，尧舜的禅让、汤武的革命，都可以作为初九的例证。初九是全卦主爻，是损上益下的代表，只有充分尽到自己的责任，才能得到"元吉"的结果。初九的关键在于"下不厚事也"，亦即统治者要千方百计为百姓考虑，而不要让百姓全力侍奉统治者，如此才能够顺天应人，成就非常之事。

占到六三，代表可能发生天灾人祸。此时要做到"有孚中行"，亦即有诚信而行中道；还要做到"告公用圭"，亦即不能专断，要上告国君，动必以礼。譬如，孔子在得知齐国的田常杀害了国君之后，首先斋戒沐浴，然后上朝报告鲁君，建议出兵讨伐。^①这正是"告公用圭"的合宜表现。

盘庚迁殷可以作为益卦六四的例证。商朝的盘庚打算把国都迁到亳，他在行动之前首先上告祖先，等于是用祭祀祖先的名义，让官员与百姓了解迁都的意义。另外，六三、六四的爻辞都提到了"中行""告公"这两个词。

孔子在《系辞下传》对益卦上九做了精彩的发挥。孔子说："君子要安顿好自己才行动，心情平静了才说话，建立了交情才求人。君子能做好这三个方面，所以能够万无一失。如果自身危险而行动，

---

① 出自《论语·宪问》。原文：陈成子弑简公。孔子沐浴而朝，告于哀公曰："陈恒弑其君，请讨之。"

百姓不会来参与；心情恐惧时说话，百姓不会有响应；没有交情而求人，百姓不会来帮助。没有人支持他，伤害他的人就来到了。《易经》上说：'没有人来增益他，就有人来打击他，所立定的心思无法长期守住，有凶祸。'"①

换言之，统治者要心系百姓，不断修养自己的言行，才能取得百姓的信赖。如果没有百姓的支持，就会出现反对的力量。孔子的这段话非常全面，即使你不是领导阶层，也要谨记这些教诲。益卦前面五爻都很好，上九走完了益卦，为百姓服务的想法开始动摇，为个人谋利的想法占了上风，所以会出现凶祸。

现代人也有占到益卦的案例。我曾在北京开《易经》班，有位广州来的同学觉得很有收获，就希望我去广州开班，让当地的朋友有机会学习《易经》。这位同学是一位有实力的企业家，行动力很强，他很快就找到几个志同道合的同学，前往广州安排招生事宜。其中一位同学为此事占了一卦，结果占到中孚卦，变爻九二，爻辞说："鸣鹤在阴，其子和之。我有好爵，吾与尔靡之。"意即大鹤在树荫下啼叫，它的小鹤啼叫应和。我有美酒一罐，要与你共享。这段话用大鹤与小鹤之间的啼叫共鸣，形容彼此很有默契，有好东西要共同分享。在《易经》384爻中，这句爻辞是最富有诗意的。据此看来，广州《易经》班的开班应该没有什么问题。

另外，还可以根据爻变之后的之卦，来预测未来的发展。九二爻变之后，变成风雷益。益卦的卦辞说："利有攸往，利涉大川。"即适宜有所前往，适宜渡过大河。这句卦辞相当振奋人心。后来，在广州陆续开办了一系列国学班，学员中有夫妻档、父子档、父女

---

① 原文：子曰："君子安其身而后动，易其心而后语，定其交而后求。君子修此三者，故全也。危以动，则民不与也；惧以语，则民不应也；无交而求，则民不与也；莫之与，则伤之者至矣，《易》曰：'莫益之，或击之，立心勿恒，凶。'"

档，正可谓"鸣鹤在阴，其子和之"，大家相互鼓励，相互支持，一起在经典中分享人生的智慧。

中孚卦　　　　益卦

变爻

还有一个占到益卦的案例。前文提到，深圳有一位企业家曾占到屯卦初九，我对他说："你是屯卦的主爻，充满了动力，但是外面有危险，所以你的想法会遇到阻力，无论如何也过不去。"后来证实，他在美国纽约盖大楼的计划遇到了很大阻力。

这个问题占完之后，同学们纷纷举手提问。我找了另一位同学，请他先别说问题，任意联想三组三位数。经过计算，从下往上是4、5、4，即风雷益，变爻六四，爻辞说："中行，告公从，利用为依迁国。"我就说："你的问题跟出国有关。"这个同学立刻惊呼："真是不可思议！"

原来，他的女儿与一个德国人订了婚，准备远嫁德国，他想问这件事的发展如何。在《易经》384爻中，占问出国远嫁，没有哪个爻比益卦六四更适合的。这里可以把"公"当作父母亲，亦即要告知父母，适合依从男友而远嫁德国。现场的同学无不惊讶。他任意联想了三组三位数，占卦结果居然跟他女儿的处境相吻合。可见，存在某种心电感应的现象，使《易经》占筮成为"有意义的偶然"。

益卦代表管理者要去照顾员工，或者长辈照顾晚辈，此时要做好全力助人的心理准备。如果占到益卦上九，就要提醒自己：以善益己，己益而人不损；以利益己，人损而己不益。亦即用行善来帮助自己，那么自己获益的同时，别人也没有损失；用利益来帮助自己，那么不仅别人会有损失，自己也不能受益。因此，我们要深刻理解损益之间的关系。

如果一个卦顺风顺水，到了结束阶段就要特别当心。泰卦（䷊，第11卦）就是如此，前面一直很顺利，走到上六就出现了问题。益卦上九同样值得警惕。

另外，还可以将损卦与益卦对照来看。损卦六五与益卦六二的爻辞，前半句都提到"或益之十朋之龟，弗克违"。损卦是损下益上，所以六五获益最大；益卦是损上益下，所以六二获益最大。并且，益卦六二还提到"君王可以用来祭祀上帝"，因为益卦六二与君王九五正应，所以六二可以承担这项重任。

一、黎明前的黑暗，忍耐一下

43 泽天夬，下乾上兑

夬：扬于王庭。孚号有厉。告自邑，不利即戎，利有攸往。

象曰：泽上于天，夬。君子以施禄及下，居德则忌。

上六：无号，终有凶。
象曰：无号之凶，终不可长也。

九五：苋陆夬夬，中行无咎。
象曰：中行无咎，中未光也。

九四：臀无肤，其行次且。牵羊悔亡，闻言不信。
象曰：其行次且，位不当也。闻言不信，聪不明也。

九三：壮于頄，有凶。君子夬夬独行，遇雨若濡，有愠，无咎。
象曰：君子夬夬，终无咎也。

九二：惕号，莫夜有戎，勿恤。
象曰：有戎勿恤，得中道也。

初九：壮于前趾，往不胜为咎。
象曰：不胜而往，咎也。

本节要介绍《易经》第43卦夬（guài）卦。夬卦从下往上有五个阳爻，只有上六是唯一的阴爻，所以上六就成了全卦主爻。夬卦是消息卦之一，代表农历三月，是春天最后的阶段。再往上推一步，就变成六爻皆阳的乾卦，代表农历四月，是夏天的开始。

《序卦传》说："益而不已必决，故受之以夬。夬者，决也。"夬卦前面是益卦，一直增益下去，最后一定会溃决。"夬"就是溃决的意思。把"决"字的"水"偏旁去掉，就变成了"夬"字。夬卦的卦象是泽上于天，非要崩溃决堤不可。它的《象传》说："夬，决也，刚决柔也。"亦即底下五个阳爻将按照发展的趋势，把唯一的阴爻上六赶走。

[**卦辞**] 夬：扬于王庭。孚号有厉。告自邑，不利即戎，利有攸往。

[**白话**] 夬卦：在君王的朝廷上显扬出来。有诚信而呼号有危险。从封邑前来告知，不适宜出兵作战，适宜有所前往。

"扬于王庭"是指上六，它在君王九五之上，一柔乘五刚，压制了底下五个阳爻，所以说它"在君王的朝廷上显扬出来"。

"孚号有厉"意为"有诚信而呼号有危险"。这是指底下五个阳爻，它们必须互相戒惕，在赶走阴爻这个目的没有完成之前，一定要小心谨慎。

《易经》中的"邑"是指自己的采邑。"不利即戎"是说不要向外作战，而要修炼自己，因为还有一个上六卡在上面。最后，阳爻仍要继续发展，所以说"利有攸往"。

[**象传**] 象曰：夬，决也，刚决柔也。健而说，决而和。扬于王庭，柔乘五刚也。孚号有厉，其危乃光也。告自邑，不利即戎，所尚乃穷也。利有攸往，刚长乃终也。

[**白话**]《象传》说：夬卦，是决断的意思，刚强者要决断柔顺者。刚健而喜悦，决断而温和。在君王的朝廷上显扬出来，是因为柔顺者凌驾在五个刚强者之上。有诚信而呼号有危险，它的危险才会广传出去。从封邑前来告知，不适宜出兵作战，是因为往上走没有去路。适宜有所前往，是因为刚强者成长

到最后就会终止。

夬卦下卦乾为健，上卦兑为悦，所以说"健而说"。所谓"决而和"，是说下面五个阳爻按照趋势要除掉上六，决心要坚定，但态度要温和。否则，上面的小人会有反制动作，可能会导致各种后遗症。

《彖传》接着提到"柔乘五刚"。在《易经》中，"柔乘刚"已经很严重了，而夬卦是"柔乘五刚"，不免让人心惊胆战。

夬卦有五个阳爻，阳爻为实，所以说"有诚信"；上卦为兑，兑为口，为号。五个阳爻互相提醒有危险，它的危险才会广传出去，让大家不要松懈。不能因为拥有五个阳爻，尤其是占据了九二和九五这两个中位，就觉得大局已定。事实上，最后的阶段反而是最困难的。

《彖传》接着说："从封邑前来告知，不适宜出兵作战，是因为往上走没有去路。"夬卦再往上走一步，把上六推走，就变成纯粹的乾卦。但是，夬卦本身不适宜采取行动，五个阳爻必须安于现状，到了最后才"利有攸往"。《彖传》说："适宜有所前往，是因为刚强者成长到最后就会终止。"等到乾卦出现时，六爻皆阳，阳爻也将盛极而衰，这是自然界的规律。

夬卦的趋势是底下五个阳爻要除掉上面一个阴爻，照理说没什么问题；但是《彖传》提醒你，不能完全依靠乾卦刚强的力量，而要采取和悦的态度，同时要有戒惕之心。在帝王专制时代，如果保存小人，就会伤害君子；但是如果除去小人，就有可能伤害国家。因为一旦把小人除去，他们所掌管的重要位置就会出现破口，天下往往也跟着乱了。历史上有很多这样的教训，比如，东汉末年，袁绍除掉了作乱的宦官，但是东汉的灭亡也跟袁绍有直接的关系。唐朝末期也一样，崔胤除掉了宦官，而唐朝的灭亡也跟崔胤直接有关。

夬卦的卦辞提到"孚号有厉"，"厉"就是危险。在《易经》64

卦中，只有夬卦的卦辞提到"厉"字，说明夬卦的格局确实值得警惕，因为全卦唯一的阴爻还在最上面。

对于古代社会来说，上六可以代表女子、小人或夷狄。譬如，历史上常把夏商周灭亡的责任推给某位女子，这种情况就符合夬卦的格局。另外，在一个朝代灭亡之际，一定会出现小人占据高位、君子束手无策的局面。至于夷狄，魏晋时期的"永嘉之乱"、宋朝的"靖康之耻"都是由夷狄造成的。一开始，你以为它只是一个阴爻，不值得担心，但它往往会导致严重的问题。

在个人修养方面，夬卦上六代表还有私欲没有除尽，此时仍要保持戒心，不能松懈。夬卦提醒我们慎终之道，人始终要保持忧患意识和危机意识。

[象传] 象曰：泽上于天，夬。君子以施禄及下，居德则忌。

[白话]《象传》说：沼泽到了天的上方，这就是夬卦。君子由此领悟，要分配利禄给下属，并以自居有德为忌讳。

夬卦的结构是泽上于天，泽也代表恩泽。泽在高位必然向下流注，所以君子要分配利禄给下属，而不能自私自利；要把恩泽当作上天给的恩泽，把俸禄当作上天给的俸禄，而不能自居有德。如果利用俸禄表现自己的恩惠，甚至把施惠当作自己的德行，怎么能不让人厌恶呢？

总之，夬卦是消息卦之一，从下往上有五个阳爻，只有上六是唯一的阴爻。在时间上，代表农历三月，是春天最后的阶段。夬卦的趋势是阳爻推走阴爻，但是在当前的形势下，一个阴爻仍然压制了五个阳爻。如果君子以为形势一片大好，而忽略了有一个小人高高在上，就有可能破坏整个社会的安定。

在个人修养方面，上六代表还有一点私欲没有除尽，所以要特别注意慎始慎终《老子·第64章》说："民之从事，常于几成而败之。不慎终也。慎终如始，则无败事。"意即百姓做事，常在快要成功时反而失败。是因为不能谨慎到最后。事情结束时，能像开始时那么谨慎，就不会招致失败了。事实上，不只百姓应该如此，政治领袖更应该有这样的体认。

夬卦相当凶险，六爻中有两个"凶"，一个"无咎"，而没有一个"吉"字。夬卦充满了忧患意识，提醒你要有戒惕之心，在大功告成之前，不能麻痹大意。

二、走在正路上，一切平安

夬卦的结构是泽天夬，底下五个阳爻，上面一个阴爻，唯一的阴爻上六就成了主爻。夬卦是消息卦，阳爻的势力虽然壮盛，但上六处在"物以稀为贵"的优势地位，一个阴爻压制了五个阳爻，所以夬卦的爻辞充满了警惕的意味。

［爻辞］初九：壮于前趾，往不胜为咎。
　　　象曰：不胜而往，咎也。

［白话］初九：前进的脚趾壮健，前进而不能胜任，就是灾难。
　　　《象传》说：不能胜任而前往，这就是灾难。

在消息卦中，夬卦的前面一步是大壮卦（䷡，第34卦），底下四个阳爻，上面两个阴爻。大壮卦强调"大壮则止"，因为"四阳二阴"是理想状态，再往前走一步就变成了夬卦。

大壮卦初九说"壮于趾"，夬卦初九则说"壮于前趾"。夬卦初九位置太低，等于处在脚趾的部分，无法做全盘的考虑，只能跟着上面四个阳爻往前走。它比大壮卦初九更有前进的动力，但它的力量无法胜任。初九与九四不应，与主爻上六也没有直接的关系，对上六构不成任何威胁。既然不能胜任，又何必前往呢？前往只会招致失败的结果，有害而无益。

［爻辞］九二：惕号，莫（mù）夜有戎，勿恤。
　　　象曰：有戎勿恤，得中道也。

［白话］九二：戒惕而有呼号，夜晚会出现兵寇，不必担忧。

《象传》说：出现兵寇而不必担忧，是因为取得居中的路。

九二爻变，下卦为离，并且出现了互巽（六二、九三、九四）。离为戈兵，巽为风、为号，两者合起来就是有兵寇而呼号，提醒你要小心警惕。同时，离为日，上卦兑为西山，日在西山之下为暮夜。不过，九二居中而行，虽然有兵寇，也不必过度忧虑。

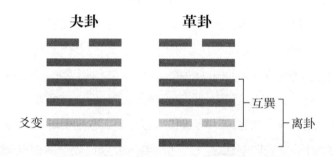

九二为何要呼号呢？它是在提醒所有的阳爻修炼自己，这呼应了卦辞所说的"告自邑"。在夬卦六爻中，九二的"勿恤"还算是不错的。虽说夜晚会出现贼寇，但是九二距离上六相当远，只要保持戒惕，就不会受到它的压力。

[爻辞] 九三：壮于頄（qiú），有凶。君子夬夬独行，遇雨若濡，有愠，无咎。

　　　象曰：君子夬夬，终无咎也。

[白话] 九三：颧骨壮健，会出现凶祸。君子果敢决断而独自前行，遇雨打湿衣服，有怒气，但没有灾难。

　　　《象传》说：君子果敢决断，最终没有灾难。

"頄"为脸颊上的颧骨。九三在下卦乾中，乾为首；九三往上又是互乾（九三、九四、九五），所以说"壮于頄"。九三以阳爻居刚位，刚猛的样貌可以想见，但是它往上是互乾，所以未必可以施展能力，反而可能出现凶祸。

夬卦只有九三与上六正应，所以九三必须采取果决的立场，以避免产生各种误会。九三与九五的爻辞都提到"夬夬"，因为它们都跟主爻上六有关（九三与上六相应，九五与上六相比），它们必须表现出果敢决断的态度，让别人清楚它们的立场。

九三独自前行，遇到下雨，打湿了衣服。《易经》里提到下雨，往往是指阴阳二气相感。九三与上六正应，上六在上卦兑中，兑为泽，泽在上就变成雨。而下卦为乾，乾为衣，所以说"遇雨若濡"。

九三爻变，出现互离（九二、六三、九四），离为火，所以说"有愠"。九三与上六正应，容易被人误会，甚至受到牵连，难免会有怒气。此时是要表现刚猛之气，还是要修养自己呢？两相权衡，不可莽撞行动。九三如果配合上六这个小人，当然会有问题；如果他表现出怒气，不跟上六同流合污，就不会有灾难，正所谓"有愠，无咎"。

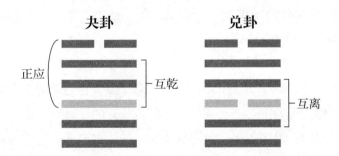

[爻辞] 九四：臀无肤，其行次且（zī jū）。牵羊悔亡，闻言不信。
　　　象曰：其行次且，位不当也。闻言不信，聪不明也。

[白话] 九四：臀部没有皮肤，行走十分艰难。牵羊而进，懊恼就会消失，但是听到这话却不相信。

《象传》说：行走十分艰难，是因为位置不恰当。听到这话却不相信，是因为耳朵听不清楚。

九四以阳爻居柔位，无力阻挡底下三个阳爻的上冲，很容易受伤，所以说它"臀无肤"。九四想前进，却处在柔的位置，所以行动起来十分艰难。九四进入上卦兑，兑为羊，所以九四只要像羊一样被九五牵着走，懊恼就会消失。

为何说它"闻言不信"呢？因为九四在上卦兑中，兑为口、为言；九四爻变，上卦为坎，坎为耳；兑又为毁折，合起来就是"聪不明也"。九四听到"牵羊悔亡"却不相信，是因为耳不聪，目不明。

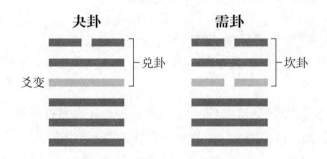

夬卦的主爻是上六，九三与上六正应，九五与上六相比；九四夹在九三、九五中间而无所攀缘，所以说它"聪不明也"。九四若能了解自己的处境，懊恼就会消失。

[**爻辞**] 九五：苋（huàn）陆夬夬，中行无咎。

象曰：中行无咎，中未光也。

[**白话**] 九五：山羊果敢决断的样子，居中而行没有灾难。

《象传》说：居中而行没有灾难，是因为中道尚未光大。

"莧陆"为细角山羊，因为上卦为兑，兑为羊。古代很多专家把"莧"字念成"苋"（xiàn），代表一种柔脆的草。但是，九五没有任何与草有关的象，所以还是要念成"莧"（huán）。

　　九五与主爻上六相比，并且上卦为兑，兑为悦，所以九五可能一时心软，受到上六的蛊惑；但是它必须采取果决的态度，不能犹豫不决。九五居中而行，却只得到"无咎"，是因为中道尚未光大。

　　九三和九五虽然都需要"夬夬"（采取果决的态度），但夬卦的原则是"决而和"（决断而和悦），所以九三悬崖勒马，"终无咎也"；九五居中而行，也可以"无咎"。

[爻辞] 上六：无号，终有凶。

　　　　象曰：无号之凶，终不可长也。

[白话] 上六：不用呼号，最终会有凶祸。

　　《象传》说：不用呼号而有凶祸，是因为最终的结束不会长久。

　　上六在上卦兑中，兑为口、为号。但是，上六再怎么呼号也无济于事，因为按照消息卦的趋势，它很快就会被推走了。

　　整体来看，夬卦六爻没有一个"吉"字，最好的结果只能做到"无咎"（九三、九五）；初九是"咎"；九二居中，所以"勿恤"（不用担心）；九四是"臀无肤"，行动不便；到上六则出现了"凶"字。由此可见，夬卦确实让人多加警惕。

三、该表态时就表态

夬卦是消息卦，底下是五个阳爻，唯一的阴爻上六就成了全卦主爻。消息卦看趋势。夬卦虽然看起来形势大好，但是上六压制了底下所有的阳爻。可见，在大功告成之前，仍要保持高度的警惕，时刻提防小人。

夬卦初九提醒我们：就算很想往前发展，也要审时度势；如果不能取胜而贸然前往，反而会造成灾难。所以，此时最好安静自处。由此联想到孟子"杯水车薪"的比喻。孟子说："仁德战胜不仁德，就像水战胜火一样。现在实践仁德的人，就像用一杯水去救一车木柴的火；火没有熄灭，就说这是水不能战胜火。这样就给了不仁德最大的助力，最后连原先的一点点仁德也会丧失的。"[①]

前文提到，五行（木、火、土、金、水）之间有相生相克的关系，水可以克火。所以，孟子譬喻说"仁之胜不仁也，犹水之胜火"。但是，用一杯水去救一车木柴的火，显然无济于事。你看到火没有熄灭，就说水不能战胜火。换言之，如果你的善行就像一杯水那么少，那么不仅无法压制恶势力，还会让你对行善失去信心，这样反而不好。这与夬卦初九的观念是相通的。

关于夬卦九二，古代有一些相关的占卦案例。后唐明宗的时候，有一个叫路晏的人，他夜里去上厕所，盗贼就藏在附近。他发觉屋外有动静，就拿着蜡烛去探查。这时强盗出来对他说："不用害怕，我看你做人还算正直，所以不会杀你。"强盗没有拔剑，就匆匆离去

---

① 出自《孟子·告子上》。原文：孟子曰："仁之胜不仁也，犹水之胜火。今之为仁者，犹以一杯水救一车薪之火也；不熄，则谓之水不胜火。此又与于不仁之甚者也，亦终必亡而已矣。"

了。此后，路晏不管白天还是晚上都保持警戒，以防不测。后来，他找了一个名叫黄贺的人来占卦，问自己最近的时运如何，结果占到夬卦九二，爻辞说："戒惕而有呼号，夜晚会出现兵寇，不必担忧。"占卦结果竟然跟路晏的遭遇一模一样。接着，黄贺提醒他，虽然有危险，但是这场灾难已经过去了，不必担心，因为爻辞提到了"勿恤"。(见《太平广记》)

另外，宋朝有个人叫王子献，也占到过夬卦九二，帮他占卜的人说："晚上你会遇到一些惊恐之事，但不必担心，这件事过去之后，你会获得兵权。"夬卦下乾上兑，乾卦与兑卦在五行中都属于金，金与带兵打仗有关，所以说他会获得兵权。不久，王子献果然在夜间遇到贼寇；又过了一段时间，他被任命为元帅。占卦结果完全应验了，听起来很神奇。

如果占到夬卦九三，要特别留意"有愠无咎"这四个字，亦即你的脸上显示出怒气，就不会有灾难。九三与主爻上六正应，一方面你不能逞强，因为你再怎么逞强也斗不过上六；另一方面，你要显示出果决的态度，不跟上六妥协，这样就不会有灾难。

现代也有占到夬卦的案例。有一次，一个朋友占问亲戚的健康情况，结果占到夬卦九四，爻辞说："臀部没有皮肤，行走十分艰难。牵羊而进，懊恼就会消失，但是听到这话却不相信。"我对他说："你这个亲戚现在的身体状况很不理想，坐也不是，站也不是，行走也十分艰难。"因为他问的是健康问题，所以我只解释了"臀无肤，其行次且"这句话，没有再解释爻辞的后半部分。

听了我的讲解之后，这个朋友觉得不可思议。他的亲戚患了癌症，行动不便，目前正在接受化疗，情况不容乐观。提问的这位朋友本来是理工科的高材生，经过这次占卦，他发现国学里也有深刻的人生智慧，从此开始认真学习《易经》。

另外，有个朋友在报社工作，与主管格格不入，总是想"不如辞职算了"。他为此烦恼多时，最后求助于占卦，结果占到夬卦九五，爻辞说："苋陆夬夬，中行无咎。"意即山羊果敢决断的样子，居中而行没有灾难。夬卦是消息卦，爻是从下往上走的，上六虽是主爻，但它即将退出大局。这位朋友占到九五，正好被上六压制，只要他守住中道，就可以无咎。所以我提醒这个朋友说："你不必多虑，你的主管可能很快就会离开这个岗位，不是退休就是升迁。"

至于这个主管是不是小人，则仁者见仁，智者见智。《易经》是从占问者的角度来提供建议的。对占问者来说是小人的，对别人或许是贵人。并且，一个人如果受不了小人的折磨，又如何担当大任呢？所以我特别提醒他"中行无咎"。除了自己行得正，还要联合其他君子，大家同心同德，一起把工作做好。只要用心正大光明，努力行善避恶，最后总有施展抱负的机会。

在朝代更迭之际，很容易找到夬卦上六这样的角色。譬如，在东汉末期汉献帝时，可以找到曹操；在宋高宗时，可以找到秦桧。夬卦的《大象传》就像是在警示这些人，希望他们把利禄分配给下属，并以自居有德为忌讳，如此才能暂时保住自己的前程。

秦朝的李斯父子也是夬卦上六的代表。秦始皇死后，李斯配合赵高倒行逆施，最后被赵高陷害。当李斯父子被押往刑场时，他语重心长地对儿子说："我想跟你一起牵着大黄狗，出上蔡东门去打猎，已经不可能了。"[①]上蔡原来属于蔡国，后来为楚国所灭。李斯是上蔡人，他年轻的时候，经常带着儿子出上蔡东门去打猎。他后来帮助秦始皇取得了天下，但是最后想回到从前那种安生的日子而不可得。这就是夬卦上六的下场，此时再怎么呼号也没有用，结局就是凶。

---

① 出自《史记·李斯列传》。原文：斯出狱，与其中子俱执，顾谓其中子曰："吾欲与若复牵黄犬俱出上蔡东门逐狡兔，岂可得乎！"遂父子相哭，而夷三族。

夬卦的内容相当生动，就好像一群君子眼看着就要除掉当权的小人，将国家导入正途，此时绝不能掉以轻心，必须步步为营。正所谓"行百里者半九十"，没走完最后十里路，就不能算是大功告成。

下一节将介绍夬卦的覆卦——姤卦，把泽天夬整个翻过去，就成了天风姤。

一、不要小看这个女子

44 天风姤，下巽上乾

姤：女壮，勿用取女。

象曰：天下有风，姤。后以施命诰四方。

上九：姤其角，吝，无咎。
象曰：姤其角，上穷吝也。

九五：以杞包瓜，含章，有陨自天。
象曰：九五含章，中正也。有陨自天，志不舍命也。

九四：包无鱼，起凶。
象曰：无鱼之凶，远民也。

九三：臀无肤，其行次且，厉，无大咎。
象曰：其行次且，行未牵也。

九二：包有鱼，无咎，不利宾。
象曰：包有鱼，义不及宾也。

初六：系于金柅，贞吉。有攸往，见凶。羸豕孚蹢躅。
象曰：系于金柅，柔道牵也。

本节要介绍《易经》第44卦姤卦。"姤"（gòu）即邂逅，代表两人不期而遇。姤卦与夬卦是正覆关系，将泽天夬整个翻过去就成了天风姤。《序卦传》说："决必有所遇，故受之以姤。姤者，遇也。"夬卦是五个阳爻把唯一的阴爻上六决断而去，但有去就有回，将来一定会有新的遇合，所以接着出现了姤卦。

姤卦也是消息卦，唯一的阴爻初六从底下上场，面临上面五个阳爻。按照消息卦在《易经》中出现的顺序，姤卦是最后一个上场的。它代表农历五月，是夏季的中间，本来是一年中最热的阶段，但是一个阴爻从底下上场了。

[**卦辞**] 姤：女壮，勿用取女。

[**白话**] 姤卦：女子强壮，不要娶这样的女子。

姤卦是"一比五"的格局，唯一的阴爻初六就成了主爻。消息卦看趋势，初六会带着别的阴爻陆续上场，所以说"女壮"。卦辞提醒君子，不要娶这样的女子，因为一旦她的势力发展壮大，阳爻就要逐个消退了。

在《易经》的卦爻辞中，如果出现了"勿用"的说法，就代表一个明显的提醒。譬如，乾卦初九说"潜龙勿用"，提醒你不要有任何作为。蒙卦（䷃，第4卦）六三也出现过"勿用取女"的说法。姤卦则是在卦辞中直接强调"勿用取女"，特别提醒你：占到姤卦时，不可大意，不能因为初六是柔弱的阴爻，又处在全卦底部，就轻视它，甚至亲近它，如此将导致严重的后果。

在《易经》64卦中，只有四个卦的卦辞提到"女"字。第一个是咸卦（䷞，第31卦）的"取女吉"，即娶妻吉祥。第二个是家人卦（䷤，第37卦）的"利女贞"，即适宜女子正固。第三个是姤卦的"女壮，勿用取女"，与咸卦"取女吉"的说法完全相反。第四个是渐卦（䷴，第53卦）的"女归吉"，即女子出嫁吉祥。

[**象传**] 象曰：姤，遇也，柔遇刚也。勿用取女，不可与长也。天
地相遇，品物咸章也。刚遇中正，天下大行也。姤之时义
大矣哉。

[**白话**]《彖传》说：姤卦，就是指相遇，是柔顺者遇到刚强者。不
要娶这样的女子，是因为无法与她一起成长。天与地二气相
遇，各类事物都彰显生机。刚强者遇到居中守正的机会，天
下一切顺利进展。姤卦的时势意义太伟大了。

　　姤卦是此消彼长的格局，初六会带着别的阴爻陆续上来，上面
的阳爻将随之消退，所以《彖传》说"不要娶这样的女子，是因为
无法与她一起成长"。

　　《彖传》接着说："天地相遇，品物咸章也。刚遇中正，天下大
行也。"这段话对姤卦做了正面的发挥。阳爻代表天，阴爻代表地。
俗话说："孤阴不生，独阳不长。"现在天地二气得以相遇，各类事
物都彰显了生机。所谓"刚遇中正"，是说阳爻占据了九二、九五这
两个中间的位置，可以居中守正。姤卦的卦象是天下有风，代表天
下一切都顺利进展。

　　《彖传》最后说："姤之时义大矣哉。"这句话可以从两个角度来
理解：一方面，阴阳要有相遇的机会；另一方面，要注意阴爻的发
展趋势。《易经》对阳爻和阴爻持不同的态度。譬如，复卦（䷗，第
24卦）是一个阳爻在下，上面有五个阴爻。它以"复"为卦名，"复"
就是返回到原来的路上，等于欢迎初九这个阳爻的光临。姤卦则是
一个阴爻在下，对上面五个阳爻构成了威胁，卦辞就提醒阳爻，要
小心防范这样的女子。由此不难看出《易经》的基本立场。

　　在阴阳相遇时，要特别注意"刚遇中正"的原则，只要阳爻守
住九二、九五这两个中间的位置，就不用太担心。对于人与人的相
遇，要"遇之以其道"，做到"以义制利，以礼制欲，以敬制怠"，
亦即用道义来约束利益，用礼仪来约束欲望，用严肃来约束怠慢。
能够采取这样的态度，就无不可遇之阴爻。

[象传] 象曰：天下有风，姤。后以施命诰四方。

[白话]《象传》说：天下有风在吹，这就是姤卦。君王由此领悟，
要发布命令，诏告四方。

《易经》里提到"命"，通常与乾卦（☰）或巽卦（☴）有关。
姤卦是天风姤，同时具备了乾卦与巽卦，所以《大象传》说"后以
施命诰四方"。巽为风，所以君王在发布命令时，要诏告四方，像风
一样传遍每个角落；巽亦为入，所以命令要深入人心，产生实际的
效果。

"后"是指接在"先王"之后的君王。古代常把夏朝称作"夏后
氏之世"，因为夏朝的大禹是从尧、舜这两位先王那里接过的君位。
后来，诸侯国的国君也可以称作"后"。

姤卦需要多加警惕，稍有不慎就会陷入难以收拾的局面。初六
是姤卦主爻，每个阳爻都要设法与初六建立关系。既要建立关系，
又要多加防范，这里面的尺度很难把握。在初六刚刚上场时，很少
有人能够意识到后面的巨大隐患。

历史上常把一个朝代的灭亡归咎于某个弱女子。比如，夏桀宠
爱妹喜，商纣宠爱妲己，周幽王宠爱褒姒。这显然是推卸责任的做
法。后代最有代表性的例子，是唐高宗把武则天纳入后宫，他怎么
会料到唐朝将来会被这个弱女子控制呢？

姤卦所谓的"女子"，在古代也可以理解为"小人"或"夷
狄"。譬如，宋朝在建国之初受到辽国的侵犯，于是设法借助女真
（后来的金国）的力量来对付辽人，但最后宋朝也惨败在金人手上。
这些例子都说明，一开始认为对方力量微小，而忽略了后续的发展，
最后就会变得一发不可收拾。

总之，姤卦是消息卦，代表农历五月，唯一的阴爻初六在最底

下，上面是五个阳爻，所以初六就成了全卦主爻。它会带着别的阴爻陆续上来，所以卦辞提醒阳爻"勿用取女"。在《易经》64卦中，卦辞里直接提到"勿用"的，除了屯卦（䷂，第3卦）的"勿用有攸往"，就是姤卦的"勿用取女"。

　　"勿用"是一个明确的警告，它告诫上面五个阳爻：千万不要因为初六地位低、年纪轻、势力小就轻视它，将来它会由下而上逐渐发展，阳爻是挡不住的。另外，由于初六是主爻，所以五个阳爻都要设法与它相遇，关键是"刚遇中正"，以正道来相遇。如果相遇的方法不对，还是会产生各种困扰。

二、又是此消彼长的开始

姤卦是消息卦，只有初六一个阴爻，所以初六成了主爻。姤是"相遇"的意思。本节要介绍姤卦各爻的爻辞。

[**爻辞**] 初六：系于金柅（ní），贞吉。有攸往，见凶。羸豕孚蹢躅（zhí zhú）。

　　象曰：系于金柅，柔道牵也。

[**白话**] 初六：捆缚在缫车的金属横杠上，正固吉祥。有所前往，会见到凶祸。拴缚住的猪确实在跳动挣扎。

　　《象传》说：捆缚在缫车的金属横杠上，是要把柔顺者的路牵制住。

初六的爻辞可分为三个部分。首先，要把初六捆缚在缫车的金属横杠上，正固吉祥。纺织的缫车下面有一块止动的木头，有如刹车，是为"柅"。初六上面是互乾（九二、九三、九四），乾为金，所以说"金柅"。初六在下卦巽中，巽为绳，所以说"系于金柅"。初六能够稳定下来，就会吉祥。

姤卦

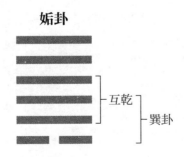

接着，为何说"有所前往，会见到凶祸"呢？因为初六与九四正应，它很想往上走；但姤卦是消息卦，初六往上走的话，阳爻就要退走了。初六对每个阳爻都有或大或小的威胁，可谓"天下遇其凶"。

爻辞最后说："拴缚住的猪确实在跳动挣扎。""羸"意为用绳子捆住。初六在下卦巽中，巽为豕（猪）。古人常用"豕"来描写负面的状况。人有各种欲望，最可能陷溺其中的是食与色，所以古人常用"驴"代表色欲，用"豕"代表食欲，有时也用"豕"来代表食与色。比如，《西游记》中的猪八戒就被描写为"食肠如壑，色胆如天"，说他的肚肠像沟壑一样永远填不饱，并且色胆如天，无所顾忌。另外，巽为风、为进退，有跳动挣扎之象。初六一直在跳动挣扎，正是卦辞所谓的"女壮"。可见，要安顿好这个初六并不容易。

[爻辞] 九二：**包有鱼，无咎，不利宾。**
　　　　象曰：**包有鱼，义不及宾也。**

[白话] 九二：包裹中有鱼，没有灾难，不适宜招待宾客。
　　　　《象传》说：包裹中有鱼，理当分配不到宾客。

《易经》常以"鱼"代表阴爻。上可以包下，九二所包之鱼就是初六："姤"意为"相遇"，所以先遇先得。九二先遇到初六，所以捷足先登，先把初六包住了。"不利宾"的"宾"指九四，九四虽与初六正应，现在却被九二从中拦截，使九四成为"包无鱼"。

换个角度来看，也可以说九二挡住了初六：初六一直在跳动挣扎，想要往上走；而九二是阳爻里面第一个遇到初六的，它处在中间的位置，挡住了初六的脚步。

[爻辞] 九三：臀无肤，其行次且，厉，无大咎。

　　　　象曰：其行次且，行未牵也。

[白话] 九三：臀部没有皮肤，行走十分艰难，有危险，但没有大
　　　　灾难。

　　　　《象传》说：行走十分艰难，是因为行走没有牵引的力量。

　　按照《易经》的惯例，如果一个卦只有一个阴爻，那么所有的
阳爻都希望跟它建立关系。在姤卦中，每个阳爻都希望与主爻初六
建立关系。九三的处境为何如此复杂呢？因为九三在九二之上，它
也想争取初六，但一争夺就会受伤，想进也进不得。

　　九三在下卦巽中，巽为股，所以说"臀"。九三以阳爻居刚位，
有动向，但是它与上九不应，所以说"臀无肤"。九三的位置很尴
尬，它下面的九二与初六相比，上面的九四与初六正应，九三自己
则与初六无应无比；并且九三爻变，下卦为坎，坎为险，所以说它
"行走十分艰难"。另外，巽有进退之象，代表九三进退两难。所幸
的是，九三没有大的灾难。

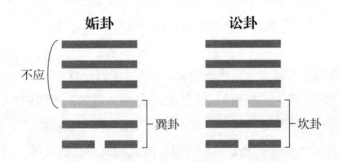

姤卦　　　　　**讼卦**

不应　　　　　　　　　　巽卦　　　　　　　　坎卦

　　九三的《小象传》说："行走十分艰难，是因为行走没有牵引的
力量。"姤卦九三与夬卦九四都提到"臀无肤，其行次且"，两者的
差别在于：夬卦九四在上卦兑中，兑为羊，所以可以"牵羊悔亡"；

而姤卦九三空有阳刚之力，却没有牵引的力量，所以处境更加糟糕。它必须少安毋躁，才能免于灾难。

[**爻辞**] 九四：包无鱼，起凶。

　　　　象曰：无鱼之凶，远民也。

[**白话**] 九四：包裹中没有鱼，发起行动会有凶祸。

　　　　《象传》说：没有鱼的凶祸，是因为远离了百姓。

　　九四与主爻初六正应，本来志在必得，但姤卦是先遇先得。九二先遇到初六，所以"包有鱼"；九四晚了一步，所以"包无鱼"。

　　所谓"起凶"，是说如果发起行动，就会造成凶的结果。九四不当位，又不居中，等于位置不对，德行也不够，怎么会得到百姓的支持呢？所以《小象传》说："没有鱼的凶祸，是因为它远离了百姓。"初六以阴爻居下位，可以代表百姓。九四在这种情况下，只好停下来。

[**爻辞**] 九五：以杞（qǐ）包瓜，含章，有陨（yǔn）自天。

　　　　象曰：九五含章，中正也。有陨自天，志不舍命也。

[**白话**] 九五：用杞树叶子包起瓜果，其内含藏文采，从天上掉落下来。

　　　　《象传》说：九五含藏文采，是因为居中守正。从天上掉落下来，是因为心意在于不放弃使命。

　　九五居君王之位，可以笼罩全卦，它也要设法照顾底下的初六。杞树是树高叶大的植物，取象于下卦巽，巽为木、为高。杞树叶子所包的瓜果为初六：杞树是一种参天大树，象征高高在上的君王；

瓜果长在地面，代表平民百姓。

九五爻变，上卦为离，离为光明，有文采，所以说"含章"，即其内含藏文采。《小象传》说："九五含藏文采，是因为居中守正。"最后，九五"从天上掉落下来"，是因为它愿意从上而下，包容底下的初六。《小象传》说："从天上掉落下来，是因为心意在于不放弃使命。"换言之，九五作为天子，必须奉行照顾百姓的使命。

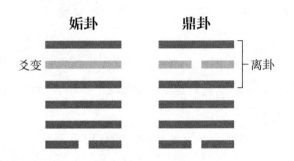

[爻辞] 上九：姤其角，吝，无咎。

象曰：姤其角，上穷吝也。

[白话] 上九：遇到头上的角，有困难，没有灾难。

《象传》说：遇到头上的角，是因为处在上位，没有去路而出现困难。

姤卦上卦为乾，乾为首。上九居上卦终位，有如头上之角。上九以刚居上，过刚容易出现困难。但是，上九最后没有灾难，是因为它离主爻初六最远，完全没有相遇的问题，这是由它的位置决定的。《小象传》说："遇到头上的角，是因为处在上位，没有去路而出现困难。"这是《易经》很多上爻共同的特色。

姤卦六爻中有很多警语。初六提醒你，绑在金属横杠上，安静下来就是吉，这是六爻中唯一的"吉"；如果有所前往，就会遇到凶祸。九二是"无咎"。九三是"无大咎"。九四是"起凶",发起行动会有凶祸。九五是"有陨自天",亦即从天上掉落下来。上九是"吝,无咎"。姤卦有两个"凶",三个"无咎",只有一个"吉",显然是一个让人担心的卦。

三、南方有强敌，果然厉害

姤卦是消息卦，代表农历五月。它的结构是天风姤，只有初六是阴爻，上面是五个阳爻。"姤"代表不期而遇，亦即没有事先约定好，就碰上了。这时关键要看你的位置正不正，能否将这样的相遇导入正途。姤卦是一个值得警惕的卦，它会带给我们怎样的启发呢？

占到姤卦初六时，你有三种选择。第一，处在初六的位置，将来必有发展，但是现在守正则吉。第二，你一定要往前走的话，可能会出现凶祸。姤卦是消息卦，初六终归会往上走的，只是要等待合适的时机。第三，你会不停地跳动挣扎，所以要了解自己的处境，少安毋躁。

占到九二，就要承担道义上的责任，把初六挡住或包住。这是正确的相遇之道，可以让初六安于其位。

占到九三，代表你也在寻求与初六的相遇，结果却进退两难。不过，只要你安静下来，不轻举妄动，就不会有太大的问题。

占到九五，要做到"以杞包瓜"，要从君王的位置上下来，努力寻求天下的人才，一起造福百姓。古代有两个例子很有代表性：一个是商朝的高宗，他梦到有一个受刑人在工地上干活，就把他找来当了宰相，那个人就是傅说，《尚书·说命》记载了这个故事；另一个例子是周文王遇到姜太公在钓鱼，他也像杞树一样纡尊降贵，礼遇民间的贤才。

占到上九，代表无法遇到底下的初六：上九到了最高的位置，路已经走完了，只好"安时而处顺"。古代很多圣贤都有这样的遭遇。譬如，孔子之道博大精深，在当时却没有用武之地；孟子的理想非常高远，但是同样没有施展抱负的机会。这正如遇到头上的角，地位虽然很高，但是也要准备退场了。

现代人也有占到姤卦的案例。有一年，我到韩国参加一个有关文化发展的会议。在会间茶歇时，我同几位韩国教授闲聊，有一位教授就分享了他为儿子占卦的案例。他的儿子刚考上大学，认识了一个女孩，想知道两人的关系会如何发展。这个父亲为此事占了一卦，结果占到姤卦，但他没有具体说占到哪一爻。

这个父亲就劝儿子不要跟这个女孩交往，他直接对儿子说："这个女孩有五个男朋友，你跟她交往，结果未必理想。"这反映了人们对姤卦的一般印象。姤卦的卦辞强调："女壮，勿用取女。"说明这个女孩虽然在"初"位，但是她很有潜力，将来会非常壮盛。她一旦成长，你就会衰退，既然如此，不娶她就没事了。因此，占到姤卦代表你会与别人相遇，此时要小心谨慎，认清发展的趋势，再根据自己所处的位置，做出恰当的应对。

我自己也占到过姤卦。2006年，我第一次到大陆介绍国学，出发前用筹策为自己占了一卦，结果占到姤卦，"九二、九四"两爻变。两爻变时，要以上面的变爻为主，所以要用九四的爻辞来解。九四说："包无鱼，起凶。"意即包裹中没有鱼，发起行动会有凶祸。看到这句话，我就做好了心理准备。九四虽然与初六正应，但是初六已经被九二抢先包走了，所以九四的爻辞会说"包无鱼"。

在接下来的两周里，我到上海、北京做了巡回讲座，分文不取。这是我第一次到大陆讲国学，别人为什么要给你课酬呢？愿意来听讲就不错了。我心里非常坦然，把这次大陆之行当作一次公益的国学推广活动。九四的《小象传》说："没有鱼的凶祸，是因为远离了百姓。"我过去几十年一直在台湾大学教书，人脉关系都在台湾，现在要到大陆推广国学，没有任何群众基础，所以我就安心接受了这个占卦结果。

不过，我也想知道后续的发展如何，就把九二、九四爻变，之卦为渐卦（☶☴，第53卦），代表渐渐往上发展。后来我在大陆推广国学，确实经历了一个循序渐进的过程。

还有一个占卦案例非常有趣。2015年，我到一所商学院讲授《易经》。讲完之后，班里的体育委员想要占一卦，他的问题是这次戈壁沙漠赛能否拿冠军。这是我第一次听说"戈壁沙漠赛"，完全不清楚它是如何比赛的。但这位同学是体育委员，由他提出这个问题是适当的，符合"三不占"的原则。我忘了当时占到什么卦，只记得结果出来之后，我当场就说："你们不可能拿冠军。"我一说完，全班一百多位同学几乎都站了起来，因为他们已经连得了四届冠军，那一年是第五届，可谓志在必得。当时是星期天下午，接下来的星期三进行了比赛，星期六就有了结果。他们这一次果然没拿到冠军。

　　第二年，这所商学院又请我去上课。下课时，一位女同学过来说，她是参加今年戈壁沙漠赛的队员，她想占问今年能否拿冠军。她给了三组三位数，经过计算，从下往上是5、1、5，即天风姤，变爻九五。九五是君王之位，本来很有希望，但偏偏姤卦是一阴五阳的格局，主爻是初六，九五这个君王对初六也是无可奈何。姤卦初六是"女壮"的代表，有很强的实力，所以我只回答了她一句话："南方有强敌。"因为姤卦下卦为巽，位于东南，虽然她占到九五，也无法阻挡消息卦的发展趋势。

　　我一说"南方有强敌"，这位同学的脸色立刻就变了，她说："听说南方某大学第一次派队来参加戈壁沙漠赛，他们的队员非常专业，志在必得，'南方的强敌'恐怕就是他们吧。"同样是星期天占卦，星期三开始比赛，结果那一届的冠军正是南方的那所大学。

　　经过这两次占卦，很多同学都为《易经》预测的准确性所折服。事实上，只要符合"不诚不占，不义不占，不疑不占"这三个原则，任何事都可以进行占问。我事先完全不清楚这些问题的背景和细节，只是根据对方给出的数字，通过简单的运算，得到某卦某爻，再根据卦爻辞来做进一步解释。占卦的结果总是令人惊讶，这就是《易经》的神奇之处。

一、五百年前是一家，一切好商量

45 泽地萃，下坤上兑

萃：亨，王假有庙。

利见大人，亨，利贞。用大牲吉。利有攸往。

象曰：泽上于地，萃。君子以除戎器，戒不虞。

上六：赍咨涕洟，无咎。
象曰：赍咨涕洟，未安上也。

九五：萃有位，无咎。匪孚，元永贞，悔亡。
象曰：萃有位，志未光也。

九四：大吉，无咎。
象曰：大吉无咎，位不当也。

六三：萃如，嗟如，无攸利。往无咎，小吝。
象曰：往无咎，上巽也。

六二：引吉，无咎，孚乃利用禴。
象曰：引吉无咎，中未变也。

初六：有孚不终，乃乱乃萃。若号，一握为笑。勿恤，往无咎。
象曰：乃乱乃萃，其志乱也。

本节要介绍《易经》第45卦萃卦。《序卦传》说："物相遇而后聚，故受之以萃。萃者，聚也。"前面的姤卦代表阴爻与阳爻再次相遇，相遇之后就会聚合在一起，所以出现了萃卦。萃是萃聚、聚合的意思。

萃卦的结构是泽地萃，泽在地之上，代表泽水聚合在一起。同时，"萃"字是草字头，象征泽地之旁绿草丛生，各以其类聚合。萃卦底下三个阴爻聚在一起，上面九四、九五两个阳爻聚在一起，顶部还有上六可以保护阳爻不会分散，从而形成下顺上悦的理想格局。

[**卦辞**] 萃：亨，王假（gé）有庙。利见大人，亨，利贞。用大牲吉，利有攸往。

[**白话**] 萃卦：要祭献，君王来到宗庙。适宜见到大人，通达，适宜正固。用大牲去祭祀，吉祥。适宜有所前往。

萃卦的卦辞中有两个"亨"字，但意思不同。第一个"亨"与"享"相通，意为祭祀。第二个"亨"意为通达。

这段卦辞可以分为三个部分。

首先，要举行祭祀，所以君王来到宗庙，"假"意为"来到"。在《易经》64卦中，卦辞出现"王假有庙"的只有两个：一个是萃卦，表示人群聚集；另一个是涣卦（䷺，第59卦），表示人群分散。可见，在人群聚散之际，君王要来到宗庙举行祭祀。宗庙祭祀是古代最隆重的集会，可以起到凝聚人心的作用。祭祀本于人心之所需，圣人制作祭祀之礼，目的是让人群各安其位，修德行善。

接着，卦辞又说"利见大人，亨，利贞"。大人指九五。人群聚集时，很容易出现纷扰，所谓"人聚则乱，物聚则争，事聚则杂"。这些情况唯有大人才能治理，所以说"利见大人"，然后才会通达，并且适宜正固。

卦辞又说"用大牲吉"。在64卦中，只有萃卦的卦辞提到"用大牲"。所谓"大牲"，是指杀牛来祭祀。对古人来说，最重要的事莫过于祭祀。祭祀往上能够与鬼神交往，往下能够接应百姓的心意，所以"用大牲"是非常重要的举措。卦辞最后说"利有攸往"，说明人心一旦凝聚起来，就可以向外谋求发展。

萃卦的卦辞强调"君王来到宗庙""用大牲去祭祀"，说明人群聚合之际，要透过宗教活动，让大家产生报本反始之心。一想到我们有共同的祖先，就会忘记眼前的得失，形成很强的凝聚力。

[彖传]　彖曰：萃，聚也。顺以说，刚中而应，故聚也。王假有庙，
　　　　致孝享也。利见大人亨，聚以正也。用大牲吉，利有攸往，
　　　　顺天命也。观其所聚，而天地万物之情可见矣。

[白话]　《彖传》说：萃卦，就是聚集的意思。顺从并且喜悦，刚强
　　　　者居中而有应和，所以聚集起来。君王来到宗庙，是要尽孝
　　　　心祭祀祖先。适宜见到大人而通达，是因为以正道来聚集。
　　　　用大牲去祭祀吉祥，并且适宜有所前往，是因为顺应天命。
　　　　观察它如何聚集，就可以见到天地万物的真实情况了。

萃卦下卦坤为顺，上卦兑为悦，所以说"顺以悦"。九五以刚爻居中，六二以阴爻正应，所以说"刚中而应"，代表上下完全配合。

《彖传》接着说："君王来到宗庙，是要尽孝心祭祀祖先。"这就是所谓的"报本反始"，然后说："适宜见到大人而通达，是因为以正道来聚集。"九五和六二都是既中且正，所以说"聚以正也"。

接着，《彖传》提到了"顺天命"，这三个字非常重要。后面的革卦（☰，第49卦）在《彖传》中提到"顺乎天而应乎人"，萃卦的《彖传》则直接说"顺天命"。这句话可以帮助我们了解《论语》中孔子自述生平的一句话。

孔子说自己"五十而知天命"之后，接着是"六十而［耳］顺"①。

────────────

① 出自《论语·为政》。原文：子曰："吾十有五而志于学，三十而立，四十而不惑，五十而知天命，六十而［耳］顺，七十而从心所欲，不逾矩。"

根据我的理解，"耳顺"的"耳"字是多余的，应为"六十而顺"。古人所谓的"顺"是指下顺上。孔子在《论语》中说过，君子应该知道天命并且敬畏天命①。接着自然就要顺从天命，这是合理的进展。并且，《论语》之后的《孟子》《大学》《中庸》《易传》这些儒家经典，从来没有出现过"耳顺"的说法，倒是萃卦的《象传》直接提到了"顺天命"。因此，孔子所谓的"六十而顺"是指他六十岁时可以顺从天命。

从卦象来看，"顺天命"是针对九五来说的。九五位居天位，又在互巽（六三，九四，九五）中，巽为风，引申为命令；下卦坤为顺，由此合"顺天命"的意象。

萃卦

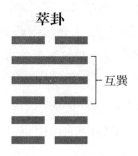

互巽

萃卦的《象传》最后说："观其所聚，而天地万物之情可见矣。"在《易经》64卦中，有三个卦的《象传》提到"天地万物之情可见矣"。第一个是咸卦（䷞，第31卦），它说："观其所感，而天地万物之情可见矣。"第二个是恒卦（䷟，第32卦），它说："观其所恒，而天地万物之情可见矣。"第三个就是萃卦（䷬，第45卦）。这三个卦启发我们，宇宙万物能够互相感应、保持恒久，并且各有聚集的

---

① 出自《论语·季氏》。原文：子曰："君子有三畏：畏天命，畏大人，畏圣人之言。小人不知天命而不畏也，狎大人，侮圣人之言。"

方式。

[**白话**]《象传》说：沼泽高出大地之上，这就是萃卦。君子由此领
　　　　悟，要修治兵器，警戒意外状况。

　　萃卦的《大象传》提醒我们，要居安思危，有备无患。在人群
聚合时就要想到，万物有聚就有散，不可能聚而不散，所以要修治
兵器，警戒意外状况。古人认为："国之大事，在祀与戎。"国家最
重要的事就是祭祀与武力。萃卦的卦辞提到"王假有庙，用大牲
吉"，谈的是祭祀方面；《大象传》则提醒我们，在军事武力方面，
也要做到有备无患。

　　既然天下万物都是有聚有散的，我们进一步就要了解它是怎么
聚的，又是如何散的。自然界有聚散、消长、盈虚的规律，人类要
运用自己的智慧，了解聚散之理，主动求聚而避散。

　　总之，萃卦的卦象是泽地萃，水在地上汇聚，将来也可能再度
分散。萃卦是下顺上悦的格局。三个阴爻聚在底下，符合它们的角
色。九四、九五两个阳爻聚在上面，可以互相配合，尽到统治者的
责任。上六以阴爻居最高位，代表祖先、鬼神的层次。如此一来，
萃卦就构成了一个完整而明确的意象。萃卦是一个好卦，它的六爻
皆无咎，代表整个社会有稳定的架构。

　　尤为重要的是，萃卦的《彖传》提到"顺天命"一词，它有力
佐证了孔子的"知天命、畏天命、顺天命"的观念。另外，咸卦、
恒卦、萃卦的《彖传》分别提到"观其所感""观其所恒""观其所
聚"，由此可以了解天地万物的真实情况。

二、各安其位，大家都有好处

萃卦的结构是泽地萃，卦辞中不但提到"王假有庙，利见大人"，还强调"利有攸往"，都是相当正面的说法。萃卦的爻辞又会带给我们哪些启发呢？

[**爻辞**] 初六：有孚不终，乃乱乃萃。若号，一握为笑。勿恤，往无咎。
象曰：乃乱乃萃，其志乱也。

[**白话**] 初六：有诚信而不能坚持到底，于是散乱于是聚集。如果号哭，一握手就笑了。不必担忧，前往没有灾难。
《象传》说：于是散乱于是聚集，是因为心意混乱。

初六的爻辞有些复杂。"萃"是聚集的意思，萃卦的主爻是九五，所以每个爻都要跟九五聚在一起。初六与九四正应，所以说它"有诚信"。但是，九四是主爻九五身边的大臣，初六与九四聚集，很难坚持到底，于是出现了先散乱、后聚集的情况。换言之，初六知道自己找错了人，他不应该跟九四聚集，而要通过九四的接引，达到与九五聚集的目的。

从卦象来看，初六追随九四的话，九四在互巽（六三、九四、九五）中，巽为风，引申为号哭。初六跟从九五的话，九五在上卦兑中，兑为悦，引申为笑。另外，初六与九五之间还有一个互艮（六二、六三、九四），艮为手，可以握。合而言之，就是"如果号哭，一握手就笑了"。

最后，初六既然决定跟从九五，就"不必担忧"了，并且"前往没有灾难"。初六又是哭又是笑，局面相当复杂。这说明在人群相聚时，不能跟错人，而要谨慎地做出选择。

萃卦

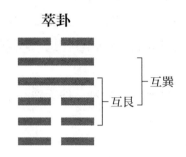

[**爻辞**] 六二：引吉，无咎，孚乃利用禴（yuè）。

象曰：引吉无咎，中未变也。

[**白话**] 六二：牵引到吉祥，没有灾难。有诚信，所以适宜举行禴祭。

《象传》说：牵引到吉祥而没有灾难，是因为居中的位置没有改变。

六二居中守正，又与九五正应。所以，六二要靠九五的牵引才能吉祥。

从"引"字可知，萃卦是从小过卦（☲，第62卦）演变而来。大多数卦都是从12个消息卦变来的，但是有五个卦来自小过卦。小过卦的九三与六五换位，就形成了萃卦。在小过卦中，六二与九三

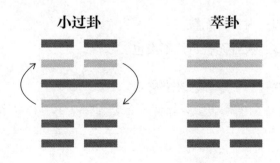

相比。变成萃卦后，九三换位到了九五，六二又与九五正应，这对六二来说正是"引吉"，代表君臣之间能够完全配合。此时要心怀感恩，最好的方式就是祭祀，所以说"孚乃利用禴"。"禴祭"是春天用应时的蔬菜来祭祀，供品虽然简单，内心却充满诚意。

[**爻辞**] 六三：萃如，嗟如，无攸利。往无咎，小吝。

象曰：往无咎，上巽也。

[**白话**] 六三：聚集的样子，叹息的样子，没有任何适宜的事。前往没有灾难，但有小的困难。

《象传》说：前往没有灾难，是因为上位者随顺。

萃卦每个爻都要同九五聚集，所以六三的爻辞提到"萃如"。但是，六三与九五非应非比，与上六也不应，所以说它"嗟如，无攸利"，即叹息的样子，没有任何适宜的事。

不过，六三与初六一样，都是"往无咎"，即前往没有灾难。初六"往无咎"，因为它可以通过九四而接近九五。六三也是"往无咎"，因为它在互巽（六三、九四、九五）中，可以用柔顺、谦退的方式相聚，亦即《小象传》所说的"上巽也"。

六三的爻辞提到"萃如"，九五提到"萃有位"，两爻均以"萃"字开头，说明正是这两爻的互换造成了萃卦。

[**爻辞**] 九四：大吉，无咎。

象曰：大吉无咎，位不当也。

[**白话**] 九四：非常吉祥，没有灾难。

《象传》说：非常吉祥而没有灾难，是因为位置不恰当。

九四的爻辞虽然简单，却有深刻的警示作用。九四既然是"大吉"，为何又说"无咎"呢？《小象传》解释说："非常吉祥而没有灾难，是因为位置不恰当。"

九四以阳爻居柔位，位置显然不恰当。但更重要的是，九四必须有"不敢当其位"的自觉，才能够"无咎"。九四往下直接面临三个阴爻，代表百姓都会聚在九四底下；九四往上接近九五，而它本身又是阳爻，所以有功高震主的风险。历史上很多谋朝篡位的大臣，都与萃卦九四的情况类似。

萃卦六爻均"无咎"，并且六二为"吉"，九四为"大吉"。六二与九五正应，所以得到"吉"。九四与九五相比，且两者都是阳爻，属于同德相比，所以得到"大吉"。

[**爻辞**] 九五：萃有位，无咎。匪孚，元永贞，悔亡。

象曰：萃有位，志未光也。

[**白话**] 九五：聚众而拥有君位，没有灾难。缺少诚信，开始恒守正固，懊恼就会消失。

《象传》说：聚众而拥有君位，是因为心意尚未广布。

萃卦底下三个阴爻都聚集在九四之下，所以九五虽有君王之位，但是显得诚信不足，没有得到"吉"。在下卦三爻中，六二与九五直接正应；初六与九四正应，六三直接上比九四，所以九五要靠九四才能把初六和六三聚在一起。九四在互艮（六二、六三、九四）中，艮为止，这让九五与百姓之间有了隔阂。九五只有从一开始就保持正固，才能让懊恼消失。可见，萃卦九五也面临很大的挑战。

萃卦

互艮

[**爻辞**] 上六：赍（jī）咨涕洟（yí），无咎。

象曰：赍咨涕洟，未安上也。

[**白话**] 上六：悲伤叹息而泪涕满面，没有灾难。

《象传》说：悲伤叹息而泪涕满面，是因为未能安居上位。

"赍咨"为嗟叹，为悲伤叹息。"涕洟"指泪涕满面，一把鼻涕一把泪的样子。上六与六三不应，孤立无援；又对九五乘刚，不安又不顺。眼看大家聚合而自己落单，所以哭得很伤心。从卦象来看，上六在上卦兑中，兑为泽、为口，有声泪俱下之象。上六的爻辞提醒我们：在天下安定时，仍要保持警惕之心；在最快乐的环境中，仍要有深刻的忧患意识。唯有如此，最后才能"无咎"。

上一节曾提到上六代表祖先、鬼神的层次，这里又说上六哭得很伤心，为什么两处的说法不同呢？因为卦辞是以整个卦来取象的，萃卦的卦辞谈到祭祀活动，就以上六作为祖先与鬼神的代表；而六爻的爻辞是分别取象的，上六有其特定的位置和处境，所以有不同的说法。

整体而言，萃卦是一个好卦，六爻皆无咎，还有两个"吉"。初六、六二、九五这三爻都提到"孚"字，说明在人群聚集时，从上到下都要有诚信，否则很难形成凝聚力。

三、僧多粥少，如何互相礼让

萃卦是一个好卦，六爻皆有"无咎"，六二与九四则出现了"吉"或"大吉"。萃卦的卦辞提到"王假有庙""利见大人""用大牲吉""利有攸往"，指出了人群聚合的关键所在。

古代的圣贤之君经常会思考天下纷乱之时，人民为什么会凝聚起来。比如，商朝末年，周武王带头反对商纣王的暴政，大家群起而响应。秦朝末年，刘邦入关后，废弃秦朝严苛的法令，与百姓约法三章，大家也愿意与他聚合。另外，天下太平之际，人群又为什么会分散？比如，汉朝末年三国鼎立，后来晋朝篡魏，平定了吴国，为什么后面会有"永嘉之祸"呢？因为晋朝在平定吴国之后就松懈了。唐朝也类似，唐玄宗在执政前期有"开元之治"，后面则出现了"天宝之乱"。对于人群的聚散，历史上有许多成败兴亡的教训，可以让我们对萃卦有更深刻的认识。

占到萃卦时，首先要知道这是一个好卦，但每个爻都要有适当的作为。占到初六，代表人群刚刚开始聚集，但是找九四聚合就错了，要以九五作为聚合的主体。换个角度来看，一个人如果不慎误入歧途，要设法为他开辟自新之路，这样才符合相聚之道。

六二的爻辞说："引吉，无咎，孚乃利用禴。"它的关键在于《小象传》所说的"中未变也"，即居中的位置没有改变。商汤发现伊尹，刘备找到诸葛亮，都是九五主动把六二牵引上来。但是，伊尹和诸葛亮不会因为君王的牵引，就改变他们的中道。所以，六二要走在中道上，坚持正义的原则，不能因为上面有人牵引你，就只问关系、不问是非了。

九四的爻辞颇有深意。九四是君王身边的重臣，底下三个阴爻直接依靠九四，容易让他萌生篡逆之心。比如，春秋末期有田氏篡齐的故事。齐国的田恒在孔子的时代就杀了国君，隔了三代之后，田氏子孙干脆直接取代了齐国国君。田氏为何能够成功篡位呢？因为他们在齐国的地位相当于萃卦的九四。田氏又称陈氏，他们的祖先来自陈国，住在"田"这个地方，后来世代出将入相，家大业大。遇到荒年时，田氏就把米借给百姓，百姓借米时用大斗来称，归还时用小斗来称。一来一往之间，百姓获利甚多，田氏借此收买了人心。最后，田氏成功篡齐，齐君从此不再是姜太公的后裔了。

后代一再发生类似的情况。譬如，魏晋时代的司马懿、司马昭父子，最初也是权倾朝野，类似于萃卦九四的位置，后来就篡位建立了晋朝。所以，萃卦九四的《小象传》提醒我们"位不当也"。换言之，九四要有"不敢当其位"的自觉，才可以"大吉，无咎"；否则，难免会导致天下大乱。

九五的爻辞说"萃有位"，即聚众而拥有君位。怎样才能长久保住君位，不再有懊恼呢？这就要参考孔子的一句话。鲁定公曾询问孔子："有没有一句话就可以使国家兴盛的？"孔子回答说："话不可以说得这样武断，如果勉强去找，有一句话是：'为君难，为臣不易。'"亦即做国君很难，做大臣也不容易。[①]

孔子的学问与智慧都是第一流的，他用七个字就总结了《尚书》的精神。《尚书》记载了夏、商、周三代的治国纲领，其中周朝的材料尤为丰富。周朝在建立之初、分封诸侯时，提醒这些国君应该如何治理国家、照顾百姓，其核心精神就是孔子总结的"为君难，为臣不易"这七个字。换言之，在君王九五的位置，绝不能掉以轻心；在大臣九四的位置，也不能放松懈怠。周公告诫诸侯必须做到"无逸"，亦即不可耽于逸乐，而要认真照顾百姓。

---

① 出自《论语•子路》。原文：定公问："一言而可以兴邦，有诸？"孔子对曰："言不可以若是其几也，人之言曰：'为君难，为臣不易。'"

现代人也有占到萃卦的案例。有个朋友计划与别人一起投资一项事业，他想预先知道合作的结果，就用数字卦来占。他随机给出三组三位数，经过运算得到8、2、2，即萃卦的六二，爻辞说："引吉，无咎，孚乃利用禴。"意即牵引到吉祥，没有灾难。有诚信，所以适宜举行禴祭。

我解释说："看到萃卦就不用太担心，因为它六爻皆无咎，六二还是吉。'萃'是聚集的意思，你打算与朋友合作投资，当然是一种聚集。并且，由'引吉'的'引'字就知道，这项投资应该是别人介绍的。合作必须有诚信，因为爻辞里有'孚'这个字。"这位朋友听了之后，点点头说："确实如此。"

爻辞提到的"禴祭"是古代的一种祭祀，对于现代人来说，应该如何理解呢？禴祭是古人在春季用应时的蔬菜来祭祀，贡品虽然简单，但是很有诚意。今天未必要举行禴祭的仪式，但是我们要提醒自己，不能仗恃自己的力量，以为不靠别人的帮助就可以成就各种事业。祭祀这种活动可以让人收敛心思，回溯本源，对神明和祖先表示衷心的感谢。中国人特别重视祭拜祖先，这不仅体现了中国文化的特色，也合乎人性的根本要求。所以我对这位朋友说："你可以回家祭拜祖先，感谢祖先的庇佑。"

对于如何光宗耀祖，《易经》一向主张以修德为主。譬如，蛊卦（☶，第18卦）六五的《小象传》就强调"承以德也"。要继承祖业、救治积弊，最好的方法就是用德行来继承。换言之，当你事业有成时，一定要设法回馈社会。如此一来，对于投资的成败也就不会斤斤计较了。祖先固然希望我们有过人的成就，但更希望我们有善良的行为，因为只有善良的行为才会带来真正的快乐。

萃卦对我个人最大的启发，是《象传》中"顺天命"的说法。我以此为依据，旁征博引，论证孔子所说的"六十而[耳]顺"的"耳"字是多余的，正确的说法应该是"六十而顺"，即孔子在60岁时可以顺从天命。孔子从55岁到68岁一直在周游列国，四处奔波，其间有两次遇到生命危险，他都毫不迟疑地把"天"抬了出来，这足以证明孔子是在顺从天命。另外，仪城的封疆官员在与孔子交谈之后，出来对孔子的学生说"天将以夫子为木铎"[1]。这也为孔子顺天命提供了一个有力的证据。

下一节要介绍萃卦的覆卦——升卦，把泽地萃整个翻过去，就成了地风升。

---

[1] 出自《论语·八佾》。原文：仪封人请见，曰："君子之至于斯也，吾未尝不得见也。"从者见之。出曰："二三子何患于丧乎？天下之无道也久矣，天将以夫子为木铎。"

一、如入无人之境

46 地风升，下巽上坤

升：元亨，用见大人，勿恤，南征吉。

象曰：地中生木，升。君子以顺德，积小以高大。

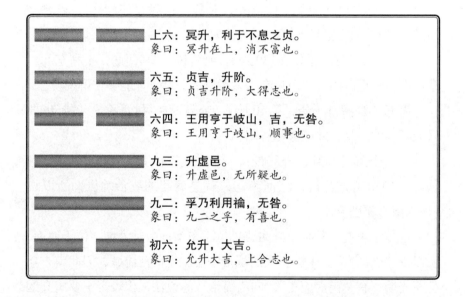

上六：冥升，利于不息之贞。
象曰：冥升在上，消不富也。

六五：贞吉，升阶。
象曰：贞吉升阶，大得志也。

六四：王用亨于岐山，吉，无咎。
象曰：王用亨于岐山，顺事也。

九三：升虚邑。
象曰：升虚邑，无所疑也。

九二：孚乃利用禴，无咎。
象曰：九二之孚，有喜也。

初六：允升，大吉。
象曰：允升大吉，上合志也。

本节要介绍《易经》第46卦升卦。萃卦与升卦是正覆关系。《序卦传》说："聚而上者谓之升，故受之以升。"萃卦代表聚集，聚集之后会往上升进，所以接着出现了升卦。

升卦与明夷卦（䷣，第36卦）有明显的关联。明夷卦描述的是商朝末期的历史，代表光明受到伤害，天下一片漆黑。升卦则描述了周朝不断提升位阶，一路完成建国的历史。所以，升卦是一个很好的卦。

[卦辞] 升：元亨，用见大人，勿恤，南征吉。

[白话] 升卦：最为通达，可以用来见大人，不必担忧，往东南方前进吉祥。

升卦的卦辞提到"南征"。在《易经》64卦中，只有四个卦的卦辞谈到了方位。

第一个是坤卦（䷁，第2卦），卦辞说："利西南得朋，东北丧朋。"因为西南方都是柔顺的、阴性的卦。

第二个是蹇卦（䷦，第39卦），卦辞说："利西南，不利东北。"蹇卦面临重重困难，此时只有采取柔顺的态度，才能够化解困境。

第三个是解卦（䷧，第40卦），卦辞说："利西南。"解卦也要采取柔顺的态度，才能够化解困难。

第四个就是升卦，卦辞说："南征吉。"因为周朝发源于陕西，从陕西向东南方行进，往河南走，就是商朝的统治地区，所以说"往东南方前进吉祥"。

从卦象来看，升卦下卦为巽，位于东南；上卦为坤，位于西南，所以说"南征吉"。中国古代的统治中心位于黄河流域，因此南方象征着光明，有"南面而王""向南而治"等说法，代表帝王要离开幽暗，用光明来治理百姓。这与升卦的"南征吉"有共同的背景。

[象传] 彖曰：柔以时升，巽而顺，刚中而应，是以大亨。用见大人，勿恤，有庆也。南征吉，志行也。

[白话]《彖传》说：柔顺者依循时势而升进，既顺利又和顺，刚强者居中而有应和，因此非常通达。可以用来见大人，不必

担忧，是因为会有喜庆。往南前进吉祥，是因为心意可以实现。

从"柔以时升"这句话可知，升卦与萃卦一样，也是从小过卦（☶，第62卦）演变而来。小过卦有飞鸟之象，九三、九四两个阳爻位于全卦中间，上下各被两个阴爻包围。小过卦的六二与九四换位，就变成了升卦。阴爻六二升进到四的位置，变成升卦六四，所以说"柔以时升"。由此可见，升卦的主爻就是六四。升卦下卦巽为顺利，上卦坤为和顺，所以说"巽而顺"。升卦象征柔顺的周文王，他依循时势而升进，一点儿也不勉强。

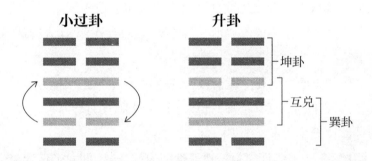

所谓"刚中而应"，是指九二居中，并与六五正应，因此非常通达，可以用来见大人。"大人"指上面的六五。

九二在互兑（九二、九三、六四）中，兑为悦，所以说"有庆"，亦即周朝最后可以建国成功。"南征"一语总结了"柔以时升""用见大人""有庆"，代表心意可以实现。

升卦提醒我们，任何事都要顺从时势而发展。在历史上，周文王的德行受到极高的推崇，他的一生就是实践升卦的最佳典范。到了周武王，才用武力起来革命，这也是一种顺势而行。

[**象传**] 象曰：地中生木，升。君子以顺德，积小以高大。

[**白话**]《象传》说：地中长出树木，这就是升卦。君子由此领悟，
要顺势修养德行，从小事积累，使自己德行高尚。

下卦巽为风，也为木，因为用八卦配五行，东方的震与东南方的巽，都属于木。在《易经》中，约有半数的巽会用来代表木。树木往上升进，上面的地完全敞开，让树木自然成长，所以称作升卦。君子由此领悟，要顺势修养德行，从微小累积成为高大。

修养德行有三个重点：从自己做起，从小事做起，从现在做起。儒家认为，修德没有快捷方式，也不存在任何侥幸，一定要日积月累，最后才能取得伟大的成就。就像小树苗长成参天大树，绝非一朝一夕之功。儒家不提倡"顿悟"之类的观念，而是让人脚踏实地，循序渐进。

在修德方面，先要"谨于微"，在微小的事情上谨慎，最后才能担起治理天下的重任；还要"慎于独"，让所有的行为都无愧于心，最后才能让天生的本性获得满全。

《中庸》一书强调"君子尊德性而道问学"，即君子尊崇天生的本性，并且努力请教及学习。"尊德性"才能够高明，"道问学"才能够广大，两者都要假以时日才能完成。因此，只有"从自己做起，从小事做起，从现在做起"，才能在德行上不断升进。

升进有正确的途径，所谓"升位由大人，升德由圣贤"。要想提高地位，需要由王公来提拔；要想提升德行，需要由圣贤来指导。譬如，有了尧，才能够提升舜；有了舜，才能够提升禹；有了孔子，才能够提升颜渊、曾参等学生。这些例子都体现了正确的升进之道。

总之，升卦的结构是地风升，有地中生木之象，象征树木没有任何阻碍，可以依时序而升进。《象传》强调"巽而顺"，亦即采取

和顺的方式，可以取得理想的结果。

升卦六爻有三个"吉"、两个"利"，并且没有任何"凶"字，可以列为十大好卦之一，比前面的萃卦更理想。萃卦代表聚集了各种条件，升卦则展现出正面的效果。

二、按部就班，建功立业

升卦的结构是地风升，下卦巽代表顺利，上卦坤代表和顺，说明当前处于很好的时机。巽也代表木，坤代表地，故有"地中生木，日积而为乔林"之象。本节要介绍升卦六爻的爻辞。

［爻辞］初六：允升，大吉。

　　　　象曰：允升大吉，上合志也。

［白话］初六：由信赖而升进，非常吉祥。

　　　　《象传》说：由信赖而升进非常吉祥，是因为与上方心意相合。

初六一上场就得到大吉，这非常少见。初六在下卦巽中，巽为风、为随顺，它又上承九二，可以随顺九二前进。上卦为坤，代表一片平地，没有任何阻碍。

"允"为信赖、跟从。初六信赖并追随九二，两者心意相合，所以往上升进非常吉祥。

［爻辞］九二：孚乃利用禴，无咎。

　　　　象曰：九二之孚，有喜也。

［白话］九二：有诚信，所以适宜举行禴祭，没有灾难。

　　　　《象传》说：九二的诚信，是因为有喜庆。

"孚乃利用禴"在萃卦六二的爻辞中也出现过。升卦九二与六五正应，所以说"孚"。六五在互震（九三、六四、六五）中，震为春季，"禴"是春天以蔬菜为供品的薄祭。只要有诚信，薄祭即可受福。

九二之"喜"，除了与六五正应，还因为它在互兑（九二、九三、六四）中，兑为喜悦。至于说它"无咎"，是因为九二以阳爻居柔位，原本有些不正，现在则不成问题了。

升卦

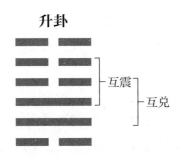

[**白话**]九三：升进到荒废的村落。

《象传》说：升进到荒废的村落，是因为没有任何疑虑。

"邑"是村落的意思。九三在互震（九三、六四、六五）中，震为行，在此则指升进。九三之上为坤卦，坤为地、为邑，所以容许它一往直前，如入无人之境。"升虚邑"表示九三升进非常顺利，并且它与上六正应，所以"没有任何疑虑"。

升卦

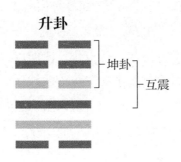

升卦底下三爻在下卦巽中，初六"与上方心意相合"，九二"有喜庆"，九三"没有任何疑虑"，说明下卦三爻可以像风一样，顺利地往上发展。

升卦的爻辞与周朝建国的历程密切相关。一般认为，初六代表姜太公在渭水边遇到周文王，周文王与他心意相合，就重用了他。九二代表周文王被商纣王从羑里释放，他仍然真诚地服事商王，用祭祀表达真诚的心意。

九三可以追溯到周文王的祖父太王这一代。太王又称古公亶父，由于"邠"这个地方经常受到游牧民族的侵扰，他就带着民众迁居到岐山脚下。历史上描述这次迁移是"一年成邑，二年成都，而民五倍其初"（《吴越春秋》）。古代实行井田制，每井八户人家，四井为邑，所以一邑是32户，约200人。换言之，古公亶父来到岐山脚下，第一年就聚集了很多人，第二年又扩大到"都"的规模，人口达到最初的五倍。这显示了周朝初期的发展历程。

[爻辞] 六四：王用亨于岐山，吉，无咎。

象曰：王用亨于岐山，顺事也。

[白话] 六四：君王在岐山祭献，吉祥，没有灾难。

《象传》说：君王在岐山祭献，这是顺势而做的事。

"王"一般都在"五"的位置，为何升卦六四的爻辞也提到"王"呢？这段爻辞描写的是，周文王被商纣王关了七年之久才被释放，随后回到岐山举行祭献。在古代，诸侯可以祭境内山川。周文王当时只是侯伯，而岐山属于文王统治的地区。周武王革命成功之后，追封他的父亲为王。按照古代的规矩，祭祀可以追封三代。

从卦象来看，六四在互震（九三、六四、六五）中，震为诸侯，也是祭祀用的器具；六四又在互兑（九二、九三、六四）中，兑为西方之卦，而岐山就是西山，所以说"王用亨于岐山"。

升卦

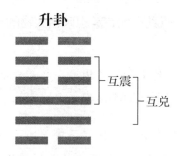

九二出现了"禴祭"，六四出现了"用亨"，两者都与宗教活动有关，显示出信仰对古人的特殊意义。

"王"字在古代有"归往"之意。周文王只有侯伯之位，却有圣人之德，天下人都来归往，但文王仍以柔顺的态度侍奉商朝。他越不想被推封为王，天下人就越来追随他，最后形成"三分天下有其二"的局面，亦即在天下九州岛中，有六州都支持周文王。

[爻辞] 六五：贞吉，升阶。

象曰：贞吉升阶，大得志也。

[白话] 六五：正固吉祥，登上台阶。

《象传》说：正固吉祥而登上台阶，是因为充分实现了心意。

六五代表周武王起来革命。六五与九二正应，九二在下卦巽中，巽为高，全卦又是升卦，等于升进到君王的位置，获得了尊位。

如何理解《小象传》所说的"大得志"呢？可以用三句话来说明武王之志。第一，垂拱而天下治，是吾志也。让百姓休养生息、安居乐业，是他的第一个志向。第二，拯民于水火之中，是吾志也。

推翻商纣王的暴政，把百姓从水深火热中拯救出来，是他的第二个志向。第三，贵为天子，富有天下，岂吾志哉？贵为天子，富有天下，难道是他的志向吗？可见，周朝取代商朝并不是为了个人或家族的利益，而是为了照顾百姓，承担政治人物的天赋使命。

[**爻辞**] 上六：冥升，利于不息之贞。

象曰：冥升在上，消不富也。

[**白话**] 上六：在昏昧中升进，适宜不成长的正固。

《象传》说：居上位还在昏昧中升进，会消退而不会富裕。

上六升进到最高位，又在上卦坤中，坤为夜晚，所以说"冥升"，亦即在昏昧中升进。

任何一卦走到最后，都有可能物极必反。同样地，升进不会永远持续，到最后就要转而消退了。"利于不息之贞"提醒我们，此时要稳定下来，不要再想着往上升进，否则就要离开这个卦了。换个角度来看，君子若能守住正固并加以变通，把小人贪得无厌的邪心转变为求道不息的正心，又会有什么不利呢？

总之，升卦反映了周朝兴起的过程，对个人修德也有直接的启发。

三、再顺利也要预备退路

升卦的卦象是地中生木，木会按照时序而升进，逐渐成长与发展。升卦的爻辞反映了周朝建国的过程。周文王、周武王并非刻意推翻商朝，而是为了天下百姓着想，顺着正确的方向去发展自己的能力，由此得到百姓的归往，最后建国成功。

升卦最大的启发就是《大象传》所说的"君子以顺德，积小以高大"。君子要顺势修养德行，像小树苗一样，逐渐成长为参天大树。修养德行要兼顾"知"与"行"两个方面，可以参考《中庸》第20章的两段话。

在"知"的方面，《中庸》说："或生而知之，或学而知之，或困而知之，及其知之一也。"意即有些人生来就知道做人的道理，有些人是由学习而知道这些，有些人经历困难之后才知道这些；等到知道了这些，所知的都是一样的。

在"行"的方面，《中庸》说："或安而行之，或利而行之，或勉强而行之，及其成功一也。"意即有些人顺其自然就能实践德行，有些人明白它有利而去实践，有些人只能勉强地实践；等到实践了这些德行，所成就的都是一样的。

所以，我们不必羡慕别人的"生知安行"，而是要就自己的本分去修炼。只要坚持不懈，最终可以取得一样的成就。

此外，《中庸》还鼓励我们："人一能之，己百之；人十能之，己千之。果能此道矣，虽愚必明，虽柔必强。"意即别人一次就办到的，我就算做一百次也要办到；别人十次就办到的，我就算做一千次也要办到。如果能采取这种方法，再怎么愚笨的人也一定变得明智，再怎么柔弱的人也一定变得刚强。

因此，修养德行一定要"从自己开始，从小事开始，从现在开始"，将来才会取得丰硕的成果。

在《论语·颜渊》中，颜渊请教孔子："怎样才能走上人生的正路？"在具体的做法方面，孔子说："非礼勿视，非礼勿听，非礼勿言，非礼勿动。"这些听起来都是小事，但如果不从这些小事着手，又怎么可能成就伟大的德行呢？

在德行修养方面，孟子认为，培养浩然之气的关键在于"集义"。"义"就是正当的作为。所谓"集义"，不是外表上做做样子而已，而是出于内心的真诚，一而再再而三地去做正当的事，最后才能养成浩然之气①。荀子强调："积善而全尽，谓之圣人。"（《荀子·儒效》）意即一个人不断累积善行，各方面都做到完美，就成了圣人。孔子在《系辞下传》对噬嗑卦进行发挥时，也强调了"积"这个字，他说："善不积不足以成名，恶不积不足以灭身。"

儒家不提倡顿悟的境界，宋朝、明朝的学者都强调"在事上磨炼"。所谓顿悟，是指思想突然进入某种不同的境界。然而，这只是一种思想上的觉悟，与真正的改善生命、变化气质还是有一段距离的。

现代人也有占到升卦的案例。有一年，我到中山大学给国学班的同学讲解《易经》，最后教他们用数字卦来占卦。起初，同学们将信将疑，觉得《易经》占卦似乎是一种迷信。其实，《易经》从不否定人的理性思维能力，只是通过占卦来提醒你，人生有各种不同的境遇，可以通过有意义的偶然，了解自己所处的格局与位置，由此预测事情下一步的发展。

我一开始问大家："谁有问题要提出来？可以写下三组三位数，交给司仪。"这时只有五六位同学写下数字，司仪挑出其中一个问

---

① 出自《孟子·公孙丑上》。原文：是集义所生者，非义袭而取之也。行有不慊于心，则馁矣。

题，说："这个问题与婚姻有关。"三组数字经过计算，得到5、8、3，即升卦九三，爻辞说："升虚邑。"即升进到荒废的村落，我就说："这个卦象不是很好，请提问者下课以后再来找我吧！"我刚说完，司仪马上改口说："很抱歉，我刚才没有把问题读完整，他要问的其实是离婚的事。"全场顿时骚动起来。

"升虚邑"用在婚姻方面，可谓有名无实，正好与离婚有关。我开始听说他问的是婚姻，所以不愿意公开解说；现在知道问的是离婚，就没有太大疑虑了。我说，他的婚姻有名无实，离婚很符合这个卦象。回答完这个问题之后，立刻有很多同学写下问题和数字，希望得到解惑的机会。我为此多待了一个多小时，把所有问题都回答完才下课。

课后有一对夫妻想要买我手边的解卦手册，我说不要着急，现在只剩这一本了，将来有机会再出版。学《易经》不能只靠手册上的简单提示，还是要把《易经》的文本认真学一遍，将来才有能力自己解卦。《易经》这本书的功能不只是解卦而已，它还可以让你明白人生的各种复杂处境，以及在不同的位置如何与他人相处。在解卦时，能够把卦爻辞的道理解释清楚，才是最重要的。

总之，升卦可以列为十大好卦之一。本书对"十大好卦"的评选标准是，一个卦里有四个"吉"或"利"或"亨"，同时没有出现任何"凶"字。看到升卦，首先要知道这是一个顺利又和顺的卦，然后再根据自己所处的位置，扮演好自己的角色，尽好自己的责任。

升卦九二提到"用禴"，六四提到"用亨"，两者都与祭祀有关。这提醒我们，在往上升进时，要心存感恩，祭拜祖先。人有了成就之后，一定不能忘本。中国人有祭拜祖先的传统，可以让我们以更健康的心态，去面对人生的各种挑战。

一、人在困难中，多求祖先庇荫

47　泽水困，下坎上兑

困：亨，贞，大人吉，无咎。有言不信。

象曰：泽无水，困。君子以致命遂志。

上六：困于葛藟，于臲卼，曰动悔。有悔，征吉。
象曰：困于葛藟，未当也。动悔有悔，吉行也。

九五：劓刖，困于赤绂。乃徐有说，利用祭祀。
象曰：劓刖，志未得也。乃徐有说，以中直也。利用祭祀，受福也。

九四：来徐徐，困于金车，吝，有终。
象曰：来徐徐，志在下也。虽不当位，有与也。

六三：困于石，据于蒺藜。入于其宫，不见其妻，凶。
象曰：据于蒺藜，乘刚也。入于其宫，不见其妻，不祥也。

九二：困于酒食，朱绂方来，利用享祀。征凶，无咎。
象曰：困于酒食，中有庆也。

初六：臀困于株木，入于幽谷，三岁不觌。
象曰：入于幽谷，幽不明也。

本节要介绍《易经》第47卦困卦。《序卦传》说："升而不已必困，故受之以困。"前面的升卦代表升进，一直升进，最后总会遇到困境，所以接着出现了困卦。困境正好可以考验人格，并出现转向通达的契机。

《易经》有所谓的"四大难卦"：第一个是屯卦（䷂，第3卦）；第二个是习坎卦（䷜，第29卦）；第三个是蹇卦（䷦，第39卦）；

第四个就是困卦。这四卦的共同特色是：在其上下卦的组合中至少包含一个坎卦。

屯卦描写万物开始出生，内在有动力，但是外面有危险，所以必须先稳定内部。习坎卦下坎上坎，显然多灾多难。蹇卦底下是一座山，只要能够停下来，外面的危险还不至于造成太大的灾难，所以蹇卦六爻没有出现"凶"字。困卦的结构是泽水困，泽中无水，听起来就很麻烦。困卦九二被上下两个阴爻包围，九四、九五又被上六压制，所有阳爻都被阴爻掩蔽，所以困卦成为四大难卦之一。

困卦也是修德九卦之一。《系辞下传》说："困，德之辨也。"在困境中，才能分辨谁有真正的德行。孔子说："君子固穷，小人穷斯滥矣。"（《论语·卫灵公》）意即君子在走投无路时，仍然坚持原则；换作小人，就胡作非为了。这就是君子与小人的区别。孔子也说过："岁寒，然后知松柏之后凋也。"（《论语·子罕》）意即天气真正冷了，才会发现松树与柏树是最后凋零的。这句话用譬喻的方式阐述了同样的道理。

《系辞下传》又说："困，穷而通。"困卦是穷困中求其通达。在穷困中，才会发现谁可以坚持志向，彰显人生的理想。另外，困卦还可以起到"困以寡怨"的效果。困境可以减少别人对你的怨恨，让你专注于当前的挑战。

[**卦辞**] 困：亨，贞，大人吉，无咎。有言不信。

[**白话**] 困卦：通达，正固，大人吉祥，没有灾难。说了话没有人相信。

困卦为何通达？因为身体虽然受困，但内心的理想是通达的，或者在道义上是通达的，正所谓"身困而心亨，身困而道亨"。孔子鼓励人们"贫而乐道"，亦即在贫困中，更应该以道为乐。这就是困卦通达的道理。

卦辞为何说"大人吉"？因为困卦有九二与九五，坚持了"刚中"的原则。最后又说"有言不信"，因为困卦的上卦为兑，兑为口，代表在走投无路的困境中，别人很难相信你说的话。

[象传] 彖曰：困，刚掩也。险以说（yuè），困而不失其所，亨，其唯君子乎。贞，大人吉，以刚中也。有言不信，尚口乃穷也。

[白话]《彖传》说：困卦，是刚强者受到掩蔽。在险难中还能喜悦，处于困境而不失去他的坚持，依然通达，大概只有君子做得到吧。正固，大人吉祥，是因为刚强者居于中位。说了话没有人相信，是因为重视说话就会无路可走。

《彖传》说："困卦，是刚强者受到掩蔽。"这句话凸显了困卦的特色。困卦是由否卦演变而来，否卦的六二与上九换位，就形成了困卦。下卦的刚强者是九二，它被上下两个阴爻包围；上卦的刚强者是九四、九五，它们被上六压制，所以说"刚掩也"。

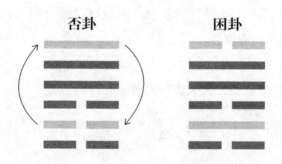

否卦　　　　　　　困卦

困卦下坎上兑，坎为险难，兑为喜悦，所以说"险以说"。在险难中还能喜悦，是因为明白了"人生不如意，十常八九"。君子在困境中能够坚持原则，就算受到小人的迫害，内心照样可以保持喜悦。

《象传》接着说："大人吉，以刚中也。"这句话也是一个重点。困卦有九二与九五，两个阳爻都居于中位，是为"刚中"。有一句话说得好："刚于中者，百险不能陨其正；正于己者，千忧不能丧其悦。"意即内心坚定地走在正路上，一百种险难也不能减损你的正直；本身走在正道上，一千种忧虑也不能让你丧失喜悦。

《象传》最后说："有言不信，尚口乃穷也。"意即说了话没有人相信，是因为重视说话就会无路可走。想要借助言辞来摆脱困境，基本上是徒劳的，因为在困境中，别人不会相信你说的话，可信度也会大打折扣。事实上，君子在困境中照样可以通达，小人则灰心丧志，怨天尤人。

[象传] 象曰：泽无水，困。君子以致命遂志。

[白话]《象传》说：沼泽中没有水，这就是困卦。君子由此领悟，
　　　　要牺牲生命来完成志愿。

困卦的结构是泽水困，水在泽之下，代表水都流走了，岂不是坐困愁城？但是君子由此领悟，要牺牲生命来完成志向。这显然代表了儒家的立场。

儒家肯定人性向善，所以在人生过程中要"择善固执"，最后的目的是"止于至善"。在行善过程中，难免会遇到各种考验，必要时甚至可以牺牲生命，这种牺牲反而是人性的完成。所以，孔子主张"杀身成仁"（《论语·卫灵公》），孟子提倡"舍生取义"（《孟子·告子上》），荀子也说过"君子畏患而不避义死"（《荀子·不苟》），即君子害怕灾难，但不逃避为义而死。

从这三句话可以清楚地看到，孔孟与荀子之间的差别。孔子说"成仁"，"成"代表完成；孟子说"取义"，"取"代表取得，"完

成"与"取得"都是积极的成就。而荀子说"君子害怕灾难，但不逃避为义而死"，这听起来就有点消极无奈。可见，孔子与孟子的立场一致，他们可以积极主动地面对挑战，必要时不惜牺牲生命以完成生命的目的；而荀子则显得勉强。可见，儒家真正的代表是孔子与孟子。

困卦的《大象传》说："致命遂志。"，亦即要牺牲生命以完成志愿，这里的"遂"字也是积极主动的意思，与孔孟的立场是一致的。

总之，困卦是四大难卦之一，它比其他三个难卦更让人觉得动弹不得，必须直面挑战，苦撑待变。它也是修德九卦之一，只有在困境中，才能分辨谁有真正的德行。困卦可谓"穷而通"，亦即"身困而道亨"。同时，"困以寡怨"，困境也有助于减少怨恨：一方面，看到你在承受苦难，别人会减少对你的怨恨；另一方面，你也可以减少对自身遭遇的怨恨，做到孔子所说的"不怨天，不尤人"（《论语·宪问》）。

将来摆脱困境之后，可以证明你是一个不会轻易屈服的君子，小人便不敢再迫害你。孟子说："富贵不能淫，贫贱不能移，威武不能屈，此之谓大丈夫。"（《孟子·滕文公下》）。"威武不能屈"就有明显的君子风范。可见，困卦值得我们用心思考。

二、再怎么辛苦，也要坚守正道

困卦的结构是泽水困，泽中无水，只好坐困愁城。困卦是四大难卦之一，也是修德九卦之一。困卦的特色是，所有阳爻都受到阴爻的压制或掩蔽，代表君子处于困境之中。值得注意的是，君子在困境中可以坚持下去，小人在困境中就放弃操守了。

[**爻辞**] 初六：臀困于株木，入于幽谷，三岁不觌（dí）。

象曰：入于幽谷，幽不明也。

[**白话**] 初六：臀部困陷在枯木中，进入幽暗的山谷，三年不能相见。

《象传》说：进入幽暗的山谷，是因为昏暗不明。

困卦每一爻都有双重考虑：一方面自己想要脱困，另一方面阴爻想要设法困住阳爻。初六刚进入困卦，害人不成，反而害己。在下卦三爻中，只有初六与九四正应，这本来对初六是有利的；但九四被上六压制，自顾不暇，因而无法为初六提供庇护。

初六为何会出现"臀"的象呢？在《易经》中，互相正应的爻可以把对方的卦象带进来。初六与九四正应，可以把九四的象带进来。九四在互巽（六三、九四、九五）中，巽为股，所以九四在臀部的位置；它又在互离（九二、六三、九四）中，离为火、为枯槁的树木，所以说"臀困于株木"。初六在下卦坎中，坎为水、为隐伏，引申为幽谷，所以说"入于幽谷"。

初六的臀部困陷在枯木中，又进入幽暗的山谷，动弹不得。它若想摆脱困境，与九四契合，需要往上走三步，所以说"三岁不觌"，即三年不能相见。初六上面是互离（九二、六三、九四），离为明。初六在光明之下，所以《小象传》说它"幽不明也"。初六的情况显然很不理想。

困卦

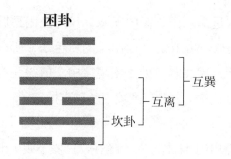

[**爻辞**] 九二：困于酒食，朱绂（fú）方来，利用享祀。征凶，无咎。

象曰：困于酒食，中有庆也。

[**白话**] 九二：困处于酒食中，大红官服刚刚送来，适宜用来祭献。前进会有凶祸，没有灾难。

《象传》说：困处于酒食中，是因为居中位而有福庆。

九二是阳爻，代表君子，它是否卦变成困卦的关键，所以九二是全卦主爻。

九二在下卦坎中，坎为水，引申为酒食；并且，九二困在两个阴爻中间，所以说它"困于酒食"。九二原是否卦上九，否卦的上卦是乾卦，乾为大红色；九二来到下卦坤，坤为布帛，合起来就是"朱绂方来"，即红色官服刚刚送来。

九二在互离（九二、六三、九四）中，离为牛，可以用来"享祀"，即适宜用来祭献。九二出现了"享祀"，九五出现了"祭祀"，两个"刚中"的位置都需要求助于神明。

九二是"征凶"，往前走会有凶祸，不然可保"无咎"。换言之，在困卦的格局中，九二无法立刻摆脱困境，只能安静地等待时机。

只要守住中位，最终就会有喜庆。

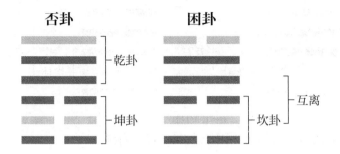

否卦　　　　**困卦**

乾卦　坤卦　坎卦　互离

[**爻辞**] 六三：困于石，据于蒺藜，入于其宫，不见其妻，凶。

　　　象曰：据于蒺藜，乘刚也。入于其宫，不见其妻，不祥也。

[**白话**] 六三：困处于石块中，倚靠在蒺藜上。进入房屋，没见到妻子，有凶祸。

　　　《象传》说：倚靠在蒺藜上，是因为下乘刚爻。进入房屋，没见到妻子，这就是不吉利的事。

　　困卦有三个阴爻，只有六三被上下两个阳爻困住，所以情况对它特别不利。

　　困卦从否卦而来。否卦六三在互艮（六二、六三、九四）中，艮为小石块。否卦六二与上九换位，形成了困卦，六三没有动，有如困在石块中。六三又在下卦坎中，坎为荆棘之类的植物，所以说它"据于蒺藜"。六三不当位，又对主爻九二乘刚，所以有坐立不安、进退不得之象。

　　六三原在否卦互艮（六二、六三、九四）中，艮为门阙、为宫室；现在进入困卦的互离（九二、六三、九四）中，离为见；否卦变成困卦后，下坤消失，坤为母、为妻，合起来就是"入于其宫，不见其妻"。六三处于如此困境，显然是不吉利的。

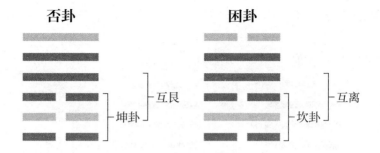

否卦　　　　　　　　困卦

互艮　　坤卦　　　　　　　互离　　坎卦

[**爻辞**]九四：来徐徐，困于金车，吝，有终。

象曰：来徐徐，志在下也。虽不当位，有与也。

[**白话**]九四：要慢慢下来，困处于金车中，有困难，但会有结果。

《象传》说：要慢慢下来，是因为心意在于下方。虽然位置不恰当，但有接应的人。

　　九四与初六正应，所以《小象传》说它"志在下也"。初六到九四需要三步，所以初六说"三岁不觌"（三年不能相见）。而九四在互巽（六三、九四、九五）中，巽为进退、为不果，所以说它"来徐徐"（要慢慢下来）。

　　否卦下坤上乾，乾为金，坤为大车，合起来就是金车。变成困卦后，九四留在原位，正好是"困处于金车中"。九四以阳爻居柔位，不当位，所以出现了"吝"（困难）。但它与初六正应，是三个

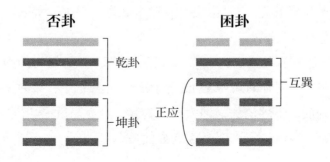

否卦　　　　　　　　困卦

乾卦　　　　　　　　互巽

坤卦　　　正应

阳爻里面唯一有正应的，所以最后"有终"（有结果）。

[**爻辞**] 九五：劓（yì）刖（yuè），困于赤绂。乃徐有说（tuō），利
用祭祀。

象曰：劓刖，志未得也。乃徐有说，以中直也。利用祭祀，
受福也。

[**白话**] 九五：鼻被割去、足被砍去，困处于红色官服中。于是慢慢
行动，可以脱离困境，适宜举行祭祀。

《象传》说：鼻被割去、足被砍去，是因为心意没有实现。
于是慢慢行动可以脱离困境，是因为居中而行为正直。适宜
举行祭祀，是要以此蒙受福佑。

要理解九五的爻辞，还是要回到原来的否卦。否卦有互艮（六
二、六三、九四）和互巽（六三、九四、九五），艮为鼻，巽为股。
变成困卦后，上卦为兑，兑为毁折。从九五的角度来看，鼻与股皆
受损，有如受到劓刑与刖刑。

困卦九二是从否卦上九下来的，所以九二的爻辞说"朱绂方
来"；而九五没有动，所以说它"困于赤绂"。九五与九二无应，所
以《小象传》说"志未得也"。

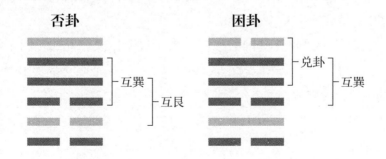

九五在互巽（六三、九四、九五）中，巽为进退、为不果，所以说"乃徐"。九五又在上卦兑中，兑为脱落，所以说"有说"。九五居中守正，最后可以摆脱困境，化险为夷。

　　将九二与九五对照，九二"利用享祀"，九五"利用祭祀"，说明在困境中要祭拜鬼神与祖先，祈求它们保佑正人君子早些脱困。

[爻辞] 上六：困于葛藟（lěi），于臲卼（niè wù），曰动悔。有悔，征吉。

　　　象曰：困于葛藟，未当也。动悔有悔，吉行也。

[白话] 上六：困处于藤蔓之间，于高危之地，这称为因行动而懊恼。有了这种悔悟，往前进就吉祥。

　　　《象传》说：困处于藤蔓之间，是因为位置不恰当。有了因行动而懊恼的这种悔悟，就可以前进且吉祥了。

　　上六到了困卦的完成阶段。否卦的六二与上九换位，成为困卦的上六。上六下临互巽（六三、九四、九五），巽为木、为高，所以说它"困处于藤蔓之间"，无法动弹。它又在最高的位置，下乘"九四、九五"二刚，这是"于臲卼"，即处于高危之地。上六与六三不应，只好往外发展。它有了懊恼与悔悟，往外发展就能脱离困卦。换言之，困卦从下往上都是困难重重，到了上六，总算可以摆脱困境了。

　　在困卦中，阴爻受困的程度显然超过了阳爻。九二"困于酒食"，九四"困于金车"，九五"困于赤绂"，三个阳爻都受困于有利的条件，代表他们的身份、地位受到重视。九二是"征凶"，九四是"来徐徐"，九五是"乃徐有说"，所以必须苦撑待变，最终才能摆脱困境。

三、破茧而出，又是新的一天

困卦的结构是泽水困，泽中无水，显然非常困窘。君子在困境中，只能求助于心中的理想，坚持做人的原则，守住"君子固穷"的立场。另外，困卦并非只是阳爻受到阴爻的压制，阴爻本身也陷入了严重的困境。

占到困卦时，首先要知道情况非常不利。接着，要看占到了哪一爻。占到阳爻，代表要守住正道，坚持下去。占到阴爻则要反思：自己的做法是否有小人之嫌？或者，自己是否正在被小人陷害？

譬如，在《论语》中，叔孙武叔[①]与公伯寮[②]这些人就像困卦的初六，他们处在最底下的位置，却想要诋毁君子，结果反而让自己陷入困境。他们虽然与九四正应，但九四本身也处在困境中，无法给他们提供庇护。

古代也有占到困卦的例子。据《左传·襄公二十五年》记载，崔杼准备娶棠姜，他为此事占了一卦，结果占到困卦六三。他找了一位大夫帮他解卦，这位大夫说："困卦下卦为坎，坎为中男；六三爻变之后，下卦成巽，巽为长女。巽也是风，可以屈桡万物[③]，所以不要娶这个女子。并且，六三的爻辞说：'困处于石块中，倚靠在蒺藜上。进入房屋，没见到妻子，有凶祸。'这明白地告诉你，如果非要娶这个妻子，将来会有很大的麻烦。"

---

① 出自《论语·子张》。原文：叔孙武叔毁仲尼。子贡曰："无以为也！仲尼不可毁也。他人之贤者，丘陵也，犹可逾也；仲尼，日月也，无得而逾焉。人虽欲自绝，其何伤于日月乎？多见其不知量也。"

② 出自《论语·宪问》。原文：公伯寮愬子路于季孙。子服景伯以告，曰："夫子固有惑志于公伯寮，吾力犹能肆诸市朝。"子曰："道之将行也与，命也；道之将废也与，命也。公伯寮其如命何！"

③ 《说卦传》说："桡万物者，莫疾乎风。"

困卦　　　大过卦

这个案例体现了古人的解卦方法。下卦离我比较近，代表自己的情况；上卦离我比较远，代表外面的情况。困卦六三爻变，下卦从坎变成巽，等于中男要依从长女，并且有风吹不定、屈挠万物之象；而上卦兑为毁折，也是凶兆。

还有一个有趣的例子。纪晓岚年轻时参加乡试，他的老师替他占卦，占到困卦六三，爻辞说："困于石，据于蒺藜。入于其宫，不见其妻，凶。"老师就说："你这次考试恐怕凶多吉少。"这时的纪晓岚才十几岁，他说："不然！爻辞说'不见其妻'，我现在还没有成家，哪里有妻子可见呢？这代表没人能跟我匹敌，我恐怕可以考上解元①。卦辞还说'困于石'，看来第二名的姓名中可能有'石'字，或是'石'字旁。"

后来，纪晓岚果然考了第一名，而第二名姓"石"，第三名姓"米"，米字的字形就像蒺藜。这简直不可思议，纪晓岚年纪轻轻就如此聪明，解卦能力居然比老师还好。六三的爻辞明明出现了"凶"，《小象传》也说"不祥也"，纪晓岚竟然把它完全解成正面的。

由此可见，占卦容易解卦难，解卦永远有提升改善的空间。对于考试这件事来说，占卦固然可以提供参考，但自己还是要勤奋用功，具备足够的实力；不管最后成绩如何，至少要对自己有所交代。

---

① 在明清的科举考试中，乡试又称解（jiè）试，第一名称为"解元"。

现代人也有占到困卦的例子。有一个朋友用数字卦占问身体状况，经过计算，得到6、2、4，即困卦九四，爻辞说："来徐徐，困于金车，吝，有终。"意即要慢慢下来，困处于金车中，有困难，但会有结果。

一般来说，人都是在身体方面出了问题、心里很担忧的时候，才会去占问身体，所以往往从比较负面的角度去思考。在我编写的《解卦手册》里，一个卦可以从"时运、财运、家宅、身体"这四个角度来解。如果没有特别占问健康，根本不用看"身体"这一栏。我在帮别人解卦时，通常都以时运为主，并且尽量扣紧爻辞来做说明。如果特别占问身体状况，就要参考《解卦手册》中关于"身体"的部分。

困卦是四大难卦之一，如果占问事业，九四代表这件事要放慢脚步，中间虽有困难，但最后会有好的结果；并且，"困于金车"代表目前还有可观的地位与资源可供利用。但是，这位朋友占问身体健康，得到困卦九四，说明他正在被某种病症困扰，"来徐徐"说明这是一种慢性病。这时要特别注意"有终"二字，"终"意为结局，代表生命恐怕到了即将结束的关头，情况显然不容乐观。

在解卦时，除了参考爻辞，还需要有几分灵感。比如，看到"有终"就要想到，这可能是一个结局。不过，天道无吉凶，人间有因果，人生走到最后关头，不都希望能够善终吗？事实上，能够善终都算是人生的福报。所以，不如好好珍惜当下，努力把现在的生活过好。

困卦的九二与九五都提到"祭祀"，说明人活在世界上，总是会遇到一些难以克服的困难，在困境中要如何坚定信心呢？祭祀祖先与神明可以让自己心意真诚，并受到福佑。

孔子在《系辞下传》对困卦六三进行了解读。孔子说："非所困而困焉，名必辱。非所据而据焉，身必危。既辱且危，死期将至，妻其可得见邪?"意即不该受困的地方却受了困，名声一定会受到损害。不该倚靠的地方却去倚靠，身体一定会陷入危险。既遭遇羞辱又陷入险境，死期即将来到，又怎么可能见到妻子呢?孔子的话旨在说明，人生有很多困难都是自找的，除了设法提高自己的修养，别无他途。

　　总之，困卦下险而上悦，代表君子虽然身处险境，照样能够喜悦。君子了解人性向善的道理，必要时可以致命遂志。此时非但没有委屈无奈之感，反而可以坦然面对，以实现自己平生的志向，完成人性最根本的要求。

一、一口井就是人生悲喜剧

48 水风井,下巽上坎

井:改邑不改井,无丧无得。

往来井井。汔至亦未繘井,羸其瓶,凶。

象曰:木上有水,井。君子以劳民劝相。

上六:**井收勿幕,有孚元吉。**
象曰:元吉在上,大成也。

九五:**井洌寒泉,食。**
象曰:寒泉之食,中正也。

六四:**井甃,无咎。**
象曰:井甃无咎,修井也。

九三:**井渫不食,为我心恻。可用汲,王明,并受其福。**
象曰:井渫不食,行恻也。求王明,受福也。

九二:**井谷射鲋,瓮敝漏。**
象曰:井谷射鲋,无与也。

初六:**井泥不食,旧井无禽。**
象曰:井泥不食,下也。旧井无禽,时舍也。

本节要介绍《易经》第48卦井卦。井卦与困卦是正覆关系,将泽水困整个翻过去,就成了水风井。《序卦传》说:"困乎上者必反下,故受之以井。"在升卦与困卦之后,一定会回到下方,到达地下深处,所以接着上场的是井卦。古代社会有井田制度,水井也是百姓取水的必要设施,所以井卦对古人有特殊的意义。

井卦也是修德九卦之一。《系辞下传》说："井，德之地也。"即井卦谈的是德行的处境。同时，井卦是"居其所而迁"，即井卦是处在自己的位置上再分施利益。水井本身是不动的，但是可以惠及众人。

最后，"井以辨义"。井卦可以用来分辨道义，检视一个人能否与他人分享资源。

[卦辞]井：改邑不改井，无丧无得。往来井井。汔（qì）至亦未繘（yù）井，羸（léi）其瓶，凶。

[白话]井卦：可以迁移村落，但不能移动水井。没有丧失也没有获得。往来井然有序。汲水时，快到而尚未拉出井口，就碰坏了瓶罐，有凶祸。

井卦的卦辞最后出现了"凶"字，因为井水要完全拉出井口，才能发挥效用；如果中途被卡住了，就会有凶祸。这提醒我们，一件事只有在顺利完成之后，才会给人们带来真正的福祉。

在《易经》64卦中，卦辞里出现"凶"字的只有五个。

第一个是讼卦（☰，第6卦），卦辞说"中吉，终凶"。与别人打官司，中间和解吉祥，打到最后则有凶祸。

第二个是比卦（☷，第8卦），卦辞说"后夫凶"。大家都聚合在九五麾下，上六最后才到，所以有凶祸。

第三个是临卦（☳，第19卦）。临卦是一个好卦，两个阳爻逐渐壮大，但卦辞最后说"至于八月有凶"，八月就是临卦的覆卦——观卦（☶，第20卦）。这是在提醒你：现在怎么壮大的，将来就会怎么衰退。

第四个是井卦。汲水时，井水尚未拉出井口，就碰坏了瓶罐，所以有凶祸。

第五个是归妹卦（䷵，第54卦），卦辞直接说"征凶"。归妹卦谈的是婚姻之事，此时向外发展就会有凶祸。

井不随村落而迁移，通常不会干涸也不会满溢。古代有井田制度，把一平方里的土地分为井字形的九份，八家各分一份，再共耕中间的公田。所以每井有八户人家，四井32户人家为一邑，也就是一个村落。

井卦是由泰卦演变而来，泰卦的初九与六五换位，就形成了水风井。泰卦变成井卦时，上卦由坤变成坎，坤为邑，坎为水，等于邑去而水现，所以说"改邑不改井"。

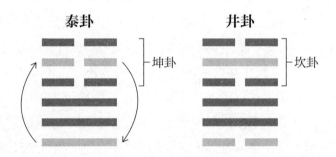

泰卦初九上升到九五，下卦失去一个阳爻，但是得到九五的尊位，可谓"无丧无得"，犹如水井总是保持固定的水量。人们往来汲水时，要遵守秩序，所以说"往来井井"。

人们从井中汲水，要用绳子把水罐拉出井口。如果尚未拉出井口，瓶罐就被卡住甚至被撞坏了，就完全失去了井的效用，所以最后出现了"凶"字。

[象传] 象曰：巽乎水而上水，井。井养而不穷也。改邑不改井，乃以刚中也。汔至亦未繘井，未有功也。羸其瓶，是以凶也。

［白话］《彖传》说：进入水中再提水上来，这就是井卦。水井养育
　　　　人们而不会枯竭。可以迁移村落，但不能移动水井，这是因
　　　　为刚强者居于中位。汲水时，快到而尚未拉出井口，是还没
　　　　有功劳的。碰坏了瓶罐，所以说有凶祸。

　　井卦的卦象是水风井，下卦巽为入、为木，等于把木桶沉入水
中再提水上来，所以说"巽乎水而上水"。一般来说，井水不会满溢
也不会枯竭，所以说"井养而不穷也"。"改邑不改井"，是因为九
二与九五两个阳爻居于中位，所以水井本身很稳定，不会移动。

　　井水必须拉出井口才能供人饮用，否则便徒劳无功。《孟子》书
中有两句话与之类似。孟子说："有为者辟若掘井，掘井九轫（rèn）
而不及泉，犹为弃井也。"（《孟子·尽心上》）意即做事就像挖一口
井，挖到六七丈深还没有出现泉水，仍然是一口废井，毫无用处。

　　孟子又说："五谷者，种之美者也。苟为不熟，不如荑（tí）稗
（bài）。"（《孟子·告子上》）意即五谷是各类种子中的精华，如果
没有长熟，反而比不上稊米与稗子。孟子旨在说明，人的修养必须
累积到一定程度，才能发挥出正面的效果，就像汲水一样，井水必
须顺利拉出井口，才能发挥它的效用。可见，井卦对人生有深刻的
启发。

［象传］象曰：木上有水，井。君子以劳民劝相。

［白话］《象传》说：木上出现水，这就是井卦。君子由此领悟，要
　　　　慰劳百姓，鼓励助人。

　　井卦的卦象是水风井，下卦巽为木，所以说"木上有水"。古代
有一种汲水的工具叫作"桔槔"。《庄子·天地》中提到，削凿木头

做成机器，后面重而前面轻，提水就像抽引一样，快得像沸汤涌溢，这种机器叫作桔槔。[①]桔槔运用杠杆原理，把水从井中拉起，这就是"木上有水"。

君子由此领悟，要慰劳百姓，鼓励助人。因为若想使用水井，首先需要大家合作，进行挖掘、修砌等工作；水井修好之后，还要互相协调，按照秩序来汲水。

《孟子·滕文公上》详细描写了古代的井田制度，其中最可贵的一句话是"乡田同井，出入相友，守望相助，疾病相扶持"，意即共一井的各家，出入结伴同行，互相帮助，有病互相照顾。这与井卦《大象传》所说的"劳民劝相"是一脉相承的。

总之，井卦是一个很有传统色彩的卦。它提醒我们：要由下而上，设法把井修砌完善，为人们提供良好的水源。井卦六爻的爻辞谈到如何修井、如何分享水源，也代表了一个人不断修德的过程。

在《易经》64卦中，有32个上九，32个上六。在32个上九中，只有履卦（☰，第10卦）上九得到元吉。一个人脚踏实地，依礼而行，最后能够主动实践礼的规范，就会得到元吉。在32个上六中，只有井卦上六得到"元吉"。水井修好之后，上面不要加盖，而要与大家分享资源，这正是有诚信的表现，所以会得到元吉。

---

① 原文：凿木为机，后重前轻，挈（qiè）水若抽，数如泆（yì）汤，其名为槔（gāo）。

二、井出甘泉，大家共享

　　井卦的结构是水风井，下卦巽也代表木，因为用八卦配五行，巽卦位于东南方，震卦位于东方，两者都属于木。《易经》里有很多地方都把巽卦当作木，井卦就是一个明显的例子。木上有水，代表用木桶或陶罐把井水汲上来。井卦六爻的爻辞很生动，它描述了一口井经过逐步修葺，最后造福百姓的过程。

[爻辞] 初六：井泥不食，旧井无禽。

　　　　象曰：井泥不食，下也。旧井无禽，时舍也。

[白话] 初六：井中有淤泥，井水不能食用，旧的水井没有禽兽来。

　　　　《象传》说：井中有淤泥，井水不能食用，是因为位居底部。旧的水井没有禽兽来，是因为时候到了就被弃置。

　　初六在井卦底部，它由泰卦六五变来。泰卦上卦为坤，坤为土，现在土到了井下，与井底残存的水混合，就变成了泥。初六还在井底，满是淤泥，所以不可食用。

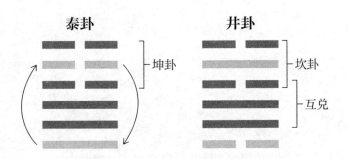

　　《易经》所谓的"禽"兼指禽兽，皆与坤卦有关。因为坤为地、

为田，土地可以生养禽兽，并且可供田猎而获得禽兽。初六从泰卦六五下来，使上卦坤变成坎，等于土地不见了，所以说"无禽"。至于"旧井"，则是因为初六在互兑（九二、九三、六四）下方，兑为毁折，毁折之下的井是"旧井"。《小象传》所说的"时舍"，代表这口井过时了，被弃置不用。

[爻辞] 九二：井谷射鲋（fù），瓮（wèng）敝漏。

象曰：井谷射鲋，无与也。

[白话] 九二：井中积水向下流注，水罐又破又漏。

《象传》说：井中积水向下流注，是因为没有应援。

"井谷"是说井中积水就像小河谷一样。"射"意为向下流注。"鲋"字借为"柎"，指底部、足部，亦即井底。所以，"井谷射鲋"意为井中积水向下流注。也有人把"鲋"当作某种小鱼，"射鲋"就变成"有人到井底去射鱼"，这不太合乎实情。

九二与九五不应，所以《小象传》说它"无与也"。九二向上找不到应援，自然会向下寻求与阴爻配合。初六上承九二，九二跟它配合，井中的积水就会向下流注。

"瓮"是比瓶子更大的陶罐。九二在互兑（九二、九三、六四）中，其上为互离（九三、六四、九五）。兑为口、为毁折，离为大腹。

井卦

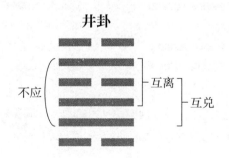

大腹有口就是瓮，又有毁折，所以说"瓮敝漏"，即水罐又破又漏。可见，九二对于井的功能仍无帮助。初六与九二的爻辞表明：这是一口破旧的废井，需要彻底整修，才能发挥其作用。

[爻辞] 九三：井渫（xiè）不食，为我心恻。可用汲（jí），王明，
并受其福。
象曰：井渫不食，行恻也。求王明，受福也。

[白话] 九三：井淘干净而不去食用，使我内心感到悲伤。可以用来
汲水，君王英明，大家一起受到福佑。
《象传》说：井淘干净而不去食用，是因为要行动而不可
得，所以悲伤。祈求君王英明，是为了受到福佑。

到了九三，代表井淘干净了。井卦上卦为坎，坎为水；九三在下卦巽中，巽为股。股进入水之下，引申为把井淘干净。九三爻变出现互艮（六三，六四，九五），艮为止，代表还没到上面就停了下来，有如井水没有拉出井口，不得为人食用，所以说"井渫不食"。

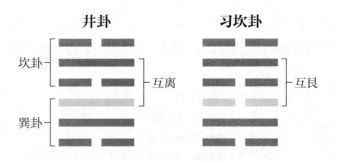

九三上面是坎卦，坎为心病、为加忧，所以要以井的口吻说"为我心恻"。九三要行动而不可得，所以感到悲伤。

要行动而不可得，就会有所企盼。九三与上六正应，它也是下卦三爻里唯一有正应的，所以有信心可以用来汲水。现在祈求的是"王明"。"王"指九五。九三与九五都在互离（九三、六四、九五）中，离为火、为明，所以"王明"是可以期待的。英明的君王任用贤臣，受福的是全体百姓，正可谓"井一用，一邑受其福；君子一用，天下受其福"。

[**爻辞**] 六四：井甃（zhòu），无咎。

象曰：井甃无咎，修井也。

[**白话**] 六四：井的内壁砌好了，没有灾难。

《象传》说：井的内壁砌好了，没有灾难，这是因为井已经整修完成。

九三在下卦，它只是把井淘干净了，但井的内壁仍需整修。六四已至上卦，修井至此大功告成。六四以阴爻居柔位，修井完工，可以无咎。

本爻取象相当生动。井卦从泰卦变来，泰卦的上坤变成井卦的上坎，坤为土，坎为水，土加水为泥。井卦中间有互离（九三、六四、九五），离为火；下卦为巽，巽为工，引申为工人。于是工人烧泥成砖，再砌砖而上，完成整修井壁的工作。

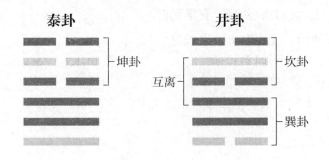

[**爻辞**] 九五：井冽（liè）寒泉，食。

象曰：寒泉之食，中正也。

[**白话**] 九五：井中有甘洁清凉的泉水，可以食用。

《象传》说：清凉的泉水可以食用，是因为居中守正。

在卦变中，九五是从泰卦的下卦乾上来的，乾为寒、为冰；而泰卦上卦为坤，坤为土、为甘，土地所生的稼穑是甘甜的，可以食用，所以说"井冽寒泉，食"。"冽"为新鲜甘洁，"寒"为清凉寒爽。这两个字是对井水的最高评价，可以让人安心食用。

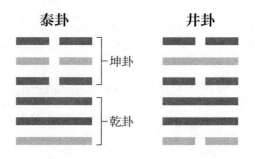

九五以阳刚居中守正，是有德有才的有为之君。君王为民谋福，有如甘泉之井供人食用。这种观念是任何时代的领袖都应该存思于心并力求实践的。

[**爻辞**] 上六：井收勿幕，有孚元吉。

象曰：元吉在上，大成也。

[**白话**] 上六：井口收拢而不要加盖，有诚信而最为吉祥。

《象传》说：居上位而最为吉祥，是因为大功告成。

在《易经》64卦中，上六得到"元吉"的仅此一卦。"收"是收拢井口，"幕"是加以覆盖。井口不收拢的话，容易掉落杂物，人也有坠落的危险。但是，井口不要加盖，而要开放共享，让大家都可以来取用。上六有九三正应，所以说它"有诚信"。上六要照顾每一个来取水的人，如今大功告成，所以元吉。井水可以养人，到上六才真正发挥它的作用。

井卦很有特色，到了上六才得到"元吉"，底下没有一个"吉"字，也没有出现"凶"字。井卦的爻辞告诉你，在修井的每一个阶段，应该做哪些工作。到九三时，已经取得了初步成效，水井已经淘洗干净。六四把水井完全修好，所以九五与上六都有好的结果。

古代常以井卦来比喻政治人物对百姓的贡献。譬如，在尧舜的时代，禹、稷就好比水井，可以惠及天下百姓。同时，井卦提醒我们，为政在养民，不可半途而废。如果没有把水汲出井口，对百姓是没有帮助的。同理，一个人的德行或学识没有达到一定的水平，也是无法造福社会的。

三、你的努力，领导看见了

井卦的结构是水风井。古代有井田制度，每井八户人家。同时，水井也是百姓生活中不可少的设施。

从政治的角度来看，井卦代表君王任用贤才，使他们像水井一样造福百姓。譬如，在尧舜之世，就以禹、稷为井。孟子说："禹思天下有溺者，由己溺之也；稷思天下有饥者，由己饥之也。"(《孟子·离娄下》)。这句话后来演变成"人溺己溺，人饥己饥"成语，用来形容以天下苍生为己任的博大情怀。

春秋战国时代，孔子、孟子在德行修养与学问造诣方面，已经可以像甘泉一样造福百姓了，但是没有人任用他们。孔子年轻时到过齐国，齐景公欣赏孔子的才干，可惜景公最后说："吾老矣，不能用也。"(《论语·微子》)意思是说，我现在年纪大了，没有办法任用你了。因为孔子是鲁国人，齐景公如果重用他，会对齐国本身的人才构成压力。

战国时代中期，孟子也到过齐国，齐宣王佩服孟子的言论，但他最后说："吾惛，不能进于是矣。"(《孟子·梁惠王上》)意思是说，我头昏脑胀，无法理解你说的这些事。可见，即使有再好的水井，如果汲水的人力量不够的话，也无法把水拉上来。

孔子临死之前觉得很遗憾，他对学生子贡说："天下无道久矣，莫能宗予。"(《史记·孔子世家》)意即天下无道已经很久了，找不到英明的君王来推崇我，让我从政造福百姓。孔孟这些人才就像井卦的九三，需要英明的君王来提拔，可惜当时没有好的伯乐。

井卦六四代表旧井修好之后变成新井。同理，一个人努力修德，旧学也会有新功。事实上，君子在治国、为学、修德三个方面，都要除旧布新。

首先，《中庸》所说的"作新民"，可谓"治国欲新"。要让百姓不断革新，充满朝气。

其次，孔子所说的"温故而知新"，可谓"为学欲新"。在学问方面，不能墨守成规，而要温故知新。

再次，《大学》所说的"日日新，又日新"，可谓"进德欲新"。德行修炼要日新又新，日起有功。

孔子说："德之不修，学之不讲，闻义不能徙，不善不能改，是吾忧也。"（《论语·述而》）意即德行不好好修养，学问不好好讲习，听到该做的事却不能跟着去做，自己有缺失却不能立刻改正。这些都是我的忧虑啊。换言之，你每天忧虑这些事，德行自然会日新又新。孔子在这方面堪称典范。

井卦九五的爻辞说："井冽寒泉，食。"井水以甘洁清凉为上等，九五以阳刚中正为杰出。所谓"阳刚中正"，是指无私而刚正。三国时代的诸葛亮曾说："非淡泊无以明志。"唐代诗人杜甫赞美诸葛亮，说他与商朝的伊尹、周朝的姜太公处在伯仲之间。杜甫正是看到诸葛亮的无私与刚正宛如一股清泉，所以才对诸葛亮倍加推崇。

现代人也有占到井卦的案例。我曾在一所大学的国学班讲《易经》，一个女同学受闺密委托，想要占问她与现任男友的交往情况。结果用数字卦占到井卦初六，爻辞说："井泥不食，旧井无禽。"意即井中有淤泥，井水不能食用，旧的水井没有禽兽来。我看到这个爻辞就说："她现在交往的男朋友，可能是再婚的吧！"这个同学吓了一跳，她说："果然如此，她的男朋友离过婚。"

我解释说："爻辞说'旧井无禽'，说明这不是一口新井，所以说他是再婚。"爻辞如此准确地反映出提问者的真实处境，连我自己都觉得不可思议。所以在解卦时，必须放空自己的心思，纯粹就占到的爻辞来加以说明。接着，她又问这段感情的发展如何，我说："占到井卦初六，代表事情刚刚开始。如果好好整修这口井，最后的结局可能会很好，因为井卦上六是'元吉'。但是，每个阶段都面临严峻的考验，要不断修炼，才会有好的结果。"

还有一个占到井卦的案例。有一个朋友在报社工作，由于下笔正直敢言，受到领导的压制，总觉得有志难伸。他就占问自己的前途，结果占到井卦九三，爻辞说："井淘干净而不去食用，使我内心感到悲伤。可以用来汲水，君王英明，大家一起受到福佑。"我对他说："不要着急，需要耐心等待一段时间，快则三个月，井中就有甘凉的泉水可以食用，因为从九三到九五共有三步。并且，九三有'王明'二字，可见领导会明白你的良苦用心。"

这位朋友说："我的领导根本不可能改变对我的印象。"我说："也许你的领导会换人。"结果两个月之后，他的领导果然换人了。第三个月，他发表了一篇食品安全方面的报道，还拒绝了厂商的贿赂。报社领导了解整个情况之后，公开表扬了他，称赞他是媒体正义的最后一道防线。事情的发展跟我的预测如出一辙，就像是按照剧本演出一样。其实，只要你自己行得正，最后总会得到别人的肯定。

另外还有一个案例。有一家公司换了经理，新上任的经理期待大显身手，就用筹策占问公司业务的发展状况，结果占到井卦，初六与九二两爻变，解卦就以九二的爻辞为主。九二的爻辞说："井中积水向下流注，水罐又破又漏。"这是怎么回事呢？原来，离职的那位经理准备自行创业，正计划带走一批老客户。我就说："井卦的外卦没有改变，而底下两爻都变了，代表公司内部有问题，无法发挥井的功效。现在只有整修水井，才能让大家喝上甘凉的井水，所以当务之急是修补与客户的关系。一个月之后到了九三，将有英明的君王让大家受到福佑，问题会迎刃而解。并且，井卦底下两爻变，会变成水火既济，表示一切各就各位，公司管理将步入正轨。"

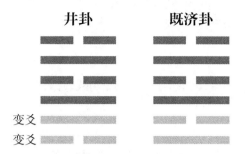

井卦　　　　**既济卦**

变爻
变爻

　　企业经营必须脚踏实地。在激烈的商业竞争中，没有人可以稳操胜券，即使你现在占据优势，也不能保证永远领先。因此，不如随时检讨自己，做好每一个决策，这样才能与时俱进。先求立于不败之地，才是制胜的不二法门。

　　井卦代表君王能够任用贤才，使百姓得到恩惠。真正的人才也愿意为君王所用，为社会作出贡献。正如井卦的上六，井口缩小比较安全，但是不要加盖，要让所有人都来分享甘美的泉水。总之，井卦在治国、为学、修德这三个方面，都会使人受到深刻的启发。

一、除旧布新，诚信为主

49 泽火革，下离上兑

革：己日乃孚，元亨利贞。悔亡。

象曰：泽中有火，革。君子以治历明时。

上六：君子豹变，小人革面。征凶，居贞吉。
象曰：君子豹变，其文蔚也。小人革面，顺以从君也。

九五：大人虎变，未占有孚。
象曰：大人虎变，其文炳也。

九四：悔亡，有孚，改命，吉。
象曰：改命之吉，信志也。

九三：征凶贞厉。革言三就，有孚。
象曰：革言三就，又何之矣？

六二：己日乃革之。征吉，无咎。
象曰：己日革之，行有嘉也。

初九：巩用黄牛之革。
象曰：巩用黄牛，不可以有为也。

　　本节要介绍《易经》第49卦革卦。《序卦传》说："井道不可不革，故受之以革。"一口井使用久了，必须定期清理，所以在井卦之后，接着上场的是革卦。《杂卦传》说："革，去故也。"革卦就是变革，要求除旧布新。改革是一项重大的挑战，如何才能把握其关键呢？

[卦辞] 革：己日乃孚。元亨利贞。悔亡。

[白话] 革卦：到了己日才有诚信。开始、通达、适宜、正固。懊恼
消失。

革卦的卦辞出现了"乾卦四德"——元亨利贞。在《易经》64
卦中，卦辞出现"元亨利贞"的共有七个卦，包括：乾卦；坤卦；
屯卦（䷂，第3卦），代表万物开始出生；随卦（䷐，第17卦），要
依时而动；临卦（䷒，第19卦），代表阳爻逐渐发展壮大；无妄卦
（䷘，第25卦），不要有任何虚妄的念头；最后是革卦，代表改革、
革新。

关于"己日"一词，存在很多争议。有说是"巳日"，"巳"与
"祀"相通，意为"祭祀的日子过了以后"；有说是"已日"，意为
"已经过了这一日"。

比较合理的说法是"己日乃孚"。"乃孚"的"乃"字表明，只
有等条件具备、时机成熟了，改革才能取得大家的信赖。天下之事，
过中而将变之时，才可进行改革。什么是"过中而将变之时"呢？
这就要看"己日"到底是指什么。

"己"是十天干之一。"十天干"就是"甲乙丙丁戊己庚辛壬
癸"。古人有所谓的"纳甲说"，亦即以基本八卦配合十天干，其中
乾卦与坤卦都接纳了两个天干。

关于基本八卦的顺序，最容易记的是用家中八个角色来排序，
即父亲、母亲、少男、少女、中男、中女、长男、长女。父亲、母
亲以及长男、长女排在两边，他们共同维系一个家庭，把少男、少
女、中男、中女放在中间。按照这个顺序来配合十天干，就是：乾
纳甲，坤纳乙，艮纳丙，兑纳丁，坎纳戊，离纳己，震纳庚，巽纳
辛，乾再纳壬，坤再纳癸。

因此，己日是指离卦。一共有十天干，前五个是"甲乙丙丁戊"，后五个是"己庚辛壬癸"，"己"排在第六，刚好过了一半。所以，"己日乃孚"的意思是说：十天为一个周期，必须过了一半，才能取得大家的信赖，然后再着手进行改革。

"己"后面是"庚"，"庚"可以理解为"更改"，也代表可以进行变革。可见，"己日"是变革的关键时机。从卦象来看，革卦下卦为离，正好对应"己日"。如此一来，整个卦的意象就更清楚了。

[彖传] 彖曰：革，水火相息，二女同居，其志不相得，曰革。己日乃孚，革而信之。文明以说，大亨以正。革而当，其悔乃亡。天地革而四时成，汤武革命，顺乎天而应乎人。革之时大矣哉。

[白话]《彖传》说：革卦，是水与火互相消灭对方，两个女子住在一起，但心意不能投合，就称为革。到了己日才有诚信，是指变革取得了人们的信赖。文采光明而能喜悦，非常通达而守正道。变革做到了适当，他的懊恼才会消失。天地变革才会形成四季，商汤和周武王的革命，是顺从天道而合乎人心的。革卦所依循的时势太伟大了。

《彖传》首先提到"二女同居，其志不相得"。在64卦的《彖传》中，提到"二女同居"的只有睽卦（☲，第38卦）与革卦。睽卦是火泽睽，革卦是泽火革，两者上下卦的位置刚好是颠倒的。

睽卦的《彖传》说："二女同居，其志不同行。"即家中的少女和中女，将来会嫁给不同的人家，所以她们的心意不会一同进展。革卦的《彖传》说："二女同居，其志不相得。"是说她们的心意不能投合。为何会有这样的差别？因为睽卦下卦为兑，上卦为离，代表少女在下，中女在上，这还算合乎常理。革卦则颠倒了过来，变成少女在上，中女在下，水在上而火在下，两者都要消灭对方，非要发生重大的变革不可。

"己日乃孚，革而信之"，是说变革需要经过一段时间，才能取得民众的信赖。

革卦下离上兑，离为文明，兑为喜悦，所以说"文明以说"。同时，革卦的九五与六二居中守正，非常通达，所以说"大亨以正"。

"革而当，其悔乃亡"，是说改革做到了适当，懊恼才会消失。换言之，改革会对既得利益者造成冲击，如果处置不当，就会带来懊恼。

《彖传》接着说：天地变革才会形成四季，商汤和周武王的革命，是顺从天道而合乎人心的。《彖传》中很少提到人名，这里提到了商汤与周武王。商汤革了夏桀的天命，周武王革了商纣的天命，完成顺天应人的大业。可见，革卦所依循的时势太伟大了。时机必须成熟，才能够进行改革。

革卦的《彖传》启发我们：改革必须取得民众的信赖，并且做到适当，懊悔才会消失。在历史上，秦国的商鞅变法、赵国的胡服骑射、王莽推行新政，这些改革都没有做到"革而信"或"革而当"，所以产生了各种懊恼。而汤武革命准确把握了时势，所以人民都愿意接受这样重大的变革。

[象传] 象曰：泽中有火，革。君子以治历明时。

[白话]《象传》说：沼泽里出现了火，这就是革卦。君子由此领悟，要制定历法，明辨时序。

革卦是泽中有火，水火不相容，二者难以并存，由此凸显了变革的急迫性。君子由此领悟，要制定历法，明辨时序，以满足人间的需要。俗话说"民以食为天，食以历为先"。中国古代是农业社会，百姓需要耕种，才能解决基本的温饱问题；而耕种要想取得好的收成，最重要的是制定适当的历法。民间至今还流传着许多关于时令、节气的说法，这些都与农业生产密切相关。如果耕种不能配合天时、地利等条件，百姓的收成就会受到很大影响。

　　总之，革卦的结构是泽火革，代表除旧布新，既包括小范围的变革，也包括大规模的革命。改革前，要评估是否"有其德，乘其时，居其位"，要具备德行、时机与地位，才可以进行变革。改革时，要取得人们的信赖，并做到恰到好处，才不至于产生懊恼。这是一项很大的挑战。

二、改革要有渐进的顺序

革卦的结构是泽火革，水火难以并存，所以势必发生改变。改革一定要到最后阶段才能收到成效，改革过程中会出现各种状况，需要谨慎应对。本节介绍革卦六爻的爻辞。

[**爻辞**] 初九：巩用黄牛之革。

象曰：巩用黄牛，不可以有为也。

[**白话**] 初九：用黄牛皮做的绳子来捆绑。

《象传》说：用黄牛皮做的绳子来捆绑，是因为不可以有所作为。

"巩"意为用皮绳绑牢。初九爻变，下卦成艮，艮为皮，"革"的取象即来自此。初九以阳爻居刚位，动力很强，但时机未到，还不能有所作为，所以要把它牢牢拴住。艮亦为山、为土，其色为黄；下卦离为牛，所以说"黄牛"。黄牛皮做的绳子极为结实。可见，进行任何改革，都要首先稳住阵脚。如果条件尚未成熟，不可贸然推进。

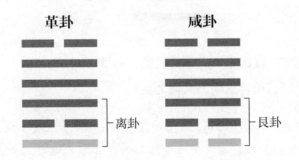

［**爻辞**］六二：己日乃革之。征吉，无咎。

象曰：己日革之，行有嘉也。

［**白话**］六二：到了己日才来变革。前进吉祥，没有灾难。

《象传》说：到了己日才来变革，是因为行动会有美好的结果。

六二提到"己日乃革之"，呼应了卦辞所说的"己日乃孚"。参照"纳甲说"，离卦对应己日。以基本八卦配合十天干，"甲乙丙丁戊"是前一半，"己庚辛壬癸"是后一半；从"己"开始进入后一半，代表事情已经过了中间，可以进行改革了。六二位于下卦离的中间，可以着手进行变革。"乃"字代表不能着急，要等条件具备之后，再开始行动。

六二与九五正应，所以"征吉，无咎"。六二在互巽（六二、九三、九四）中，巽为近利市三倍，所以《小象传》说"行有嘉也"，即行动会有美好的结果。

革卦

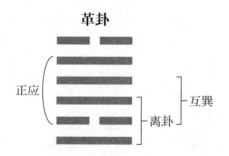

［**爻辞**］九三：征凶贞厉。革言三就，有孚。

象曰：革言三就，又何之矣？

［**白话**］九三：前进有凶祸，正固有危险。变革之言三度符合，有诚信。

《象传》说：变革之言三度符合，还要往哪里去呢？

九三以阳爻居刚位，动力很强；并且它完成了底下的离卦，离为明。因此，九三不患不刚，患在太刚；不患不明，患在太明。它刚明又过中，所以前进或正固都有困难，陷入"非凶即厉"的处境。幸好它有上六正应，作为唯一的出路。

革卦

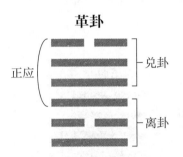

正应　兑卦

离卦

上六在上卦兑中，兑为口，可以言说。在革卦中，是为"革言"。"三就"是指三度符合，亦即九三、九四、九五这三个阳爻皆出现明显的变革。九三在下卦，由于听从上六之言，明白"革言三就"的道理，而能安居其位，表现诚信，是为"有孚"。有了这种信心，"又何之矣"，九三就不必再躁动了。

[爻辞] 九四：悔亡，有孚，改命，吉。

象曰：改命之吉，信志也。

[白话] 九四：懊恼消失，有诚信，改变天命，吉祥。

《象传》说：改变天命而吉祥，是因为有值得信赖的心意。

九四已至上卦，必须采取具体的变革行动。九四以阳爻居柔位，虽不当位，但由于时机成熟才有所行动，所以懊恼消失。

九四的"有孚"在于它处在互巽（六二、九三、九四）与上兑中，是下巽上兑的情况，亦即下随顺而上喜悦，它的心意得到上下的信赖，是为"信志也"。

爻辞为何提到"改命"呢？九四在互乾（九三、九四、九五）与互巽（六二、九三、九四）中，乾为天，巽为风，引申为命，合起来就是天命。在革卦中，九四可以配合时机，除旧布新，所以得到"吉"。一般认为，九四代表汤武革命，即商汤革了夏朝的天命，周武王革了商朝的天命。

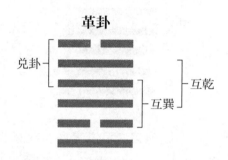

革卦

[**爻辞**] 九五：大人虎变，未占有孚。
　　　　象曰：大人虎变，其文炳也。

[**白话**] 九五：大人改变而形貌如虎，尚未占问就有了诚信。
　　　　《象传》说：大人改变而形貌如虎，是说他的文采灿烂耀眼。

九五以阳爻居刚位，既中且正，代表得位的大人。大人的改变像老虎一样，是形容他的文采就像虎皮一样灿烂耀眼。

九五在上卦兑中，兑为西方之卦。按照古代的天象之说，左（东）青龙、右（西）白虎、南朱雀、北玄武。兑卦位于西方，可以代表虎，所以说"虎变"。九五与六二正应，六二在下卦离中，离为龟，可供占卜。但是，六二对九五是相应而从，所以说它"未占有孚"，其诚信不问可知，完全不需要疑虑。

革卦

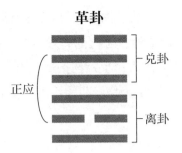

换言之，在九四"改命"之后，要靠九五与上六的具体表现，才可使革卦大功告成。这也是卦辞"己日乃孚"的具体所指。

革卦的九三、九四、九五，连续三个阳爻都强调"有孚"（有诚信）。可见，在推动改革时，诚信是极为重要的。上位者表现诚信，目的是取得百姓的信赖。九三准备改革，九四改变天命，九五真正起了变化。可见，从"改"到"变"，是一个渐进的过程。

[爻辞] 上六：君子豹变，小人革面。征凶，居贞吉。

　　象曰：君子豹变，其文蔚也。小人革面，顺以从君也。

[白话] 上六：君子改变而形貌如豹，小人变换他的面目。前进有凶祸，守住正固就吉祥。

　　《象传》说：君子改变而形貌如豹，是说他的文采盛美可观。小人变换他的面目，是说他顺服而追随君主。

九五居中而有位，所以称"大人"；上六居上而无位，所以称"君子"。豹与虎同科，两者犹如兄弟，都属于兑卦之象。九五阳爻为大，所以称虎；上六阴爻为小，所以称豹。

《小象传》所谓的"文"，是说其德行与事功大放光明。革卦到了上六，不宜再前进，此时守住正固就吉祥。大人与君子虽然在地位上有差别，但是对于变化的要求是一致的，他们都要展现内在的光明（下卦离为明，下卦代表内心），以变化其形貌。

所谓"小人"，是指没有志向的一般百姓，谈不上内在的修养。上六为阴爻，可以代表小人；上六在上卦兑中，兑为口，口在面上，所以说"小人革面"。兑又为悦，代表小人喜悦而顺从九五之君，亦即《小象传》所说的"顺以从君"。圣人所寄望于小人的，是先革其面，使言行合乎规范，久而久之及于内心，最后真正做到洗心革面，展现文采。

革卦

兑卦

总之，革卦六爻的爻辞对我们多所警惕。初九提醒你，改革不能冲动，在时机成熟之前，先要稳住自己。六二提醒你，改革不能专断，要到"己日"再去推行。九三提醒你，改革不能急躁，往则必凶。九四提醒你，改革不能迟疑，必须付诸行动。九五已经到了大功告成的阶段，此时不必占问，就可以做出决定。上六提醒你，改革不能过头，同样是"往则必凶"。

换言之，改革一定要到上卦，才能够切实推行。九四是"可以"改革，九五是"能够"改革，上六是"追随"改革。然而，可革在理，能革在己，从革在人。贤明的君主会尽己所能来推动变革，却不会要求所有人都达到洗心革面的程度。能做到君子蔚然有文采，小人顺从而追随君主，就已经足矣。可见，改革是一项重大的挑战，只有按部就班，稳步推进，才能减少懊恼，收到实效。

三、洗心革面先从自己做起

革卦的卦象是泽中有火，水火不兼容，所以非要产生变革不可。革卦的爻辞清楚地表明，变革是一个渐进的过程。占到革卦，代表所问之事到了改变的阶段；但具体如何改变，变到什么程度，仍要参考各爻的爻辞。

革卦初九说"巩用黄牛之革"，意为用黄牛皮做的绳子来捆绑，代表不可以有所作为。历史上有很多因仓促改革而生乱的例子。譬如，西汉初期的晁错向汉景帝建议，削弱刘姓诸侯王的势力，以加强中央集权，结果引发了"七国之乱"。七个诸侯王听说中央政府要削藩，就以"清君侧"为名，发动了叛乱。汉景帝在慌乱中，只好杀了晁错。这场叛乱只持续了三个月，周亚夫就率领汉军平定了叛乱。战争的结局是七国废其六，西汉的中央集权得到加强。晁错等于处在革卦初九的位置，在条件尚未成熟的情况下，就贸然采取行动，结果招来杀身之祸。

六二的爻辞说："己日乃革之。征吉，无咎。"六二要配合九五的要求，不能擅自做主，一定要等到时机成熟、事情发展过半的时候，方可采取改革的行动。比如，孔子曾在鲁国担任司寇，负责治安的工作。按照《周礼》的规定，贵族封邑的城墙不得超过18尺。城墙太高，容易让人产生谋反之心。孔子开始没有说话，过了几年才向鲁定公建议："要拆毁季孙、孟孙、叔孙三家封邑的城墙。"（见《史记·孔子世家》）可见，臣子一定要等到合适的时机，再提出变革的主张。

九三的重点在于"革言三就，有孚"，亦即变革之言三度符合，才能显示它的诚信。在历史上，伊尹帮助商汤推翻了夏桀。伊尹开始非常谨慎，他曾"五就汤，五就桀"（《孟子·告子下》），亦即伊尹五次去做商汤的属下，五次去做夏桀的臣子。最后因为夏桀荒淫无度，人民的生活陷入水深火热之中，他才支持商汤起来革命。伊尹好比处在革卦九三的位置，此时不能急躁冒进，而要慎之又慎。

九四的爻辞说："悔亡，有孚，改命，吉。"意即懊恼消失，有诚信，改变天命，吉祥。商汤与周武王革命就是改变天命的例子。商汤、周武王最初的身份是诸侯，相当于九四的位置，本来要听从九五的命令。但是，"水能载舟，亦能覆舟"（《荀子·王制》）；"民之所欲，天必从之"（《尚书·泰誓》）。为了救民于水火之中，商汤与周武王只好起来革命。

改命属于非常之事，必须具备《小象传》所说的"信志"（值得信赖的心意），才会吉祥。譬如，伊尹辅佐商汤革命成功之后，不久商汤就过世了，商汤的儿子们也很早过世，后来继位的是商汤的孙子太甲。太甲很年轻，不听劝导，伊尹就把他放逐到桐邑。三年之后，太甲悔过，自怨自艾。又过了三年，太甲可以虚心接受伊尹的教诲，伊尹就让他重新登上了天子之位。孟子评论说："你有伊尹的志向与心意，才可以做这样的事；否则，就有篡位的嫌疑。"①

占到革卦九五或上六，代表改革已经成功，产生了明显的变化。可见，改革是一个渐进的过程，先改再变；有了变化，才能验证改革的成效。

古代就有占到革卦的案例。据《后魏书》记载，魏高祖元宏②对外声称要向南征伐，心里实际上在谋划迁都，他下诏太常卿去占筮，结果占到革卦。高祖就说："这是汤武革命、顺天应人的卦。"群臣没有人敢说话。大臣元澄向皇帝建言："革是变更的意思，表示将要顺天应人、改变君臣的命运，对商汤和周武王来说是吉。陛下已经

---

① 出自《孟子·尽心上》。原文：孟子曰："有伊尹之志则可，无伊尹之志则篡也。"
② 拓跋宏（467—499），汉名元宏，北魏第七位皇帝，谥号孝文。

拥有了天下，现在占卜出征而得到革卦，只能说是去平叛，不能说是去革命，所以不能认为它是吉的。"高祖听了之后勃然大怒，可是元澄的话也有道理。后来，高祖单独召见了元澄，向他如实说明了迁都的心意，元澄十分赞同高祖的想法。

现代人也有占到革卦的例子。有个朋友一直在经营出版社，自从电子书流行之后，他的生意每况愈下，前景黯淡，他就认真思考要不要改行做别的生意。他为此占了一卦，得到革卦九四，爻辞说："悔亡，有孚，改命，吉。"意即懊恼消失，有诚信，可以改变天命，吉祥。九四明显是在提醒你，要抓紧进行变革。九四到了上卦，时机已经成熟，最快三个月就能如愿以偿。因为从九四往上走，经过三步就可以脱离革卦。九四爻变，变成既济卦（☲，第63卦），说明这项变革可以顺利完成。

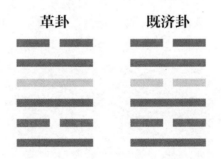

革卦　　**既济卦**

占卦的神妙由此可见一斑。在64卦中，有跟饮食有关的，有跟诉讼、牢狱有关的，也有跟战争有关的。当你正在谋划变革时，就占到了革卦。《易经》的卦爻辞反映的是古人的生活状态。现代人的生活虽然在技术上有了飞跃，但在实质上仍然脱离不了人与人之间的互动，只是个人的责任意识明显提升了，从前由上级领导决定的事情，现在可能必须自己抉择。我们学会《易经》占卦后，在理性思考之外，又得到良师益友，岂不是大有裨益吗？

革卦是《易经》中很特别的卦。天道有固定的循环，也有变革的基本模式。在人间，小至个人的事务，大至国家大事，都要适时加以改革，有时甚至有革命的必要。如果可以改革而不改革，就会产生积弊；如果改革不当，就会生出新的弊端，让人懊恼不已。所以，改革是非常困难的事。

改革最好从自身做起。如果只想着改变别人或改变环境，甚至想改变整个社会，显然是不切实际的。在改革中往往会发现，积弊原来在自己身上。革卦的《象传》强调"革之时大矣哉"，所以改革一定要把握适当的时机。只有时机成熟、条件配合，改革才会收到成效。

一、民以食为天

50 火风鼎，下巽上离

鼎：元吉，亨。

象曰：木上有火，鼎。君子以正位凝命。

上九：鼎玉铉，大吉，无不利。
象曰：玉铉在上，刚柔节也。

六五：鼎黄耳金铉。利贞。
象曰：鼎黄耳，中以为实也。

九四：鼎折足，覆公𫗧，其形渥，凶。
象曰：覆公𫗧，信如何也？

九三：鼎耳革，其行塞，雉膏不食。方雨，亏悔，终吉。
象曰：鼎耳革，失其义也。

九二：鼎有实，我仇有疾，不我能即，吉。
象曰：鼎有实，慎所之也。我仇有疾，终无尤也。

初六：鼎颠趾，利出否。得妾以其子，无咎。
象曰：鼎颠趾，未悖也。利出否，以从贵也。

本节要介绍《易经》第50卦鼎卦。鼎卦与革卦是正覆关系，将泽火革整个翻过去，就变成了火风鼎。鼎在古代是非常特别的器具，象征一个国家的尊严，并衍生出"问鼎中原""三国鼎立"等成语。

《序卦传》说："革物者莫若鼎，故受之以鼎。"前面的革卦代表变革，最能变革事物的是鼎。鼎在古代是炊煮的工具，使生食变成熟食，没有比这更彻底的变革了，所以接着要谈鼎卦。《杂卦传》：

"革，去故也。鼎，取新也。"可见，先革后鼎，才是真正的除旧布新。

[**卦辞**] 鼎：元吉，亨。

[**白话**] 鼎卦：最为吉祥，通达。

　　鼎卦的卦辞提到了"元吉"。在64卦中，卦辞出现"元吉"的只有两个，一个是损卦（☶，第41卦），只要做到损己利人，就会处处受到肯定和欢迎，所以是上上大吉。另一个就是鼎卦，它除了提到"元吉"，后面还加上了"亨"。鼎卦位于革卦之后，代表革命成功之后，以鼎作为国家的象征，所以鼎卦具有崇高的意义。

[**彖传**] 彖曰：鼎，象也。以木巽火，亨饪也。圣人亨以享上帝，而
　　　　大亨以养圣贤。巽而耳目聪明，柔进而上行，得中而应乎
　　　　刚，是以元亨。

[**白话**]《彖传》说：鼎卦，是由鼎的形象来取卦名的。把木柴放进
　　　　火内，是要烹煮食物。圣人烹煮食物来祭献上帝，进而大量
　　　　烹煮食物来养育圣贤。随顺而耳聪目明，柔顺者往上前进，
　　　　取得中位并与刚强者相应和，因此最为通达。

　　《系辞上传》有"设卦观象"的说法，鼎卦就是最好的例子。鼎卦之名，取象于真实的鼎。"鼎"在古代为炊煮之具，就像今天炒菜做饭的锅一样，后来逐渐演变成一个国家的象征。

　　鼎卦的卦象十分明确，可以用四句话来概括。

　　第一，承鼎在足。底下的初六是阴爻，代表鼎足。

　　第二，实鼎在腹。九二、九三、九四是三个实在的阳爻，代表鼎腹。

第三，行鼎在耳。六五代表鼎耳。将杠杆从鼎耳穿过去，才能把鼎抬走。

第四，举鼎在铉。上九代表鼎铉，亦即穿过鼎耳的杠杆，可以把鼎抬起来移动。

可见，鼎卦的卦象与鼎的外形完全配合，所以《彖传》说"鼎，象也"，即鼎卦是由鼎的形象来取卦名的。

鼎卦的结构是火风鼎，上卦离为火，下卦巽为木、为入，所以说"以木巽火"。把木柴放入火内，是要烹煮食物。

《彖传》接着说："圣人亨以享上帝，而大亨以养圣贤。"意即圣人烹煮食物来祭献上帝，进而大量烹煮食物来养育圣贤。可见，"亨、烹、享"三个字在古代是相通的。圣人指六五，他有德有位，可以负责祭祀上帝。六五往上要祭献上九，上九处在天的位置，代表上帝；往下要养育三个阳爻（九二、九三、九四），阳爻代表圣贤。养育圣贤的目的，是让他们专心为民谋福。《彖传》这句话充分展现了鼎卦的象征意义。

鼎卦的下卦巽为随顺，上卦离为目，为明，引申为耳聪目明，所以说"巽而耳目聪明"。

由"柔进而上行，得中而应乎刚"一语，可知鼎卦是由遁卦（☷，第33卦）演变而成。遁卦六二（柔爻）往上与九五换位，成为鼎卦六五，所以说"柔进而上行"。六五取得中位，并与九二（刚爻）相应和，所以说"得中而应乎刚"。

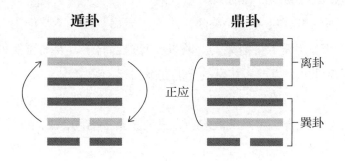

[**象传**] 象曰：木上有火，鼎。君子以正位凝命。

[**白话**]《象传》说：木上有火在烧，这就是鼎卦。君子由此领悟，
　　　　要端正职位，完成使命。

　　鼎卦下巽上离，离为火，巽为木，所以说"木上有火"。等于底
下的木头在燃烧，产生了上面的火，从而可以烹煮食物。君子由此
领悟，要端正职位，完成使命。

　　远古时代是洪荒世界，茹毛饮血，不利于人的健康。后来，圣
人制造了鼎这种烹煮工具，使生食变成熟食，这是一切革故取新的
开始。此后，鼎逐渐变成国家的象征。据史书记载，大禹登上帝位
后，分天下为九州岛，并铸造九鼎象征九州岛。后来朝代更迭，这
些鼎就被迁到了商。周武王打败商纣之后，又把鼎迁到了洛邑。

　　春秋时代，楚庄王曾经问鼎于周，周朝大臣王孙满对楚庄王说：
"周德虽衰，天命未改。鼎之轻重，未可问也。"（《左传》）意思是
说，周朝虽然国势衰弱，但是天命尚未改变，所以鼎的轻重不是你
楚王可以过问的。由此可见，古人把鼎作为天命的象征、国家的宝
器，可谓"上有天命，下有国鼎"。

　　其实，鼎只是一件器物、一种象征而已，真正可贵的还是君王
的德行。有句话说得好："鼎以纣轻，以武重。"商纣王暴虐无道，
鼎因而失去了价值；周武王励精图治，鼎又变得非常贵重了。可见，
政治人物始终要以百姓为重。

　　前面的革卦代表汤武革命，改变了天命。接着，鼎作为天命的
象征，可以让天下长治久安。所以鼎卦提醒君子，要端正所处的职
位，尽忠职守，以严肃认真的态度完成自己的使命。

　　总之，鼎卦在卦辞中出现了"元吉"，这是难得一见的。革卦
与鼎卦互相配合，可以革故取新，进入全新的格局，然后安定下来。

鼎本来是炊煮的工具，后来演变成国家的象征，以鼎的迁移象征朝代的更迭。鼎卦是设卦观象的代表，其卦象与鼎的外形完全契合。鼎有重要的功用，它往上可以祭献上帝，往下可以养育圣贤，让社会安定发展。

在修德方面，鼎卦对我们有哪些启发呢？它的下卦巽为顺从，所以要顺从义理，规矩做人；上卦离为光明，所以要耳聪目明，视野开阔；同时，还要效法六五处在柔中的位置，与阳刚的圣贤相呼应。

二、古代的烹调方式

鼎卦的结构是火风鼎，其卦象与真实的鼎完全配合。鼎在古代用于烹煮食物，把生食做成熟食，所以鼎卦要到第五、第六爻，才会呈现理想的结果；底下各爻有许多准备工作，否则很难享受到美食。本节要介绍鼎卦六爻的爻辞。

[**爻辞**] 初六：鼎颠趾，利出否（pǐ）。得妾以其子，无咎。

象曰：鼎颠趾，未悖也。利出否，以从贵也。

[**白话**] 初六：鼎足颠倒，适宜走出闭塞。因为儿子而娶得妾，没有灾难。

《象传》说：鼎足颠倒，但并未违背常理。适宜走出闭塞，是为了要追随贵人。

初六在鼎卦底部，亦即鼎足的位置。鼎足为何会颠倒呢？因为初六与上面的九四正应，阴要从阳，初六往上一走，就把整个鼎颠倒了过来。这对于整个鼎来说，反而是好事，所以说"利出否"。初六在下卦巽中，巽有臭腐之义，为否，即污垢。鼎在煮过食物之后，隔天必须把它整个翻过去，倒掉臭腐的东西，才能把底部清洗干净，重新烹煮食物。

任何事物都忌讳被颠覆，但是在鼎卦的格局下，只有颠覆才可彻底清洁，这并未违背常理，所以"无咎"。譬如，商汤推翻夏朝，必然要用宽容代替暴虐。汉高祖刘邦入关，必然要用"约法三章"代替秦朝的苛政。

关于"得妾以其子"，历代很多专家语焉不详。从卦变来看，遁卦的六二与九五换位，形成了鼎卦。初六本来在遁卦的下卦艮中，艮为少男。现在变为鼎卦，初六与九四正应，九四在互兑（九三、九四、六五）中，兑为少女、为妾。合而观之，现在得到了"妾"，以前的"子"不见了，所以说"得妾以其子"。

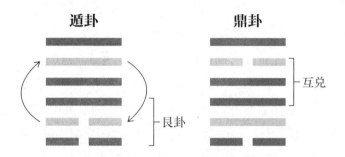

在《易经》64卦中，把家中的长女、中女、少女全部包括进去的只有两个卦，一个是革卦，另一个是鼎卦。

革卦下离上兑，代表中女在下、少女在上，中间还有一个互巽（六二、九三、九四），代表长女位于中间。这样的安排有违常理，导致水火不容，所以非要改革不可。

鼎卦下巽上离，代表长女在下、中女在上，中间还有一个互兑（九三、九四、六五），代表少女位于中间，三者各就各位。这也反映了古代女子的主要任务是烹煮食物。

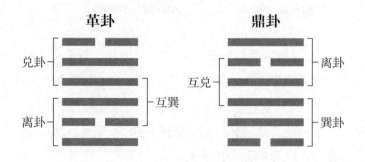

［爻辞］九二：鼎有实，我仇有疾，不我能即，吉。

象曰：鼎有实，慎所之也。我仇有疾，终无尤也。

［白话］九二：鼎中有实在物料，我的对头患了病，没有办法接近我，吉祥。

《象传》说：鼎中有实在物料，是因为谨慎安排去处。我的对头患了病，所以最终没有责怪。

"九二、九三、九四"都是实在的阳爻，代表鼎中有实在的物料。九二的对头是上面的六五。鼎卦是由遁卦的二与五换位而来，换位之后，这两爻依然相应。六五之"疾"在于它以阴爻居刚位，中而不正。

为什么六五没有办法接近九二呢？有三点理由：第一，九二爻变，下卦成艮，艮为止，会阻止六五的靠近；第二，六五与九二之间隔了两个阳爻（九三、九四），不易接近；第三，九二在下卦巽中，巽为不果（没有什么结果），也让六五无法接近九二。

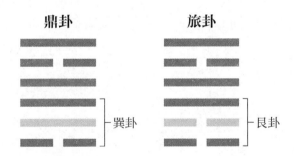

不过，九二是从遁卦九五下来的，它没有离开中位，代表它能够谨慎地安排去处；同时又有阴阳正应，所以最终不会受到责怪。

［爻辞］九三：鼎耳革，其行塞，雉膏不食。方雨，亏悔，终吉。

象曰：鼎耳革，失其义也。

［白话］九三：鼎耳被革除，行动受到困阻，吃不到山鸡的美肉。正在下雨，既吃亏又懊恼，最后吉祥。

《象传》说：鼎耳被革除，是因为失去它作为鼎耳的意义。

　　九三的爻辞有些复杂。在鼎卦中，鼎耳当然是六五，为什么九三还自以为是鼎耳呢？因为鼎卦从初六到六五，形成一个放大的坎卦，坎为耳；九三在大坎的中间，故有耳象。但是在鼎卦中，正牌的鼎耳是六五，九三因而"失去它作为鼎耳的意义"。

　　鼎要用杠杆穿过鼎耳，才能被抬走，没有鼎耳就无法行动，所以说"其行塞"。九三之上为上卦离，离为雉。九三在下卦，食物尚未煮熟，还吃不到山鸡的美味，所以说"雉膏不食"。

鼎卦

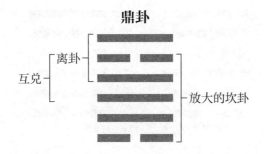

　　九三在互兑（九三、九四、六五）中，兑为泽，引申为雨，所以说"方雨"。兑又为毁折、为亏损，使九三心生悔意。然而，鼎卦四个阳爻中，只有九三位正（阳爻居刚位），并且居下卦终位，所以它在既吃亏又懊恼之后，最终会得到吉祥。

［爻辞］九四：鼎折足，覆公𫗧（sù），其形渥（wò），凶。

　　象曰：覆公𫗧，信如何也？

［白话］九四：鼎足折断，打翻了王公的粥，自己身上也沾染上了，

有凶祸。

《象传》说：打翻了王公的粥，结果是怎么样呢？

九四与初六正应，犹如以初六为足。九四又在互兑（九三、九四、六五）中，兑为毁折。所以，初六是"鼎颠趾"，九四就成了"鼎折足"，情况更加严重。

"覆公𫗧"意为打翻了王公的粥。九四爻变出现互震，震为诸侯，可称为"公"。震又为竹，引申为竹笋，与原有的互兑（为泽）搭配成"粥"。"𫗧"是八珍之膳，属于珍贵的粥品。九四在互兑中，兑为泽，所以说"渥"，即衣服被汤汁弄脏。照此发展下去，结果自然是凶。

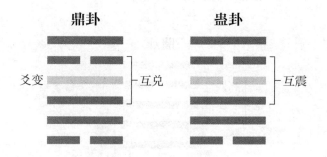

鼎卦　　　　　**蛊卦**

爻变 ─── ├互兑　　　　　├互震

[爻辞] 六五：鼎黄耳金铉（xuàn）。利贞。

象曰：鼎黄耳，中以为实也。

[白话] 六五：鼎有黄色的耳与金制的铉。适宜正固。

《象传》说：鼎有黄色的耳，是因为居中而踏实。

六五位居上卦中间，黄是中间的颜色；六五完成了放大的坎卦，坎为耳，所以说"黄耳"。

鼎卦是由遁卦演变而来，遁的上卦为乾，乾为金。"铉"为穿过鼎耳的杠杆，上九为鼎铉。六五为鼎耳，可供铉穿过，所以说"金铉"。"黄耳金铉"为贵重之象，所以"利贞"。至于《小象传》所说的"中以为实"，则是指六五居中，又有九二正应。

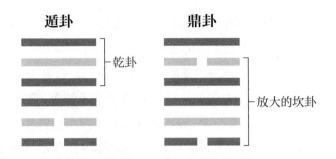

遁卦　　　　　　鼎卦

乾卦

放大的坎卦

[**爻辞**] 上九：鼎玉铉，大吉，无不利。

象曰：玉铉在上，刚柔节也。

[**白话**] 上九：鼎有玉制的铉。非常吉祥，无所不利。

《象传》说：玉制的铉在上位，是因为刚与柔调节合宜。

上九代表鼎铉。从阴爻六五的角度来看，上九是阳爻，所以称为"金铉"；对于上九本身而言，则是阳爻居柔位，刚柔调节合宜，所以称为"玉铉"。这就好比一个贤臣，在下能够帮助君王六五做事；到了上九并不贪恋权位，而是功成身退，所以非常吉祥，无所不利。

总之，在鼎卦的上卦三爻中，九四以刚处柔，它作为君主身边的大臣，却向下与初六这个小人同流合污，所以有折足之凶。上九同样是以刚处柔，但由于没有官位，所以说它刚柔调节合宜，非常吉祥。

也有学者主张，六五与九二正应，所以九二是"金铉"，上九是"玉铉"。但是，铉不可能位于鼎的底部，所以这种说法不太合理。

鼎卦中间三个阳爻为鼎腹，是烹煮食物的地方。到了六五，才有美味的食物与大家分享，也代表君王善用贤者来照顾百姓。鼎卦对上九特别推崇，这一点也呼应了《象传》所说的"圣人亨以享上帝"。

三、德薄位尊，下场很狼狈

鼎卦的结构是火风鼎。鼎是烹煮的工具，食物一定要煮熟了才能食用，所以鼎卦从下往上走的过程中，也值得多加警惕。

最应注意的是鼎卦九四，爻辞说：鼎足折断，打翻了王公的粥，自己身上也沾染上了，有凶祸。孔子在《系辞下传》里对该爻进行了发挥，他说："德薄而位尊，知小而谋大，力小而任重，鲜不及矣。"意即德行浅薄而地位崇高，智慧不足而谋划大事，力量微小而担当重任，很少有不拖累自己的。九四是位尊权重的大臣，它靠近君王六五。如果他的德行不够、智慧不足、能力有限，就应该知难而退，而不能说"好官我自为之"。这样不仅会耽误国家大事，也会让自己受到羞辱。

也许是"鼎折足"三个字给人的印象太深刻了，所以历史上占到鼎卦时，往往直接用"鼎折足"来提醒你要格外小心。鼎卦是很好的卦，但如果大意的话，也容易落个"鼎折足"的悲惨下场。

《论衡》这本书记载了一个占到鼎卦的案例。鲁国准备讨伐越国，事先做了一次占筮，得到"鼎折足"。孔子的学生子贡认为这是凶，因为爻辞说"鼎折足"，行军要用脚走路，"折足"当然是"凶"。孔子却认为是吉，他说："越国人依水而居，行动用舟而不用足，所以是吉。"后来，鲁军果然打败了越军。（见《论衡·卜筮》）

《诚斋杂记》中也有一段资料。孔子使子贡出访，迟迟不见子贡回来，他就让学生占了一卦，结果占到鼎卦。同学们就说："'鼎折足'，既然没有足，子贡应该回不来。"颜渊掩口而笑，孔子就问他："颜渊你会心一笑，难道子贡会回来吗？"颜渊回答："'无足'是说他不用足，而是乘舟而来。"后来，子贡果然乘船回来了。

这个故事只是说占到了鼎卦，并没有说占到哪个爻。为什么古人在占到鼎卦时，会直接联想到"鼎折足"呢？鼎卦总体上是个好卦，代表烹煮食物，供大家享用。但是，任何事情都不会轻易成功，中间会经过重重考验。所以，我们学习《易经》时，要对每个卦所面临的考验多加留意。

还有一个类似的例子。宋朝有个人叫晁以道，他在明州船厂任职。每天清晨，他都要穿戴整齐，焚香占一卦，看看今天的遭遇如何。有一天，一个客人来访。两人在聊天过程中，下起了小雨。晁以道就对他说："我今天占到鼎卦，有折足之象，但不是我折足，而是由来客承担。此事一定灵验，所以请您注意提防。"这个客人辞行之后，到了港口，滑了一跤，足胫几乎摔断，过了好几个月才痊愈。

另外，隋末唐初有个人叫李纲，他原来在隋朝做官，总是得不到升迁，就占了一卦，占到鼎卦。帮他占卦的人就说："你应该能做到辅弼大臣，因为鼎卦的《象传》提到'大亨以养圣贤'。但是，要等到改朝换代之后，才能够如愿以偿，因为《杂卦传》说'革，去故也。鼎，取新也'。不过，你将来如果官运亨通，却不知谦退自保的话，就会折足而败。"后来李纲在唐朝果然官运亨通，做到了尚书、太子太傅之位，他屡次辞官而不可得。最后，他以年迈为由，勉强辞去了尚书之位，保全了晚年。（见《新唐书》）

《我的前半生》这本书是清朝末代皇帝溥仪所写，里面记载了这样一个故事。溥仪有一个亲信大臣叫陈宝琛，他在袁世凯称帝时，替溥仪占了一卦。当时，袁世凯正在研究对于退位皇帝溥仪的优待办法。结果占到鼎卦九二，爻辞说："鼎有实，我仇有疾，不我能即，吉。"意即鼎中有实在的物料，我的对头患了病，没有办法接近我。吉祥。陈宝琛解释说，袁世凯前途凶险，不能危害溥仪，所以是个吉卦。溥仪在书里说："这位老夫子为了我的命运，把原始社会的一切算命办法都使用过了。我非常感动地欣赏着陈老师傅摇头摆脑中的议论。"

现代人也有占到鼎卦的案例。有些卦看起来不错，但是要结合所处的位置，才能够论断吉凶。鼎卦就是如此，它是一个好卦，代表烹煮食物，也象征事业有成；但是位置不佳的话，照样会让人受累。譬如，有个朋友计划请我开班授课，结果用数字卦占到鼎卦，变爻正好是九四，爻辞说："鼎折足，覆公悚，其形渥，凶。"

我看到这个结果，心想：开不成课也就算了，怎么会出现如此狼狈的局面呢？结果不久之后，这位朋友不知什么缘故，手上长了水泡，就像被热水烫到一样。这不正像是打翻了粥被烫伤的情况吗？至于最后的"凶"字，就不要太认真看待了。既然知其不可，暂时不做就没事了。

虽然这个开课计划暂时搁浅了，但是三个月之后重新规划，最后还是办成了。因为鼎卦往上到了六五，爻辞是："鼎黄耳金铉。利贞。"可见，鼎卦到了鼎耳的阶段，才能够大功告成。

每个人都可以从鼎卦获得启发。鼎为何会折足呢？因为"德薄而位尊，知小而谋大，力小而任重"。这正是《易经》一贯强调的德行、能力与智慧。因此，当你有机会承担重任时，一定要考虑自己的德行与地位能否匹配，智慧与谋略是否相当，能力与责任是否匹配。一个人经过不断修炼，才能更好地服务社会。

鉴于历史故事里多次提到"鼎折足"，所以占到鼎卦时要提醒自己，具体的处事方法很重要。学了《易经》就会明白，事情的发展很大程度上取决于自己的主观能动性。只要努力去做，就不必过于担心。就算鼎非常沉重，你还是可以做到举重若轻。

一、不是猛龙不过江

51　震为雷，下震上震

震：亨。震来虩虩，笑言哑哑。震惊百里，不丧匕鬯。

象曰：洊雷，震。君子以恐惧修省。

上六： 震索索，视矍矍，征凶。震不于其躬，于其邻，无咎。婚媾有言。
象曰：震索索，中未得也。虽凶无咎，畏邻戒也。

六五： 震往来厉，亿无丧，有事。
象曰：震往来厉，危行也。其事在中，大无丧也。

九四： 震遂泥。
象曰：震遂泥，未光也。

六三： 震苏苏，震行无眚。
象曰：震苏苏，位不当也。

六二： 震来厉，亿丧贝。跻于九陵，勿逐，七日得。
象曰：震来厉，乘刚也。

初九： 震来虩虩，后笑言哑哑，吉。
象曰：震来虩虩，恐致福也。笑言哑哑，后有则也。

本节要介绍《易经》第51卦震卦。《序卦传》说："主器者莫若长子，故受之以震。震者，动也。"前面的鼎卦代表国家重器，主持国家重器没有比长子更适合的，因为天子与诸侯都是由长子来继位的。所以，接着要谈代表长子的震卦。"震"也是震动的意思。在政权交接之际，整个社会将出现明显的震动。

震卦是由八个经卦之一的震卦（☳）本身重复而成。震卦的结构是"震仰盂"，就像仰起来的碗。震代表雷，雷的声音巨大，特别是春雷乍响，可以震动万物。在震卦中，一个阳爻被两个阴爻压制，但阳爻的力量可以把阴爻瞬间震开来。

[**卦辞**] 震：亨。震来虩（xì）虩，笑言哑哑。震惊百里，不丧匕鬯（bǐ chàng）。

[**白话**] 震卦：通达。震动起来惊慌不安，谈话笑声稳定合宜。震动惊传百里之远，祭器祭酒却不失手。

"虩虩"为惊慌貌。一开始，雷声突然响起，大地跟着震动，人们惊慌不安，充满了恐惧。"笑言哑哑"意为谈话笑声稳定合宜。当人们了解情况之后，知道这是大地的震动，也是人间的变动，便恢复了常态，可以安分自处。

在古代，天子统辖的范围方千里，诸侯方百里。震卦代表要接位的诸侯，所以说"震惊百里"。

"匕鬯"是古代的祭祀用具。"匕"是像汤匙一样的器具，用以挹取鼎食；"鬯"是黑黍所酿的酒。匕鬯合称，指宗庙祭祀中的祭器与祭品。震卦中有互坎（六三、九四、六五），坎为坚多心之木，为荆棘，引申为木制的匕；坎也是水，引申为酒、为鬯。

震卦

互坎

震为长男，他在主祭时从容不迫，所以有"不丧匕鬯"的表现。他一开始警惕而震惊，后面很快就恢复了镇定。可见，震卦是将过去重新定位，然后再度出发，所以"通达"。

[**象传**] 象曰：震，亨。震来虩虩，恐致福也。笑言哑哑，后有则也。震惊百里，惊远而惧迩也。出可以守宗庙社稷，以为祭主也。

[**白话**] 《象传》说：震卦，通达。震动起来惊慌不安，是因为恐惧可以招致福佑。谈话笑声稳定和宜，是因为随后有了言行法则。震动惊传百里之远，是要惊醒远方的人并且使近处的人有所戒惧。国君外出，这样的长子登位可以守护宗庙与国家，作为祭祀的主持人。

震动让人产生恐惧，恐惧让人心存诚敬，由此可以招致福佑。人活在世界上，最怕内心懈怠，疏忽大意。谈话笑声稳定和宜，是因为随后有了言行法则。长子已经知道，这次震动之后，就要开启新的局面了。

"出可以守宗庙社稷"，可以理解为"国君外出，长子可以守护宗庙与国家"；也可以理解为"长子现在出场了，他可以守护宗庙与国家"。

《左传》强调："国之大事，在祀与戎。"国家最重要的两件事，是祭祀活动与军事武力。可见，宗教信仰对古人有重大意义。古人不仅崇拜祖先的神灵，更是把上天作为至高的神明。古人把雷鸣当作上天示警，而不仅仅是一种自然现象。

[**象传**] 象曰：洊（jiàn）雷，震。君子以恐惧修省。

[**白话**]《象传》说：接二连三打雷，这就是震卦。君子由此领悟，
　　　　要有所恐惧，修正省察自己。

习坎卦的《大象传》提到"水洊至"，代表水一波一波地流过
来。震卦的《大象传》提到"洊雷"，代表接二连三地打雷，令人
震惊。

君子受到震撼时，要做到"先恐惧，再修省"。君子需要考虑以
下三点：第一，我所把握的天理，有没有胜过人欲呢？第二，我所
实践的道义，有没有胜过利益呢？第三，我敬业的态度，有没有胜
过懈怠呢？君子在恐惧中会振作起来，开始省察自己，改正缺点。

总之，震卦希望我们受到自然现象的启发，在震动中产生戒慎
恐惧之心。恐惧让人心存敬意，从而转祸为福、转惧为喜，进而做
到谈话笑声稳定合宜。

震卦以祭祀活动为背景，提醒准备接位的长子，应该自知责任
重大，正如孔子所说的"为君难，为臣不易"（《论语·子路》）。长
子应该安定下来，准备上台做个明君，好好照顾百姓。

在震动中能否保持镇定，可以检验一个人能否担当重任。譬如，
尧想要考察舜能否接替自己的位置，就派舜到原始森林里去，结果
舜"烈风雷雨弗迷"[①]，他在狂风暴雨中都没有迷路。这说明舜心存诚
敬，毫无杂念，足以担当守护宗庙与国家的重任。

在《三国演义》中，刘备曾巧妙地利用这一点来脱险。刘备和
曹操青梅煮酒论英雄，当刘备听到曹操说"天下英雄只有你我二人"
时，内心十分震惊，手中的筷子和汤匙都掉到了地上。这时恰好传
来一阵雷声，刘备从容地捡起筷子，说他是被雷声惊吓才会如此，
让曹操误以为他没有争夺天下的雄才大略。其实，这正是刘备的聪

---

　① 出自《尚书》。原文：纳于大麓，烈风雷雨弗迷。

明所在，他能够在危机中迅速做出反应。

　　震卦也代表一个人的起心动念。人在自然状态下，面对某种突发状况，内心难免会受到震动。这种反应发生在内心最几微的地方，可称为"初几之动"。内心震动之后，你能否不忘初心，全力以赴去实现理想呢？这是一个人能否成为君子的关键。可见，震卦可以给我们带来深刻的启发。

二、步步惊心，总算平安

震卦是由八个经卦之一的震卦本身重复而成，代表接二连三的打雷，给人造成很大的震撼。震卦的六爻由于位置不同，处境也有明显的差异。

[**爻辞**] 初九：震来虩虩，后笑言哑哑，吉。

象曰：震来虩虩，恐致福也。笑言哑哑，后有则也。

[**白话**] 初九：震动起来惊慌不安，然后谈话笑声稳定合宜，吉祥。

《象传》说：震动起来惊慌不安，是因为恐惧可以招致福佑。谈话笑声稳定和宜，是因为随后有了言行法则。

初九的爻辞与震卦的卦辞几乎相同，初九的《小象传》与《象传》的说法完全一致。由此可知，初九是震卦的主爻。

震卦是下震上震，初九与九四的结构相同，但初九是"吉"，九四却陷入泥中。因为初九是"人心初动之几"，可以表现人的良知良能；九四是后续的震动，由于受到外物干扰，容易流于虚妄。

初九为何有"笑言哑哑"之象呢？因为震卦由临卦所变，临卦的九二与六四换位，就形成了震卦。在临卦中，初九在下卦兑中，兑为口、为悦，引申为"笑言"。形成震卦之后，阴爻和阳爻的搭配有其规则，所以说"后有则也"。

震卦由临卦的二、四换位而成，为什么主爻不是六二或九四，而是初九呢？因为震卦是八个纯卦之一，这些卦的主爻都有特别的考虑。

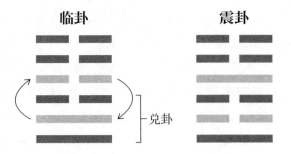

临卦　　　　　　　震卦

兑卦

[爻辞] 六二：震来厉，亿丧贝。跻于九陵，勿逐，七日得。

象曰：震来厉，乘刚也。

[白话] 六二：震动起来有危险，大量丧失了钱币。登上九重山陵，
不要去追赶，七天可以失而复得。

《象传》说：震动起来有危险，是因为凌驾在刚爻之上。

六二的《小象传》说"乘刚也"，亦即六二对初九乘刚，这也表
明初九是震卦主爻。初九是第一次震动，震动幅度最大，效果也最
明显。六二首当其冲，所以说它"震来厉"，即震动起来有危险。

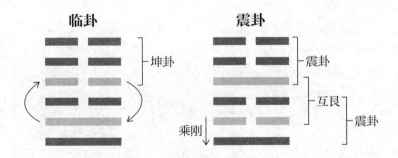

临卦　　　　　　　震卦

坤卦　　　　　震卦

互艮

乘刚　　　震卦

为什么说六二大量丧失了钱币呢？因为震卦由临卦所变，震卦
六二本来在临卦六四的位置，六四在上卦坤中，坤为两串贝，引申
为钱币甚多。从临卦变为震卦时，上坤消失，所以说"亿丧贝"，即

大量丧失了钱财。"亿"在古代指"十万"，表示很大的数量，并非今天所说的"亿"。

"跻于九陵"是就九四而言，因为临卦九二上行与六四换位，成为震卦九四。九四化解了上坤，现在又处于互艮（六二、六三、九四）的上位，艮为山，所以说它"登上九重山陵"。六二与九四分别位于下震与上震中，震为足、为行，两者皆行，不可能追赶得上，所以说"勿逐"，劝六二不要去追赶。

六二居中守正，只要守住正位，就可失而复得。同时，震卦（☳）可以看作缩小的复卦（☷，第24卦），有"七日来复"之象，所以说"七日得"。一般而言，爻有六个位置，所以从本位出发再回到本位，是经过一个周期，到第七位可以重新开始。

[**爻辞**] 六三：震苏苏，震行无眚。

象曰：震苏苏，位不当也。

[**白话**] 六三：震动得微微发抖，因为震惊而行动，就没有灾害。

《象传》说：震动得微微发抖，是因为位置不恰当。

六三以阴爻居刚位，又在震卦中，它的不安之情更为明显，这是"位不当"所造成的。六三在互坎（六三、九四、六五）中，坎为多眚，即多灾多难。如果因为震惊而行动，正好配合震为行之意，六三又在互艮（六二、六三、九四）中，艮为止，所以可以"无眚"。

震卦六爻使用了三个迭字，初九是"虩虩"，六三是"苏苏"，上六是"索索"。参考程颐的见解，本书将其分别译作：惊慌不安、微微发抖、浑身颤抖，由此凸显程度上的差别。换言之，震卦越高的位置，震动就越严重。

震卦

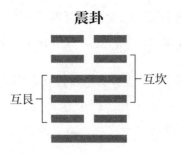

[爻辞] 九四：震遂泥。

象曰：震遂泥，未光也。

[白话] 九四：震动得落入泥中。

《象传》说：震动得落入泥中，是因为阳刚之德尚未光大。

九四已经到了上卦，但还是一个震卦。阳爻在震卦本来可以大步前进，但是它以阳爻居柔位，不中不正，无法施展其本性，所以《小象传》说"阳刚之德尚未光大"。

为什么说它落入泥中呢？因为震卦由临卦所变，临卦上坤为土，变成震卦之后，出现互坎（六三、九四、六五），坎为水，土遇水成泥；而九四正好在互坎的中爻之位，上下各有两个阴爻，让它无法动弹，所以说它"震遂泥"。震为足，九四泥足深陷于四阴之间，其危惧可想而知。

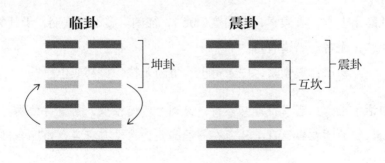

[**爻辞**] 六五：震往来厉，亿无丧，有事。

象曰：震往来厉，危行也。其事在中，大无丧也。

[**白话**] 六五：震动时，往来都有危险，没有大量损失，但发生事故。

《象传》说：震动时，往来都有危险，因为是在危险中行动。发生事故时居于中位，所以没有大量损失。

六五往上与上六无法相比（与上九才可相依靠），往下对九四乘刚而不顺，所以说它"往来厉"。

在临卦变为震卦的过程中，六五守住原本的坤卦中爻，所以不像六二那样"亿丧贝"。六五没有大的损失，不过还是发生了事故。因为在临卦中，六五本来与九二正应，现在变成震卦，上下皆无应；并且，它还落在互坎（六三、九四、六五）中，坎为险，所以《小象传》说它"危行也"，亦即在危险中行动。

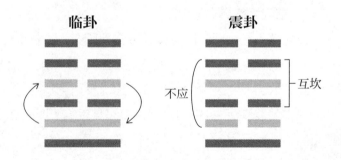

临卦　　　　　　　　震卦

不应　　互坎

[**爻辞**] 上六：震索索，视矍矍（jué），征凶。震不于其躬，于其邻，无咎。婚媾有言。

象曰：震索索，中未得也。虽凶无咎，畏邻戒也。

[**白话**] 上六：震动得浑身颤抖，惊恐得四处张望，前进有凶祸。震动不在自己身上，而在邻居那儿，就没有灾难，婚配会出现

怨言。

《象传》说：震动得浑身颤抖，是因为没有取得中位。虽有凶祸但没有灾难，是因为害怕邻居那种遭遇而有所戒惧。

上六在震卦最高位，震动不安的情绪达到极点，所以说"震索索"。上六爻变，上卦为离，离为雉、为目，有如鸟在高处向下惊恐地张望，所以说"视矍矍"。上六前无去路，所以说"征凶"。这一切都可归因于"没有取得中位"。

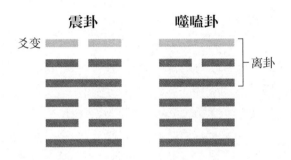

发生在邻居身上的灾难或震动，特别值得警惕。上六若能从邻爻六五"往来厉"中学到教训，知所戒惕而少安毋躁，就可以无咎。

"婚媾有言"这句话比较费解。震卦包含了家中的三位男子，下卦震为长男，互坎（六三、九四、六五）为中男，互艮（六二、六三、九四）为少男。全卦没有女子之象，因此不能谈到婚媾；谈了就会有怨言，不是抱怨没有婚媾，就是抱怨婚媾的结果不理想。"言"来自震卦，震是善鸣马，可以发出声音。

除了震卦，在习坎卦（䷜，第29卦）与艮卦（䷳，第52卦）的上下卦与互卦中，同样只出现了家中的三位男子；在巽卦（䷸，第57卦）、离卦（䷝，第30卦）、兑卦（䷹，第58卦）中，只出现了

震卦

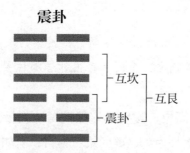

家中的三位女子。可见，这六个卦都有婚媾的问题。但是，为何只有震卦提到"婚媾有言"呢？因为震是善鸣马，并且震为长男，会首先遇到婚媾的问题。

总之，震卦的主爻是初九，代表"初几之动"。震卦只有初九是"吉"，后面就不再有"吉"了；到了上六，还提醒人"征凶"。因此，震卦值得我们多加警惕。

三、小心陷入泥中，动弹不得

震卦是由八个经卦之一的震卦本身重复而成。前面的鼎卦代表国家重器，主持国家重器没有比长子更适合的，所以接着要谈代表长子的震卦。《易经》的原则是"观察天之道，以安排人之道"。在自然界的现象中，没有比打雷给人震撼更大的，所以震卦的《大象传》提醒我们，要心存恐惧，修正省察自己。

《论语·乡党》中描写孔子"迅雷风烈必变"，亦即孔子遇到急雷震动、狂风大作时，必定改变他的容色，做好应变的准备。古人的科学知识有限，无法了解各种自然现象的成因，所以会把自然界的变动当作上天示警，要人反省自己，走回正道。

南宋学者朱熹对这句话的注解是，"迅雷风烈必变"说明孔子"敬天之怒"。事实上，朱熹一直主张"存天理，去人欲"，所以他在注解中再三强调，孔子所谓的"天"就是"理"，代表一种抽象的规则。但是，如果"天"是"理"的话，又怎么会发怒呢？这不是自相矛盾吗？其实，孔子的举动包含两方面的意思：一方面，对于自然界的变化，先要按照人的自然反应，设法避开灾难，保全性命；另一方面，要回到内心，"恐惧修省"，反省自己的言行有何偏差，然后逐一改正。可见，孔子用实际行动诠释了震卦《大象传》的精神。

震卦也代表"人心初动之几"，即人心最初的微妙变化。孟子非常善于把握人心变动的初几，并依此建构了他的人性论。孟子说："我之所以说每个人都有不忍别人受苦的心，理由是现在有人忽然看到一个孩童快要掉到水井里，都会出现惊恐怜悯的心；不是想借此和孩童的父母攀结交情，不是想借此在乡里朋友中博取名声，也不是因为讨厌听到孩童的哭叫声才如此的。"①换言之，我完全没有任何理由，纯粹是因为看到这一幕，内心里面直接起了反应，这就是"恻隐之心"。这种不忍别人受苦的心，就是"人心初动之几"。可见，儒家思想与震卦所提供的启示，可以对照来看。

震卦六三说："震苏苏，震行无眚。"六三以阴爻居刚位，本身不当位，说明它的才干不足以担当大任，此时要有所警觉，设法采取适当的行动。比如，春秋时代有著名的"管鲍之交"的故事。齐国内乱时，鲍叔牙追随了公子小白，也就是后来的齐桓公。鲍叔牙有自知之明，他知道唯有管仲可以帮助齐桓公称霸天下，就极力推荐管仲。鲍叔牙此举正可谓"震行无眚"，他知道自己才智不足，于是主动让贤。六三在互艮（六二、六三、九四）中，艮为止，代表有些人在震扰之世，仍然留恋官位。但是，鲍叔牙做出了正确的选择，所以最后没有灾害。

九四说"震遂泥"，即震动得陷入泥中。震卦是下震上震，初九是"初动之几"，代表起心动念；九四是"一动再动"，代表内心起了私意，不再安宁。比如，汉高祖刘邦为何会在平城受困呢？因为他在平定天下之后，又想去讨伐匈奴，有了争胜的念头。唐太宗为何会在高丽失败呢？因为他在功成名就之后，还想去征服高丽，让自己名垂青史。九四与初九的结构本来是类似的，但由于它是后续的震动，所以失去了威力。

如果占到六二，代表在震动中会有很大损失，但是不用着急，损失最终可以弥补。如果占到六五，代表没有太大损失，但是会有大事发生。六五是君王之位，如果"有事"，往往意味着大事。

---

① 见《孟子·公孙丑上》。原文：所以谓人皆有不忍人之心者，今人乍见孺子将入于井，皆有怵惕恻隐之心；非所以内交于孺子之父母也，非所以要誉于乡党朋友也，非恶其声而然也。

上六到了震卦的最高点，情况很复杂，需要高度警惕。它的爻辞提到"征凶"，只要你不往前走，并吸取邻居的经验教训，最后就会无咎。

占到震卦，代表将要发生很大的变动，要设法妥善应对。有一个朋友想要从政，占到震卦初九。震卦代表诸侯，可见他在目前的格局中，担任领导是没有问题的；但继续往上走的话，变动就会越来越大。把震卦全部走完，不但要花费很长的时间，还要付出很大的心力。

还有一个占到震卦的例子。有个朋友安排一位企业家跟我见面，说有要事相商，但他不想说明事由，只希望先占个卦。我经常碰到这样的情况。其实我帮别人解卦，也不想了解太多细节，免得给自己平添烦恼。结果这位企业家占到震卦，变爻上六，爻辞说："震索索，视矍矍，征凶。震不于其躬，于其邻，无咎。婚媾有言。"意即震动得浑身发抖，惊恐得四处张望，前进有凶祸。震动不在自己身上，而在邻居那儿，没有灾难。婚配会出现怨言。

由于不清楚具体的问题，所以我把爻辞的大意用白话解说了一遍。占到震卦，代表他目前正在经历巨大的变动。上六位于最顶端，震动幅度最大，所以他显得有些六神无主。如果占问健康的话，"视矍矍"代表问题出在眼睛。"征凶"表示暂时不要前进，否则会有凶祸。"震不于其躬，于其邻"，表示他看到邻居或亲人的情况而心生警惕。至于"婚媾有言"，若非有人来说媒，就是夫妻可能失和。他听了似乎有一些感触，沉思良久，然后称谢而去。

其实，最适合解卦的是占问者自己，因为只有自己知道所有的细节。每个人都有盲点，《易经》占卦正好是一种提醒，让你注意到自己的疏忽之处。《系辞下传》说："无有师保，如临父母。"古代的诸侯已经独当一面了，不再有师氏和保氏。他占卦时就好像面对着父母，可以从那里得到善意的提醒。这句话也有劝人真诚反省之意。

当我们用《易经》占卦时，要像面对父母那样坦诚相告，再认真思考解决问题的办法。

震卦启发我们，"经一事，长一智"。每当遇到重大变动时，要多做自我反省，这样才能让自己的心智不断成长。

一、不在其位，不谋其政

52　艮为山，下艮上艮

艮：艮其背，不获其身。行其庭，不见其人。无咎。

　象曰：兼山，艮。君子以思不出其位。

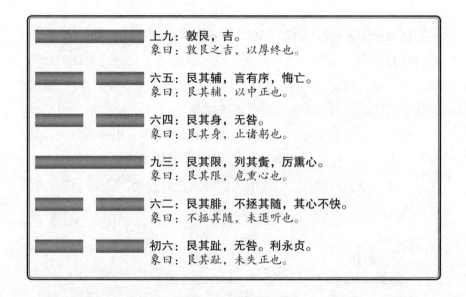

上九：**敦艮，吉。**
象曰：敦艮之吉，以厚终也。

六五：**艮其辅，言有序，悔亡。**
象曰：艮其辅，以中正也。

六四：**艮其身，无咎。**
象曰：艮其身，止诸躬也。

九三：**艮其限，列其夤，厉熏心。**
象曰：艮其限，危熏心也。

六二：**艮其腓，不拯其随，其心不快。**
象曰：不拯其随，未退听也。

初六：**艮其趾，无咎。利永贞。**
象曰：艮其趾，未失正也。

　　本节要介绍《易经》第52卦艮卦。艮卦是由八个经卦之一的艮卦（☶）本身重复而成。《序卦传》说："物不可以终动，止之，故受之以艮。艮者，止也。"前面的震卦为动，动久必止，艮就是停止、阻止的意思。古人行动时，遇山则止，何况是两座山重叠呢？能动者未必能止，能止者一定能动。所以，艮卦的启发更为丰富而深刻。

在八个纯卦中，只有艮卦的卦辞没有提到"乾卦四德"——元亨利贞。乾卦、坤卦提到"元亨利贞"；震卦（䷲，第51卦）、习坎卦（䷜，第29卦）提到"亨"；巽卦（䷸，第57卦）提到"利"；离卦（䷝，第30卦）、兑卦（䷹，第58卦）提到"亨利贞"。

[**卦辞**] 艮：艮其背，不获其身。行其庭，不见其人。无咎。

[**白话**] 艮卦：止住背部，没有获得身体。走在庭院中，没有见到人。没有灾难。

艮为坚硬多节的树木，引申为人的背脊，所以说"艮其背"。艮卦由观卦所变，观卦六三与九五换位，就形成了艮卦。观卦下卦为坤，坤为母，母可以怀孕，称为"有身"，所以坤亦为"身"。变成艮卦之后，坤象消失，所以说"不获其身"。

艮卦中有互震（九三、六四、六五），震为行，引申为行人；又有互坎（六二、九三、六四），坎为隐伏，即隐藏埋伏。艮卦本身是二艮相迭，艮为门阙，二门之间为庭院。合而言之，就是"行其庭，不见其人"。

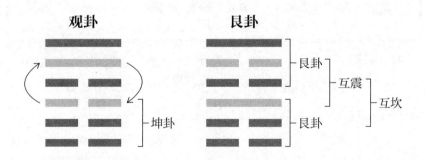

从整个卦象来看，艮卦就像两个人都面朝里、背朝外，九三是第一个人的背，上九是第二个人的背。九三向里面看，看不到自己，

于是化解了以自我为中心的执着。上九也向里面看，他只能看到九三的背而看不到其他人，于是忘记了外在的事物。九三在全卦中间，自己不能出去，可以做到"忘我"。上九在全卦顶端，外物不能进来，可以做到"忘物"。两爻的作为都符合"止"的精神。

　　艮卦体现了"止"的两个要素：一方面，要化解自我的执着；另一方面，不接触外在的事物，如此方能"止于其所"，停在自己应该停的地方。在《易经》64卦中，小畜卦（☰，第9卦）、大畜卦（☰，第26卦）也谈到"止"，都是用力量来止住；而艮卦的"止"是"止于其所"，亦即在适当的位置上安顿下来。

[象传]　象曰：艮，止也。时止则止，时行则行，动静不失其时，其
　　　　道光明。艮其止，止其所也。上下敌应，不相与也，是以不
　　　　获其身。行其庭不见其人，无咎也。

[白话]《象传》说：艮卦，是止住的意思。该停止时就停止，该行
　　　　动时就行动，动与静都没有错过时机，他的道路就会坦荡光
　　　　明。艮卦所谓的止，是要止得其所。上位者与在下者互相敌
　　　　对，不能彼此搭配，因此说没有获得身体。走在庭院中没有
　　　　见到人，所以没有灾难。

　　艮卦的主题是止，但并非静止不动，而是该停止时就停止，该行动时就行动。就算他在行动，也是止于正道，光明坦荡。艮卦从九三到上九形成放大的离卦，离为明，所以说"其道光明"。

　　艮卦的《象传》提到"上下敌应"，即上下卦各爻皆不应。事实上，八个纯卦都是如此。艮卦为止，所以特别强调了这一点。君子若能做到"不获其身，不见其人"，既不执着于自我，也不受外物干扰，就可以无咎。

艮卦

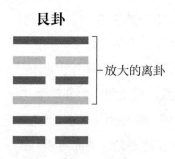

—放大的离卦

[**象传**] 象曰：兼山，艮。君子以思不出其位。

[**白话**]《象传》说：两座山重叠在一起，这就是艮卦。君子由此领悟，思考问题不超出自己的职位范围。

《大象传》在描写八个纯卦时，用了很多优美的词。譬如，震卦是"洊雷"，艮卦是"兼山"，兑卦是"丽泽"。艮卦下艮上艮，为两山重叠之象，代表重重险阻，必须止步。君子由此领悟，思考问题不超出自己的职位范围。

《论语》的《泰伯》与《宪问》篇中都记载了孔子所说的"不在其位，不谋其政"，亦即不担任某一职位，就不必操心那个职位的政务。

曾子在《宪问》中还补充说："君子思不出其位。"这与艮卦《大象传》的表述基本相同，只少了一个"以"字。可见，孔子确实曾用《易经》来教导学生。"不在其位，不谋其政"代表儒家的立场。君子思考任何问题，都应该止于他的身份、角色与职位。

总之，震卦为动，动久必止，所以接着出现了艮卦，艮就是"止"的意思。然而，人不能只是停下来什么都不做，必须参考两山相重之象，进行适当的修炼。

"止"有三方面的启发：第一，止而绝之，亦即把自己不当的欲望全部去掉；第二，止而居之，亦即"时止则止，时行则行"，关键是止于正道；第三，止而约之，亦即《大象传》所说的"思不出其位"，思考要止于自己的职责范围。

艮卦充分体现了儒家思想的特色。儒家是"时止则止，时行则行"，有的学派则是"走为上策"。比如，有些隐士避居荒野，耕田为生，如果国君来找他，就翻墙逃走。这些人不管民间疾苦，一味避世隐居，不能算"止得其所"。

孟子周游列国，受到各国国君的欢迎，他虽然四处行动，但始终止于正道。他很清楚自己应该怎么做，正如《象传》所说的"其道光明"。儒家强调真诚由内而发，在实际行动中则要审时度势，最终的目标是造福天下百姓。

二、退一步海阔天空

艮卦由八个经卦之一的艮卦本身重复而成，象征两座山重叠在一起。君子由此领悟，一方面要止住自己不当的欲望，另一方面要止住外来的各种诱惑。艮卦六爻由下往上，象征一个人身上的不同部位，与咸卦（☷，第31卦）的六爻类似。

[爻辞] 初六：艮其趾，无咎。利永贞。

象曰：艮其趾，未失正也。

[白话] 初六：止住脚趾，没有灾难。适宜长久正固。

《象传》说：止住脚趾，是没有失去正当做法。

初六在全卦底部，有如人的脚趾。脚趾可以行走，但是当前处于艮卦，所以应该停下来，这样就不会有什么灾难，并且适宜长久正固。初六位于最底下，却能遵守艮卦的原则，该停止就停止，所以《小象传》说它"未失正也"。

[爻辞] 六二：艮其腓，不拯其随，其心不快。

象曰：不拯其随，未退听也。

[白话] 六二：止住小腿，不抬起来又须随着动，内心不痛快。

《象传》说：不抬起来又须随着动，是因为没有人退一步听从它。

六二处在小腿的部位，由于它居中守正，所以必定遵照艮卦而停止。六二爻变，下卦为巽，巽为股（大腿），为随顺。小腿即使不抬起来，也必须随着大腿而进退，亦即"不拯其随"。"拯"为抬、为举。

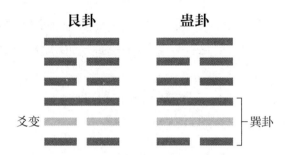

六二在互坎（六二、九三、六四）中，坎为加忧，所以说"其心不快"。不仅如此，六二在观卦中，原有九五正应；变成艮卦之后，各爻皆无应，又怎么能开怀呢？

六二居中守正，自然希望九三退一步听从它。但是，九三在互震（九三、六四、六五）中，行动力很强，所以不会退一步听从六二。

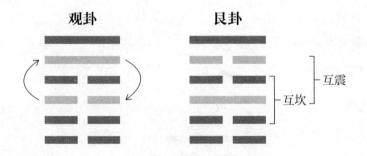

譬如，孟子曾与齐宣王进行长谈。齐宣王尊称孟子为长者，向他坦诚自己有"好勇、好货、好色"三种毛病。孟子对齐宣王说："大王好勇，希望您喜欢的是大勇而不是匹夫之勇，一怒而安天下之民。大王好货，就要想到让天下人都发财。大王好色，就要想到让天下人都能找到伴侣。如此足以称王天下。"（见《孟子·梁惠王下》）

孟子在这里充分发挥了推己及人的精神。

孟子当然希望齐宣王能够虚心问道，努力照顾百姓。但是孟子也明白，齐宣王并非贤明之君，他不可能听取这些正确的观点。孟子内心对于齐宣王不以为然，但还是尽量设法开导他，让他知道君王对百姓应尽的责任。这就是"不拯其随，其心不快"的例子。

[**爻辞**]九三：艮其限，列其夤（yín），厉熏心。

象曰：艮其限，危熏心也。

[**白话**]九三：止住腰部，撕裂脊肉，有危险而忧心如焚。

《象传》说：止住腰部，是危难使人忧心如焚。

"限"指腰部，是身体上下的分界处。九三位于上下卦中间，有如腰部的位置，所以说"艮其限"。

"列"为分裂。"夤"为脊椎骨两边的肉。九三位处腰部，居上下艮之间，本来是非止不可的位置。但是它以阳爻居刚位，动向很强，并且在互震（九三、六四、六五）中，震为行，所以出现了止与行之间的冲突，有撕裂之苦。九三又在互坎（六二、九三、六四）中，坎为美脊马，脊对于人来说就是"夤"，所以说"列其夤"。

艮卦

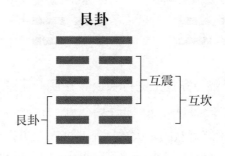

九三在互坎中，坎为险，对人而言是加忧与心病，所以说"厉

熏心"，亦即有危险而忧心如焚。九三代表不知变通的人，他的内心常受煎熬，有如受火熏烤。

艮也代表门阙，所以九三是上下卦的关键。如果它不能止住，内在的欲望就会膨胀；如果它不能挡住，外面的邪恶就会侵入。可见，九三的压力非常大。

[爻辞] 六四：艮其身，无咎。

象曰：艮其身，止诸躬也。

[白话] 六四：止住身体，没有灾难。

《象传》说：止住身体，就是要止住自己。

六四居大臣之位，往上要止住君王的不善，往下要止住百姓的不善。要想达到这个目标，必须从自身做起，先止住自己的不善，否则怎么可能劝阻别人呢？

六四以阴爻居柔位，可以顺着全卦的时势来止住身体。六四爻变，上卦为离，离为大腹，有怀孕之象，为有身，所以说"艮其身"。

能够止住自己，可以自保而"无咎"。六四虽然当位，但是乘刚，两相抵消，使它难有作为，只能着眼于修炼自己。

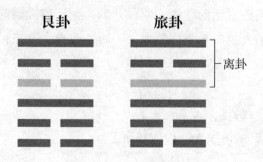

艮卦　　　　旅卦　　　　离卦

[**爻辞**] 六五：艮其辅，言有序，悔亡。

象曰：艮其辅，以中正也。

[**白话**] 六五：止住上牙床，说话有条理，懊恼消失。

《象传》说：止住上牙床，是因为居中行正。

"辅"为上牙床。上牙床不动，表示说话有条理，然后可以"悔亡"。六五位于面部口腔的位置，负责说话。它在上卦艮中，艮为止；又在互震（九三、六四、六五）中，震是善鸣马，可以发出声音。六五能止也能言，所以说他"言有序"。

艮卦

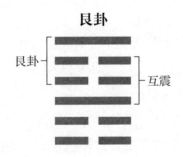

能够做到"言有序"，就可以避开孔子所谓的"三愆"。孔子说："侍于君子有三愆：言未及之而言谓之躁，言及之而不言谓之隐，未见颜色而言谓之瞽。"（《论语·季氏》）意即与君子相处，要注意三种过失：不到该说话时就说，叫作急躁；到了该说话时不说，叫作隐瞒；没看别人的脸色反应就说了，叫作眼盲。这三种过失都与说话有关。

[**爻辞**] 上九：敦艮，吉。

象曰：敦艮之吉，以厚终也。

[**白话**] 上九：笃实地止住，吉祥。

《象传》说：笃实地止住而吉祥，是因为以厚重来结束。

要确定一个卦的主爻，通常会参考《象传》的说法，看这个卦是由哪两爻换位而成的，换位的两爻就有可能成为主爻。但对于八个纯卦来说，情况未必如此。譬如，艮卦由观卦的三、五换位而成，但艮卦的主爻并非九三或六五，而是上九。

上九居全卦终位，在两山之上，可以充分发挥"止"的要义。艮在五行中属土。上九说"敦艮"，《小象传》说"以厚终也"，"敦厚"二字都与土的厚重有关。宋朝学者杨万里（1127—1206）在《诚斋易传》中说："上九以德之刚，居止之终，其高风劲节、刚健笃实如泰山乔岳之巅，其止岂可摇，其厚岂可移哉？"

艮卦与震卦可以互相对照。震卦初九为"吉"，代表在起心动念的阶段，就要严肃对待；而艮卦上九为"吉"，代表一定要到最后，把两座山都走完了，才可以得到"吉"。

三、千金难买早知道

艮卦是下艮上艮，艮为山，为止，代表两座山重叠在一起。艮卦对于个人的修养，有深刻的启发。

艮卦的卦辞先说"艮其背，不获其身"，代表你只能看到前面，却看不到自己，于是可以化解对自我的执着。卦辞又说"行其庭，不见其人"，代表你只能看到别人的后背，却无法跟他进一步交往，于是可以止住外来的诱惑。如此一来，就能做到"时止则止，时行则行，动静不失其时"。

关于化解对自我的执着，《论语》中有两段话可供参考。一段是《子罕》的"四毋"，原文是"子绝四：毋意，毋必，毋固，毋我"。意即孔子完全没有四种毛病，他不任意猜测，不坚持己见，不顽固拘泥，不自我膨胀。另一段是《颜渊篇》的"四勿"，即孔子教导他的学生颜渊，要"非礼勿视，非礼勿听，非礼勿言，非礼勿动"。如果能做到"四毋"与"四勿"，就可以止住自己的欲望，化解执着。

关于止住外物的诱惑，孟子有一段话说得特别好。孟子说："说（shuì）大人则藐之，勿视其巍巍然。堂高数仞，榱（cuī）题数尺，我得志，弗为也。食前方丈，侍妾数百人，我得志，弗为也。般（pán）乐饮酒，驱骋田猎，后车千乘，我得志，弗为也。"（《孟子·尽心下》）意即向权贵进言，就要轻视他，不要把他高高在上的样子放在眼里。殿堂几丈高，屋檐几尺宽，如果我得志，不会这么做；酒菜摆满一大桌，几百姬妾在侍候，如果我得志，不会这么做；饮酒作乐，驰骋打猎，追随的车子上千辆，如果我得志，不会这么做。可见，孟子对生活上的奢侈享受，完全不放在心上。

儒家非常看重"止"。譬如，有人问孔子："子路与冉有可以称得上是大臣吗？"孔子说，他们只能算是"具臣"，就是具有专业能力的臣子，还称不上是大臣。孔子所谓的大臣，必须做到"以道事君，不可则止"（见《论语·先进》），亦即以正道来服侍国君，行不通就辞职。这正是艮卦《象传》所强调的"时止则止，时行则行"。

占到艮卦初六，代表你从脚趾就要停下来，把不好的苗头消灭在萌芽阶段，可谓"止不善必在初"。譬如，孔子在《系辞下传》中对复卦初九进行了延伸，他称赞颜渊"有错误很快就能察觉，察觉之后就不再犯了"[1]。颜渊正是"止不善必在初"的典范。艮卦初六的爻辞也强调"利永贞"，要沿着正确的方向，一路走到终点。从止于初，到止于终，中间并非静止不动，而是要把握动静的时机。

六二是"不拯其随，其心不快"，孟子劝谏齐宣王就是最好的例子。这一点在上一节介绍过。

九三的处境最困难，它内止外动，有撕裂之苦。九三充分表现出艮卦作为"门"的意象，有如门里门外，让人进退两难，忧心如焚。

六四提醒你，如果想劝导在上位的君王和底下的百姓，就要从自己的修身做起。这是儒家的基本原则。

现代人也有占到艮卦的案例。有个学生跟一家公司签了投资协议，在汇出第一笔钱之后，觉得金额太大，还是占个卦比较稳妥，结果占到艮卦初六，爻辞说：止住脚趾，没有灾难。适宜长久正固。他赶紧找我商量，我说："你为什么不在投资之前就占呢？"他说："当时觉得这个投资很有前景，头脑一热，就签了协议。"我说："艮卦是两座山，占到初六，代表至少要熬半年。这半年之内，你只能步步为营了。"他在懊恼之余，果断停止了后续的投入，以拖待变。隔了半年之后，他告诉我："当初投资的钱总算收回来了。"他显然从艮卦中得到了启发，能够及时停止，没有越陷越深。

---

[1]　原文：子曰："颜氏之子，其殆庶几乎？有不善未尝不知，知之未尝复行也。"

另外有一个案例。有个朋友想让孩子转到全美语的国际学校。他的孩子当时念小学五年级，担任班长，聪明活泼，很受欢迎。父母担心他转学之后不能适应，就用数字卦占了一卦，得到7、7、6，即艮卦上九，爻辞说："敦艮，吉。"意即"笃实地止住，吉祥"。

看到爻辞最后是"吉"，就不用太担心了。艮卦代表两座山重叠，上九处在最高的位置，那不是稳如泰山吗？但是，要怎样笃实地止住呢？我对他说："你的孩子转学之后，第一年务必要低调沉稳，先熟悉环境，赶上功课，与同学们好好相处。第二年以后，就没有问题了。"因为第二年已经离开了艮卦，并且艮卦上九爻变后，变成谦卦（䷎，第15卦），谦卦六爻非吉则利。

其实，像我这样的解释，你不用占卦也说得出来，因为这符合生活上的常识。一个孩子再怎么聪明，进入一个新的环境，也要调整心态，与人为善。第一步没有站稳，以后同学之间相处怎么会顺利呢？这位朋友就依我的话，谆谆告诫孩子。半年后，我又见到了这位家长，便问他："孩子的情况如何？"他说："很顺利，他交了很多新朋友，大家相处得很愉快。"

还有第三个案例。有个朋友从地区经理升任总部经理，他雄心勃勃，想要大显身手，一战成名。他用筹策占卦，结果占到艮卦，没有变爻。这时就要参考艮卦的卦辞："艮其背，不获其身。行其庭，不见其人。无咎。"同时，艮卦的《大象传》强调"君子以思不出其位"。可见，《大象传》对他的问题做出了直接的回应。

用筹策占卦，如果六爻皆不变，通常意味着你占问的事情最近不会有什么变化。艮卦清楚地提醒你，要知道停止，不要让自己的思虑超出职务范围。公司的经营要由董事长或总经理来统筹，你只要奉命行事即可，当行则行，当止则止。艮卦是两山重叠，所以不可好高骛远。只要依照艮卦的指示，最后就能无咎。至于何时可以大显身手，最好过三个月之后再来占问。《易经》讲究变化，现在不适宜做的事，也许隔几个月之后，就可以做成。君子应该察知几微，一叶落而知秋，同时做好充分的准备，一旦时机成熟，就要把握机会，全力以赴。

　　总之，艮卦与个人的修养直接有关。一个人对内要止住自己的欲望与成见，对外要止住外物的诱惑，不要羡慕别人，不可贪图享受。这样才能从艮卦的启发中真正受益。

一、依序渐进，水到渠成

53　风山渐，下艮上巽

渐：女归吉，利贞。

象曰：山上有木，渐。君子以居贤德善俗。

上九：鸿渐于陆，其羽可用为仪，吉。
象曰：其羽可用为仪，吉，不可乱也。

九五：鸿渐于陵，妇三岁不孕，终莫之胜，吉。
象曰：终莫之胜，吉，得所愿也。

六四：鸿渐于木，或得其桷，无咎。
象曰：或得其桷，顺以巽也。

九三：鸿渐于陆。夫征不复，妇孕不育，凶。利御寇。
象曰：夫征不复，离群丑也。妇孕不育，失其道也。利用御寇，顺相保也。

六二：鸿渐于磐，饮食衎衎，吉。
象曰：饮食衎衎，不素饱也。

初六：鸿渐于干，小子厉。有言，无咎。
象曰：小子之厉，义无咎也。

　　本节要介绍《易经》第53卦渐卦。《序卦传》说："物不可以终止，故受之以渐。渐者，进也。"前面是艮卦代表止，止到尽头又要开始活动，所以接着出现了渐卦。渐就是进，并且是有秩序地渐进。在渐进方面，古代女子出嫁最有代表性。《杂卦传》说："渐，女归待男行也。"古代女子若要出嫁，必须等待男方行聘，然后依序进展。

任何事情的发展都是一个渐进的过程，需要依序而行。譬如，为官从政需要渐次上升，不可能一步登天。进行任何事业，都要脚踏实地，不能好高骛远。

[**卦辞**] 渐：女归吉，利贞。

[**白话**] 渐卦：女子出嫁吉祥，适宜正固。

在《易经》64卦中，卦辞里提到"女"字的只有四个卦，包括：咸卦（䷨，第31卦）的"取女吉"，家人卦（䷤，第37卦）的"利女贞"，姤卦（䷫，第44卦）的"勿用取女"，以及渐卦的"女归吉"。

渐卦与家人卦结构类似。家人卦是风火家人，中间四爻皆当位，上下用两个阳爻把它们围拢在一起。渐卦与家人卦唯一的差别在于，渐卦的初爻不是阳爻，而是阴爻初六。渐卦是成为一家人的前奏，所以它的卦辞说："女子出嫁吉祥，适宜正固。"女子出嫁时，按照古代的聘礼依序进展，才是正当的方式。

渐卦是由否卦的六三与九四换位而成。当一个卦三、四爻换位时，往往会牵涉夫妻关系。因为在一卦六爻中，底下两爻为地，上面两爻为天，中间两爻是人的位置。在否卦中，六三以阴爻居刚位，九四以阳爻居柔位，两爻皆不当位。换位之后，变成风山渐，九三

与六四皆当位。六四到了更高的位置，等于女子找到了归宿，所以
这次换位对渐卦六四有利。

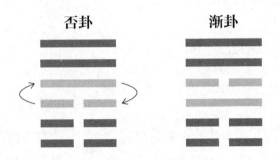

否卦　　　　　　渐卦

[**象传**] 象曰：渐之进也，女归吉也。进得位，往有功也。进以正，
可以正邦也。其位刚得中也。止而巽，动不穷也。

[**白话**]《象传》说：渐卦所谓的推进，是指女子出嫁吉祥。推进而
取得恰当的位置，是前往有功劳。依正道推进，可以导正国
家。就位置而言，是刚强者取得中位。能做到停止而随顺，
行动就不会陷入困境。

渐卦由否卦六三与九四换位而成。现在渐卦六四以阴爻居柔位，
并形成阴阳交错、男女交往的新局面，所以说"进得位，往有功
也"。换位之后，"三、四"两爻皆当位，甚至中间四爻皆当位，所
以说"进以正，可以正邦也"，即依正道推进，可以导正国家。

《象传》接着说："其位刚得中也。"意即就位置来说，是刚强者
取得中位。事实上，在否卦变为渐卦之前，九五就已经是"刚得中"
了。不过在消息卦中，阴爻与阳爻不交错，所以"中"的作用并不
明显。变成渐卦之后，阴阳交错，九五的中位就显得特别重要了。

渐卦下艮上巽，下卦艮为止，上卦巽为风、为随顺，所以说
"止而巽"。内心静止而外表随顺，行动就不会陷入困境。

[**象传**] 象曰：山上有木，渐。君子以居贤德善俗。

[**白话**]《象传》说：山上长着树木，这就是渐卦。君子由此领悟，
　　要使所居之地充满美好德行与良好的风俗。

　　渐卦的结构是风山渐，上卦巽也代表木，所以说"山上有木"。
木在山上，是得其所哉；女子出嫁曰归，也是得其所哉，所以卦辞
会说"女归吉"。

　　树木在山上显得特别高大，但它不是忽然变高的，而是逐渐长
成的。并且，山上的树木并非人为栽种，而是本已有之，说明它不
依靠任何外力，而是顺从天意慢慢发展的。因此，君子对于自己，
不会自贤其德，而是居于贤德者之间，督促自己提高德行；君子对
于别人，不会责成他立即改善，而是等待他自己觉悟，逐渐形成善
良的风俗。换言之，要使所居之地充满美好德行与善良风俗，绝非
一朝一夕之功。

　　关于移风易俗，孔子说过："里仁为美，择不处仁，焉得知？"
（《论语·里仁》）意即居住在民风淳厚的地方是最理想的，一个人
不选择民风淳厚的地方作为自己的住处，怎么算得上明智呢？换言
之，一个人要擅于选择居所，就像树木最好的居所是山上一样；另
外，也要从自身做起，促进良好风气的形成。

　　渐卦六爻的爻辞都有"鸿"字，"鸿"为大雁，也称为鸿雁。渐
卦为何以"鸿"作为象征呢？因为鸿雁有三个特色：第一，它按照
季节迁徙，从不失信；第二，它飞行时井然有序；第三，它对配偶
忠贞不渝。渐卦六爻充满了象征意义，显示了鸿雁不同的进展阶段，
最后则回到人间的婚礼。

　　关于鸿雁，历史上有两阕词给人们留下了深刻印象。一首是苏
东坡所写的："人生到处知何似？应似飞鸿踏雪泥。泥上偶然留指

爪，鸿飞那复计东西。"(《和子由渑池怀旧》）苏东坡以鸿雁为喻，说明人对于所到之处不用太执着，就算执着也很难留下什么痕迹。

另一首是元好问所写的："问世间，情为何物，直教生死相许？"（《摸鱼儿·雁丘词》）它描写两只大雁在天上飞，一只雁被射中，摔落地上；另一只雁飞到地上，不忍离开，比喻恋人之间对感情的忠贞不渝。

从卦象上看，渐卦的上卦为巽，巽为鸡，可以引申为天上的飞鸟，以鸿雁作为代表。鸿雁到底是如何飞行的？每个阶段会停在什么地方？这就要看渐卦六爻的爻辞是如何说的。

二、时来运转，结果让人满意

渐卦六爻的爻辞表明，鸿雁按照渐进的顺序，依次停在更高的地方。

[爻辞] 初六：鸿渐于干，小子厉。有言，无咎。
     象曰：小子之厉，义无咎也。

[白话] 初六：大雁靠近水岸边，年轻人有危险。有些责言，没有灾难。
     《象传》说：年轻人的危险，理当没有灾难。

初六爻变，下卦为离，离为雉、为鸟，包括大雁这类禽鸟，也称为鸿雁。初六居渐卦初位，上有互坎（六二、九三、六四），坎为水，所以说"大雁靠近水岸边"。

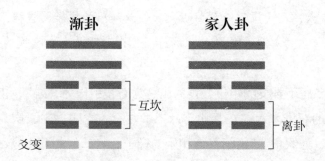

"小子"指初六。随卦（☳，第17卦）的爻辞也提到过"小子"。渐卦初六为何有危险呢？因为在下卦三爻中，只有初六不当位。

初六的"有言"从何而来？因为渐卦来自否卦，在否卦中，不当位的不只是初六。否卦三、四爻换位后，变成渐卦。在渐卦下卦三爻中，六二居中守正，又有九五正应，处境很理想；九三虽然与上九不应，但至少当位；初六既不当位，也不居中，与六四又不应，处境最不理想，它觉得有些委屈、不满，所以"有言"。

初六是阴爻，不会躁进，它上无正应，必须渐至，合乎渐卦的要求，所以"无咎"。

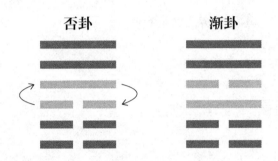

否卦　　　　　渐卦

[**爻辞**] 六二：鸿渐于磐，饮食衎（kàn）衎，吉。

象曰：饮食衎衎，不素饱也。

[**白话**] 六二：大雁飞落到磐石上，饮食和乐的样子，吉祥。

《象传》说：饮食和乐的样子，因为不是白白吃饱的。

六二居下卦艮的中位，艮为山、为石，引申为"磐"，指岸边离水稍远的石堆。六二在互坎（六二、九三、六四）中，坎为水，引申为酒、为饮食。"衎衎"为和乐的样子。六二与九五正应，所以出现饮食和乐的样子，吉祥。

六二上承九三，又与九五正应，所以《小象传》说它"不素饱也"，说明它不是光吃饭不做事的，而是在各方面都能发挥积极的作用。

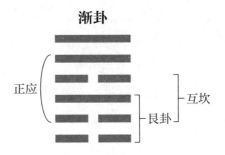

渐卦

[爻辞] 九三：鸿渐于陆。夫征不复，妇孕不育，凶。利御寇。

象曰：夫征不复，离群丑也。妇孕不育，失其道也。利用御寇，顺相保也。

[白话] 九三：大雁飞落到台地上。丈夫出征不回来，妇女怀孕不生育，有凶祸。适宜抵抗强盗。

《象传》说：丈夫出征不回来，是因为离开了同类。妇女怀孕不生育，是因为丧失了正道。适宜抵抗强盗，是因为随顺而能保住位置。

　　九三在下卦艮中，也在互坎（六二、九三、六四）中。艮为山，引申为高；坎为水，引申为平，合之为"陆"，即高而平的台地。

　　渐卦九三由否卦九四与六三换位而来，阳爻称夫。所谓"夫征不复"，是说九三（在否卦中为九四）从上卦来到下卦，却没有回到"初"位，而是到了"三"位。并且，九三（原为九四）离开了否卦的上乾，离开了属于同类的另外两个阳爻，所以《小象传》说它"离群丑也"。"丑"为同类。

　　"妇孕不育"的"妇"指渐卦六四，六四在互离（九三、六四、九五）中，也在上卦巽中。离为大腹，引申为有孕，巽为不果，所以说"妇孕不育"。并且，否卦六三本来与上九正应，但换位到渐卦六四之后，与底下的初六不应，所以《小象传》说它"失其道也"，结果自然是"凶"。

九三在互坎（六二、九三、六四）中，也在互离（九三、六四、九五）中。坎为盗，亦为弓轮；离为甲胄、戈兵，所以说"利御寇"。适宜抵抗强盗的原因是"顺相保也"，即随顺而能保住位置。因为渐卦上卦为巽，巽为随顺；同时，在否卦变为渐卦的过程中，渐卦的九三与六四都保住了自己的正位。

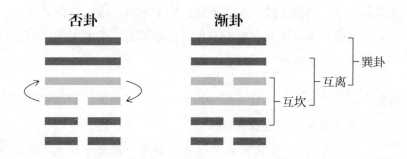

[爻辞] 六四：鸿渐于木，或得其桷（jué），无咎。

象曰：或得其桷，顺以巽也。

[白话] 六四：大雁渐进到树木上，或者停在屋椽上，没有灾难。

《象传》说：或者停在屋椽上，就是因为柔顺而随顺。

渐卦的《象传》说"进得位，往有功也"，所指的正是六四，所以六四是渐卦的主爻。

六四的位置更高，等于大雁从水岸边飞到磐石上，又飞到高地上，然后飞到高地的树木上。"或"字代表状态未定，有选择的余地。"桷"为屋椽，即屋顶上凸出来的一小块椽子。从取象来看，六四在上卦巽中，又在下卦艮之上，巽为木，艮为门阙，合起来就是门阙上的横木。

大雁为蹼足，它在树枝上较难站稳，在椽的平板上则较为安稳。

它停在高处而没有灾难，是因为它柔顺而随顺。六四以阴爻居柔位，非常柔顺；又在上卦巽中，巽为随顺，所以说"顺以巽也"。

渐卦

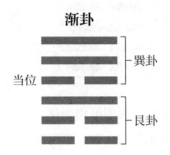

[**爻辞**] 九五：鸿渐于陵，妇三岁不孕，终莫之胜，吉。

象曰：终莫之胜，吉，得所愿也。

[**白话**] 九五：大雁飞到山陵上，妇女三年不怀孕。最后没有人能够胜过她，吉祥。

《象传》说：最后没有人能够胜过她而吉祥，是因为愿望得以实现。

九五在下卦艮之上，亦即在山陵之上。它又在互离（九三、六四、九五）中，离为大腹、为有孕；但上卦巽为不果，所以说她"不孕"。至于发展的结果，可以从九五的正应六二来看。六二在下卦艮中，艮为果蓏，从九五到六二须经三位，亦即三年之后才有结果，合起来就是"三岁不孕"。另外，九五在互离中，离也可以代表"三"。

九五本身既中且正，又与六二正应，所以它的愿望可以实现，最后是"吉"。

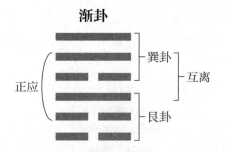

渐卦

正应
巽卦
艮卦
互离

[爻辞] 上九：鸿渐于陆，其羽可用为仪，吉。
象曰：其羽可用为仪，吉，不可乱也。

[白话] 上九：大雁飞落到台地上，羽毛可以用在礼仪中，吉祥。
《象传》说：羽毛可以用在礼仪中而吉祥，是因为礼仪不可
乱了秩序。

上九虽然处于渐卦最高位，但大雁完成了渐进的顺序，又回到
高平的台地上，这也是九三所处的位置。上九在上卦巽中，巽为进
退，可进也可退，所以大雁可以退回台地。

九三与上九都是"鸿渐于陆"，但九三是从水岸边飞到磐石
上，又飞到高台上，位置骤然升高，可谓"躁于进也，虽平而
高"，会有很大压力；上九则顺着形势渐次发展，到了最高的位
置，又回到了平台上，可谓"安于进也，虽高而平"，可以谦退
自守。

上九进退裕如，风度翩翩，可以作为天下的表率，所以爻辞说
"其羽可用为仪"，即羽毛可以用在礼仪中。上九在互离（九三、六
四、九五）之上，离为雉、为禽鸟，引申为鸿；上九在鸿的上方，
可以代表它的羽毛。同时，上九在上卦巽中，巽为进退，表示礼仪
很有秩序，所以《小象传》说"不可乱也"。

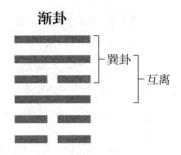

渐卦

巽卦

互离

    按照《周礼》所载，古代婚礼有六个步骤：第一是纳采，男方要送给女方一只雁；第二是问名，看两人的八字是否相合；第三是纳吉，看占卜能否得到吉的结果；第四是纳征，要送上订婚礼物；第五是请期，定下大喜之日；第六是亲迎，由男方亲自迎接女方，完成婚礼。纳采用雁，新郎的官帽上也要插上雁翎，说明古代的婚礼与鸿雁密切相关。

    总之，渐卦是一个好卦，六爻中有三个"吉"（六二、九五、上九），两个"无咎"，只有九三出现了"凶"字。由此可见，无论是结婚出嫁，还是为官从政，乃至国家大事，都以渐进为宜。只要按部就班，依序进展，最后就能取得理想的结果。

三、有情人终成眷属

渐卦的结构是风山渐，卦辞说："女归吉，利贞。"意即女子出嫁吉祥，适宜正固。渐卦提醒我们，要按照顺序，一步一步进展。渐卦与家人卦只有初爻不一样，家人卦是初九，渐卦是初六，其他各爻都相同。并且，两个卦的卦辞都提到"女"字。渐卦六爻均以"鸿"作为象征，描写鸿雁离开栖息地，不断飞到更高的位置，逐步往上进展。

渐卦初六描写大雁到水岸边，它尚不具备飞行的能力，代表一个年轻人刚步入社会，要老老实实从基层做起。这时难免会有一些危险，让你心生抱怨，或者被别人抱怨。《孟子·万章下》提到，孔子年轻时做过管理仓库的"委吏"和管理牧场的"乘田"。这两份工作虽然都属于基层公务员，但可以借此磨炼自己的能力与志节，为将来的发展做好准备。所以，初六可以"无咎"。

六二描写大雁飞落到磐石上，有饮食和乐之象。它的《小象传》说"不素饱也"，亦即六二不是白白吃饱的。譬如，有个学生问孟子："《诗经》上说：'不白白吃饭啊。'可是君子不耕种却也吃饭，为什么呢？"言下之意是，老师您周游列国，到处受到礼遇。您不耕田就有饭吃，这算不算白吃饭呢？孟子回答说："君子住在一个国家里，国君任用他，就能带来安定、富足、尊贵、荣耀；弟子跟随他，就会变得孝顺父母、尊敬兄长、办事忠心、讲求诚信。不白白吃饭啊，什么功劳比他的更大？"[1]换言之，渐卦六二代表国家的大臣，他能够尽好大臣的责任，把国家安置在磐石之上，让人民都有饮食衎衎

---

① 见《孟子·尽心上》。原文：孟子曰："君子居是国也，其君用之，则安富尊荣；其子弟从之，则孝悌忠信。'不素餐兮'，孰大于是？"

之乐，怎么能说他是白领俸禄呢?

九三与九五的爻辞都提到了"妇"。九三的处境显然不理想，丈夫出征不回来，妇女怀孕不生育，并且有凶祸。因为九三虽然当位，但是被六四压制，有点类似于小畜卦（䷈，第9卦）"夫妻反目"的情况。九五的处境比较理想，妇女三岁不怀孕，但是最后没有人能够胜过她。因为九五居中守正，并与六二阴阳正应。

六四处在两个阳爻中间，它既要耐心安抚底下的九三，也要尽心辅佐上面的九五，才能无咎。

九五虽然提到"妇三岁不孕"，但是也不用太担心，因为三年在整个人生之旅中是很短暂的。经过三年努力，就能成就一番功业，已经很幸运了。

渐卦上九出现了"吉"，实属不易。因为《易经》64卦的上爻，好的大约只有四分之一。上九在上卦巽中，可进可退，正如鸿雁可上可下。这提醒我们，一个人地位越高，就越应该谦虚；对别人以礼相待，就会有好的结局。上九完成了渐卦"女归吉"的理想，所以用婚礼的礼仪来加以说明。

我自己也占到过渐卦。我2009年去杭州上课，住进一家旅馆。第二天早上用餐时，看到餐厅里有一个和尚，他身边跟着一个徒弟。这个和尚派徒弟来告诉我，他会看相，说我还有六年大运可走。我算了算，再过六年，我正好退休。《易经》在象数方面有很多花样，一般人不会说出自己的秘诀，但是我教别人《易经》，一向不搞神秘。

前文提到，我从2006年开始到大陆介绍国学，在出发之前，我占到了姤卦，变爻是九二和九四。解卦要以九四的爻辞为断，它说："包无鱼，起凶。"意即包裹中没有鱼，发起行动会有凶祸。从九四到上九共有三步，所以三年后就会转到之卦。之卦就是爻变之后所形成的卦。姤卦的九二、九四爻变，就变成了渐卦。渐卦代表循序渐进，说明我在大陆讲国学，要按部就班，打好基础，再慢慢往上发展。

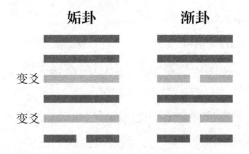

姤卦　　　　**渐卦**

变爻

变爻

　　到 2009 年遇到这位和尚时，正好进入了渐卦。他说我还有六年时运可走，正好对应渐卦的六爻。后来事情的发展，确实与渐卦的六爻相吻合。渐卦六爻中有三个"吉"，两个"无咎"，只有九三是"凶"，但它也提到"利御寇"（适宜抵抗强盗），并非无路可走。

　　必须承认，人在占卦时可能会受到心理暗示。譬如，你今天要跟别人谈一件重要的事，起床后发现狂风暴雨，心情自然会受到干扰；如果看到风和日丽，心态就会比较积极。所以，我们在占卦时，心里难免会受到卦爻辞的影响；不过，还是要充分利用自己的理性思维。

　　其实，很多事情不用占卦，凭常理也会知道其走向。推广国学不可能一蹴而就，因为思想的传播通常需要较长时间的酝酿，才会形成反响。由于我对自己的情况有所了解，所以这个和尚对我的影响很有限。人贵有自知之明。我们要了解自己的情况，出于真诚之心，全力以赴去实践，这样就符合做人处事的基本原则了。

　　渐卦的卦辞说"女归吉，利贞"，即女子出嫁吉祥，适宜正固。其实，任何人在社会上承担一项任务时，都要走在正路上，按照秩序来推进，而不要投机取巧。

　　孟子有一句话说得好，他说："君子深造之以道，欲其自得之也。自得之，则居之安；居之安，则资之深；资之深，则取之左右逢其原。"（《孟子·离娄下》）意即君子依循正确的方法深入研究，就是希望可以自己领悟道理。自己领悟的道理，就会安稳地守住它；安稳地守住它，所受的启发就会深刻；所受的启发深刻，那么应用在任何地方都可以回溯到本源。换言之，只要我们按部就班地学习，有朝一日便可豁然贯通，获得深刻的体会。

一、贵族是怎么结婚的

54 雷泽归妹，下兑上震

归妹：征凶，无攸利。

象曰：泽上有雷，归妹。君子以永终知敝。

上六：女承筐无实，士刲羊无血，无攸利。
象曰：上六无实，承虚筐也。

六五：帝乙归妹，其君之袂不如其娣之袂良。月几望，吉。
象曰：帝乙归妹，不如其娣之袂良也。其位在中，以贵行也。

九四：归妹愆期，迟归有时。
象曰：愆期之志，有待而行也。

六三：归妹以须，反归以娣。
象曰：归妹以须，未当也。

九二：眇能视，利幽人之贞。
象曰：利幽人之贞，未变常也。

初九：归妹以娣，跛能履，征吉。
象曰：归妹以娣，以恒也。跛能履，吉相承也。

本节要介绍《易经》第54卦归妹卦。《序卦传》说："进必有所归，故受之以归妹。"前面的渐卦是讲进展的，进展到一定时候，就要有个归宿，所以接着出现了归妹卦。

从字面来看，"归妹"是指嫁出妹妹，其含义可以推广到嫁出女子。《杂卦传》说："归妹，女之终也。"即归妹卦代表女子有终身的归宿。古人以女子出嫁为有所归，就像回到她原本的家一样。其实是要组成新的家庭，生养下一代了。

《易经》有四个卦提到男女结合，两个好，两个不太好。两个好卦分别是咸卦（䷞，第31卦）与渐卦（䷴，第53卦），咸卦代表男女互相感应，渐卦是女之归，得其正。从卦象来看，咸卦是先止再悦，渐卦是先止再顺。两卦都是先有止，所以感情有扎实的基础，比较容易稳定发展。

两个不太好的卦是恒卦（䷟，第32卦）与归妹卦。恒卦是先顺再动，归妹卦是先悦再动。由于没有先止住，所以感情缺乏稳定的基础，后面就会出现各种困扰。

在古代社会，统治阶级通过彼此联姻来建立联盟。归妹卦下卦为兑，为少女；上卦为震，为长男，代表少女顺从长男，或者长兄嫁出妹妹。并且，震为诸侯，所以归妹卦代表的是诸侯娶妻，而非一般人的婚嫁。

[**卦辞**] 归妹：征凶，无攸利。

[**白话**] 归妹卦：前进有凶祸，没有什么适宜的事。

归妹卦谈的是婚嫁，卦辞为何如此负面呢？因为在归妹卦中，妹妹要由长兄来安排婚姻。如果自己前往的话，既没有适当的名分，也不合乎礼仪的要求，所以卦辞说"征凶，无攸利"。

归妹卦由泰卦演变而来，亦即泰卦九三与六四换位，形成归妹卦。三、四爻在天地人"三才"中，属于人的位置。原来的泰卦是消息卦，阴爻、阳爻不交错。换位之后，阴阳交错，故有夫妻之象。但是，这次换位使中间四爻皆不当位，所以说"征凶"。

泰卦　　　　归妹卦

[象传] 象曰：归妹，天地之大义也。天地不交而万物不兴。归妹，
人之终始也。说以动，所归妹也。征凶，位不当也。无攸利，
柔乘刚也。

[白话]《象传》说：归妹卦，说的是天地间的大道理。天地的阴阳
二气不交流，万物就无法出现。归妹，使人类的生命可以终
而复始。喜悦而行动，因为所要嫁的是妹妹。前进有凶祸，
因为所处的位置不恰当。没有什么适宜的事，因为柔顺者凌
驾在刚强者之上。

归妹卦来自泰卦。泰卦是消息卦，只显示了趋势，但阴阳二气
不交流，万物就无法出现，所以《象传》说"天地不交而万物不
兴"。变为归妹卦后，出现阴阳交错的状况，从而呈现了生机。人的
世界有了夫妻之后，就会有子女，然后代代相传下去，使人类的生
命可以终而复始。

归妹卦下卦为兑，兑为悦；上卦为震，震为动，所以说"说以
动"。这是下悦而上动，少女配长男，两情相悦而缔结良缘。但是，
全卦中间四爻皆不当位，所以前进有凶祸。同时，下卦的初九和九
二被六三凌驾，上卦的九四又被六五和上六凌驾，上下卦的阳爻都
被阴爻凌驾，所以没有任何适宜的事。

在归妹卦的《象传》中，比较重要的是"人之终始"这句话。"终始"就是终而复始，这是人类成家的主要目的。事实上，归妹是人生大事，应该认真办好，不必再想其他的事。光是安排好婚姻之事，就已经是很大的挑战了。

[**象传**] 象曰：泽上有雷，归妹。君子以永终知敝。

[**白话**]《象传》说：沼泽上有雷鸣，这就是归妹卦。君子由此领悟，要长久直到结束，知道弊端而防范。

天下之事都有结束，也都有弊端。怎样让它不要结束而继续发展呢？怎样知道它的弊端而预先防范呢？这正是归妹卦想要告诉我们的。

古人认为，婚姻是祸福之始。夫妻和谐，是幸福的开始；夫妻反目，则灾祸临头。所以君子在归妹卦一开始，就要考虑怎样让婚姻长久维持直到结束，也要知道如此发展下去会有哪些弊端。了解之后，才能适当加以防范。

泰卦六五的爻辞也提到了"归妹"，它说："帝乙归妹，以祉元吉。"意即帝乙嫁来妹妹，以此得福最为吉祥。泰卦中间有互兑（九二、九三、六四）与互震（九三、六四、六五），合起来正好是雷泽归妹。

泰卦

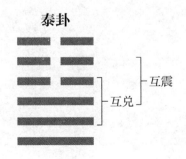

帝乙是商朝的帝王，他要把妹妹嫁给诸侯。古代诸侯娶妻时，有"一娶九女"之说，亦即正室一人，陪嫁的娣侄二人，称为媵（yìng）。"娣"为正室之妹，"侄"为正室的侄女。这三人又各有娣侄二人，总数为九人。[1]这样安排的目的是，将来正室死了，还有同宗的女子可以继位，使姻亲关系能够长久维持。

　　归妹卦反映了古代社会的风俗，所以爻辞中有很多特别的说法。不过，我们还是可以把它转换为今天的情境。譬如，有些人就把归妹卦当作婚姻出问题的前兆。

　　总之，归妹卦是雷泽归妹，代表少女顺从长男，或长男嫁出妹妹，也代表诸侯娶女。归妹的目的是终而有始，让人类的生命绵延不息。归妹卦中间四爻皆不当位，并且上下卦的阳爻都被阴爻压制，所以前进有凶祸，没有什么适宜的事。

---

　　① 　参考《春秋公羊传》。原文：诸侯娶一国，则贰国往媵之，以侄娣从。侄者何？兄之子也。娣者何？女弟也。

二、婚姻的过程不单纯

归妹卦谈的是婚配，各爻取象都以诸侯娶女为喻，并非一般人的嫁娶。本节要介绍归妹卦六爻的爻辞。

[爻辞] 初九：归妹以娣（dì），跛能履，征吉。

象曰：归妹以娣，以恒也。跛能履，吉相承也。

[白话] 初九：嫁妹妹时，以娣陪嫁。脚跛了还能走，前进吉祥。

《象传》说：嫁妹妹时，以娣陪嫁，是为了长久维持关系。脚跛了还能走，是因为有吉祥承续下去。

"娣"是陪嫁的妹妹。如果正妻在婚后出现状况，甚至过世的话，"娣"就可以接替她的位置，使两个家族的关系得以延续，所以说"跛能履"，即脚跛了还能走。

归妹卦

归妹卦的卦辞强调"征凶"，而初九的爻辞却说"征吉"，因为初九是阳爻，有刚直的德行。它在下卦兑中，兑为少女、为妹，在本卦的角色就是"娣"。初九在最下位，为足，而兑为毁折，所以说它脚跛了。然而，初九以阳爻居刚位，很有动力，它不但"能履"，而且"征吉"。就归妹卦而言，娣是正室的助手，再往前一步即为正室，所以《小象传》说"吉相承也"，即吉祥可以承续下去。

[**爻辞**] 九二：眇（miǎo）能视，利幽人之贞。

象曰：利幽人之贞，未变常也。

[**白话**] 九二：眼有疾还能看，适宜幽隐的人保持正固。

《象传》说：适宜幽隐的人保持正固，是因为没有改变常道。

九二在互离（九二、六三、九四）中，又在下卦兑中。离为目，为明；兑为毁折，所以说"眇能视"，亦即眼有疾还能看，只是看得不太清楚而已。

归妹卦

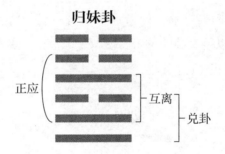

所谓"幽人"，一般是指内心坚定沉稳、不为外物所动的贤人。九二在下卦兑中，兑为泽，九二居中位，是泽中之人，有如幽隐之人。九二与六五阴阳正应，六五是阴爻，未必是贤明之君；九二居中守常，是柔中带刚的贤女，可以自保自处。另外，履卦（☲，第10卦）九二的爻辞也提到"履道坦坦，幽人贞吉"。

在归妹卦中，只有九二与上六没有提到"归妹"一词。因为九二本身就是所归之妹，是被六五安排嫁给诸侯的女子。上六代表归妹卦结束，进入新的发展阶段，所以也没有提到"归妹"。

[**爻辞**] 六三：归妹以须，反归以娣。

象曰：归妹以须，未当也。

[**白话**] 六三：嫁妹妹时，以妾陪嫁，还要回去再以娣陪嫁。

《象传》说：嫁妹妹时，以妾陪嫁，是因为位置不恰当。

"须"为"妾"。"须女"在古代是一个星座，《史记·天官书》的注解说："须女，贱妾之称，妇职之卑者，主布帛裁制嫁娶。"六三在下卦兑中，兑为妾，所以说"归妹以须"。归妹卦由泰卦三、四换位而来。换位之后，六三以阴爻居刚位，不正也不中，所以《小象传》说它"位置不恰当"。

为何说"反归以娣"呢？因为六三继续往前，就进入了互坎（六三、九四、六五），坎为险、为加忧。六三如果回头，就返回了正统模式，以娣来陪嫁。一般而言，妻与娣是姊妹关系，容易相处；而妻与妾来自不同的家族，难以共融。六三完成了下卦兑，它以取悦为主，情况显然不理想。

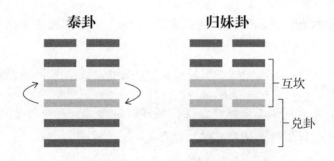

[**爻辞**] 九四：归妹愆（qiān）期，迟归有时。

象曰：愆期之志，有待而行也。

[**白话**] 九四：嫁妹妹延误了婚期，晚些出嫁也会有一定的时候。

《象传》说：延误婚期的心意，是要有所等待才行动。

九四为阳爻，又在上卦震中，震为行。九四求速而反迟，它希望快点行动，结果反而延误了。九四在互离（九二、六三、九四）中，也在互坎（六三、九四、六五）中。离为日，坎为月，有日有月，表示时间漫长而未定，所以说它"延误了婚期"。

不过，九四已在上卦震中，震也代表春季。古代嫁娶多在春季，所以说"迟归有时"。九四以阳爻居柔位，跟底下的初九也不应，所以必须"有待而行"。它等待的既是时机，也是佳偶。

归妹卦

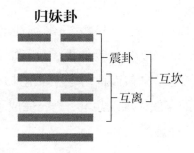

[**爻辞**] 六五：帝乙归妹，其君之袂（mèi）不如其娣之袂良。月几望，吉。

象曰：帝乙归妹，不如其娣之袂良也。其位在中，以贵行也。

[**白话**] 六五：帝乙嫁妹妹，这位女君的服饰还没有娣的服饰华美。月亮快到满盈的时候，吉祥。

《象传》说：帝乙嫁妹妹，还没有娣的服饰华美。她处在中间的位置，因为是以尊贵的身份出嫁的。

帝王把妹妹嫁给诸侯，这在古代是常有之事。但是到了帝乙，才正式立下规范，要求妹妹出嫁之后，仍要顺从诸侯，亦即妻要顺夫。同时，妹妹出嫁后既然是正妻，就要重实而不重虚。

诸侯的正室称为"女君"，陪嫁的是"娣"。"袂"原指衣袖，引申为服饰。归妹卦由泰卦演变而来，卦变时六五与九二皆未动。泰卦六五在上坤，坤为布，为吝啬；九二在下乾，乾为金、为玉。现在六五仍在上卦，是为女君；九二则在下卦兑中，兑为妹、为娣。相形之下，这位女君的服饰还没有娣的服饰华美，代表帝王之妹尚礼不尚饰。

站在六五的角度来看，六五为女君，九二在下卦兑中，所以九二为娣。但站在九二的角度来看，它本身就是所归之妹，所以九二的爻辞没有提到"归妹"。换言之，从不同的位置去看，各爻的身份可以随之改变。

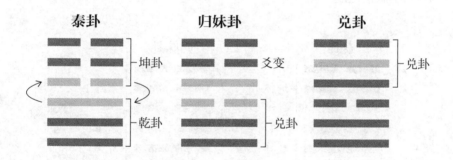

"月几望"指月亮尚未满盈。六五爻变，上卦成为兑卦，其卦象有如上弦月。按照古代的纳甲说，兑为农历初八，月亮正在走向满盈，所以说"月几望"。帝王之妹下嫁诸侯，未满而不骄，结果是吉。女君重礼而不骄，是因为她处于中位。以阴爻居尊位，地位高贵又能柔顺，所以《小象传》说"以贵行也"。

[爻辞] 上六：女承筐无实，士刲（kuī）羊无血，无攸利。

象曰：上六无实，承虚筐也。

[**白话**] 上六：女子捧着竹筐，里面是空的。士人宰杀活羊，无法取
得血。没有什么适宜的事。

《象传》说：上六没有东西，是因为捧着空的筐子。

上六所在的上卦，由坤变震，坤为女；并且坤（☷）的形状有
如空无一物，震（☳）的形状有如中空的竹筐，合起来就是"女承
筐无实"。上六所对的六三则在下卦，下卦是由乾变兑，乾为男，兑
为羊。六三也在互坎（六三、九四、六五）中，坎为血。但是，坎
在兑的上面，等于血在羊的上面而不往下流，所以说"士刲羊无
血"，即士人宰杀活羊，无法取得血。可见，女子、士人都没有成
功，所以说"无攸利"。上六居全卦终位，跟底下的六三又不应，最
后一切都是空的。

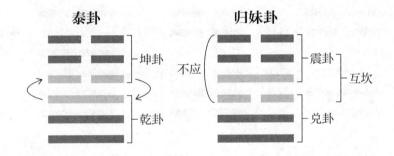

古代女子嫁入夫家三个月后，要参与祭祀的礼仪。《仪礼·士昏
礼》记载："妇入三月，然后祭行。"又说："妇入三月，乃奠菜。"
即女子用竹筐盛满菜蔬来敬奉祖先，男子则要杀羊取血来祭祀。上
六的爻辞表明，祭祀没有成功，无法获得祖先的福佑。可见，归妹
卦最后并未取得好的结果，所以卦辞会说"征凶，无攸利"。

整体来看，归妹卦初九、六五为"吉"，九二是"利幽人之贞"，
这三爻还不错；另外三爻则不太理想，并且每个爻的内容都相当复杂。

三、结婚到底是为了什么

归妹卦是雷泽归妹，代表少女追随长男，也代表诸侯或君王安排妹妹出嫁。归妹卦的爻辞谈到婚嫁，内容相当复杂，因为古代诸侯的婚姻并非一般人的嫁娶，而是联结两个家族的纽带。

占到归妹卦时，心里要有所警惕，因为它的卦辞直接说"征凶，无攸利"。此时能处理好家务事就不错了，很难再向外发展。除了维系夫妻关系，没有任何适宜的事。归妹卦的目的，是让人类的生命可以终而复始。它最大的启发来自《大象传》所说的"君子以永终知敝"，亦即任何事情都会有结束，都会逐渐生出弊端。

首先，一味坚持某种行为，最后就会产生弊端。譬如，孟子曾提到古代的几位圣贤，认为伯夷是圣人中清高的，柳下惠是圣人中随和的。①然而，孟子又说"伯夷隘，柳下惠不恭"（《孟子·公孙丑上》）。换言之，一个人太清高就会显得器量狭隘，太随和就会显得态度不严肃。因此，我们必须认真了解每种行为的弊端，并设法加以改善。

其次，一个时代也可能衍生出某种弊端。譬如，夏朝强调"忠"，要求人民真诚朴实，其弊端就是粗野无礼。商朝强调"敬"，上上下下都敬拜鬼神，其弊端就是陷于迷信。周朝强调"文"，重视人文的教养，其弊端就是虚浮不实。

另外，一种学术立场也可能导致弊端。譬如，孟子指出，墨家主张"兼爱"，磨秃头顶、走伤脚跟，只要对天下有利，他都去做，其弊端就是忽略了对父母的照顾；杨朱这一派主张"为我"，拔一

---

① 见《孟子·万章下》。原文：伯夷，圣之清者也；伊尹，圣之任者也；柳下惠，圣之和者也；孔子，圣之时者也。

根汗毛可以对天下有利，他都不去做①，其弊端就是忽略了对国家的责任②。

古代就有占到归妹卦的案例。在春秋时代，晋献公准备把女儿伯姬嫁到秦国，他为此事占了一卦，结果占到归妹卦上六。负责占卦的史苏就说："这显然不吉利，因为上六的爻辞说'女承筐无实，士刲羊无血，无攸利'，所以没有任何适宜的事。并且，归妹卦上六爻变，变成睽卦，也代表乖离。上六爻变后，外卦从震变成离，震为雷，离为火，代表晋国将来会被秦国打败。"（见《春秋左传》）可见，这个联姻计划很不理想。

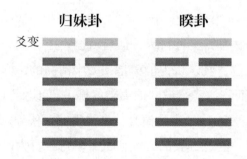

晋代有一位《易经》高手叫郭璞，字景纯。当时有个叫顾士群的人，为母亲的病情占了一卦，占到归妹卦，九二与六五两爻变，之卦为随卦。郭璞就对他说："你的母亲到秋天就会过世。"因为母亲以仁爱为主，仁爱对应木，木对应震卦，所以就用震（☳）来代指他的母亲。归妹卦两爻变，内卦从兑变为震，外卦从震变为兑，兑为金，震为木，内外卦都是金克木；并且兑为秋，秋季金旺，导

---

① 见《孟子·尽心上》。原文：杨子取为我，拔一毛而利天下，不为也。墨子兼爱，摩顶放踵利天下，为之。

② 见《孟子·滕文公下》。原文：杨氏为我，是无君也；墨氏兼爱，是无父也。无父无君，是禽兽也。

致木气衰竭，所以说他的母亲到秋天就会过世。后来果然应验了。

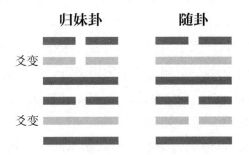

近代有位学者也占到了归妹卦。他有一位侄儿原定于十月份娶妻，但是由于战乱，铁路交通中断，于是就占了一卦，结果占到归妹卦，九四爻变，之卦为临卦。归妹卦九四说："归妹愆期，迟归有时。"他看到这个结果，觉得婚礼应该可以办成，因为归妹卦是下兑上震，震是长男，兑是少女，男在外，女在内，说明结婚是合理的。并且，临卦代表来到。从变爻九四到上六，总共有三步，所以婚礼可能会延误三天。结果火车很快就通了，原定的婚期延后了三天，婚还是结成了。

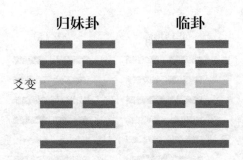

现代人占到归妹卦，该如何理解呢？有个学生告诉我，他帮别人占问婚姻问题，不止一次占到归妹卦，并且多与离婚有关。所以他认为，归妹卦代表婚姻出了问题，每个爻的问题各不相同。初九是脚跛了还能走；九二是眼有疾还能看；六三是归妹以须，你要反归以娣；九四延误了时间，但迟归有时；六五要注意服饰上的安排；上六的结果显然不理想。

有一次，我到一家电视台录制节目，帮我化妆的女士说，她跟男朋友到了谈婚论嫁的时候，希望为婚事占一卦。我教她用筹策占卦，结果占到归妹卦，变爻九二，爻辞说："眇能视，利幽人之贞。"意即眼有疾还能看，适合幽隐的人保持正固。

我建议她，眼前要看清楚，婚后就不必太计较了。这位女士看到爻辞里又有"眇"，又有"幽人"，觉得不太理想，随口就说："这个婚干脆不结了。"我赶紧对她说："九二这个爻并非不好，它的《小象传》说'未变常也'，代表你们的交往合乎常道，所以不用急着做决定。"

我不知道她后来做了怎样的决定，我担心的是，九二爻变之后，之卦是震卦，代表变动很剧烈，一般人未必撑得住。这也提醒我们，男女之间的感情往往到婚后才面临真正的考验。要维系一个家庭，夫妻双方都要付出努力。所以，遇到婚嫁之类的问题，解卦时要特别慎重，以免耽误了别人的婚姻大事。

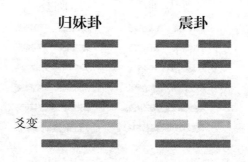

归妹卦　　　震卦

爻变

另外还有一个案例值得分享。有一次，我在苏州参加了一场讲座。活动结束后，主办方的一位女士送我上车，结果她自己也跟着上了车，说有问题要在路上请教。她用数字卦占到归妹卦九四，爻辞是："归妹愆期，迟归有时。"我就问她："你要问什么事呢？"她说："我想知道，什么时候可以交到知心的男朋友。"我说："从九四算起，走完归妹卦还需要三步。之卦是临卦，代表来临。所以，大约三年之后，你就会遇到合适的男朋友。"

这个例子启发我们，如何根据占卦结果来推算时间，像交男朋友这种事，短则三个月，长则三年。这位女士问的是婚嫁对象，为了慎重起见，我就说需要三年。可见，解卦要配合人情世故来考虑。后来，我没有再跟这位女士联络，不知道她三年之后是否如愿以偿。

总之，归妹卦提醒我们要"永终知敝"：一方面，要知道各种行为都会有弊端，所以不必过于执着；另一方面，也要设法维持长久的发展，最后取得好的结果。

一、眼疾手快，就可以发财

55 雷火丰，下离上震

丰：亨。王假之，勿忧，宜日中。

象曰：雷电皆至，丰。君子以折狱致刑。

上六：丰其屋，蔀其家，窥其户，阒其无人，三岁不觌，凶。
象曰：丰其屋，天际翔也。窥其户，阒其无人，自藏也。

六五：来章，有庆誉，吉。
象曰：六五之吉，有庆也。

九四：丰其蔀，日中见斗，遇其夷主，吉。
象曰：丰其蔀，位不当也。日中见斗，幽不明也。遇其夷主，吉行也。

九三：丰其沛，日中见沫。折其右肱，无咎。
象曰：丰其沛，不可大事也。折其右肱，终不可用也。

六二：丰其蔀，日中见斗。往得疑疾。有孚发若，吉。
象曰：有孚发若，信以发志也。

初九：遇其配主，虽旬无咎，往有尚。
象曰：虽旬无咎，过旬灾也。

本节要介绍《易经》第55卦丰卦。《序卦传》说："得其所归者必大，故受之以丰。丰者，大也。"前面的归妹卦描写女子来归，可引申为众人来归，民聚国富，所以接着要谈代表盛大的丰卦。

《序卦传》曾说："临者，大也。"临卦（䷒，第19卦）是消息卦，底下两个阳爻会带着别的阳爻陆续上来，所以临卦是发展中的壮大。而丰卦代表已经形成了丰盈盛大的局面。

[**卦辞**] 丰：亨。王假（gé）之，勿忧，宜日中。

[**白话**] 丰卦：通达。君王带来了丰盛，不用忧虑，适宜太阳在中午
的时候。

　　丰卦有雄厚的实力，所以通达。由君王来主持大局，可以使整
个国家富饶。天下富饶，为何还有忧虑呢？因为丰盛可能导致两种
后果：一种是盛极而衰，一种是盛极则骄。这两方面都值得忧虑。
卦辞最后说"宜日中"，代表君王要像太阳一样，用光明普照万物，
以无私之心造福百姓，这样才能实现天下丰饶的理想。

　　丰卦由泰卦九二与六四换位而成。泰卦九二本来位于下卦乾中，
乾为君王；换位之后，成为丰卦九四，上卦变成震卦，震为行，所
以说"王假之"。"假"意为至。泰卦六四来到下卦乾的中位，下乾
变为离卦，离为日，有如日在中天，所以说"宜日中"。

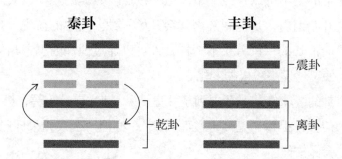

　　人群聚集会带来丰盛。儒家经典《大学》说："有人此有土，有
土此有财。"意即人群聚集之后，才能开发土地；土地开发了，自然
会有财货。所以，人是最重要的。如果只有土地而没有人，那只是
荒芜的土地而已。

[**象传**] 象曰：丰，大也。明以动，故丰。王假之，尚大也。勿忧，

宜日中，宜照天下也。日中则昃，月盈则食。天地盈虚，与时消息，而况于人乎？况于鬼神乎？

[**白话**]《象传》说：丰卦，是盛大的意思。光明而行动，所以丰盛。君王带来了丰盛，是因为他所崇尚的就是盛大。不用忧虑，适宜太阳在中午的时候，是说这样适宜普遍照耀天下。太阳到中午就会开始西斜，月亮到圆满就会开始亏蚀。天地的满盈与虚空，随顺时势而消退及成长，更何况是人呢？何况是鬼神呢？

丰卦下卦为离，离为明，上卦为震，震为动，所以说"明以动"。为什么很多人发不了财？因为就算你内心有光明，了解市场的需求，但是外在没有行动的话，最后还是空欢喜一场。所以，明与动要配合起来，做到眼疾手快，才能取得丰硕的成果。

正午的太阳可以普照天下，但是按照自然界的规律，太阳到正午就会开始西斜，月亮到圆满就会开始亏蚀。天地的盈虚，都是配合时势而消长的，只有人不一样，人可以通过理性的思考与果决的行动，使事情发生积极的变化。

丰卦的《象传》最后提到了"鬼神"。前文谦卦（▤，第15卦）的《象传》也提到"鬼神害盈而福谦"，亦即一个人如果谦虚的话，鬼神也会保佑他。

丰卦强调，君王做到"明以动"，就能缔造国富民强的盛大局面。在丰盈之际，君王一定要心存忧虑，要担忧自己能否像正午的太阳那样公正无私。能做到这一点的，就是伟大的帝王，然而这样的帝王在历史上寥寥无几。

[**象传**]象曰：雷电皆至，丰。君子以折狱致刑。

[**白话**]《象传》说：打雷闪电一起来到，这就是丰卦。君子由此领悟，要判决诉讼，执行刑罚。

丰卦的《大象传》提到"折狱致刑"，又与诉讼有关。人的世界总是有各种利益冲突，所以很容易出现争讼。公正的审判，有利于维护社会的公平正义。在《易经》的《大象传》中，有六个卦涉及诉讼及审判，约占十分之一的比例。

第一个是讼卦（☰，第6卦），它的《大象传》说："君子以做事谋始。"意即做事要在开始时就谋划好，以免将来出现各种争议。

第二个是噬嗑卦（☰，第21卦），它的《大象传》说："先王以明罚敕法。"意即古代帝王要明辨刑罚，端正法律。这里说的是"先王"而不是"君子"，代表这是最早的阶段。

第三个是贲卦（☰，第22卦），它的《大象传》说："君子以明庶政，无敢折狱。"意即君子要明察各项政务，不能依此果敢判决诉讼。提醒你要小心谨慎，因为追求公平绝非易事。

第四个是丰卦，它的《大象传》说："君子以折狱致刑。"意即君子要判决诉讼，执行刑罚。丰卦是噬嗑卦的倒卦。所谓倒卦，是指上下卦交换了位置。这样的卦彼此之间也有关联。

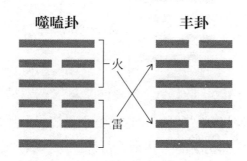

噬嗑卦　　　　　　丰卦

第五个是旅卦（☰，第56卦），它的《大象传》说："君子以明慎用刑而不留狱。"意即君子要明智而谨慎地施用刑罚，并且不迁延诉讼案件。旅卦与贲卦互为倒卦。

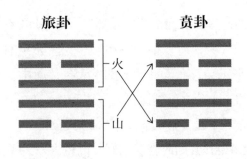

第六个是中孚卦（䷼，第61卦），它的《大象传》说："君子以议狱缓死。"意即君子要认真讨论讼案，缓慢判决死刑。

这六个卦除了讼卦，其他五卦都与离卦（☲）有关。噬嗑卦、贲卦、丰卦、旅卦，其上下卦的组合里都包含离卦。离为明，判决诉讼需要光明，才能保证公平公正。中孚卦则是放大一倍的离卦，代表最大的光明。可见，在人间追求正义，是人类最深切的愿望。

丰卦的卦辞提到"勿忧"，这是很少见的。丰卦为何会有忧虑呢？《庄子·人间世》有一句话说得好："虚室生白，吉祥止止。"意即空虚的房间才会显得光明，吉祥也将聚集于空虚之心。"虚室生白"正好可以反衬出丰卦的问题。

丰卦内明而外动，以至于大有收获、资源丰盛，但丰盛反而会遮蔽光明。如果一个房间里堆满了货物，那么即使用再强的光去照明，还是会出现许多阴影。同样的，如果一个人拥有太多外在的资源，就会影响内在的觉悟能力，无法摆脱"多"所带来的困扰。

总之，丰卦是雷火丰，君王将光明与行动配合起来，可以使天下丰饶；但是，一定要提防丰盛所带来的后果，避免盛极而衰、盛极而骄。

二、物质丰富之后，心灵难免受蔽

丰卦是雷火丰，代表丰盈盛大，只有君王才能使天下丰饶。他需要像正午的太阳一样，公平而光明，这绝非易事，所以丰卦提醒我们，要有充分的忧患意识。

丰卦是由泰卦的九二与六四换位而来。泰卦下卦的三个阳爻，都要设法帮助君王六五。丰卦的爻辞就与这两点密切相关。

从丰卦的结构来看，阳爻初九被阴爻六二压制，九三、九四又被六五、上六压制，所以会出现各种昏暗的状况。尤其是六五与上六相连，上六代表小人，他遮蔽了君王六五的光明。

[爻辞] 初九：遇其配主，虽旬无咎，往有尚。

　　　　象曰：虽旬无咎，过旬灾也。

[白话] 初九：遇到与自己搭配的主人，虽然彼此均等，但是没有灾难，前往会有好事。

　　　　《象传》说：虽然彼此均等，但是没有灾难，这是因为超过均等就会带来灾难。

"主"一般是指比自己地位更高的，初九所遇的配主是六二。因为丰卦是由泰卦二、四换位而来，泰卦六四本来与初九正应；换位之后，成为丰卦六二，直接遇到了初九。"遇"有不期而遇之义。初九是阳爻，六二是其配主，它们彼此均等，所以没有灾难。"旬"通"均"。

初九为何"往有尚"呢？初九代表下卦，九四代表上卦，这两个阳爻本来是不应的。但丰卦是"雷电皆至"，下卦离为明，上卦震为动，明与动要互相配合。所以说初九"前往会有好事"，它与九四携手前进，可以带来好的结果。

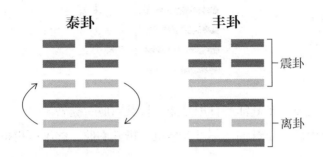

泰卦　　丰卦

震卦

离卦

[爻辞] 六二：丰其蔀（bù），日中见斗。往得疑疾。有孚发若，吉。

象曰：有孚发若，信以发志也。

[白话] 六二：遮蔽范围很大，中午见到了星斗。前往会受到怀疑猜忌。有诚信而表现的样子，吉祥。

《象传》说：有诚信而表现的样子，是因为要用诚信来表现心意。

六二、九三、九四这三爻，都存在明显的遮蔽。

"蔀"为草席，用来遮蔽阳光。"丰其蔀"代表遮蔽范围很大，使六二的光明无法展现。六二在下卦离的中位，离为日，所以说"日中"。上卦为震，震（☳）为仰盂，形状像装米的斗；离又为见，合起来就是"日中见斗"。中午见到星斗，其黑暗可想而知。

六二之"往"，是要前去跟六五会和，但是六五跟它不应。六五在互兑（九三、九四、六五）中，兑为毁折，所以六二前往会受到怀疑猜忌。不过，六二既中且正，又有诚信，有如一位忠心耿耿的大臣，他虽然被谗言所害，却依然可以给六五带来光明（下卦离为明），所以最后是"吉"。

丰卦

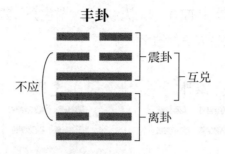

[**爻辞**] 九三：丰其沛，日中见沬。折其右肱，无咎。

象曰：丰其沛，不可大事也。折其右肱，终不可用也。

[**白话**] 九三：阴暗范围很大，中午见到小星星。折断了右臂，没有灾难。

《象传》说：阴暗范围很大，不可以办成大事。折断了右臂，终究不能有所作为。

九三的初衷是要帮助君王六五。但是，丰卦上卦为震，象征斗，所以九三与六二类似，也是大白天见到了星斗。"沬"为不知名的小星星。由于九三直接接触到上卦，所以它的遮蔽范围更大，阴暗的情况比六二更严重。

为什么说"折其右肱"呢？泰卦下乾是三个阳爻，二、四换位之后，出现了六二。对九三而言，六二在其右侧，六二由阳变阴，等于折断了右臂。

泰卦

换个角度来看，九三在互巽（六二、九三、九四）中，巽为股；九三爻变，出现互艮（六二、六三、九四），艮为手、为肱。"股肱之臣"代表得力的助手。九三又在互兑（九三、九四、六五）中，兑为毁折，又为西方之卦，西方居右，合起来就是"折其右肱"。九三终究无法被君王重用，不过它居于正位，又与上六正应（丰卦里唯一的正应），所以最后"无咎"。

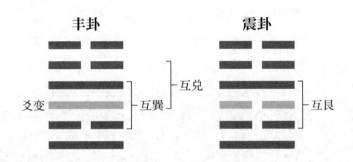

丰卦　　　　　　　震卦

[爻辞] 九四：丰其蔀，日中见斗，遇其夷主，吉。

象曰：丰其蔀，位不当也。日中见斗，幽不明也。遇其夷主，吉行也。

[白话] 九四：遮蔽范围很大，中午见到了星斗。遇到与自己相等的主人，吉祥。

《象传》说：遮蔽范围很大，是因为位置不恰当。中午见到了星斗，是因为幽暗不明。遇到与自己相等的主人，是因为吉祥而可以行动。

九四不当位，又在互巽（六二、九三、九四）与互兑（九三、九四、六五）中，巽为不果，兑为毁折，这些都对下卦的光明有所损害，所以说"日中见斗"，形成幽暗不明的状况。

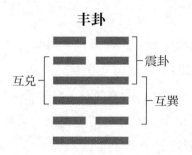

丰卦

互兑　　震卦

互巽

"主"一般指比自己地位更高的。初九以六二为"配主"，九四则以六五为"夷主"。"夷"为平等。这里不说"配主"，是因为君不可以配臣；而"夷主"则代表君臣同体，可以一起为百姓服务。九四吉祥，并且可以行动，因为九四已在上卦震中，震为行。

　　总之，三个阳爻都想帮助君王六五，结果出现了各种复杂的情况。

[爻辞] 六五：来章，有庆誉，吉。

　　象曰：六五之吉，有庆也。

[白话] 六五：来到的是光明，有喜庆与名声，吉祥。

　　《象传》说：六五的吉祥，是因为有喜庆。

　　六五是阴爻，可以温和地招揽贤才。六二有诚信，它虽然受到怀疑猜忌，但不会改变它的忠诚。初九、九三、九四三个阳爻，都来帮助六五。底下的阳爻上来，等于光明来到了。

　　六五在互兑（九三、九四、六五）中，兑为悦，为"有庆"；又为口，为"誉"，所以说"吉"。六五作为君王，需要懂得用人之道，正所谓"舍己之刚，用人之刚，即己之刚；舍己之明，用人之明，即己之明"。得到天下贤才的辅佐，才能更好地照顾百姓。

丰卦

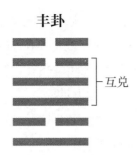

互兑

[**爻辞**] 上六：丰其屋，蔀其家，窥其户，阒（qù）其无人，三岁不觌，凶。

象曰：丰其屋，天际翔也。窥其户，阒其无人，自藏也。

[**白话**] 上六：房屋很高大，居室被遮蔽。从门口窥视，寂静不见人。三年不能见面，有凶祸。

《象传》说：房屋很高大，是因为要到天空飞翔。从门口窥视，寂静不见人，是因为自己隐藏起来了。

上六在丰卦终位，等于丰盛到了极点。它距离下卦离最远，所以被阴暗遮蔽。上六与九三正应。九三在下卦离与互兑（九三、九四、六五）中，离为见，兑为缺，引申为见不到人。九三爻变，出现互艮（六二、六三、九四），艮为门阙，引申为门户。上六到九三需要经过三步，所以说"三年不能见面"，结果是"凶"。上六处在丰卦终位，下一步只有两种选择：一是到天空飞翔，二是自己隐藏起来。

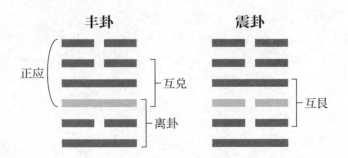

总之，丰卦的基本观念是：阳爻初九、九三、九四，以及阴爻六二，都要去帮助君王六五，以取得丰硕的成果。上六是处在高位的小人，对六五有各种阻碍，所以它的结局是"凶"。在丰卦六爻中，初九是"往有尚"，六二、九四、六五都是"吉"，九三是"无咎"，可见丰卦是一个不错的卦。但是，物质资源的丰盛，会造成精神上的遮蔽。这一点需要特别留意。

三、钱太多了，也很麻烦

丰卦的结构是雷火丰，代表君王能够使整个国家丰饶。丰卦的基本观念是：三个阳爻都要去帮助君王，但是君王六五与上六靠在一起，使情况变得复杂。丰卦是内明而外动，内心有文明之德，外在又有适当的行动，所以会取得丰硕的成果。同时，还要像正午的太阳那样照耀大地，以免被小人遮蔽。

譬如，占到丰卦六二，就要支持君王六五。但是，六五被上六这个小人遮蔽，看不到下卦的光明。这时，臣子要以至诚之心来表明自己的志向，而不要在意君王的怀疑或猜忌，最终才会取得理想的结果。

九三的"折其右肱"提醒你，要与别人展开合作，而不要一个人单打独斗。譬如，汉高祖刘邦死后，吕后当权，她想方设法残害刘姓宗亲。宰相陈平如果没有太尉周勃的配合，不可能铲除诸吕。在唐太宗时期，房玄龄如果没有杜如晦的配合，很多事情也难以办成。

上六代表小人，它处在丰卦的终点，远离下卦的光明。自古以来，小人总是想"丰其屋"，却不知道拥有高大的房屋，正好遮蔽了自己的家宅；小人总是想"高其位"，却不知道地位越高，越是远离了真正的君子。国君如果担心国家的危亡，小人就说："一起来娱乐吧！"国君如果勤勉治国，小人就说："一起去游山玩水吧！"国君如果亲近君子，小人就在旁边进谗言，让国君疏远他们。长此以往，小人迟早会灾祸及身。

古代就有关于丰卦的案例。据《左传·宣公六年》记载，春秋时期，郑国公子曼满与王子伯廖谈话，曼满表示他很想担任执政的卿。谈话结束后，伯廖就对别人说："曼满这个人无德而贪，他大概处在丰卦上六吧！不出三年，曼满必亡。"结果隔了一年，郑国人就杀了曼满。①

还有一个更玄的案例，来自明朝的《易经》专家胡宏。明英宗天顺年间，太守陆阜邀请胡宏到官舍为自己占卜前程，结果占到丰卦九三，爻辞说："丰其沛，日中见沫。折其右肱，无咎。"胡宏就对陆阜说："逢刘则滞，遇冯则止。"意即你将来碰到姓刘的，就会受到阻滞；遇到姓冯的，就会止步不前。

过了不久，同知刘文显来访，没说几句话就与陆阜发生了争执，屡次想要攘臂相击，险些打了起来。这就印证了"逢刘则滞"。第二年，海道副使冯靖弹劾陆阜，说他囤积粮食、不发放军饷，结果陆阜被贬谪到广西去了。这就是"遇冯则止"。

对于丰卦九三，胡宏怎么会给出如此特殊的解释呢？因为九三的爻辞提到"丰其沛"，而汉高祖刘邦是沛郡丰县人，因此丰沛与姓刘的人有关。爻辞又提到"日中见沫"，"日中"就是中午，用十二地支配合十二生肖，"午"对应"马"；而"沫"是水字旁，"马"加上两点水就变成了"冯"。爻辞又说"折其右肱"，情况显然对陆阜不利，所以胡宏断定"逢刘则滞，遇冯则止"。

在我看过的《易经》资料中，这次解卦是解得最玄的。胡宏又是配合古代历史，又是搭配十二地支，然后论断遇到姓刘的、姓冯的会如何，最后居然应验了，实在是太神奇了。

在民国时期，有位《易经》高手帮他的朋友占卦。这个朋友当时官拜司令之职，他想占问官运的发展如何，结果占到同人卦，九五、上九两爻变，之卦为丰卦。这位专家就说："同人卦上卦为乾，乾为首；下卦为离，离为日。上下卦都有君象，代表您将成为一方首领，可以大有作为。爻变后，上卦由乾变震，震代表震动、威严，

① 原文：郑公子曼满与王子伯廖语，欲为卿。伯廖告人曰："无德而贪，其在《周易·丰》之《离》，弗过之矣。"间一岁，郑人杀之。

有奋起之象，所以您未来必定掌握大权。"后来，这个朋友果然升了官，集大权于一身。

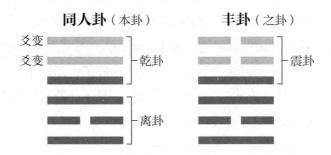

同人卦（本卦）　丰卦（之卦）

爻变　爻变　┤乾卦　┤震卦
　　　　　　┤离卦

同样是在民国时期，有个人的长子离家从军，久无音信。他就请一位《易经》专家来占筮，结果占到丰卦，九三、九四两爻变，之卦为复卦。这位专家告诉他："丰卦下卦为离，离为甲兵，代表战争；上卦为震，震为长男。在甲兵之中，长男依然健在，所以不用担心。之卦是复卦，代表阴气旺盛之极而阳气开始回转，这非常吉利。"不久，他就收到了儿子的信。

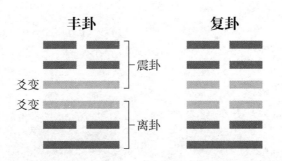

丰卦　　复卦

爻变　爻变　┤震卦　┤离卦

有一个现代人的占卦案例。我在北京大学的企业家国学班里做过讲座，有几个学生一直跟我保持联络。有一位企业家来自河南，他学会占卦之后，在解卦方面缺乏信心，只要听说我到了北京，就会找我帮忙解卦。有一次他占到丰卦，变爻九三，爻辞说："丰其沛，日中见沫。折其右肱，无咎。"

　　他说要占问健康问题，我就问他："你的右手怎么了？"他有些尴尬地说："我也不知道怎么回事。我的身体向来很好，但是两周之前右手突然变得无力，连公文包都提不起来了。"其实，丰卦九三说"折其右肱"，他的右手刚好出了问题，为什么还要问我如何解卦呢？我就对他说："丰卦说明你的经济条件好了，却疏于照顾身体，所幸九三最后是'无咎'，只要及时就医，就不会有什么问题。"可见，学了《易经》之后，解卦时要有一些自信。只要集中心思、内心真诚，一看到爻辞，自然会有解卦的灵感。

　　下一节要介绍丰卦的覆卦——旅卦，把雷火丰整个翻过去，就成了火山旅。

一、我们都是过客而不是归人

56 火山旅，下艮上离

旅：小亨。旅贞吉。

象曰：山上有火，旅。君子以明慎用刑而不留狱。

上九：鸟焚其巢，旅人先笑后号咷。丧牛于易，凶。
象曰：以旅在上，其义焚也。丧牛于易，终莫之闻也。

六五：射雉，一矢亡，终以誉命。
象曰：终以誉命，上逮也。

九四：旅于处，得其资斧，我心不快。
象曰：旅于处，未得位也。得其资斧，心未快也。

九三：旅焚其次，丧其童仆，贞厉。
象曰：旅焚其次，亦以伤矣。以旅与下，其义丧也。

六二：旅即次，怀其资，得童仆，贞。
象曰：得童仆贞，终无尤也。

初六：旅琐琐，斯其所取灾。
象曰：旅琐琐，志穷灾也。

本节要介绍《易经》第56卦旅卦。《序卦传》说："穷大者必失其居，故受之以旅。"前面的丰卦代表丰盛，丰盛到了极点而不知收敛，一定会丧失居所。所以在丰卦之后，接着上场的是旅卦。《杂卦传》说："丰，多故也；亲寡，旅也。"意即丰卦有许多故旧，旅卦则亲友很少，正可谓"贫在乡里无人问，富在深山有远亲"。

旅卦也是人的一生的真实写照。西方有"人生如旅"的说法，仿佛人生就是一场旅行。旅行终将结束，所以每个人都是过客，而不是归人。可见，旅卦对人生有深刻的启发。

旅卦与丰卦是正覆关系。旅卦下面的山静止不动，有如旅途中的馆舍；上面的火动而不止，有如旅行中的人。常言道"在家千日好，出门一时难"，人离开家乡到外地旅行，显然是非常辛苦的。并且，旅卦是山上有火，山上人烟稀少，所以火光不可能太明亮。当你旅行在外时，遇到的大多是陌生人，此时应该采取柔顺的态度。

[**卦辞**] 旅：小亨。旅贞吉。

[**白话**] 旅卦：稍有通达。旅行守正就吉祥。

旅行在外，诸多不便，不可能大为亨通。旅行时持守正道，才会吉祥，否则难免会陷入各种麻烦。旅行中要做到入境问俗，入乡随俗，提高警惕，安全为上。所以，旅卦六爻没有一个"吉"字，连"无咎"都看不到，值得我们多加留意。

[**象传**] 象曰：旅，小亨。柔得中乎外，而顺乎刚，止而丽乎明，是以"小亨，旅贞吉"也。旅之时义大矣哉。

[**白话**]《象传》说：旅卦，稍有通达。柔顺者在外面取得中位并且顺应刚强者，停下来依附光明，因此"稍有通达，旅行守正就会吉祥"。旅卦的时势意义太伟大了。

旅卦由否卦演变而来，将否卦六三与九五换位，就形成了旅卦。"柔得中"指六五取得中位，"顺乎刚"指六五能够上承上九。从"柔得中乎外，而顺乎刚"可知，旅卦的主爻是六五。

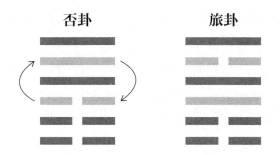

否卦　　　　　旅卦

旅卦下卦为艮，艮为止，上卦为离，离为明、为丽（依附），所以说"止而丽乎明"。旅行时能够适时停止，并且依附光明，才可以"小亨"。旅行在外持守正道，结果自然吉祥。

《彖传》最后说："旅之时义大矣哉。"意即旅卦的时势意义太伟大了。《易经》有十二个卦的《彖传》提到"时"，并且一再出现"大矣哉"三个字，说明这些卦的时势对人生有显著影响，旅卦就是其中之一。

俗话说："读万卷书，不如行万里路。"旅行不仅可以增广见闻，更能教会我们如何为人处事。"小亨"的"小"，也可以理解为柔顺的态度。人生有如一场旅行，人应该努力修养自己，柔顺待人。

[**象传**] 象曰：山上有火，旅。君子以明慎用刑而不留狱。

[**白话**]《象传》说：山上出现了火，这就是旅卦。君子由此领悟，要明智而谨慎地施用刑罚，并且不滞留诉讼案件。

《易经》有六个卦与诉讼有关，旅卦就是其中之一。旅卦的《大象传》强调"明慎用刑而不留狱"。刑罚不明会出现冤屈，所以需要明智。然而"过明则察"，所以明智之外还需要谨慎。过于谨慎又会使案件迁延，所以《大象传》又提醒你"不留狱"。

从卦象来看，旅卦下卦艮为止，所以施用刑罚要谨慎；上卦离为明，所以需要明智；离又为火，火不停地活动，所以不要滞留诉讼案件。

把旅卦的上下卦对调，就是山火贲。贲卦的《大象传》说："君子以明庶政，无敢折狱。"意即君子由此领悟，要明察各项政务，不能依此果敢判决诉讼。贲卦是山下有火，火光只能照亮上面的山，但它本身缺乏行动力，所以不能随便判决诉讼。旅卦则是山上有火，火一直在行动中，所以不能滞留诉讼案件。两者的情况正好相反。可见，人间的公平正义是很难把握的。凡是诉讼案件，无论原告还是被告，都认为自己有理，都觉得自己受了委屈，所以才需要君子来主持公道。

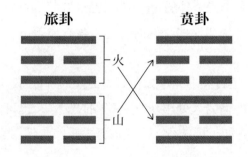

孔子在《论语·颜渊》中说："听讼，吾犹人也。必也使无讼乎！"意思是说，审判诉讼案件，我与别人差不多，因为都要根据法律条文来裁定。如果一定要说我跟别人哪里不同，那就是我希望使诉讼案件完全消失。可见，孔子具有非常崇高的理想。

在人间，往往会出现僧多粥少的情况。见到利益，大家都有兴趣；看到灾难，大家都要躲避。在这一趋一避之间，就会出现各种纠纷。所以，期望人间没有诉讼，显然过于乐观了。人间出现诉讼，其实是自然的、合理的状况，关键是法官要谨慎地断案。该断不断，会造成混乱；不该断而断，会造成冤屈。《易经》64卦中，有六卦与诉讼有关，占比接近十分之一。可见，人的世界除了追求仁爱，还要追求正义。

旅卦的《大象传》谈到诉讼，但是卦爻辞却没有出现与诉讼有关的说法。它只是提醒我们，旅行在外，要像阴爻一样柔顺，才能走得通。同时，旅行守正就吉祥，否则难免会出现各种困难。

旅卦很容易让人联想到孔子的生平，后代有些学者就把孔子称为"旅人"，因为孔子一生中最精彩也是最重要的阶段，就在他的旅行过程里面。孔子从55岁到68岁，有14年之久都在周游列国。孔子旅行的目的，是为了保留古代的文化传统，并将其发扬光大。虽然当时并没有取得理想的结果，但是日后却对中国文化产生了深远的影响。

二、在家千日好，出门一时难

旅卦的结构是火山旅，底下的山止而不动，犹如旅舍；上面的火动而不止，犹如旅人。旅行中究竟会出现哪些状况呢？这就要看旅卦的爻辞是如何描述的。

[**爻辞**] 初六：旅琐琐，斯其所取灾。

象曰：旅琐琐，志穷灾也。

[**白话**] 初六：旅行时猥猥琐琐，这是他自取的灾害。

《象传》说：旅行时猥猥琐琐，是因为心意受困所带来的灾害。

初六一进入旅卦，发现自己地位卑下，处境尴尬。初六在下卦艮中，艮为少男、为童仆，因此初六的表现有如童仆般猥猥琐琐。初六上有九四正应，奈何自己处于下卦艮中，艮为止，使他心意受阻，困于旅途。同时，艮为手，可以取东西；初六爻变，下卦为离，离为火，会造成灾难，所以说他是自取灾害。

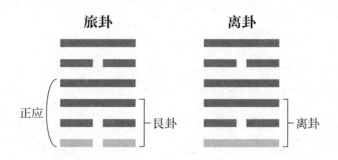

[**爻辞**] 六二：旅即次，怀其资，得童仆，贞。

象曰：得童仆贞，终无尤也。

[**白话**] 六二：旅行到了馆舍住下，身上带着旅费，得到童仆，可以正固。

《象传》说：得到童仆而可以正固，最终没有任何责怪。

"次"为馆舍。六二在下卦艮中，艮为门，引申为馆舍。艮又为止，六二居中位，可以止得其所，得到馆舍。六二又在互巽（六二、九三、九四）中，巽为近利市三倍，所以有充足的旅费。六二往上与六五不应，但往下可以得到初六这个童仆（初六在下卦艮中，艮为少男），使旅行有安定之感，是为"得童仆，贞"，所以最终没有任何责怪。

旅卦

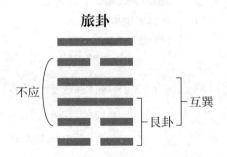

在旅卦六爻中，六二的处境已经很不错了。在旅途中还能有安定之感，实属不易。期待在旅途中大吉大利，是不切实际的幻想。在外旅行时，有适当的居所、充裕的资金，还有童仆伺候，不是很理想吗？所以六二可以一直正固下去。

[**爻辞**] 九三：旅焚其次，丧其童仆，贞厉。

象曰：旅焚其次，亦以伤矣。以旅与下，其义丧也。

[**白话**] 九三：旅行时大火烧了馆舍，失去了童仆，这样下去有危险。

《象传》说：旅行时大火烧了馆舍，也对自己造成了伤害。

以旅人的态度对待下人，理当失去童仆。

　　九三在互巽（六二、九三、九四）中，巽为木；它紧邻上面的
离卦，离为火。木上有火，有如旅行时大火烧了馆舍。九三在下卦
艮中，艮为童仆；又在互兑（九三、九四、六五）中，兑为毁折，
所以说"丧其童仆"。一直这样下去，就会有危险。

旅卦

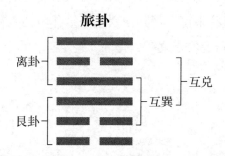

　　九三以阳爻居刚位，在旅行中表现得过于强势，又与上九敌而
不应，所以最终会伤害自己。九三自恃刚强，以旅人的态度对待下
人，自然会失去童仆。换言之，旅行时对下人柔顺客气，别人才愿
意为你效劳。如果在旅途中还颐指气使，当然会失去童仆。

[**爻辞**] 九四：旅于处，得其资斧，我心不快。
　　　　象曰：旅于处，未得位也。得其资斧，心未快也。

[**白话**] 九四：旅行到了某个地方，获得旅费与用具，但我心里不
　　　　愉快。
　　　　《象传》说：旅行到了某个地方，是因为没有取得适当的位
　　　　置。获得旅费与器用，但心里还是不愉快。

　　九四以阳爻居柔位，是"未得位也"，所以只能说它旅行到了某

处。"处"是指某个处所，但不是馆舍，所以住不下来。它不像六二那样既中且正，处于恰当的位置，可以找到馆舍住下来。九四在互巽（六二、九三、九四）中，巽为近利市三倍；又在上卦离中，离为戈兵、甲胄，所以说它"得其资斧"，即获得了旅费与用具。

九四与初六正应，但是中间为艮卦所阻。所造成的结果，在初六是"志穷"，即心意受困；在九四则是"心不快"，即心里不愉快。九四爻变，出现互坎（六二、九三、六四），坎为加忧，所以说它"心不快"。

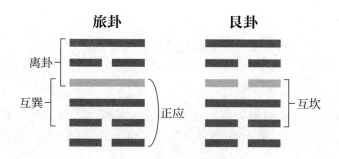

九四处于公侯、大臣的位置，他虽然有"资"（有财富）有"斧"（有威严），但他心里不痛快，因为他没有取得合适的地位，在旅途中会多有不便。

[**爻辞**] 六五：射雉，一矢亡，终以誉命。

象曰：终以誉命，上逮也。

[**白话**] 六五：射野鸡，丢失一支箭，最后会有名声与禄位。

《象传》说：最后会有名声与禄位，是因为往上获得支持。

旅卦由否卦的三、五换位而来，六五是旅卦的主爻。它的爻辞没有出现"旅"字，因为六五是君王的位置。古代有"王者无外，何旅之有"的说法，亦即君王无论走到哪里，始终都在自己的国土上，所以谈不上"旅"。如果君王真的旅寓在外，便有如天子蒙尘。

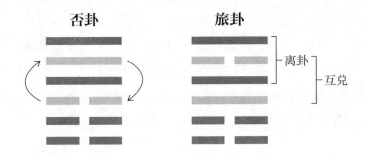

否卦　　　　旅卦

离卦

互兑

六五在上卦离中，离为雉，又为戈兵，引申为矢，所以有"射雉"之象。六五在互兑（九三、九四、六五）中，兑为毁折，所以说"一矢亡"。

六五非但没有射到雉，还丢失了一支箭，代表君王在旅卦中，难免会有所损伤。但它以阴爻居中位，可谓"柔得中"，所以还是会有好的结果。六五上有上九的支持，下有九三、九四的帮助，又在互兑（九三、九四、六五）中，兑为口、为悦，所以最后获得了好的名声与禄位。六五代表旅行在外的君王，开始有一些损失，最后回到自己的国家，取得好的结果。

[爻辞] 上九：鸟焚其巢，旅人先笑后号咷。丧牛于易，凶。

　　　　象曰：以旅在上，其义焚也。丧牛于易，终莫之闻也。

[白话] 上九：鸟的巢被火烧掉，旅行的人先是大笑后来大哭。在边界丢失了牛，有凶祸。

　　　　《象传》说：旅行还要居于上位，居处理当被火烧掉。在边界丢失了牛，最后没有听到任何消息。

上九在旅卦终位，可以就全卦取象。上卦离为雉，雉为鸟类；下有互巽（六二、九三、九四），巽为木，合起来是鸟在树上有其巢。离又为火，于是发生"鸟焚其巢"的情况。上九与九三互相感应，所以两者有类似的遭遇。上九旅行在外还要高居上位，又与下面的九三不应，所以它的居所理当被火烧掉。

旅卦中有互兑（九三、九四、六五）与互巽（六二、九三、九四），兑为悦，引申为笑；巽为风，引申为呼号、号哭。上九距离互兑较近，距离互巽较远，所以说"旅人先笑后号咷"。在否卦中，上九有六三正应，现在变为旅卦，它不但失去了正应，连下坤也消失了，坤为牛；而上九处在旅卦终位，亦即边界，所以说"丧牛于易"。"易"通"場"，意为边界。上九已至旅卦终位，没有机会修正错误，所以说"终莫之闻也"，即最后没有听到任何消息。

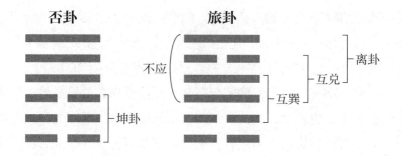

否卦　　　　　　旅卦

不应

坤卦　　　　　　互巽　互兑　离卦

总之，旅卦六爻中，初、二、三、四都提到"旅"字，而上九则提到"旅人"，代表旅卦走到终点，如果还在旅行的话，就变成终生的"旅人"，再也无法回到家乡或故居了。旅卦六爻生动描写了在外旅行的情况，也提醒我们：人生就像旅行，在不同的阶段和位置，会遇到不同的状况，要采取适宜的态度来应对。

三、这一场高尔夫球赛，非输不可

旅卦的结构是火山旅，山止而不动，犹如馆舍；火动而不止，犹如行人，所以旅卦代表旅行在外的情况。旅卦的卦辞强调"旅贞吉"，"贞"就是走在正路上。旅行在外而不走正路，则"上交必谄，下交必慢"，亦即与地位高的人来往，就会谄媚他；与地位低的人来往，就会轻慢他。这两点都是旅行中的忌讳。

譬如，孔子周游列国到了卫国，卫灵公向他询问有关作战布阵的方法，孔子说自己没学过这方面的知识。[①]孔子如果为了谄媚卫灵公，告诉他有关作战的策略，就违背了自己推行仁政的基本立场。

另外，孔子在卫国时住在谁家呢？孟子说，孔子的学生子路与卫国大臣弥子瑕是连襟。弥子瑕对子路说："孔子住在我家，就可以得到卫国卿相的职位。"子路向孔子报告此事，孔子说："由命运决定。"[②]孔子不认可弥子瑕的为人，他坚持住在蘧伯玉家里，因为蘧伯玉是为人正直的君子。可见，孔子长期在外旅行，始终坚持走在正路上。

如果占到初六，代表你旅行在外，地位低卑，处境尴尬；如果有什么灾难，也是你自找的。然而，在旅途中做出低卑之事，有志穷而为之者，有志大而为之者，需要仔细加以分辨。譬如，汉武帝时期，苏武在匈奴牧羊，他的志向显然不在于羊群。三国时期，刘备为曹操所困，每天浇水种菜，他的志向显然不在于蔬菜。苏武与刘备志向远大，他们在心意受困时，都会谨慎地避开灾难，以便将来可以实现自己的抱负。

---

① 出自《论语·卫灵公》。原文：卫灵公问陈于孔子。孔子对曰："俎豆之事，则尝闻之矣；军旅之事，未之学也。"明日遂行。

② 出自《孟子·万章上》。原文：弥子之妻与子路之妻，兄弟也。弥子谓子路曰："孔子主我，卫卿可得也。"子路以告。孔子曰："有命。"

六二的情况比较理想，它找到了居所，既有充裕的钱财，也有童仆侍候。最好的例子就是晋文公，当他还是公子重耳的时候，在外奔波了19年，做到了"柔顺以下人，中正以立己"。他对秦穆公拜谢，对乡下人也拜谢，因此受到大家的欢迎。他到了楚国，楚君宴请他，离开时，楚君又去送他；到了齐国与秦国，国君都把宗室女子嫁给他，秦国还专程派军队将他护送回晋国。（见《史记·晋世家》）可见，晋文公很适合作为旅卦六二的代表。

鲁昭公可以作为旅卦九三的代表。鲁昭公被鲁国的几位大夫驱逐，逃到齐国，齐国对他不够礼遇，以大夫之礼招待他，昭公一气之下，就跑到了晋国。将要到达乾侯这个地方，有位部属劝他说："您现在有求于人，却安稳地住在齐国，有谁会怜悯您呢？您还是到边境上等待为好。"但昭公不听，还派人请求晋国来迎接，结果晋国派人斥责了鲁昭公，让他们回到鲁国边境上再迎接。这就好比"旅焚其次"的处境。后来在晋国的压力下，鲁国的权臣季孙氏被迫到乾侯向鲁昭公赔罪，请他返回鲁国，但昭公居然拒绝跟他见面。从此以后，昭公再也无法回国了，落得个"丧其童仆"的下场。（见《春秋左氏传》）

六五代表天子蒙尘。在历史上，夏朝的少康曾逃亡到虞思之国，后来他起兵平叛，恢复了夏朝的统治。（见《史记·吴太伯世家》）周朝的周宣王曾藏在召公之家，召公用自己的儿子代替周宣王，才保住他的性命，最后周宣王也被拥立为天子。（见《史记·周本纪》）两人都是从旅居生活登上了天子之位。

据《易纬乾凿度》记载，孔子曾占到过旅卦。孔子51岁出仕，在鲁国从政五年。他55岁时，发现国君不再听从他的建议，执政大夫的态度也变得冷淡，于是就为自己的前程占了一卦，结果占到旅卦。孔子就问他的学生商瞿子木。商瞿子木是《易经》专家，司马迁在《史记·孔子世家》中也提到过他。商瞿子木说："老师您有圣人的智慧，但是没有显要的地位，在国内得不到重用，只好去外面旅行了。"孔子听了之后，哭泣着说："凤鸟不来，河无图，天之命也。"于是孔子开始编写"十翼"，也就是《易传》。

孔子是不是真的哭了，我们很难判断，不过孔子在《论语·子罕》里确实说过"凤鸟不至，河不出图，吾已矣夫"。古人相信，凤鸟是祥瑞的象征，圣人受命，黄河就会出现图像，这些都是天下太平的征兆。

旅卦的下卦艮为止，上卦离为明，可谓"有道于身而不能行"。这对孔子来说显然是个打击。但是，如果孔子没有周游列国，他的学问就无法广传，理想也无法验证，更收不到来自各国的杰出弟子。因此，重要的不是孔子有没有占到过旅卦，而是他的周游列国成了中国文化史上的重大事件。

现代人也有占到旅卦的案例。有一次，我在湖北鄂州给一家企业讲《易经》，还来了一位上级领导，他对《易经》很感兴趣。演讲结束，我照例进行数字卦的示范教学，这位领导举起手来，由于他坐在第一排，特别醒目，司仪就立刻请他提问。他报了三组三位数，经过计算得到7、3、3，是火山旅卦，变爻九三，爻辞说"旅焚其次，丧其童仆，贞厉"。

我问他："你要占问什么问题呢？"他说："今天下午跟几个朋友约了打高尔夫球，我想预测一下比赛的输赢。"我就说："很抱歉，应该会输。高尔夫球场一般位于山边，就像旅卦下面的山静止不动；而人在球场里走来走去，就像上面的火一直在动。但是，九三提到'馆舍被烧掉，失去了童仆，这样下去会有危险'，代表情况不利，所以会输掉比赛。"

我刚说完，他立刻站起来说："实在太准了。"因为平时帮他背球具的球童，当天正好请假不能来，正可谓"丧其童仆"。到了傍晚，我让助理问问他们老总高尔夫球赛的输赢如何。结果，他果然输掉了比赛。看到旅卦九三的爻辞说"旅焚其次，丧其童仆，贞厉"，你觉得这样的比赛会赢吗？

一、听到风声，不知风从哪里来

57 巽为风，下巽上巽

巽：小亨。利有攸往，利见大人。

象曰：随风，巽。君子以申命行事。

上九：巽在床下，丧其资斧，贞凶。
象曰：巽在床下，上穷也。丧其资斧，正乎凶也。

九五：贞吉，悔亡，无不利。无初有终。先庚三日，后庚三日，吉。
象曰：九五之吉，位正中也。

六四：悔亡，田获三品。
象曰：田获三品，有功也。

九三：频巽，吝。
象曰：频巽之吝，志穷也。

九二：巽在床下，用史巫纷若，吉，无咎。
象曰：纷若之吉，得中也。

初六：进退，利武人之贞。
象曰：进退，志疑也。利武人之贞，志治也。

本节要介绍《易经》第57卦巽卦。巽卦是由八个经卦之一的巽卦（☴）本身重复而成。巽为风、为命令，等于君王的命令要传遍天下。巽亦为空气，无所不入，等于要让所有人都理解命令，共同遵守。

《序卦传》说："旅而无所容，故受之以巽。巽者，入也。"前面的旅卦代表旅行。旅人无处安顿，所以接着出现了巽卦。巽卦表示可以进入某处，甚至可以像风一样隐伏不见。《杂卦传》说："兑见而巽伏也。"兑卦（☱）的阴爻暴露在外，所以说"兑卦显现在外"；而巽卦（☴）的阴爻隐藏在内，所以说"巽卦隐伏于内"。

巽卦也是"修德九卦"之一。《系辞下传》提到与修德有关的九个卦：第一是履卦（☰，第10卦），第二是谦卦（☷，第15卦），第三是复卦（☳，第24卦），第四是恒卦（☳，第32卦），第五是损卦（☶，第41卦），第六是益卦（☴，第42卦），第七是困卦（☱，第47卦），第八是井卦（☵，第48卦），第九就是巽卦。

《系辞下传》强调："巽，德之制也"。意即巽卦谈德行的制宜。巽为风，可进可退，所以德行要因时、因地、因人、因事而制宜，做到恰到好处。这需要智慧的判断。孔子在《论语·微子》里说，他跟古代七位贤者的作风不一样，他是"无可无不可"，没有一定要怎么做，也没有一定不要怎么做，而是根据情况做出适当的判断。可见，孔子充分发挥了巽卦的精神。

《系辞下传》又说："巽，称而隐。""称"就是配合时势，"隐"就是潜入人心。行善要配合时势的需要，不必大张旗鼓，最好能够"润物细无声"。

《系辞下传》最后说："巽以行权。"意即巽卦用来权宜行事。人生最难的就是"守经达权"，既要守住常道与原则，还要通达各种变化。

孔子在《论语·子罕》中说："可与共学，未可与适道；可与适道，未可与立；可与立，未可与权。"意即可以一起学习的人，未必可以一起走上人生正途；可以一起走上人生正途的人，未必可以一起立身处世；可以一起立身处世的人，未必可以一起权衡是非。

"共学，适道，立身，权衡"是朋友交往的四个层次，其中以能够一起权衡是非的朋友最为难得。双方一定要交往很久，对彼此的性格、志趣知之甚深，才能一起权衡轻重。这样的朋友无异于知己。

人生得一知己，实在非常幸运。

[卦辞] 巽：小亨。利有攸往，利见大人。

[白话] 巽卦：稍有通达。适宜有所前往，适宜见到大人。

　　巽卦为何只是"小亨"呢？因为巽为风，可以传达信息，却无法靠自己的力量站稳。

　　巽卦由遁卦所变，遁卦六二与九四换位，就形成了巽卦。遁卦是消息卦，阴阳不交错；变成巽卦后，阴阳开始交流；并且，这次换位是阴爻上行，阴爻称"小"，所以说"小亨"。遁卦六二上行，变成巽卦六四，可以直接依靠九五，所以说"利有攸往"。换位之后，二、五这两个中位皆为阳爻，所以说"利见大人"。

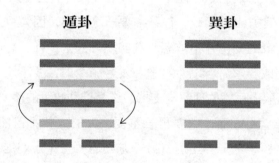

遁卦　　　　巽卦

[象传] 象曰：重巽以申命。刚巽乎中正而志行。柔皆顺乎刚，是以"小亨，利有攸往，利见大人"。

[白话]《象传》说：巽卦相重，是要反复宣布命令。刚强者随顺于居中守正之道，使心意得以实现。柔顺者都能顺应刚强者，因此"稍有通达，适宜有所前往，适宜见到大人"。

巽卦的《象传》并不复杂，它强调要反复宣布命令，目的是让百姓得到真正的福祉。巽卦有九二与九五，两个阳爻都居中守正，使君子的志向得以实现。初六与六四两个阴爻都能顺应上面的阳爻，所以卦辞说"小亨。利有攸往，利见大人"。

[**象传**] 象曰：随风，巽。君子以申命行事。

[**白话**]《象传》说：风与风相随而来，这就是巽卦。君子由此领悟，要反复宣布命令，推行政事。

巽卦是两个风连在一起，有如政令一再下达。上卦是一风在先，代表君王发出命令；下卦是一风随后，代表百姓遵从命令。两风相重而不停息，故有"申命行事"之象。

在古代，如果上令不能下传，或者下情不能上达，就会引发严重的问题。官方出台新政，往往需要三令五申，因为百姓忙于日常生活，对政策的变化并不敏感。其实现代人也一样，有时也会忽略最新的变化或要求。所以，君子在发号施令时，要不厌其烦，反复宣告，才能取得百姓的理解与支持，进而推动政策的落实。

在教导学生方面，也要再三重复。人的成长不可能一蹴而就，一方面要引领学生走向正道，另一方面还要防止他们走入邪道。正道与邪道立场相反，势不两立。只有不断地鼓励与督促，才能让学生在德行上持续精进。

不过，再三重复也有负面作用。谎言重复几十次，就有可能变成真理。如果说谎说到最后，连自己也相信它是真理，那麻烦可就大了。

所以，上位者要通盘考虑，审慎地发布命令，还要反复宣传，让百姓理解政策的意义，如此才能更好地贯彻执行。如果朝令夕改，各种政策像风一样游移不定，百姓又该何去何从呢？

在古代社会，信息传递的速度比较慢。今天是信息社会，人们可以从网上获得丰富的信息，但未必可以掌握系统的知识；就算掌握了系统的知识，也未必可以领悟人生的智慧。对现代人来说，不仅是统治者如何下令、百姓如何顺从的问题，而是对于一切信息，要如何鉴别真伪、判断对错的问题。巽卦提醒我们"利见大人"，只有让九二、九五这两个阳爻占据中位，才能稳住巽卦的基础，使行动具有正当性。

总之，巽卦是阴爻在下，可以像风一样潜入人心；但另一方面，狂风大作时，也可能扰动万物，吹垮树木与房屋。因此，巽卦的威力不容小觑。古人充分了解巽卦的复杂性，所以它的爻辞会特别强调上下沟通的方法。

巽卦代表随顺，它有两个方面的内涵。首先，上位者的命令要顺应百姓的需求，这样就不会违背民心；同时，百姓要顺从上位者的命令，这样就不会违背君主的施政构想。这是下顺上顺的格局，需要上下密切配合。

巽卦是修德九卦的压轴，它告诉我们，在具体的人生处境中，要设法做到守经达权，既要坚守原则，又要在各种复杂的变化中游刃有余。

二、再随顺也不能没有立场

巽卦是由八个经卦之一的巽卦（☴）本身重复而成，本节要介绍巽卦六爻的爻辞。

[**爻辞**] 初六：**进退，利武人之贞。**
  象曰：**进退，志疑也。利武人之贞，志治也。**

[**白话**] 初六：进退不定，适宜武人正固。
  《象传》说：进退不定，是因为心意犹豫。适宜武人正固，
  是因为心意确定。

巽为风，为进退。初六以阴爻处于最低的位置，所以进退皆疑，无所适从。此时要有武人般的刚强勇猛之气，才能坚定不移。初六的爻辞在描写现状的同时，也指明了方向。

履卦（☲，第10卦）六三的爻辞也出现过"武人为于大君"的说法。六三是履卦的主爻，它也在互巽（六三、九四、九五）中。六三的处境是"履虎尾，咥人"，亦即踩在老虎尾巴上，老虎咬人，可见它的压力之大。想要化解这种困境，就要像武人一样为君王服务。履卦六三的《小象传》说"志刚也"，只有像武人那样意志刚强，才能摆脱"履虎尾"的困境。而巽卦初六说"志治也"，亦即只有像武人那样坚定，才能改变犹豫不决的状态。

初六处于阴柔、卑巽的位置。同样是阴柔，柔弱者使用阴柔，容易走上邪道；刚强者使用阴柔，就会外柔内刚。同样是卑巽，胆怯之人如果卑巽，就会谄媚；勇敢之人如果卑巽，就会展现谦虚。所以，阴柔、卑巽无所谓对错，关键要看是谁来使用。

履卦

互巽

[**爻辞**] 九二：巽在床下，用史巫纷若，吉，无咎。

象曰：纷若之吉，得中也。

[**白话**] 九二：随顺进入床底下，让祝史与巫觋（xí）纷纷发言，吉祥，没有灾难。

《象传》说：纷纷发言而吉祥，是因为取得中位。

遁卦变为巽卦时，九四由上卦来到下卦，变成巽卦九二，巽（☴）为床，所以说九二"巽在床下"。巽卦（☴）底下一个阴爻，就像分开的床腿；上面两个阳爻就像床板，可以让人坐卧休息。九二到了中间的位置，表现得非常谦逊。如果走的是正路，谦逊就是一种德行；如果走偏了，谦逊就会变成谄媚或卑躬屈膝。

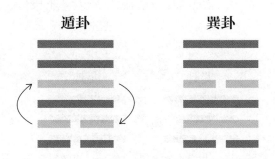

遁卦　　　巽卦

"史巫"是祝史与巫觋（女称巫，男称觋）的合称，都是古代负责宗教活动的神职人员。祝史把人的意思写下来，向上传达给鬼神。巫觋以歌舞来侍奉神明，把神明的意思向下传达给人。

"史巫"具体是指谁呢？"史"是指离九二较近的九三，"巫"是指离九五较近的六四。巽卦的基本构想是，上位者的命令要得到有效的贯彻执行。因此，九二与九五要充分沟通，防止产生任何扭曲或误解。人在祭拜神明时，内心保持虔诚，很容易产生感应，从而实现最好的沟通效果。所以，"让祝史与巫觋纷纷发言"，代表九二可以通过九三，向上转达百姓的愿望；九五可以通过六四，向下传达君主的命令。如此一来，就会吉祥而没有灾难。

[**爻辞**] 九三：频巽，吝。

象曰：频巽之吝，志穷也。

[**白话**] 九三：频繁地重复命令，会有困难。

《象传》说：频繁地重复命令而有困难，是因为心意困穷了。

九三在上下二巽之间，又是阳爻居刚位，所以一直在随顺与坚持之间挣扎，结果变成"频巽"而陷入困境。

九三被六四乘刚，它必须越过六四，才能找到九五；并且，九三爻变，下卦成坎，坎为险、为加忧，所以《小象传》说它"心意困穷"。

[**爻辞**]六四：悔亡，田获三品。

象曰：田获三品，有功也。

[**白话**]六四：懊恼消失，打猎获得三种动物。

《象传》说：打猎获得三种动物，是因为取得了功绩。

六四为何有打猎之象？因为巽卦六四是由遁卦六二上行而形成的，二为地的位置，地为田，引申为田猎。从遁卦变成巽卦时，六四虽然失去了六二这个中位，但是来到六四仍然当位，所以"懊恼消失"。

为何说"田获三品"呢？因为遁卦变成巽卦之后，六四到了上卦巽中，巽为鸡；又在互离（九三、六四、九五）中，离为雉；也在互兑（九二、九三、六四）中，兑为羊。鸡、雉、羊是古人打猎时可以获得的三种猎物，所以说"田获三品"。这些猎物可用于祭祀，使人与鬼神之间的沟通更为顺畅，所以《小象传》说六四"有功也"。

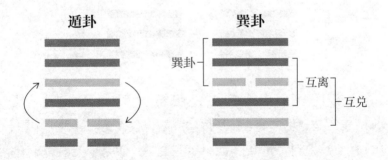

遁卦　　　　　巽卦

[**爻辞**]九五：贞吉，悔亡，无不利。无初有终。先庚三日，后庚三日，吉。

象曰：九五之吉，位正中也。

[**白话**] 九五：正固吉祥，懊恼消失，没有不适宜的事。没有开始但有结果。庚日的前三天，庚日的后三天，吉祥。

《象传》说：九五的吉祥，是因为处在守正居中的位置。

在64卦的"五"位上，只有巽卦九五提到"贞吉，悔亡"。九五吉祥，因为九二可以跟它配合，用"史、巫"来相互沟通；六四"田获三品"，也能帮助九五高效地传达政令。

所谓"无初有终"，是说政令一开始不太成功，但最后取得了理想的结果。九五爻变，出现互震（九三、六四、六五），按照古代"纳甲说"，震卦纳庚，所以说"先庚三日，后庚三日"。换言之，九五要发布或更改政令，一定要做好充分的准备，才能取得理想的结果。

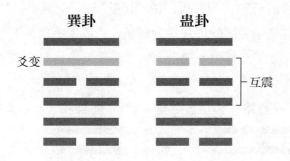

在十天干里面，庚排第七位，已经过了中间，可以进行更改。另外，"庚"与"更"同音，所以"庚"也代表更改。蛊卦（☶，第18卦）的卦辞提到"先甲三日，后甲三日"。甲是十天干的开始，所以它的《象传》强调"终则有始"。而巽卦九五所说的"先庚三日"是指丁、戊、己，"后庚三日"是指辛、壬、癸，正好是十天干的结束，所以九五的爻辞说"无初有终"。

"先庚三日"的"丁"引申为叮咛告诫，"后庚三日"的"癸"

引申为揣度周详。《系辞下传》所说的"巽以行权"（要权宜行事），也可以从这个角度来解释。换言之，在发布命令之前，要对百姓叮咛告诫，对政令揣度周详；发布命令之后，要认真检验其效果，发现问题要及时更改，使政令日趋完善。出命更改之道，理当如此。

[**爻辞**] 上九：巽在床下，丧其资斧，贞凶。

象曰：巽在床下，上穷也。丧其资斧，正乎凶也。

[**白话**] 上九：随顺进入床底下，失去钱财与用具，一直这样下去会有凶祸。

《象传》说：随顺进入床底下，是因为居上位而困穷。失去钱财与用具，是因为正处于凶祸中。

上九到了巽卦最高点，等于随顺到了极点。它想仿效九二"巽在床下"，但是两者的情况完全不同。九二是中正之顺，上九则是奸邪之顺。上九位高权重，却极度巽顺阿谀，他想保住自己的富贵权势，结果却丧失了一切。上九到了最后关头，还要仿效九二的作为而不知变通，十分可惜。

巽卦初六有"利"，九二有"吉"，九五甚至有两个"吉"，九三是"吝"，六四有所"获"，上九是"贞凶"。可见，巽卦总体上还是比较顺利的。巽卦强调"申命行事"，这在古代社会是非常重要的。巽卦六爻若能承担各自的责任，就会取得不错的效果。

三、缺少定见，难免一事无成

巽卦是下巽上巽。巽为风，风带来天上的消息，有如君王反复宣布命令，目的是让百姓清楚理解并贯彻执行，从而增进百姓的福祉。

在古代，"风"与政治密切相关。在政治方面，发布政令属于言教，但更重要的还是身教。在《论语·颜渊》中，孔子对鲁国的执政大夫季康子说："君子之德风，小人之德草。草上之风，必偃。"意即政治领袖的言行表现像风一样，一般百姓的言行表现像草一样。风吹在草上，草一定跟着倒下。

孔子这样说是有依据的。在更早的《尚书·君陈》中，周成王就告诫君陈："尔其戒哉！尔惟风，下民惟草。"意即你要多警惕啊！你是风，百姓就像草一样。所以，古代常用风来比喻统治者具有良好的德行。

巽卦也代表命令。如果你是年轻人或部属，就要虚心地接受命令；如果你是领导者，就要准确地发布命令。处在不同的位置，对待命令有不同的因应之道。

譬如，初六处在最底下的位置，让人犹豫不决，进退两难。此时要像武人一样，坚定心意，果断地执行命令。

九二处在下卦中位，"巽在床下"代表要以谦逊、顺从的态度接受九五的命令。同时，要用"史、巫"来进行上传下达，既要把百姓的心意如实反映给九五，也要把九五的命令准确传达给百姓。九二在互兑（九二、九三、六四）中，兑为口，所以要不厌其烦，反复宣告。

九三处在下巽上巽之间，充分显示了风吹不定的特性。九三缺乏恒心，进退无常，很难尽好自己的责任，所以出现了"吝"，变得心意困穷。

巽卦由遁卦的二、四换位而来。六四从底下上来，以柔处柔，以顺处顺。他上顺九五之君，下顺九二、九三这两个大臣，成为君臣之间沟通的桥梁，所以"田获三品"，大有功绩。

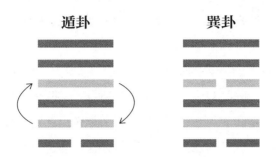

遁卦　　　　　　巽卦

九五是全卦的核心，其作用毋庸置疑。九五有五句爻辞都是正面的：第一是"贞吉"，九五既中且正，所以守正则吉；第二是"悔亡"，说明九五原本也有懊恼，他担心政令能否准确传达，百姓能否贯彻执行，后来懊恼消失了；第三是"无不利"；第四是"无初有终"，他一开始也许会遇到困难，但最后会有好的结果；第五又是"吉"。

在古代历史上，盘庚迁都是巽卦九五最好的例子。商朝的盘庚在迁都前后，曾经反复告诫他的臣民，《尚书》里就留下了他的三篇文诰，可谓"先庚三日，后庚三日"。巧合的是，这位商王正好叫盘庚。盘庚在行动之前，先详细分析了迁都的利弊得失；事成之后，又反复重申这些利弊，让百姓了解实情、欣然领命，最终取得理想的结果。

到了周朝，周成王为了感化商朝的百姓，先是颁布了《召诰》《洛诰》两篇文告，后来又发表了《多士》与《多方》，同样做到了"先庚三日，后庚三日"。可见，让一项政令得到百姓的支持，对君王来说是一个重大考验，需要从巽卦中汲取智慧。

上九已经到了最高的位阶，如果还要像九二那样"巽在床下"，表现得极度卑巽，就会有凶祸。他的目的是保存自己的"资斧"，结果弄巧成拙，反而丧失了"资斧"。最恰当的例子就是李斯。秦始皇死后，李斯担心蒙恬取代他的宰相之位，就顺从赵高的阴谋，废掉太子扶苏，支持胡亥继位。最后，李斯不但失去了爵禄与权势，甚至连命都丢了。司马迁在《史记》中对李斯的评价是"持爵禄之重，阿顺苟合"。他享受了厚重的爵禄，却阿谀顺从，苟且配合，最后落得悲惨的下场。

古代就有占到巽卦的案例。有一次，宋朝的程迥借住在余姚的庙里，他为自己的处境占了一卦，结果占到了巽卦。他说："恐怕有风火之灾，但是我还不至于受害。"过了几天，北边的僧舍起火，烧了十余个房间，烧到程迥所住的房间附近时，火就被扑灭了。结果，县府衙门就把知事僧与厨房里的遗火僧抓去杖刑。

程迥解释说："巽卦为风，中间有互离（九三、六四、九五），离为火，有风有火，必有灾殃。巽卦又有互兑（九二、九三、六四），兑为毁折。巽卦六爻皆变，就成了震卦，让人担惊受怕。初六是内卦的主爻，代表自己。初六与互离（九三、六四、九五）搭不上关系，所以自己不至于受害。巽（☴）为寡发人，引申为和尚。巽卦是重巽，等于是两个和尚。把巽卦整个翻过去，就变成了兑卦。兑为决断、判决，所以两个和尚会受到杖刑。"如此一来，程迥就把巽卦解释得淋漓尽致。不过，我们占到一个卦时，有时间去考虑那么多细节吗？所以，像这种古代的占卦案例，你参考一下就好，不必过度深究。

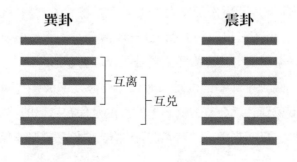

还有一个现代的占卦案例。有一个朋友到了退休的年龄，但是他心存侥幸，希望退休之后能继续留在公司担任顾问。他犹豫不决，就用数字卦占了一卦，结果占到巽卦上九，爻辞说："巽在床下，丧其资斧，贞凶。"意即随顺进入到床底下，失去钱财与用具，这样下去会有凶祸。

巽卦为风，本来有一帆风顺之意，但是到了上九，代表好运到头，即将改变了。虽然九二也是"巽在床下"，但九二处在下卦中位，本来就要随顺时势，所以"吉"而"无咎"。这就好比一个年轻人，时刻保持谦虚低调的态度，就会顺风顺水。这个朋友占到巽卦上九，已经到了退休的年龄，却还想"巽在床下"，这就少了一份自知与自重。

"丧其资斧"代表他即使低调卑巽，也无法保住原来的优渥待遇。"贞凶"更是提醒他，一直这样下去，会有凶祸。如果将来有人翻旧账，而你还在当顾问的话，恐怕就难逃干系了。事情本来并无不可，但是你既然占了卦，最好顺从这个结果，否则何必多此一举呢？我们是平凡人，只能不断地反省过去与把握现在，对于未来之事，往往只能靠想象。

一、朋友讲习是人生美事

58　兑为泽，下兑上兑

兑：亨，利，贞。

象曰：丽泽，兑。君子以朋友讲习。

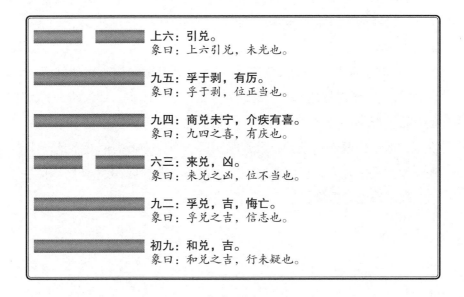

上六：引兑。
象曰：上六引兑，未光也。

九五：孚于剥，有厉。
象曰：孚于剥，位正当也。

九四：商兑未宁，介疾有喜。
象曰：九四之喜，有庆也。

六三：来兑，凶。
象曰：来兑之凶，位不当也。

九二：孚兑，吉，悔亡。
象曰：孚兑之吉，信志也。

初九：和兑，吉。
象曰：和兑之吉，行未疑也。

　　本节要介绍《易经》第58卦兑卦。兑卦是由八个经卦之一的兑卦（☱）本身重复而成，也称为兑卦。《序卦传》说："入而后说之，故受之以兑。兑者，说也。"巽卦代表进入某种状况，亦即要接触沟通，才会彼此喜悦，所以接着出现了兑卦。兑为悦，也为口，由说话可以产生喜悦之情。

　　一个善于说话的人，可以"自悦而悦人"，他可以畅快地表达内心的想法，并让听者产生情感上的共鸣。所以，把"喜悦"与"说话"连在一起是很合理的。从卦象来看，兑卦（☱）下面两个阳爻，上面一个阴爻，形成"刚中以正己，柔外以悦民"的格局，可谓外柔而内刚。

[**卦辞**] 兑：亨，利，贞。

[**白话**] 兑卦：通达，适宜，正固。

兑卦的卦辞为"亨，利，贞"，相对于"乾卦四德"（元亨利贞）来说，只少了一个"元"字。

在《易经》64卦中，卦辞提到"元亨利贞"的共有七个卦，包括乾卦、坤卦、屯卦（☳，第3卦）、随卦（☱，第17卦）、临卦（☷，第19卦）、无妄卦（☰，第25卦）与革卦（☱，第49卦）。其中，屯卦、随卦、无妄卦，在其组合中都包含一个震卦（☳），临卦则是放大一倍的震卦。震卦代表春天，万物复苏，是一个全新的开始。

而兑卦（☱）代表秋天，它与震卦没有交集。所以，兑卦只说"亨，利，贞"而不说"元"，代表兑卦不涉及"开始"的情况，但是可以做到"通达，适宜，正固"。

[**象传**] 象曰：兑，说也。刚中而柔外，说以利贞，是以顺乎天而应乎人。说以先民，民忘其劳。说以犯难，民忘其死。说之大，民劝矣哉。

[**白话**] 《象传》说：兑卦，是喜悦的意思。刚强者居中而柔顺者居外，是因为喜悦才可适宜正固。因此，要顺从天道，并且合乎人心。有了喜悦再来领导百姓，百姓就会忘记劳苦。有了喜悦再去冒险犯难，百姓就会忘记死伤。喜悦的伟大作用，

是要振作百姓的心志啊。

兑卦的特色是"刚中而柔外"，九二与九五两个阳爻占据中位，而六三与上六两个阴爻表现于外。这是外柔内刚之象，所以说"说以利贞"。

接着，兑卦的《象传》提到"顺乎天而应乎人"。在64卦中，提到"顺天"或"顺天命"的只有五个卦：大有卦（䷍，第14卦）的《大象传》提到"顺天休命"，萃卦（䷬，第45卦）的《象传》提到"顺天命"，革卦（䷰，第49卦）与兑卦的《象传》都提到"顺乎天而应乎人"，中孚卦（䷼，第61卦）的《象传》提到"应乎天也"。兑卦强调，只有顺从天道，并且合乎人心，才能发挥出喜悦的伟大作用。

《象传》接着说："有了喜悦再来领导百姓，百姓就会忘记劳苦。有了喜悦再去冒险犯难，百姓就会忘记死伤。喜悦的伟大作用，是要振作百姓的心志啊。"兑为泽，可以引申为恩泽。领导者惠泽百姓，百姓当然会喜悦。但是，小恩小惠所带来的喜悦无法长久，领导者要做到"刚中而柔外，顺天而应人"，才能让百姓忘记劳苦，不避死伤。

孟子说："以佚道使民，虽劳不怨；以生道杀民，虽死不怨杀者。"（《孟子·尽心上》）意即在安顿百姓的原则下役使百姓，百姓即使劳累也不会怨恨；在保全百姓的原则下判人死刑，被杀的人虽死也不会怨恨杀他的人。可见，真正的喜悦可以让百姓"劳而忘劳，死而忘死"。

譬如，大禹治理洪水时，百姓辛苦劳作，但是他们忘记了辛苦。商汤东征西讨时，百姓冒险犯难，但是他们忘记了死伤。百姓知道，国君让他们劳动，是为了将来可以过上安稳的日子；让他们冒险犯难，是为了让子孙后代可以安全无虞。好逸恶劳、好生恶死，是人之常情；能够让百姓忘记劳苦、忘记死伤，正体现了喜悦的伟大作用。

商汤仁爱百姓，始于他不近声色，不殖货利。商汤既不贪图享受，也不追逐财富，所以他领导的革命得到了百姓的支持。可见，顺天应人的关键在于正己。正己，所以不利己；不利己，所以利民；利民，所以民悦；民悦，则天亦悦。

[**象传**] **象曰：丽泽，兑。君子以朋友讲习。**

[白话]《象传》说：沼泽与沼泽互相依附，这就是兑卦。君子由此领悟，要与朋友一起讨论及实践。

兑卦是下兑上兑。两泽相丽，则水泉相益而不涸。亦即两个沼泽靠在一起，可以互相滋润而不干涸。同样的道理，朋友之间互相讲习义理，就不会陷入思想的困境。几年前，我从大学退休时，就以"君子以朋友讲习"作为标题，举办了一场退休讲习会，邀请许多学生和朋友共聚一堂，讨论国学的核心思想。这就是从兑卦《大象传》得到的启发。

天下让人喜悦之事，莫小于声色臭味，莫大于义理。感官所带来的喜悦很容易刺激递减，让人感到厌倦无聊。最让人内心喜悦的，莫过于明白做人处事的道理，因为这合乎人的天性。

在追求学问的过程中，与其一个人冥思苦想，不如与朋友们切磋讲习。孔子曾说："吾尝终日不食，终夜不寝，以思，无益，不如学也。"（《论语·卫灵公》）意即我曾经整天不吃，整晚不睡，全部时间都用于思考，可是没有什么益处，还不如去学习啊。换言之，学习光靠沉思是不够的，还要设法读书。进一步来说，除了书本学习，还要与朋友一起探讨古代经典，并在实际生活中加以验证，这样才能让自己真正受益。

兑卦是由大壮卦演变而来，大壮卦九三与六五换位，就变成了兑卦。兑卦六爻的爻辞均与此有关。喜悦有不同的情况，有应和的喜悦，有诚信的喜悦，有投其所好的喜悦。兑卦的爻辞中，出现了"吉、凶、悔、厉"等各种占验之辞，并非单纯的喜悦而已，值得我们多加留意。

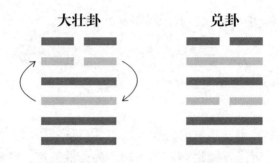

二、凡事多商量，总会找到办法

兑卦的结构是下兑上兑，它是八个经卦中最后一个出现的。兑为口，也为悦，可见说话与喜悦密切相关。兑卦的《象传》强调"顺乎天而应乎人"。国君若能把握兑卦的原则，百姓就会心悦诚服，愿意跟着他冒险犯难，不避死伤。可见，兑卦有深刻的内涵。

本节要介绍兑卦六爻的爻辞。兑卦的爻辞非常简短，最长的不过八个字。

[**爻辞**] 初九：和兑，吉。

象曰：和兑之吉，行未疑也。

[**白话**] 初九：应和而喜悦，吉祥。

《象传》说：应和而喜悦，吉祥，是因为行动没有疑惑。

初九在下卦兑中，兑为口、为悦；上卦也是兑卦，所以形成上下互相唱和的局面。

兑卦是由大壮卦的九三与六五换位而来。在大壮卦中，只有初九与九四无应；变成兑卦后，各爻皆不应。所以，对初九而言，任

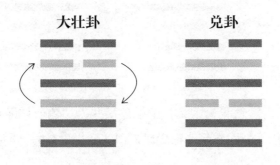

何行动都不会有差错。初九以阳爻居刚位，可以坚持原则，无所偏私；它与九四不应，所以不会被任何利害影响，自然吉祥。

"和兑"的"和"字，除了表示"应和"，也可以理解为"和谐"。孔子说过："君子和而不同。"（《论语·子路》）意即君子可以协调差异，但不会强求一致。就像演奏音乐一样，各种乐器的音色不同，但可以共同组成和谐的乐章。

[**爻辞**] 九二：孚兑，吉，悔亡。

象曰：孚兑之吉，信志也。

[**白话**] 九二：诚信而喜悦，吉祥，懊恼消失。

《象传》说：诚信而喜悦，吉祥，是因为心意真实。

九二以阳爻居中位，有中实之象，所以《小象传》说它"心意真实"。

九二与九五不应，但仍然"吉"而"悔亡"，原因在于在大壮卦中，六五与九二正应；变成兑卦后，六五下来成为兑卦六三，与九二相比为邻。这是因诚信而产生的喜悦，所以吉祥。

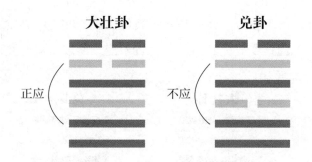

在《论语·颜渊》中，孔子批评某些人"色取仁而行违，居之不疑"。这些人表面看起来很忠厚，但实际行为是另一回事，还自认

为不错而毫不疑惑，那真是糟透了。九二与之相反，它以阳刚之德，居中正之地，因诚信而喜悦，可以远离奸佞的小人。

[爻辞] 六三：来兑，凶。

　　象曰：来兑之凶，位不当也。

[白话] 六三：来到而喜悦，有凶祸。

　　《象传》说：来到而喜悦，有凶祸，是因为位置不恰当。

　　大壮卦的六五与九三换位，六五下来成为兑卦的六三。正是由于六三的来到，才形成了兑卦，所以称之为"来兑"。来而求悦，有奉承之嫌。

　　六三以阴爻居刚位，不中不正，位置不恰当，所以有凶祸。

[爻辞] 九四：商兑未宁，介疾有喜。

　　象曰：九四之喜，有庆也。

[白话] 九四：商量而喜悦，还不能安定。隔开了疾病，就会有好事。

　　《象传》说：九四的好事，是因为有喜庆。

　　九四介于下兑上兑之间，兑为口，二口同时出现；并且，九四在互巽（六三、九四、九五）中，巽为风、为未定，两者合起来有协商未定之象。

　　九四之"疾"犹如初九之"疑"，大壮卦变成兑卦之后，各爻皆无正应，因此可以隔开它的疾病。"介疾"的"介"为隔开。"喜"与"疾"并用，专指病愈的好事。九四的喜庆，在于它处于互巽（六三、九四、九五）中，巽为近利市三倍。

　　换个角度来看，九四需要防备六三的"来兑"。六三是为了喜悦而来的小人，九四要用自己的刚正把它隔开，以免影响到君王九五。九四挡住了小人，这不是九四的私喜，而是值得天下人庆贺的大喜事。

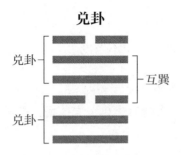

兑卦

[**爻辞**] 九五：孚于剥，有厉。

象曰：孚于剥，位正当也。

[**白话**] 九五：受到衰退的人信赖，有危险。

《象传》说：受到衰退的人信赖，是因为位置正确而恰当。

"剥"意为衰退之人，所指的是上六。上六处于全卦终位，下临两个阳爻的进逼，有如被剥蚀的衰退之人。在大壮卦中，九三与上六正应；换位之后，九三上行成为兑卦九五，与上六直接相比，所以说九五"孚于剥"，亦即九五受到上六这个衰退之人的信赖。

九五居中守正，是"位正当也"，所以虽然"有厉"，但不至于出现灾难。

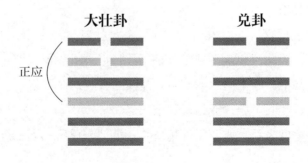

大壮卦　　　　兑卦

[**爻辞**] 上六：引兑。

象曰：上六引兑，未光也。

[**白话**] 上六：牵引而喜悦。

《象传》说：上六牵引而喜悦，是因为自己的路不宽广。

上六以阴爻居柔位，实力有所不足；又在兑卦终位，喜悦已近尾声。所以，上六要靠牵引九五而得到喜悦。九五原是大壮卦的九三，它与上六正应，现在受到上六的牵引而上来。九五在互巽（六三、九四、九五）中，巽为绳直，引申为"引"；上卦兑为悦，合起来就是"引兑"。上六除了牵引九五，没有其他途径可以得到喜悦，所以《小象传》说它的路不宽广。

整体来看，兑卦只有六三与上六这两个阴爻不太理想。六三是"来兑"，它的位置不恰当，所以结果是"凶"。上六是"引兑"，这样做也不太恰当，所以说它"未光也"。其他四个阳爻的处境都不错，初九"行动没有疑惑"，九二"心意真实"，九四"有喜庆"，九五"位正当"。可见，在兑卦的格局中，关键要看喜悦从何而来。一个人在追求喜悦时，如果心思有所偏差，就会造成各种困扰，反而离喜悦越来越远了。

从六爻的爻辞来看，"兑"主要取"喜悦"之义，只有九四的"商兑"，取的是上下两口互相商量之象。这也提醒我们，喜悦容易让人心思散漫，分不清君子与小人，最后难免会陷入困境。

《礼记·曲礼上》强调"乐不可极"，因为乐极则生悲。人的喜悦有很多种来源，如果开始没有注意到喜悦的正当途径，后面就会陷入虚浮的幻境。兑卦的九二与九五都是阳爻居中位，可以坚守原则。但是，九二上面有六三，九五上面有上六，两个阳爻都会受到阴爻的干扰。由此可见，只有设法吸取兑卦的优点，克服它的缺点，才能发挥出喜悦的积极作用。

三、朋友来借钱怎么办

兑卦是由八个经卦之一的兑卦本身重复而成，兑为口、为悦。对于领导者来说，一定要顺天应人，走在中正之道上，才能彰显喜悦的伟大作用。兑卦也象征两个沼泽连在一起，可以互相流通润泽。所以，朋友之间要互相讲习，让自己在义理方面不断精进。兑卦提醒我们，要找到喜悦的正当途径，做到"刚中而柔外"，亦即内心守住刚中之道，外表则要柔顺和悦。

兑卦初九潜而在下，无求而自得。它对自己的处境有自知之明，行动起来没有任何疑虑，表现得潇洒自在。《中庸》说："素富贵，行乎富贵；素贫贱，行乎贫贱；素夷狄，行乎夷狄；素患难，行乎患难。君子无入而不自得焉。"意即君子处于富贵中，就做富贵者该做的事；处于贫贱中，就做贫贱者该做的事；处于夷狄社会，就做夷狄社会中该做的事；处于患难环境，就做患难环境中该做的事。君子处在任何情况下，都可以怡然自得。这正是兑卦初九带给我们的启发。

九二的"孚兑"，是有诚信而喜悦。九二以阳爻居中位，代表君子心意真实，行于中道，合乎礼仪规范。孔子说："君子易事而难说也。说之不以道，不说也。"又说："小人难事而易说也。"（《论语·子路》）意即君子容易服侍，但很难讨好他。不依正途去讨好，他不会高兴；小人则反之。兑卦九二就展现了君子的风度。

六三的"来兑"在历史上屡见不鲜，小人总是费尽心机去讨好权贵，再进一步去讨好君王，他们的下场都不理想。

九四介于下兑上兑之间，兑为口，代表要反复商量，才能找到适当的方法。我曾经占到过这一爻。我在2003年开设过《易经》课程，当年出现了SARS（非典型肺炎）大流行，人心惶惶。同学们想通过占卦来了解疫情的后续发展，结果用数字卦占到兑卦九四，爻辞说："商兑未宁，介疾有喜。"意即商量而喜悦，还不能安定；隔开了疾病，就会有好事。

可见，对付SARS的关键，是要隔开传染源，防止疫情的进一步扩散。当时的疾控专家正是这样建议的。我事后特意翻查了64卦的384爻，发现只有这句爻辞最贴合当时的处境，正如《系辞上传》所说的："问焉而以言，其受命也如响。"当你有疑惑时，用言语去询问，《易经》就会接受提问，并且像回音一样地答复。《易经》占筮确实非常神妙。

还有一个关于兑卦的占卦案例。一个朋友的孩子从小在澳大利亚长大，中英文都不错，想上北京大学，但不知道选什么专业。他用筹策占了一卦，得到兑卦，六爻皆不变。这时要参考兑卦的卦辞。卦辞说"通达，适宜，正固"，说明孩子在念书方面没有什么问题。兑卦的《大象传》说："丽泽，兑。君子以朋友讲习。"兑卦象征两个沼泽连在一起，可以互相滋润，互通有无。君子由此领悟，要与朋友一起讨论及实践。所以我建议这位朋友，孩子上大学之后，要鼓励他多结交好友，一起切磋功课。

但是，选择什么专业比较好呢？兑卦是下兑上兑，代表上下皆为口，有如在讨论或辩论，所以我建议他可以考虑法律系。这位朋友一听，眉开眼笑，因为他的儿子特别喜欢法律和历史。既然卦象显示法律系比较适合，他立刻就做出了决定。我看到别人下定决心，反而有点担心，我提醒他："我只是纯粹从学术角度提供一些参考意见。至于将来发展如何，还是要靠孩子自己的努力。"

另外，有一家出版社多次向我约稿，表现得很有诚意。我认真考虑之后，还是求助于占卦，结果占到兑卦，初九与九二两爻变。这时要参考九二的爻辞："孚兑，吉，悔亡。"意即诚信而喜悦，吉祥，懊恼消失。九二的《小象传》还特别提到"心意真实"。我在出书方面颇有经验：一开始合作，双方总是礼尚往来，大家相谈甚欢；但是长期合作下来，却未必尽如人意。因为出版社有很多书等待出版，不太可能特别照顾你一个人的书。

如今面对新的合作机会，看到九二的爻辞是"诚信而喜悦，吉祥"，特别是兑卦的《大象传》提到"君子以朋友讲习"，出版事业正好符合这句话，我就决定支持这项合作计划。另外，九二的"悔亡"代表懊恼消失，所以在合作之初，不妨多加沟通，以减少懊恼的可能。兑卦初九、九二爻变后，之卦为萃卦，表示人群聚集，可见大家相处应该没什么问题。萃卦的卦辞又提到"利有攸往"，代表适合往前推进。在这么多卦爻辞中，对于出版这件事来说，"朋友讲习"这四个字可谓深得我心。

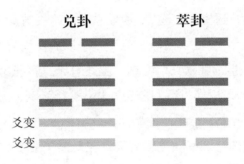

兑卦　　　　　**萃卦**

爻变
爻变

另外，我在几年前占时运，占到兑卦九五，爻辞说："孚于剥，有厉。"意即受到衰退的人信赖，有危险。看到这句爻辞，我就知道未来三个月之内，自己可能会受到衰退之人的信赖。衰退之人指上六。兑卦来自大壮卦，大壮卦九三本来与上六正应；变成兑卦后，九三上行成为兑卦九五，与上六直接相比。可见，九五受到上六这个即将退位之人的信赖，可能会遇到危险。那么要如何化解呢？九五在互巽（六三、九四、九五）中，巽为近利市三倍，现在则要反其道而行之，做好破财消灾的准备。

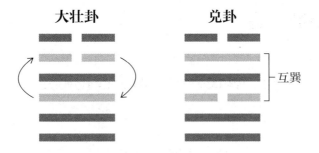

大壮卦　　　　　　**兑卦**

互巽

　　果然，一个月之后，就有一个单位向我募款。我在大学时代利用暑假参加过一个写作班，他们要庆祝写作班成立50周年，由于经费不足，就去找早期的同学募捐。因为我早有准备，所以立刻就捐了一笔钱。隔了一周，又有一位大学同学来找我，说他正在从事社会服务工作，缺少活动经费，需要一笔捐款。我二话不说，马上又捐了一笔钱。

　　兑卦九五说"孚于剥"，代表早期的朋友遇到了困难，可能会向我求援。只要我有能力，就应该鼎力相助，这样才符合人情事理。由于早料到会有这种局面，所以当别人提出请求后，我立刻爽快地答应，没有任何犹豫不决。九五的《小象传》说："孚于剥，位正当也。"既然我的位置正确而恰当，又怎么能让老朋友们失望呢？

一、移民外国，勿忘祭祀祖先

59　风水涣，下坎上巽

涣：亨。王假有庙。利涉大川，利贞。

象曰：风行水上，涣。先王以享于帝，立庙。

上九：涣其血，去逖出，无咎。
　　象曰：涣其血，远害也。

九五：涣汗，其大号涣，王居，无咎。
　　象曰：王居无咎，正位也。

六四：涣其群，元吉。涣有丘，匪夷所思。
　　象曰：涣其群，元吉，光大也。

六三：涣其躬，无悔。
　　象曰：涣其躬，志在外也。

九二：涣奔其机，悔亡。
　　象曰：涣奔其机，得愿也。

初六：用拯马壮，吉。
　　象曰：初六之吉，顺也。

　　本节要介绍《易经》第59卦涣卦。《序卦传》说："说而后散之，故受之以涣。涣者，离也。"前面的兑卦代表喜悦。人在喜悦之后，心情就会涣散，所以接着出现了涣卦。"涣"是涣散、离散的意思。

　　涣卦代表人群离散到各地，这时特别需要宗教活动来凝聚人心。另外，涣卦的结构是风水涣，有风吹水散之象，代表各种灾难可以得到化解。

[**卦辞**]涣：亨。王假有庙。利涉大川，利贞。

[**白话**]涣卦：通达。君王来到宗庙。适宜渡过大河，适宜正固。

　　在《易经》64卦中，只有两个卦的卦辞提到"王假有庙"：一个是萃卦（䷬，第45卦），代表人群聚集；另一个就是涣卦，代表人群离散。人群的聚集和离散，是最敏感的时刻。

　　当人群聚在一起时，由于僧多粥少，难免会出现各种争执。此时，君王要到宗庙祭拜，让大家意识到我们有共同的祖先，应该心存道义，和睦相处；不要见利忘义，互相争斗。

　　当人群分散到各地时，很容易遗忘自己的来处。此时，君王也要到宗庙祭拜，提醒大家不要忘记共同的祖先，要团结一致，共同克服困难。

　　涣卦的卦辞提到"利涉大川"，即适宜渡过大河。"大河"在古代就是指黄河。古人要渡过黄河，并不是一件容易的事。在《易经》64卦中，只有七个卦的卦辞提到"利涉大川"，代表它们有足够的力量可以向外发展，涣卦就是其中之一。这七个卦的共同特色在于在其上下卦的组合中，包含了乾卦（☰）或巽卦（☴）。

　　譬如，需卦（䷄，第5卦）、同人卦（䷌，第13卦）与大畜卦（䷙，第26卦）都包含乾卦（☰）。乾为天、为健，有实力渡过大河。而蛊卦（䷑，第18卦）、益卦（䷩，第42卦）、涣卦与中孚卦（䷼，第61卦）都包含巽卦（☴）。巽为风、为木，可以乘舟渡过大河。

　　涣卦的卦辞最后说"利贞"，表明涣卦同样适合守正。人群分散到外地，如果不走正道，就会出现严重的问题，很难被当地百姓接受。

[**象传**]象曰：涣，亨。刚来而不穷，柔得位乎外而上同。王假有庙，

王乃在中也。利涉大川，乘木有功也。

[**白话**]《象传》说：涣卦，通达。刚强者下来而不困穷，柔顺者在
外面取得位置而与上位者同心。君王来到宗庙，是说君王现
在处于中位。适宜渡过大河，是说乘着木舟而有所贡献。

由"刚来而不穷，柔得位乎外而上同"可知，涣卦是由否卦六
二与九四换位而来。"来"是指从外卦来到内卦。否卦九四从外卦下
来，成为涣卦九二，形成阴阳交错的局面，重新焕发了生机，所以
说"刚来而不穷"。同时，否卦六二前往外卦，成为涣卦六四，六四
以阴爻居柔位，并上承九五之君，与九五同心同德，所以说"柔得
位乎外而上同"。

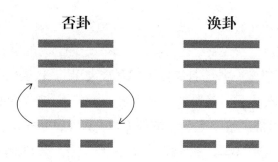

否卦本来就有九五，但否卦是消息卦，阴阳不交错，所以九五
的能量无法充分发挥出来。变成涣卦之后，上有九五，下有九二，九
五居中守正，与九二互相呼应，所以说"王假有庙，王乃在中也"。

涣卦下卦为坎，坎为水，上卦为巽，巽为木，所以说"利涉大
川，乘木有功也"，意即适宜渡过大河，是说乘着木舟而有所贡献。

另外，下卦坎为险难，代表祸乱由内而起；上卦巽为风，代表
灾难可以化解。拯救灾难需要仁德与才干，而才干又包括勇敢与明
智两个方面。

先说勇敢。西楚霸王项羽勇力过人，他推翻了暴政的秦朝，却无法击败刘邦。因为项羽只有勇敢，而谈不上仁德，所以他只能克服秦朝的祸害，却无法解除天下的灾难。

再说明智。汉朝末年，曹操平定群雄，却难以打败蜀国与吴国，让天下早日统一。曹操的明智高人一筹，德行却远远不足。

勇敢与明智可以让你在祸害中脱颖而出，但是要化解天下的危难，缺少仁德是难以成功的，因为只有仁德可以安定人心。

巽为木，代表有才干；巽又为风，代表有德行。水可以淹没万物，但是木可以漂浮其上，助人轻松渡过大河。水可以冲垮堤坝，但是大风一吹，水势就会消散于无形。才干能够让人渡过危难，但只有德行才能彻底化解天下的危难。可见，涣卦可以给我们带来不少启发。

[象传] 象曰：风行水上，涣。先王以享于帝，立庙。

[白话]《象传》说：风吹行在水面上，这就是涣卦。先王由此领悟，要向上帝祭献，并且建立宗庙。

涣卦的《大象传》提到"先王"，代表这是早期君王的作为。当人群分散到各地，或是整个国家迁移的时候，人心很容易涣散。在这危急关头，先王要向上帝祭献，并且建立宗庙，才能凝聚人心。

宗庙祭祀是凝聚民心最根本的办法，可以让人暂时忘记眼前的得失成败，产生报本反始的感恩之心。百姓一旦有了信仰，涣散就会适可而止。从"先王以享于帝"这个说法可知，在古人的信仰系统中，有一个最高位阶的神明。

豫卦（☷☳，第16卦）的《大象传》也提到过"帝"，它说："先王以作乐崇德，殷荐之上帝，以配祖考。"意即古代君王由此领悟，要制作音乐来推崇道德，再隆重地向上苍祭祀，连带也向祖先祭祀。由此可见，依靠信仰的力量来凝聚人心，是古人一贯的传统。

总之，涣卦与萃卦相反，萃卦谈人群的聚集，而涣卦谈人群的离散。在人群聚散之际，要特别注意宗教活动。宗教赋予人们超越的眼光与深刻的信念，可以帮助人们渡过现实世界的各种困难与考验。

涣卦在凝聚人心、化解灾难方面，提供了许多宝贵的建议。涣卦是一个好卦，它的六爻提到"吉、元吉、无悔、悔亡、无咎"，却没有出现"凶、厉、灾、眚"等负面的占验之辞。每个爻都要配合君王九五，解决人群离散所带来的问题，以仁德和才干化解天下的险难。

二、化解执着，天地更为开阔

涣卦的结构是风水涣，有风吹水散之象，代表灾难得以化解。涣卦也代表人群离散，此时君王要来到宗庙，举行祭祀活动，借此凝聚人心。涣卦是一个好卦，六爻没有出现负面的占验之辞。本节要介绍涣卦六爻的爻辞。

[**爻辞**] 初六：用拯马壮，吉。

　　　　象曰：初六之吉，顺也。

[**白话**] 初六：用来拯救的马强壮，吉祥。

　　　　《象传》说：初六的吉祥，是因为柔顺。

涣卦初六为何提到"马"呢？因为初六在下卦坎中，坎为险，又为美脊马。

"强壮的马"指九二，它可以拯救危难中的初六，因为涣卦由否卦六二与九四换位而来，否卦九四原本与初六正应，现在九四下来，成为涣卦九二，与初六相比；并且，初六上承九二，两者配合相契。

初六逢险难之时，处卑下之位，若想摆脱险难，就要顺从阳刚的九二。九二以阳爻居中位，刚正有力，又能配合君王九五，所以初六可以得到"吉"。

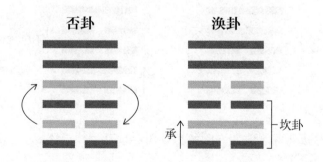

另外，明夷卦（，第36卦）六二也提到过"用拯马壮"，因为明夷卦六二也在互坎（六二、九三、六四）中。

明夷卦

—互坎

[**爻辞**] 九二：涣奔其机，悔亡。

象曰：涣奔其机，得愿也。

[**白话**] 九二：离散而奔向几案，懊恼消失。

《象传》说：离散而奔向几案，是因为要满足愿望。

涣卦九二是由否卦九四下到二位而形成的。在否卦中，九四本来与初六正应；九四下来后，成为涣卦九二，与初六相比，所以说"得愿也"。

否卦　　　　**涣卦**

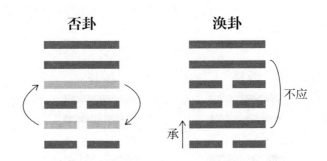

不应

承

初六犹如九二所凭靠的矮桌，可以让九二稍事休息。"机"为几案。《庄子·齐物论》一开头就说"南郭子綦隐机而坐",即南郭子綦这个人靠着桌子坐着。

九二之"悔",在于它不当位,又与九五不应。但是,九二有初六可以比邻相亲,所以说"悔亡"。

[爻辞] 六三:涣其躬,无悔。

象曰:涣其躬,志在外也。

[白话] 六三:涣散了自己,没有懊恼。

《象传》说:涣散了自己,是因为心意在外面。

"涣其躬"的"躬"意为自身。在原来的否卦中,六三在下卦坤中,坤为母亲,可以怀孕,是为"有身","身"再转而指称自己本身。现在成为涣卦,下坤消失,所以说六三"涣其躬"。

六三涣散了自己,居然没有懊恼,是因为它"志在外",亦即六三与上九正应。涣卦各爻中,只有六三与上九这一对是正应。六三虽然不当位,总算走到了坎卦的最后一步,因而可以化解自身的灾难。

另外,"涣其躬"也可以理解为,六三公而忘私,可以化解自身的各种执着。

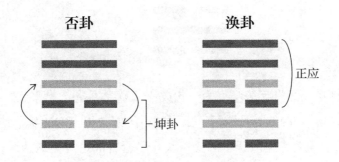

[爻辞] 六四:涣其群,元吉。涣有丘,匪夷所思。

象曰：涣其群，元吉，光大也。

[白话] 六四：涣散了同类，最为吉祥。涣散之后聚为山丘，不是根据常理所能想到的。

《象传》说：涣散了同类而最为吉祥，是因为展现广大的效果。

否卦六二上行，成为涣卦六四，使下卦三个阴爻涣散了，所以说"涣其群"。六三只能涣散自己，化解自身的灾难；六四则可以涣散同类，化解天下的灾难。六四是接近君王的大臣，可以展现广大的效果，所以得到"元吉"。在《易经》384爻中，一共有12个元吉，涣卦六四是最后一个。

六四上来之后，形成互艮（六三、六四、九五），艮为山丘，所以说"涣有丘"。涣散之后又聚为山丘，等于先散后聚，声势更大，这不是根据常理所能想到的。六四在人群涣散之际，能够让大家聚在一起，共同支持君王九五的施政。

涣卦

—互艮

"匪夷所思"后来演变为一句成语，意为不是平常所能想象的情况。可见，六四的行动取得了出人意料的好效果。六四从下卦上来，下散三个阴爻，上散三个阳爻，改变了否卦隔绝不通的状况；它来到九五之下，可以帮助君王化解天下的险难。

[**爻辞**] 九五：涣汗，其大号涣，王居，无咎。

象曰：王居无咎，正位也。

[**白话**] 九五：散发广布，大的政令散发出去，君王安居，没有灾难。

《象传》说：君王安居而没有灾难，是因为处在中正之位。

涣卦若想彻底解除灾难，就要靠九五来发号施令。天下的险难犹如身患重病，只有出一场大汗，才可以祛除病根，所以需要"涣汗"（散发广布）。"汗"也可以理解为水势浩大，"涣汗"就是政令散发到极广的范围。

"大号"为大的政令。九五在上卦巽中，巽为风、为号令；九五阳爻为大，所以说"大号"。涣卦的卦象为风行水上，代表大的政令可以顺利发布，畅通无阻。

如果身患重病而不出汗，就有死亡之虞；如果出汗之后疾病复发，同样有死亡之虞。同理，要化解天下的险难，如果没有大的政令，百姓就不会追随；有大的政令却又回到老路上，百姓也不会追随。

九五为君位，居中守正，即使下无正应，也足以安居而没有灾难。

涣卦

巽卦

[**爻辞**] 上九：涣其血，去逖（tì）出，无咎。

象曰：涣其血，远害也。

[白话] 上九：涣散了血灾，离开而远走，没有灾难。

《象传》说：涣散了血灾，是因为远离了祸害。

六三在下卦坎中，坎为险、为血卦。上九与六三正应，原本会受到牵连，但上九到了上卦巽的终位，可以像风一样，远离底下的坎卦，所以说"涣其血，去逖出"。

涣卦

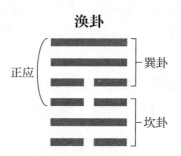

正应 — 巽卦

坎卦

另外，"涣其血"的"血"也有"根源"之意。要想除去大病，必须斩断病根；要想解除大难，必须阻断源头。"涣其血，去逖出"等于除去了灾难的根源，后面就可以重建社会，让整个国家的面貌焕然一新。

涣卦有风吹水散之象，可以化解各种灾难。所以，涣卦六爻虽然有不同的任务，但占验之辞都比较正面。涣卦也代表在人群离散之后，没有分崩离析，百姓仍然支持君王九五，使天下国家重获安定。

三、精神涣散，可以放下了

涣卦的结构是风水涣。涣卦旨在说明，当天下出现灾难时，要如何化险为夷；或者当人群离散时，要如何凝聚人心。涣卦六爻需要各尽其力，一起配合九五的治国理念。

涣卦的《大象传》说："先王以享于帝，立庙。"意即先王由此领悟，要向上苍祭献，并且建立宗庙。可见，先王在建立国家时，不仅会把功劳归于祖先，也会归于天或上苍，而不会居功自傲。

据《尚书·武成》记载，周武王革命成功之后，在周庙举行祭祀，并昭告天下：今日伐商成功，是祖先后稷的功劳，是曾祖父太王和祖父王季的功劳，更是父亲周文王的功劳。后稷是周朝的先祖，是尧舜时代掌管农业的官员，与大禹同朝为官。大禹的后代建立了夏朝，隔了一千年左右，后稷的后代周武王才建立了周朝。

武王把周朝建国的功业推到千年以前的祖先，再推到前面三代的祖先，最后又特别强调了父亲周文王的功劳。武王谈到自己时，只是说："我作为一个年轻人，只是继承他们的遗志而已。"周武王德才兼备，化解了天下的险难，却依然能以谦逊的态度，把功劳归给祖先，这充分展现了涣卦《大象传》的精神。

历史上有很多君主忽略了这一点。譬如，三国时代后期，晋武帝司马炎平定吴国，一统天下，但是不过36年而已，西晋就灭亡了。隋文帝杨坚灭掉陈国，建立隋朝，但是也不过29年而已，隋朝就灭亡了。晋武帝与隋文帝平定天下之后，居功自傲，骄奢放纵，完全忘记了照顾百姓的重责大任，自然难以为继。

占到涣卦初六，代表有人会来帮助你，你只要顺从上面的九二，就可以摆脱困境。

占到九二，代表可以用初六作为凭靠，帮助君王九五扶危济困。

在天下太平时，君子怡然自得，别人不会说你是杨朱；在天下危难时，君子挺身而出，别人也不会说你是墨子。杨朱主张一切都为自己，"拔一毛而利天下，不为也"；墨子主张爱人不分差等，"摩顶放踵利天下，为之"。（《孟子·尽心上》）这是两个极端。儒家学者则会审时度势，采取最适宜的做法。九二以刚中之才，逢险难之世，必然会挺身而出，与天下人共赴患难，最后可以得偿所愿。

六三的"涣其躬"，代表要化解对自身的执着，有"毁家纾难"之意，因为没有国，哪里有家呢？

六四的"涣其群"是要化解自己的朋党，配合君王的作为，由此产生广大的效果。涣散之后，聚为山丘，其势更大，这不是平常所能想到的效果。

九五必须针对社会的重大弊端，发出大的政令，一举清除历史的积弊。譬如，商朝末期，百姓最痛恨的是贪污腐败。武王灭商后，下令散财发粟，把钱和粮食分发给百姓，四海之民都心悦诚服。秦朝末期，百姓最痛恨的是严刑峻法。刘邦入关后，下令约法三章。命令一出，天下百姓都热烈拥护。

上九的"涣其血"表明，要解决重大的困难，必须从根源入手。这方面最值得称道的是孙武练兵的故事。孙武是春秋时代齐国人，他把自己潜心写成的兵法十三篇献给吴王阖闾。阖闾想试试孙武的能力，就挑选了180名宫女交给孙武训练。孙武把她们分为两队，由吴王的两个宠姬担任队长。但是，要把宫女练成可用之兵，谈何容易。孙武三令五申，并警告说，再不服从命令，就按军法处置。这些宫女还是嘻嘻哈哈笑个不停。最后，孙武把那两个担任队长的宠姬斩首示众。宫女们惊惧万分，很快就被训练得像精兵一样，庄严威武。（见《史记·孙子吴起列传》）

春秋时代，齐国名将司马穰苴也有类似的做法。他本来叫田穰苴，后来在齐国担任了大司马，就以司马作为他的姓。晏婴向齐景公推荐穰苴，说他虽是田家庶出之子，但是能文能武，希望齐景公试试他的才能。于是齐景公召见了穰苴，发现他很有才能，就立即任命他做了将军。穰苴说："我人微权轻，难以服众，最好派一位宠臣来监军。"齐景公就派庄贾去做监军。

穰苴与庄贾约定，第二天中午到军门见面。结果庄贾傍晚才到，他说："有太多大夫和亲戚前来送行，所以耽搁了。"穰苴处以军法，准备将庄贾斩首。庄贾很害怕，派人飞马报告齐景公。报信的人没来得及返回，穰苴就把庄贾斩首示众，三军将士非常震惊。后来，齐景公派使者拿着符节来赦免庄贾，车马飞奔直入军营。穰苴说："将在军中，君令有所不受。在军营内快马奔驰，按军法也要斩首。"结果，穰苴没有杀这个使者，但杀了替他驾车的仆人。从此以后，司马穰苴带兵令行禁止，威震诸侯。（见《史记·司马穰苴列传》）这就是"涣其血，去逖出"的例子，只有除去了病根，最后才能"无咎"。

现代人也有占到涣卦的案例。有一位朋友家里条件不错，在澳大利亚和中国香港、北京都有房子。我到北京做节目的时候，她约了几个朋友到电视台听我演讲。后来在餐会上，她皱着眉头，抱怨她的婆婆我行我素，让人难以忍受，她正在犹豫要不要离婚。我建议她用筹策占一卦，结果占到涣卦，变爻是九五和上九。此时要用上九的爻辞来断，爻辞说："涣其血，去逖出，无咎。"意即涣散了血灾，离开而远走，没有灾难。

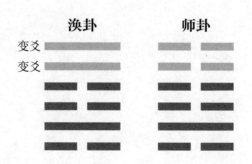

可见，她目前的处境很辛苦，也很为难。不过，上九爻变，表示这个事情已经到了转变的最后关头；也许撑一年，烦恼就可以化解了。九五、上九爻变之后，之卦为师卦，有战争之象，代表一家人在财产分配或孩子教育方面，恐怕会有严重的争议。她说："确实有这种可能。"其实，她与先生的感情还不错，只是先生习惯了对母亲忍让，很少顾及她的感受。她看到后续是师卦，不免犹豫了，决定等孩子明年上了大学再说。她的婆婆住在香港，她可以在中国香港、北京，以及澳大利亚三个地方跑来跑去，合不来但躲得过。这也与爻辞所说的"离开而远走，没有灾难"相吻合。

下一节要介绍涣卦的覆卦——节卦，将风水涣整个翻过去，就成了水泽节。

一、水在沼泽上，会自动调节好

60 水泽节，下兑上坎

节：亨。苦节不可贞。

象曰：泽上有水，节。君子以制数度，议德行。

上六： 苦节，贞凶，悔亡。
象曰：苦节贞凶，其道穷也。

九五： 甘节，吉，往有尚。
象曰：甘节之吉，居位中也。

六四： 安节，亨。
象曰：安节之亨，承上道也。

六三： 不节若，则嗟若，无咎。
象曰：不节之嗟，又谁咎也？

九二： 不出门庭，凶。
象曰：不出门庭凶，失时极也。

初九： 不出户庭，无咎。
象曰：不出户庭，知通塞也。

本节要介绍《易经》第60卦节卦。《序卦传》说："物不可以终离，故受之以节。"前面的涣卦代表离散。一直离散下去，并不适宜，所以接着出现了节卦。节卦与涣卦为正覆关系。"节"有节制、制止之意。《杂卦传》说："节，止也。"

在《易经》64卦中，还有其他几个卦也谈到了"止"。譬如，小畜卦（䷈，第9卦）与大畜卦（䷙，第26卦），都是停止而蓄养实力。大壮卦（☳，第34卦）强调"大壮则止"，因为大壮卦是消息卦，再前进一步就变成了夬卦（☱，第43卦），五个阳爻会被一个阴爻压制。

节卦的"止"与自然界的现象密切相关。节卦的结构是水泽节，水在泽上，水少则聚，水多则泄，水量可以自动调节，使沼泽保持稳定的状态。

节卦是由泰卦变来的，泰卦九三与六五换位，就形成了节卦。泰卦是消息卦，阴阳爻不交错，象征天地无法交流，生机受到了压制。阴阳交错之后，才会展现新的活力。

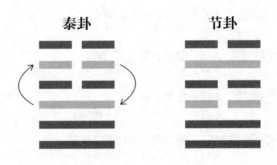

泰卦　　　　　节卦

[卦辞] 节：亨。苦节不可贞。

[白话] 节卦：通达。过度的节制不能正固。

古往今来，百姓之所以穷困，是因为生财有限而欲望无穷。以有限的财力去追逐无限的欲望，自然会陷于穷困。同时，贫富差距也会加剧百姓的穷困。正如《老子·第77章》所说："天之道，损有余而补不足；人之道则不然，损不足以奉有余。"意即自然的法则，是减去有余的并且补上不足的。人世的作法就不是如此，是减损不足的，用来供给有余的。最后的结果就是，富者愈富，而贫者愈贫。

因此，理想的情况是开源节流，有所节制。有了节制就会宽裕，宽裕之后就会通达，所以卦辞说"节卦：通达"。但是，过度节制也会违背人情世故，难以长期坚持。"苦节"的"苦"字，就有过度而苦之意。可见，要让一个社会长期稳定和谐，一方面要约束奢侈之风，另一方面也要避免过度节制。

［**象传**］象曰：节，亨。刚柔分而刚得中。苦节不可贞，其道穷也。说以行险，当位以节，中正以通。天地节而四时成。节以制度，不伤财，不害民。

［**白话**］《象传》说：节卦，通达。刚强者与柔顺者分开，并且刚强者取得中位。过度的节制不能正固，是因为路已经走到尽头。喜悦而去冒险犯难，位置适当而能节制，居中守正才可通顺。天地有节制，四季才会形成。用制度来节制，就不会浪费钱财，也不会祸害百姓。

节卦是由泰卦演变而来。泰卦是消息卦，阴阳爻不交错，缺乏活泼的生机；变成节卦后，形成阴阳交错的局面，并且九二、九五都处于中位，所以说"刚柔分而刚得中"。如果泰卦不变，则成为"苦节"，一切都会停滞下来，前无去路。所以，过度的节制是走不通的。

节卦下兑上坎，兑为悦，坎为险，所以说"说以行险"。所谓"当位以节，中正以通"，是说九二与九五得到中位，并且能够节制，如此才可亨通。

就自然界而言，天地的运行有其节制，四季才会依序出现。古人云："冬闭不固，则春生不茂。"如果冬天没有冰雪覆盖大地，那么春天的庄稼也不会长得茂盛。正是因为有冬天的节制，日后才有理想的收成。

就人类社会而言，需要以制度来节制，才不至于浪费钱财，祸害百姓。人类社会的制度主要包括礼仪和法律，它使上下都有适当的身份，所有名器都有适当的等级，从而保证社会的稳定与和谐。

[**象传**] 象曰：泽上有水，节。君子以制数度，议德行。

[**白话**]《象传》说：沼泽上有水，这就是节卦。君子由此领悟，要制定数量上的限度，评议道德上的行为表现。

"数度"的"数"指多少，"度"指长短。任何东西的大小、轻重、高下、文质，皆有一定限度，所以在生活方面也要有所节制。

"议德行"是评议德行上的表现。所谓"德行"，存之于中为"德"，发之于外为"行"。可见，一个人的德行修养要由内而外，内外兼顾。人的德行合于道义（符合正当性），就称为中节。

节卦的上卦坎为水、为平，所以要"制数度"；下卦兑为口，所以要"议德行"。无论是制定数量上的限度，还是评议德行的高低，都要像坎卦（☵）一样公平，才能让社会走向更好的境界。

"节"是竹字头，竹子的特性是有一个个竹节，这一点对古代读书人很有启发。事实上，"节"字对中国人而言，意义特别重大，许多词语都与"节"有关。

譬如，人与人来往需要"礼节"。判断一个人的德行，要看他有没有"气节"，够不够"忠孝节义"的标准。在自然界，人们要根据"节气、节令"来安排生产与生活；在人的世界，则要配合"节日"而举行各种仪式。在外交方面，外交"使节"要以"符节"作为印信。我们欣赏音乐时，很容易被它的"节奏"吸引。与别人合作时，必须就事论事，尽量避免"节外生枝"，让事情变得复杂化。

在实际生活中，最难把握的就是"度"。孔子强调"过犹不及"①，做事既不要过度，也不要不及。怎样做才能恰到好处呢？这是每个人一生都要做的功课。

节卦提醒我们：在生活需求方面，要有所节制；更重要的是，在德行修养方面，要做到适度。简单来说，要化被动为主动，从被动遵守法律和礼仪开始，到主动实践这些规范。经过不断修炼，可以展现孟子所谓的"绰绰有余"②的风度，甚至达到庄子所谓的"游刃有余"③的妙境。这是节卦最高的理想。

---

① 出自《论语·先进》。原文：子贡问："师与商也孰贤？"子曰："师也过，商也不及。"曰："然则师愈与？"子曰："过犹不及。"

② 出自《孟子·公孙丑下》。原文：曰："我无官守，我无言责也，则吾进退，岂不绰绰然有余裕哉？"

③ 出自《庄子·养生主》。原文："彼节者有间而刀刃者无厚，以无厚入有间，恢恢乎其于游刃必有余地矣。"

二、自己的进退，要靠智慧与决心

节卦六爻的占验之辞丰富多样，包括"无咎""吉""亨""凶""贞凶""悔亡"，等等。本节要介绍节卦六爻的爻辞。

[**爻辞**] 初九：不出户庭，无咎。

象曰：不出户庭，知通塞也。

[**白话**] 初九：不离开门户与庭院，没有灾难。

《象传》说：不离开门户与庭院，是因为知道通达与闭塞。

初九知道自己的通达，因为在节卦中，只有初九与六四正应。初九也知道自己的闭塞，因为它处在节卦最底下的位置；并且，与它正应的六四在互艮（六三、六四、九五）中，艮为门阙，又为止。所以，只要初九收敛自己，不出户庭，就可以无咎。

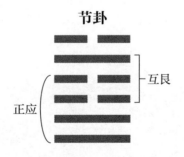

节卦

初九处于"士"的位置，还不是正式的官员。君子想要节天下，就要先节一家；想要节一家，就要先节一身。譬如，颜渊的节制并非从外部着手，而是从自我修炼开始的。初九穷而在下，应该收敛自己，在家中修炼德行。等到将来通达了，他的德行足以成为天下人的表率。

按照古代的规定，平民与士的房子比较小，只有一"户"，亦即只有一扇门板。到了大夫之位才有家，有家才有"门"，"门"有两扇门板。"户"字与"门"字的字形，也体现了这种差别。

[**爻辞**] 九二：不出门庭，凶。

象曰：不出门庭凶，失时极也。

[**白话**] 九二：不走出门户与庭院，有凶祸。

《象传》说：不走出门户与庭院，会有凶祸，是因为过度错过了时机。

九二作为大臣，本来应该辅佐君王"制数度，议德行"。但是，九二身处下卦，看到上面是互艮（六三、六四、九五），就以为应该停止，于是错过了支持九五的大好时机。

并且，九二在下卦兑中，兑为悦，代表九二过于愉悦，以至于忘记了国君的需求。九二以阳爻居柔位，位置不太恰当。它只知阻塞而不知通达，在应该勇于任事之际，把自己限制住了，所以出现了"凶"。

节卦

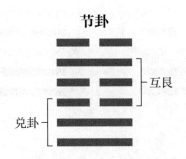

在《易经》64卦中，有32个九二，只有3个是凶。其中，损卦（䷨，第41卦）与困卦（䷮，第47卦）的九二都是"征凶"，只要不

前进，就不会有凶祸。只有节卦的九二直接说"凶"，代表这里的情况很特殊，必须小心谨慎。

[**爻辞**] 六三：不节若，则嗟若，无咎。

      象曰：不节之嗟，又谁咎也？

[**白话**] 六三：没有节制的样子，就会出现悲叹的样子，没有责难。

      《象传》说：没有节制的悲叹，又能责难谁呢？

六三的"不节若"属于"不及"，他没有做到必要的节制，难免会出现悲叹，别人对他也不忍苛责。这里的"咎"意为责难、责怪。

泰卦六五本来居上卦之中，又有九二正应。现在成为节卦六三，位置不中不正，与上六也不应，这些都是"不节若"造成的。六三在下卦兑的极点，等于到了泽的最高点，会过于盈满而不知节制。

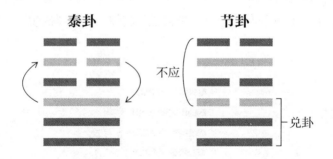

[**爻辞**] 六四：安节，亨。

      象曰：安节之亨，承上道也。

[**白话**] 六四：安定的节制，通达。

《象传》说：安定的节制之所以通达，是因为顺承上位者的正道。

从泰卦变为节卦时，六四保持不动；卦变之后，六四又位于互艮（六三、六四、九五）中，艮为止，所以说"安节"。

六四本身当位，往下有初九正应，往上可以顺承九五，所以"通达"。《小象传》所谓的"承上道也"，是指六四可以顺承九五之君。可见，六四的位置很理想。

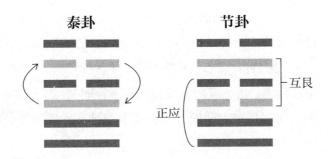

[**爻辞**] 九五：甘节，吉，往有尚。

象曰：甘节之吉，居位中也。

[**白话**] 九五：合宜的节制，吉祥，前往受到推崇。

《象传》说：合宜的节制之所以吉祥，是因为处于中位。

泰卦九三上来，取得上卦坤的中位，成为节卦的九五。坤为土，依《尚书·洪范》所言，"土爰稼穑"，而"稼穑作甘"，亦即土地可以种植五谷，五谷的味道都是甘甜的，所以九五是"甘节"。九五是由下卦上来而取得尊位的，所以说"往有尚"。

九五居中守正，正是本卦《彖传》所说的"当位以节，中正以通"，所以吉祥。

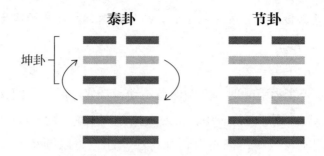

泰卦　　　　　节卦

坤卦

古代的大禹可以作为节卦九五的代表。孔子称赞大禹说："禹，吾无间然矣。菲饮食而致孝乎鬼神，恶衣服而致美乎黻冕，卑宫室而尽力乎沟洫。禹，吾无间然矣。"（《论语·泰伯》）意即"禹，我对他没有任何批评啊。他吃得简单，对鬼神的祭品却置办得很丰盛；他穿得粗糙，祭祀的衣冠却做得很华美；他住得简陋，却把全部力量用在沟渠水利上。禹，我对他没有任何批评啊"。大禹在生活上非常节俭，但是可以尽全力照顾百姓，侍奉鬼神。大禹的节制可谓恰到好处，所以得到了孔子的称赞。

[爻辞] 上六：苦节，贞凶，悔亡。

象曰：苦节贞凶，其道穷也。

[白话] 上六：过度的节制，一直下去会有凶祸，懊恼消失。

《象传》说：过度的节制，一直下去会有凶祸，是因为路已经走到尽头。

在原来的泰卦中，上六与九三正应；但是泰卦三、五换位，成为节卦之后，上六失去了正应。上六现在处于上卦坎中，坎为险、为苦难，所以上六的节制是"苦节"。它一直坚持下去，会陷入苦涩的处境，所以说"贞凶"。

上六已至全卦终位，前无去路，所以《小象传》说"其道穷也"。不过，上六以阴爻居柔位，仍有柔顺之德，可以随从中正的九五，所以懊恼消失。

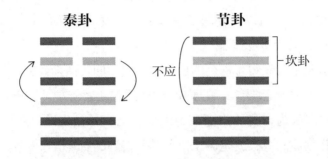

上六先说"凶"，又说"悔亡"，代表这个"凶"是有弹性的。君子可以用苦节来约束自己，但不能用苦节来约束天下人。伯夷、叔齐就是如此，他们清高自守，求仁而得仁，又会有什么遗憾呢？

对待百姓，则要遵从孔子的教诲——躬自厚而薄责于人[1]，即对自己要严格，对别人要宽厚。如果以苦节来约束天下人，会造成"苦节不可贞"的情况，无法长期坚持下去。

总之，在节卦六爻中，六四为"亨"，九五为"吉"；初九、六三是"无咎"；九二为"凶"，上六为"贞凶"。因此，节卦是一个中等的卦。节卦的占验之辞丰富多样，这提醒我们：节卦的修炼并不是一件容易的事。

---

[1] 出自《论语·卫灵公》。原文：子曰："躬自厚而薄责于人，则远怨矣。"

三、生病就回去看医生吧

节卦是水泽节，泽上有水，可以自动调节。但是，人间的一切不会自动调节，所以需要制定数量上的限度，评议道德上的行为表现，使社会保持安定和谐。

儒家从节卦获得了深刻的启发，可以用四句话来概括。

第一，对自己要约。孔子说："以约失之者鲜矣。"（《论语·里仁》）意即因为自我约束而在为人处世上有什么失误，那是很少有的。注重自我约束，就是儒家由节卦所得到的启发。

第二，对别人要恕。如心为"恕"，亦即孔子所说的"己所不欲，勿施于人"。（《论语·颜渊》）没有节制的修养，很难做到这一点。

第三，对物质要俭。不奢侈浪费，才能充分利用资源，造福更多的人。

第四，对神明要敬。人的内心保持收敛与谨慎，才能对祖先与神明表达敬意。

节卦六爻的爻辞对个人的修养也多有启发。

节卦初九说："不出户庭，无咎。"代表节制要从自身做起，孔子的学生颜渊在这方面堪称典范。孔子曾称赞颜渊"不迁怒，不贰过"[1]。"不迁怒"代表他可以调节情绪，对喜怒哀乐有所节制；"不贰过"代表他不犯同样的过错。在物质方面，颜渊安于"一箪食，一瓢饮，在陋巷"[2]的简朴生活。这些都体现了颜渊高度的自我修养。

---

[1] 出自《论语·雍也》。原文：哀公问："弟子孰为好学？"孔子对曰："有颜回者好学，不迁怒，不贰过。不幸短命死矣。今也则亡，未闻好学者也。"

[2] 出自《论语·雍也》。原文：子曰："贤哉，回也！一箪（dān）食（sì），一瓢饮，在陋巷，人不堪其忧，回也不改其乐。贤哉，回也！"

孔子在《系辞上传》里对节卦初九做了进一步的延伸。孔子说："乱之所生也，则言语以为阶。君不密则失臣，臣不密则失身，几事不密则害成。是以君子慎密而不出也。"意即祸乱的产生，是以言语为其阶梯。君主不能保密，就会失去臣子；臣子不能保密，就会丧失性命；几微之事不能保密，就会造成失败的结果。因此，君子谨慎保密而不随便说话。孔子在这里特别强调了言语方面的修炼。言语不能保密的话，很多事情都会功败垂成，无法实现预期的良好效果。当我们在社会中承担重要职责时，应该牢记这一点。

节卦上六的爻辞说："苦节，贞凶，悔亡。"为何先说"贞凶"，又说"悔亡"呢？因为君子可以用苦节来要求自己，接受苦难的现实，上不怨天，下不尤人，这也合乎"君子固穷"①的要求，所以虽然有凶祸，但最后懊恼可以消失。譬如，伯夷、叔齐坚守节操，最后饿死在首阳山上，孔子对他们的评价是"求仁而得仁，又何怨？"。

但是，如果以苦节来要求天下人，就会徒劳无功。《孟子·滕文公下》提到，陈仲子是齐国人推崇的廉洁之士，他对于来路不明的食物或住宅一概不要，弄得自己疲累不堪，几乎活不下去了。孟子说："要推广陈仲子的那种操守，只有变成蚯蚓才能办到。"因为蚯蚓只需要一点土壤和水分就能活下去，人却不能如此。这就是"苦节不可贞"的典型例证。

古代就有占到节卦的案例。三国时代，吴国的孙权听说关羽战败了，就让当时的《易经》高手虞翻来占卦，结果占到节卦九五。节卦是由泰卦九三与六五换位而来，九三本来在下卦乾，乾为头；它往上走两步，到了九五，就出现了节卦。虞翻说："不出两天，关羽就会断头而亡。"后来果然应验了。

---

① 出自《论语·卫灵公》。原文：在陈绝粮，从者病，莫能兴。子路愠见曰："君子亦有穷乎？"子曰："君子固穷，小人穷斯滥矣。"

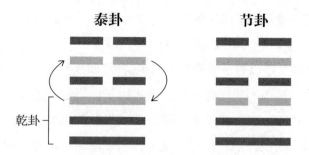

泰卦　　　　　节卦

乾卦

另外，清朝有一位学者叫毛西河，他少年时期流亡在外，占问自己的处境，得到节卦六三，之卦为需卦。他认为，节卦是停止，需卦是有所等待，两卦都是坎险在前（上卦都是坎卦）。节卦六三在互震（九二、六三、六四）中，震为动，一动就得到刚爻（六三变成了九三），而需卦的《象传》说"刚健而不陷"，代表可以离开险难。于是他急速前行，后面果然有人来追他，他到海陵躲藏了一个多月才出来，最终脱离了危险。

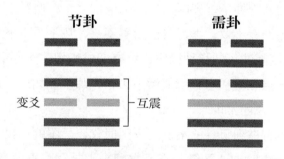

节卦　　　　　需卦

变爻　　　互震

现代人也有占到节卦的案例。有一对夫妻决定买房，但夫妻二人对于买哪一套房子，以及用谁的名义去买，意见不一致。妻子为此事占卦，得到节卦，变爻九二和九五。九二在下卦，代表占卦者自己（妻子）；九五在上卦，代表她的先生。九二的爻辞说："不出门庭，凶。"依此看来，妻子的选择恐怕大有问题。而九五的爻辞说："甘节，吉，往有尚。"按照朱熹的解法，在两爻变时，要以上面的变爻为准，亦即要依九五来占断。可见，按照先生的选择，并且用先生的名义购房比较适合。

两爻变之后是复卦，代表一阳复起，也就是买房搬家之后，一切将会重新开始。后来听朋友说，他们夫妻之间早有芥蒂，为了购房之事更是争执不休。现在决定按照先生的想法来办，两人的感情有如回到开始，一家人又和乐如故了。

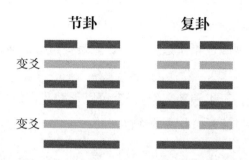

节卦　　　复卦

我自己在几年前也占到过节卦。有一个周末，我到北京的一所商学院上两天的课。周六下午，我在解说儒家人性论时，由于过于投入，导致声音沙哑。学校的教务人员提醒我赶快治疗，如果声音恢复不了，最晚在周日早上6：30之前通知学校，以便校方及早发出停课通知。当天晚上，我尝试了各种办法，推拿、按摩、看中医等，各种努力通通无效。第二天早上吃早餐时，助理问我："今天到底上不上课呢？"由于时间紧迫，我就用数字卦当场占了一卦。

数字卦需要三组三位数。首先，我看到餐厅菜单上的电话号码，就取了最后三位数；接着，我又取了自己所住房间的房号；第三组数怎么取呢？我拿起手表一看，正好是6：14，就取了614这个数。前两组数字还要仔细算一下，第三组数字通过心算就知道，614除以6的余数是2，亦即第二爻是变爻。在《易经》64卦的"二"的位置，有90%的爻辞都是好的，我于是松了一口气。我当时心存侥幸，想勉强把这次课上完，否则为了一天的课程，还要再跑一趟北京，实在是蛮辛苦的。没想到，我占到的居然是节卦九二。《易经》有32个九二，只有3个是凶，偏偏让我占到了一个。

九二的爻辞说："不出门庭，凶。"意即不走出门户与庭院，会有凶祸。换句话说，如果我今天不离开北京，非要坚持上课，结果就是凶。于是我让助理通知学校暂停上课，然后立刻飞回台北，找医生治疗。我的问题是：留在北京继续上课，结果如何？结果占到了凶。这里的"凶"只是代表，如果坚持上课，将达不到预期的效果。所以，占到凶也不用过度担心，只是提醒你原来的想法不可行而已。

人生苦短，不堪浪费。《易经》可以帮助我们做出合理的判断，以免事后后悔，还要想办法去补救。

一、谦虚又实在，诚信感动人

61 风泽中孚，下兑上巽

中孚：豚鱼，吉，利涉大川，利贞。

象曰：泽上有风，中孚。君子以议狱缓死。

上九：翰音登于天，贞凶。
象曰：翰音登于天，何可长也？

九五：有孚挛如，无咎。
象曰：有孚挛如，位正当也。

六四：月既望，马匹亡，无咎。
象曰：马匹亡，绝类上也。

六三：得敌，或鼓或罢，或泣或歌。
象曰：或鼓或罢，位不当也。

九二：鸣鹤在阴，其子和之。我有好爵，吾与尔靡之。
象曰：其子和之，中心愿也。

初九：虞吉，有它不燕。
象曰：初九虞吉，志未变也。

　　本节要介绍《易经》第61卦中孚卦。中孚卦是一个美丽而对称的卦，六三、六四两个阴爻位于全卦中间，上下各有两个阳爻把它们包围起来。

　　《序卦传》说："节而信之，故受之以中孚。"前面的节卦代表节制。有所节制，才可取信于人，所以接着上场的是中孚卦。《杂卦传》说："中孚，信也。"符节是古代的一种信物，中孚卦上下二卦搭配合宜，若合符节，可以作为凭信。"中"指内心，"孚"代表诚信，"中孚"就是内心诚信并表现于外。

从中孚卦的结构来看，六三、六四两个阴爻位于全卦中间，可谓"中虚"，代表内心谦虚，愿意接受别人的看法；九二、九五两个阳爻占据上下卦的中位，可谓"中实"，代表内心实在，愿意履行自己的承诺。"中虚"则无我，可以信赖他人；"中实"则有物，可以信守承诺。《中庸》说："不诚无物。"一个人如果不真诚，那么一切都是假的。"中虚"是诚信的根本，"中实"是诚信的保障。中孚卦凸显了诚信的两个重点。

[**卦辞**] 中孚：豚鱼，吉，利涉大川，利贞。

[**白话**] 中孚卦：猪与鱼出现，吉祥，适宜渡过大河，适宜正固。

在《易经》64卦中，卦辞里出现动物名称的只有七个卦，包括坤卦的"利牝马之贞"，履卦（☰，第10卦）的"履虎尾"，离卦（☲，第30卦）的"畜牝牛"，晋卦（☷，第35卦）的"康侯用锡马蕃庶"，中孚卦（☴，第61卦）的"豚鱼，吉"，小过卦（☳，第62卦）的"飞鸟遗之音"，未济卦（☲，第64卦）的"小狐汔济"。中孚卦比较特别，同时提到了"豚、鱼"两种动物。

中孚卦为何提到"豚鱼"呢？《象传》给出的解释是"信及豚鱼也"，即诚信达到了猪与鱼。豚是小猪，是兽类中的微贱之物；鱼是虫类中的幽隐之物。北宋的程颐认为，豚比较躁动，鱼比较冥顽不灵，两者都是不容易感应的生物。如果一个人的诚信能被豚和鱼感应到，说明他诚信的力量无所不至，结果当然吉祥。

历代学者努力为"豚鱼"寻找合理的解释，其实没有太大必要。有一种说法是，豚鱼代表微薄的礼物，只要有真诚的心，即使用最微薄的礼物，依然可以感动神明而得到祝福。这种解释可供参考。

[**象传**] 象曰：中孚，柔在内而刚得中。说而巽，孚乃化邦也。豚鱼吉，信及豚鱼也。利涉大川，乘木舟虚也。中孚以利贞，乃应乎天也。

[**白话**] 《象传》说：中孚卦，柔顺者在内而刚强者取得中位。喜悦而随顺，诚信才可感化邦国。猪与鱼吉祥，是说诚信达到了猪与鱼。适宜渡过大河，是说乘坐木船还有空位。内心诚信而适宜正固，则是顺应天之道。

"柔在内"是指六三、六四两个阴爻处在全卦的中间，"刚得中"是指九二、九五两个阳爻占据上下卦的中位。因此，中孚卦一方面有"中虚"之象，代表内心谦虚，没有个人的私欲；另一方面又有"中实"之象，代表九二、九五可以挡住外面的诱惑。换言之，中孚卦不仅能做到"静而顺"，还能做到"直而正"。

中孚卦下卦为兑，兑为喜悦；上卦为巽，巽为随顺，代表百姓喜悦而君上随顺。诚信到了这种地步，才可化民成俗，邦国大治。

在《易经》64卦中，只有七个卦的卦辞提到"利涉大川"，中孚卦是最后一个。中孚卦上卦为巽，巽为风、为木，可以乘坐木船渡过大河。

《象传》最后说："中孚以利贞，乃应乎天也。"意即内心诚信而适宜正固，则是顺应天之道。《大学》说："诚于中，形于外。"一个人内心是否真诚，会显示于外在的言行。诚信顺应了天之道，在任何地方都会显示出力量。

譬如，很多风景区都有鸽子在地上觅食，游客在旁边走来走去，它们毫不在意。但是，游客一旦想要抓这些鸽子，哪怕只是起心动念、还没有动手，鸽子就会感应到敌意，立刻拍翅膀飞走了。可见，人由内而发的心意，是一种超越形体的力量，可以被其他生物感应到。中孚卦要求我们从内心的真诚开始，"存其心，养其性"[1]，顺应天之道。

[**象传**] 象曰：泽上有风，中孚。君子以议狱缓死。

[**白话**]《象传》说：沼泽上有风在吹，这就是中孚卦。君子由此领悟，要认真讨论讼案，缓慢判决死刑。

《易经》中有六个卦与诉讼有关。第一个是讼卦（☰，第6卦），卦象是天与水相违而行，代表两个人的观点截然不同，无法取得共识，于是形成了诉讼。讼卦的《大象传》提醒我们"做事谋始"，亦即做事要在开始阶段就谋划好，以免将来陷入争讼的局面。

另外五个与诉讼有关的卦分别是：噬嗑卦（☰，第21卦），贲卦（☰，第22卦），丰卦（☰，第55卦），旅卦（☰，第56卦），以及中孚卦。这五个卦的共同特色是：在其卦象组合中，都包含离卦（☲）。离为火、为明，有了光明，才能公平地审理诉讼。

中孚卦没有直接包含离卦，但是，可以把中孚卦看作放大一倍的离卦。它的《大象传》说："君子以议狱缓死。"中孚卦下卦为兑，兑为口，可以认真讨论讼案；上卦为巽，巽为风、为不果，所以要缓慢判决死刑。

---

① 出自《孟子·尽心上》。原文：存其心，养其性，所以事天也。

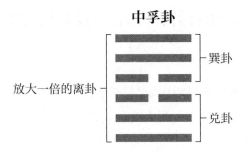

中孚卦

放大一倍的离卦 — 巽卦 / 兑卦

　　总之，"中孚"就是内心的诚信可以展现出来，这是一切德行的基础，也是社会安定的法门。中孚卦的诚信可以感动豚鱼之类的生物，更何况是作为万物之灵的人呢？所以，儒家的经典《中庸》就强调"诚之者，人之道"，意即让自己真诚，就是走在人生的正道上。

　　一个人想要做到诚信，首先要了解自己的处境，有自知之明，这样在与别人来往时，才会有适当的言行表现。每个人都言而有信，才能形成一个稳定而和谐的社会。

二、我有好酒一坛，我要与你共享

中孚卦的结构是风泽中孚，它的卦象形成一个美丽而对称的图案。中孚卦旨在说明，人与人交往时应该讲求诚信，既要做到"中虚"，保持谦虚的态度，又要做到"中实"，履行自己的承诺。中孚卦的六爻由于位置不同，所以表达真诚的方式以及占验之辞各不相同。

[爻辞] 初九：虞吉，有它不燕。

　　　象曰：初九虞吉，志未变也。

[白话] 初九：可预料就吉祥，有其他状况则不安。

　　　《象传》说：初九可预料就吉祥，是因为心意并未改变。

"虞"为预料、猜测。古代的虞人负责掌管山林，并在王公贵族打猎时担任向导。初九居中孚卦初位，上有六四正应；六四在互艮（六三、六四、九五）中，艮为山林，引申为"虞"。初九有六四作为向导，所以不会迷路。只要初九心意不变，一心一意相信六四，就会吉祥。

但是，初九爻变，下卦成坎，坎为险。如果初九三心二意，就会出现不安的状况，所以说"有它不燕"。

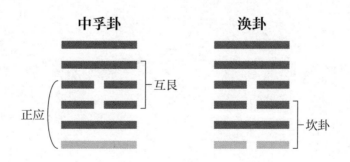

中孚卦　　　　　　　　涣卦

正应　　　互艮　　　　　　坎卦

[爻辞] 九二：鸣鹤在阴，其子和之。我有好爵，吾与尔靡之。

象曰：其子和之，中心愿也。

[白话] 九二：大鹤在树荫下啼叫，它的小鹤啼叫应和。我有美酒一
罐，我要与你共享。

《象传》说：它的小鹤啼叫应和，是发自内心的愿望。

中孚卦九二的爻辞是《易经》384爻中最美的一句话，有《诗
经》的韵味。中孚卦有如放大的离卦，离为雉，在此指鹤。九二提
到鹤，上九提到鸡，两者都与放大的离卦有关。

九二居柔位，柔位为阴，引申为"荫"；九二又在互震（九二、
六三、六四）中，震为鸣，所以说"鸣鹤在阴"。

"其子和之"的"子"指九五，因为九二较早出现，而九五较晚
出现。九二在互震中，震为长男；九五在互艮（六三、六四、九五）
中，艮为少男，两者皆为子，上下可以直接呼应，没有任何阻碍。
并且，九二与九五都是阳爻居中位，两者都走在中道上，彼此呼应
是很自然的。九二在互震（九二、六三、六四）中，震为仰盂，它
的形状像爵（酒杯），可以装酒。九二爻变，出现互坤（六二、六三、
六四），坤为母，可以怀孕，称为"有身"，引申为"自身"。爻辞
中的"我"与"吾"，都是由此而来。

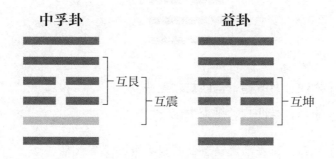

这里可以把"美酒"理解为"美好的德行"。九二刚正不阿，诚实不欺，以此号召天下的同类，群贤无不响应，大家一起来支持九五之君。

[**爻辞**] 六三：得敌，或鼓或罢，或泣或歌。

象曰：或鼓或罢，位不当也。

[**白话**] 六三：遇到对手，或击鼓或休兵，或哭泣或唱歌。

《象传》说：或击鼓或休兵，是因为位置不恰当。

六三位于下卦兑的终位，面临上面的巽卦，可谓棋逢敌手。六三在互震（九二、六三、六四）中，震为雷，引申为击鼓作战；它又在互艮（六三、六四、九五）中，艮为止，引申为休兵罢战，所以说"或鼓或罢"。同时，六三在下卦兑中，兑为口、为悦，引申为唱歌；其上为巽卦，巽为风、为呼号，引申为哭泣，所以说"或泣或歌"。六三的处境如此复杂，是因为它的位置不中也不正。

中孚卦

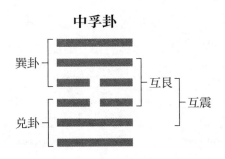

[**爻辞**] 六四：月既望，马匹亡，无咎。

象曰：马匹亡，绝类上也。

[**白话**] 六四：月亮已经满盈，马匹丢失，没有灾难。

《象传》说：马匹丢失，是因为离开同类往上走。

关于六四的爻辞，传统的《易经》版本（如王弼本）写作"月几望"，即月亮快要满盈了，而帛书本《易经》写作"月既望"，即月亮已经满盈了。依纳甲说，兑卦代表农历初八，此时月亮尚未满盈；而巽卦代表农历十六，此时月亮已经满盈。六四进入了上卦巽，所以说"月既望"比较适合。

六四本身当位，它下有初九正应，上有九五相比。六四是全卦唯一具备这些有利条件的，各方面都很圆满，所以说"月既望"。

为什么说"马匹亡"呢？因为两马为"匹"。中孚卦六三、六四是两个阴爻，形同两匹马。六四离开同类往上走，不再与六三为伴，所以说"马匹亡"。六四的责任是支持九五之君，结果是"无咎"。

这提醒我们，若想维持诚信，必须有所取舍。每个人都有多重角色，对不同的人有不同的诚信要求，不可能让所有人都满意。有时为了更大的道义，必须离开同类，去做自己该做的事。

[**爻辞**] 九五：有孚挛（luán）如，无咎。

象曰：有孚挛如，位正当也。

[**白话**] 九五：有诚信而系念着，没有灾难。

《象传》说：有诚信而系念着，是因为位置正确而恰当。

九五作为君王，充分表现出中孚卦"有诚信"（孚）的特色。在中孚卦里，只有九五提到了"有孚"。

"挛如"意为系念着。九五在上卦巽中，巽为绳；又在互艮（六三、六四、九五）中，艮为手，合起来就是用手系着绳子来连接各爻。

九五的诚信不容置疑，但是它与九二不应，所以只可说是"无咎"。并且，真正的诚信不能全靠有形的力量来维持。

中孚卦

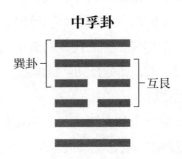

[**爻辞**]上九：翰音登于天，贞凶。

象曰：翰音登于天，何可长也？

[**白话**]上九：鸡啼的声音传到天上，一直这样下去会有凶祸。

《象传》说：鸡啼的声音传到天上，怎么可能长久？

"翰音"意为鸡。《礼记·曲礼下》说："凡祭宗庙之礼，牛曰一元大武……羊曰柔毛，鸡曰翰音……"祭祀时特别称鸡为"翰音"，是形容它的音质优美。上九在上卦巽中，巽为鸡；它与六三正应，六三在下卦兑中，兑为口，合之则有鸡鸣之象。

中孚卦

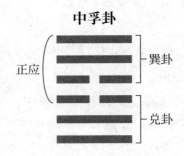

上九居全卦终位，物极必反，等于中孚卦走到最后，只剩下说话美妙动听，内心未必有真诚实践的动力，就像"鸡啼声可以传到天上，鸡却不可能飞上天"一样。上九好高骛远，不能脚踏实地，这样的诚信怎么可能长久呢？

总之，中孚卦只有初九是吉；九二的爻辞很美，它与九五心意相通，互相应和；六三虽然与上九正应，但是它举棋不定；六四与九五都是"无咎"，说明维持诚信很不容易；上九走到中孚卦的尽头，很难长期维持下去。

三、好高骛远，求职注定失败

中孚卦是风泽中孚，六三、六四两个阴爻在全卦中间，代表一个人内心谦虚，愿意与别人交往互动；而九二、九五两个阳爻居于中位，代表有实在的力量，能够履行承诺。所以，中孚就是内心真诚并有实际的行动。

儒家重视真诚。孟子强调："思诚者，人之道也。"（《孟子·离娄上》）即追求真诚是人生的正路。孟子又说："至诚而不动者，未之有也。不诚，未有能动者也。"这句话里有两个"动"字，都是指行善。孟子前面谈到"对国君忠诚，对朋友守信，对父母孝顺"等，都是人与人之间适当关系的实现，也就是行善。孟子的意思是：一个人真诚到极点，就不可能不去行善；反之，如果不真诚，就不可能有行善的作为。

可见，真诚是行善的前提。如果一个人不真诚，却做到一般人所说的善行，那也不是真正的善行，他可能别有动机，只是把行善当作手段或工具来利用而已。换言之，真诚与善行不可分割。只有由内而发、出于真诚的善行，才能显示人格的光辉，并使人格日趋完美。孟子这段话为真诚做了很好的注解。

《中庸》也说："诚者，天之道也。诚之者，人之道也。"意即真诚是天的运作模式，让自己真诚，是人的正确途径。换言之，"天之道"是真实无妄的，总是按照一定的规律在运作。"人之道"是让自己真诚，那是做人的根本原则。儒家肯定人性向善，一个人只要真诚，行善的力量就会由内而发，让他去做该做的事。

中孚卦初九是全卦唯一出现吉的。初九的《小象传》说："初九可预料就吉祥，是因为心意并未改变。"初九对应一个人的年轻阶段，此时要特别注意修身。曾子的"三省吾身"，孔子的"非礼四勿"，都是很好的修炼方法。

曾子说："吾日三省吾身：为人谋而不忠乎？与朋友交而不信乎？传不习乎？"（《论语·学而》）意即我每天好几次这样省察自己：为别人办事，没有尽心尽力吗？与朋友来往，没有信守承诺吗？传授学生道理，没有印证练习吗？

另外，孔子教导颜渊，要努力做到"非礼勿视，非礼勿听，非礼勿言，非礼勿动"（《论语·颜渊》）。可见，年轻人应该一心一意，按照"三省""四勿"的要求来修身。此时若有别的念头，内心就会浮动不安，出现"有它不燕"的状况。

九二的爻辞说："鸣鹤在阴，其子和之。我有好爵，吾与尔靡之。"孔子在《系辞上传》中对这句话做了精彩的延伸。孔子说："君子居其室，出其言善，则千里之外应之，况其迩者乎？居其室，出其言不善，则千里之外违之，况其迩者乎？言出乎身，加乎民；行发乎迩，见乎远；言行，君子之枢机。枢机之发，荣辱之主也；言行，君子之所以动天地也，可不慎乎？"

意即君子住在屋内，说出的话有道理，那么千里之外的人也会响应他，何况是身边的人？他住在屋内，说出的话没有道理，那么千里之外的人也会违背他，何况是身边的人？言语从自己口中说出，百姓都会听到；行为从自身表现出来，远处也会看到。言语与行为是君子处世的枢纽机关。枢纽机关一发动，就决定了是获得荣耀还是招来耻辱。言语与行为，是君子借以感动天地的关键，可以不谨慎吗？

孔子这段话表达了他"人性向善"的立场。一个人的言行合乎道义，天下人都会来响应他。如果人性不是向善的话，怎么会有如此普遍的效应呢？

六三表现出犹疑不定的状态。中孚卦是泽上有风，六三在泽水（下卦兑）最上面，是浅而未深之水。泽水遇到风，表面就会起波澜；

遇到寒冷，浅层就会结冰。兑又为悦，六三处于喜悦之极，所以它一旦与外物相遇，鼓之则动，罢之则止。六三缺乏操守与自信，又如何取信于人呢？战国时代的苏秦、张仪等纵横家，为了达到目的而反复改变自己的说辞，就是类似的情况。

上九处在中孚卦最高的位置，一心想要建立诚信，却缺乏深思熟虑。孔子说："好信不好学，其蔽也贼。"（《论语·阳货》）意即一个人爱好诚信而不爱好学习，那种流弊就是伤害自己。"贼"意为伤害。换言之，一个人希望做到言而有信，却不了解人情世故，无法分辨一般的小信与关键的大信，最后就有可能受到欺骗和愚弄。

现代人也有占到中孚卦的案例。我认识一位年轻的学生，他在台湾大学旁听我的哲学课有十年之久。有一次，他来旁听《易经》的课程，他想在暑假期间参加公务员考试，就在课堂上用数字卦占了一卦，结果占到中孚卦上九，爻辞说："翰音登于天，贞凶。"意即鸡啼的声音传到天上，这样下去会有凶祸。

他学的专业与公务员考试关系不大，为了准备考试，他还花钱上了补习班。我问他："录取率如何？"他说："大概5%。"这么低的录取率，可见竞争一定很激烈。他没有学过行政管理，怎么可能得心应手呢？我对他说："爻辞提到'贞凶'，代表考试很可能会失利。"看到他失望的表情，我当时真的希望占卦不准，但是也无可奈何。

事实上，《易经》的"易"就是变化，一时的吉凶并不代表人生的得失。如果在逆境中重新思考未来的方向，选择不同的奋斗目标，说不定可以逢凶化吉。"失败乃成功之母"并不是口号，而是认真生活者的根本信念。隔了一年，我又遇到了这位同学，他说他通过了另外一项考试，我由衷地为他感到高兴。

另外，在疫情期间，我在台北有一个《易经》班，由于疫情严重，同学们的意见出现了分歧：有人主张暂时停课，等疫情缓解后再上课；也有人主张继续上课。我们就为这件事占了两卦。

第一卦占问：暂时停课，结果如何？结果占到中孚卦六三，爻辞说："得敌，或鼓或罢，或泣或歌。"意即遇到对手，或击鼓，或休兵，或哭泣，或唱歌。可见，对于暂时停课，同学们意见不一致，"或泣或歌"说明大家情绪都很激动。中孚卦六三的情况显然不理想，因为它的位置不恰当。换句话说，如果暂时停课，会出现许多复杂的问题。

第二卦占问：继续上课，结果如何？结果占到睽卦九四，爻辞说："睽孤，遇元夫。交孚，厉无咎。"意即乖离而孤独，遇到有为之士。互相信任，有危险但没有灾难。《小象传》说得更直接："互相信任而没有灾难，是因为心意得以实现。"两卦占完之后，答案就很清楚了。选择停课，占到中孚卦六三，代表缺乏互信，以至于情绪波动很大。选择继续上课，占到睽卦九四。

"睽孤"代表乖离而孤独。当时很多课程都暂停了，我们继续上课显得有点特立独行。但是，"遇元夫"说明老师与同学都有心上进，"交孚"代表大家互相信任，使这个心意得以实现。因此，我们调整了座位间距，继续上课，最后顺利完成了这一期课程。可见，当我们面临抉择时，可以从正反两面分别去占，再从中选择满意的结果。

下一节要介绍中孚卦的变卦小过卦。中孚卦没有覆卦，因为把中孚卦翻过去，还是中孚卦。风泽中孚六爻皆变，就变成了雷山小过。

一、一只鸟能飞多远呢

62 雷山小过，下艮上震

小过：亨，利贞。可小事，不可大事。

飞鸟遗之音。不宜上，宜下，大吉。

象曰：山上有雷，小过。

君子以行过乎恭，丧过乎哀，用过乎俭。

上六：弗遇过之，飞鸟离之，凶。是谓灾眚。
象曰：弗遇过之，已亢也。

六五：密云不雨，自我西郊。公弋取彼在穴。
象曰：密云不雨，已上也。

九四：无咎。弗过遇之，往厉必戒，勿用，永贞。
象曰：弗过遇之，位不当也。往厉必戒，终不可长也。

九三：弗过防之，从或戕之，凶。
象曰：从或戕之，凶如何也？

六二：过其祖，遇其妣。不及其君，遇其臣。无咎。
象曰：不及其君，臣不可过也。

初六：飞鸟以凶。
象曰：飞鸟以凶，不可如何也。

前文介绍过大过卦（䷛，第28卦），本节要介绍《易经》第62卦小过卦。

中孚卦六爻皆变，就形成了小过卦。《序卦传》说："有其信者必行之，故受之以小过。"前面的中孚卦代表有诚意、有凭信。有凭信的人一定可以通行，所以接着要谈小过卦。"小过"的"过"可以理解为通过、超过或过分。

小过卦的结构相当整齐，九三、九四两个阳爻在中间，被上下各两个阴爻包围。小过卦有以下三点特色。

第一，小过卦阴爻与阳爻的比例是四比二，并且阴爻占据了二、五这两个中位，阴爻称小，所以"小过"就是小的超过大的。

第二，在小过卦六爻中，出现了三个"凶"字，而没有一个"吉"字，有两个"无咎"已经算不错了。小过卦有如放大一倍的坎卦（☵），坎为险、为加忧，代表困难重重。

在《易经》64卦中，有五个卦在爻辞里出现了三个"凶"字。第一个是师卦（䷆，第7卦），代表军队作战，兵凶战危。第二个是剥卦（䷖，第23卦），底下五个阴爻冲上来，上面只剩下一个阳爻，岌岌可危。第三个是颐卦（䷚，第27卦），象征一张口张开来，代表在工作上有激烈的竞争，压力很大。第四个是恒卦（䷟，第32卦），代表夫妻关系要保持长久稳定，并非易事。最后一个就是小过卦，两个阳爻被四个阴爻包围在中间，动弹不得。

小过卦

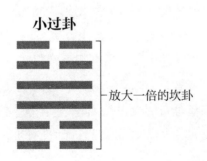

放大一倍的坎卦

第三，小过卦就像数学里的质数，它本身无法由别的卦变来；同时，小过卦是其他五个卦的来源。明夷卦（䷣，第36卦）、蹇卦（䷦，第39卦）、解卦（䷧，第40卦）、萃卦（䷬，第45卦）、升卦

（☳，第46卦），这五个卦都是从小过卦变来的。

[卦辞] 小过：亨，利贞。可小事，不可大事。飞鸟遗之音。不宜上，
宜下，大吉。

[白话] 小过卦：通达，适宜正固。可以做小事，不可以做大事。
有鸟飞过留下的声音。不应该往上走，而应该往下走，非
常吉祥。

在《易经》中，阴爻称为"小"。小过卦四阴二阳，阴爻超过
了阳爻，尤其是阴爻占据了上下卦的中位，可谓"小者过"。"小过"
代表小有所过，目的是救治时弊，使之归于正途。有些事必须纠正，
才能够亨通。时当过而过，就不是罪过了。因此，小过之"过"与
"罪过"没有什么关系。另外，"小过"也代表小事可以通过，亦即
可以做一些小事，前提是它必须是正当的，在大事上则不宜轻举
妄动。

小过卦有飞鸟之象，九三、九四两个阳爻代表鸟的身体，上下
各两个阴爻代表鸟的翅膀，所以卦辞提到"飞鸟遗之音"。有飞鸟留
下的声音，代表鸟刚刚飞过。"不宜上，宜下"，是因为飞鸟终归要
回到地面上。如果一直往上飞，就会找不到归宿。

卦辞最后说"大吉"。有学者认为，"大"字是衍文，因为小过
卦无论怎么看，都很难有"大吉"，有"吉"就不错了。如果所做的
是小事，或者在某些方面有小的超越，并且时机合适的话，还是可
以取得"吉"的结果。

"不宜上，宜下"提醒我们，此时安静自守则吉，有所作为则
凶。小过卦六二与六五两个阴爻居中位，代表君臣皆弱；并且，上
卦为震，下卦为艮，代表上动而下止，上位者有所作为，而底下不

能呼应；同时，小过卦阴盛于阳，代表小人长而君子消。

[彖传] 彖曰：小过，小者过而亨也。过以利贞，与时行也。柔得中，
　　　　是以小事吉也。刚失位而不中，是以不可大事也。有飞鸟之
　　　　象焉，飞鸟遗之音。不宜上，宜下，大吉，上逆而下顺也。

[白话]《彖传》说：小过卦，是说小的方面有所超越而可以通达。
　　　　超过而适宜正固，是要配合时势来运行。柔顺者取得中位，
　　　　因此小事吉祥。刚强者失去地位而没有居中，所以不可以做
　　　　大事。卦上出现飞鸟的意象，所以有鸟飞过留下的声音。不
　　　　应该往上走，而应该往下走，这样非常吉祥，因为往上违背
　　　　时势，往下顺应时势。

　　　　小过卦六二、六五占据中位，是为"柔得中"，所以小事吉祥。
阳爻九三、九四失去中位，是为"刚失位而不中"，所以不可能做成
大事。
　　　　小过卦中间两个阳爻代表鸟的身体，上下各两个阴爻代表鸟的
翅膀，所以《彖传》强调，小过卦"有飞鸟之象"。
　　　　阳爻九三、九四被阴爻六五、上六压制，代表往上走违背时势；
而阴爻初六、六二可以顺承九三、九四，代表往下走顺应时势，所
以说"上逆而下顺也"。

[象传] 象曰：山上有雷，小过。君子以行过乎恭，丧过乎哀，用过
　　　　乎俭。

[白话]《象传》说：山上出现雷鸣，这就是小过卦。君子由此领悟，
　　　　行为要超过一般的恭敬，丧事要超过一般的哀伤，用费要超
　　　　过一般的节俭。

小过卦的卦象是山上有雷。雷在山上的震鸣，会超过它在平地上的声威。这是小有超过，所以称为小过卦。君子由此领悟，行为要超过一般的恭敬，丧事要超过一般的哀伤，用费要超过一般的节俭。

我们与别人来往时，最好能够做到适度。但是，当一个时代有了弊端，就要顺着时势去矫正，此时虽过而通。譬如，行为超过一般的恭敬，不会招来别人的责怪。办理丧事时超过一般的哀伤，别人会深感同情。用费超过一般的节俭，更会得到人们的肯定。君子在这三个方面超过一般的标准，正好体现了君子高度的修养。孔子说："躬自厚而薄责于人，则远怨矣。"（《论语·卫灵公》）意即责备自己多而责备别人少，就可以远离怨恨，不断增进自己的德行。小人在这三个方面也容易过度，但是与君子的表现大相径庭。小人在行为上容易过于倨傲，办理丧事时会显得无所用心，在用费方面容易过于奢侈。

总之，小过卦有飞鸟之象，又可视为放大的坎卦，它是"一卦三凶"的卦之一，也是五个卦（明夷卦、蹇卦、解卦、萃卦、升卦）的来源，集各种复杂的情况于一身。

究其原因，一方面是小过卦六二、六五居中位，代表君臣太弱；另一方面，虽然全卦阴爻占多数，但九三、九四两个阳爻横亘在中间，使上下卦的阴爻无法相通。所以，它的爻辞才会不断出现"怎样才能过去，怎样才能遇到"的说法，值得多加留意。

二、可做小事，难成大业

小过卦是雷山小过，九三、九四两个阳爻位于全卦中间，被上下四个阴爻包围。小过卦六二、六五居中位，代表君臣的力量太弱，他们希望打破九三、九四的阻隔，一起联手推行政务，但是困难重重。本节要介绍小过卦六爻的爻辞。

[**爻辞**] 初六：飞鸟以凶。

　　　象曰：飞鸟以凶，不可如何也。

[**白话**] 初六：飞鸟会带来凶祸。

　　　《象传》说：飞鸟会带来凶祸，这是无可奈何的事。

鸟一定要飞翔，但是一飞就会招来凶祸，这确实是无可奈何的事。初六爻变，下卦成离，离为雉、为鸟。小过卦的卦辞说"飞鸟遗之音"，《象传》说"有飞鸟之象"，所以初六为飞鸟。

初六一上场就非常急躁，希望立刻渡过各种困难。初六与九四正应，但九四在上卦震中，震为行；而初六在下卦艮中，艮为止，所以九四不会等待初六。在这种情况下，初六仍然想要高飞，不是会招来凶祸吗？因此，初六要特别谨慎，不能急躁冒进。

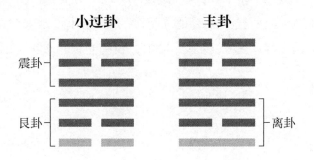

[**爻辞**] 六二：过其祖，遇其妣（bǐ）。不及其君，遇其臣。无咎。

象曰：不及其君，臣不可过也。

[**白话**] 六二：越过了祖父，遇到了祖母。没有赶上君王，遇到了臣子。没有灾难。

《象传》说：没有赶上君王，是说臣子不可以越过君王。

　　小过卦六二是《易经》384爻里最难解的爻之一。其他爻通常会用马、牛、虎等动物来比喻，人们由这些动物的特征，很容易联想到人世的处境。小过卦六二的爻辞却很特别，各家解法不一，争论不休。我们至少可以找到五种以上的解法，让人很难判断取舍。本书暂且以北宋程颐的解法为准。

　　六二非常希望越过九三、九四这两个阳爻的阻挡，去跟上面的六五配合。"过其祖，遇其妣"意为越过祖父，才可以遇到祖母。这是一个比喻，形容六二的内心非常急切。六二的祖母是六五，但六二的祖父是谁呢？根据程颐的解说，六二以九三为父，以九四为祖父。六二必须越过九三、九四这两个阳爻，才能遇到六五这个祖母，但这是不可能做到的。这提醒我们，就算是感情深厚的家人之间，也无法跨过两个阳爻的阻隔。

　　接着，"不及其君，遇其臣"才是本爻的重点。对六二来说，"君"是指六五，"臣"是指九三、九四。六二直接遇到九三，往上又遇到了九四，它无法越过这两个阳爻，所以说六二无法遇到君，只能遇到臣而已。最后是"无咎"，对于小过卦来说，这已经是最好的结果了。六二在下卦艮中，艮为止，也使六二无法向上发展。

小过卦

〜艮卦

[爻辞] 九三：弗过防之，从或戕（qiāng）之，凶。

象曰：从或戕之，凶如何也？

[白话] 九三：不要越过而要防范，跟着去可能受到伤害，有凶祸。

《象传》说：跟着去可能受到伤害，这种凶祸还不大吗？

九三、九四都提到了"弗过"。"弗过"既代表不要越过，也代表不要让别人超过。九三、九四两爻连手，占住全卦中间的位置，阻碍了上下阴爻的沟通。换言之，君子应该连手阻隔小人之间的沟通，防止天下大乱。

九三以阳爻居刚位，说明它有实力可以防范。但是，"从或戕之"代表九三有选择性。它与上六正应，所以有跟从上六的意愿。九三在互兑（九三、九四、六五）中，兑为毁折，所以说它"跟着去可能受到伤害"。九三爻变，下卦成坤，活力全无，代表这种伤害可能是致命的，所以出现了"凶"字。

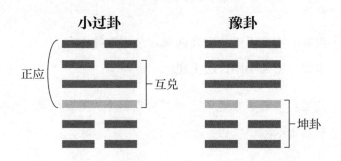

正应〜   小过卦   〜互兑   豫卦   〜坤卦

[**爻辞**] 九四：无咎。弗过遇之，往厉必戒。勿用，永贞。

象曰：弗过遇之，位不当也。往厉必戒，终不可长也。

[**白话**] 九四：没有灾难。不要越过也会遇到，前往有危险，一定要警戒。不可以有所作为，长久保持正固。

《象传》说：不要越过也会遇到，是因为位置不恰当。前往有危险，一定要警戒，是因为终究没有成长的机会。

九四以阳爻居柔位，不会过于刚强，所以说"弗过"。"弗过"也代表要防止上下阴爻的会合。九四遇到阴柔之君六五，对他爱莫能助。

九四想去帮助六五，但九四在互兑（九三、九四、六五）中，兑为毁折，所以说"前往有危险，一定要警戒"。小过卦是放大一倍的坎卦，坎为险，应随时保持警戒。九三、九四被阴爻包围，所以《小象传》说它"终究没有成长的机会"。

小过卦

互兑

[**爻辞**] 六五：密云不雨，自我西郊。公弋取彼在穴。

象曰：密云不雨，已上也。

[**白话**] 六五：浓云密布而不下雨，从我西边的郊野飘聚过去。王公射箭猎取穴中之物。

《象传》说：浓云密布而不下雨，是因为已经往上去了。

六五在互兑（九三、九四、六五）中，兑为泽，泽上于天（五是天的位置）为云，兑又为西方之卦，合起来就是"密云不雨，自我西郊"。这句话在小畜卦（䷈，第9卦）的卦辞中也出现过。

《易经》的惯例是大事称王、小事称公，均代表有权位的人。六五在上卦震与互兑（九三、九四、六五）中，震为木、为竹，引申为矢，兑为金，合之有射箭之象。"弋"是用带有丝绳的箭射取猎物。本卦有如放大的坎卦，坎为穴。六五想要猎取的穴中之物是六二。

六五在上卦震中，它一心往上，所以会"密云不雨"。换言之，六五的恩泽无法惠及百姓，它必须越过九三、九四这两个阳爻，才能射取到六二，这显然是非常困难的。

小过卦

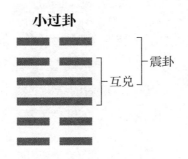

[**爻辞**] 上六：弗遇过之，飞鸟离之，凶。是谓灾眚。

象曰：弗遇过之，已亢也。

[**白话**] 上六：没有相遇，越过去了。飞鸟陷入罗网，有凶祸。这叫作天灾人祸。

《象传》说：没有相遇，越过去了，是因为已经太高了。

上六想与六五相遇，但是它已经越过了"五"的位置，所以说

"弗遇过之"。

"离"指罗网。上六爻变，上卦成离。离为雉、为鸟，离也是罗网，所以说"飞鸟离之"，即飞鸟陷入罗网。

小过卦有如放大的坎卦，上六把坎卦的凶险充分表现了出来，所以出现了小过卦第三个"凶"。一般来说，灾自外来，眚由己生，"灾眚"就是天灾人祸。上六位置最高，又不知收敛，所以两害并至。

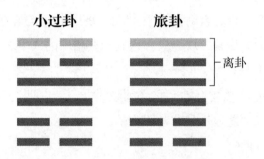

总之，小过卦两个阳爻被四个阴爻包围，动弹不得，所以六爻困难重重。同时，这两个阳爻也阻碍了上下阴爻的结合，所以爻辞反复提到"过""遇"这些词，最后的结果显然不理想。在小过卦的格局中，应多加收敛、谨慎小心，能够"无咎"已经不错了。

三、有些事，不妨超过一些

小过卦有如放大的坎卦，坎为险，所以卦辞提醒你，可以做一些小事，在大事上则难有作为。譬如，周平王东迁曾得到郑国的帮助，后来平王的孙子周桓王居然去讨伐郑国，显然不自量力，最后以失败告终。在春秋时期，鲁昭公曾经讨伐季氏，结果季氏联合其他大夫，反倒把昭公赶出了鲁国。可见，在小过卦的格局中，最好谨慎低调，不要轻举妄动。

小过卦六二的爻辞说"不及其君，遇其臣"，代表阴柔的六二没有遇到国君，就被正直的大臣挡住了。譬如，汉朝初期的大将周勃，铲除诸吕，为国家立下了汗马功劳。但是他后来对天子表现出骄傲的神色，袁盎马上就向汉文帝进谏，使周勃变得谨慎收敛了。到了汉武帝时期，淮南王刘安有谋反之心，但是他看到武帝身边有汲黯这样的忠臣，也颇为忌惮。后代有很多类似的例子，当某些臣子对君王有了不敬之心，甚至想犯上作乱时，经常有正直的大臣来压制他们狂妄的念头。

对九三来说，防备小人不可不过。如果对小人放松警惕，相信他甚至追随他，后面就会一发不可收拾。譬如，曹操篡汉之心，路人皆知，只有荀彧不加怀疑。等到后来，曹操有了明显僭越的举动，荀彧再有意见也来不及了。与之类似的是"司马昭之心，路人皆知"，司马家最后也篡了魏朝，建立了晋朝。所以，如果事先没有防备小人，甚至跟着小人一起去谋划，后面就会出现严重的问题。

现代人也有占到小过卦的案例。多年以前，我到马来西亚的吉隆坡上过一系列国学课程。上完《易经》课之后，主办单位的几个负责人请我共进晚餐。席间一位女经理说，她年近四十而没有知心的朋友，她想占问交友和婚姻之事。她用筹策占到小过卦，六爻皆不变。这时要参考小过卦的卦辞："小过：亨，利贞。可小事，不可大事。飞鸟遗之音。不宜上，宜下，大吉。"

我根据卦辞解说道："你年纪轻轻就当了经理，可见能力不错，但是在交友方面，或许应该调整心态。卦辞说'不宜上，宜下'，提醒你眼光不要太高。你身边有些人或许能力比不上你，但你不妨以平等的心态与他交往，说不定可以获得大吉。"我讲完之后，现场的几位朋友都面露微笑，点头称是。后来他们告诉我，公司里确实有年轻同事正在追求她，但是这位经理眼界比较高，只是往上看，所以一直没有交成朋友。可见，她的处境与小过卦相当接近。

有一年，我到上海电视台去做一个国学访谈节目，主持人利用休息的空当，让我教他用筹策占卦。他想买房子，已经看好了一间公寓，结果占到小过卦，变爻九三，爻辞说："弗过防之，从或戕之，凶。"意即不要越过而要防范，跟着去可能受到伤害，有凶祸。他看到这个结果，觉得难以接受。当时是2006年9月，上海的房价一路飙升，先买先赚，怎么会有凶祸呢？我对他说："你既然占了卦，最好相信它。不要急于出手，先缓一缓再说。"结果占卦之后第二天就出了问题，房价被全面冻结了一年之久。

第二年，我又参加了他主持的节目，我问他："上次买房子的事情进展如何？"他说："还好没有买，我后来才知道，那间公寓的所在地原来是一块坟地。有个朋友买了那里的房子，入住之后，心里始终觉得不自在。"可见，《易经》有如良师益友，可以不断指点我们做出正确的决策。

我自己也占到过小过卦。几年前，我有个做生意的亲戚想要增资扩厂，他说自己的公司利润丰厚，前景看好，问我有没有兴趣投资。我听了他的介绍，难免心动，所以第二天一早，我就用筹策占了一卦。结果占到小过卦，变爻九四，爻辞说："无咎。弗过遇之，往厉必戒。勿用，永贞。"意即没有灾难。不要越过也会遇到，前往有危险，一定要警戒。不可以有所作为，长久保持正固。

我帮别人多次占到过小过卦，知道它的卦辞强调"不宜上，宜下"，要保持低调，不可躁进，九四的爻辞更是直接说"勿用"。如果我现在非要投资，岂不是跟自己过不去吗？于是我婉谢了亲戚的建议，即使他这个计划将来真的赚了钱，我也不会懊恼：得之，我幸；不得，我命。一时的成败得失，本来就不是我应该担心的事。

另外，有个学生占问未来一年的财运，也占到了小过卦，"九三、九四、六五"三爻变。按照朱熹的解法，三爻变应以本卦的卦辞为主，并参考之卦的卦辞。小过卦的卦辞提到"可小事，不可大事""不宜上，宜下"，可见在财运方面只有小利可图，不必期望过高。三爻变之后，之卦是比卦，有朋友相聚之象。因此，与朋友一起合作，才会有利可图。

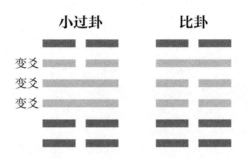

还有一个用《易经》炒股的案例。有一年，我在武汉上《易经》课，有个同学正在投资股票。当时股市波动很大，先是大涨，接着又是大跌，市场上不断传出各种利好消息，纷纷说要振兴股市。他想知道后面的走势究竟如何，就在周末占了一卦，结果占到小过卦上六。爻辞说："弗遇过之，飞鸟离之，凶。是谓灾眚。"意即没有相遇，越过去了。飞鸟陷入罗网，有凶祸。这叫作天灾人祸。

他当即做出决定，就算第二天股票上涨，也要全部卖掉，以免被套牢。上六是变爻，代表很快就会出现这种情况。他把占卦结果用短信发给另外五个朋友，想以此作为见证。结果第二天早上股票大涨，到了下午又大跌。他在刚开盘的时候，就把股票全都卖光了。

他后来告诉我，学习《易经》光靠这一次占卦，就够他付一辈子的学费了。其实，我并不赞成用《易经》占卦来炒股，因为古代没有炒股这个行业，而且股票波动太快，远超古人的想象。我一向强调"三不占"原则：不诚不占，不义不占，不疑不占。买股票纯粹是为了获利，未必合乎道义。如果是正常的投资，就另当别论了。

一、一切定位之后，又见变化

63　水火既济，下离上坎

既济：亨小，利贞。初吉，终乱。

象曰：水在火上，既济。君子以思患而豫防之。

上六：濡其首，厉。
象曰：濡其首厉，何可久也？

九五：东邻杀牛，不如西邻之禴祭，实受其福。
象曰：东邻杀牛，不如西邻之时也。实受其福，吉大来也。

六四：繻有衣袽，终日戒。
象曰：终日戒，有所疑也。

九三：高宗伐鬼方，三年克之，小人勿用。
象曰：三年克之，惫也。

六二：妇丧其茀，勿逐，七日得。
象曰：七日得，以中道也。

初九：曳其轮，濡其尾，无咎。
象曰：曳其轮，义无咎也。

本节要介绍《易经》第63卦既济卦。《序卦传》说："有过物者必济，故受之以既济。"小过卦代表有所超过，有所超过一定可以办成事情，所以接着要谈既济卦。"既济"原是渡河成功之意，在此泛指应该做的事都做到了。

在《易经》64卦中，既济卦是唯一一个六爻皆当位的卦。既济卦有以下四个特色。

第一，既济卦六爻皆当位，表面看起来很安稳；但是《易经》讲究变化，稍有变动，就会出现新的状况。

第二，既济卦由下往上，阴爻都在阳爻上面，代表小的方面可以亨通。

第三，既济卦阴爻与阳爻相互交错，没有两个同样性质的爻连在一起。这就好比君子与小人全都混到了一起，又怎么会有力量去改善社会呢?

第四，既济卦的卦象是水在火上，火往上烧，水往下流，两者相克相消。

可见，既济卦是一个令人担心的卦，表面看起来一切都步入正轨，似乎安全无虞，但这恰恰是最危险的时候。因为人之常情是：多难则戒，戒则忧，忧则治；无难则骄，骄则怠，怠则乱。因此，在既济卦的格局中，必须保持高度的警惕。

[**卦辞**] 既济：亨小，利贞。初吉，终乱。

[**白话**] 既济卦：通达小的方面，适宜正固。起初吉祥，最后混乱。

既济卦由泰卦变来，将泰卦的九二与六五换位，就出现了水火既济。本卦三个阴爻都在阳爻之上，阴爻称小，所以说"亨小"。全卦六爻皆当位，所以说"利贞"。既济卦起初呈现了稳定的秩序，所

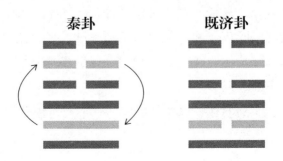

泰卦　　　　　既济卦

以说"初吉"。但是，万物不可能停止变化，最后必定会出现混乱的局面，所以说"终乱"。

[**象传**] 象曰：既济亨，小者亨也。利贞，刚柔正而位当也。初吉，柔得中也。终止则乱，其道穷也。

[**白话**]《象传》说：既济卦通达，是说小的方面通达。适宜正固，是说刚强者与柔顺者都能守正而位置恰当。起初吉祥，是因为柔顺者取得中位。最后停止就会混乱，是因为这条路走到了尽头。

既济卦阴爻都在阳爻之上，所以是"小者亨"。全卦六爻皆当位，各爻都有正应，所以"利贞"。"初吉，柔得中也"是就六二来说的，它从泰卦六五下来，取得了中位，所以吉祥。"终止则乱"是就上六来说的，它柔弱怠惰，无法维持既济的局面。所以，走到既济的尽头，必然会顺着时势进入新的循环周期。

《易经》分为上经和下经。上经有30卦，最后出现的是习坎卦（☵）与离卦（☲）。下经有34卦，最后出现的是既济卦（䷾）与未济卦（䷿），两者都是坎卦（☵）与离卦（☲）的组合。古代有"民非水火不生活"（《孟子·尽心上》）的观念，水火是人类生活的必需品。水火相交，其用至大。

但是，任何情况都不能推到极端。既济卦各爻皆当位，代表该做的事都做到了，似乎一切都会安定下来；但是走到极端之后，就会产生新的变化。《易》穷则变，变则通，通则久，久了之后，又会回到穷的情况。因此，既济卦可能是由盛转衰的关键，必须做好充分的心理准备。

[象传] 象曰：水在火上，既济。君子以思患而豫防之。

[白话]《象传》说：水在火的上方，这就是既济卦。君子由此领悟，要考虑祸害而预先防范。

既济卦上卦为坎，坎为险，代表外面有危险；下卦为离，离为明，代表可以预见到危险，事先采取防范措施。换言之，当你看到一切都井然有序，就要想到将来可能会出现混乱；看到灾难或逆境，就要想到如何预先防范。

一般人看到水火既济，会认为这是一个理想的局面；君子则要居安思危，保持警惕，防止事态朝着不利的方向发展。

自然界有阴阳消长、四季循环的规律，但如果人类世界也总是一治一乱，循环往复，人又何必修养德行、提高能力、培养智慧呢？《易经》的基本构想是"观察天之道，以安排人之道"。了解了天之道之后，还要进一步明白：人可以汲取自然界的优点来加以实践，使事情朝着对人有利的方向进展。如果政治领袖缺乏这种认识与必要的作为，就只能等着时势去制造英雄，而无法主导时势的发展。

这正是《易经》深刻的地方，它希望我们了解当前的处境，把握发展的趋势，然后选择正确的态度来面对挑战。我们要不断培养自己的德行、能力与智慧，让自己能够预见到各种危机，并妥善加以化解；让自己始终可以秉持一股正气，昂首屹立于天地之间。

《论语·宪问》里有一位守城门的人，他对孔子的评价是"知其不可而为之者也"。整部《易经》的思想，也体现了儒家的这种精神。明明知道自然界有阴阳消长的规律，人类世界也总是出现一治一乱的情况；但是，君子宅心仁厚，知其不可而为之，总是想尽办法减少百姓的苦难和损失，让社会重回正轨。这是儒家最深切的愿望，每个时代的学者都要面对他们各自的挑战。

虽然既济卦的卦辞提到"初吉终乱"，但是在六爻里面，没有出现任何一个吉字。既济卦各爻只是提醒你，在当前的处境下，应该如何应对挑战，才有正面的收获，并避开负面的危机。这充分体现了既济卦的特色，表面看起来形势大好，一切各就各位；其实里面暗藏危机，需要认真加以面对。

既济卦的卦象是水火既济，水火可以相互为用，有利于百姓的生活；但是，水火也可能相克相消，造成复杂难解的局面。对比之下，下一卦未济卦的爻辞反而要好很多，六爻里面居然出现了三个"吉"。究其原因，在未济（尚未成功）之前，人们往往会提高警觉，不断努力；在既济（已经成功）之后，人们往往会麻痹大意，放松警惕，此时反而是最危险的时刻。可见，《易经》充满了忧患意识，一再提醒我们要居安思危。

二、珍惜平安的日子

既济卦的结构是水火既济，六爻皆当位，上下皆有应。表面看起来，这是理想的格局，一切都恰到好处。但是《易经》讲究变化，要有居安思危的意识。既济卦上卦为坎，代表外面有危险；下卦为离，代表了解当前的处境，知道该如何应对。本节要介绍既济卦六爻的爻辞。

[**爻辞**] 初九：曳其轮，濡其尾，无咎。

象曰：曳其轮，义无咎也。

[**白话**] 初九：拉住车轮，浸湿尾巴，没有灾难。

《象传》说：拉住车轮，理当没有灾难。

初九进入既济卦，知道一切都各就各位，所以要设法停下来，保持既济的状态，不可轻举妄动。

初九以阳爻居刚位，动向甚明。初九爻变，下卦为艮，艮为止，所以可以停下来，不再躁进。初九上面有两个坎，一是互坎（六二、九三、六四），一是上卦坎。坎为弓轮，为曳马（拉车的马），所以说"曳其轮"。坎又为水，初九在下为尾，所以说"濡其尾"。

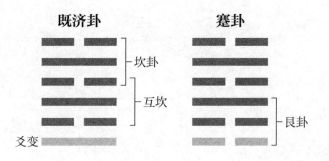

拉住车轮则难以前行，动物浸湿尾巴则难以渡河。从下一卦未济卦的卦辞可以知道，浸湿尾巴的动物是小狐狸。既然初九不再躁进，理当没有灾难。

[**爻辞**] 六二：妇丧其茀（fú），勿逐，七日得。

象曰：七日得，以中道也。

[**白话**] 六二：妇人丢了头饰，不用寻找，七天可以失而复得。

《象传》说：七天可以失而复得，是因为居中而行。

既济卦由泰卦变来，泰卦六五与九二换位，成为既济卦的六二。泰卦是地天泰，上卦坤为女、为妇；下卦乾为首，引申为头饰。变为既济卦后，乾坤二象消失，所以说"妇丧其茀"。"茀"是妇女头上的装饰品。同时，六二在互坎（六二、九三、六四）中，坎为盗；头饰被盗走了，所以才有追不追逐的考虑。

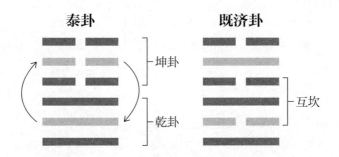

由于六二居中行正，将可顺利得回失物。按照《易经》的规则，一个爻经过六个位置，到第七日就能回到原位，所以说"七日得"。"妇人丢了头饰"，意味着她不能出门了，必须停下来稳住局面。既济卦六爻皆当位，所以最好不要轻举妄动。

［爻辞］九三：高宗伐鬼方，三年克之，小人勿用。

象曰：三年克之，惫也。

［白话］九三：高宗讨伐鬼方，三年才征服，不可任用小人。

《象传》说：三年才征服，是说太疲惫了。

　　九三以阳爻居刚位，动力很强；其上为坎卦，根据《说卦传》的说法，坎为正北方之卦，为万物之所归也，人之所归为鬼，所以说"讨伐鬼方"。

　　这句爻辞借用了一段历史故事。"高宗"为殷高宗武丁，"鬼方"是商周时期西北的一个部落。《后汉书·西羌传》中提到："及殷室中衰，诸夷皆叛，至于武丁，征西戎、鬼方，三年乃克。"意即商朝中期以后，国势开始衰落，远方的游牧民族纷纷叛变，所以武丁去讨伐西边的游牧民族，也就是鬼方，三年才克敌制胜。"鬼方"就是汉朝时期的匈奴。

　　九三代表在既济之时，君王好大喜功，想去平定远方的叛乱。九三在互坎（六二、九三、六四）与互离（九三、六四、九五）中，坎为弓轮，离为戈兵，合起来就是征伐作战。泰卦变为既济卦时，九二由下乾前往上坤，成为九五。九五为君王，指高宗；坤为国，为阴，所以称"鬼方"。九三在互离（九三、六四、九五）中，离卦（☲）通常与数字"三"有关，所以说"三年克之"。

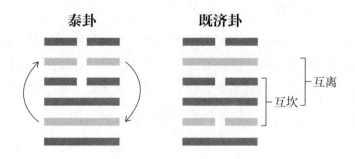

九三虽然与上六正应，但是自身被两个阴爻包围，又在上卦坎之下，所以即使成功，也会疲惫不堪，更须以"小人勿用"为戒。

[**爻辞**] 六四：繻（xū）有衣袽（rú），终日戒。
　　象曰：终日戒，有所疑也。

[**白话**] 六四：彩色绢帛也会变成破旧衣服，整天都在警戒。
　　《象传》说：整天都在警戒，是因为有所疑虑。

　　"繻"为彩色的缯帛，可以制成华贵的衣服。"衣袽"为破旧的衣服。在原来的泰卦中，上卦坤为布，引申为帛；下卦乾为衣。变为既济卦之后，乾坤二象皆失，所以说"彩色绢帛也会变成破旧衣服"。

　　六四在两坎之间，一是互坎（六二、九三、六四），一是上卦坎，坎为盗、为加忧、为心病；它又在互离（九三、六四、九五）中，离为日，合之则为"终日戒"。

　　另外，六四在下卦离之上，又在上卦坎之初，等于是在水火之间，必须多加警惕，有备而无患。

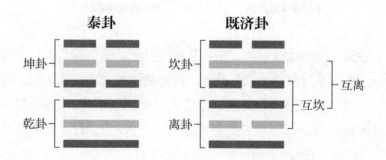

泰卦　　　　　既济卦

坤卦　　　　　坎卦　　　　　}互离

乾卦　　　　　离卦　　　　　}互坎

[**爻辞**] 九五：东邻杀牛，不如西邻之禴祭，实受其福。
　　象曰：东邻杀牛，不如西邻之时也。实受其福，吉大来也。

[**白话**]九五：东邻杀牛举行大祭，还比不上西邻的简单禴祭，可以
真正受到福佑。

《象传》说：东邻杀牛献祭，比不上西邻按时序进行的薄
祭。可以真正受到福佑，是说吉祥盛大地降临。

萃卦（☱，第45卦）的六二与升卦（☷，第46卦）的九二都提
到"孚乃利用禴"，"禴祭"是指春季以时令蔬菜作为供品的薄祭。
祭品虽然简单，但是心意真诚。

在卦变时，泰卦九二升到上卦坤的中位，成为既济卦九五，使
坤象消失，坤为牛，所以说"杀牛"。既济卦上卦为坎，坎为水，有
如简单而应时的春季水菜，可以用于禴祭。这次换位使六爻皆得正
位，可以"吉大来也"，而"实受其福"。

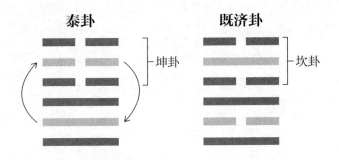

根据古代的地理形势，东邻是指商纣王，他当时是大权在握的
天子，可以举行隆重的杀牛献祭。西邻是指周文王，他是西方的诸
侯，可以按照时序进行薄祭，最后真正受到了福佑。这提醒我们，
人在志得意满时，很容易疏忽大意；只有内心真诚，"思患而豫防
之"，才能立于不败之地。

[**爻辞**]上六：濡其首，厉。

象曰：濡其首厉，何可久也？

[**白话**] 上六：浸湿了头，有危险。

《象传》说：浸湿了头而有危险，怎么能够长久呢？

上六居全卦终位，是为"首"；又在上卦坎中，坎为水，合之则为"濡其首"。上六到了既济卦最高点，以为天下太平，于是志得意满，放松了警惕，以至于有灭顶的危险。

整体而言，既济卦初九是无咎，六二可以失而复得，九三疲惫不堪，六四有所疑虑，九五可以得到福佑，上六则陷入危险。可见，既济卦看似一切各就各位，其实是一个新的变化周期的开始，所以要牢记卦辞所说的"初吉，终乱"。

三、形势大好反而暗藏危险

既济卦是水火既济，虽然它各爻皆当位，上下皆有应，但《易经》的"易"代表变化，而变化不可能停下来，所以要居安思危，防患于未然。既济卦的卦辞强调"初吉，终乱"，代表一旦放松警惕，就可能出现新的危机。

历史上有很多这样的教训。秦国经过几代国君的苦心经营，终于灭了六国，统一天下，但是不过15年的时间，秦朝就灭亡了。三国魏晋时代，晋国好不容易平定了吴国，也不过30年左右，西晋就灭亡了，进入南北朝混战的局面。最后，隋朝灭了陈国，完成了统一，同样也不过30年左右的时间，隋朝便走向了灭亡。

从既济卦的卦象来看，上卦坎为险，代表外在有危险；下卦离为明，代表我可以准确地判断形势，知道外面有危险，就会小心谨慎。

如果占到既济卦的初九或六二，就要设法稳住当前的局势，一动不如一静。

如果占到九三，代表动力太强，难以克制。历史上，有许多国君好大喜功，最后即使打了胜仗，也会耗费太多的人力与物力，使整个国家陷入困顿。譬如，汉武帝继承了文景之治的成果，国库充实，他就去讨伐匈奴了。唐太宗开创了贞观之治，国富民强，他就去远征高丽了。这两场战争的结局都不好，因为讨伐远方的异族，看起来容易，其实很难；看起来会速胜，其实会久拖不决；看起来是福，最后可能变成灾祸。九三的爻辞还提醒你"小人勿用"，说明此时要特别防备小人。

六四的关键在于有备无患。华贵的衣服可能会变得破旧，所以要早做准备。其实，破旧的衣服在关键时刻也能发挥作用，至少强过什么都没有。六四进入上卦坎，所以有所疑虑。

上六与九三的处境类似。譬如，唐玄宗的开元、天宝之治先是一片盛世景象，但天宝后期可谓"浸湿了头，有危险"。唐玄宗以为天下太平，却不知道渡过一条河，前面还有另一条河，永远都不可能停下来。一旦麻痹大意，后果不堪设想。

现代人也有占到既济卦的案例。有一个基金会曾找我合作，希望我为企业界人士开设一些国学课程，借此推广儒家、道家、《易经》的思想。这个构想很好，基金会的负责人也颇有诚意，我就用筹策占了一卦，结果占到既济卦，没有变爻。既济卦各爻皆当位，上下皆有应，但是没有变爻，代表这件事虽然看起来不错，但是目前的条件还不成熟，不容易推进落实，以至于只有这个卦象，而无法显示下一步的变化方向。事实证明，这件事果然不了了之。

另外，我在广州开过《易经》和《论语》班。开设《易经》班时，人数不到30人；到了《论语》班，人数达到了50人。负责筹办的学生学过《易经》，所以在《论语》课开班之前占了一卦，想看一下这个班的发展如何，结果占到了既济卦，同样没有变爻。看到卦辞说"初吉，终乱"，这个学生有些担心，就问我："接下来应该怎么办？"

我说："既济卦六爻都当位，代表这件事已经办成了。但《易经》讲究变化，六爻稍有变动，不就乱了吗？"所以我建议他，为了避免"终乱"，要特别照顾那些第一次来上课、又是远道而来的同学，以减少他们的陌生感与孤独感。因为老同学之间彼此熟悉，很容易形成封闭的小圈子；而远道而来的新同学，人生地不熟，难免会感到孤单。我们要特别针对这一点来想办法，让每个同学都有宾至如归的感觉。由于后续还有开班计划，这样做也有助于下一次课程的招生。

这个学生就按照我的建议，细心照顾新同学，帮助他们迅速融入这个大家庭。这次《论语》班的同学，来自河北、河南、安徽、上海等地，大家都很好学，气氛十分融洽，真可谓"有朋自远方来，不亦乐乎"。

另外还有一个案例。多年以前，有个朋友看到节能减碳的趋势，计划投资汽车锂电池的生产。他分析了这个产业的每一个环节，说得头头是道，让人充满信心。不过，他还是希望从占卦得到一些启发，于是就用筹策占卦，占到既济卦，变爻是初九和九三。此时要以九三的爻辞来解释。

九三的爻辞说："高宗伐鬼方，三年克之，小人勿用。"意即殷高宗讨伐鬼方，三年才征服。不可任用小人。我解释说："你的工作富有挑战性，爻辞里出现'讨伐鬼方'，代表你跟外国企业之间会有激烈的竞争。然而不用担心，三年之后就有成功的希望。但是，在这个过程中，必须谨慎用人，以免被小人拖累。"

他听完我的话之后，脸上露出得意的神色，并向我详细讲述了他是如何招揽人才，如何与外国企业斗智斗勇的过程。目前资金、人才均已到位，不久就要投入生产了。根据初步测算，大约三年之后可以获利。

另外，既济卦初九和九三爻变，之卦为比卦，代表他的团队可以紧密合作。一个成功的企业家，应该始终牢记孔子所说的"必也临事而惧，好谋而成者也"（《论语·述而》）。遇到任何事情，都要戒慎恐惧，仔细筹划，努力把事情办成。如果能做到这一点，占卦结果又怎么会不好呢？

既济卦（本卦）　　**比卦**（之卦）

爻变

爻变

总之，既济卦提醒我们：当一切步入正轨时，反而要格外小心。正如《中庸》所说："凡事豫则立，不豫则废。"未雨绸缪，防患于未然，才是上策。

下一节要介绍既济卦的覆卦——未济卦，将水火既济整个翻过去，就成了火水未济。

一、总结了《易经》，但仍须努力

64 火水未济，下坎上离

未济：亨。小狐汔济，濡其尾，无攸利。

象曰：火在水上，未济。君子以慎辨物居方。

上九：有孚于饮酒，无咎。濡其首，有孚失是。
象曰：饮酒濡首，亦不知节也。

六五：贞吉，无悔。君子之光，有孚，吉。
象曰：君子之光，其晖吉也。

九四：贞吉，悔亡，震用伐鬼方。三年有赏于大国。
象曰：贞吉悔亡，志行也。

六三：未济，征凶。利涉大川。
象曰：未济征凶，位不当也。

九二：曳其轮，贞吉。
象曰：九二贞吉，中以行正也。

初六：濡其尾，吝。
象曰：濡其尾，亦不知极也。

本节要介绍《易经》的最后一卦——第64卦未济卦。《序卦传》说："物不可穷也，故受之以未济，终焉。"如前文所述，既济卦是久则穷，所以必须重启生机，以显示《易经》变易而不穷的原理。因此，《易经》以未济卦作为64卦的压轴。"未济"就是没有渡过河，代表尚未完成，也尚未结束。

未济卦与既济卦是正覆关系，将水火既济整个翻过去，就成了火水未济。未济卦六爻皆不当位，但皆有正应。《易经》以未济卦作为结束，至少有以下四点深意。

第一，"未济"代表尚未结束，一切仍将继续变化。《易经》有64卦384爻，但人间的变化是无穷无尽的。或许各种变化都可以纳入这64种格局中，但即使大的格局类似，变化的细节也不尽相同。因此，我们对于变化，要有更深刻的认识。

第二，"未济"代表尚未成功，不可放松警惕。人在德行方面的修炼是永无止境的，对于下一代的教育也是一刻不能松懈的。

第三，未济卦的卦象是火在水上，火往上烧，水往下流，两者不相为用，代表难以成事。

第四，既济卦接着是未济卦，代表一川之外还有一川，渡过了这条河，还有另外一条河。人生永远有更高的目标值得奋斗，不能止步不前。人在修身、齐家、治国、平天下之后，还可致力于改善整个世界。

由此可见，未济卦有丰富而深刻的内涵。

[卦辞] 未济：亨。小狐汔（qì）济，濡其尾，无攸利。

[白话] 未济卦：通达。小狐狸快要渡过河，浸湿了尾巴，没有适宜的事。

未济卦所谓的"亨"，是说在未济中设法求济，由此可以走向亨通。前面的既济卦六爻皆当位，代表一切各就各位，此时以安静持守为上；而未济卦六爻皆不当位，所以要采取行动，摆脱未济的状况。换言之，在未济卦的格局中，只有努力向前发展，才会通达。

未济卦下卦为坎，坎为水、为穴、为隐伏。在所有生物中，穴居隐伏并往来于水岸之间的，狐狸可以作为代表，所以坎也指狐狸。

小狐狸缺乏经验，不知道渡河时要抬起尾巴。狐狸尾巴上的毛又多又长，一旦浸湿尾巴，就有下沉的风险，结果则是"无攸利"。在《易经》64卦的卦辞中，只有归妹卦（☳，第54卦）与未济卦提到了"无攸利"。

　　本卦三个阳爻皆不当位，三个阴爻都在阳爻之下，自然不容易渡河成功。

[象传] 象曰：**未济，亨，柔得中也。小狐汔济，未出中也。濡其尾，无攸利，不续终也。虽不当位，刚柔应也。**

[白话]《象传》说：未济卦，通达，是说柔顺者取得中位。小狐狸快要渡过河，是说它没有离开中位。浸湿了尾巴，没有适宜的事，是说它不能继续游到终点。虽然刚强者与柔顺者位置皆不恰当，但是全都可以相应和。

　　未济卦的《象传》提到"柔得中也"，所指的是未济卦的六五。既济卦的《象传》也提到"柔得中也"，所指的是既济卦的六二。可见，两卦都以阴爻作为考虑的重点。为什么不考虑阳爻呢？因为阳爻有原则、有动力，无论处在任何位置，都有能力化解险难；而阴爻则要设法安顿自己，否则就会出现困难。

　　《象传》又说："小狐狸快要渡过河，是说它没有离开中位。"这里说的也是六五，虽然它没有离开中位，但是也渡不过河。

　　《象传》接着说："浸湿了尾巴，没有适宜的事，是说它不能继续游到终点。"这来自人类对狐狸的观察。小狐狸渡河时，如果浸湿了尾巴，就无法游到终点。

　　未济卦六爻全都刚柔相应，所以《象传》最后说"刚柔应也"。

　　未济卦由否卦变来，否卦六二与九五换位，就出现了火水未济。

一个卦如果有三个阳爻、三个阴爻，那么它不是来自泰卦，就是来自否卦。从泰卦变来的卦，多数不太理想，因为泰卦是"小往大来"，本来是天地交泰的格局；两爻换位之后，反而会出现困难。而否卦是"大往小来"，本来是否塞不通的格局；任何两爻换位之后，局面都有明显的改观。譬如，从泰卦变来的既济卦，六爻中没有一个"吉"字；而从否卦变来的未济卦，六爻中竟然有三个"吉"字。

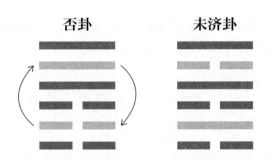

否卦　　**未济卦**

[**象传**] 象曰：火在水上，未济。君子以慎辨物居方。

[**白话**]《象传》说：火在水的上方，这就是未济卦。君子由此领悟，要慎重分辨物类，使它们各居其所。

未济卦的卦象是火水未济，下卦为坎，坎为险；上卦为离，离为明，代表可以认清危险，并妥善应对。

未济卦六爻都是一个阴爻在下、一个阳爻在上，各有分辨，不会乱了方位。另外，未济卦的卦象是火在水上，水火不容，两者各有各的位置。

面对未济的困境，君子要慎重分辨物类，使它们各居其所，再充分加以利用。未济卦强调"辨物居方"，《系辞上传》也提到："方以类聚，物以群分。"意即同样类别的东西会聚在一起，不同群组的事物会分途发展。

《杂卦传》说："既济，定也……未济，男之穷也。"既济卦各爻皆当位，代表局面安定；而未济卦三个阳爻皆不当位，代表男子走入穷途末路，需要着手进行改变。

自古以来，人的世界总是分分合合、一治一乱，如果用"有昼必有夜""有春夏必有秋冬"来解释，就忽略了人的主观能动性。既济卦代表一切各就各位，但是安定时仍有隐忧，所以接着出现了未济卦。可见，在天下安定时，依然在发生变化，只是变化隐而未显而已。未济卦的《大象传》强调"慎辨物居方"，代表始终要保持谨慎的态度，不要幻想天下会永远太平。

二、从狐狸过河学到教训

未济卦是《易经》64卦的最后一卦，以小狐狸没有成功渡河为象征，代表仍需继续努力。宇宙万物生生不息，人类也要自强不息，努力把"未济"变为"既济"，不断迈向更理想的处境。本节要介绍未济卦六爻的爻辞。

[**爻辞**] 初六：濡其尾，吝。

象曰：濡其尾，亦不知极也。

[**白话**] 初六：浸湿了尾巴，有困难。

《象传》说：浸湿了尾巴，也是不知道有终点的缘故。

初六以阴爻居初位，地位较低，才干较弱，它在下卦坎中，上面还有互坎（六三、九四、六五），想要顺利渡河，谈何容易。它甚至不清楚，必须过了终点才算渡河成功。初六在全卦底部，象征尾。

未济卦

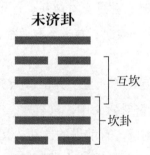

初六与九四正应，希望与九四一起渡过难关。但九四本身不当位，又被两个阴爻包围，显然自顾不暇。总之，初六柔弱在下，想要渡河难以实现。

[**爻辞**] 九二：曳其轮，贞吉。

象曰：九二贞吉，中以行正也。

[**白话**] 九二：拉住车轮，正固吉祥。

《象传》说：九二正固吉祥，是因为居中并且行正。

九二在下卦坎中，坎为弓轮、为曳马，所以说"曳其轮"。既济卦初九说"曳其轮，濡其尾"，代表马拉着车前进，人坐在车里。而未济卦九二只说"曳其轮"，代表九二自己拉着车前进，显然非常困难。

九二与六五正应，它想去帮助六五。但是，六五是阴柔的君主，九二是刚正的大臣，九二陷于初六和六三这两个阴爻之间，又要设法取信于六五，所以步履维艰。历史上有许多这样的大臣，他们要避开小人的谗言与迫害，还要努力支持柔弱的君王，所以特别辛苦。九二是"贞吉"，亦即坚持下去，守正则吉。

[**爻辞**] 六三：未济，征凶。利涉大川。

象曰：未济征凶，位不当也。

[**白话**] 六三：尚未渡过，前进会有凶祸。适宜渡过大河。

《象传》说：尚未渡过，前进会有凶祸，是因为位置不恰当。

六三在下卦坎与互坎（六三、九四、六五）中，前后都是水，所以说"未济"。在未济卦六爻中，只有六三的爻辞出现了"未济"二字。六三以阴爻居刚位，有前进的冲动；又处在两坎之间，处境十分危险。它如果独自前进，就会有凶祸。

六三爻变，下卦为巽，巽为风、为木，有舟之象。六三与上九正应，它若能配合上九，就算它的位置不恰当，仍有可能"利涉大川"。此外，六三下面的九二是刚健的大臣，上面的九四是刚明的近臣，六三以柔顺的态度去亲附这两个阳爻，可以因人成事，涉险以济难。

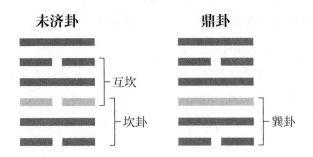

未济卦　　　　　**鼎卦**

互坎　坎卦　巽卦

爻辞中提到"利涉大川"是非常少见的。颐卦（☲，第27卦）上九提到"利涉大川"，因为颐卦就像一张口，最后吃饱喝足了，有充分的资源，可以利涉大川。另外，谦卦（☷，第15卦）初六提到"用涉大川"，亦即要用谦虚的态度来渡过大河。

有些专家认为，未济卦六三既然强调"征凶"，怎么还能"利涉大川"呢？应该是"不利涉大川"才对。但是，除非在文本方面有充分的证据，一般不建议更改经典的原文。

[爻辞]九四：贞吉，悔亡，震用伐鬼方。三年有赏于大国。

象曰：贞吉悔亡，志行也。

[白话]九四：正固吉祥，懊恼消失，振奋起来讨伐鬼方。三年后成功，受到大国封赏。

《象传》说：正固吉祥而懊恼消失，是因为心意得以实现。

既济卦九三也提到了"伐鬼方"，在水火既济的格局中，坎卦在上，九三要往上去讨伐鬼方，显然十分辛苦。而未济卦是火水未济，坎卦在下，所以九四是往下去讨伐鬼方，这就容易多了，最后还可以得到封赏。

据《后汉书·西羌传》记载："及武乙暴虐，犬戎寇边，周古公逾梁山而避于岐下。及子季历，遂伐西落鬼戎。"意即商朝的君王武乙暴虐无道，周围的游牧民族犬戎经常侵犯边境。周文王的祖父古公亶父，就越过梁山而避到岐山脚下。到了周文王的父亲季历这一代，就去讨伐西方的鬼戎。可见，九四的爻辞也有其历史根据。

九四是诸侯的位置，诸侯在古代也可以称为君。"三年有赏于大国"，是指季历受到商王朝的封赏。"三年"常与离卦有关，因为在先天八卦中，离之数为三。

九四与初六正应，使心意得以实现。它因此正固吉祥，并且居位不正的"悔"也会消失。

[**爻辞**] 六五：贞吉，无悔。君子之光，有孚，吉。

象曰：君子之光，其晖吉也。

[**白话**] 六五：正固吉祥，没有懊恼。君子的光明在照耀，有诚信，吉祥。

《象传》说：君子的光明在照耀，是说它的光辉带来吉祥。

六五在上卦离中，代表有光明，所以它只要正固就吉祥，并且没有任何懊恼。从初六到九四，这四个爻都会努力帮助六五渡过大河，这是理想的局面，自然无悔。"无悔"比"悔亡"要好，"悔亡"是先有懊恼，但后来懊恼消失了；"无悔"则是本来就没有懊恼。六五展现了离卦的光辉，因为有诚信而吉祥。

[**爻辞**] 上九：有孚于饮酒，无咎。濡其首，有孚失是。

象曰：饮酒濡首，亦不知节也。

[**白话**] 上九：有诚信而去喝酒，没有灾难。浸湿了头，有诚信也无法没有灾难。

《象传》说：喝酒而浸湿了头，也是不知道节制的缘故。

上九有六三正应，又有六五相承，所以说"有孚"。它下有两坎，坎为水，引申为酒，可以饮酒而"无咎"。上九为"首"，它与既济卦上六一样，也遇到"濡其首"的问题。喝酒喝到浸湿头的地步，显然是耽于逸乐，所以《小象传》批评它"不知道节制"。此时就算有诚信，也会失去"无咎"这种好运。

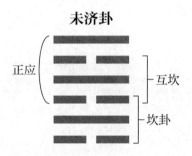

未济卦

整体来看，未济卦上九与既济卦上六有何差别呢？既济卦上卦为坎，坎为水，所以既济卦上六的"濡其首"，是由水造成的灾难。渡河时不幸溺水，最多淹死一个人。但是，未济卦上九的"濡其首"，却是由饮酒造成的。饮酒造成的危害，可以从个人蔓延到天下国家。所以，《尚书·酒诰》特别告诫君臣们，酗酒会让人犯上作乱、丧失道德，甚至会导致国家灭亡。

整体来看，未济卦的"九二、九四、六五"都是"贞吉"，亦即守正则吉，因为九二与六五正应，九四与六五相比，它们都支持君王六五。初六位置太低，所以有困难。六三如果贸然前进，就会有凶祸，这是未济卦里唯一的"凶"。上九本来可以"无咎"，但是如果它不知节制，喝酒喝到浸湿头的地步，就没有办法再"无咎"了。64卦以提醒人"知节"为结束，可谓深富理趣。人只要知道节制，做任何事都不过度，并且不断进行自我反省，那么人生的各种问题都会迎刃而解。

三、变化还在进行，下一轮会更好

未济卦是火水未济，火往上烧，水往下流，两者不相为用，无法达成理想的结果。未济卦也代表小狐狸还没有渡过河，就浸湿了尾巴，需要继续努力。

未济卦各爻都要设法完成渡河这个目标，要努力把事情办成。它提醒我们，人生永远都有更高的目标值得奋斗。就算做到了既济，能够暂时安定下来，仍要提防出现新的混乱；既济卦是久则穷，所以必须重启生机。至于最后能否完成任务，就要看个人在德行、智慧、能力方面如何修炼了。

《老子·第64章》有两句话与"结束"有关。老子说："民之从事，常于几成而败之。"意即人们做事，常在快要成功时反而失败。如何才能避免功亏一篑呢？老子的建议是："慎终如始，则无败事。"意即面对事情结束时，能像开始时那么谨慎，就不会招致失败了。常言道："行百里者半九十。"走一百里路，前面九十里只能算作一半，最后十里路必须全神贯注、全力以赴，才能顺利抵达终点。

既济卦与未济卦相连，代表自然界有日夜轮替、四季更迭的规律，人类世界似乎也有一治一乱的循环。但是，人作为万物之灵，可以思考及选择，所以人应该培养智慧，让自己在各种处境下都能做出适当的选择，从而实现人生的目标，造福天下苍生。这是知识分子应尽的责任。

未济卦六爻对人生有深刻的启发。初六才小而力弱，不清楚最后的目标何在，难免会显得格局太小。譬如在《论语》中，孔子认为有六个人合乎行仁的要求，其中有五位都是艰苦卓绝，甚至牺牲了生命，只有管仲得到了荣华富贵。管仲以外交手段避免了战争，减少了生灵涂炭，所以孔子认为他符合行仁的标准。但是，孔子也批评了管仲，说他器量与胸襟太小，不知道节制，也不懂得礼仪。①
管仲有如未济卦初六，他不知道终极目标是让天下人都渡过大河，
没有帮助齐桓公去支持周天子，使天下重获安定。

未济卦九二的"曳其轮"代表自己拉着车前进，步履维艰，很
难渡过大河。既济卦初九的"曳其轮"则代表众人一起努力，很容
易渡过大河。在历史上，汉朝初期的萧何、唐朝初期的房玄龄，都
好比既济卦的初九，他们得到众人的帮助，可以渡过各种艰难险阻。
但是，三国时代后期，关羽、张飞相继殒命，诸葛亮只能自己率军
北出祁山，坚持兴复汉室的事业，他就像未济卦的九二，自己一个
人拖着轮子往前走。诸葛亮虽然走在正路上，但是落寞的景象让人
伤感。

六三的爻辞说："未济，征凶。利涉大川。"日本学者高岛吞
象，曾占问日本与朝鲜的战争胜败如何，结果占到了这一爻。他说：
"'征凶'代表日本这一次陆战会失败；但是，'利涉大川'代表日
本的海战会胜利。"他这个解法很有趣，后来果然应验了。这也说明
六三的"利涉大川"并没有写错，没有必要改成"不利涉大川"。六
三虽然处境困难，但是如果与上九联手，并配合九二、九四这两个
阳爻，最后依然可以利涉大川。

未济卦九四的《小象传》说"志行也"，代表九四有志向，它要
帮助六五完成渡河的大业；而且有才干，因为九四是阳爻；并且有
位置，因为它处在近君之位。具备"有志、有才、有位"这三个条
件，当然可以讨伐远方的夷狄，最后立大功、受大赏。

六五是英明的君王，底下四爻会不遗余力地帮助他，就像各个
朝代的初创阶段。比如，商汤建立商朝，周武王建立周朝，刘邦建
立汉朝，各路英雄豪杰都来相助，君王显示出"君子之光"，只要有

---

① 出自《论语·八佾》。原文：子曰："管仲之器小哉！"

诚信，就可以吉祥。还有一些中兴之主，如夏朝的少康中兴、周朝的宣王中兴、汉朝的光武中兴，也是类似的情况。这些君王本身有光明，得到底下各层官员的支持，可以让天下重获安定。

上九则要特别留意，不要喝酒误事。史学家评价大禹，说他厌恶美酒的功劳，要胜过平定洪水的功劳。洪水让百姓无法安居，但是酗酒会造成更大的困扰，不仅会让个人道德沦丧，还会败坏社会风气，甚至导致国家灭亡。自古以来，饮酒宴乐所造成的灾难不可胜数。

未济卦启发我们，天道有循环的规律，人间则是治乱同门，忧乐同根。我们要了解"生于忧患、死于安乐"的道理，在忧患中不断奋斗，设法趋吉避凶，趋治避乱。可见，《易经》充满了居安思危的忧患意识，充分肯定了人的主观能动性。

我自己也占到过未济卦。我出版的书籍和有声书大部分以介绍国学为主。有一次，一家出版社找到我，希望出版西方哲学方面的有声书，我就用筹策为此事占了一卦，结果占到未济卦，变爻上九，爻辞说："有孚于饮酒，无咎。濡其首，有孚失是。"意即有诚信而去喝酒，没有灾难。浸湿了头，有诚信也无法没有灾难。它的《小象传》说："饮酒濡首，亦不知节也。"意即喝酒而浸湿了头，也是不知道节制的缘故。

我看到变爻是上九，不免有一些担心，因为在《易经》64卦中，大约有四分之三的上爻都不太理想；并且未济卦《小象传》还强调，应该知道节制。可见，目前出版的时机尚未成熟。不过，变爻是上九，代表这件事已经到了最后阶段，所以今年不适合出版，或许明年可行。上九爻变，之卦为解卦，表示此事有希望顺利解决。既然如此，我就不必着急了。如果在大家还没有充分消化国学之前，就贸然推出西方哲学的材料，市场推广也会有困难。我就暂时打消了出版的构想。如果时与位不能配合，就会事倍功半，还不如自我节制，等待更好的机会。

未济卦　　　解卦

　　前面的章节详细介绍了《易经》64卦的内容。此外，《系辞传》的内容也非常重要，它对《易经》的重要概念进行了解读，可以帮助我们打通天人之际，展现各种神妙的境界；《说卦传》详细说明了八卦的各种象征，可以看作一本小字典；《序卦传》说明了64卦为何呈现出目前的排列顺序；《杂卦传》则概括了各卦的主要特征。后文会陆续加以介绍。

系辞·上传

界定基本概念

打通天人之际

展示神妙境界

《系辞传》的上传，共分为13小段。

《系辞传》因为篇幅长，所以分为上下传，其区分方式和《彖传》《象传》并不相同。《彖传》《象传》是分别解释《易经》上下经的卦辞和卦象、爻象，所以是随上下经分为上下传；而《系辞传》说明的是《易经》的哲学思想，所以并不是这样区分的。

什么是哲学？哲学就是对人生经验进行全面的反省。《系辞传》所反省的意涵，是我们的老祖先观察宇宙万象，并运用符号象征来代表万物，通过这些符号的排列组合，说明了万物的变化，并从中找到了安顿身心的方法。可以说是以非常简单的观念，传达了丰富的内容，并为我们的人生带来相当大的启示。

第一章

天尊地卑，乾坤定矣。卑高以陈，贵贱位矣。动静有常，刚柔断矣。方以类聚，物以群分，吉凶生矣。在天成象，在地成形，变化见矣。是故刚柔相摩，八卦相荡。鼓之以雷霆，润之以风雨，日月运行，一寒一暑。

[白话] 天在上而地在下，乾与坤的属性就这样界定了。从低到高陈列出来，贵与贱就有了固定的位置。运动与静止都有常性，刚与柔就区隔开来了。同样类别的东西会聚在一起，不同群组的事物会分途发展，这样就产生了吉与凶。天空中呈现天象，大地上万物有了形体，变化就产生了。因此，阳刚之气与阴柔之气彼此往来交错，八个单卦互相推移流转。振作万物时有雷与霆，滋润万物时有

风与雨，日与月在天上运行不息，寒暑季节的变迁就形成了。

这是对自然界所做的第一手观察数据。《易经》是以符号代表自然界的现象，再由符号之间的组合与变动描述自然界神奇奥妙的变化，其基本符号分别为：乾、震、坎、艮、坤、巽、离、兑。其中，乾所象征的是天，坤所象征的是地，所以说"天尊地卑，乾坤定矣"。所谓的尊卑，未必是指高贵和卑贱，而是指高低上下。乾坤二字当然是因为有"乾卦、坤卦"而称之。在还没有《易经》的时候，天地早已存在，一旦发明乾坤二卦之后，天地就在乾坤里，人们不一定要到外面去看天地，只要在家中画出乾坤两个卦，就等于把外面的天地收在卦象里了。

在此提到了"贵贱"。《易经》所排列出的贵贱顺序，其实就是依六爻的位置排列，从下位到上位的位置并不一样，贵贱也不相同。其实观察自然界万象的是人，所以不能忽略人的因素，"贵贱"二字显然与自然界关系不大，是在人类的主观判断之下才有的。譬如看到天在上，地在下，便说天比较高贵，地比较卑贱，这是基于人的观察。如果不是人在下判断，便无所谓高低。因为人的本性就是会思考、评价、判断与抉择，以至于分辨尊卑，区别贵贱。

以《老子》为例，很多人会好奇，为什么老子在第一章说出"道，可道，非常道"之后，接着说"名，可名，非常名"？那是因为在讲完"道"之后，就应该立刻问，人是怎么看待。人们在看待任何事物时，首先必须把握概念，缺少了概念，事物就会变得难以理解，形同虚设。因此，才会在讲完"道"之后，就要接着讲"名"。然而"名"是约定俗成的，世界上并没有永恒的名。例如，我们把天上红红的火球称为"太阳"，外国人用的是不一样的名称。所以能够说出口的"名"，都不是浑然天成、普遍的"名"。

以形成重卦的六爻来说，初爻是元士，二爻是大夫，三爻是三公，四爻是诸侯，五爻是天子，六爻是宗庙，这是把六爻和社会现成的封建制度加以结合而成的。古代的士分为三等：下士、中士、上士。元士即为上士，已经有机会进入某种统治阶级的决策机构。请注意，初爻的位置不是百姓，而是元士。百姓是接受统治的庶民，自我意识与自主能力皆受到局限，其吉凶往往是随人俯仰。以现代人的眼光看，这样的区分显然不尊重每个人的独立生命，所以六位之分，可供参考却不可拘泥，因为每一卦的时和位，都有其灵活解说的空间。

接着提到动静。动代表刚强劲健，静代表柔顺敦厚。形成常态现象之后，就可以说乾、天为刚，坤、地为柔。事实上，乾坤各有动静模式，古人认为天圆地方，是因为看到天体不断运行，显示出旋转的球形样貌，如果不是圆的，为什么昨天走了，今天又来了呢？因为每天都看得到太阳和月亮，古人自然是以自己的观察经验为主，认为是太阳绕地球转，月亮也绕地球转，所以才会认为"天圆"。"地方"是说大地安稳不动，有如四方确立的磐石一般，这是古代很简单的宇宙观。

事物的聚散分合，按它的类和群而定，在自然界的万物分合之际，出现了客观上的得与失，以及人在主观上的吉与凶。我们说过"天道无吉凶"，就整个宇宙万物运行来说，没有吉凶问题，每个卦都不可少，《易经》教人如何明辨吉凶而加以趋避，就是所谓的趋吉避凶。天上有日月星辰的运行，风雨雷电的变迁；地上有山川的形成，以及动植物的生死繁衍，这些变化都是我们可以观察的对象。

所以，刚柔相互激荡形成八卦，八卦象征的是：乾为天，震为雷，坎为水，艮为山，坤为地，巽为风，离为火，兑为泽。

乾道成男，坤道成女。乾知大始，坤作成物。乾以易知，坤以

简能。易则易知，简则易从。易知则有亲，易从则有功；有亲则可久，有功则可大；可久则贤人之德，可大则贤人之业。易简而天下之理得矣。天下之理得，而成位乎其中矣。

[**白话**] 乾卦所代表的法则构成了男性，坤卦所代表的法则构成了女性。乾卦主导万物的创始，坤卦运作形成了万物。乾卦以容易的方式来主导，坤卦以简单的方式来运作。容易就易于让人了解，简单就易于让人跟随。易于了解就会有人来亲近，易于跟随才可能成就功业；有人亲近就可以维持长久，有了功业就可以发展壮大；可以维持长久的才是贤人的德行，可以发展壮大的才是贤人的事业。光靠容易与简单，就可以使人领悟天下万物的道理。领悟了天下万物的道理，就可以在其中成就自己的地位了。

"道"字在此译为法则，"乾知"中的"知"代表知道，知道就能够去运作主导、负责控制的意思。古代地方官之所以被称为知府、知县，便从这个概念而来，代表他能够去治理、控制、主导。

深入地说，乾卦代表阳气，坤卦代表阴气，阳阴是万物二元配对的基本形态；乾代表创始，坤代表生成，乾坤还代表着"把所创始的万物孕育形成"。所以，把握了乾与坤，就可以进而明白万物的道理。

朱熹说："乾健而动，即其所知，便能使物而无所难，故为以易而知大始。坤顺而静，凡其所能，皆从乎阳而不自作，故为以简而能成物。"(《周易本义》)所以乾是偏重知，知代表主导；坤是偏重能，只要有潜能，就会发挥出来。

这段话也说明了"易与简"，学者常说"易有三义：变易、不易、易简"。为什么称"易简"而非"简易"呢？事实上，原文也确实是先讲易再讲简：易代表乾，简代表坤，这种丰富的含义，实在不应忽略。从"易"到易知、有亲、可久、贤人之德；从"简"到易从、有功、可大、贤人之业，由此，我们可以领悟到天下之道。所以乾往往是指创始，坤才是完成，人要能从中找到人生的方向和位置。

换言之，每个人都可以并且应该成为有德有业的贤人。这个论断在人性论上有什么根据呢？我们讲的是人性向善，所以一个人行善并不难。孟子说："可欲之谓善。"意思是说只要看到觉得相当值得欣赏的行为，那就是善。要想做到善，就必须修炼。事实上，每个人都可以也应该达成这样的目标。

第二章

圣人设卦观象，系辞焉而明吉凶，刚柔相推而生变化。是故吉凶者，失得之象也；悔吝者，忧虞之象也；变化者，进退之象也；刚柔者，昼夜之象也。六爻之动，三极之道也。

[白话] 圣人设计卦的图案，观察卦象又附上解说，用以彰显吉祥与凶祸，通过刚爻柔爻互相推移而展现变化。因此，吉祥与凶祸，是描写丧失与获得的现象；懊悔与困难，是描写烦恼与松懈的现象；各种变化，是描写推进与消退的现象；刚爻与柔爻，是描写白昼与黑夜的现象。六爻的活动，代表了天地人三个层次的运行规则。

这一段如同名词解释的叙述，是为了定义一些专有名词，因为在谈论哲学之前，必须先界定观念，以免读者不知所云。本段首先提及圣人设计卦的图案，以现代眼光来看，其实是简单的数学原理：以两个爻作基础，一卦三爻就是二的三次方，共有八种组合，也就是八卦。重叠为六爻，就是二的六次方，共有六十四种组合，也就是64卦。"系"就是附上，"辞"就是解说，圣人在观察卦象之后，又附上了解说。《系辞传》就是在《易经》之后的解说，用以彰显吉祥与凶祸。圣人做的是设卦、观象、系辞三件事，发现吉凶之后，再设法找出因应之道。

"是故吉凶者，失得之象也"中的"吉凶"是就得失而言，凶代表失去了某些重要的东西；反之，吉祥代表得到了欲求的事物。人生不能没有欲求，此处所指的欲求当然必须是正当的，如果以不正当的欲求去占卦，占得准也没用。也就是说不正当的欲求不见得不能得逞，坏事也可以顺利做完，但将来会有严重的后果，所以并不是《易经》所鼓励的。

"悔吝者，忧虞之象也"中的"忧"是指烦恼，"虞"是指喜悦而不知预防，以致松懈。有关悔吝，朱熹曾提出很好的解释："盖吉凶相对，而悔吝居其中间，悔自凶而趋吉，吝自吉而向凶也。"只要懊恼悔恨，就有希望，意即知道改过，就能够慢慢趋向吉了；相反，有困难还不知收敛，完全没有懊恼的情况，就会慢慢走向凶了。

"刚柔者，昼夜之象也。"对古人来说，昼夜的区别非常明显。古时候没有电，夜晚只依靠蜡烛、油灯，这些物资不但稀少而且贵重，因此白昼可以活动、做事，代表阳刚；黑夜则什么都看不到，不能活动，代表安静，就变成阴柔。

"六爻之动，三极之道也"之中的"极"字可以解为三个层次或是三个极端，把宇宙分为三个层次，上有天，下有地，中间就是人类。《中庸》中提到："参赞天地之化育。"其中"参赞"的"参"也是三的意思。这句话是说：天地中间有人，人要负责把世界治好，就会有和天地并驾齐驱的机会了。

是故君子所居而安者，《易》之序也；所乐而玩者，爻之辞也。是故君子居则观其象而玩其辞，动则观其变而玩其占。是以自天佑之，吉无不利。

[白话] 因此，君子所安心静处的，是《易经》显示的位序；他所乐于玩味的，是卦爻辞的内容。因此，君子静处时就观察卦爻的图像，并且玩味其中的言辞；行动时就观察卦爻的变化，并且玩味其中的占验。所以，上天会保佑他，吉祥而没有任何不利。

"是故君子所居而安者，易之序也"，这句话的含义是：当处在某个位置时，就应该在它的顺序中安心静处，不要勉强。我们总认为只要努力就一定会有成果，其实未必。当所处的时间不对、位置不对，都可能白费力气；一旦耗尽了力气，却发现真正的机会到来时，反而没有办法使上力气抓住机会。

"动则观其变而玩其占"所引申的意思是：在玩味占验结果时，要从各个方面思考，譬如占到一个爻是吉，便要思考为什么吉，位置对不对，有没有当位，在上下卦有没有阴阳对应，是不是在中间的位置。然后再看看变爻，确认一下变爻之后新的卦是什么卦。一定要从多方面了解，才能够知道更多更详尽的信息，而不是只要看到"吉"就觉得没有问题。所以说，《易经》是研究不完的。

在《易经》中，常常讲到两卦相连关系的是覆卦，也有些是变卦，另外还有倒卦，例如山水蒙和水山蹇，彼此的关系比较遥远，属于旁通。在人生中遭逢的每一段际遇，并非呈割裂状态，任何一个状况出现，都可以旁通到我们生命的过去与未来如网般的脉络。只要我们平常多加练习，累积多次的占验，就会慢慢知道占卦时应该怎么解，要注意哪些细节，然后逐渐获得个人的心得。如此一来，便能得到上天的保佑，变得吉祥而没有任何不利。

《易经》的观点是，只要一个人行事有分寸，安居无事时会去思考生命的各种变化，有所行动时会去确认占验所得的趋势，也就是说只要手边有一本《易经》，一生就不会犯下什么错误。孔子说：
"加我数年，五十以学《易》，可以无大过矣。"指的就是这个意思。

第三章

象者，言乎象者也；爻者，言乎变者也。吉凶者，言乎其失得
也；悔吝者，言乎其小疵也。无咎者，善补过者也。是故列贵贱者
存乎位，齐小大者存乎卦，辨吉凶者存乎辞，忧悔吝者存乎介，震
无咎者存乎悔。是故卦有小大，辞有险易；辞也者，各指其所之。

[白话]象辞是说明卦象的，爻辞是说明各爻变化的。吉与凶，
是说明丧失与获得的；悔与吝，是说明小的缺失的。至于无咎，则
是指善于补救过错而言。因此，贵贱的排列在于爻位，阴阳的均等
在于卦象，分辨吉凶要看卦爻辞，忧虑悔吝要看几微的心思，戒惧
无咎要看是否悔悟。所以，卦有阴阳小大之分，卦爻辞有凶险与平
易之别；卦爻辞指示了变化发展的趋向。

从"象者，言乎象者也；爻者，言乎变者也"可知，卦辞乃是
综述一卦之占验，象辞则是说明及发挥卦辞的意思，大象说明卦象，
小象说明各爻。

"无咎"一词是指善于补救过错。《易经》里出现"无咎"一词
的地方很多，每个人的过错都和自己的性格有关，若能善于补过，
久而久之，性格就会调整。

第四章

《易》与天地准，故能弥纶天地之道。仰以观于天文，俯以察于

地理，是故知幽明之故。原始反终，故知死生之说。精气为物，游魂为变，是故知鬼神之情状。与天地相似，故不违；知周乎万物而道济天下，故不过。旁行而不流，乐天知命，故不忧。安土敦乎仁，故能爱。范围天地之化而不过，曲成万物而不遗，通乎昼夜之道而知。故神无方而《易》无体。

[**白话**]《易经》的创作是以天地为参考的模型，所以能够普遍涵盖天地的法则。圣人抬头观察天文的现象，低头考察地理的形势，所以知道幽暗与明亮的缘故。推原于开始，追究到结束，所以知道死与生的说法。精气凝聚就是生物，精气飘散造成变化，所以知道鬼神的真实情况。《易经》的卦象与天地的活动相似，所以不会违背天地的法则；其中的智慧遍及万物，道理则是帮助了天下人，所以不会有过错。广泛运行而不会超出界线，乐天道而知天命，所以不会忧虑。安于所处的位置，培养深厚的仁心，所以能够爱人。全盘笼罩天地的变化而没有失误，细致安排万物的形成而没有遗漏，彻底了解昼夜的道理而展现智慧。所以，神妙的变化没有固定的方式，而《易经》也没有固定的形态。

"易与天地准，故能弥纶天地之道。"其中的"准"所指的是"法"，以天地为取法，以天地为模型。换言之，《易经》是按照天地所显示的象，而创作出各卦，所以能够普遍涵盖天地的法则。

"原始反终，故知死生之说。"开始就是生，结束就是死，任何东西都有开始和结束，每一种生物都有其既定的寿命，庄子说："朝菌不知晦朔，蟪蛄不知春秋。"所说的就是这个意思。朝菌是一种非常简单的生物，朝生暮死，从来不知道月亮有盈亏；蟪蛄是一种春生夏死、夏生秋死的昆虫，亦不知道年复一年的更迭，这都是自然界中的寿命。通常人们看到自然的结束并不会太难过，比如一只走不动的老狮子，躺在地上被土狼吃掉时，我们只会觉得老死是自然的生命现象；但看到小狮子被土狼咬死，便会觉得伤感，因为小狮子这么幼小可爱，它的生命不应该这么早结束，这时我们就恨不得插手去干涉，制裁弱肉强食的一方。事实上，这是自然界食物链的制衡，人类对所有生命均应抱以了解与尊重。

颜渊过世时，孔子说："不幸短命死矣！"因为颜渊只活了40岁。40岁的生命，毕竟令人遗憾，但事实上，人的生命价值并不在于长度。后来，孟子就还了颜渊一个公道，他说："禹、稷、颜回，易地则皆然。"这是一句千古名言。孟子认为，颜渊如果和禹、稷易地而处，也会有一样的表现。大禹在舜的时代治水，后来他在担任国君时，只要是知道天下有人被水淹死，便觉得是自己的责任；周朝的祖先后稷则是只要听闻有人因饥馑而死，便会觉得是自己的责任。颜渊有过什么功绩呢？他既不曾治水，也没有教老百姓种植五谷，但孟子仍然给予他一样高的评价。由此可知，生命的品质并不在于活到多大年纪，而是在于所修炼的德行。

孔子自己也曾经明确地说："朝闻道，夕死可矣。""朝"和"夕"分别指的是早晨和晚上，两个字放在一起代表时间短暂。孔子认为，生命的关键在于闻道与否。可能有人会认为，闻道却未能行道，不是很可惜吗？其实，真正人生的智慧，就在于能够觉悟何谓"光明"，儒家的可贵在于对人类生命的了悟，认为一个人真正的价值在于能否培养德行、启发智慧、增强能力，能否做到安顿自己，也安顿别人。

谈完了生死，接着便是论及鬼神。鬼神的精气已飘散，不再是生物，变成无所不在，而且无所不知。《中庸》之中也曾强调"真诚"，认为人不能做出欺骗的行为，就算是骗得了人，也骗不了鬼神，因为鬼神无所不在。由此可证明《易传》《中庸》《大学》等书，写作的年代相差不远，但不可能是出自春秋时代，也不会是孔子所写，而是孔子的后代学生所写。以其写作手法推测，应是出自战国末年，约当荀子的时代到秦汉之际。所以，我们要肯定这是儒家思想的演变，而不必坚持一定是孔子本人所写的。

"与天地相似，故不违；知周乎万物而道济天下，故不过。旁行而不流，乐天知命，故不忧。"其中的"乐天知命"一词大家常用，这也是《易经》整部书给予人最大的启示。"安土敦乎仁，故能爱。"当我们自己站稳，乐天道知天命，帮助别人便成为很自然的事情。老子说："既以为人己愈有，既以与人己愈多。"所指的不是有形可见的财物，而是指精神价值或精神力量。

"范围天地之化而不过，曲成万物而不遗，通乎昼夜之道而知。故神无方而易无体。"由这段话可知，自古以来《易经》就没有固定的解法，我们在学习这部经典之后，应练习独立解卦，因为自己的问题只有自己知道，别人所解的卦，对自己来说永远像隔靴搔痒，无法抓住问题的重点。西方有句俗谚："真正可以回答问题的，是提出问题的人。"也是这个意思。

有关鬼神的观念，在《礼记·祭义》中有一段宰我与孔子的对话可供参考。在这段对话中，宰我询问孔子"鬼神"二字的意义。孔子说："气也者，神之盛也。魄也者，鬼之盛也。合鬼与神，教之至也。"神会在气里表现出它的特色，鬼必须借着身体才能够表现力量，当把鬼与神合起来时，便可达教化的最高标准。

一般人通常会因为害怕鬼神，而不敢做坏事；很多人拼命做好事，也是因为相信鬼神。如果百姓认为根本没有鬼神存在，便会无所畏惧而放肆为恶了。事实上，祖先死了之后，我们称为鬼神，也是一个传统的习惯。

孔子又说："众生必死，死必归土，此之谓鬼。骨肉毙于下，阴为野土，其气则发扬于上，为昭明，焄蒿，凄怆，此百物之精也，神之著也。"（《礼记·祭义》）有生命的人都会死，人死后会变为鬼，骨肉在地底下消失掉，慢慢变成野土，但他的气并没有消失，而是发扬于上，那活动的光景，所闻到的气味，连带那产生的伤痛感，是百物的精华，是神最明显的部分。"因物之精，制为之极，明命鬼神，以为黔首，则百众以畏，万民以服。"（《礼记·祭义》）把万物最精华的部分拿来当作标准，明白地说，这叫作鬼神。百众万民就会敬畏、服从。

从孔子的言论中可以知道，孔子并不否定鬼神。人的体内有魂与魄，魂是气里面精华的部分，这精华的部分不会随着身体而消失，至于会存在多久则没有人知道，因为死后的世界并不是一般人所能经验到的。所以，孔子也说："务民之义，敬鬼神而远之，可谓知矣。"（《论语·雍也》）在上位者必须专心做好百姓认为该做的事，敬畏鬼神，并定期敬拜鬼神，但是保持适当的距离，这样才能称为明智。以上是儒家对鬼神所抱持的立场。

第五章

一阴一阳之谓道，继之者善也，成之者性也。仁者见之谓之仁，知（zhì）者见之谓之知（zhì），百姓日用而不知。故君子之道鲜矣。显诸仁，藏诸用，鼓万物而不与圣人同忧，盛德大业至矣哉！富有之谓大业，日新之谓盛德。生生之谓易，成象之谓乾，效法之谓坤，极数知来之谓占，通变之谓事，阴阳不测之谓神。

[白话] 一阴一阳搭配变化，就称为道；继续道的运作的，就是善；完成道的运作的，就是性。行仁者见到道，称它为仁；明智者见到道，称它为智；百姓每天使用它，却一无所知。所以君子体认的道很少有人明白。它显现在仁爱上，隐藏在日用中，鼓动万物的变化而不与圣人一起忧虑，这种盛美的道德与伟大的功业，是至高无

上的啊！富有无缺称为伟大功业，日日更新称为盛美道德。生生不已称为变易，形成现象称为乾元，跟随法则称为坤元，推究数理而知道未来称为占筮，通达变化称为事件，阴阳运作不可测度称为神妙。

　　阴阳二字本来是指宇宙万物的变化，受动力为阴，主动力是阳，宇宙大化流行，一切都在变化，寒来暑往，日夜轮流出现。而天地有其基本的规则与运作的模式，要由人来完成，便是"参赞天地之化育"（《中庸》）的概念。人活在天地之间，不像其他生物自生自灭就算了，人有责任。而宇宙变化的目的只有一个，就是使人可以在生命中把潜能发挥出来，使向善变成择善固执，最后目标是止于至善。

　　什么是邪恶？凡是压制、扼杀、消灭生命、抹杀希望的都是邪恶。相对地，让道能够继续变化发展而不终结的，就是"善"。具体地将它凝结成一物，完成道的运作的就是性，这代表人并非生下来就有固定的性，而是完成道的运作即是性。因此，万物各有其性，此性无关乎善恶，只是要让道可以经由它来形成万物。至于善，是由生生不已的角度，肯定存在比虚无为佳。

　　《中庸》的第一句话，开宗明义地指出："天命之谓性，率性之谓道。"意思是说，"道"就是人生该走的正路。那么，人生该走的路是怎么决定的呢？《中庸》指出，顺着性去走，就是人生该走的路。简单地说，一个是继续，一个是完成，继续道的运作是善，完成道的运作是性。而性是"本善"还是"向善"呢？当然是向善。本性要去完成道的运作，道的运作是善，要完成道的运作，就是要将善加以实践，所以性只有"向善"，不可能是"本善"。如果是本善，所谓的继续、完成就都没有着落了。由于是向善，才要继续，才要完成，那就是道了。朱熹说："道具于阴而行乎阳。继，言其发也；善，谓化育之功，阳之事也。成，言其具也；性，谓物之所受，言物生则有性，而各具是道也，阴之事也。"这段话描述的是客观事实，认为每一个事物都有它的本性，本性就是要设法让道的变化可以继续下去，并没有提到人性是不是本善的问题。

"仁者见之谓之仁，知者见之谓之知，百姓日用而不知。"行仁者见到道，称它为仁；明智者见到道，称它为智；百姓每天实行了道，却一无所知。我们如今常说的"见仁见智"是表示各有看法，不过在《易经》中，这句话的用法是针对"道"来说的。事实上，仁与智是可以并行而不悖的，孔子说："仁者乐山，智者乐水。"还说："智者乐，仁者寿；智者动，仁者静。"这些都是仁智并举。至于老百姓为什么对道一无所知，是因为老百姓根本没有特别去思考"仁"与"智"的问题，只是依循着别人立下的模范来学习，所以君子体认的道，很少有人明白。

"显诸仁，藏诸用，鼓万物而不与圣人同忧，盛德大业至矣哉！"这句话中提到了"忧"。道本身处于圆满状态，依时序而变动不已，所以没有忧的可能性。圣人对天下一直有所忧虑，是因为人世间的问题层出不穷，所以圣人是替世人感到忧虑。人活在世界上，就应追求盛美的道德，使自己的道德越来越高尚；要建立伟大的功业，让众人都可以活得更好。

"阴阳不测之谓神"，所说的是阴阳运作不可测度就称为神妙。《易经》中的"神"有很多意思，前面提到的是鬼神，在此是指"阴阳不测"，也就是阴爻阳爻的变化不可测度。

第六章

夫《易》，广矣大矣，以言乎远则不御，以言乎迩则静而正，以言乎天地之间则备矣。夫乾，其静也专，其动也直，是以大生焉。夫坤，其静也翕（xì），其动也辟，是以广生焉。广大配天地，变通配四时，阴阳之义配日月，易简之善配至德。

[**白话**]《易经》的道理广阔啊，宏大啊。用它说明远方的事情，则没有界线；用它说明身边的事情，则清楚正确；用它说明天地之间的事情，则完备无遗。乾所代表的阳气，静止时专一，活动时正直，所以有最大的生产能力。坤所代表的阴气，静止时闭合，活动时张开，所以有最广的生产能力。广阔宏大可以配合天地，变化流通可以配合四季，阴阳的原理可以配合日月，容易简单的优点可以配合至高的德行。

其实人活在世界上，所应力行的就是容易与简单，只要心中有一个目标，任何事情都很单纯。例如，当我们在判断要不要去做某件事时，如果有目标，就可以很容易地做出判断，那是不是自己的专长，是不是自己所愿。即使得到他人眼中的好处之后，能改善现在的生活，就更快乐吗？当各方面条件皆成熟时，就会顺其自然，此时就没有愿不愿意的问题，而是条件成熟了就做，做的时候就不再多想。这样一来，不是很容易、很简单吗？生活要单纯，才能够配合至高的德行。德行修养高的人，一定有他特有的处世方式。

第七章

子曰："《易》其至矣乎! 夫《易》，圣人所以崇德而广业也。知（zhì）崇礼卑，崇效天，卑法地。天地设位，而《易》行乎其中矣。成性存存，道义之门。"

[**白话**]孔子说："《易经》说出了最高明的道理了吧！《易经》是圣人用来推崇道德及扩大功业的。智慧崇高而礼节谦卑，崇高是效法天，谦卑是效法地。天地设定了位置，《易经》的道理在其中运行。助成万物的天性，保存万物的存在，就是通往道义的门径。"

庄子称"内在有圣人的德行，外在有帝王的功业"为"内圣外王"，后来这四个字却几乎成为儒家的目标。内圣是个人修养德行，外王则要有功业配合，若是只有内在的德行，却没有立下功业，对天下人就没有帮助。这也是当颜渊过世时，孔子会难过地说"不幸短命死矣"的原因。孟子能理解孔子的遗憾，所以他会说："禹、稷、颜回，易地则皆然。"

"知崇礼卑"意谓智慧崇高而礼节谦卑。要辨析智慧崇高与否，可以用哲学来做一比拟。我们常说"哲学没有好坏，只有高低"。哲学是对人生经验做全面的反省，每个人都有不同的人生经验，只要是努力思考，都可以讲出一番道理；只要能自圆其说，建立起系统，都可以算是哲学。所以，无从比较好坏，但有高低之分。高低如何分呢？越高深的哲学，解释力越强，可以涵盖越多的存在层次。真正的大哲学家所提出的说法可能较为抽象，但可以观照的层面却是全面性的。所以如何把哲学讲成"极高明而道中庸"的境界，也就是思想达到崇高的境界，却能以很平常、普通的话语说出，就是一种理想，一种始终存在于哲学家心中的挑战。不管智慧多崇高，既然我们是处在人世间与他人来往，就一定要重视礼节，行使礼节时态度就必须谦卑。

所谓"成性存存"，有助成之意，万物的发展为什么需要人类来助成呢？例如在发生天灾时，可能会对某些野生动物或植物造成生存威胁，人类在这样的情况下施行了保护措施，就是助成万物的天性，维护万物的存在，这就是通往道义的门径。这个议题可以归结到善恶，邪恶是扼杀生命的，因此，反对邪恶，助成万物，保存万物的存在，就是善。"成性"一方面是前面所提及的"成之者性也"，另一方面也有"需要人类来助成"的意思。由存其所存，就可以肯定人类有参赞化育的伟大使命。孔颖达说："性谓禀其始也，存谓保其终也。"一个是始，一个是终。开始时有这样的"性"，而"存"

则可以保持不断生存发展，这叫作道义之门。换句话说，我们人类所谈的"道义""正当的路"，就是从我们对万物的保护开始。只要我们保护了万物，就能让万物各自的本性适当地实现出来。

本段一开头用"子曰"，朱熹针对这二字有过一番说法。朱熹说："十翼皆夫子所作，不应自著'子曰'字，疑皆后人所加也。"朱熹认为，"十翼"既然皆为孔子所写，理当不会在内文之中称呼自己之言为"子曰"，因此，"子曰"二字恐怕是后人添加的。现在大家公认"十翼"是孔子及其后学的共同心得，为数代相传的成果，因此，发现有"子曰"的叙述就不会感到意外。至于《易传》是由孔子的学生所流传，其最佳证据是司马迁的父亲司马谈。司马谈是孔子弟子传《易经》的第十代，他是个史家，对传承的记录必定非常确实，不会胡乱编排。由于孔子研究《易经》，在日常生活或教学上常活用易理，因而留下许多关于《易经》的讲述，这是毋庸置疑的。

第八章

圣人有以见天下之赜（zé），而拟诸其形容，象其物宜，是故谓之象。圣人有以见天下之动，而观其会通，以行其典礼，系辞焉，以断其吉凶，是故谓之爻。言天下之至赜而不可恶（wù）也，言天下之至动而不可乱也。拟之而后言，议之而后动，拟议以成其变化。

[白话] 圣人见到天下事物的复杂微妙，就模拟其形态，描绘其样貌，所以有卦象之称。圣人见到天下事物的变动发展，就观察其会合通达的方式，依循常规法则，再附上解说来裁断吉凶，所以有爻的称呼。这些是要说明天下最微妙而不可破坏的现象，说明天下最繁复而不可混乱的活动。模拟比较之后再做说明，商议讨论之后再去行动，模拟商议之后才能成就一切的变化。

天下万物都来自天与地的配合，既然有共同的来源，就可以相通，这是基本的原理。在乾卦的卦辞"元亨利贞"中，"元"代表创始，万物都由乾卦创始；"亨"代表通达，因为来源是相同的，产生的结果再怎么千变万化，彼此也都有关系，都可以相通。如果来源不同的话，彼此之间恐怕就扞格不入，甚至会产生冲突矛盾。这就是《易经》所说的，把会合通达的方式掌握住。爻本来是效法的意思，也就是论及吉凶，则有爻来仿效并说明之。

本章选择七个卦的其中一句爻辞来发挥义理，首先讲的是中孚卦（䷼，第61卦）九二。

第九章

"鸣鹤在阴，其子和（hè）之。我有好爵，吾与尔靡之。"子曰："君子居其室，出其言善，则千里之外应之，况其迩者乎？居其室，出其言不善，则千里之外违之，况其迩者乎？言出乎身，加乎民；行发乎迩，见乎远。言行，君子之枢机。枢机之发，荣辱之主也。言行，君子之所以动天地也，可不慎乎？"

[白话]"大鹤在树荫下啼叫，它的小鹤啼叫应和。我有美酒一罐，要与你共享。"孔子说："君子住在屋内，说出的话有道理，那么千里之外的人也会响应他，何况是身边的人？他住在屋内，说出的话没有道理，那么千里之外的人也会违背他，何况是身边的人？言语从自己口中说出，百姓都会听到；行为从自身表现出来，远处也会看到。言语与行为是君子处世的枢纽机关。枢纽机关一发动，就决定了获得荣耀还是受到耻辱。言语与行为，是君子借以感动天地的关键，可以不谨慎吗？"

这段话比较长，有些人怀疑是不是孔子说的。从《论语》可知，孔子说的话通常很简洁，这段话却像是写文章一样，所以会让人产生疑惑。不过，从内容来看，基本的观点还是出自孔子，这是不必怀疑的。

大鹤和小鹤的应和是自然的感应；人类的社会除了自然情感，还有选择余地。自然界的关系称为"实然"，指的是"实际的情况"；人世间的关系称为"应然"，指的是"应该有的情况"。人的世界是有自由、有选择的，所以就会产生"应该"与"不应该"的问题。

人类从自然界的各种现象，去反映或是象征人类世界应有的相处状态，当看到自然界大鹤与小鹤互相呼应，显得很和谐，很有互信的气息，便受到感动，于是设法建构出令人向往的道义世界。

"同人，先号咷而后笑。"子曰："君子之道，或出或处（chǔ），或默或语。二人同心，其利断金。同心之言，其臭如兰。"

"初六：藉用白茅，无咎。"子曰："苟错诸地而可矣，藉之用茅，何咎之有？慎之至也。夫茅之为物薄，而用可重也。慎斯术也以往，其无所失矣。"

"劳谦君子，有终，吉。"子曰："劳而不伐，有功而不德，厚之至也。语以其功下人者也。德言盛，礼言恭，谦也者，致恭以存其位者也。"

[**白话**] "聚合众人，先是痛哭后是欢笑。"孔子说："君子所奉行的原则，是该从政就从政，该隐退就隐退，该静默就静默，该说话就说话。两人心意一致，其锋利可以切断金属；心意一致所说的话，其气味就像兰花一样。"

"初六：用白色茅草垫在底下，没有灾难。"孔子说："就是把祭品摆放在地上也可以啊，底下还要垫一层茅草，这会有什么灾难呢？这是谨慎到了极点。茅草是一种微薄的东西，但是可以产生重大的作用。按照这种谨慎的方法去做事，就不会有什么过失了。"

"有功劳而谦卑的君子，有好结果，吉祥。"孔子说："劳苦而不夸耀，有功绩而不自认为有德，真是忠厚到了极点。这是说那些有功绩依然谦下待人的人。德行要讲求盛美，礼仪要讲求恭敬，而谦卑正是使人恭敬以致保存自己地位的坦途。"

以上内容分别来自三个卦。第一个是同人卦（☰，第13卦）九五爻辞，孔子在此提出处事原则。人群相聚一方面要考虑自己的角色与职责，把握"出处进退语默"的时机，同时要结交志同道合的朋友，感受同心同德的美妙趣味。这和孟子推崇孔子"圣之时者也"的意思完全契合，"时"代表时机，在适当的时候，做适当的事。

第二部分来自大过卦（☰，第28卦）初六爻辞。与人来往，尤其是自己还在初六的年轻阶段，凡事谨慎，对人有礼，总是值得肯定的。礼多人不怪，在小地方谨慎，让别人感觉到用心，效果一定很好。

第三段来自谦卦（☷，第15卦）九三爻辞，这句爻辞使人想起颜渊的志向："无伐善，无施劳。"不夸耀自己的优点，也不把劳苦的事推给别人。若是对社会有些贡献，不但不骄傲，反而更谦虚，这样的德行自然会得到孔子的高度赞赏。

进入《系辞传》之后，可以看到充分的哲学思维出现了，挑战更大了，不像前面只是从个别的卦学习，而是要进行全面的思考。

"亢龙有悔。"子曰："贵而无位，高而无民，贤人在下位而无辅，是以动而有悔也。"

［白话］"龙飞得太高，已经有所懊悔。"孔子说："地位尊贵却没有职位，高高在上却失去百姓，贤人居下位而无法前来辅佐，所以他一行动就会有所懊悔。"

由这一段我们便可得知，《系辞传》并不是按照顺序来写的。孔子对这段话的解释是因为上九地位太高了，远离了百姓。如果讲政治，上卦是统治者，下卦是百姓；若讲人事，上卦是老板，下卦是工作人员。上九最高，与下卦的距离最远，接着就要离开这个卦了，所以说"贵而无位，高而无民，贤人在下位而无辅"，但因为是阳爻，所以一定会有动性，而动则有悔。假设我们占到乾卦（☰，第1卦）上九，就安分不要动。孔子对爻辞的理解，可以帮助我们延伸自己的了解与想象。

"不出户庭，无咎。"子曰："乱之所生也，则言语以为阶。君不密则失臣，臣不密则失身，几（jī）事不密则害成。是以君子慎密而不出也。"

［白话］"不离开门户与庭院，没有灾难。"孔子说："祸乱的产生，是以言语为其阶梯。君主不能保密，就会失去臣子；臣子不能保密，就会丧命；几微之事不能保密，就会造成失败。因此，君子谨慎保密而不随便说话。"

这段话是出自节卦（☵，第60卦）初九，节卦就是要人节制。

在《论语》的记载中，孔子很少主动谈到利、命、仁，也不与别人讨论怪力乱神。利就是利益，他不会与学生谈论如何钻营获利；由于命有不可知的因素，所以他不谈命。为什么很少谈仁呢？仁是个人的正路，人生正途在于择善固执，必须依个人的处境来判断，很难做概括的说明，所以他总留待学生请教时，再依个人的状况加以解说，而鲜少主动在讲课时提及。

孔子也不语怪力乱神，是因为他的言和语都很谨慎，"言"代表主动去说，"语"代表互相讨论。孔子不主动讨论这四者，并不代表它们不存在，只是他不愿意讨论，因为不会有结果。讨论奇怪反常的事或灵异的事件，有什么意义呢？人必须活在当下，好好珍惜自己的生命，善用每一天，这才是正确的态度。儒家的思想就是要学者多修养，没有修养便无法提升层次，便缺乏人文素养与真正的内涵。

子曰："作《易》者，其知盗乎？《易》曰：'负且乘，致寇至。'负也者，小人之事也。乘也者，君子之器也。小人而乘君子之器，盗思夺之矣。上慢下暴，盗思伐之矣。慢藏诲（huì）盗，冶容诲淫。《易》曰：'负且乘，致寇至。'盗之招也。"

［白话］孔子说："《易经》的作者大概懂得强盗的心理吧？《易经》上说：'背着东西坐在车上，招来了强盗。'背负东西，是小人的工作；车子是君子代步的工具。小人坐在君子代步的工具上，强盗就会想要抢夺他。居上位的傲慢，在下位的粗暴，强盗就会想要攻击他。不藏好珍贵之物，是教唆别人来抢夺；打扮得过于妖艳，是教唆别人来调戏。《易经》上说：'背着东西坐在车上，招来了强盗。'正是说明招来强盗的缘故。"

这一段出于解卦（䷧，第40卦）六三。意思是说：若是君子坐在车上，不会背着东西，小人背着东西又坐在车上，一看就知道他的身份不正当，强盗就来了，因为他知道小人所持为不义之财。"在上位的傲慢，在下位的粗暴，强盗就会想要攻击他"，表示内部不合，物必自腐然后虫生。"不藏好珍贵之物，是教唆别人来抢夺"，所以财不要露白。

孔子在《系辞传》中，特别将这一段提出来加以引申，对世人的告诫之意，可见其用心深刻了。

第十章

天一，地二，天三，地四，天五，地六，天七，地八，天九，地十。天数五，地数五。五位相得而各有合。天数二十有五，地数三十，凡天地之数五十有五，此所以成变化而行鬼神也。

[**白话**] 天数一，地数二，天数三，地数四，天数五，地数六，天数七，地数八，天数九，地数十。天的数共有五个，地的数共有五个。五个方位的数分配得宜并且各自配合。天数加起来是二十五，地数加起来是三十，天地之数合起来是五十五，这些数造成了各种变化，并且使鬼神之道得以运作。

天数是一、三、五、七、九，也就是奇数；地数为二、四、六、八、十，是偶数。这十个数字可以统括后面所有的发展。在这段话中，"鬼神之道"指的是占卦，通过数字来了解天地每个方位合起来的现象。

朱熹对这一段话的解释是："变化，谓一变生水而六化成之，二化生火而七变成之，三变生木而八化成之，四化生金而九变成之，五变生土而十化成之。"他讲的是相对，一、六，二、七……依此类推。一、二、三、四、五是生数，六、七、八、九、十是成数，先生再成，生数为主，成数与之配合，就是变化。变代表阳爻，有生命力，朱熹以阳数为变，阴数为化，化代表接受之后，再加以化成，这是坤、阴爻的作用。所以，一、三、五先讲变，二、四先讲化。

至于鬼神，朱熹说："谓凡奇偶生成之屈伸往来者。"这个说法不太明确，我们可直接把鬼神认为是占卦的神妙作用，好像有鬼神从中安排一般。到目前为止，我们所知道的鬼神是指不受限制的力量，朱熹没有特别提到鬼神，或许觉得既然是子不语，后学者就不该谈论。其实孔子曾说："务民之义，敬鬼神而远之，可谓知矣。"孔子认为鬼神是存在的，对待的方法便是要"敬"，也就是虔诚对待，至于保持距离，则是不要随意麻烦鬼神，这是要慎重对待的事。

下一段是讲到占卦实际的做法。

大衍之数五十，其用四十有九。分而为二以象两，挂一以象三，揲（shé）之以四以象四时，归奇（jī）于扐（lè）以象闰；五岁再闰，故再扐而后挂。乾之策二百一十有（yòu）六，坤之策百四十有四，凡三百有六十，当期（jī）之日。二篇之策，万有一千五百二十，当万物之数也。是故四营而成《易》，十有八变而成卦。

[白话]在进行大型演算时，准备50根筹策，真正使用的是49根。将这49根分为两组，象征天地两仪；由任何一组中抽出一根挂在左手小指间，象征天地人三才；再以四为单位去计算筹策，象征一年的四季；把剩下的零数夹在左手中三指间，象征闰月。每五年有两次闰月，所以要把另一组筹策依四为单位计算所剩下的零数，也夹在指缝挂起来。乾卦的策数是216，坤卦的策数是144，总数为360，相当于一年的天数。《易经》上下篇64卦的策数有11520，相当于万物的数目。所以，要经过四次经营才能形成《易经》的一爻，经过18次变化才能完成一卦。

为什么进行大型演算时，只使用49根呢？因为有一根要拿出来作为太极，代表安定下来，构成一个世界、一个宇宙。前面提到"天地之数五十有五"，这里却只用50，有两个说法：一说是"天地之数五十有五"，但因为已经有了6爻，所以55必须减6为49；另一种说法是天地之数到9了之后，第十不要用10，因为10是两位数，所以再把10算作5，亦即9之后再一个5，加起来是50。这两种说法，很难确定到底何者正确。

一般常说三个月之内不要占同样的问题，三个月之后就变成另外一个季节，事情或许会有变化。古时候的历法与我们现在的不完全一样，是根据阴历，也就是月亮实际的演变来算，一年是360天。我们如今是一年365天，每一年多出5天，每隔5年就等于比古时候多一个月。

"乾之策二百一十有六，坤之策百四十有四，凡三百有六十，当期之日。"乾卦的策数是216，因为乾卦有6个阳爻，每爻以4策为一组，阳数用9，所以总数是6乘36，共216；坤卦的策数是144，因为坤卦是6个阴爻，阴爻每4策为一组，阴数用6，所以四六二十四，再乘以6，就变成144。两个加起来360，一年的天数就由这样相加而来。

至于万物的数目呢？"二篇之策，万有一千五百二十，当万物之数也。是故四营而成《易》，十有八变而成卦。"《易经》上下篇64卦的策数是11520，便相当于万物的数目。64卦有384爻，阳爻阴爻各半，意即各192爻，阳爻乘以36，得6912，阴爻乘以24，得4608，总数即是11520。要经过4次经营才能形成《易经》的一爻，所谓4次经营，指的是"分二""挂一""揲四""归奇"四个步骤。

事实上，完成一爻要经过3次同样方式的演算，6爻才会经过18次变化。这一段原文恐怕是漏掉了一些字句，经过后代学者一再研究，大家才了解。我个人在这方面要感谢程石泉教授，他研究《易经》一辈子，也写了很多相关的资料，是方东美先生最早的学生，治学范围很广，长期在美国教书。我曾研读他的著作，并验证他的占卦方法，可以证实他所提出的方法是正确的。

八卦而小成，引而伸之，触类而长（zhǎng）之，天下之能事毕矣。显道神德行，是故可与酬酢（zuò），可与佑神矣。子曰："知变化之道者，其知神之所为乎。"

[白话] 八个单卦代表初步的成就，由此引发而延伸出去，再按感触的类别扩展出去，天下可能取象的事物就全在里面了。《易经》呈现天地之道，使其功能与效应显得神妙无比，所以它不但可以用来应对各种需要，也可以用来助成神明的化育。孔子说："了解变化之道的人，大概也会了解神明的作为吧。"

知道变化之道，就知道神之所为，这是很好的观念。变化一定有规则，只要了解规则，就知道下一步大概往哪里走，就知道神怎么安排。八个单卦代表初步的成就，由此引发而延伸，再按感触的类别扩展出去。八个单卦有64种结合的方式，天下可能取象的事物就全在里面了。

《易经》呈现天地之道，其功能与效应显得神妙无比，所以不但可以用来应对各种需要，也可以用来助成神明的化育。"酬酢"就是各种需要，原意则是有任何情况都可以应对；现在则把"酬酢"当作与别人往来的社交活动，一起吃饭喝酒等。"可与佑神"的意思是可以助成神明的化育，因为知道神明的安排，人便可以配合。

《易经》最主要是要教我们德行、智慧与能力，人生除了这三点，还有什么是可靠的呢？其他不管是依赖钱财、依赖权力、依赖他人，都是向外求，只有德行、智慧、能力是在自己身上，开发之后可以在很多方面协助神明、帮助别人。

第十一章

《易》有圣人之道四焉：以言者尚其辞，以动者尚其变，以制器者尚其象，以卜筮者尚其占。是以君子将有为也，将有行也，问焉而以言，其受命也如响。无有远近幽深，遂知来物。非天下之至精，其孰能与（yù）于此？参（sān）伍以变，错综其数。通其变，遂成天下之文；极其数，遂定天下之象。非天下之至变，其孰能与于此？《易》无思也，无为也，寂然不动，感而遂通天下之故。非天下之至神，其孰能与于此？

[白话]《易经》在四个方面展现了圣人之道：用在言语方面的人会推崇它的言辞，用在行动方面的人会推崇它的变化，用在制造器物方面的人会推崇它的图象，用在卜筮方面的人会推崇它的占验。因此，君子准备有所作为和行动时，用言语去询问，它就会接受提问并且像回音一样地答复。无论提的是远的、近的、幽隐的、艰深的问题，它都可以让人得知未来的状况。不是天下最精微的智慧，谁能做到这些？用三与五来演变，交错综合相关的数字。贯通其中的变化，于是形成天下的形态；推究其中的数字，于是确定天下的现象。不是天下最卓越的变化，谁能做到这些？《易经》的卦象没有思虑，没有作为，寂静不动，一受到感应就能通达天下的道理。不是天下最神妙的力量，谁能做到这些？

这段话非常重要，先提到从四个方面展现圣人之道，再提及"至精""至变""至神"，用以描述《易经》的作用。

《易经》在四个方面展现圣人之道。首先是在言语方面，学习《易经》的人在说话时就会引用"二人同心，其利断金"等文雅的好词。

其次是用在行动方面，能了解变化之必然，知道尽管是同样的事情，发生在不同的时空中，将会有不同的状况，所以研究《易经》学占卦，应避免受情绪困扰，以提升智慧。有智慧的人能观察真相而不动情绪，因为情绪太主观了，而真相是客观的。天下没有完全客观的事，但是只要化解情绪的干扰，客观程度就能提高。

再次是用在制造器物方面的人，会重视它的图象，例如鼎卦（☲，第50卦）的图象，就可以告诉我们古人如何制作鼎，底下是鼎足，上面是鼎耳，最上面的是鼎铉，至于中间三个是鼎腹，可以用来烹调食物。

最后，用在卜筮方面的人会推崇它的占验，有些人不太了解，不明白学《易经》为什么一定要讲到占卦。这是因为他们有先入为主的观念，把占卦视为迷信，所以才会排斥。其实，占卦不但展现了圣人之道的其中之一，与其他三个方面的关系也特别密切。

"是以君子将有为也，将有行也，问焉而以言，其受命也如响。"这句话很清楚地聚焦在提问上面。古人学《易经》，本来就是要用来占卦，我们再三强调，因为现代人有太多迷信了，再加上许多算命的人运用不少与《易经》类似的东西，所以才会让人有这样的误会。所以，这里说得很明白，要有所作为和行动，就好好去提问，它会给你回答，像回声一样。

"参伍以变"的解释，到现在还没有确定的说法。有人说，乾卦六爻的主动力在于三和五，因为初爻刚刚进来动性不强，三五是阳爻的位置，动力最强，所以称为"参伍"。还有人认为，三是变化之始，三之前是两仪，两仪还不能变，所以三是天数；至于五则是地数，像水火木金土，土排第五，是称为地的数字。一般学者认为，前一种说法比较可靠，但仍无定论。

"感而遂通天下之故"中的"故"代表道理。《易经》就是感通的道理，从一卦感通到另一个卦，只要一个爻变，就会有新的卦出现。

一个卦本身有变卦、覆卦，还有倒卦，这就是感而通之所产生的。

其实我们活在世界上，不仅仅是与过去和未来有关，而是可以与所有现存的一切产生某种性质的感应，这被称为"共时性原理"。共时性是心理学在当代重要的发展之一，受到《易经》启发的心理学家是荣格。人们看事情往往容易失之片面，忽略某些因素，而占卦的时候，所有因素会同时呈现，以提醒我们不要只看到自己想看的部分，如此一来，就可以避免盲点。

以下还有很多类似的描述，内容都非常扼要，每一段都希望能将《易经》的道理一言以蔽之。

夫《易》，圣人之所以极深而研几（jī）也。唯深也，故能通天下之志；唯几也，故能成天下之务；唯神也，故不疾而速，不行而至。子曰"《易》有圣人之道四焉"者，此之谓也。

[**白话**]《易经》这本书，是圣人用以探求深奥与研究几微的凭借。由于深奥，所以它能贯通天下人的心意；由于几微，所以它能成就天下人的功业；由于神妙，所以它不匆忙却迅速反应，不行走却照样抵达。孔子说"《易经》在四个方面展现了圣人之道"，说的就是这些。

这段文字提到了几个重点。首先，"天下之志"是什么？百姓活在世界上，只有两个要求，这两个要求古今中外都没有改变过：第一，是希望主政者仁爱，让人民得以存活下去；第二，是希望正义，使善恶有其报应，否则仁爱就没有保障。其次，"天下之务"，也就是天下人的功业是什么。就是要让大家有所发展，比如学生进德修业的目标是学业，大人的修业是对社会有所贡献。

再则谈到"不疾而速，不行而至"这八个字，道家的学说在这方面有相当大的发挥。最贴切的应是《庄子·说剑》里的一段，庄子假扮成武士，与赵文王谈剑术，他用"后发先至"四个字就把赵文王说服了。一般认为，这段文字不是《庄子》的原文，应是后人添加的，但颇符合庄子的思想。这四个字的意思是：比别人后发招，但先抵达对方的要害。别人一剑砍过来，我纹丝不动，但只要我一出手，对方就立刻毙命。赵文王一听，赞为天下第一。秘诀就在看得"准"，很多事情不是埋头苦干就有成果，抓对方法、看准形势、把握条件，一出手就解决了问题，才最有效率。

第十二章

子曰："夫《易》何为者也？夫《易》开物成务，冒天下之道，如斯而已者也。"是故圣人以通天下之志，以定天下之业，以断天下之疑。是故蓍之德圆而神，卦之德方以知，六爻之义易以贡。圣人以此洗心，退藏于密，吉凶与民同患。神以知来，知以藏往，其孰能与于此哉？古之聪明睿知（zhì），神武而不杀者夫！

[白话] 孔子说："《易经》可以用来做什么？《易经》的哲理可以开发万物，成就功业，涵盖天下的法则，如此而已。"因此，圣人用它来贯通天下人的心意，奠定天下人的事业，裁断天下人的疑问。所以，蓍策的作用圆通而神妙，卦象的作用方正而明智，六爻的特性变易而彰显。圣人用它来洁净心思，退藏于隐密之中，与百姓一起忧虑吉凶的发生。神妙可以让他知道未来的状况，明智可以让他容纳过去的经验，谁能做到这些呢？大概只有古代耳聪目明、智慧过人、勇敢无比又不愿夸耀的人吧！

古代司法制度不够独立，通常由部落领袖同时担任当地的最高法官，这时就要看他的智慧够不够，如果智慧不足以分辨善恶，缺乏正义，人民将不知所措。所以，蓍策的作用圆通而神妙，卦象的作用方正而明智，六爻的特性变易而彰显。"蓍"指的是蓍草，圣人以之作为占卦的用具，这种草的特色是底下的根有一百多条，拿来作筹策听说是最灵验的。在河南如今还长蓍草，这可以证明河南确实是古代文明的发源地。

占卦最好是清晨起来，心中没有杂念的时候，因为它要求心神专一，所谓"絜静精微，易教也"，心思要非常干净，平静专一，这是《易经》教化的结果。神妙可以让他知道未来的状况，明智可以让他容纳过去的经验。明智的人从历史之中汲取教训，但是未来怎么办呢？因为事情不会重复，所以未来就要靠这个神妙的占筮方法。谁能做到这些呢？大概只有古代耳聪目明、智慧过人、勇敢无比又不愿夸耀的人吧！

"神武而不杀者夫"一句中的"杀"字本义为杀伐，在此代表夸耀，"不杀"是说不利用这种专长来对付别人或夸耀自己。"耳聪目明、智慧过人"指的是"圣"。在古代，"圣人"二字并不是专指德行，通常还有"最聪明者"的意思。因为聪明，所以能够了解整个状况，看透一切事情，譬如能了解百姓的心思、准确掌握最有利的发展、带领人民做最佳的营生，所以古代称统治者为圣人。

读到这里，大家可以发现，《系辞传》确实是很丰富的，具有概括性的哲学智慧。虽然其中有很多文句似乎只是提出结论，并没有精确说明其中原委，这就要靠我们自己从64卦中体会，多加了解过去，并想象未来。

是以明于天之道，而察于民之故，是兴神物以前民用。圣人以此斋戒，以神明其德夫！是故，阖户谓之坤，辟户谓之乾。一阖一辟谓之变，往来不穷谓之通。见（xiàn）乃谓之象，形乃谓之器。制而用之谓之法，利用出入，民咸用之谓之神。是故《易》有太极，是生两仪。两仪生四象。四象生八卦。八卦定吉凶，吉凶生大业。

[**白话**] 因此，明白自然界的运行规律，又了解百姓的实际状况，这才发明神奇的著占，引导百姓去使用。圣人用它来斋戒心思，使占筮的功能神妙而明显啊！所以，关起门来静处就称为坤，打开门来活动就称为乾。有关有开就称为变化，往来不已就称为通达。显现出来的就称为现象，具体赋形的就称为器物。制定出来使用的就称为法则，进进出出利用它，百姓都要使用的就称为神妙。所以，《易经》揭示了作为究竟真实的太极，从太极展现出天地两种体式。天地两种体式展现出四季的现象。四季的现象展现出八个单卦。八个单卦决定了吉与凶，由吉与凶再衍生出伟大的功业。

人们谈到《易经》就常提到太极，其实"太极"二字在整部《易经》中只出现过这一次。我相信每个人在读到本段最后一句："《易》有太极……"都会觉得非常兴奋，因为我们对《易经》的认识，大概就是始于这一句。常常听到老师们这样念："太极生两仪，两仪生四象，四象……"一路念下去，都觉得很神秘，一般人并不容易理解。现在能够了解到原来《易经》的背景与内容是如此，已经跨越了以前间接听别人转述的层次，直接把以往似懂非懂的东西捧在眼前研究，应该会觉得学习实在是很大的快乐。将来我们自己在谈这些时会觉得很有信心，也可以让别人知道我们是从原典加以理解，并非口耳相传、人云亦云而来的了。

讲到"天"，就让人觉得很神圣，但是又很模糊。此处将"天之道"翻译为自然界的运行规律，老子说"天之道，其犹张弓与？高者抑之，下者举之；有余者损之，不足者补之。"意思是说自然的法则，不是像拉开弓弦一样吗？高了就把它压低，低了就把它抬高；

过满了就减少一些，不够满就补足一些。譬如夏天太热了，一定会变成秋天；冬天太冷了，又会变回春天。前面讨论过九与六要变，因为九代表夏天，已经热到极点；六代表冬天，冷到极点，所以非变不可。七和八因为是在中间，所以不用变。人之道不一样，常损不足以奉有余，不够的还要剥夺，已经有了还要更多，所以贫者越贫，富者越富。由此可以理解《易经》。

"制而用之谓之法，利用出入，民咸用之谓之神。"这句话是对"神"的再一次解释，前面提到"神"，都会提及变化，这里提到的"出入"却是代表日常生活，指的是百姓都要使用的最平凡之物。譬如有一句话说，最好的照相机也比不上人的眼睛，眼前所见每个人脸上的表情、衣服的色彩，都是最自然的，再好的相机也不能百分之百如实呈现。不仅眼睛如此，人的耳朵所听到的东西也是最神妙的，听一个人唱歌就知道他今天心情好坏，听别人说话就知道他今天有什么样的想法，这绝对不是音响设备能够比拟的。所以，人的生命不就是最奇妙的吗？希腊悲剧家索福克勒斯（Sophocles）说"宇宙万物之中，没有比人的存在更值得惊讶的"，就是这个意思。

"是故《易》有太极，是生两仪。"《易经》揭示了作为究竟真实的太极，从太极展现出天地两种形式。此处，我们用"究竟真实"来探讨太极存在之必要，要知道真正伟大的哲学构成一个系统，不能没有究竟真实，否则一切都在变化之中，抓不住任何事物，到最后就成了虚无。从《易》有太极，就知道这一套哲学不是只讲变化，不是只让人知道吉凶悔吝。"太"代表最高的，"极"也代表终点，万物没有再比它更高远的，讲太极的目的是要推到一个最原始的、统一的力量根源。

接着解释"生"的意义。"生"有两个意义：一是出生、生产，种子把花生出来，父母把孩子生出来；另一义是展现，比如老子说的"道生一，一生二，二生三，三生万物"，其中的"三生万物"是真的生出来，前面的一、二、三则是展现。道生一，道展现为一个整体；一生二，这个整体展现为阴阳二气；二生三，阴阳二气在某种程度的结合，构成一个和气，阴气、阳气与和气总共是三，然后三生万物。"万物负阴而抱阳，冲气以为和"，负就是背，负阴而抱阳，是背靠着阴，面向着阳，经过阴阳二气的结合与变化，造成和气、和谐的状态。一朵花有它的和谐状态，有阴阳二气的某种组合、某种比例，使它构成花，而不是草。至于草呢？有另一种阴阳相合的状态，使它构成草，如此一来，便构成了所有的万物。万物都来自同一个根源，即"阴阳二气"，阴阳二气又来自同一个根源"道"。

"两仪生四象。四象生八卦。"这句话有一种说法是由阴阳（两仪）两两相选，成为二画的太阳、少阴、少阳、太阴（四象），再往上选为三画的八卦（乾、兑、离、震、巽、坎、艮、坤）。不过在《易经》之中，从来没有出现过太阳、少阴、少阳、太阴，也没有提及两爻代表何种意义，因此我较倾向于把两仪说成天地。天是主动性的乾卦，地是被动性的坤卦，由天地两种体式展现出四季的现象，而天、地、雷、山、火、水、泽、风也跟着四季的变化而能够出现。

"八卦定吉凶，吉凶生大业。"当我们了解吉凶之后，便会尽量设法趋吉避凶。有人认为，天下的吉凶总量是一样的，我们这边趋吉，会造成别人凶。其实不见得，很多事情可以大家一起来趋吉避凶。例如说，从事水利建设、河川防治，把这些会对公众造成影响的公共事务做好，大家都吉。许多灾难归因于人谋不臧，百姓的损失与痛苦，真不知向谁去投诉才好。

《易经》的展现和《老子》不一样。《易经》的内容就是太极，有一个统一的整体，再展现出两仪，之后一再展现，由一而二而四而八；《老子》则是道一生二生三，以"一"为"究竟真实"，这是现代人的理解。每一个哲学家都必须回答自己理解的究竟真实是什么，如果避开这个问题，就不可能成为第一流的哲学家，因为没有办法建构思想系统。宇宙到最后要结束，人的生命最后也会结束，若不讲到究竟的层面，将使生命无所依托。宗教也是给人究竟的境界，佛教谈解脱，解脱之后去哪里呢？探讨的正是终极，也是究竟。

《易经》将太极作为存在最后的根源，意即无论如何，人生最后都是回到太极。这样的说法当然会引来消极的心态：既然殊途同归，何必要费心安排？好死歹活不都是一样吗？这就是圣人的忧患所在，也就是"作《易》者，其有忧患乎？"。因为人的世界不是只有活着而已，人需要学习、确立正确的观念以及不断地修炼，让自己的生命有趣味、有意义。许多人一生拼命存钱，反而错过了对生命的品味，等于是为了虚拟的目的，而错过了实际的生命。这并非否定未雨绸缪之必要，只是劝人不要忧虑过多，不用只着眼于担心物质生活好坏。耶稣说："身体胜于衣服，生命胜于饮食。"关于人应创造生命的价值，无论是中国的《易经》，还是儒道墨法各家、古今中西的哲学流派，甚至世界各地流行的各种宗教，所持的理念都是类似的。

是故法象莫大乎天地，变通莫大乎四时，悬象著（zhù）明莫大乎日月，崇高莫大乎富贵。备物致用，立成器以为天下利，莫大乎圣人。探赜索隐，钩深致远，以定天下之吉凶，成天下之亹（wěi）亹者，莫大乎蓍龟。是故天生神物，圣人则之；天地变化，圣人效之；天垂象，见吉凶，圣人象之；河出图，洛出书，圣人则之。《易》有四象，所以示也。系辞焉，所以告也。定之以吉凶，所以断也。

[白话] 因此，取法的对象没有比天地更大的，变化通达的情形没有比四季更大的，悬挂而显明的现象没有比日月更大的，让人推崇仰望没有大过富贵的。齐备物品供人使用，制定现成器物来谋求天下人的福利，没有大过圣人的。探究精微，考察幽隐，撷取深奥，推及遥远，以此来确定天下人的吉凶，促成天下人勤勉不息的，没

有大过蓍与龟的。因此，上天赐下神奇的东西，圣人要取法；天地之间变化无穷，圣人要仿效；天垂示天象，显现吉凶之兆，圣人要模拟；黄河出现龙图，洛水出现龟书，圣人要参照。《易经》有这四种重要的取象，就是用来彰显奥秘的。附上卦爻辞，就是用来告诉人们的。判定它是吉是凶，就是用来裁断的。

以"是故"二字开头，是接续前段"《易》有太极"而来。在这段话中提到了"日月"，古人为什么重视日月呢？因为往天上看最大、最明显的就是日月。此外，这段话中的"富贵"是中性的，代表某种肯定。一个社会必然有富贵之人，富是有钱，只要手段正当，聪明加上机运，发财并非罪恶。有钱人盖很大的工厂，创造很多就业机会，对员工好，创造社会福利，回馈社会，这都是好事。贵代表地位崇高、拥有权势的贵人，如果配合能力、德行、智慧，就会令人敬重。老百姓看到富贵者，自然会仰望、推崇他们，因为他们掌握社会的资源，好的行为必然产生风行草偃之效，可以改变整个社会风气，所以说"崇高莫大乎富贵"。孔子说："富与贵，是人之所欲也。"我们对于富贵不必批评或反讽，但一定要求德慧兼备，对社会才是好事。

"蓍"就是筹策，"龟"是指龟甲，都是古代人常用的占筮工具。古代人用龟来占卜的事很多，也未必完全准确，只是一旦形成惯例之后，便具有心理建设的作用。譬如出兵打仗，没有任何精神上的向往或号召，即便师出有名，也不一定有提高士气的效果。如果通过占卦肯定自己为正义之师，讨伐对方是义举，必然士气大振。打仗时人多不一定有用，历史上有很多例子，譬如淝水之战，苻坚的军队投鞭足以断流，八十几万大军，最后还是战败了；赤壁之战，曹操虽然人多却打了败仗，这说明了士气的重要。为什么人虽少而能以寡击众呢？因为士气高昂，这也是老子所说的"哀兵必胜"，哀不是悲哀，是心怀善念、有慈悲心。老子认为有慈爱的心，有不忍之心，反而能产生最大的力量。

以占卜来确定吉凶，是让人做事有因应的方向，占到吉就要继续往前努力，占到凶也不要担心，只要换个方向尽量低调谦虚，就能避开凶险了，这是让天下人勤勉努力的方法之一。有很多人视占卜为神秘的事情，并不用心去了解，只希望能得到结果，占卜完毕之后没有得到启发，一味心存侥幸。事实上，学《易经》卜卦，在看到占卦的结果后，应进一步了解其中的内容，明白该往哪一方面继续努力。譬如二与五两个中间的位置，是提醒我们只要居中行正，到任何地方都能逢凶化吉，这就是占卦的正面意义，帮助我们了解行事的方向，并勉励我们提高德行。

关于河图洛书，孔安国说："《河图》者，伏羲氏王天下，龙马出河，遂则其文以画八卦。《洛书》者，禹治水时，神龟负文而列于背，有数至九，禹遂因而则之，以成九类。"伏羲时代，有龙马背上背着图，称作"河图"；到了大禹时，又有神龟负文，称为"洛书"，后来大禹分天下为九州，就是根据洛书而定。推测河图洛书上面可能有数字、方位、形状等数据，后来很多人拿来作为建筑的参考，把数字的比例加以配合，使建筑物可以站得很稳。至今仍有人在研究天坛的建筑或是皇宫的建筑，它们可能是根据河图洛书而建造的。这些自古流传的资料，是圣人要参照的。

第十三章

《易》曰："自天佑之，吉无不利。"子曰："佑者，助也。天之所助者，顺也；人之所助者，信也。履信思乎顺，又以尚贤也。是以'自天佑之，吉无不利'也。"子曰："书不尽言，言不尽意。"然则圣人之意，其不可见乎？子曰："圣人立象以尽意，设卦以尽情伪，系辞焉以尽其言。变而通之以尽利，鼓之舞之以尽神。"

[**白话**]《易经》说："获得天的助佑，吉祥而无所不利。"孔子说："佑是帮助。天所帮助的是顺从的人，人所帮助的是诚信的人。履行诚信且存心顺从，还会因而推崇贤者。所以获得天的助佑，吉祥而无所不利。"孔子说："文字不能完全表达言语，言语不能完全表达心思。"那么，圣人的心思就不能充分显示了吗？孔子说："圣人设立爻象来尽量表达心思，设立卦象来尽量表达真实与虚伪，附上卦爻辞来尽量表达他要说的话。借由卦爻的变化与通达来尽量表现可取的利益，借由鼓动它与活跃它来尽量表现神妙的作用。"

这段话的第一句出现在大有卦（☲，第14卦）的上九。在此，天不是指自然界，而是指能够保佑人的天，也就是代表最高的神。自然界无所谓保不保佑，它是规则。孔子又说："文字不能完全表达言语，言语不能完全表达心思。"说话有时候不见得能够把意思说清楚，基本上情感是不能用言语表达的，总觉得有未尽之意，需要不断再补充、调整和修正，到最后连自己原来想说什么都弄不清楚了。如同水清则无鱼，水有些杂质，有些颜色，里面就可以藏鱼；水一清，鱼就都被捞光了。所以，很多时候真正想说的话是尽在不言之中的。庄子是最擅长表达这种境界的，他所说的"相视而笑，莫逆于心"，意思就是大家有默契不用多说，一说就落入形迹；若对不同的人说，就开始有差别心了。"书不尽言，言不尽意"，很精彩的八个字把人类表达的限制说了出来。

那么，圣人的心思就不能充分显示了吗？孔子说："圣人设立爻象来尽量表达心思，设立卦象来尽量表达真实与虚伪，附上卦爻辞来尽量表达他要说的话。借由卦爻的变化与通达来尽量表现可取的利益，借由鼓动它与活跃它来尽量表现神妙的作用。"百姓本来就希望有利益，这是圣人时时挂念的事。古代受教育的人是少数，能学《易经》的则更是少数，我们在学习《易经》的过程中，除了从中得到许多观念，还要学习古代圣人照顾别人的心态。如果仅仅是执着其中，没事为自己占个卦，格局就未免太小了。

圣人要传达智慧让众人分享，所以写下《易经》，所表达的是"意""情伪""言""利"和"神"。"情伪"是指真伪，情者，实也，要避免真假混淆；"利"是自求多福，而非损人利己；所谓"变而通之"，是强调人生不会走投无路；"神"则是展现造化的奥妙，亦即要人从卦爻的活泼变化中，找到无限的生机与趣味。读《易经》让我们感觉到生命多么可贵，人的智慧一旦能够通达各种道理，人生的快乐真是无穷，每一刹那都不一样。人的一生所求的就是活得从容，不慌不忙，知道该如何做每一件事，该如何走出每一个正确的步伐，能这样掌握自己的生命，才能活出踏实的意义。

乾坤，其《易》之蕴邪（yé）？乾坤成列，而《易》立乎其中矣。乾坤毁，则无以见《易》。《易》不可见，则乾坤或几乎息矣。是故形而上者谓之道，形而下者谓之器。化而裁之谓之变，推而行之谓之通。举而错之天下之民谓之事业。

[白话] 乾卦与坤卦，是《易经》所含藏的精华吧？乾卦与坤卦排列成序，《易经》的法则就在其中建立起来了。乾卦与坤卦毁坏，就没有办法见到《易经》的法则。《易经》的法则无法见到，乾卦与坤卦的作用也几乎消失了。因此，超越在形体之上的称为道，落实在形体之下的称为器物。让道化解而裁定的，称为变化；使道推演而运行的，称为通达；把道推举出来并且加在天下百姓身上的，称为事业。

在《系辞传》中，我们充分看到澄清概念的作用，把一个概念反复加以说明，以便让人明白其中的意涵。《易经》的法则就是乾与坤，乾是六爻皆阳，代表主动的生命力；坤是六爻皆阴，代表被动的承受力。一个是主动，一个是受动，这两个合起来就构成所有的变化。

从"《易》不可见，则乾坤或几乎息矣。是故形而上者谓之道，形而下者谓之器。化而裁之谓之变，推而行之谓之通。举而错之天下之民谓之事业"这一段话，我们可以做如下联想：人类要充分利用大自然的资源，创造文明的产品。人类文化进步是一件好事，但是这件好事是要让百姓可以获得各种利益，而利益不单是指有形可见的，大家都知道光吃饱喝足是不够的，还需要心智和灵性的发展。

道是形而上的，具体来说可以代表路、规则、原理。譬如桌子，必然有其构成桌子的原理，就是桌子的"道"。道在有形可见之外，所以看不到，能看到的是桌子这个"器"。器可以个个不同，而道则是唯一。再以建造水库为例，采用什么样的建筑材料是一回事，但是建筑水库的原理要能把握住，才能成就一座蓄水的水库。同样的，当我们活在世界上身为一个人时，表现在外的是器，而做人的道理就是道。圣人也是体悟到"道"，才能发明《易经》之理的。

乾卦与坤卦所象征的，不只是有形的天与地，还包括阳气与阴气这二元力量，宇宙万物无一不是这二元力量所形成的。但是推究乾坤与阴阳之根源，依然可以找到一个究竟原理，亦即"道"。"道"作为究竟原理，与"太极"作为究竟真实，这两者是二而一的，只是分别由万物的结构与生成来观察，使用不同的名称而已。

是故，夫象，圣人有以见天下之赜，而拟诸其形容，象其物宜，是故谓之象。圣人有以见天下之动，而观其会通，以行其典礼，系辞焉以断其吉凶，是故谓之爻。极天下之赜者存乎卦；鼓天下之动

者存乎辞；化而裁之存乎变；推而行之存乎通；神而明之存乎其人；默而成之，不言而信，存乎德行。

[**白话**] 因此，《易经》中的象，是圣人见到天下事物的复杂微妙，就模拟其形态，描绘其样貌，所以有卦象之称。圣人见到天下事物的变动发展，就观察其会合通达的方式，依循常规法则，再附上解说来裁断吉凶，所以有爻的称呼。穷尽天下精妙的在于卦象，鼓舞天下活动的在于卦爻辞，让卦象化解而裁定的在于变化，使卦象推演而运行的在于通达，把握卦象的神妙，并且彰显出来的在于圣人。默默地成就卦象，不说话而有诚信的，在于德行。

原文中所说"存乎其人"中的"人"是指圣人而言，不会是一般人，因为只有圣人才能够把握卦象的神妙，并把它彰显出来。默默地成就卦象，不说话而有诚信的，在于德行。由此可知，只要能修德行善，《易经》趋吉避凶的道理自然就会实现于自身，最好的方法还是在于德行。人为什么要有德行？以儒家来说，答案很清楚，因为人性向善，没有其他路可走，只能择善固执，最后的目的是止于至善。

系辞·下传

《系辞传》的下传，共分为12小段。

第一章

八卦成列，象在其中矣。因而重之，爻在其中矣。刚柔相推，变在其中矣。系辞焉而命之，动在其中矣。吉凶悔吝者，生乎动者也。刚柔者，立本者也；变通者，趋时者也。吉凶者，贞胜者也；天地之道，贞观者也；日月之道，贞明者也；天下之动，贞夫一者也。

[白话] 八卦排成系列，卦象就在其中了。取八卦来重叠组合，六爻就在其中了。刚爻与柔爻互相推移，变化就在其中了。附上卦爻辞的说明，活动就在其中了。吉凶悔吝，是由活动产生出来的。刚爻与柔爻，是建立卦象的基础。变化与通达，是配合时势趋向的发展。吉与凶，要定位在助人取胜；天地的法则，在于可供观察；日月的法则，在于可供照明；天下的活动，要定位在一个常道上。

八卦是指单卦三爻，重卦就变成每卦六爻。刚爻与柔爻互相推移，变化就在其中了，附上卦爻辞的说明，活动就在其中了。我们在研读《易经》时，从卦辞和爻辞可知，卦不是固定的静态的图案，而是不断地变迁，有往有来。

在这段话中，"贞胜"的"贞"字解作"定位"，定位在助人取胜，就是让人能够顺利、趋吉避凶。"天地之道，贞观者也"，在这句话中出现了"贞观"一词，著名的唐太宗年号，其实就是出自这段文字。

夫乾，确然示人易矣；夫坤，隤（tuí）然示人简矣。爻也者，效此者也。象也者，像此者也。爻象动乎内，吉凶见乎外，功业见乎变，圣人之情见乎辞。天地之大德曰生，圣人之大宝曰位。何以守位？曰仁。何以聚人？曰财。理财正辞，禁民为非曰义。

[白话] 乾卦以其刚健向人显示容易；坤卦以其柔顺向人显示简单。所谓爻，就是仿效这些的。所谓象，就是模拟这些的。爻与象在卦里活动，吉与凶表现于外，功业表现在变化上，圣人的情意表现在卦爻辞中。天地最大的功能是创生，圣人最大的宝物是地位。如何守住地位？说是仁德。如何聚集众人？说是财物。因此，经理财物，导正言论，禁止百姓为非作歹，就是义行。

这段话从天地乾坤，推到人的适当作为。讲《易经》乾坤的特性时，会先说"易"再说"简"。易是容易，简是简单；易代表时间的变化，简代表空间的架构。一般谈坤谈地，立刻想到空间、大地很平静，并不会感觉到它一直在变化之中。而谈乾谈天时，通常要稍微想一下，天是天体，太阳月亮不断地运行，所以代表时间的变化。所谓爻就是仿效，阳爻阴爻，就是仿效宇宙万物变化的主动力与受动力。

接着谈到"天地之大德曰生，圣人之大宝曰位"，这是把圣人与天地对照，类似的结构亦出现在《老子》的内容中："天地不仁，以万物为刍狗。圣人不仁，以百姓为刍狗。"这说明了儒家与道家思想的来源，可以从《易经》之中找到一些线索。天地的功能在于让万物不断地出生，"德"是"功能"，不要理解为道德，天地没有道德的问题。很多人常常说上天有好生之德，但是万物有出生，难道没有结束吗？若万物有生无死的话，那大地岂不是被塞满了吗？如果好生之德是光明的一面，难道万物必将死亡是上天失德吗？事实上那只是变化的过程，天地没有道德的问题。

古者包牺氏之王天下也，仰则观象于天，俯则观法于地，观鸟兽之文与地之宜，近取诸身，远取诸物，于是始作八卦，以通神明之德，以类万物之情。作结绳而为网罟（gǔ），以佃（tián）以渔，盖取诸离。

[**白话**] 古代伏羲氏统治天下时，抬头就观看天体的现象，低头就考察大地的规则，检视鸟兽的花纹与地理的特性。就近取材于自己的经验，并且往远处取材于外物，然后着手制作八卦，用以会通神明的功能，比拟万物的实况。他编草为绳，制成罗网，用来打猎捕鱼，这大概是取象于离卦。

这一段开始描写中国古代历史的发展，非常详细。只要谈中国古代历史，任何人都不容错过这一段。

包牺氏指的就是伏羲氏。在伏羲氏之前，还有有巢氏、燧人氏，人类的祖先最早是住在树上，因为地上猛兽太多了，这样比较安全。后来燧人氏发明了火，人们就住到地上来，用火对付各种野兽。到了伏羲氏，进一步可以驯服野兽，把它们变成家畜家禽，开启了渔猎社会阶段。伏羲氏之后有神农氏，代表文明进入农业时代。

伏羲氏知道，万物不是随意出现，而是在某种力量的安排下出现的，他把这种力量称为"神明"。伏羲氏了解周围的环境，寻找生存之道，制作八卦来会通神明的功能，让一阴一阳的"道"变化发展下去。然后再比拟万物的实况，他编草为绳，并且制作罗网，用来打猎捕鱼，这大概是取象于离卦（䷝，第30卦）。所以，历史上第一个出现的不是乾卦，不是坤卦，而是离卦，因为"离"代表"罗网"。把两个基本的离卦重叠在一起时，看起来就像是外实内空的网子，可以用来捕鱼、捕鸟，供应日常生活所需。所以，"离"字又称作罗，有如可以捕捉生物的罗网。

离卦之所以是第一个出现的卦，应该也和"火"的出现有关。西方文化发展，通常会借助西方神话进行探讨，其中有一则是一位名叫普罗米修斯的神明替人类偷火的故事。普罗米修斯在天神宙斯造人之后，看到没有火的人间潮湿泥泞，让人类难以生存，没有安全感。普罗米修斯觉得很不忍心，于是到天界偷火，让人间有了光明与温暖，也较适于生存。人类的文明就是从火开始的，离卦除了罗网的意思，应该也包括火，代表有了光明。

第二章

包牺氏没，神农氏作。斲（zhuó）木为耜（sì），揉木为耒（lěi），耒耨（nòu）之利，以教天下，盖取诸益。日中为市，致天下之民，聚天下之货，交易而退，各得其所，盖取诸噬嗑。神农氏没，黄帝、尧、舜氏作，通其变，使民不倦，神而化之，使民宜之。《易》穷则变，变则通，通则久。是以"自天佑之，吉不无利"。黄帝、尧、舜垂衣裳而天下治，盖取诸乾坤。

[白话] 伏羲氏死后，神农氏兴起。他砍削木头制成犁，揉弯木条制成犁柄，取得耕地锄草的便利，再用来教导天下百姓，这大概是取象于益卦。每天正午开设市集，招来天下的民众，聚集天下的货物，大家相互交换然后散去，让人人都得到所需之物，这大概是取象于噬嗑卦。神农氏死后，黄帝、尧、舜相继兴起，会通各种变化，使百姓不会倦怠，以神奇能力化解困难，使百姓适宜生存。《易经》的法则是：穷困就会变化，变化就会通达，通达就会持久。因此，"获得上天的助佑，吉祥而无所不利"。黄帝、尧、舜让衣裳下

垂而天下得到治理，这大概是取象于乾卦与坤卦。

这段文字提到风雷益（䷩，第42卦）。益卦的卦象为下震上巽，中有互卦艮与互卦坤。下卦震为足、为行动，上卦巽为木；互卦坤是田，互卦艮是手。以非常原始的象来说明便是：手持着木器，脚入地下而行动，就好像在锄草耕田，所以它"取诸益"。这是最原始的益卦取象，与我们现在所认识的风雷益卦似乎不同。

接着是"日中为市，致天下之民，聚天下之货，交易而退，各得其所，盖取诸噬嗑"。"日中为市"的"市"代表市场，为什么市集要在正午的时候设立？因为阳光照在正中央，没有阴影，做生意不能有任何阴影，大家都应光明正大。古代人采取以物易物的方式，每个人都得到所需之物，这大概取象于噬嗑卦（䷔，第21卦）。火雷噬嗑上面是离卦，离代表日，太阳在中间；底下是雷，震为行；中有互卦艮，艮是手，合之则变成在太阳下，行人以手易物。离也是龟，龟是值钱的货物。此外，"噬嗑"一词还有"市合"之音，在市场里大家都合得来，在以物易物的时候彼此相合、满意，就是"市合"。在《易经》64卦中，噬嗑卦很凶险，好像嘴巴咬合，咬断而合。判断各种诉讼案件，从脚开始就"屦校灭趾"；最后是"何校灭耳"，还有各种别的刑罚。其实，噬嗑卦的原始取象很单纯，就是在市集里大家都可以合意，然后交换东西各自回家。

《易经》的法则是穷困就会变化，变化就会通达，通达就会持久。穷、变、通、久，因此获得上天的助佑，吉祥而无所不利。黄帝、尧、舜，让衣裳下垂而天下得到治理，这大概是取象于乾卦（䷀，第1卦）与坤卦（䷁，第2卦），乾代表衣，坤代表裳，黄帝垂衣裳而天下治。所以，此两卦并不是讲天地，而是谈衣裳。

以上都是用卦来作为参考，表达生活的过程、发展的轨迹，接着要更进一步推演各种人类生活的实况了。

刳（kū）木为舟，剡（yǎn）木为楫，舟楫之利，以济不通，致远以利天下，盖取诸涣。服牛乘马，引重致远，以利天下，盖取诸随。重（chóng）门击柝（tuò），以待暴客，盖取诸豫。断木为杵，掘地为臼，杵臼之利，万民以济，盖取诸小过。弦木为弧，剡木为矢，弧矢之利，以威天下，盖取诸睽。

[白话]挖凿树干做成船，砍削木头做成桨，船与桨的便利，可以助人渡过横阻的河流，前往远方造福天下的人，这大概是取象于涣卦。驯服牛，乘着马，可以拉着重物去到远方，造福天下的人，这大概是取象于随卦。重重门户加上打更巡夜，用以防备凶暴的来者，这大概是取象于豫卦。截断木头做成杵，挖掘平地做成臼，杵与臼的便利，让所有的百姓得到帮助，这大概是取象于小过卦。揉弯树枝做成弓，削尖树枝做成箭，弓与箭的便利，用以震慑天下，这大概是取象于睽卦。

这段取五种卦来作为生活的参考。首先是涣卦。涣就是风水涣（䷺，第59卦），上面是风，也代表木；底下是水，木在水上，不就是船的样子吗？何况中间还有互卦震，震代表行动，船在水上面，又可以行动，很明显地，把船造好之后，就可以与远方相通了。中国古代有很多湖泊、河流，很需要船的便利，水运的载货量大，可以节省很多人力。

其次是随卦。随卦是上泽下雷（䷐，第17卦），震卦一再出现，说明行动的重要，要靠行动才能改变生存的条件。随卦由否卦变来，否卦（䷋，第12卦）下坤上乾，乾为马，坤为牛，天地否一变为随之后，乾坤都不见了，也就是马牛都不见了，其实不是不见，而是用来行走。震为行动，泽是喜悦，马和牛不见了，变成行动而喜悦，皆被人用来行走，因而使人喜悦。把它们驯服之后变成家畜，可以替人拉车、耕田，运送货物，人自然感到喜悦。

再次是豫卦。雷地豫（䷏，第16卦），打雷就好像敲着木盘提醒人。下卦为坤，代表把门关起来。中有互卦坎，坎是强盗，合并为重门击柝，以待暴客。古时候的人生活比较原始单纯，最怕亡命之徒打家劫舍，这时候就靠着关闭门户与打更示警来防范强盗。仔细看此卦，果真能体会如此直接又具体的取象。

复次是小过卦。雷山小过（䷽，第62卦），山是不动的，雷是动的，上面在动，底下不动，如同舂米一般。最后是睽卦。火泽睽（䷥，第38卦），火和泽背道而驰，需要震慑，离是戈兵，卦里面有互卦坎，只要有离和坎就代表要打仗了，因为有戈兵，又有弓轮。弓和箭可以震慑天下，在古代的兵器之中，弓箭是很重要的，因为弓箭可以远距离制服敌人，若要靠近距离的搏杀来制敌取胜，那太辛苦了。

《系辞下传》的第二段，连续用了13个卦，提到5位圣人。这13个卦包括接下来提及的3个卦，就把天下安定了，使古代社会慢慢形成。当《易经》64卦全部用完，人的社会必然非常完善了。

上古穴居而野处，后世圣人易之以宫室，上栋下宇，以待风雨，盖取诸大壮。古之葬者，厚衣之以薪，葬之中野，不封不树，丧期无数。后世圣人易之以棺椁，盖取诸大过。上古结绳而治，后世圣人易之以书契，百官以治，万民以察，盖取诸夬。

[**白话**] 上古时代，人们住在洞穴与野外，后代的圣人改变为建造宫室，上有栋梁下有屋宇，用来防御风雨，这大概是取象于大壮卦。古代埋葬死人，用许多层柴草把人裹起来，埋在荒野中，不堆成坟墓，也不设立标志，服丧也没有固定的期限。后代的圣人改变为用棺椁殓葬，这大概是取象于大过卦。上古时代，用结绳记事的方法来治理天下，后代的圣人改变为使用文字记事，官员得以治理

天下，百姓得以知过往，这大概是取象于夬卦。

这段文字提到三个卦。首先是大壮卦。雷天大壮（☳，第34卦）的上面两个阴爻就像是两片弯弯的屋顶一样，在这屋顶之下，可以住人。

其次是大过卦。泽风大过（☱，第28卦），好像是有人位于上下二木之间，兑在上面是反巽，为反盖过来的木，中间两个互卦乾，代表中间是人，上下都是木头，把这个人裹起来，埋在地底下。

最后是夬卦。泽天夬（☱，第43卦），下卦为乾，代表金；上卦是泽，代表口。用金属刻下言语，合起来就变成是用文字记事，意即发明了可以书写的书契。人类的文明发展是先有语言，口耳传承一段时间之后，才产生了记录。记录下来之后才能监察任官职者的优劣，没有过往可靠的记录，对于现任的官员来说就没有压力，历史经验也将难以传承。

这里所谓的结绳，并不是很复杂的东西，我们可以想象自己生活在原始的时代，要怎么和别人传递消息。例如我们发现有个地方有很多水果，另外一个地方有很多猛兽，就用结绳当作记号来表达。在这传递之间，当然有些是约定俗成的信号。也许是以手肘作为长度单位，在这一段长度之内，如果没有打结，就是一个阳爻；中间打了个结，就是阴爻，这就是结绳记事。将六段合起来就是一个卦，这个卦告诉别人安全与否，有没有近利市三倍。在没有文字的时代，就是靠结绳把事情记录起来，传承下去的。

第三章

是故《易》者，象也。象也者，像也。彖者，材也。爻也者，效天下之动者也。是故吉凶生而悔吝著也。

[**白话**] 因此，《易经》所展示的就是卦象。所谓卦象，就是要模拟外在的现象。彖辞是要裁断一卦的意义。爻辞是效法天下的变动。所以，吉凶由此产生，而悔吝也显现出来。

"彖者，材也"中的"彖"字，在古代读音为断，代表"材"，也就是裁断。"爻也者，效天下之动者也"之中的"爻"，我们已一再强调，就是效的意思。这句话是说，爻是要效法天下的变动。

第四章

阳卦多阴，阴卦多阳，其故何也？阳卦奇，阴卦偶。其德行何也？阳一君而二民，君子之道也。阴二君而一民，小人之道也。

[**白话**] 阳卦中多阴爻，阴卦中多阳爻，这是什么缘故？这是因为阳卦要求奇数，阴卦要求偶数。它们的功能与表现是什么？阳卦一个阳爻为君，两个阴爻为民，这样合乎君子的作风。阴卦两个阳爻为君，一个阴爻为民，这样属于小人的作风。

阳卦中多阴爻，阴卦中多阳爻，多的不值钱，物以稀为贵。所以，除了乾坤两个全阳、全阴的卦，震卦、艮卦、坎卦都是一个阳爻两个阴爻，称为阳卦；巽卦、离卦、兑卦则是多阳，是阴卦。

阳卦要求奇数，阴卦要求偶数。阳卦与阴卦的奇偶算法是：不断裂的阳爻算一，断裂成两半的阴爻算二。例如，震卦一阳二阴是五，乾卦为三，都是奇数；坤是六，巽、离、兑都是四，均为偶数。所以说，阳性为主的卦都是奇数，阴性为主的卦都是偶数。这些卦的功能与表现如何？德代表功能，行代表表现；人必须修德行善，卦不可能修德行善。

阳卦一个阳爻为君，两个阴爻为民，合乎君子的作风；阴卦呢？两个阳爻为君，一个阴爻为民，属于小人的作风。所谓君子作风，是说阳爻为主，这是正常情况；阴爻是受动力，若以阴爻为主，要倚赖何人来主导呢？变成很多事情都无法找到发动的力量。没有一个人始终是阳爻，一个人在家中是父亲，这时是阳爻；他的工作是老师，到了学校遇见校长，他变成阴爻，校长变成阳爻了。如此一直向上推演，这就是相对的观点，在一个组合里面，谁是发动者谁就是阳。不可能有一个人，走遍全天下一直都是扮演着发动者的角色，一定有某些环节需要别人发动，自己前去配合。

接下来，从第五大段开始连续引用了9个卦的10句爻辞来加以说明。《系辞上传》针对7个卦加以阐释，《下传》则提出9个卦的十个爻，总共提及了16个卦。中间另提到的13个卦，是在说明古代制作各种器物的过程，总计起来，所使用到的也不过29个卦左右。《系辞传》是儒家自孔子以后，学生们研究《易经》的一些心得，并没有把384爻全部介绍出来。我们在阅读《系辞传》时，只能将之视为一种练习，从中习得不同的观点。譬如从伏羲氏、离卦开始，经过乾坤，一直到噬嗑卦，让我们知道早期人类是如何参考卦象，以响应生活需求，让文明越来越进步的。这些先民的生活状况，相当值得研究。虽然所处的时代不同，不过就算科技再进步，人的需求、人际互动的关系还是有类似之处的。

第五章

《易》曰："憧憧往来，朋从尔思。"子曰："天下何思何虑？天下同归而殊途，一致而百虑。天下何思何虑？日往则月来，月往则日来，日月相推而明生焉。寒往则暑来，暑往则寒来，寒暑相推而岁成焉。往者屈也，来者信也，屈信相感而利生焉。尺蠖（huò）之屈，以求信也；龙蛇之蛰（zhé），以存身也。精义入神，以致用也。利用安身，以崇德也。过此以往，未之或知也；穷神知化，德之盛也。"

[白话]《易经》说："忙着来来往往，朋友跟从你的想法。"孔子说："天下万物思索什么又考虑什么？天下万物有共同的归宿却经由不同的途径，有同样的目标却出自千百种考虑。天下万物思索什么又考虑什么？日往则月来，月往则日来，日月互相推移而光明自然产生。寒往则暑来，暑往则寒来，寒暑互相推移而一年自然形成。前往的要屈缩，来到的要伸展，屈缩与伸展互相感应就会出现有利的情况。尺蠖这种小虫屈缩起来，是为了向前伸展；龙与蛇蛰伏起来，是为了保存自身。探究精微义理到神妙的地步，是为了应用在生活上。借由各种途径安顿自己，是为了提升道德。超过这些再向前推求，就没有办法清楚知道了；能够穷尽神妙的道理并懂得变化的法则，已经代表道德盛美了。"

本段文字首先提到的是咸卦（䷟，第31卦）九四的爻辞。泽山咸，很有感应的意思。孔子的意思是：只要心意真诚，则天下君子皆会前来呼应，不必忙着交际应酬。《庄子》之中一再出现"何思何虑"这样的问题，是认为只有人才会构成问题的开始，也才能谋求问题的解决，除了人，其他万物其实没什么烦恼。

"精义入神，以致用也。"想去外面发展事业，要先下自我修炼的功夫，如果不能探究精微义理到神妙的地步，如何应用在生活上？即使能应用在生活上，若不能真正理解，也只是模仿别人的做法。所以说，从外部模仿和从内在理解，两者之间的差别是相当大的。当我们从内在理解来做事情时，便具有相当高的主动性。主动性一旦出现，便不需他人的提醒或规范，才是成熟的人格表现。所以孔子说的"精义入神，以致用也"，讲的是内在要有觉悟，外在才能应用，否则将难以持久，而且也难以得到快乐。

"利用安身，以崇德也。"这句话提到"利用"一词，可以联想到《尚书·大禹谟》的"正德、利用、厚生"。其中的"厚生"是针对"身"；"利用"是针对"心"；"正德"是针对"灵"。从哲学的角度看，可以发现所有的一切都来自人的生命结构，即"身、心、灵"。这样的生命结构可以解释文化的内涵，"身"与器物有关；"灵"代表理念的层次；"心"则和制度有关，因为人的心智或理智提升到某种程度时，便会有自我意识；有了自我意识以后，就可能损人利己，所以需要制度来稳定秩序。以"正德、利用、厚生"来理解"身、心、灵"，我们可以解释为：让人的生命可以拥有较多资源，是"厚生"；让社会变得很有效率，有好的制度可以运作，是"利用"；"正德"则是理念的部分，属于"灵"。《尚书》中之所以提到"正德、利用、厚生"，就是在提醒政府对待百姓时，要设法注意这三个方面的问题。

《易》曰："困于石，据于蒺藜；入于其宫，不见其妻，凶。"子曰："非所困而困焉，名必辱。非所据而据焉，身必危。既辱且危，死期将至，妻其可得见耶？"

[**白话**]《易经》说："困处于石块中，倚靠在蒺藜上；进入宫室，没见到妻子，有凶祸。"孔子说："不该受困的地方却受了困，名声一定会受到羞辱。不该倚靠的地方却去倚靠，身体一定会陷入危险。既遭羞辱又处险境，死期即将来到，怎么可能见到妻子？"

此段文字所提及的是困卦（☱☵，第47卦）六三的爻辞。泽水困，水到底下，泽里面空了，受困了。孔子在此处只是简单地提醒我们反省：这是该受困的地方吗？为什么让自己陷入眼前这种情况？这里所谓的受困，并不是加诸身体方面实质的受困，而是像地震来临，身体被掩埋在土石里的受困，这一类受困是任何人都避不开的。我们要处理的，是类似与人相处问题的受困。对于这一类的受困，可以在平常行事时表现得宽厚些，并在与人有严重冲突时及时化解，而不是等困难发生才设法化解。孟子曾对孔子和学生们困于陈蔡的故事加以评论。他认为，这是因为孔子和学生们与陈国、蔡国的国君及大臣都没有交往，未曾建立必要的人际关系，所以才会被困得七天没有开火烧饭。所以，我们要领悟到累积人脉的重要性，平日多多与人为善。当然也要酌量情形，不需要终日只是为了与人建立关系而汲汲营营。

《易》曰："公用射隼于高墉之上，获之无不利。"子曰："隼者，禽也；弓矢者，器也；射之者，人也。君子藏器于身，待时而动，何不利之有？动而不括，是以出而有获，语成器而动者也。"

[白话]《易经》说："王公去射高墙上的鹞鹰，擒获它就无所不利。"孔子说："鹞鹰是飞鸟，弓箭是武器，要去射的是人。君子身上带着武器，到了时候就要行动，会有什么不利呢？行动时运用自如，因此一出手就有收获，这是在强调练好了武器再去行动。"

这段话是解卦（䷧，第40卦）上六的爻辞加以发挥。重点在最后一句："动而不括，是以出而有获，语成器而动者也。"我们应该时时自问：平日是否练好了基本功？功夫没有练好，虽有舞台，有用吗？所以说，君子是随身带着武器，时候到了就会采取行动。我们现在所进行的学习，虽然不见得立刻能派上用场，但可以确定的是，一个不学习的人，在需要发挥所长时，绝对是手足无措的。

子曰："小人不耻不仁，不畏不义，不见利不劝，不威不惩。小惩而大诫，此小人之福也。《易》曰：'屦校灭趾，无咎。'此之谓也。"

"善不积不足以成名，恶不积不足以灭身。小人以小善为无益而弗为也，以小恶为无伤而弗去也，故恶积而不可掩，罪大而不可解。《易》曰：'何校灭耳，凶。'"

[白话]孔子说："小人不知羞耻就不会行仁，无所畏惧就不会行义，不见到利益就不会振作，不受到威胁就不知道惩戒。受到小的惩戒而避开大的过错，这是小人的福气啊！《易经》上说：'戴上脚枷，遮住脚趾，没有灾难。'说的就是这个意思。"

"善行不累积，不足以成就名声；恶行不累积，不足以害死自己。小人以为小善没有益处而不去做，以为小恶没有害处而不排斥，所以恶行累积到无法遮掩的地步，罪过也大到无法开脱的程度。《易经》上说：'肩扛着枷，遮住耳朵，凶祸。'"

这两段文字均出自噬嗑卦（䷔，第21卦）。第二段或许让大家感到熟悉，三国时代刘备所说的"勿以恶小而为之，勿以善小而不为"就是源于此处，这句话并非他自己的发明。

这里所引用的是噬嗑卦之中最不好的两爻，初九和上九。其中，孔子对初九提到了"小惩而大诫，此小人之福也"。"福"是《易经》较少提到的观念。对年轻人来说，犯错之后，受到惩戒是件好事，因为他后面还有很长的路要走。如果年轻人犯了错，父母替他化解，老师也原谅他，未必是好事。因为他可能以为犯错是无所谓的事，将来就算出了问题，也会有人帮忙，那么这位年轻人的一生恐怕就这么毁掉了。

到了上九就不一样了。有哪一种大奸大恶，不是从小慢慢养成的？如果在过程中没有停下来悔悟，到了上九，也就是最高阶段之时，就没希望回头了。孔子说："后生可畏，焉知来者之不如今也？"（《论语·子罕》）年轻人值得敬畏，怎么知道将来的人不会比现在的人更好，会比不上我们呢？这是对年轻人很大的尊重，因为他看到每一个年轻人都充满了希望。

但是，孔子也说："四十五十而无闻焉，斯亦不足畏也已。"（《论语·子罕》）到了四五十岁还没有什么好的名声，那就没什么好敬畏的了。这句话还有另一种解释法，认为其中的"闻"是指"闻道"，到了四五十岁还没有了解人生的道理，那就没有希望，也没什么好敬畏的了。有些人觉悟得早，有些人比较晚，但切莫超过五十岁。年过五十已慢慢走向衰老，若无甚长进，这一生多半是不足观了。所以，我们都应尽快了解人生的正路，以便及早改恶向善。

子曰："危者，安其位者也；亡者，保其存者也；乱者，有其治者也。是故君子安而不忘危，存而不忘亡，治而不忘乱，是以身安而国家可保也。《易》曰：'其亡其亡，系于苞桑。'"

[白话] 孔子说："危险的，是那安居其位的人；灭亡的，是那保住生存的人；动乱的，是那拥有治绩的人。因此，君子在安居时不忘记危险，在生存时不忘记灭亡，在太平时不忘记动乱，如此才能使自身平安，并且保住国家。《易经》说：'想到要灭亡了，要灭亡了，这样才会系在大桑树上。'"

这是取材自否卦（☷☰，第12卦）九五的爻辞。一正一反，一治一乱，乱起自何时？必然是在治的时候，乱就开始萌芽，只是没有注意到，所以天下最危险的事就是太平，一旦太平，背后就有问题，谁能够长期保持太平呢？所以《易经》才会说："其亡其亡，系于苞桑。"大桑树可以稳定，不至于随着风、雨、河水而漂流。人若有这样的觉悟就没有问题，要经常想着《易经》乾卦的九三："君子终日乾乾，夕惕若，厉，无咎。"把这句话记好，终生都不会有困难。"乾乾"是戒惕谨慎的意思，提醒我们要不断努力进修，白天如此，晚上也不能够大意。

子曰："德薄而位尊，知小而谋大，力小而任重，鲜不及矣。《易》曰：'鼎折足，覆公𫗧，其形渥，凶。'言不胜其任也。"

[白话] 孔子说："道德浅薄而地位崇高，智慧不足而谋划大事，力量微弱而担当重任，很少有不拖累到自己的。《易经》上说：'鼎足折断，打翻了王公的粥，自己身上也玷污了，有凶祸。'这是说无法胜任。"

这是取材自鼎卦（䷱，第50卦）九四的爻辞，这几句话说得真好。为什么会有人让自己陷入这种处境呢？这个人应该自问：我的道德容许我去做这么崇高的事吗？如果不够，就不应勉强而为，以免事后受人纠举，才尴尬下台。同样地，人对自己的智慧和力量也应该有自知之明。老子也说："知人者智，自知者明。"在这句话中，老子强调的不是智巧，而是觉悟。

子曰："知几其神乎！君子上交不谄，下交不渎，其知几乎？几者，动之微，吉之先见者也。君子见几而作，不俟终日。《易》曰：'介于石，不终日，贞吉。'介如石焉，宁用终日？断可识矣。君子知微知彰，知柔知刚，万夫之望。"

[白话] 孔子说："知道事情的几微，可以算作神奇吧！君子与上位者交往不谄媚，与下位者交往不轻慢，可以算作知道几微吧？几微，是变动的微妙征兆，是吉祥的预先显示。君子见到几微就起

来努力，不用等一整天。《易经》说：'耿介如坚石，不用一整天，正固吉祥。'耿介有如坚石，怎么会等待一整天？一定会有他独到的见识。君子察知几微和彰明，懂得柔顺和刚强，所以成为百姓的期盼。"

这一段取自豫卦（☷☳，第16卦）六二的爻辞，而且发挥得相当透彻，前后都加上了心得。比较容易了解的是"下交不渎"这一句，今日的下位者，将来有可能变成顶头上司。所以，我们对下位者不应轻慢，要对他们抱持尊重的态度，或许他们将来有所发展，会感念昔日的老主管在担任他长官时，并没有对他轻视怠慢。与上位者交往，不要谄媚，尽忠职守；对下不慢待，尊重每一个人，依法行政，这样才能够算作知道几微。几微代表见微知著，看到一点点的现象，就知道真正的情况如何，也是常说的"一叶落而知秋"。"万夫之望"充分表达出《易经》对领导人物的提醒，不要让百姓失望。

子曰："颜氏之子，其殆庶几乎？有不善未尝不知，知之未尝复行也。《易》曰：'不远复，无祗悔，元吉。'"

[白话] 孔子说："颜回的修养大概差不多了吧？有错误很快就能察觉，察觉之后就不再犯了。《易经》说：'走得不远就返回，没有到懊悔的程度，最为吉祥。'"

本段文字取材自复卦（☷☳，第24卦）初九的爻辞。由"颜氏之子"一词我们可以知道，这句话应该出自孔子之口，如果不是孔子，谁能直接呼唤颜回为"颜家的这个年轻人"呢？在《论语》中，孔子用"不迁怒，不贰过"六个字来描述颜回的好学，说他"知之未尝复行"，也就是一旦发现自己有什么错误，就不再重犯。这项美德相当难能可贵，相信每个人都能体认到达成之困难。

天地绢缊（yīn yūn），万物化醇。男女构精，万物化生。《易》曰：" '三人行则损一人，一人行则得其友。'言致一也。"

[**白话**] 天地的阴阳二气亲密流通，万物得以变化而丰富。雄性与雌性精血交合，万物得以变化而产生。《易经》说：" '三人一起行走就会减去一人，一人行走就会得到友伴。'说的就是阴阳要合而为一。"

这段取材于损卦（☱，第41卦）六三的爻辞，从爻辞而引申出天地阴阳二气的配合，和原文的意思有较远的距离，但也都是《易经》的一种启发。

子曰："君子安其身而后动，易其心而后语，定其交而后求。君子修此三者，故全也。危以动，则民不与也；惧以语，则民不应也；无交而求，则民不与也；莫之与，则伤之者至矣。《易》曰：'莫益之，或击之，立心勿恒，凶。'"

[**白话**] 孔子说："君子要安顿好自己才行动，心情平静了才说话，建立了交情才求人。君子修养这三方面，所以能够万无一失。如果自身危险而行动，百姓不会来参与；心情恐惧而说话，百姓不会有响应；没有交情而求人，百姓不会来帮助；没有人支持他，那么伤害他的人就会来到了。《易经》说：'没有人来增益他，却有人来打击他，所立定的心思无法长期守住，有凶祸。'"

这段取自益卦（☲，第42卦）上九的爻辞。此处提到了君子的修养，其实，要做到这三点并不困难。第一，安顿好自己才行动：在行动上不要着急，没有把握不要出手。第二，心情平静才开口说话：心情激动时有时说的是气话，但话一出口，往往很难补救。第三，建立了交情才求人：人都会有困难的时候，若请求的对象是有交情的人，对方会乐意答应；若没有交情，就算是费尽力气恳求，对方还是会对你的要求打个折扣，到头来还帮不上真的忙。

人活在世界上，除非是遗世独立，完全不与人来往，若是与人来往，必然会有一些共同的事情要做。有事要做，就会与人结缘。没有适当的准备，就难以获得别人的帮助。人生的处境本来就是顺逆相迭，顺就是得到很多人帮助；相反地，没有人帮助，做起事来就觉得困难重重。益卦上九爻辞所说的"莫益之，或击之，立心勿恒，凶"就是这个意思。

第六章

子曰："乾坤，其《易》之门邪？"乾，阳物也；坤，阴物也。阴阳合德，而刚柔有体。以体天地之撰，以通神明之德。其称名也，杂而不越。于稽其类，其衰世之意邪？

[白话] 孔子说："乾卦与坤卦，是进入《易经》的门径吧？"乾卦代表阳性的东西；坤卦代表阴性的东西。阴性与阳性要互相配合功能，然后刚强与柔顺才会有各自的体质。由此可以体现天地的化育，可以贯通神明的功能。《易经》所称各卦的名目，杂乱而不会过当。考察其中的各类情况，大概有描写衰世的意思吧？

在《易经》中，有的卦是刚强居多数，有的卦是阴柔居多数，各自的性质不同，由此可以体验天地的化育，可以贯通神明的功能。64卦每一卦都不同，配合起来才能造成这样的效果。《易经》用于称呼各卦的名目杂乱而不会过当，此之谓"杂而不越"。考察其中的各类情况，大概是对人世间的状况有深刻的忧虑，所以会说它有描写衰世的意思吧！

这是第一次在《易经》出现"衰世"一词，后面会一再出现类似的说法。

夫《易》，彰往而察来，而微显阐幽。开而当名辨物，正言断辞则备矣。其称名也小，其取类也大。其旨远，其辞文，其言曲而中，其事肆而隐。因贰以济民行，以明失得之报。

[白话]《易经》明白过去且察知未来，进而探究现象的细微变化，阐发幽隐的内情。解释时，以恰当的名称分辨事物，用准确的言辞来下断语，做到完备的程度。它所使用的名称虽然有限，但是取材的类别很广大。它的特色是：旨意深远，语词文雅，所说的话委婉而中肯，所说的事直率而含蓄。在有疑惑时，用吉凶之理来引导百姓的行动，显示丧失与获得这两种报应。

明白过去、探究现象变化、阐发内情，这些都要靠占卦才能够说得通。

第七章

《易》之兴也，其于中古乎？作《易》者，其有忧患乎？是故履，德之基也；谦，德之柄也；复，德之本也；恒，德之固也；损，德之修也；益，德之裕也；困，德之辨也；井，德之地也；巽，德之制也。

[白话]《易经》的兴起，大概是在中古时代吧？创作《易经》的人，大概是有忧患吧？因此，履卦谈德行的基础；谦卦谈德行的要领；复卦谈德行的本质；恒卦谈德行的稳固；损卦谈德行的修炼；

益卦谈德行的充裕；困卦谈德行的辨别；井卦谈德行的处境；巽卦谈德行的制宜。

《系辞下传》的第七大段非常复杂，直接谈到了与德有关的九个卦，也就是从九个层面提醒人们修养德行。我们介绍过有关智慧方面的占卦方式，不能忽略《易经》对德行修养的重视。

首先是"《易》之兴也，其于中古乎？作《易》者，其有忧患乎？"在谈《易经》的忧患意识时，都会特别引用这番话。天地有其自然运作的规则，例如自然界的生态、食物链等，都是在这个规则之下运作，但是在人类的世界就不一样了。人一定要培养德行，不能像生物圈一样，以弱肉强食、优胜劣汰的方式运作，一个人活在世界上的价值与尊严，来自能够修养德行和扶助弱势。

接着，就开始说明有关德行修养的九个卦。第一是履卦（☰，第10卦），是德行的基础。天泽履包含了一个阴爻和五个阳爻，对应到人生的路走起来很辛苦，但是只要记得礼仪、礼节、礼貌就没有问题。人活在世界上要有德行，因为礼仪的内在实质是一个人的德行。

第二是谦卦（☷，第15卦），是德行的要领。只要能够谦虚，经常调整自我意识，不骄傲不狂妄，就能把握德行的要领。

第三是复卦（☷，第24卦），是德行的本质。复卦是天地之心，就是天地的用意，一阳复起，阳爻从初九又开始出现，代表德行的本质要从自身慢慢修养，从最基础开始做起。

第四是恒卦（☳，第32卦），谈德行的稳固。有恒，才能够让德行真的稳固下来，我们在学习的时候，常谈到有恒是久而久之养成的习惯。有句话说："习惯是人的第二天性。"要想拥有好的德行，没有任何秘诀，就是长期努力修养，过程中所经历的各种考验挑战，都是再平常不过的事。

第五是损卦（☶，第41卦），谈的是德行的修炼，也就是损己利人。

第六是益卦（䷩，第42卦），谈德行的充裕。益是损上益下，一个人处在高位、行有余力时，就可以帮助底下的人。

第七是困卦（䷮，第47卦），谈德行的辨别。人处在困难之时，才能分辨德行的真假。孔子说："君子固穷，小人穷斯滥矣。"不是在困难中，怎能检验结果呢？所以占到一些看起来不太好的卦，要设法让自己的心情尽量不要受到干扰，不过要提醒自己小心谨慎。

第八是井卦（䷯，第48卦），谈德行的处境。一口水井要从底下慢慢修砌好，完成了之后，大家一起分享。

第九是巽卦（䷸，第57卦），谈德行的制宜。巽代表风，风本身是空气，无孔不入，到任何地方都能够随顺。意指德行不能够僵固，不应一味坚持立场，要因时因地而制宜。德行的发挥，诚心最重要，只要心意是善的，方法可以随机应变。

这九个卦的特别之处在于，其顺序是按照64卦的前后排列，并没有为了某种结构而将先后顺序加以调整。以上所谈的是各卦与德行的关系，接着要谈的是每一卦的特性。

履，和而至；谦，尊而光；复，小而辨于物；恒，杂而不厌；损，先难而后易；益，长裕而不设；困，穷而通；井，居其所而迁；巽，称而隐。

[白话] 履卦和谐而有成；谦卦尊贵而光耀；复卦几微而可分辨事物；恒卦纷杂而不厌倦；损卦开始困难而以后就容易了；益卦增长充裕而不造作；困卦是穷困中求其通达；井卦是处在自己位置上再分施利益；巽卦是配合时势而潜入人心。

履卦的"履"字，就是礼仪的"礼"。谦卦指的是一个谦虚的人，不但无损其尊贵，反而让别人更肯定他。复卦是几微而可分辨事物，其中的"几微"代表阳气从底下出现，要随时留意改变的契机。恒卦所说的"杂而不厌"，可以引申为要想保持恒心，应协调好规律的生活。例如，在一天之内只是埋头拼命念书，其他事情都搁到一边，这样的生活状态，恐怕第二天、第三天就难以为继了。所以，"杂而不厌"是在提醒自己，要把生活调节得多彩多姿。

损卦的意思是人总是会有自我中心的思想，损己利人并不容易，一开始必然会不明白为什么老是自己吃亏，放下自我以后就容易多了。益卦讲的是充实自我之后，帮助别人就会变得很容易。困卦是"困而亨"，在穷困之中仍要正面思考，努力奋斗反而有路可以走。井卦是处在自己位置上再分施利益，最终是要帮助别人。巽卦是配合时势而潜入人心，让别人感觉到像风一样，我们常说春风化雨，就是类似的观念。

履以和行，谦以制礼，复以自知，恒以一德，损以远害，益以兴利，困以寡怨，井以辨义，巽以行权。

[**白话**]履卦用来和谐行动；谦卦用来制定礼仪；复卦用来自我反省；恒卦用来专一德行；损卦用来远离祸害；益卦用来兴办福利；困卦用来减少怨恨；井卦用来分辨道义；巽卦用来权宜行事。

这一段文字谈的是这九个卦的具体效应。第一，履卦用来和谐行动，因为人类社会一定要有礼仪才能和谐，履是行走，表示人的言行都要合乎礼的规范。第二，谦卦用来制定礼仪，就是说礼的精神在于谦让，不能表面上行礼如仪，而内心有骄傲之念。第三，复卦用来自我反省，说的是要回到自身，省视自己的对错，以此得到自知之明。第四，恒卦用来专一德行，"恒"指的就是"恒心"，没有恒心，又怎能成就德行？第五，损卦用来远离祸害，只要做到损己利人就不会造成祸害。第六，益卦用来兴办福利，是以上益下，设法为众人谋利。第七，困卦用来减少怨恨，若处在困难中而能够坚持原则，便不会招致别人的怨恨。人生中偶尔受点苦是合理适宜的，若是一路顺利、没有遭遇过困难，别人是不愿意去肯定他的。第八，井卦用来分辨道义，在有利可图时要设法与人分享。第九，巽卦用来权宜行事，做任何事都要记得像风一样，以柔软的姿态，保持弹性，显示智慧。

以上是从德行方面所选出的九个卦，提醒我们培养德行有方法，可以从外在的礼仪、和别人互动的心态、对自我的要求、身处困境等各种情况着手。

第八章

《易》之为书也不可远。为道也屡迁，变动不居，周流六虚，上下无常，刚柔相易，不可为典要，唯变所适。其出入以度，外内使知惧，又明于忧患与故。无有师保，如临父母。初率其辞而揆其方，既有典常。苟非其人，道不虚行。

[白话] 不可以将《易经》这部书看成遥远无关（的内容）。它所揭示的法则常在迁移，演变活动也不会静止，在六个爻位上循环流转，往上往下没有常规，刚爻柔爻互相交换，不可当成固定模式，总是随着变化去发展。它的来去按照节度，在外在内都足以让人知所戒惧，还会让人明白忧患及其缘故。即使没有老师与保护者，也好像有父母在指导一样。起初要依循它的言辞，再去推度它的方法，就会找到固定规则。如果不是这样的人，《易经》的法则也不会徒然运行。

这段话的最后八个字是关键，"苟非其人，道不虚行"。无论所说的道理有多么完善，最终还是要看人如何遵行与运用，只要善念与诚意存乎内心，做任何事都能自然而然地合乎《易经》的要求了。

我们不用认为《易经》遥不可及。学习《易经》之前，我们看到每个卦，都觉得高深莫测。这时，只要稍微懂的人，就会把我们唬住，觉得这个人很神秘、很特别。当我们了解了《易经》原文，就会发现很多人只是略懂皮毛，然后利用人类的恐惧心理，虚张声势而已。

"为道也屡迁，变动不居，周流六虚，上下无常，刚柔相易，不可为典要，唯变所适。"说的是《易经》的变化。以占卦为例来解释的话，我们可以说：当看到内卦没变、外卦有变，就要撑三个月，撑到它变，有时候不见得要等三个月，端看主爻所在的位置。外卦在上面，上面只有三爻，也就是在"四"的位置时，多半需要三个月，在"五"则是两个月，在"六"的话，可能下个月就会变了，所以不用太担心。

《易经》讲的就是变化，今天占卦得到结果，并不会永远定案。"外内使知惧"指的是"在外"和"在内"，就是指"外卦"和"内卦"，也就是"对外面来说"和"对自己来说"。这一段告诉我们不必太执着于占卦的结果，要懂得变通，要懂得适时改变自己的观点。例如，我们原本把事情想得很乐观，但是占卦出来的结果并没有想象中的乐观，于是想法就会随之改变，趋向谨慎保守。如此一来，说不定原本可能会发生的问题，会因为行事谨慎，而自动化解了。所以说，改变自己的观念态度，往往是一件事情成败的关键。

第九章

《易》之为书也，原始要终，以为质也。六爻相杂，唯其时物

也。其初难知，其上易知，本末也。初辞拟之，卒成之终。若夫杂物撰德，辨是与非，则非其中爻不备。噫！亦要存亡吉凶，则居可知矣。知者观其彖辞，则思过半矣。

[**白话**]《易经》这部书，推究初始，归纳终局，以此作为它的实质。六爻相互错杂，全都根据应时的事物。它的初爻很难理解，上爻容易明白，这就如同事情的开始与结束。初爻的爻辞拟议后续的发展，上爻则完成而有了结果。至于错综爻画以确定卦的功能，辨别是与非，那就不靠中间四爻不能完备了。啊！要了解存亡与吉凶，看爻处于什么位置就知道了。明智的人仔细考察彖辞，就会想到一半以上的情况了。

《易经》设法把人生的变化说清楚，这段话说明如何理解六爻。每六爻合成一个卦，一个卦就是一个生命状态，有开始也有结束，相互错杂，全都是根据应时的事物。应时的事物就是指现在想到的事，或是卦爻辞里面的写法，有些爻辞写的是当时的事，例如战争、文王、箕子，都是当时的事情。

六爻之中的初爻很难理解，上爻就容易明白。因为初爻刚开始，上面还有很多可能性，最后一个爻就没有太多可能，底下都定了。这如同事情的开始与结束，开始时要小心，因为后面的变化很大，若不小心走偏了路，到最后一步想变已经没机会，只能接受这样的结果。

"初辞拟之，卒成之终。若夫杂物撰德，辨是与非，则非其中爻不备。"位于六爻中间的二、三、四、五爻往往是了解存亡与吉凶的关键，因为初爻刚开始进入这个卦，上爻则准备离开了。所以说，要了解存亡与吉凶，看爻处于什么位置就知道了，明智的人仔细考察彖辞，就会想到一半以上的情况了。在古代，一个卦常有彖辞或卦辞是吉，而各爻未必是吉的情况，反之亦然。所以，"思过半矣"指的是看它的卦辞与爻辞，就可以知道大概要往哪里发展，也就可以想到一半以上的情况了。

接下来，开始针对每一个爻的特色进行解说。

二与四同功而异位，其善不同。二多誉，四多惧，近也。柔之为道，不利远者。其要无咎，其用柔中也。三与五同功而异位，三多凶，五多功，贵贱之等也。其柔危，其刚胜也。

[**白话**] 二爻与四爻功用相同而位置有别，好坏就有差异了。二爻美誉较多，四爻戒惧较多，这是因为远近不同。柔爻的法则，是不适于离刚爻太远。如果要能没有灾难，就用柔爻居中位。三爻与五爻功用相同而位置有别，三爻凶祸较多，五爻功劳较多，这是因为贵贱等级不同。在这两个位置上，柔爻有危险，刚爻则可以胜任。

二爻和四爻的功用相同是因为都居于柔位。二爻美誉较多，四爻戒惧较多，这是因为远近不同。

其实"远近不同"四个字很难理解。二爻位于下卦的中间，四爻则距离中间比较远，但是四爻和五爻接近，所以就二与四相比，不提五。柔爻的法则是不适宜离刚爻太远，以二四相比，六二比六四好，都讲柔爻，下卦距离人近些。如果要能没有灾难，就用柔爻居中位，那就是二的位置。

三爻和五爻都是刚位，功用相同而位置有别。正因为贵贱等级不同，五在天的位置为贵，并且在上卦的中间；三爻凶祸较多，五爻功劳较多。在这两个位置上，柔爻有危险，换言之，若是六三或六五柔爻居刚位便比较不好，刚爻则可以胜任。

这是非常扼要的说明，其实每个卦的情况不完全一样，以上所说，均是大原则。

第十章

《易》之为书也，广大悉备。有天道焉，有人道焉，有地道焉。兼三才而两之，故六。六者非它也，三才之道也。道有变动，故曰爻。爻有等，故曰物。物相杂，故曰文。文不当，故吉凶生焉。

[**白话**]《易经》这部书，范围广大而无所不备。其中有天的法则，有人的法则，有地的法则。综括天地人三才而两相重叠，所以每一卦都有六爻。六爻所代表的不是别的，就是三才的法则。法则有变迁移动，所以称为爻。爻有等级差别，所以称为事物。事物交错呈现，所以称为文。文的错杂不恰当，所以产生了吉与凶。

这段话说明了吉凶是如何而来的。《易经》这部书范围广大而无所不备，其中有天的法则，有人的法则，有地的法则。我们一般习惯讲"天地人"，这里按照六爻顺序，从上到下分三组，天道、人道、地道，就是由每一卦中的六爻两相重叠而来。

我们多次提到"爻"字就是效法的"效"，所要效法的就是宇宙里的变化，爻有主动性和受动性，阳爻与阴爻分开了，也就是爻有等级差别，才能够让事物在里面显示出来，区分为高贵的，或者是比较低层次的。

"物相杂，故曰文"中的"文"本来是"交叉画"的意思。人的世界有文化，是因为人会用思考调整及改变自然界的事物，例如把木头砍下来，然后加以设计，制作成桌子，这就是"文"。文的错杂会有恰当与否的问题，便会有吉凶的差异。这是各种选择交错之下所得的结果，有可能符合大家的要求，也有可能违背大家的要求，符合便能顺利，就会走向"吉"的道路，反之就会走向"凶"的道路。以投资做生意为例，当违背趋势或规则时，就变得不利，露出凶兆了。

第十一章

《易》之兴也，其当殷之末世、周之盛德邪？当文王与纣之事邪？是故其辞危。危者使平，易者使倾。其道甚大，百物不废。惧以终始，其要无咎，此之谓《易》之道也。

[**白话**]《易经》的兴起，大概是在殷商的末世、周朝道德兴盛的时代吧？是在周文王与商纣王的故事发生的时候吧？所以，它的言辞充满了危机感。危殆的让它平安，轻忽的让它倾塌。它的道理覆盖得非常广大，各种事物都不废弃。从始至终都有戒惧之感，所要做到的就是没有灾难，这就是《易经》的道理。

这段话很直接也很具体。《易》有三种，《连山》《归藏》《周易》，而这里应是指《周易》而言。"当文王与纣之事邪"，指的是周文王被商纣关在羑里七年之事。他在此时期制作了卦辞爻辞，《易经》的内容才具体完成。

《易经》的道理覆盖面非常广大，各种事物都不废弃，从始至终都有戒惧之感，所要做到的就是"无咎"。不要轻忽了无咎的观念，"平安就是福"是人生在世的箴言，这句话不只是简单的口号，我们能过着日日无咎的生活，应该心存感恩。西方谚语也说："没有新闻就是好新闻。"（No news is good news.）可见人同此心，心同此理，大家所盼望的都是没有灾难，这就是《易经》的道理。

第十二章

夫乾，天下之至健也，德行恒易以知险。夫坤，天下之至顺也，德行恒简以知阻。能说诸心，能研诸侯之虑，定天下之吉凶，成天下之亹（wěi）亹者。是故变化云为，吉事有祥。象事知器，占事知来。天地设位，圣人成能。人谋鬼谋，百姓与能。

[白话] 乾卦代表天下最为刚健的力量，它的功能与效应总是容易的，由此让人知道险难。坤卦代表天下最为柔顺的力量，它的功能与效应总是简单的，由此让人知道困阻。这种道理可以愉悦人们的心思，可以探求诸侯的考虑，进而界定天下人的吉凶，成就天下人勤勉努力的工作。因此，在变化纷纭的状况中，吉祥的事情会有先兆。由它所模拟的现象，可以知道制作器物的方法；由它所占断的事情，可以知道未来发展。天地设立了位置，圣人成就了它们的功能。人的谋划与鬼的谋划配合，百姓也来参与这种功能。

在本段中，"德行"的"德"是指功能，"行"是指效应，并非一般所说的道德行为。此处的说法可呼应前面谈过的"乾以易知，坤以简能"，乾卦刚健，所以容易，然后稍有偏差，便能立即知险。代表最简单、直接且最容易的事情通常是最正常的，只要稍微提高警觉，发现不符合此原则的状况时，便能立刻察觉出问题。

无论做什么事情，只要遇到困难，就应思考：事情原本是简单容易，为什么会有障碍？可能是因为我们原先所想象的和实际情况落差太大，如果充分了解实际情况，是否有机会把想法实现？只要遭遇阻碍，就随时警觉，不要勉强。《易经》教给我们的，就是要顺势而行。

"亹亹"指的是勤勉努力。在今日社会上，最令人忧心的，就是许多努力工作的人，没有获得预期的成果。少数为非作歹者，为多数人带来了苦难，而这些受苦者皆是信赖政府与领导者的善良百姓。我们学《易经》，了解到这层道理，便能明白"作《易》者，其有忧患乎"中，所提的"忧患"指的是什么了。所以，学《易经》怎么能不学占卦？占断事情之后，就能知道未来的发展。至于人为的努力还是有用的，否则为什么提到九种德行的修养与培养呢？天地设立了位置，圣人成就了功能。有天地之后，有万物发生，然后圣人成就它的功能。如果宇宙里人类自相残杀，都过着非人的生活，大家有仇恨有战争有各种罪恶，那何必让人类出现呢？人类应通过努力，让自己过得快乐，而这种能力有待开发与教育。

"人谋鬼谋，百姓与能"，意味着人们在占卦的时候要有信心，知道这是光明正大的事，只要问的事情合理，就真诚地提问，不必担心别人批评。

八卦以象告，爻彖以情言，刚柔杂居，而吉凶可见矣。变动以利言，吉凶以情迁。是故爱恶相攻而吉凶生，远近相取而悔吝生，情伪相感而利害生。凡《易》之情，近而不相得则凶，或害之，悔且吝。将叛者其辞惭，中心疑者其辞枝。吉人之辞寡，躁人之辞多。诬善之人其辞游，失其守者其辞屈。

[白话] 八卦是用图象来告知，爻辞与象辞则依实情来叙述。刚爻与柔爻交错取位，吉与凶就显示出来了。变动要按适宜来说明，吉凶要随实情而改变。因此，爱好与厌恶互相冲突就产生了吉凶，远方与近处互相对照，就产生了悔吝，真实与虚伪互相感通就产生了利害。大体说来，《易经》所描述的实情是：两爻相近而不相容，就有凶祸，或者有伤害，造成懊悔与困难。将要背叛的人说话羞惭，心中疑惑的人说话支离。吉祥的人说话少，浮躁的人说话多。诬陷

好人的人说话游移，失去操守的人说话卑屈。

最后的结论重点都放在"辞"，亦即"说话"上。象数的"象"是指图象，意思是根据图象，用恰当的语词来描述实际的状况。"远近相取而悔吝生"中的"悔"是懊恼，"吝"是困难，周围的人处境都很艰难时，自己也就不觉得困难；若听到别人都很顺利，就会觉得自己的困境格外艰难。

人们常常会抱怨：为什么自己特别倒霉呢？这是对照之后所产生的烦恼。人就怕比较，一比较之后就会产生悔吝。在早期，整个社会普遍穷困，却从来没有人觉得穷。跟别人比较，是永远比不完的，因此我们应该自问是否能回归自己的生命，让自己安定下来，珍惜自己所喜欢、所选择的事物，而不必羡慕别人。

本段中提到"凡《易》之情，近而不相得则凶，或害之，悔且吝"，只是概括的说法。事实上，把《易经》主体64卦384爻全部读过一遍，就会知道这并不是三言两语可以解释清楚的。

《系辞传》最后以有关说话的方式作为结束，言为心声，让我们知道：学习《易经》之后，要懂得观察变化，然后表达心中的意念。此外，还应检视自我，在学习过程中逐渐调整自己，让意念更单纯、更能扣紧对生命有帮助的部分。

人要懂得收敛，学习《易经》的好处在于絜静精微、心思纯洁。《易经》教导我们，让我们不急于下判断，也不急于表达自己的想法——把想法先退守到心里，想清楚该怎么说、该怎么做，然后才行动。

说卦传

立天之道曰阴与阳

立地之道曰柔与刚

立人之道曰仁与义

兼三才而两之故易

六画而成卦

甲辰谷雨 金道春

《说卦传》是说明圣人作《易经》的用心与目的。前几段叙述相当精彩，后面就是解释基本的八卦、先天八卦图和后天八卦图，以及一些基本的数字，还有卦象所代表的事物。

第一章

昔者圣人之作《易》也，幽赞于神明而生蓍，参天两地而倚数，观变于阴阳而立卦，发挥于刚柔而生爻，和顺于道德而理于义，穷理尽性以至于命。

[**白话**]从前圣人创制《易经》，是要暗中赞助神明的作用而发明蓍草占筮。从天、地分别为奇数、偶数来确定演算方式，观察阴阳的变化而设立卦，依循刚柔的活动而产生爻，协调顺从规律与功能，而以合宜为依归，穷究事理探求本性，直到掌握命运为止。

人类出现后，神明的作用就退到一边，让人类发挥其自主性。如果人类始终受到神明力量干预的话，不仅生命无法成长，也将无法建构人文的世界。圣人了解神明为什么要让人类出现，以及什么才是人类应该走的道路，因此使用蓍草来占筮，由此可知，占筮是要弥补人类在理解上的不足。人的理智有其限制，在面临选择时，会因为考虑到各种因素而产生盲点，而圣人以蓍草占卜，将天、地分别为奇数、偶数，来确定演算方式。

原文中的"参天两地"，指的是数字三与二，意指前面五个生数。一、二、三、四、五，称为"生数"；六、七、八、九、十，称为"成数"。有生有成，先生再成。在五个生数中，有三个奇数，两个偶数，所以称为"参天两地"。

在道家的学说中，也曾提到"一、二、三"这几个数字，以"一"代表一个物体本身的完整性；"二"代表其内在可能分为阴阳两面；"三"则是因为有阴阳，才可能产生出第三种力量。以人来说，"我"是个统一体，但必有使"我"变成"非我"的部分，因为"我"在时间流逝的过程中，必定有少许变化。譬如，今天的我在读了一本书之后，就可能与昨天的自己不同。因此，一方面来说，"我"是完整的；另一方面来说，"我"还是有变成新的的可能性，一、二合成了三，三之后延伸的就更多了。

本段中的"道德"二字要理解为"规律与功能"。在此强调，《易经》在提到天地时，是不涉及修养问题的。"道"是规律，"道"字的原义是"路"，走路有一定的规则，路的演变也是合乎规则的；"德"是功能，意思是协调顺从规律与功能，做事以合宜为依归。任何事情都没有固定运作的道理，应设法顺从外在条件，做出适当选择，才可称为合宜。最终则是以穷究事理、探求本性，直到掌握命运为依归。宋朝学者很喜欢讲"穷理尽性以至于命"，就与这个意思相近。"穷理尽性"的意思是"穷究事理、探求本性"，很符合他们对外在事物探讨的立场；"命"就是指"命运遭遇"，也就是直到能够掌握命运为止。

《说卦传》第一段把"蓍、数、卦、爻、义、命"六个字做了清楚的定义，若将《易经》的《易传》当作一套哲学来看，此处便是在澄清概念。学《易》者必须学会属于它的概念，由此进入《易经》的世界，通过它的方式了解宇宙万物。

第二章

昔者圣人之作《易》也，将以顺性命之理。是以立天之道曰阴与阳，立地之道曰柔与刚，立人之道曰仁与义。兼三才而两之，故

《易》六画而成卦。分阴分阳，迭用柔刚，故《易》六位而成章。

[白话]从前圣人创制《易经》，是要以它顺应本性与命运的道理。因此确立天的法则，称之为阴与阳；确立地的法则，称之为柔与刚；确立人的法则，称之为仁与义。综括天地人三才而两相重叠，所以《易经》以六画组成一卦。分为阴与阳，交替使用刚与柔，于是《易经》以六个爻位组成一卦的交错。

一般认为，性命学很复杂，其实性就是本性，命就是命运。人若要研究某一种植物或是动物，当然要先知道它的本性，确认它适合生长在高山或是平地等的特性，然后根据本性将这些事物分类，才能明白如何与它相处，或是如何充分利用它的特质。命运指的就是能够存活的时间长短。以盖木屋为例，有些木材能够维持数十年不腐坏，因为价格相当昂贵，于是不考虑木材寿命的人，便随便找些材料来盖房子，这种房子可能没住几年就毁坏了。所以说，万物皆有其性与命，并不是人类才有。不过，人类性命的特别之处在于，人既可以行善，又可以为恶，所以会有不同的命运遭遇。

《说卦传》以整体的眼光从三个方面分析顺着本性与命运的道理：确立天的法则，称之为阴与阳；确立地的法则，称之为柔与刚；确立人的法则，称之为仁与义。"阴、阳"显然比"柔、刚"更为抽象，境界也更高深，我们至多只能了解"阴"代表受动力，"阳"代表主动力。"柔"与"刚"则较容易落实，我们可以从"水是柔的，石头是刚的"，进而以"是否为有形可见"的观点，来分辨事物的柔与刚。天地是容纳万物最主要的场所，天没有不覆盖的事物，地没有不承载的事物，天地的法则是如此确立，然后再确立人的法则。人类的法则称为仁与义，这就不属于自然的条件了。"阴阳"或"刚柔"都是客观的对象，但"仁义"并非如此，它显然需要某种修行。

人类不能和自然界万物一样，只要活着就好，人性如果没有以仁义为原则来发展，那么只能称为动物之一。因此，人需要修行，人的生命必须以实现价值为其依归，这是儒家的基本立场；然后再综括天地人三才而两相重叠，从三爻变成六爻，就会更加完整了。所以，《易经》才会以六画组成一卦，分开阴与阳，交替使用刚与柔。

我的老师方东美先生，强调中国哲学有三大特色。

第一，以生命为中心的宇宙观。宇宙可以用天地来代表，以生命为中心，有变化就有生命，整个宇宙充满生命的演变，一座山、一块石头都有自己的生命，只是我们观察不到它们生命的运作。

第二，以价值为中心的人生观。人的生命并非只是活着而已，要以"价值"为中心。年纪越大，越要提升或实现更高的价值，如果不能确立仁义等道德层面的价值，只是一味地追求利益，而逃避灾害，完全落入身体层次的需求与满足，将难以避免落入生物层次。如果不谈仁义，为什么要谈哲学呢？谈哲学就是希望了解人生，然后知道应该如何发展。《易经·说卦》之中，就曾直接提出了仁义。

第三，朝向超越界开放。人的生命有限制，最大的限制是痛苦、罪恶以及死亡。什么是超越界？就是经验和理性无法达到的范围。有人质疑，既然经验与理性达不到，如何知道它存在呢？这个问题很合理，确实没有人能证明超越界的存在。我们只能说：如果没有超越界的存在，人们便会轻忽生命与生存，对修养善恶更是毫不在意。如果没有对超越界抱持信仰、信念与盼望，人生最后都归于虚无，就不免怀疑奋斗努力有什么意义，向善与否有什么差别。

如果孔子、孟子没有对天的信仰，他们怎么坚持下去呢？孔、孟在关键之时都曾提出"天"的观念，例如孔子说："五十而知天命。"孟子说："夫天，未欲平治天下也；如欲平治天下，当今之世，舍我其谁？"孔子、孟子在世时，常受世人批评与奚落，但能坚持"知其不可而为之"的原则，是对天、对超越界有其基本的信念。道家的庄子则是体验到人类活在天地之间，是一件愉悦的事情，他的思想之精彩，就在于以其高超的智慧朝向超越界开放。

《易经》多次提到鬼神，都在暗示人生并不只有眼前所见的一切，还有必须负责的部分：为人处世安心与否？忍心与否？儒家通过人的安心与忍心，让人们知道有个超越界可以与自己的内心互相呼应，只要真诚，就会发现内心所要求的与超越界所设定的标准是一致的。儒家强调人们只要真诚，就会有希望，不一定要成为饱学之士。由此可知，《易经》的教化比较偏向儒家。

儒家和道家的学说是标准的中国哲学，至于墨家、法家、名家则都有显而易见的缺失。以墨家为例，墨家会用鬼神来恐吓人。墨子信仰天，认为天是有意志的，它要求人们"兼相爱、交相利"，因为大家都是天的子女；要人行善避恶，并认为没有做到的话，鬼神将会对付人。人的恶念或恶行若只是因遭到吓阻而停止，自我还有什么内在价值可言呢？此外，"兼相爱"之说要求人做到"爱人如己"，也就是爱街上的陌生人如同自己的父母，这是违反人性的。墨家理想很高，但事实上难以达成。

至于法家的学说，主张的是古代专制社会里的统治技术，不适用于现在的法治社会。集法家大成的韩非子，最重要的两篇哲理作品是《解老》和《喻老》，内容主要是在解释老子，以及设法说明老子，这具有传世价值的部分，反而和道家的关系较为密切。

谈到名家和阴阳家的学说，庄子的朋友惠施是名家的代表人物，名家的学说喜欢谈逻辑、玩语言游戏，好像人类理智的最大用途，就是环绕着某些概念进行诡辩。阴阳家的学说兴盛于汉代，主要是在观阴阳消息，知天人感应。阴阳家主张天灾必因天怒，天所以怒乃因人为恶。例如发生地震了，就得有人负起责任，必须设法找出做坏事惹怒上天的罪人加以惩戒。如果任何事情都得靠天人感应，诉诸人与万物的互动来验证善恶的话，就等于是靠外部的事件来决定人的良窳，这样的学说把人类的价值看得太低了。

因此，综观九流十家的学说，我们可以发现，儒家与道家思想的确是能够符合中国哲学特色的学说。

第三章

天地定位，山泽通气，雷风相薄，水火不相射，八卦相错。数往者顺，知来者逆。是故《易》逆数也。

[**白话**] 天与地上下定位，山与泽气息贯通，雷与风相互激荡，水与火背道而驰，八卦形成彼此交错的现象。推算过去，要顺序向前数；测知未来，要逆序向后数。因此，《易经》是逆序而数的。

"天地定位，山泽通气，雷风相薄，水火不相射"，很明显，这几句话属于先天八卦，天地、山泽、雷风、水火都在相对的位置上。"不相射"代表背道而驰，互不兼容。先天八卦的结构就是从这里来的。

先天八卦数字图

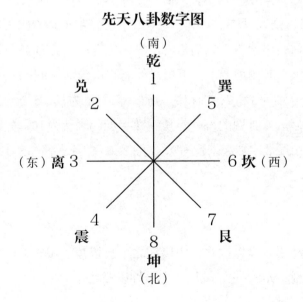

有关八卦的顺数为：乾1、兑2、离3、震4，右边为巽5、坎6、艮7、坤8。这也正是伏羲氏的先天八卦，这个图被普遍使用。

后天八卦数字图

```
                （南）
                 离
                 9
      巽                      坤
      4                       2
           \      |      /
            \     |     /
（东）震3 ————————5———————— 7兑（西）
            /     |     \
           /      |      \
      8                       6
      艮                      乾
                 1
                 坎
                （北）
```

后天八卦就不一样了，八卦的逆数是：坎1、坤2、震3、巽4、中5、乾6、兑7、艮8、离9。这组数字比较难记，古代有灵龟出于洛水的说法，洛水有一只乌龟游出来，龟身的甲壳有45片，戴九履一。以后天八卦图配合，上下相对的离和坎分别为9和1；左右相对的震和兑分别为3和7；坤和巽为肩；乾和艮为足；5居于中央。如此一来，后天八卦图的每一对角线数字加起来皆为10，先天八卦图的每一对角线数字加起来皆为9，两张图的数字是不同的。

第四章

雷以动之，风以散之，雨以润之，日以烜（xuǎn）之，艮以止之，兑以说（yuè）之，乾以君之，坤以藏之。

［**白话**］雷（震卦）可以振作万物，风（巽卦）可以散播万物，雨（坎卦）可以滋润万物，日（离卦）可以晒干万物，艮卦（山）可以阻止万物，兑卦（泽）可以愉悦万物，乾卦（天）可以主宰万物，坤卦（地）可以包容万物。

这一段简单地说明每一卦各自的特色。这段文字中，从艮卦开始，就直接以卦名呈现，和前面以"雷、风、雨、日"取象的形式不同，这样的叙述方式，让前面四个卦相形之下显得较有弹性。

第五章

帝出乎震，齐乎巽，相见乎离，致役乎坤，说言乎兑，战乎乾，劳乎坎，成言乎艮。万物出乎震，震东方也。齐乎巽，巽东南也；齐也者，言万物之絜齐也。离也者，明也；万物皆相见，南方之卦也；圣人南面而听天下，向明而治，盖取诸此也。坤也者，地也；万物皆致养焉，故曰致役乎坤。兑，正秋也；万物之所说也，故曰说言乎兑。战乎乾，乾，西北之卦也，言阴阳相薄也。坎者，水也，正北方之卦也；劳卦也，万物之所归也，故曰劳乎坎。艮，东北之卦也，万物之所成终而所成始也，故曰成言乎艮。

［**白话**］天帝从震位出发，到了巽位使万物整齐生长，到了离位使万物彼此相见，到了坤位使万物得到帮助，到了兑位使万物愉悦欢喜，到了乾位使万物相互交战，到了坎位使万物劳苦疲倦，到了艮位使万物成功收场。万物从震位生长出来，震卦位在东方。到了巽位万物整齐生长，巽卦位在东南方；所谓整齐，是说万物完备而整齐。离位是指光明而言；使万物都可以相见，它是南方的卦；圣人面向南方听取天下事务，面向光明来治理，大概就是取象于此。

坤位是指大地而言；万物都依赖大地的养育，所以说它使万物得到帮助。兑位是正秋，是万物所喜欢的，所以说它使万物愉悦欢喜。到了乾位使万物相互交战，乾卦是西北方的卦，是说阴气与阳气在此互相接触而激荡。坎位是指水，正北方的卦；它是劳苦的卦，是万物所要归藏的地方，所以说它使万物劳苦疲倦。艮位是东北方的卦，万物在此成功结束又重新开始，所以说它使万物成功收场。

本段所谈的是后天八卦的来源，首先提到了"帝"的观念，其含义大致可分为如下两种。

第一个含义是指北极星。古代有天帝之称，当时认为北极星是不动的，孔子也说过："为政以德，譬如北辰，居其所而众星共之。"在上位者要用德行作示范来治理国家，就好像北极星一样，本身不动，别的星辰就按照它的位置而定位。

第二个含义指的是万物的造化者，位阶显然比乾卦还高。这里可以把"帝"理解为天帝，是一种造化万物的力量。

"圣人南面而听天下"这句话的意思是：圣人面向南方，听取天下事物。我们以往在解释"南面而王"时，往往认为是因为中国在北半球，帝王面向南方。事实上，古人未必认为自己在北方，这由我们自称中国可知。那为什么帝王要面向南方呢？因为对于北方黄河流域的人来说，太阳是偏向南方在运行的，所以面向南方是面向光明的意思。

从这一段可以知道后天八卦应用比较广，包括我们常说的左青龙、右白虎、南朱雀、北玄武，以及与五行的配合；从震卦是木，然后到离卦是火，到土把坤带进来，接着金是兑，坎为水。其实有的不是单一的对应，譬如震和巽都属木，例如水风井、火风鼎，其中的风都是巽卦，巽就是风，风就是木。坤属于土，艮也属于土，地和山都属土。兑和乾都属于金，乾是贵重的金玉。八卦配五行的情况，大致如此。

第六章

神也者，妙万物而为言者也。动万物者莫疾乎雷。桡万物者莫疾乎风。燥万物者莫熯（hàn）乎火，说万物者莫说乎泽，润万物者莫润乎水，终万物始万物者莫盛乎艮。故水火不相逮，雷风不相悖，山泽通气，然后能变化，既成万物也。

[白话] 所谓神，是就万物的奥妙而说的语词。震动万物，没有比雷更迅捷的。屈挠万物，没有比风更快速的。干燥万物，没有比火更炎热的。取悦万物，没有比泽更有效的。滋润万物，没有比水更滋润的；使万物终结又重新开始，没有比山更宏大的。所以，水火不相容纳，雷风不相背离，山泽气息贯通，然后才能出现变化，生育成就万物。

本段所谈的是六大自然现象对万物的作用，说明为何可作为一切变化的示范。在这段文字的一开始就提到"神"，这个神不是神明，也不是鬼神，而是万物的奥妙变化。

第七章

乾，健也；坤，顺也；震，动也；巽，入也；坎，陷也；离，丽也；艮，止也；兑，说也。

[白话] 乾为刚健，坤为柔顺，震为震动，巽为进入，坎为下陷，离为附丽，艮为阻止，兑为喜悦。

这是我们最熟悉的八卦属性，已由自然现象移转入人类观察的对象，并与人类世界产生了联系。此处所谈的顺序又回到了先天八卦，自此之后皆依此序。

第八章

乾为马，坤为牛，震为龙，巽为鸡，坎为豕，离为雉，艮为狗，兑为羊。

[**白话**] 乾是马，坤是牛，震是龙，巽是鸡，坎是猪，离是野鸡，艮是狗，兑是羊。

马能健行，牛温顺又能负重致远，所以常说父母是做牛做马。震为东方之卦，古代四象以苍龙居东。巽为风，古代风神皆为鸟形，常看到的图像是竹尖上面有一只鸟，或是一只鸡，称为"风鸡"，用以指示方向。坎是水，因为猪喜欢潮湿。离为南方之卦，古代四象以朱雀居南，所以说它是雉。艮为止，狗能看守阻人入内。兑在西边，为羊，大量牧养于西部草原的沼泽边。这些解读都可供参考，但并非定论。

第九章

乾为首，坤为腹，震为足，巽为股，坎为耳，离为目，艮为手，兑为口。

[**白话**] 乾是头，坤是肚子，震是脚，巽是大腿，坎是耳朵，离是眼睛，艮是手，兑是口。

身体的部位也对应到八卦，理由相当有趣：乾为主宰，理当在头；坤能容纳，是以为腹；震为起动，指涉双脚；巽为风行顺利，有如股腿搭配；坎是耳，耳朵能够把声音聚在一起，好像水能够聚在一起一样；离是目，因为离是光明，眼睛才能看到；艮为手，人手可以止物；兑为泽为口，人口可以吞吐如泽。

第十章

乾，天也，故称乎父；坤，地也，故称乎母。震一索而得男，故谓之长男；巽一索而得女，故谓之长女。坎再索而得男，故谓之中男。离再索而得女，故谓之中女。艮三索而得男，故谓之少男。兑三索而得女，故谓之少女。

[白话] 乾卦象征天，所以称为父；坤卦象征地，所以称为母。震卦是坤卦从乾卦索取到第一个阳爻而生出的男孩，所以称为长男。巽卦是乾卦从坤卦索取到第一个阴爻而生出的女孩，所以称为长女。坎卦是坤卦从乾卦索取到第二个阳爻而生出的男孩，所以称为中男。离卦是乾卦从坤卦索取到第二个阴爻而生出的女孩，所以称为中女。艮卦是坤卦从乾卦索取到第三个阳爻而生出的男孩，所以称为少男。兑卦是乾卦从坤卦索取到第三个阴爻而生出的女孩，所以称为少女。

后天八卦图

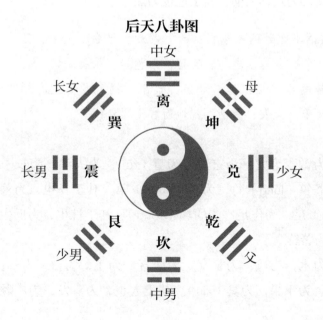

把八卦放在一个家庭里面，排列顺序中的"乾坤震巽"，是按照家庭中父母、长男、长女、中男、中女、少男、少女的方式来排的。

以"震卦为长男"说明，震卦是因坤卦从乾卦处得到一个阳爻才形成的，因为阳爻居初位，所以代表长男。巽卦则是相反的情况，三个阳爻得到一个阴爻，在卦里以稀为贵、以少为主，所以是长女。其他家庭成员，依此类推。

以下从第十一章开始，是如同字典般，列出各卦的象征意义。

第十一章

乾为天，为圜（yuán），为君，为父，为玉，为金，为寒，为冰，为大赤，为良马，为老马，为瘠马，为驳马，为木果。

坤为地，为母，为布，为釜，为吝啬，为均，为子母牛，为大舆，为文，为众，为柄，其于地也为黑。

[白话] 乾卦的象包括：天、圆形、君主、父亲、玉、金、寒、冰、大红色、良马、老马、瘦马、杂色马、植物果实。

坤卦的象包括：地、母亲、布帛、锅、吝啬、均匀、小母牛、大车、文采、众人、握柄，就地而言是黑色的。

震为雷，为龙，为玄黄，为旉（fū），为大涂，为长子，为决躁，为苍筤（láng）竹，为萑（huán）苇。其于马也，为善鸣，为馵（zhù）足，为作足，为的颡（sāng）。其于稼也，为反生。其究为健，为蕃鲜。

巽为木，为风，为长女，为绳直，为工，为白，为长，为高，为进退，为不果，为臭（xiù）。其于人也，为寡发，为广颡，为多白眼，为近利市三倍，其究为躁卦。

[白话] 震卦的象包括：雷、龙、青黄色、展开、大路、长子、急躁、青色竹子、芦荻苇子。就马而言，是善鸣，后左蹄白色，抬足而动，白额头。就禾稼而言，是反向而生。变到最后是刚健的乾卦，茂盛鲜洁的巽卦。

巽卦的象包括：木、风、长女、绳而直、工巧、白色、长、高、进退不定、没结果、有气味。就人而言，是头发少，大脑袋，白眼多，近利市三倍。变到最后是急躁的震卦。

由这两卦可知所谓"变到最后"，是指变卦，震与巽互为变卦，震卦三爻皆变就成为巽卦。

坎为水，为沟渎，为隐伏，为矫輮，为弓轮。其于人也，为加忧，为心病，为耳痛，为血卦，为赤。其于马也，为美脊，为亟（jí）心，为下首，为薄蹄，为曳。其于舆也，为多眚，为通。为月，为盗。其于木也，为坚多心。

离为火，为日，为电，为中女，为甲胄，为戈兵。其于人也，为大腹，为干卦，为鳖，为蟹，为蠃（luǒ），为蚌，为龟。其于木也，为科上槁。

[白话] 坎卦的象包括：水、沟渠、隐伏、可曲可直、弓或车轮。就人而言，是忧愁多，心病，耳痛，血象，红色。就马而言，是美脊，心急，低头，薄蹄，肯拉车。就车而言，是多灾难，通行。月亮，强盗。就树木而言，是坚实多刺。

离卦的象包括：火、日、电、中女、盔甲、戈兵武器。就人而言，是大肚子，干燥的象，鳖，螃蟹，甲虫，蚌，龟。就树木而言，是树叶脱落而枯槁。

艮为山，为径路，为小石，为门阙，为果蓏（luǒ），为阍（hūn）寺，为指，为狗，为鼠，为黔喙之属。其于木也，为坚多节。

兑为泽，为少女，为巫，为口舌，为毁折，为附决。其于地也，为刚卤。为妾，为羊。

[白话] 艮卦的象包括：山、小路、小石、门阙、植物果实、守门人、手指、狗、鼠、黑嘴禽兽。就树木而言，是坚硬多节。

兑卦的象包括：泽、少女、巫觋、口舌是非、毁折、脱落。就地而言，是坚硬多咸。是妾，是羊。

上述几段文字如同字典般，把各卦所代表的事物条列出来，没有什么特别的道理。虽然有些部分说得并不是非常明确，不过，大致上都算说得通，也有助于我们理解卦辞和爻辞。

序卦传

《序卦传》的内容，已分别在每一卦出现过，此处为完整地呈现，借以重新复习已经学过的64卦。

有天地，然后万物生焉。盈天地之间者唯万物，故受之以屯。屯者，盈也；屯者，物之始生也。物生必蒙，故受之以蒙。蒙者，蒙也，物之稚也。物稚不可不养也，故受之以需。需者，饮食之道也。饮食必有讼，故受之以讼。讼必有众起，故受之以师。师者，众也。众必有所比，故受之以比。比者，比也。比必有所畜，故受之以小畜。物畜然后有礼，故受之以履。

[**白话**] 乾卦为天，坤卦为地，然后万物才会产生。充盈天地之间的就是万物，所以接着出现的是屯卦。屯是盈满的意思，也是万物开始出生的意思。万物出生时一定是蒙昧的，所以接着有蒙卦。蒙是指蒙昧，万物的幼稚状态。万物在幼稚时不可不养育，所以接着有需卦。需是指饮食之道。饮食一定会有争讼，所以接着是讼卦。争讼一定会有众人起来参与，所以接着是师卦。师是众人的意思。人多了一定会有所亲近，所以接着是比卦。比是亲近依靠的意思。比合在一起一定会有所积蓄，所以接着是小畜卦。物资积蓄之后就要推行礼仪，所以接着是履卦。

履而泰，然后安，故受之以泰。泰者，通也。物不可以终通，故受之以否。物不可以终否，故受之以同人。与人同者，物必归焉，故受之以大有。有大者不可以盈，故受之以谦。有大而能谦，必豫，故受之以豫。豫必有随，故受之以随。以喜随人者必有事，故受之以蛊。蛊者，事也。有事而后可大，故受之以临。临者，大也。物大然后可观，故受之以观。

[白话] 遵守礼仪就会通达，然后得到安定，所以接着有泰卦。泰是通达的意思。事物不可能永远通达，所以接着有否卦。事物不可能永远阻滞，所以接着有同人卦。与人同心相处，外物必来归附，所以接着是大有卦。富有的人不可以自满，所以接着是谦卦。富有又能谦虚，一定会愉悦，所以接着是豫卦。愉悦一定会有人跟从，所以接着是随卦。因喜悦而跟从人的一定会有事故，所以接着是蛊卦。蛊是事故的意思。有事故然后可以创造大业，所以接着是临卦。临是盛大的意思。事物盛大才有可观之处，所以接着是观卦。

可观而后有所合，故受之以噬嗑。嗑者，合也。物不可以苟合而已，故受之以贲。贲者，饰也。致饰然后亨，则尽矣，故受之以剥。剥者，剥也。物不可以终尽，剥穷上反下，故受之以复。复则不妄矣，故受之以无妄。有无妄，然后可畜，故受之以大畜。物畜然后可养，故受之以颐。颐者，养也。不养则不可动，故受之以大过。物不可以终过，故受之以坎。坎者，陷也。陷必有所丽，故受之以离。离者，丽也。

[白话] 盛大可观才可符合众望，所以接着是噬嗑卦。嗑是闭合的意思。事物不可以苟且求合，所以接着是贲卦。贲是文饰的意思。经过文饰而通达，也就到了尽头，所以接着有剥卦。剥是剥蚀的意思。事物不能一直剥蚀下去，剥蚀到最上面还是会回到底下再开始，所以接着有复卦。回复正道就不会虚妄了，所以接着是无妄卦。能够无妄就可以有所集聚，所以接着是大畜卦。事物集聚之后才可以蓄养，所以接着是颐卦。颐是养育的意思。不蓄养就不可以有所行动，所以接着是大过卦。事物不可能总是通过，所以接着是坎卦。坎是坎陷的意思。陷落时一定要有所附着，所以接着是离卦。离是

附丽的意思。

行文至此,《上经》的30卦告一段落。接着是《下经》,又重新进行开宗明义的解说:有天地,然后有万物,不过接下来的走向就和《上经》不一样了。由此亦可以了解,64卦何以要分为上下经。

有天地,然后有万物;有万物,然后有男女;有男女,然后有夫妇;有夫妇,然后有父子;有父子,然后有君臣;有君臣,然后有上下;有上下,然后礼仪有所错。夫妇之道,不可以不久也,故受之以恒。恒者,久也。物不可以久居其所,故受之以遁。遁者,退也。物不可以终遁,故受之以大壮。物不可以终壮,故受之以晋。晋者,进也。进必有所伤,故受之以明夷。夷者,伤也。伤于外者必反其家,故受之以家人。家道穷必乖,故受之以睽。睽者,乖也。乖必有难,故受之以蹇。蹇者,难也。物不可以终难,故受之以解。解者,缓也。

[白话] 有了天地,然后才会产生万物;有了万物,然后才会有男女两性;有了男女两性,然后才会有夫妇;有了夫妇,然后才会有父子;有了父子,然后才会有组成国家的君臣;有了君臣,然后才会有上下尊卑之分;有了上下尊卑之分,然后礼仪才可以有所安排。夫妇的正道不可以不长久,所以在咸卦之后,接着就有恒卦。恒是长久的意思。事物不能长久占住一个位置,所以接着是遁卦。遁是退避的意思。事物不能一直退避,所以接着是大壮卦。事物不能一直壮大,所以接着是晋卦。晋是前进的意思。一味前进必定会受到伤害,所以接着是明夷卦。夷是伤害的意思。在外受到伤害一定会回家,所以接着是家人卦。家道困穷一定会出现乖离,所以接着是睽卦。睽是乖离的意思。乖离一定会遇到险难,所以接着是蹇卦。蹇是阻难的意思。事物不能永远受阻,所以接着是解卦。解是

缓解的意思。

缓必有所失，故受之以损。损而不已必益，故受之以益。益而不已必决，故受之以夬。夬者，决也。决必有所遇，故受之以姤。姤者，遇也。物相遇而后聚，故受之以萃。萃者，聚也。聚而上者谓之升，故受之以升。升而不已必困，故受之以困。困乎上者必反下，故受之以井。井道不可不革，故受之以革。革物者莫若鼎，故受之以鼎。

[**白话**] 缓解松懈一定会有所损失，所以接着是损卦。一直减损下去必定会获得增益，所以接着是益卦。一直增益下去必定会遇到溃决，所以接着是夬卦。夬是决退的意思。决退之后一定会有遇合，所以接着是姤卦。姤是相遇的意思。事情相遇之后才能聚合，所以接着是萃卦。萃是聚合的意思。聚合之后往上发展就称为升进，所以接着是升卦。一直升进必然会遭遇困阻，所以接着是困卦。在上位受到困阻一定会回到底下，所以接着是井卦。正常的水井不能不定期变革清理，所以接着是革卦。能变革事物没有比得上鼎的，所以接着是鼎卦。

主器者莫若长子，故受之以震。震者，动也。物不可以终动，止之，故受之以艮。艮者，止也。物不可以终止，故受之以渐。渐者，进也。进必有所归，故受之以归妹。得其所归者必大，故受之以丰。丰者，大也。穷大者必失其居，故受之以旅。旅而无所容，故受之以巽。巽者，入也。入而后说之，故受之以兑。兑者，说也。说而后散之，故受之以涣。涣者，离也。物不可以终离，故受之以节。节而信之，故受之以中孚。有其信者必行之，故受之以小过。有过物者必济，故受之以既济。物不可穷也，故受之以未济，终焉。

[**白话**]主持国家之鼎的没有比得上长子的，所以接着是震卦。震是动的意思。事物不可以一直在动，要使它停止，所以接着是艮卦。艮是停止的意思。事物不可以总是停止，所以接着是渐卦。渐是渐进的意思。渐进一定要有归宿，所以接着是归妹卦。得到所归的一定盛大，所以接着是丰卦。丰是大的意思。穷极奢大的人一定会失去住所，所以接着是旅卦。旅行而无处容身，所以接着是巽卦。巽是进入的意思。进入安顿才会愉悦，所以接着是兑卦。兑是愉悦的意思。愉悦然后就会涣散，所以接着是涣卦。涣是离散的意思。事物不可以一直离散，所以接着是节卦。有节制才可取信于人，所以接着是中孚卦。有凭信的人一定可以通行，所以接着是小过卦。能超过其他事物的人一定可以办事成功，所以接着是既济卦。事物发展不可能穷尽，所以接着是未济卦，然后64卦结束。

从《序卦传》可知，在《易经》中出现的一个字常有多重解释，不过《序卦传》主要强调的是"物极必反"，当一条路走不通时，不是回到原点，而是一直往不同的层次发展。这也意味着人生的变化规则虽然是一样的，但变化的内容却不会重复。

以人生中所接触的人为例，在与不同的人相处时，绝对不会有相同的公式；即使是与同一个人相处，每次来往的经验也不会一样；就算是犯下同样的错误，在过程中收获的经验也是相异的。

我们在学《易经》时，会发现其中的道理非常贴切地反映出现实生活，这些反复的"正、反、合"经验并非永无止境，而是永远会回到一个基点，而这个基点就是人性。所以，《易经》一方面有卦辞、爻辞，还有后面的《彖传》《象传》，等等，这些都是儒家的诠释，把儒家思想中君子修德的观念加入其中，也正说明了以人性为基础的生命理路。

杂卦传

传统的想法认为，《杂卦传》是古人研究《易经》时，将个人体悟所写成的文章，所以一向不受重视。《杂卦传》的内容虽然比较复杂，没有顺序，也没有说明排列的道理，不过它对每一卦的叙述，还有将两卦加以联结并对照的描述方式，均相当具有参考价值。

乾刚坤柔，比乐师忧；临观之义，或与或求；屯见而不失其居，蒙杂而著；震，起也；艮，止也；损、益，盛衰之始也；大畜，时也；无妄，灾也；萃聚而升不来也；谦轻而豫怠也；噬嗑，食也；贲，无色也；兑见而巽伏也；随，无故也；蛊则饬也；剥，烂也；复，反也；晋，昼也；明夷，诛也；井通而困相遇也；咸，速也；恒，久也；涣，离也；节，止也；解，缓也；蹇，难也；睽，外也；家人，内也。

[白话] 乾卦刚健，坤卦柔顺；比卦和乐，师卦忧苦；临卦观卦的意义，有的给予，有的求取；屯卦出现而不会失去居所，蒙卦错杂而显著；震卦是发动；艮卦是阻止；损卦益卦是兴盛与衰退的开始；大畜卦把握时机；无妄卦是灾难；萃卦聚合而升卦不下来；谦卦轻己而豫卦懈怠；噬嗑卦讲究饮食；贲卦没有颜色；兑卦显现于外而巽卦隐伏于内；随卦没有事故；蛊卦整饬积弊；剥卦是朽烂；复卦是返回；晋卦是白昼；明夷卦是诛灭；井卦畅通而困卦相遇受阻；咸卦是迅速；恒卦是长久；涣卦是离散；节卦是节制；解卦是缓解；蹇卦是险难；睽卦是乖离于外；家人卦是和睦于内。

否、泰，反其类也；大壮则止，遁则退也；大有，众也；同人，亲也；革，去故也；鼎，取新也；小过，过也；中孚，信也；丰，多故也；亲寡，旅也；离上而坎下也；小畜，寡也；履，不处也；需，不进也；讼，不亲也；大过，颠也；姤，遇也，柔遇刚也；渐，女归待男行也；颐，养正也；既济，定也；归妹，女之终也；未济，男之穷也；夬，决也，刚决柔也，君子道长，小人道忧也。

[白话] 否卦泰卦状况相反；大壮卦就会停止；遁卦就会退避；大有卦拥有众多；同人卦彼此亲近；革卦是除去旧的；鼎卦是采取新的；小过卦是越过；中孚卦是诚信；丰卦是故旧多；亲友少是旅卦；离卦往上烧而坎卦往下流；小畜卦是积蓄少；履卦是不停留；需卦是不前进；讼卦是不亲和；大过卦是颠覆；姤卦是相遇，柔爻遇到刚爻；渐卦是女子出嫁等待男方行聘；颐卦是养之以正；既济卦是安定；归妹卦是女子有终身归宿；未济卦是男子穷途末路；夬卦是决断，刚爻决去柔爻，君子的作风成长，小人的作风受困。

总　结

是故易有太极是生两
仪两仪生四象四象
生八卦八卦定吉凶
吉凶生大业

　　　　　　系辞上传

　　　　金进春

总结一:《系辞传》有什么哲理

最后进入《易经》的总结部分,包括以下六个主题。

第一,《系辞传》有什么哲理?

第二,孔子如何教导《易经》?

第三,《易经》的十大好卦。

第四,《说卦传》《序卦传》《杂卦传》对理解《易经》的帮助。

第五,《易经》如何改变一个人的命运?

第六,除了安顿身心、指引人生,《易经》还有什么作用?

本节的主题是:《系辞传》有什么哲理?

《系辞传》属于《易传》的一部分。根据专家的说法,《易传》是孔子及其后代弟子合作的成果,包含了孔子教导《易经》时的心得。《易传》总共有十个部分,所以又称为"十翼",犹如十个辅助的翅膀。

前文介绍了《易传》的五个部分,即《彖传(上、下)》,《象传(上、下)》,以及《文言传》。《彖传》和《象传》分"上、下",是因为《易经》分为上经和下经两个部分。上经是第1卦到第30卦,下经是第31卦到第64卦。

《易传》另外五个部分是《系辞传(上、下)》,《说卦传》《序卦传》以及《杂卦传》。《系辞传》分上、下,是因为内容丰富与篇幅较长。《系辞传》对《易经》的哲理进行了全面的阐述和延伸。本节要介绍《系辞传》的三个重点:第一,讲清基本概念;第二,打通天人之际;第三,显示神妙境界。

1. 讲清基本概念

《易经》作为古人的智慧结晶，包含了许多独特的概念和术语。翻开《易经》这本书，首先看到的是64卦。所谓"卦"，就是挂在那里显示出来的象。64卦是由八个基本的三爻卦组合而成的。

《系辞下传》说："爻也者，效天下之动者也。"可见，"爻"就是"效法"的意思。"易"代表变化。《易经》要效法宇宙万物的变化。"变"代表主动力，"化"代表受动力。古人用阳爻（一）代表主动力，用阴爻（――）代表受动力，然后充分运用象征的方法，用基本八卦来象征自然界的八大现象，再引申到人类社会的各个领域。

《易经》的重要概念还包括占验之辞。除了"元亨利贞"，最常见的就是"吉凶悔吝"。

《系辞上传》说："吉凶者，失得之象也。"意即吉祥与凶祸，是描写丧失与获得的现象。换言之，"吉"和"凶"是直接的二分法："吉"代表顺利完成心愿；"凶"代表有明显的阻碍，无法完成心愿。一个是得，一个是失。伏羲氏制作八卦的目的，是让当时的百姓能够更好地生存与发展，所以他只谈吉凶，以利害得失作为评判标准，而不谈"道义上应该如何"的问题。

《系辞上传》又说："悔吝者，忧虞之象也。"意即懊悔与困难，是描写烦恼与松懈的现象。"悔"是懊恼。当你做出一个选择而结果不理想时，内心会觉得懊恼。人有了懊恼，有所警惕，就会自凶而趋吉。"吝"是困难。如果你遇到了困难，仍然漫不经心，就会自吉而向凶。

最常见的占验之辞是"无咎"，意思是没有灾难或责难。孔子说过："加我数年，五十以学《易》，可以无大过矣。"（《论语·述而》）说明孔子学习《易经》的目的，是要掌握各种处境下的应对方法，以避免大的过失。《系辞上传》也说："无咎者，善补过者也。"因此，占到"无咎"代表仍有一些过错需要改正，不能掉以轻心。只有善于补救过错，未来才会变得更好。

如何用一句话来概括《易经》呢？《系辞上传》强调："生生之谓易。"第一个"生"代表乾卦的"大生"，第二个"生"代表坤卦的"广生"，两者合起来就是"生生"，代表宇宙万物不断变化，生生不息。

《系辞上传》里有两句话特别重要，即"富有之谓大业，日新之谓盛德"。什么叫作"大业"呢？富有无缺就称为伟大的功业。人类要设法从自然界取得各种资源，把它们加工成生活的必需品，使生活更加富足。怎样叫作"盛德"呢？日日更新，每天提升自己，就称为盛美的德行。"盛德大业至矣哉！"意即这种盛美的道德与伟大的功业，是至高无上的啊！可见，德行不能脱离功业，功业也不能脱离德行。这充分体现了儒家"道德不离事功"的立场。

《系辞传》里还有三句话广为人知。

第一句话是"《易》有太极，是生两仪。两仪生四象。四象生八卦。八卦定吉凶，吉凶生大业"。这里提到"太极、两仪、四象"，所以人们经常拿这句话与《老子》的"道生一，一生二，二生三，三生万物"（《老子·第42章》）进行对照。事实上，这两句话的主旨完全不同。

老子这段话最后归结为"万物"，说明他谈的是万物创生论。万物从何而来？老子找到了万物最根本的来源，那就是"道"。而《易经》这段话最后归结为"吉凶生大业"，说明它完全着眼于人类的世界。换言之，《老子》旨在揭示万物的来源，而《易经》则是通过观察天地之道，来设法安顿人类的生活。

第二句话是"形而上者谓之道，形而下者谓之器"。"器"是指有形可见的器物。任何器物背后都有一个原理，有了这个原理，这个器物才会被人们观察到。这个原理就称为形而上之"道"。后来，"形而上学"成为哲学系本科的一门必修课，用这个名称来对照西方哲学也是相当适合的。

第三句话是"一阴一阳之谓道"。意即一阴一阳搭配变化，就称为"道"。由此可见，"道"是生生不息的。但《系辞上传》接着又说："鼓万物而不与圣人同忧。"意即道鼓动万物的变化，但它不与圣人一起忧虑。那么，圣人有什么忧虑呢？

2. 打通天人之际

圣人有深刻的忧患意识，因为他知道人与万物是不同的。万物按照规律在变化，其发展是可以预测的。但是，人是最特别的生命，如果个人没有得到适当的教育，国家又缺乏良好的政治规划，那么整个社会很容易陷入混乱与分裂，个人也会错过生命中真正重要的目标。《系辞下传》强调："作《易》者，其有忧患乎？"《易经》的主要作者是周文王，他亲眼见到商纣王所造成的天下大乱，内心充满了忧虑，所以要从"吉凶悔吝"之中，找出人生的正路所在。

3. 显示神妙境界

《易经》在预测未来方面，显示了神妙的境界，可以帮我们找到人生的正路。学习《易经》不能忽略占卜，只要你提出合适的问题，它就如响斯应。古代的统治者，在年轻时有师氏和保氏（老师和保护者）；等他上位当权之后，既没有老师，也没有保护者了，这时就要借助《易经》占筮来做决策，有如面对自己的父母一样。①

"神"字是非常重要的概念，在《系辞传》里出现了二十余次，说明《易经》的变化神妙莫测，并且可以像神一样预知未来。《系辞

---

① 出自《系辞下传》。原文：无有师保，如临父母。

传》还提到"神而明之""神而化之",说明《易经》占卜能够像神明一样彰显智慧,并以神奇的能力化解困难。

　　学习《易经》的关键在于学以致用,要透彻地了解道理,并应用在实际生活中。《系辞下传》说:"穷神知化,德之盛也。"意即能够穷尽神妙的道理并懂得变化的法则,已经代表道德盛美了。这句话把德行、能力、智慧结合了起来。换言之,学习《易经》不能忽略个人的责任,要努力提升自己的德行、能力与智慧,使《易经》真正发挥出它的伟大作用。

总结二：孔子是如何教授《易经》的

本节的主题是：孔子是如何教授《易经》的？

在《系辞传》里，孔子对《易经》16个卦里的18个爻，做出了精彩的发挥。通过分析就会发现，孔子对六爻的重视程度与众不同。一般人喜欢占到位置居中的第二爻或第五爻，第四爻也不错，但孔子在《易经》教学中，特别重视初爻、三爻和上爻。在孔子谈到的18个爻里，初、三、上爻各有四处，二、四、五爻则各有两处。由此可见，一般认为不好的爻，更容易给人带来微妙的启发；而占到一个很好的爻，反而难以获得深刻的教训。

卦代表大的格局或时势，爻代表所处的位置。占到初爻，代表刚刚进入一个新的格局，地位比较低，必须处处小心。譬如，孔子谈到大过卦（☱，第28卦）初六的"藉用白茅，无咎"。大过卦本末很弱，初六、上六撑不住中间四个阳爻，眼看着栋梁可能会垮塌。孔子认为，初六在祭品底下还要垫一层白色的茅草，代表谨慎之至，这样就不会有什么过失。初六地位卑微，阴爻代表能力较弱，当然要格外谨慎。

阳爻在初位同样需要谨慎。譬如，对于节卦（☵，第60卦）初九的"不出户庭，无咎"，孔子说："乱之所生也，则言语以为阶。"意即祸乱的产生，是以言语为其阶梯。处在节卦初九的位置，要注意谨言慎行，否则容易引起祸乱。

特别的是，噬嗑卦（☲，第21卦）的初九与上九都上榜了。对于噬嗑卦初九的"屦校灭趾，无咎"，孔子强调"小惩而大诫"。初九代表普通百姓或地位较低的人，他们犯错之后受到小的惩罚，马上就会提高警惕，从而避开大的过错，这正是"小人之福也"。

复卦（☷，第24卦）初九的"不远复，无祗悔，元吉"也一样，有了错误就要立刻改正。孔子以颜渊"有不善未尝不知，知之未尝复行"作为典范，鼓励大家向他学习。

第二爻基本上都不错，因为它可以与第五爻互相配合。譬如，对于中孚卦（☵，第61卦）九二的"鸣鹤在阴，其子和之。我有好爵，吾与尔靡之"，孔子延伸解读说："君子住在屋内，说出的话有道理，那么千里之外的人也会响应他……言语与行为，是君子借以感动天地的关键，可以不谨慎吗？"二的位置代表大臣，所以要特别注意自己的言行。

豫卦（☳，第16卦）六二说："介于石，不终日，贞吉。"这是希望君子像磐石一样耿介，不要耽于逸乐。孔子在这里强调"知几其神乎"，能够了解几微的变化，看到一点征兆，就知道事情会向哪里发展，这是非常神妙的。因此，第二爻有两个重点：一方面要以言行来感动天地，同时还要预知未来的发展趋势，这样才能更好地配合第五爻。一般都认为，第三爻不太理想。在《易经》64卦中，第三爻是"吉"的不过五六个。《系辞上传》提到谦卦（☶，第15卦）九三的"劳谦君子，有终，吉"，九三是谦卦里唯一的阳爻，孔子称赞他"劳苦而不夸耀，有功绩而不自认为有德，真是忠厚到了极点"。

另外几个第三爻就让人担心了。譬如，解卦（☵，第40卦）六三说："负且乘，致寇至。"意即背着东西坐在车上，招来了强盗。孔子在这里强调"慢藏诲盗"，即不藏好珍贵之物，是教唆别人来抢夺。可见，在第三爻的位置，要特别注意收敛。对于阴爻来说，由于本身不当位，更须加倍谨慎。

又如，困卦（☵，第47卦）六三说："困于石，据于蒺藜。入于其宫，不见其妻，凶。"孔子认为，你没有把握就跟着别人走，跟错了人，最后就会陷入困境，死期将至。

另外，对于损卦（䷨，第41卦）六三的"三人行则损一人，一人行则得其友"，孔子强调，阴阳要合而为一。可见，处在第三爻的位置，要有充分的危机意识，否则后果不堪设想。就算谦卦九三是全卦的主爻，有功劳也要谦虚收敛。

第四爻代表靠近君王的大臣。譬如，咸卦（䷞，第31卦）九四说："憧憧往来，朋从尔思。"孔子发挥说："天下同归而殊途，一致而百虑。"这是对第四爻最大的肯定，他要负责联合底下的臣民，一起支持第五爻的君王。

鼎卦（䷱，第50卦）九四说："鼎折足，覆公𫗧，其形渥，凶。"这句爻辞令人警醒。看到鼎卦，人们通常就会联想到九四的"鼎折足"。鼎卦要超过九四之后，鼎里的食物才能煮熟，既安全又有营养，可以让人真正受益。如果还在九四的位置，就要先问自己，是否"德薄而位尊，知小而谋大，力小而任重"？可见，第四爻要考虑自己能否胜任。

第五爻是君王的位置，一般人占到第五爻都会很开心。在《易经》64卦中，只有三个卦的第五爻有些问题，其他的都很好。第五爻通常都是关于领导方面的议题，譬如同人卦（䷌，第13卦）九五说："同人，先号咷而后笑，大师克相遇。"孔子延伸说："二人同心，其利断金。同心之言，其臭如兰。"同人卦要设法聚合众人，但主爻是底下的六二，因为它是全卦唯一的阴爻。此时，九五就要用心思考：怎样才能让大家同心协力？

又如，否卦（䷋，第12卦）九五说："休否，大人吉。其亡其亡，系于苞桑。"否卦是消息卦，九五会被向外推走，所以孔子提醒我们"安而不忘危"。《易经》的核心思想是"居安思危"，这个说法就与否卦九五直接有关。虽然九五仍居君位，但是要了解大势所趋，可见九五的压力也不小，一方面要与大家同心同德，同时还要常存忧患之心。

与否卦类似的是观卦（，第20卦），它也是一个消息卦，下面四个阴爻上来，上面两个阳爻勉强撑住局面。此时，君王要像主持祭礼一样，表现内心的虔敬，百姓才会在仰观君王时受到教化（下观而化）。君王在忧患中，要更加谨慎、恭敬，像舜一样"恭己正南面"[1]，才有可能稳住局势。

上爻代表即将离开一个卦，一般都不太理想。譬如，乾卦（，第1卦）上九是"亢龙有悔"，大家都集合在九五的麾下，上九应该怎么办呢？只要它少安毋躁，不轻举妄动，就能平安无事。《易经》有很多爻辞都提到，你怎样做会有悔，那么你不做就没事了。针对同一个的问题，你可以隔三个月再占。很多事情立刻去做，未必会取得好的结果。

解卦（，第40卦）代表问题得以解决。要想真正解决问题，一定要及早准备。对于解卦上六的"公用射隼于高墉之上，获之无不利"，孔子强调，君子平时要"藏器于身，待时而动"，这样才能"动而不括，出而有获"。亦即君子平时要做充分的准备，行动时才会运用自如，一出手就有收获。

噬嗑卦（，第21卦）上九的处境，与初九完全不同。孔子指出，初九是"小惩而大戒"，上九则是"罪大而不可解"，亦即罪过大到无法开脱的程度，完全没有改过的希望了，所以爻辞会说"何校灭耳，凶"。

最后，益卦（，第42卦）本来是一个很好的卦，六爻中有两个元吉，但是上九的爻辞却说"莫益之，或击之，立心勿恒，凶"。孔子告诫我们，君子要安顿好自己才行动，心情平静了才说话，建

---

① 出自《论语·卫灵公》。原文：子曰："无为而治者其舜也与！夫何为哉？恭己正南面而已矣。"

立了交情才求人；否则，没有人来帮助你，却有人来打击你，就会有凶祸。可见，处在"上"的位置，难免会有"大势已去，时不我与"的感慨。

通过上述材料，我们发现孔子确实是一位不平凡的老师。对一般人喜欢的"二、四、五"爻，他只是简单地做了说明；对一般人担心的"初、三、上"爻，孔子反而总结出非常深刻的道理。常言道"多难兴邦"，个人不也是如此吗？经常受到各种灾难的考验，可以不断督促自己走在人生的正路上。

总结三:《易经》十大好卦能带给我们什么启发

本节的主题是:《易经》十大好卦能带给我们什么启发？首先要介绍十大好卦的评选标准，然后再说明什么是坏卦。

本书选择十大好卦的标准是:一卦六爻至少有三个为"吉"或"利"或"亨"，并且爻辞没有太复杂的状况，尤其是不能有"凶"字。符合这三个条件的，才能入选十大好卦。

十大好卦第一名是谦卦（䷎，第15卦），它的六爻非吉则利。谦卦的卦象是一座山藏在地底下，代表一个人有各种成就，但表面上平易近人，这需要高度的修养。谦卦的《象传》强调，天道、地道、鬼神、人道，都会肯定谦虚的人。"谦虚纳百福"是《易经》重要的启发之一。

第二名是家人卦（䷤，第37卦）。家人卦下卦为火，代表家中有温暖；上卦为风，代表家风可以向外远传。家人卦为什么好？因为它后续的影响很大。古代学习《易经》的主要是统治阶级或贵族，如果他们的家人相处得宜，就可以推广到大夫之家、诸侯之国，乃至整个天下。《大学》强调修身、齐家、治国、平天下，从修身到齐家就是关键的阶段。家人卦每个爻都要尽到自己的责任，彼此要密切配合。

第三名是大畜卦（䷙，第26卦），代表大有积蓄。大畜卦的卦象是天在山中，山要止住天，有如臣止住君，所蓄积者大。《杂卦传》强调，大畜卦要把握时机。一个君王如果在年轻时没有受到蓄止，没有及时提升自己的德行、能力与智慧，将来就不会取得伟大的成就。

第四名是临卦（䷒，第19卦）。它是一个消息卦，底下两个阳爻联袂上来，前景一片大好。所以，"临"就是壮大的意思。

第五名是升卦（䷭，第46卦）。它的卦象就像一棵树破土而出，顺利升进，畅行无阻。人活在世界上，有些升进是自然发生的，比如，年龄到了就会成为兄长，结婚有了子女就会成为父母。但是，要想升迁为一个团队的骨干或领导，则需要努力修炼。

第六名是遁卦（䷠，第33卦）。它也是一个消息卦，底下两个阴爻，上面四个阳爻。"遁"是从阳爻的角度来说的。阳爻知道自己要退走，就潇洒地离开。这体现了君子审时度势的智慧。

第七名是讼卦（䷅，第6卦）。在人的世界里，想法的差异、利益的冲突是难免的，这时需要的是正义。讼卦提醒我们：在诉讼过程中，双方要充分沟通，在中间和解吉祥；如果坚持到最后，就会有凶祸。

第八名是晋卦（䷢，第35卦）。它的结构是火地晋，有如太阳升起，光明出现在大地上，也代表一个人可以不断往上晋升。

第九名是需卦（䷄，第5卦）。它的卦象是云上于天，还未成雨，需要耐心等待，九五之君要等待底下三个阳爻（三位贤臣）来帮忙。耐心等待之后，将来可以渡过大河，类似于老子所说的"大器晚成"。

第十名是益卦（䷩，第42卦）。益卦是风雷益，代表损上益下，声势浩大。统治阶级真诚施惠于百姓，才能实现国泰民安。《易经》384爻中，只有12个"元吉"，益卦就占了两个。所以，益卦上九虽然有一个"凶"字，仍然被列入十大好卦。这也提醒我们，好卦走到最后，也有可能会出现凶险。

仔细观察十大好卦，就会发现以下三个特点。

第一，八个纯卦不在十大好卦之中。八个纯卦是由八个经卦（乾、坤、震、艮、离、坎、兑、巽）本身重复而成；重复之后，六爻皆不应，所以这些卦有其内在的困难。

第二，在十大好卦中，有两个卦属于"修德九卦"，分别是谦卦与益卦，正好排第一位和第十位。

第三，十大好卦的上下卦里面，包含了所有的基本八卦。出现最多的是乾卦（☰）和坤卦（☷），代表天和地；出现最少的是震卦（☳）和兑卦（☱），代表雷与泽。

相对于此，有哪些卦比较差呢？可以分为以下三类。

第一类，一卦六爻没有"吉"也没有"利"的，共有五个卦。第一个是习坎卦（䷜，第29卦），上坎下坎，非常危险。第二个是夬卦（䷪，第43卦），唯一的阴爻上六挡住了底下五个阳爻，明显犯小人。第三个是旅卦（䷷，第56卦），旅行在外，多有不便，所以很难有吉或利。第四个是小过卦（䷽，第62卦），九三、九四两个阳爻横在中间，使上下四个阴爻无法沟通。第五个是既济卦（䷾，第63卦），这有些出人意料，既济卦六爻皆当位，但是"初吉终乱"，所以六爻也是无吉无利。

第二类，卦辞里没有任何好的占验之辞的，有三个卦。第一个是归妹卦（䷵，第54卦），卦辞说："征凶，无攸利。"第二个是姤卦（䷫，第44卦），卦辞说："女壮，勿用取女。"第三个是剥卦（䷖，第23卦），卦辞说："不利有攸往。"占到这三个卦，需要特别留意。

第三类，一卦六爻里出现三个"凶"字的，共有五个卦。第一个是师卦（䷆，第7卦），代表军队作战，兵凶战危；第二个是颐卦（䷚，第27卦），象征一张口张开来要吃饭，代表找工作竞争激烈；第三个是恒卦（䷟，第32卦），代表夫妻长期相处，或者有恒心于修德，都是非常困难的；此外还有剥卦和小过卦，在前两类中已经包括了。

可见，差的卦也有十几个，有的是六爻无吉也无利，有的是卦辞很差，有的是六爻中出现了三个"凶"字。

占到好卦自然高兴，但还是要看落在哪一爻。在《易经》64卦中，只有谦卦六爻是"非吉则利"，其他卦总有一两个爻需要提高警惕。特别是占到"无咎"时，要记得"无咎者，善补过者也"。"无咎"并不是没事了，而是要努力补救过错。所谓"天道无吉凶，人间有因果"，好好修养自己才是上策。

　　占到不好的卦也不用太担心，它只是代表格局不好，具体也要看你处在什么位置。孔子在教授《易经》时，对于一般认为不太理想的爻，反而发掘出特别深刻的道理。这提醒我们，学习《易经》要保持谦虚的心态，并在生活中不断加以验证。

总结四：深入认识《易经》的法宝，《易传》的最后三部分

本节要介绍《易传》最后三部分，即《说卦传》《序卦传》与《杂卦传》。

1.《说卦传》

《说卦传》就像一本小字典。如果你对64卦的象征有任何疑问，可以随时翻查《说卦传》。

《说卦传》的开头再次指出，圣人制作《易经》的目的，是把握阴阳变化的道理。历代学者很喜欢其中的一句话："和顺于道德而理于义，穷理尽性以至于命。"意即《易经》协调顺从规律与功能而以合宜为依归，穷究事理探求本性直到掌握命运为止。这里提到的"道、德、理、性、命"等概念，对后代学者产生了很大的影响。

接着，《说卦传》提到了"三才之道"："立天之道曰阴与阳，立地之道曰柔与刚，立人之道曰仁与义。"意即确立天的法则，称之为阴与阳；确立地的法则，称之为柔与刚；确立人的法则，称之为仁与义。"三才之道"都是由静而动，循环往复地发展。人之道是仁与义，说明人类要以价值为依归。《易经》通过观察天地之道，确立了人类世界的重要法则。

随后，《说卦传》谈到先天八卦与后天八卦的方位、象征及作用。下面介绍基本八卦的一些重要象征。

第一是乾卦（☰）。乾为天、为父、为君，也代表金玉。譬如，大畜卦（䷙，第26卦）的结构是山天大畜，可以理解为山中有金有

玉，自然大有积蓄。而鼎卦（☲☴，第50卦）六五的"金铉"、上九的"玉铉"，都与乾卦有关。

第二是坤卦（☷）。坤为母，为布帛，为大车，为文。文就是交错，有文采，代表人类的文明开始发展。另外，坤卦的三个阴爻代表黑夜，也代表没有了生机。

第三是震卦（☳）。震卦除了代表长男和震动，还代表善鸣马，可以发出声音，也代表大马路。

第四是巽卦（☴）。巽为风，风吹不定，代表没有结果。巽又为木，木是直的，木心为白，引申为多白眼。涉及利益时，巽代表近利市三倍。

第五是坎卦（☵）。坎卦让人担心，因为坎代表强盗、危险、心病、血卦、沟渎，以及作战用的弓轮，也代表拖车的马（曳马）、多灾多难的车子（多眚舆），还可以代表狐狸。

第六是离卦（☲）。离为牛，因为离卦（☲☲，第30卦）的卦辞出现了"畜牝牛"的说法。出现更多的是离为雉。另外，离为火、为日、为电、为龟（可以用来占卜）。离也代表甲胄、戈兵，因为战争与火密切相关，只要打仗，就会战火纷飞。

第七是艮卦（☶）。艮为山、为小石、为少男、为门阙、为小路、为狗。艮也代表果蓏，比如剥卦（☶☷，第23卦）上九位于上卦艮中，所以爻辞会说"硕果不食"。艮也代表黔喙之属，即黑嘴巴的动物。

第八是兑卦（☱）。兑为少女、为羊、为妾、为巫。另外，兑为口，可以说话，引申为口舌。兑也代表毁折，因为兑上面有缺口。

《易经》卦爻辞里的各种说法，都可以用《说卦传》来对照。不过，《说卦传》并没有列出基本八卦的所有象征。

2.《序卦传》

《序卦传》解释了64卦为何会按目前的顺序排列，等于是先有答案，再找理由。

另外，《序卦传》也显示出一种独特的辩证法。谈到辩证法，一般都以西方的"正反合"为标准形态。事实上，在正反之后的合，未必与正反双方有关，也可能转向新的方向。《易经》的辩证模式为"穷则变，变则通，通则久，久则穷"，包括"穷、变、通、久"四个阶段，比"正反合"多了一步，由此可以生生不息。

譬如，泰卦（䷊，第11卦）代表通顺，后面的否卦（䷋，第12卦）代表阻塞，由泰到否是正反辩证。接着出现了同人卦（䷌，第13卦），说明走不通的时候，就要与别人合作。聚合众人之后，物产自然丰富，所以接着上场的是大有卦（䷍，第14卦）。

从剥卦（䷖，第23卦）到复卦（䷗，第24卦）也是正反辩证，剥卦是阳爻要被推走了，复卦是阳爻重新上场。但是，后面不会再回到剥卦，而是回到无妄卦（䷘，第25卦），让你回归初心，真诚无妄去做事。如此一来，就会大有积蓄，所以接着上场的是大畜卦（䷙，第26卦）。

家人卦（䷤，第37卦）代表一家人聚在一起，其乐融融。后面的睽卦（䷥，第38卦）代表睽隔，因为家人成长之后，需要开枝散叶。家人分开之后，会出现各种困难，于是出现了蹇卦（䷦，第39卦）。但是，困难不会一直持续下去，所以接着上场的是解卦（䷧，第40卦），使困难得以化解。

丰卦（䷶，第55卦）代表大为丰盛。丰盛到极点而不知收敛，就会丧失居所，所以接着上场的是旅卦（䷷，第56卦）。旅人无处安顿，所以接着出现了巽卦（䷸，第57卦），巽代表进入某处。入而后悦之，所以接着出现了兑卦（䷹，第58卦）。

上述例子都体现了《易经》独特的辩证模式。这种模式比较符合中国文化的传统，它不仅仅局限于思想上的探讨，还可以落实为具体的行动，实现"穷、变、通、久"的循环。

3.《杂卦传》

《易传》共有十个部分，最后上场的是《杂卦传》。《杂卦传》只有短短一页的篇幅，为何得以保留下来呢？因为《杂卦传》往往用简单几个字，甚至用一个字，来概括某个卦的主要特性，让你对该卦有一个整体的把握。

譬如，《杂卦传》说："比乐师忧。"比卦（䷇，第8卦）代表与别人合作，可以让人快乐；而师卦（䷆，第7卦）代表行军作战，显然令人担忧。

又如，"大畜，时也"。大畜卦（䷙，第26卦）一定要把握时机。因为大畜卦是山天大畜，如果下面的乾卦没有把握时机，好好修炼自己，后面就不可能大有积蓄。

"节，止也。"节卦（䷻，第60卦）代表自然的停止，因为其卦象是泽上有水，水量可以自动调节。节卦强调"苦节不可贞"，所以不能要求人们过度节制。

大壮卦（䷡，第34卦）也谈到止，即"大壮则止"。因为大壮卦是消息卦，下面四个阳爻声势浩大，此时要懂得适可而止，这需要过人的智慧。

谦卦（䷎，第15卦）为什么好呢？《杂卦传》说："谦轻而豫怠。"谦卦看轻自己，反而赢得了尊重。豫卦（䷏，第16卦）因为愉悦而懈怠，从而陷入危险。

"需，不进也。讼，不亲也。"即需卦是不前进，讼卦是不亲和。需卦（䷄，第5卦）的卦象是云上于天，还未成雨，所以需要等待，不能贸然前进。讼卦（䷅，第6卦）的卦象是天在上而水往下流，所以两者很难协调。

有趣的是，夬卦（䷪，第43卦）竟然成为《杂卦传》里压轴出场的。夬卦的上卦为兑，兑为口、为言；下卦为乾，乾为金，合起来代表把文字刻在金属上，留下记录，以便总结经验，使人类的文化不断进步。《杂卦传》最后说："夬，决也，刚决柔也，君子道长，小人道忧也。"夬卦是消息卦，底下五个阳爻要把上面唯一的阴爻赶走，所以说"刚决柔也"。夬卦代表君子的作风成长，小人的作风受困。这也显示了儒家"人性向善"的观点。

总结五:《易经》如何改变一个人的命运

为了让读者深入理解《易经》卦爻辞的内涵,本书在介绍64卦时,选取了超过300个占卦案例。本节的主题是:《易经》如何改变一个人的命运。我们首先要对这些案例进行分类,然后说明《易经》占卦的注意事项。

清朝末期有一位重要的学者严复(1853—1921),他翻译过赫胥黎(Huxley,1825—1895)介绍演化论的名著《天演论》。严复受过西方的教育,了解近代科学的发展,但他还是非常重视《易经》的智慧。他在日记里写道,他每周至少占一次卦,再参考《易经》是如何解释的。严复每次给儿子写信时,都会说自己最近占到了什么卦,并依此给儿子一些建议。

另外,清末代皇帝溥仪(1906—1967)退位之后,袁世凯准备称帝。在袁世凯研究对退位皇帝的优待办法时,溥仪的老师就替溥仪占问:这件事后续的发展如何?结果占到鼎卦九二,爻辞说:"鼎有实,我仇有疾,不我能即,吉。"意即鼎中有实在的物料,我的对头患了病,没有办法接近我,吉祥。后来,袁世凯果然没有给溥仪造成太大压力。

1. 四类常见的占筮问题

本书选取的占卦案例,大致可以分为四类:一、考试、就业、创业方面;二、经商、合伙、金钱往来方面;三、感情、婚姻方面;四、身体健康方面。

第一,在考试、就业、创业方面,年轻人的占卦案例较多。

譬如，我有一个学生想参加公务员考试，结果占到中孚卦（䷼，第61卦）上九的"翰音登于天，贞凶"，说明他有些好高骛远。不过，"贞凶"只是代表这次考试不顺利，其他方面则不用太担心，因为他占问的只是这次考试的结果。

在创业方面，有一位朋友想自己开分店，占到乾卦九五的"飞龙在天，利见大人"，代表目前的时机与位置都非常理想。

第二，在经商、合伙、金钱往来方面，现代人经常涉及此类问题。比如，有个人借钱给朋友，他想问钱能不能收回来，结果占到损卦（䷨，第41卦）六三的"三人行则损一人"。我对他说，可以收回三分之二。后来果然如此。

另外，有一个学员进行投资，汇出第一笔钱后，心里觉得不太踏实，就占了一卦，得到艮卦（䷳，第52卦）初六。我对他说，艮卦是两山重叠，占到艮卦初六，代表至少需要半年，才能把钱收回来。还有一个学生继承家业，占到了蛊卦（䷑，第18卦），代表他要设法清除长辈留下的积弊。

第三，在感情、婚姻方面，通常都是有了问题才来占问。

譬如，有个人交了男朋友，占到井卦（䷯，第48卦）初六的"旧井无禽"。我就说，她的男朋友恐怕是离过婚的。如果占到归妹卦（䷵，第54卦），代表维系这段婚姻相当困难。

第四，在身体健康方面，占卦案例也很多。我自己遇到医疗方面的重大问题时，也会占问去这个医院怎么样，找这个医师效果如何。有一位杭州的朋友占问他父亲动手术的事，占到了剥卦（䷖，第23卦），初六与上九两爻变，之卦为复卦（䷗，第24卦）。我就对他说，手术应该没有问题，因为后面变成了复卦，代表可以重新焕发生机。

有人占问亲戚的身体问题，占到明夷卦（䷧，第36卦）初九，爻辞提到"三日不食"。我对他说，这个亲戚可能是食道方面出了问题，他说这个亲戚被确诊为喉癌。

另外，有人占问姐姐的健康，占到师卦（☷，第7卦）六三的"师或舆尸，凶"，后来得知他的姐姐罹患了癌症。

在占卦时，上述四类问题最常见。我们遇到问题，首先要做理性的思考，然后再用占卦来辅助决策，最后还要勇于付诸行动。如果只占卦而不行动，就成了纸上谈兵，不会产生任何实际的效果。

2. "占卦三不"与"解卦三不"

《易经》占卦有三个重要原则：不诚不占，不义不占，不疑不占。占卦之前，首先要确认自己有没有诚意，是不是自己该问的问题，是不是真的有疑问。满足这三个条件，再去占筮。

不过，占卦容易解卦难。在解卦方面，我始终恪守"解卦三不"的原则，即不搞神秘、不给建议、不涉利益。在帮别人解卦时，我只就《易经》的文本做出解释，一般不给具体的建议，因为只有占问者最了解自己的情况。另外，解卦如果涉及金钱，就偏离了学术研究的初衷。

3. "善为《易》者不占"的准确含义

西方心理学家通过研究心电感应的现象，认为《易经》占卦符合"共时性原理"，是一种"有意义的偶然"。但是，很多人也听过"善为《易》者不占"这句话，所以对《易经》占卦心存疑虑。我们如果想深入了解一句话，就要问这句话是谁说的，是在什么情况下说的，它到底是什么意思？

"善为《易》者不占"出自《荀子·大略》。我们首先要了解荀子完整的说法，以免陷入断章取义。《荀子》原文说："善为《诗》者不说，善为《易》者不占，善为《礼》者不相，其心同也。"亦即这三件事有相同的考虑。

第一句说"善为《诗》者不说"。意即真正懂《诗经》的人，不能只是去讲解，应该用心体会诗中蕴含的真挚情感，让自己的心意与古人相通。孔子也说过："《诗》，可以兴，可以观，可以群，可以怨。"意即阅读《诗经》，可以引发内心真诚的情感，可以观察自己的志节，可以会通他人的感受，可以纾解内心的怨恨。如果一个人只是讲解《诗经》，就错过了《诗经》真正的价值，变成了纯粹的文学理论分析。

第二句说"善为《易》者不占"，意思是说，真正懂得《易经》的人，不会完全依靠占筮的结果。

第三句说"善为《礼》者不相"。意即真正懂得《礼》的人，不会去当司仪。因为司仪在行礼时发号施令，让别人行礼如仪，表现诚敬的心态；自己则要冷静地主持仪式，好像置身事外一样。

前面谈到《诗》，后面谈到《礼》，中间说"善为《易》者不占"，意思是说，真正懂得《易经》的人，不会完全依靠占筮的结果。《易经》包含天道、地道与人道。古代君王在做决策时，需要考虑五个方面，其中三个方面需要人的理性判断，还有两个方面需要请教天意。《易经》占筮就是请教天意的一种方法。

因此，遇到任何问题，首先要参考过去的经验和目前掌握的信息，做出理性的判断，再以占筮结果作为重要的参考，这样就不会违背"善为《易》者不占"的原则。君子要在德行、能力、智慧三个方面不断修炼自己，这才是学习《易经》的正当途径。

学习《易经》而不进行占筮，是非常可惜的。《系辞上传》强调，《易经》在四个方面展现了圣人之道，占筮就是其中之一。[1]只要你提出适当的问题，"其受命也如响"，《易经》占筮就像山谷里的回声

---

[1] 原文：《易》有圣人之道四焉：以言者尚其辞，以动者尚其变，以制器者尚其象，以卜筮者尚其占。

一样，如响斯应。

我在50岁时学会了《易经》，后来每逢重大事件，或是亲戚朋友有重要的问题，我都会用《易经》占卦来帮助决策。我平常每三个月占一次时运，了解近期可能出现的状况，提前做好心理准备；当事情真正发生时，我的心情可以保持平静，不起波澜。《易经》对我的人生有很大的帮助。

《易经》是国学里重要的组成部分，因为它除了理论，还兼顾实践。《易经》就像良师益友，可以帮助我们提升德行，化解险难。

总结六：除了安顿身心、指引人生，
《易经》还有什么作用

最后要对《易经》做一个总结，说明《易经》在宇宙观、人生观、价值观方面，对我们有何启发。

1.《易经》的宇宙观

《易经》认为，整个宇宙充满生命，生生不息。这种有机体的宇宙观令人赞叹。18世纪初期，德国学者莱布尼茨（G. W. Leibniz，1646—1716）读到拉丁文翻译的《易经》，深受启发，他专门写了一篇论文[①]，阐述二进制算术的原理，副标题还特别提到伏羲氏使用阴爻、阳爻的做法。

20世纪初期，人类对宇宙的认识有了重大突破，提出了三种全新的理论，分别是爱因斯坦的"相对论"，普朗克的"量子论"，海森堡的"测不准原理"。[②]三者汇合，出现了机体论的宇宙观。

怀特海（A.N.Whitehead，1861—1947）是现代西方重要的哲学家，他是罗素（Bertrand Russell，1872—1970）的老师，两人曾合著《数学原理》一书。怀特海后来离开英国，到美国哈佛大学教书，慢慢发展出自己的哲学思想，称为"历程哲学"。

---

① 原标题为《二进制算术的阐述——关于只用0和1，兼论其用处及伏羲氏所用数字的意义》。1703年5月发表在法国《皇家科学院院刊》上。

② 1900年，普朗克（Max Planck，1858—1947）提出"量子论"；1905年，爱因斯坦（Albert Einstein，1879—1955）提出"相对论"；1927年，海森堡（Werner Heisenberg，1901—1976）提出"测不准原理"。

西方哲学传统上认为，"实在"是不动的，"历程"是变动的，两者相互对立。怀特海把近代科学的成果转化为历程哲学的思想，肯定"历程就是实在，实在就是历程"。换言之，在不变的实在界之外，并没有一个所谓变化的历程。他强调，过去西方哲学的宇宙观是机械式的，把宇宙看成一部机器，从外面给宇宙一个动力，就可以让它运作。如今要改为机体式的宇宙观，把整个宇宙看成一个充满生命的有机体。怀特海的观点与《易经》的思想可谓不谋而合。

中国古代并不具备科学分析和实验的条件，但是古人通过直观取象，把握了宇宙的本质，建立了有机体的宇宙观。这些观念最早就来自《易经》，以"生生之谓易"来描述宇宙的真实情况。

《易经》的宇宙观是最古老的，也是最先进的，符合西方最新的思潮。经过伏羲氏、周文王、孔子这三位古代圣人的不懈努力，《易经》逐渐发展成一套完整而独特的系统，体现了以生命为中心的宇宙观，这正是中国哲学的一大特色。

2. 《易经》的人生观

古人观察天地之道，发现自然界的变化遵循某种规律。人只要把握了这些规律，就可以趋吉避凶，趋利避害。远古时代还没有发明文字，伏羲氏创造了《易经》64卦，使古人可以用符号来传递重要的信息，从而在生存竞争上获得更大的优势。这是《易经》发展的第一个阶段。

人的生命不同于万物。人有理性，可以思考及选择，能够从事文化方面的建设。周文王处在商朝末期，亲眼看到天下大乱，民不聊生，社会缺乏仁爱与正义。周文王有深刻的忧患意识，他希望从吉凶悔吝之中，找到人生的正确途径，于是创作了《易经》的卦辞和爻辞。

《易经》的卦爻辞经常提醒人们，处在当前的格局和位置，"应该"如何去做，亦即在趋吉避凶之外，还要让人的生命走向正确的目标。可见，以《易经》为源头，中国哲学逐渐形成了"以生命为中心的宇宙观"和"以价值为中心的人生观"。人生不只是生老病死的过程而已，还要以实现某些价值为依归。

3.《易经》的价值观

人生究竟要实现哪些价值呢？《易传》给出了明确的答案。《说卦传》强调："立人之道曰仁与义。"可见，仁与义就是人类世界的核心价值，这代表了儒家的观念。

从古至今，人的世界都需要仁爱与正义这两种价值。"仁"是什么呢？《系辞下传》强调："天地之大德曰生，圣人之大宝曰位。"意即天地最大的功能是生生不息，圣人最大的宝物是他的地位。所谓"仁"，就是让万物一直存在并发展下去。"圣人"是指德行高尚的君王。圣人会成为百姓的表率，所以他的位置特别重要。

《系辞下传》接着说："何以守位？曰仁。何以聚人？曰财。"意即如何守住地位？要靠仁德。如何聚集众人？要靠财物。可见，让百姓生活富足就是仁爱。乾卦的《文言传》两次提到"进德修业"，《系辞上传》也提到"吉凶生大业"，这里的"业"都是指造福百姓的"功业"。

《系辞下传》又说："理财正辞，禁民为非曰义。"意即经理财物，导正言论，禁止百姓为非作歹，就是义行。"经理财物"也属于仁爱方面，要让百姓衣食无忧，养生送死而无憾。同时，还要导正言论，禁止百姓为非作歹，这样才合乎正义。人必须受教育，要从五伦之教开始，了解做人处事的道理。良好的教育可以让社会步入正轨，让百姓安和乐利。

可见，《易经》的宇宙观、人生观和价值观，形成一个完整的系统，可以打通天人之际，展示神妙的境界。事实上，《易经》64卦是一个周流不息的整体，任何两卦都是彼此相通的。

本书详细介绍了《易经》64卦的卦爻辞，以及《易传》的十个部分。学习《易经》需要经常复习，温故而知新。宋朝诗人叶采在《暮春即事》这首诗里说："闲坐小窗读周易，不知春去几多时。"我们平时不妨忙里偷闲，每天留一点时间给自己，去品味陶冶日常生活的经验，并用《易经》的智慧加以对照。这样的生活不仅富有深度，而且饶有趣味。学会《易经》之后，将来面对任何挑战，都可以充满信心，从容应对。

最后，《易经》的义理可以概括为"居安思危，乐天知命"，让我们以此共勉！

傅佩荣中文简体版书目

哲学课系列(新版)：
《哲学与人生》
《国学与人生》
《傅佩荣的西方哲学课》

傅佩荣解读经典系列(新版)：
【文言原典+白话译文+重点字句溯源解析】

《傅佩荣解读论语》
《傅佩荣解读孟子》
《傅佩荣解读大学中庸》
《傅佩荣解读老子》
《傅佩荣解读庄子》
《傅佩荣解读易经》

傅佩荣讲经典系列(新版)：
【文言原典+白话译文+结合现实答疑解惑】

《傅佩荣讲道德经》
《傅佩荣讲易经》
《傅佩荣讲庄子》（待出版）
《傅佩荣讲论语》（待出版）
《傅佩荣讲大学中庸》（待出版）
《傅佩荣讲孟子》（待出版）

天人之际系列(新版)：
《人性向善论发微》

《儒道天论发微》
《儒家哲学新论》

译著系列(权威译本)：

《四大圣哲》
《科学与现代世界》

傅佩荣解读经典系列： 侧重学术考据与哲学体系重建

　　主要依据古代的多种考据和疏释，注解以哲学思辨为重点，对书中关键概念及价值判断，都作清楚说明，重建孔孟老庄的哲学体系。白话译文与原典一一对照，让复杂离奇的"通假字"不经注释就呈现出来。

傅佩荣讲经典系列：结合现实问题，通俗易懂

　　根据傅佩荣教授的线上音频课程整理而成。重点在于"讲"，以原典为基础，结合现代人的焦虑和困惑进行解读，拉近国学与现代生活的距离。说理清晰，举例生动，表达风趣，是非常亲切且实用的国学入门读物。

傅佩荣国学馆